Cornell · SEGELROUTEN DER WELTMEERE

Das große Standard-Handbuch

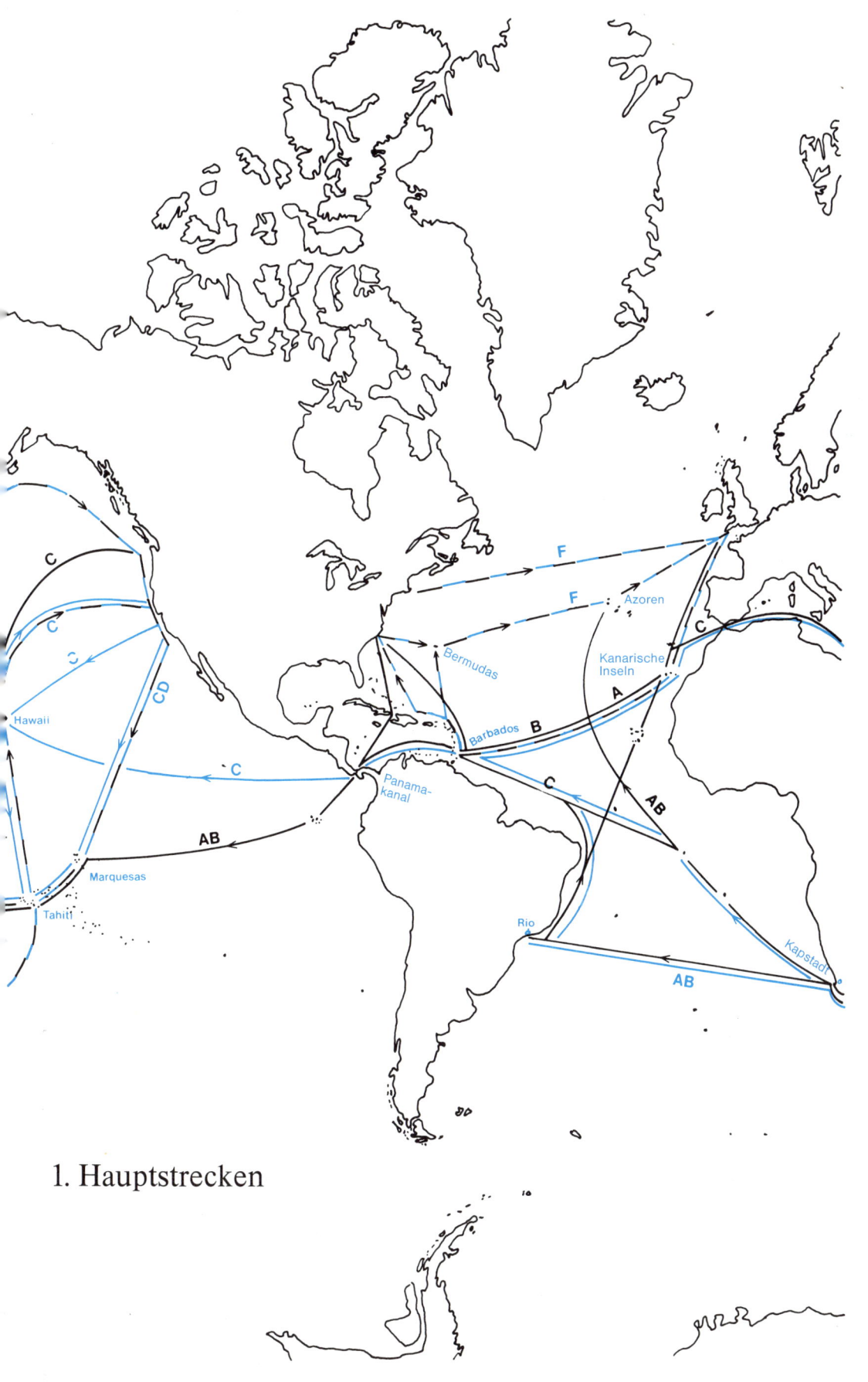

1. Hauptstrecken

Jimmy Cornell

SEGELROUTEN der WELTMEERE

Planung · Ziele · Strömungen · Winde

Pietsch Verlag Stuttgart

Einbandgestaltung: Siegfried Horn

Copyright © by Jimmy Cornell 1987
Die englische Originalausgabe ist erschienen bei Adlard Coles Ltd., London,
unter dem Titel ›WORLD CRUISING ROUTES‹.

Die Übertragung ins Deutsche besorgte
Hermann Leifeld

ISBN 3-613-50094-9

2. Auflage 1992
Copyright © by Pietsch Verlag, Postfach 103743, 7000 Stuttgart 10.
Ein Unternehmen der Paul Pietsch-Verlage GmbH & Co.
Sämtliche Rechte der Speicherung, Vervielfältigung und Verbreitung
in deutscher Sprache sind vorbehalten.
Satz und Druck: Druckerei Maisch + Queck, 7016 Gerlingen.
Bindung: Verlagsbuchbinderei Karl Dieringer, 7016 Gerlingen.
Printed in Germany

Inhalt

Kartenverzeichnis 8
Dank und Anerkennung 9
Anmerkungen des Verfassers 9

Einleitung 10

1 Törnplanung 13

2 Hauptstrecken 18

3 Winde und Strömungen auf der
  Welt 24

ATLANTISCHER OZEAN

4 Wind- und Strömungsverhältnisse im
  Nordatlantik 43

5 Regionale Wetterverhältnisse im
  Nordatlantik 48
   Iberische Halbinsel 48
   Nordwestafrika 48
   Westafrika 49
   Azoren 51
   Madeira 52
   Kanarische Inseln 53
   Kapverdische Inseln 54
   Guayana 55
   Venezuela und die ABC-Inseln 55
   Trinidad 56
   Kleine Antillen 57
   Jungfern-Inseln 59
   Große Antillen 60
   Ostküste Mittelamerikas 61
   Golf von Mexiko 61
   Bahamas 63
   US-Küste von Florida bis Cape Hatteras 63
   Cape Hatteras bis Cape Cod 65
   Cape Cod bis Neufundland 65
   Bermudas 65

6 Törns im Nordatlantik 67
   AN 10   Ab Norwegen 67
   AN 20   Ab Portugal 71
   AN 30   Ab Gibraltar 74
   AN 40   Ab Kanarische Inseln und Westafrika 76
   AN 50   Ab Azoren 81
   AN 60   Ab Bermudas 83
   AN 70   Ab USA 87
   AN 80   Ab Bahamas und Jungfern-Inseln 93
   AN 90   Im Karibischen Meer und ab Panama 99
   AN 100 Ab Kleine Antillen 105
   AN 110 Ab ABC-Inseln 108

7 Transäquatorialtörns im Atlantik ... 111

8 Wind- und Strömungsverhältnisse im
  Südatlantik 121

9 Regionale Wetterverhältnisse im
  Südatlantik 124
   Südafrika 124
   Magalhãesstraße – Rio de la Plata 124
   Rio de la Plata 125
   Brasilien 125
   St. Helena 129
   Ascension 129
   Falkland-Inseln 130

10 Törns im Südatlantik 131

PAZIFISCHER OZEAN

11 Wind- und Strömungsverhältnisse im
   Nordpazifik 136

12 Regionale Wetterverhältnisse im
   Nordpazifik 142
   Alaska 142
   British Columbia 142
   US-Westküste 143

Inhalt

Kalifornien 143
Mexiko 144
Mittelamerika 144
Hawaii 144
Line Island 145
Marshall-Inseln 146
Kiribati 146
Karolinen 147
Palau 148
Marianen 149
Philippinen 150
Hongkong 152
Japan 152

13 Törns im Nordpazifik 154
PN 10 Ab Westküste Nordamerikas 154
PN 20 Ab Panama 159
PN 30 Ab Hawaii, Marshall-Inseln und Kiribati 165
PN 40 Ab Philippinen und Singapur 173
PN 50 Ab Hongkong 176
PN 60 Ab Japan 178
PN 70 In Mikronesien 181

14 Transäquatorialtörns im Pazifik 183

15 Wind- und Strömungsverhältnisse im Südpazifik 196

16 Regionale Wetterverhältnisse im Südpazifik 201
Südamerikanische Küste 201
Juan-Fernandez-Inseln 201
Galápagos-Inseln 202
Osterinsel 203
Pitcairn-Insel 203
Gambier-Inseln 203
Tuamotu-Inseln 205
Marquesas-Inseln 205
Gesellschafts-Inseln 206
Tubuai-Inseln 207
Cook-Inseln 208
Samoa 208
Wallis und Fortuna 209
Tuvalu 210
Tonga-Inseln 210
Fidschi-Inseln 211
Neuseeland 211
Tasmanien 214
Neusüdwales 214
Queensland 214
Neukaledonien 215
Vanuatu 216
Salomonen 216
Neuguinea 220
Papua 220
Louisiade-Archipel und Trobriand-Inseln 221

Bismarck-Archipel 222
Manus-Inseln 222

17 Törns im Südpazifik 223
PS 10 Im östlichen Südpazifik 227
PS 20 Ab Gesellschafts- und Cook-Inseln 231
PS 30 Ab Samoa und Tonga-Inseln 238
PS 40 Ab Fidschi-Inseln, Tuvalu und Wallis 243
PS 50 Ab Neuseeland 247
PS 60 Ab Neukaledonien, Vanuatu und Salomonen 255
PS 70 Australien und Papua Neuguinea 261

INDISCHER OZEAN

18 Wind- und Strömungsverhältnisse im Nordindischen Ozean 269

19 Regionale Wetterverhältnisse im Nordindischen Ozean 271
Singapur 271
Malakkastraße und malaysische Westküste 271
Thailand 272
Golf von Bengalen 272
Sri Lanka 272
Arabisches Meer 273
Golf von Aden 273
Malediven 274

20 Törns im Nordindischen Ozean 275

21 Transäquatorialtörn im Indischen Ozean 285

22 Wind- und Strömungsverhältnisse im Südindischen Ozean 291

23 Regionale Wetterverhältnisse im Südindischen Ozean 293
Nordaustralien 293
Arafura- und Timorsee 293
Indonesien 294
Westaustralien 294
Christmas Island 295
Cocos Keeling 295
Chagos-Inseln 296
Rodrigues 296
Mauritius 296
Réunion 296
Madagaskar 296
Komoren 298

Seychellen 298
Ostafrika 299
Südafrika 299

24 Törns im Südindischen Ozean 300

25 Wind- und Strömungsverhältnisse
   sowie Törns im Roten Meer 317
   RN Richtung Norden 320
   RS Richtung Süden 322

MITTELMEER

26 Wind- und Strömungsverhältnisse
   sowie Törns im Mittelmeer 324
   M 10 Von Westen nach Osten 330
   M 30 Von Osten nach Westen 337

27 Kanäle und Fahrtbestimmungen ... 342

Verzeichnis der Törns 354

Kartenverzeichnis

1. Hauptstrecken . . . . Vorsatz
2. Vorherrschende Winde, Januar – März . . 26
3. Vorherrschende Winde, April – Juni . . . 28
4. Vorherrschende Winde,
   Juli – September 30
5. Vorherrschende Winde,
   Oktober – Dezember 32
6. Auftreten tropischer Stürme 36
7. Verhalten bei tropischen Stürmen in der
   nördlichen Hemisphäre 39
8. Verhalten bei tropischen Stürmen in der
   südlichen Hemisphäre 40
9. Strömungen in Nordatlantik 46
10. Westafrika 50
11. Azoren 51
12. Madeira 52
13. Kanarische Inseln 53
14. Kapverdische Inseln 54
15. Venezuela und die ABC-Inseln 56
16. Trinidad und venezolanische Inseln . . . 57
17. Kleine Antillen 58
18. Jungfern-Inseln 59
19. Mittelamerika und Golf von Mexiko . . . 62
20. Bahamas, Turks- und Caicos-Inseln 64
21. Bermuda 66
22. Transatlantiktörns von Ost nach West . . . 68
23. Atlantiktörns ab Westeuropa 72
24. Transatlantiktörns von West nach Ost . . . 80
25. Törns zwischen US-Ostküste und
    Karibischem Meer 85
26. Törns zwischen Karibischem Meer und
    Ostküste 92
27. Törns mit Start und Ziel Bahamas 95
28. Törns im Karibischen Meer mit Start und
    Ziel Panama 98
29. Törns im östlichen Karibischen Meer . . . 104
30. Transäquatorialtörns im Atlantik 110
31. Strömungen im Südatlantik 122
32. Magalhãesstraße und Kap Hoorn 126
33. Inseln im Südatlantik 128
34. Falkland-Inseln 129
35. Südatlantiktörns 132
36. Strömungen im Nordpazifik 140
37. Hawaii 145
38. Marshall-Inseln 146
39. Kiribati 147
40. Karolinen 148
41. Marianen 150
42. Philippinen 151
43. Japan 153
44. Törns im Nordostpazifik 156
45. Nordpaziktörns 162
46. Törns im Fernen Osten 171
47. Törns zwischen Neuguinea und
    Mikronesien 182
48. Törns im Ostpazifik 184
49. Strömungen im Südpazifik 198
50. Galápagosinseln 202
51. Inseln im Südostpazifik 204
52. Marquesas-Inseln 206
53. Gesellschaftsinseln 207
54. Samoa 208
55. Inseln im Zentralpazifik 209
56. Tongainseln 210
57. Fidschi-Inseln 212
58. Neuseeland 213
59. Neukaledonien 215
60. Vanuatu 217
61. Salomonen 218
62. Papua Neuguinea 221
63. Törns im Südpazifik 224
64. Törns in Ostpolynesien 232
65. Törns im Zentralpazifik 239
66. Törns ab Neuseeland 248
67. Törns im Korallenmeer 256
68. Strömungen im Indischen Ozean bei
    Nordostmonsun 268
69. Malediven 274
70. Törns im Indischen Ozean 276
71. Strömungen im Indischen Ozean bei
    Südwestmonsun 290
72. Inseln im Südindischen Ozean 295
73. Maskarenen 297
74. Komoren 298
75. Seychellen 299
76. Törns nach Singapur und Indonesien . . . 302
77. Törns im Westindischen Ozean 306
78. Törns im Roten Meer/Suezkanal 318
79. Törns im westlichen Mittelmeer 331
80. Törns im östlichen Mittelmeer 338
81. Atlantikeinfahrt des Panamakanals 344
82. Pazifikeinfahrt des Panamakanals 346
83. Einfahrt nach Port Said 349
84. Einfahrt nach Suez 350

Dank und Anerkennung

Als ich das vorliegende Buch schrieb, habe ich mir die Erfahrung vieler Freunde zunutze gemacht, und zwar besonders derjenigen, die auf Strecken gesegelt sind, die ich nicht persönlich kenne. Von Norma und Chester Lemon, die auf ihrer *Honeymead* den Pazifik und den Indischen Ozean befahren haben, und von Illa und Herbert Gieseking von der *Lou V*, die sich nach ihrer Weltumsegelung mit der *Lou IV* jetzt auf ihrer zweiten großen Fahrt befinden, habe ich viele informative Briefe bekommen. Gleichermaßen zu erwähnen sind Muriel und Erick Bouteleux wegen ihrer Informationen über die Strecken, die sie bei ihrer Weltumsegelung auf der *Calao* befahren haben. Weitere Beiträge stammen von:

Liz und Bruce MacDonald von der *Horizon*,
Marg und Bob Miller von der *Galatea IV*,
Julie und Doncho Papazov von der *Tivia*,
Waltraud und Robert Bittner, vorher auf der *Vamos*, jetzt auf der *Lorebella*.

Ein Dankeschön geht auch an andere Fernsegler, die Informationen zu bestimmten Gegenden oder Themenbereichen geliefert haben, nämlich:

Sandra und Paul Ewing von der *Maamari*,
Gunter Gross von der *Hägar the Horrible*,
Peter Noble von der *Artemis*,
Kim Prowd von der *Tattawarra*,
Margaret und Charles Pickering von der *Keegenoo*,
Pierre Ribes von der *Sphinx*,
Nina und Juan Ribas von der *Abuelo III*,
Frances und Bill Stocks von der *Kleena Kleene II*,
Saskia und John Whitehead von der *Cornelia*.

Überaus dankbar bin ich Chris Bonnet von der *Ocean Appletiser Sailing Academy*, Durban, für die reichhaltigen Informationen über die Segelbedingungen in südafrikanischen Gewässern.

Für Unterstützung in der einen oder anderen Weise geht mein Dank auch an:

Die Bibliothekare des National Maritime Museum, Greenwich;
Sue Brown und Jean-Claude Bachelier von der französischen Fluglinie UTA;
John Wilkinson von der IBERIA;
National Bureau of Standards, US Department of Commerce;
Peter Parker von der Hafenbehörde Barbados;
Arturo Molina Suarez und *El Patronato de Turismo*, Las Palmas;
US Defense Mapping Agency;
J. D. Potter Ltd, Vertretung der britischen Admiralität für Seekarten und nautische Publikationen;
The Cruising Association;
Die Firma MAGNAVOX für Informationen über Großkreissegeln mittels Satellitennavigation;
Dick Johnson und das Team der *Yachting World* für ihre andauernde Hilfsbereitschaft.

Anmerkung des Verfassers

Das vorliegende Buch entstand aus einer Vielzahl offizieller und privater Quellen sowie aus der persönlichen Segelerfahrung des Verfassers. Die ergänzenden Kartenskizzen geben nur den ungefähren Verlauf der beschriebenen Törns wieder. Obwohl alles Erdenkliche getan wurde, um die Genauigkeit der aufgeführten Daten sicherzustellen, können weder Herausgeber noch Verfasser die Verantwortung für eventuelle Irrtümer übernehmen.

Einleitung

Als Junge in Rumänien, eingeschlossen von einem eisernen Vorhang, der mich vom Rest der Welt trennte, bestand für mich die einzige Reisemöglichkeit darin, imaginäre Fahrten zu planen. Ich baute meine Frustrationen dadurch ab, daß ich Traumreisen zu exotischen Orten unternahm, indem ich die Strecken mit dem Finger auf einem alten Weltatlas verfolgte. Die Streckenplanung war damals etwas Faszinierendes für mich und ist es auch geblieben, als ich die Freiheit erlangt hatte und mir die Welt offen stand. Meine Traumstrecken in Europa verwandelten sich wie durch ein Wunder in die Realität von Bahnlinien und Autobahnen, so wie später Bleistiftkreuze auf Seekarten zu Segeltörns über die Meere wurden.

Als aus dem Traum von einer Reise um die Welt eine reale Möglichkeit geworden war, reichte es mir nicht mehr, mit dem Finger eine Linie auf einer Karte zu verfolgen, und ich begann, meine Reise ernsthaft zu planen. Die Umsetzung von Träumen in konkrete Pläne war nicht so einfach, und obwohl die Bücherregale mit Literatur über nahezu sämtliche Aspekte des Fahrtensegelns überquollen, fand ich nur wenig über die Törnplanung speziell für Segler mit kleinen Booten. Das war zwar ärgerlich, konnte mich aber wie viele andere nicht von meinem Ziel abbringen. Während meiner sechsjährigen Weltumsegelung von 60000 Meilen, die mich auch in einige der abgelegensten Gegenden der Erde führte, behielt ich jedoch das Interesse an der Törnplanung und sammelte unentwegt weitere Informationen.

Mit diesem Buch versuche ich, die Lücke in der Literatur durch wesentliche Informationen zu Winden, Strömungen, regionalen und saisonalen Wetterverhältnissen sowie mit Details von nahezu 300 Segeltörns zu schließen. Mit diesen Informationen hoffe ich es allen, die eine größere Fahrt unternehmen wollen, leichter zu machen, indem sie bequem im eigenen Heim planen können. Wenn die Fahrt erst begonnen hat, bleibt das Buch insofern weiterhin nützlich, als Alternativen zu den Hauptstrecken vorgeschlagen werden.

Das vorliegende Buch ist ein Führer zu Segeltörns, kein umfassendes Segelhandbuch für die ganze Welt, und der Leser wird dringend gebeten, sich vor Antritt einer bestimmten Fahrt mit den entsprechenden Handbüchern, Seekarten und regionalen Publikationen vertraut zu machen. Wegen des riesigen Gebiets, das das Buch abdeckt, konnte ich nur die grundlegenden Daten für die Planung einer längeren Fahrt aufnehmen, weil es allein vom Umfang her unmöglich gewesen wäre, detaillierte Informationen über sämtliche Routen in einem einzigen Band unterzubringen. Ich mußte mich darauf beschränken, nur allgemeine Hinweise dazu zu geben, wie man vom einen Ziel zum nächsten gelangt. Diese Hinweise umfassen ungefährliche und gefährliche Jahreszeiten, vorherrschende Winde, zu erwartendes Wetter sowie andere Faktoren, die der Fahrtensegler kennen sollte. Immer, wenn ein bestimmter Punkt fraglich war, wie etwa der Beginn oder das Ende der Hurrikansaison, die

Einleitung

Stärke einer bestimmten Strömung oder die Häufigkeit von Stürmen in einem bestimmten Gebiet, habe ich mich auf die Seite der Vorsicht geschlagen. Aus dem gleichen Grund habe ich mich mehr auf Details über die ungefährliche Jahreszeit und weniger auf die Wetterbedingungen in der ungünstigen Jahreszeit konzentriert. Ich bin der Meinung, daß Segeln etwas Erfreuliches sein sollte, und diese Meinung zieht sich durch das ganze Buch, da sich beim Segeln viel Unerfreuliches durch etwas Planung vermeiden läßt. Ich habe keinerlei Absicht, jemanden zu ermutigen, sich auf schwere Fahrten und in schlechtes Wetter zu begeben. Deshalb befaßt sich das Buch überwiegend mit den wärmeren Regionen der Erde, in denen die meisten Segler eines Tages zu segeln beabsichtigen oder zumindest davon träumen, und nicht damit, wie man sich auf eine Überquerung des stürmischen Nordatlantiks mitten im Winter vorbereitet.

Das Hauptziel dieses Buches besteht darin, den Leser in die Lage zu versetzen, eine Fahrt vom Anfang bis zum Ende zu planen, und dazu braucht er drei Angaben, nämlich allgemeine Wetterbedingungen auf See, regionale Wetterverhältnisse in bestimmten Gebieten und Beschreibungen tatsächlicher Fahrtstrecken. Die regionalen Wetterangaben im vorliegenden Buch sind nicht erschöpfend. Gebiete, die von Seglern nur selten aufgesucht werden, wurden entweder ausgelassen oder nur kurz gestreift. Die Angaben über regionale Wetterverhältnisse sollen nur als Anhaltspunkt dafür dienen, was für Wetterbedingungen in bestimmten Gebieten zu erwarten sind.

Wer beispielsweise als Teil einer längeren Fahrt einen einjährigen Aufenthalt im Südpazifik plant und dabei auch zwischen den Fidschi-Inseln kreuzen will, findet Angaben in den entsprechenden Abschnitten über allgemeine Wetterbedingungen im Südpazifik, Zeit und Ort tropischer Stürme, Möglichkeiten, die gefährliche Saison zu meiden, regionale Wetterverhältnisse und die beste Jahreszeit für Törns vor den Fidschi-Inseln, Anfahrtsstrecken, Richtung und Zeitpunkt der Abfahrt.

Da sich die Mehrzahl der Törns auf allen Meeren in einer Hemisphäre abspielt, sind die Fahrtstrecken in sechs Hauptgebiete unterteilt, die den sechs Hemisphären der drei Ozeane entsprechen. Das ist meiner Meinung nach logischer, als die einzelnen Ozeane als Ganzes abzuhandeln, und zwar hauptsächlich, weil für alle Törns in einer bestimmten Hemisphäre ähnliche Wetterbedingungen gelten. Weil nördlich und südlich des Äquators jeweils entgegengesetzte Jahreszeiten herrschen, unterscheiden sich auch die Wetterverhältnisse zwischen den Hemisphären beträchtlich. Alle Törns sind mit zwei Buchstaben und einer Zahl gekennzeichnet, wobei die beiden Buchstaben für den Ozean und die Hemisphäre stehen – A für Atlantik, P für Pazifik, I für Indischer Ozean sowie N und S für die nördliche bzw. südliche Hemisphäre des betreffenden Meeres. Transäquatorialtörns auf den einzelnen Ozeanen werden getrennt behandelt und mit dem Buchstaben T hinter dem Anfangsbuchstaben für den jeweiligen Ozean bezeichnet.

Für jeden Törn sind die günstigste Zeit und die Jahreszeit angegeben, in der dort tropische Stürme auftreten. Die Dauer der Hurrikansaison wird für den gesamten Törn angegeben, und zwar auch dann, wenn zwar nicht am Abfahrts- oder Zielpunkt, aber unterwegs tropische Stürme auftreten können. Außerdem aufgeführt sind die Großkreisentfernungen zwischen den wichtigsten Häfen, aber weil diese Entfernungen nur als Anhaltspunkte dienen sollen, handelt es sich nur um ungefähre Angaben, und zwar besonders, wenn die vorgeschlagene Strecke nicht direkt verläuft. Zu Beginn der einzelnen Törnbeschreibungen sind die entsprechenden Seekarten und Segelhandbücher aufgeführt. Da es hier um Hochseetörns geht, sind nur Karten mit kleinem Maßstab angegeben. Obwohl sich die Segelhandbücher überwiegend mit Fahrten in Küstengewässern beschäftigen und ihr Nutzen auf hoher See beschränkt ist, ist es ratsam, Handbücher angrenzender Gebiete an Bord zu haben, falls man in einem Notfall in einer Gegend an Land gehen muß, für die keine Karten an Bord sind.

Einleitung

Die angeführten US-Segelhandbücher stammen von der US Defense Mapping Agency. Die vom National Ocean Service herausgegebenen Handbücher über die US-Küstengewässer sind nicht aufgeführt. Es sind sowohl amerikanische als auch britische Karten und Publikationen angegeben, weil bestimmte Gebiete der Erde von dem einen Hydrographischen Amt besser als von dem anderen erfaßt sind. Allgemein kann man sagen, daß britische Karten besser sind, wenn das betreffende Gebiet früher zum britischen Empire gehörte, wohingegen amerikanische Karten genauer sind, wenn das Gebiet wie etwa der Nordpazifik im Interessenbereich der USA liegt. Karten- und Handbuchnummern waren zur Zeit der Drucklegung richtig, werden jedoch gelegentlich geändert, und daran sollte man denken, wenn man die vorgeschlagenen Karten bestellt.

Einerseits aus Platzgründen, andererseits aber auch, weil es über bestimmte Gebiete bereits ausreichend Literatur gibt, habe ich die Angaben zu Törns in den Seegebieten vor Nordamerika, Nordeuropa, Australien und im Mittelmeer auf ein Mindestmaß beschränkt. Die wenigen Strecken, die für diese Gegenden angegeben sind, sollen nur als allgemeine Anhaltspunkte für Außenseiter dienen, die dort zu segeln beabsichtigen, und nicht als Führer für lokale Segler. Auf gleiche Weise enthält das Buch nur Strecken, auf denen man in ein bestimmtes Gebiet wie etwa zu den Bahamas kommt, dient aber nicht als Führer für Segeltörns zwischen den Inseln in diesem Gebiet.

Bei den vorbereitenden Arbeiten für dieses Buch habe ich im reichen Maße zurückgegriffen auf ältere Publikationen und sogar auf Logbücher von Segelschiffen, die einen Schatz an Informationen über Ozeanfahrten und vorherrschende Segelbedingungen enthalten. Diese Bedingungen haben sich seit den Glanzzeiten der Segelschiffe, in denen die Kapitäne unter dem Druck der Schiffseigner möglichst schnelle Überfahrten machen mußten, nur wenig geändert. Leider finden sich diese wertvollen Informationen in den heutigen Veröffentlichungen nur noch selten, weil sie für die maschinengetriebenen Schiffe, die die Ozeane heute durchpflügen, als unwichtig gelten. Aber auch einem Fahrtensegler bringen diese Informationen häufig nur wenig Nutzen, weil die heute beliebten Strecken besonders seit der Eröffnung des Panama- und des Suezkanals nur selten mit denen der Rahsegler von gestern zusammenfallen. Das beste Beispiel dafür ist die Südpazifik, da es kaum Informationen über die Segelstrecken in diesem zunehmend beliebten Segelgebiet gibt.

Ich hoffe auf Vergebung für den Fall, daß ich die eine oder andere Strecke ausgelassen oder übersehen habe. Gelegentlich habe ich eine nur wenig benutzte Strecke ausgelassen, wenn ich beispielsweise wußte, daß kaum mehr als ein Boot pro Jahr direkt von Tuvalu zu den Salomonen segelt. In solchen Fällen bin ich davon ausgegangen, daß die Informationen über benachbarte Strecken, auf denen die Bedingungen ähnlich sind, ausreichen.

Wahrscheinlich erwartet manch einer von einem Buch dieser Art, daß es präzise Lösungen für jeden Bedarf anbietet. Das ist natürlich nicht möglich, und zwar besonders, wenn es um etwas so Unbeständiges wie Wind und Wetter geht. Immer wieder kommt es auf normalerweise verläßlichen Strecken zu außergewöhnlichen Wettererscheinungen. Es gibt eine unendliche Vielzahl von Umständen, die es unmöglich machen, eine feste Regel aufzustellen, die jederzeit ein positives Ergebnis verheißt. Wenn daher ein bestimmter Kurs als optimal angegeben, in der Praxis aber nicht zu segeln ist, verläßt man sich am besten auf den eigenen Instinkt, selbst wenn das zu einem Umweg oder einer Verspätung führt.

Das Material zu diesem Buch stammt aus einer Vielzahl von Quellen, nicht zuletzt aber auch aus meiner eigenen Erfahrung. Eine enorme Hilfe waren mir auch meine vielen segelnden Freunde, und zwar besonders diejenigen, die in Gegenden gesegelt sind, in die ich selbst nicht gekommen bin. In diesen Fällen hat mir die in der Kindheit erlernte Fähigkeit, mich selbst an unbekannte Orte zu versetzen, gute Dienste geleistet.

1 Törnplanung

Manche Fahrten beginnen als Traum, enden aber als Alptraum, und zwar meistens aufgrund mangelnder Planung und unzureichender Vorbereitung. Nahezu jedes gut ausgerüstete Segelboot ist heute in der Lage, unter den meisten Bedingungen von Punkt A nach Punkt B zu fahren, wenn die Zeit, die es dazu braucht, keine Rolle spielt. Dabei kann man durchaus darüber streiten, ob ein solches Unternehmen die Mühe wert ist oder nicht. Käpt'n Bligh sah sich fast einer Meuterei gegenüber, als er stur versuchte, Kap Hoorn mitten im Winter von Osten nach Westen zu umrunden. Er gab schließlich auf und wendete nur, um mit den Tahitianerinnen einer noch größeren Herausforderung zu begegnen. Diese Art von Gefahr hätte man natürlich auch mit der besten Vorausplanung nicht vorhersehen können.

Glücklicherweise sind die Faktoren, die heute bei der Planung einer längeren Fahrt zu berücksichtigen sind, eher voraussehbar und die Gefahren für einen Segeltörn größtenteils bekannt. Der kluge Segler, der einen Hochseetörn plant, wird versuchen, die günstigen Winde und Strömungen voll auszunutzen und jegliche extreme Wetterlage zu meiden. Eine Hochseeyacht sollte gut genug gebaut sein, um einem durchschnittlichen Sturm widerstehen zu können, und zum Glück treten auf den in diesem Buch beschriebenen Strecken schwere Stürme in der »ungefährlichen« Saison nur sehr selten auf. Die Hauptgefahr, vor der man auf der Hut sein muß, besteht in tropischen Wirbelstürmen, seien es nun Hurrikane, Zyklone oder Taifune, denen man jedoch leicht aus dem Weg gehen kann, weil sie nur zu bestimmten Jahreszeiten in bekannten Gebieten auftreten. In diesem Zusammenhang spielt die Vorausplanung eine wesentliche Rolle, weil es problemlos möglich ist, einen Törn in ein beliebiges Segelgebiet zu planen, ohne das Risiko zu laufen, in einen Hurrikan, Zyklon oder Taifun zu geraten. Ein weiterer Faktor, der bei der Planung eines Törns zu berücksichtigen ist, sind die wenigen Gegenden, die wegen Piraterie, Drogenschmuggel oder hoher Verbrechensrate als gefährlich gelten. Da diese Gefahren menschlicher Natur sind, lassen sie sich schwerer als Naturereignisse vorhersagen, obgleich die zu meidenden Gegenden im allgemeinen bekannt sind und es sich unter Seglern wie ein Lauffeuer herumspricht, daß man bestimmte Gebiete wie Kolumbien, die Inseln zwischen Indonesien und den Philippinen oder Teile des Roten Meeres besser meiden sollte.

Doch trotz aller heute verfügbaren Informationen und trotz der Tatsache, daß die Wettersysteme der Erde so viel besser bekannt sind, geraten jedes Jahr wieder kleine Boote in Schwierigkeiten, weil ihre Skipper alle Warnungen ignorieren und beschließen, die Hurrikansaison in einem Gebiet zu verbringen, das für diese heftigen Stürme bekannt ist. Weniger traumatisch, aber trotzdem unangenehm ist die Erfahrung, die jedes Jahr von Bootseignern von der amerikanischen Westküste gemacht wird, die sich am Ende eines schönen Törns vor dem Wind auf irgendeiner Insel im Südpazifik wiederfinden und nicht die leiseste Idee haben, wie sie wieder nach Hause kommen sollen. Manche wählen schließlich die logische Lösung, segeln nach Westen weiter und verlängern damit ihren Törn wohl oder übel um Tausende von Meilen zu einer Weltumsegelung. Ein gewisses Maß an Vorausplanung hätte ihnen das Leben leichter machen können. Mangel an Vorausplanung ist übrigens auch der Hauptgrund dafür, daß in den Karibikhäfen immer Boote zum Verkauf angeboten werden, deren ernüchterte Eigner die Rückreise über den Atlantik nach Europa scheuen.

Andererseits gibt es natürlich Augenblicke, in denen man entweder durch Zufall oder aus eigenem Willen mit den Elementen kämpfen muß, um einen bestimmten Punkt zu erreichen. Nach der Fahrt durch den Panamakanal mit der *Aventura* beschlossen wir, Peru und der Westküste Südamerikas noch einen Besuch abzustatten, bevor wir unsere Kreuzfahrt zwischen den Inseln im Südpazifik begannen. Da wir Peru auf keinen Fall auslassen wolten, hätte die einzige Alternative zu einem langen Schlag gegen widrige Winde und den Humboldtstrom in einem noch längeren Umweg um Kap Hoorn oder durch die Magalhãesstraße bestanden. Unsere Entscheidung, gegen das Wetter anzusegeln, fiel aus dem einzigen Grund, daß wir zu einem ganz bestimmten Ort wollten. Wer jedoch eine längere Fahrt plant, muß unbedingt darauf achten, günstige Winde auszunutzen und schlechtes Wetter zu meiden, indem er einen geeigneten Kurs wählt und, vor allen Dingen, zur richtigen Zeit am richtigen Ort ist.

Bei Beginn der Planung braucht man zunächst einmal eine gnomonische Karte für das Gebiet, in dem die Fahrt stattfinden soll. Regionalkarten sind in diesem Stadium noch nicht erforderlich; sie sollten erst dann beschafft werden, wenn die Fahrtstrecke feststeht. Eine gnomonische Karte ist erforderlich, weil die normalen Seekarten, die auf der Mercatorprojektion basieren, zur Planung eines Hochseetörns von mehr als ein paar hundert Seemeilen nutzlos sind. Auf den Mercatorkarten sind alle Meridiane als gerade parallele Linien dargestellt, die nicht an den Polen zusammenlaufen, wie es in der Realität der Fall ist. Das bedeutet, daß eine gerade Linie zwischen zwei Punkten auf einer dieser Karten nicht notwendigerweise die kürzeste Entfernung zwischen diesen beiden Punkten darstellt und daß ein Schiff, das auf einem solchen Kurs segelt, zwar sein Ziel erreicht, aber nicht auf dem kürzesten Wege. Um effizienter segeln zu können, muß man die Großkreisroute feststellen, d. h. die kürzeste Entfernung zwischen zwei Punkten auf der Erdoberfläche.

Die Grundsätze des Großkreissegelns sind seit langer Zeit bekannt, und man nimmt an, daß auch so großartige Seefahrer wie Columbus und Magellan schon damit vertraut waren. Die Vorteile des Segelns auf einem Großkreis sind zum ersten Mal in einer Abhandlung des portugiesischen Seefahrers Pedro Nunez aus dem Jahre 1537 erwähnt. Britische Seeleute erfuhren davon aus dem Buch *The Arte of Navigation* in der Übersetzung von Richard Eden aus dem Jahre 1561. Auch in anderen Werken befaßte man sich mit dem angewandten Großkreissegeln, wobei allerdings der Begriff an sich wohl von John Davis in einem Buch geprägt wurde, das 1594 mit dem Titel *Seaman's Secrets* erschien und in dem von »drei Arten des Segelns« gesprochen wird, darunter auch das »Segeln auf einem Großkreis«.

Etwa zur gleichen Zeit veröffentlichte der holländische Mathematiker Gerhard Mercator eine Weltkarte mit einer Projektion, die heute seinen Namen trägt. Ein Kurs, der auf einer Mercatorkarte mittels einer geraden Linie dargestellt wird, heißt Loxodrome, und auf kurzen Strecken macht es kaum etwas aus, wenn man zwischen dem Abfahrts- und dem Zielhafen auf einer solchen Linie fährt. Um jedoch für eine längere Fahrt die kürzeste Strecke zu finden, muß man dieselbe gerade Linie in eine gnomonische Karte einzeichnen, die auf einer anderen Projektion beruht, bei der die Meridiane an den Polen zusammenlaufen und die Breitenkreise durch gebogene Linien dargestellt sind. Jede gerade Linie auf einer gnomonischen

Karte ist Teil eines Großkreises und stellt die kürzeste Entfernung zwischen den beiden Endpunkten dieser Linie dar. Weil gnomonische Karten sich nicht zur Navigation verwenden lassen, muß der in eine derartige Karte eingezeichnete Großkreiskurs auf eine Mercatorkarte übertragen werden. Das geschieht, indem man sich die Breitengrade notiert, bei denen die Großkreisroute aufeinanderfolgende Längenkreise schneidet, die in geeigneten Abständen, meistens 5°, gewählt werden. Diese Positionen werden auf die entsprechende Mercatorkarte übertragen und durch gerade Linien verbunden. Die so entstehende Abfolge von Loxodromen kommt dem tatsächlichen Großkreisweg sehr nahe.

Dieser eher mühevollen Methode zur Bestimmung des Großkreisweges für eine beliebige Strecke kann man aus dem Wege gehen, indem man das Problem nicht graphisch, sondern mathematisch löst. Es gibt mehrere Möglichkeiten, den Anfangskurs auf einem Großkreis und die Großkreisdistanz zwischen zwei gegebenen Punkten zu berechnen; eine der einfachsten Methoden wird am Anfang der Sichtverminderungstabellen für die Seefahrt beschrieben. Das Problem läßt sich außerdem mit Hilfe eines Taschenrechners lösen; manche Satellitennavigationsanlagen zeigen sogar auf Knopfdruck den Großkreiskurs und die Distanz zwischen zwei beliebigen Punkten.

Wer seinen Großkreiskurs auf andere Weise berechnen will, braucht daher nicht unbedingt gnomonische Karten zu kaufen; die Anschaffung der entsprechenden Seekarten ist allerdings unerläßlich. Diese Karten werden vom »US Department of Defense Hydrographic Center« und vom »British Admiralty Hydrographic Department« herausgegeben und sind bei den normalen Kartenverkaufsstellen erhältlich. Seekarten gibt es für alle Meere der Welt; sie enthalten monatliche oder vierteljährliche Durchschnittswerte für Windrichtung und -stärke, Strömungen, Prozentsatz an Flauten und Stürmen, Eisgrenzen, Bahnen tropischer Stürme und andere Informationen. Die in diesen Karten enthaltenen Daten beruhen auf Beobachtungen, die auf Schiffen in diesen Gebieten gemacht wurden, und bieten zwar insgesamt ein genaues Bild der Wetterbedingungen zu bestimmten Jahreszeiten, sind aber eben nur Durchschnittswerte und auch als solche anzusehen. Weitere Publikationen, die in der Planungsphase nützlich sein könnten, sind *Ocean Passages for the World,* herausgegeben vom »British Hydrographic Department«, und die *Planning Guides,* herausgegeben von der »US Defense Mapping Agency«. Beide Publikationen sind in erster Linie für die Großschiffahrt bestimmt, für Segler sind sie nur von begrenztem Wert. Die *Planning Guides* enthalten allgemeine Informationen über die einzelnen Meere und sollen in Verbindung mit den jeweiligen Segelanweisungen benutzt werden. Sie decken die folgenden Gebiete ab: Nordatlantik (140), Südatlantik (121), Nordpazifik (152), Ferner Osten (160), Südpazifik (122), Indischer Ozean (170) und Mittelmeer (130).

Mit Hilfe der entsprechenden Seekarten für das zu befahrende Gebiet und der im vorliegenden Buch enthaltenen Hinweise kann die Planung eines Törns jetzt beginnen. Damit es einfacher wird, eine längere Fahrt zunächst einmal im Entwurf zu planen, werden im nächsten Kapitel ein paar hypothetische Törns beschrieben. Diese Beispiele sollen nur zeigen, was sich in einem gegebenen Zeitrahmen tun läßt. Letztendlich liegt die Planung kurzer und langer Törns in der Verantwortung des Skippers, der die Fähigkeit und Grenzen von Mannschaft und Boot am besten kennt.

Die Bedeutung langfristiger Planung läßt sich aus dem folgenden Beispiel ersehen. Unter der Annahme, daß man ein paar Monate lang zwischen den Kleinen Antillen segeln will, muß vorher die Reihenfolge festgelegt werden, in der die Inseln besucht werden sollen. Die meisten Leute denken bei der Abfahrt von den Kanarischen Inseln nur daran, wie sie den Atlantik am schnellsten und bequemsten überqueren können; wann und wo sie in der Karibik an Land gehen, bleibt vielen Faktoren überlassen, nur nicht immer den langfristigen Überlegungen. Wenn jemand nach Ende der Segelsaison in der Karibik nach Europa oder in die Staaten zurückkehren will, segelt er logischerweise von Süden nach Norden zwischen den Inseln hindurch, damit er dieselbe Strecke nicht zweimal fahren muß. Wenn der Törn jedoch in den Pazifik weitergeht und eine Fahrt durch den Panamakanal geplant ist, ist es sinnvoller, die Atlantiküberquerung vor einer der weiter nördlich gelegenen Inseln wie etwa Antigua oder Martinique zu beenden und dann an der Inselkette entlang nach Grenada oder Venezuela zu segeln. Auf einer solchen Strecke wäre für bessere Winde zwischen den Kleinen Antillen und eine kürzere Überfahrt nach Panama gesorgt, wenn es an der Zeit ist. Die Fahrt durch das Karibische Meer kann gegen Ende des Winters extrem rauh werden, und bei Abfahrt von einer der ABC-Inseln vor Venezuela (Aruba, Bonaire und Curaçao) wäre dieses Teilstück kürzer und erfreulicher zu segeln. Ein weiterer Vorteil ergibt sich aus der Tatsache, daß der südlichste Teil der Karibik außerhalb der Hurrikanzone liegt, so daß das Boot nicht in Gefahr gerät, wenn der Törn sich aus irgendeinem Grund verzögert.

Von gleich großer Bedeutung bei der Vorausplanung ist es, daß man bestimmte subjektive Faktoren Einfluß auf die Streckenwahl nehmen läßt. Es müssen Prioritäten gesetzt werden, und das ist im allgemeinen der Punkt, an dem man bereit sein muß, seine eigenen Grenzen zu erkennen. Manch einer schämt sich, vor anderen und auch vor sich selbst zuzugeben, daß er vor einer bestimmten Route Angst hat. Ein gutes Beispiel dafür ist die Umrundung des Kaps der Guten Hoffnung, dessen passendere Bezeichnung Kap der Stürme lautet; wahrlich ein sehr gefährliches Gebiet, und zwar besonders, wenn man sich absolut nicht sicher ist, ob das Boot wirklich ein paar harte Schläge vertragen kann, eine Möglichkeit, mit der man auf dieser Route immer rechnen muß. Es ist wirklich nichts dagegen einzuwenden, eine solche Strecke zu meiden, und das geht auch ganz einfach, indem man stattdessen die Route durch das Rote Meer wählt. Diese Entscheidung muß jedoch weit im Vorfeld getroffen werden, und zwar im Idealfall schon vor der Fahrt durch die Torresstraße und nicht erst bei der Abfahrt von Mauritius.

Ein weiterer Bereich, in dem subjektive Faktoren in die Überlegungen einfließen sollten, ist der anhaltende Disput zwischen Puristen und Realisten. Nur zu oft sieht man sich Mißfallensäußerungen gegenüber, wenn man die Maschine nicht nur zum Manövrieren im Hafen zu Hilfe nimmt – gelegentlich von Leuten, die nicht einmal bis zum Laden an der Ecke gehen, wenn sie fahren können. Es ist das Pech der Puristen, daß Motoren heute unverzichtbar zu einem modernen Fahrtensegler gehören und daß viele Törns, die in diesem Buch beschrieben werden, ohne Maschinenhilfe sehr schwer sind. Schließlich leben wir im Zeitalter der Technik, und so befriedigend es sein mag, unter Segel vor Anker gehen oder in einem engen Hafenbecken anlegen zu können, so ist doch nichts dabei, die Maschine anzuwerfen, um einem Tanker auf Kollisionskurs aus dem Weg zu gehen. Auf eine Hilfsmaschine zurückzugreifen, ist heute durchaus akzeptiert, und deshalb tut ein Skipper auf bestimmten Routen gut daran, reichlich Treibstoff mitzuführen, was auch in bezug auf die Länge der Fahrt einiges ausmachen kann. Ein typisches Beispiel dafür ist etwa, daß man bequem unter Motor durch die Kalmen fahren kann und nicht tage- oder wochenlang ohne Fahrt ist und daß man gegen eine starke Strömung in eine Lagune einfahren kann, in die man sonst nicht hineinkäme.

Das sind nur einige wenige Faktoren, die die Planung sowohl auf kurze als auch auf lange Sicht beeinflussen können. Was man jedoch zu jeder Zeit benötigt, wenn man erst einmal unterwegs ist, ist eine gute Portion gesunden Menschenverstandes, mit dem sich die meisten Probleme überwinden lassen. Wenn man sich beispielsweise nicht ganz sicher ist, wo ein bestimmtes Riff, eine Insel oder eine andere Gefahr lauert, ist es im allgemeinen ungefährlicher, wenn man annimmt, daß die angegebene Breite genauer ist als die Länge. Die Koordinaten der meisten dieser Gefahrenstellen wurden von Seeleuten festgelegt, bevor es die heutigen genauen Instrumente gab, und viele Karten von abgelegenen Gegenden harren noch einer Korrektur. Deshalb gilt immer noch die Methode der alten Seglerkapitäne, die immer versuchten, den Breitengrad einer gegebenen Stelle entlangzusegeln, um möglichst sicher auch darauf zu stoßen. Wenn man andererseits einer bestimmten Gefahr aus dem Wege gehen will, muß man zu allererst darauf achten, ihre Breite zu meiden. Da die beliebten Strecken über die Meere vielfach von Ost nach West verlaufen, sollte es nicht zu schwierig sein, einen sicheren Breitengrad auszuwählen und darauf zu bleiben, wenn man sich einer bekannten Gefahrenstelle nähert.

Der Einfluß, den ein derartiger gesunder Menschenverstand auf die gute Seemannschaft ausüben kann, zeigt sich in einigen der Beispiele in meinem Buch *Ocean Cruising Survey,* in dem nach Gesprächen mit vielen erfahrenen Seglern unter anderem der Schluß gezogen wird, daß eine der wichtigsten Eigenschaften, die ein Segler benötigt, Geduld ist. Ein wenig Demut und Respekt vor den Naturgewalten ist vielleicht genauso wichtig, und diese Tatsache ist wahrscheinlich die Erklärung dafür, daß abergläubische Segler vorzugsweise sagten, ihr Schiff sei zu diesem oder jenem Ziel »bestimmt«. Ein Schiff kann durch vielerlei Dinge davon abgehalten werden, sein gewünschtes Ziel zu erreichen, und eine sorgfältige Planung spielt eine wesentliche Rolle dabei, ein Schiff sicher nach Hause zu bringen.

2 Hauptstrecken

Die Planung eines längeren Törns ist nicht einfach, weil dabei viele Faktoren berücksichtigt werden müssen. Der Wichtigste unter diesen Faktoren ist die Sicherheit von Fahrzeug und Besatzung, und deshalb ist es unerläßlich, darauf zu achten, daß die Route an bekannten Gefahrenstellen vorbeiführt und daß möglichst viel in den günstigen Jahreszeiten gesegelt wird. Die Mehrzahl der in diesem Buch beschriebenen Strecken liegt in den Tropen, wo Weltumsegler einen Großteil ihrer Zeit verbringen. Viele Gegenden in den Tropen sind jedoch nur sechs oder sieben Monate im Jahr ungefährlich, in der restlichen Zeit kann es zu tropischen Stürmen kommen. Auf den folgenden Seiten versuche ich ein paar Beispiele dafür aufzuzeigen, wie sich die Welt möglichst ungefährlich umrunden läßt. Die vorgeschlagenen Routen sind in die Weltkarte auf den Vorsatzblättern dieses Buches eingezeichnet.

Törn A: Zweijährige Weltumsegelung von Europa oder von der US-Ostküste aus

Die kürzeste Zeit, in der sich mit einem kleinen Segelboot die Welt umrunden läßt, dürfte etwa zwei Jahre betragen; alles, was darunter liegt, wäre kein gemächliches Segeln mehr, sondern eher ein Kraftstück. Wenn der Abfahrtshafen in Skandinavien, Großbritannien oder Nordeuropa liegt, fährt man am besten zu Anfang des Sommers los, wenn in der Nordsee, dem Ärmelkanal und der Biskaya optimale Bedingungen zu erwarten sind. Aus den Häfen im Mittelmeer und von Gibraltar aus kann man noch Ende Oktober lossegeln. Das ist auch die Zeit, zu der ein Boot mit Ziel Kanarische Inseln unterwegs sein sollte, sei es auf dem direkten Weg oder über Madeira.

Die beste Zeit für eine Atlantiküberquerung auf der SO-Passatroute ist Ende November, da man dann noch vor Weihnachten, zu Beginn der ungefährlichen Saison, auf einer der Karibischen Inseln an Land gehen kann.

Für Boote, die von der US-Ostküste aus auf eine zweijährige Weltumsegelung gehen, ist die Abfahrtszeit der springende Punkt, und die Spielräume sind weniger großzügig. Wer noch einige Zeit auf den Kleinen Antillen verbringen will, sollte versuchen, in der ersten Novemberwoche loszufahren und direkt zu den Jungferninseln zu segeln. Wer auf direktem Wege nach Panama will, hat zwei Alternativen, nämlich via Bahamas und Windward Passage oder entlang der Küste nach Florida und von da aus weiter nach Panama. Im zweiten Fall ist eine spätere Abfahrt möglich.

Unabhängig davon, ob der Abfahrtshafen in Europa oder in den USA liegt, sollte der Panamakanal im Januar oder Anfang Februar passiert werden. Dadurch vermeidet man es, auf den Marquesasinseln vor Ende März einzutreffen, einer Zeit, zu der auf den Inseln Französisch Polynesiens noch Zyklone auftreten. Weil die verfügbare Zeit begrenzt ist, sollte die Abfahrt von Tahiti Anfang Juni erfolgen, um im Juli auf den Fidschi-Inseln anzukommen. Weil das die Monate sind, in denen der SO-Passat am konstantesten weht, lassen sich diese langen Strecken gewöhnlich in recht guter Zeit bewältigen. Von den Fidschi-Inseln aus sollten die Zeiten so abgestimmt werden, daß die Torresstraße vor Ende August oder Anfang September passiert wird.

Die Überquerung des Südindischen Ozeans muß in einem ähnlichen Rhythmus erfolgen, mit langen Zeiten auf See und wenig Zeit für die Inseln unterwegs. Der Beginn der Zyklonsaison im Dezember läßt eine Abfahrt von Mauritius nach Durban spätestens Ende Oktober ratsam erscheinen. Der nächste Schlag nach Kapstadt erfolgt am besten im Januar oder Februar, wenn die Bedingungen an der Spitze von Afrika am günstigsten sind.

Wer eine Rückkehr in das Mittelmeer über das Rote Meer plant, hat die Wahl, entweder Bali anzulaufen und von dort aus nach Singapur weiterzufahren oder via Christmas Island nach Sri Lanka zu segeln. Für die Strecken zwischen den Indonesischen Inseln braucht man eine Erlaubnis, in der wahrscheinlich die Route vorgegeben ist. Der Vorteil einer Überquerung des Nordindischen Ozeans liegt darin, daß sie im Januar oder Februar erfolgen kann, so daß mehr Zeit für den Pazifik zur Verfügung steht, wobei die Torresstraße nur im September oder Anfang Oktober passiert werden sollte.

Wer über das Kap der Guten Hoffnung zurückkehrt, kann entweder direkt zu den Azoren segeln, wenn er nach Europa will, oder nach Brasilien und zu den Kleinen Antillen, wenn sein Ziel an der Ostküste der USA liegt. Bei Ankunft auf den Azoren im April oder Mai wäre eine Rückkehr zum Abfahrtshafen genau zwei Jahre nach der Abfahrt möglich. Wer an die US-Ostküste zurückkehrt, kann diese Weltumsegelung noch schneller schaffen, was allerdings nur wenige tun. Für Amerikaner und Europäer gibt es unterwegs zu viele Versuchungen, was unweigerlich bedeutet, daß derartige schnelle Fahrten sich auch bei den allerbesten Absichten auf drei oder sogar vier Jahre hinziehen. Dieses hypothetische Beispiel zeigt jedoch, wie man eine zweijährige Weltumsegelung so planen kann, daß man immer zur rechten Zeit am rechten Ort ist.

Törn B: Dreijährige Weltumsegelung von Europa oder der US-Ostküste aus

Der vorige Törn läßt sich viel erfreulicher gestalten, wenn mehr Zeit zur Verfügung steht. In drei Jahren wären nur etwa 4000 Meilen mehr zurückzulegen, doch weil ein weiteres Jahr zur Verfügung steht, hat man unterwegs mehr Zeit und kann den Törn besser genießen.

Der erste Teil des Törns mit Ausgangspunkt in Europa oder Nordamerika entspricht etwa dem aus dem vorherigen Beispiel. In der Karibik steht mehr Zeit zur Verfügung, doch der Panamakanal sollte Anfang März passiert sein, um vor Ende April auf den Marquesasinseln anzukommen. Die folgenden drei Monate kann man in Französisch Polynesien verbringen, so daß man die Möglichkeit hat, an den einzigartigen Feiern zum 14. Juli teilzunehmen. Die Abfahrt von den Gesellschaftsinseln vor Ende Juli ermöglicht es, einige Zeit auf all den Inselgruppen auf dem Weg zu den Fidschi-Inseln zu verbringen. Weil die Zyklonsaison (Dezember bis März) näher kommt, ist jetzt eine Entscheidung fällig, ob man sie in Tonga, Pago Pago oder Neuseeland verbringen will. Eine Reihe von Booten schlüpft jedes Jahr zwischen den beiden erstgenannten Inselgruppen unter. Doch die Ankerplätze dort liegen im Zyklongebiet, und die überwiegende Mehrheit der Segler im Pazifik fährt weiter nach Neuseeland, das außerhalb des Zyklongürtels liegt. Ein Aufenthalt auf den Fidschi-Inseln ist nicht zu empfehlen, da nur wenige sichere Ankerplätze zur Verfügung stehen, die in einem Notfall schnell belegt sind.

Die Überfahrt von den Fidschi-Inseln nach Neuseeland erfolgt normalerweise im November. Die meisten Leute verbringen die gesamte

Zyklonsaison in Neuseeland und legen erst Anfang April in Richtung auf die Torresstraße und den Indischen Ozean ab. Dadurch können sie noch einige Inselgruppen im Korallenmeer besuchen, bevor sie den Indischen Ozean erreichen. Eine andere Möglichkeit besteht darin, im Februar oder März von Neuseeland aus über die Tasmansee nach Australien zu fahren und dann die australische Ostküste zur Torresstraße hinaufzusegeln.

Bei früherer Ankunft im Indischen Ozean verbleibt mehr Zeit für unterwegs, sei es für Darwin oder für Indonesien; für letzteres muß allerdings vorher eine Genehmigung eingeholt werden. Der Rest des Törns entspricht der Route aus Törn A.

Törn C: Dreijährige Weltumsegelung von der Westküste Nordamerikas aus

Wer eine Weltumsegelung von Kalifornien oder British Columbia aus plant, sollte sich mindestens drei Jahre Zeit nehmen. Das Hauptziel bei einem solchen Törn ist fast immer Tahiti, das man entweder über Hawaii oder über die Marquesasinseln anlaufen kann. Bei der Route über Hawaii kommt es nicht so genau auf die Abfahrtszeit an, wer aber zuerst zu den Marquesasinseln will, sollte Ende April oder Anfang Mai die Leinen loswerfen.

Welche Route man auch wählt, es ist nicht sehr wahrscheinlich, daß Tahiti vor Juli oder August in Sicht kommt, und das bedeutet, daß man die bevorstehende Zyklonsaison (Dezember bis März) am besten auf den Gesellschaftsinseln verbringt. Das gilt mit Sicherheit für alle, die Kalifornien im November verlassen und direkt zu den Marquesasinseln segeln, wie es eine Reihe von Booten in vergangenen Jahren getan hat. Für diejenigen, die auf Tahiti oder einer anderen der Gesellschaftsinseln zu bleiben beschließen, gibt es mehrere sichere Ankerstellen, doch ist darauf zu achten, daß man nicht zu weit von ihnen entfernt ist, falls ein Zyklon auftritt. Die Inseln Französisch Polynesiens werden nicht jedes Jahr von Zyklonen heimgesucht, und diese Tatsache hat bei vielen Leuten ein falsches Gefühl der Sicherheit hervorgerufen; dieses Gefühl wurde allerdings 1983 jäh erschüttert, als zwei heftige Zyklone über Tahiti hinwegzogen, bei denen mehrere Boote verloren gingen. Eine Möglichkeit, der Zyklonsaison in Französisch Polynesien aus dem Weg zu gehen, besteht darin, im November aus Kalifornien abzufahren und den Winter entweder in Hawaii oder in Mexiko und Mittelamerika zu verbringen. Der Törn nach Tahiti kann dann im März erfolgen, so daß man dort zu Beginn der ungefährlichen Jahreszeit ankommt. Der Rest des Törns im Südpazifik kann dann nach dem Schema von Törn A oder B erfolgen.

Wer es darauf anlegt, in der kürzestmöglichen Zeit nach Hause zurückzukehren, sollte die Überquerung des Südindischen Ozeans nach dem bereits vorgeschlagenen Zeitplan vornehmen, um somit kurz nach Weihnachten in Kapstadt einzutreffen. Er könnte dann im Februar auf den Kleinen Antillen und im März oder April in Panama ankommen. Nach der Fahrt durch den Panamakanal besteht die Wahl zwischen einer schnellen Fahrt längs der Küste Mittelamerikas – dazu gehört allerdings eine starke Maschine – oder einem Abstecher nach Hawaii in der Hoffnung auf günstigen Wind für die Rückreise. Wenn geplant ist, an der Küste entlang nach Kalifornien zu fahren, ist die Ankunftszeit in Panama wichtig, weil man vor Einsetzen der Hurrikansaison im Juni unbedingt von Cabo San Lucas frei sein sollte.

Durch diesen knappen Zeitrahmen und andere Überlegungen lassen sich viele Segler von der Westküste von der Südafrikaroute abhalten und nehmen stattdessen die Route durch das Rote Meer. Wie in Törn A beschrieben, kann die Fahrt über den Nordindischen Ozean auch noch Ende Februar erfolgen, wodurch man es vorher ruhiger angehen lassen kann. Was diese Alternativroute aber hauptsächlich so anziehend macht, ist die Möglichkeit, einige Zeit im Mittelmeer zu verbringen. Wenn man im April den Suezkanal hinter sich gelassen hat, bleiben noch etwa sechs Sommermonate, um nach Gibraltar zu segeln und unterwegs einige interessante Orte anzuschauen. Die Fahrt von Gibraltar zu den Kanarischen Inseln läßt sich leicht im Oktober bewältigen, und die anschließende Atlantiküberquerung findet dann auch zur besten Zeit statt. Wenn man dann vor Weihnachten auf Barbados oder einer anderen karibischen Insel eingetroffen ist, kann man die Fahrt nach Panama und darüberhinaus gemütlicher angehen lassen, als wenn man direkt aus Südafrika gekommen wäre. Da mehr Zeit zur Verfügung steht, kann man auch der schwierigen Rückreise entlang der mittelamerikanischen Pazifikküste gelassener entgegensehen.

Törn D: Vierjährige Weltumsegelung von der Westküste Nordamerikas aus

Einige Faktoren aus dem vorhergehenden Beispiel weisen auf die Vorteile hin, die darin liegen, wenn man sich für eine Weltumsegelung mit Ausgangspunkt an der nordamerikanischen Pazifikküste mehr Zeit läßt. In den letzten Jahren sind viele erfolgreiche Fahrten in vier Jahren durchgeführt worden; dieser Zeitraum scheint ideal zu sein, wobei allerdings diejenigen, denen mehr Zeit zur Verfügung stand, auch oft bedeutend länger unterwegs gewesen sind.

Die ersten Stadien des Törns unterscheiden sich nicht von denen in Törn C, und trotz meines natürlichen Widerwillens gegen den Vorschlag, die Zyklonsaison in Französisch Polynesien zu verbringen, komme ich hier nur sehr schwer darum herum und empfehle daher sorgfältige Vorsichtsmaßnahmen. Wenn man in der ungefährlichen Jahreszeit einige Zeit zwischen Tahiti und den anderen Gesellschaftsinseln verbringt, kann man die besten Ankerstellen für die bevorstehende Zyklonsaison erkunden. Auf den Gesellschaftsinseln verteilt finden sich mehrere sturmsichere Häfen, so daß man auch während der Zyklonsaison segeln kann, wenn man sich nicht zu weit von diesen Ankerplätzen entfernt und regelmäßig Wetterberichte hört. Es muß jedoch darauf hingewiesen werden, daß die besseren Plätze sehr schnell belegt sind, und das schränkt die Wahl beträchtlich ein.

Eine frühe Abfahrt aus Französisch Polynesien nach dem Ende der Zyklonsaison gestattet eine gemütliche Fahrt durch die verschiedenen Inselgruppen bis zu den Fidschi-Inseln, wo eine Entscheidung bezüglich der nächsten Zyklonsaison fällig ist. Die Mehrheit der Segler im Südpazifik hat sich in den vergangenen Jahren dazu entschlossen, diese Saison in Neuseeland zu verbringen. Eine andere Möglichkeit besteht darin, von den Fidschi-Inseln nach Australien weiterzufahren, und zwar vorzugsweise zu Häfen in Neusüdwales oder im südlichen Queensland, die auch außerhalb des Zyklongürtels liegen. Eine zunehmende Zahl von Booten verbringt die Saison in den Gewässern um Papua-Neuguinea, wo nur die Inseln ganz im Südosten im Zyklonbereich liegen. Dann kann man noch auf den Fidschi-Inseln, Pago Pago oder in Tonga bleiben, wo es relativ sichere Ankerplätze gibt, die allerdings noch im Zyklongebiet liegen.

Nach dieser zweiten Zyklonsaison gibt es viele Möglichkeiten mit nahezu unbegrenzten Abwandlungen, diese Fahrt fortzusetzen. Für eine vollständige Weltumsegelung einschließlich Rückkehr zur Westküste der Vereinigten Staaten oder Kanadas finden sich in Törn C einige Möglichkeiten. Für Segler von der Westküste, die weniger Zeit haben, bietet Törn E eine vielleicht noch attraktivere Möglichkeit.

Törn E: Einmal um den Pazifik

Vom Standpunkt des Seglers aus besteht der wahrscheinlich größte Nachteil des Pazifischen Ozeans darin, daß er sich für eine Umsegelung nicht so ohne weiteres eignet, eine Tatsache, die schon von den spanischen Seefahrern im

16. Jahrhundert erkannt wurde. Ein Segler von heute sieht sich nahezu dem gleichen Dilemma gegenüber, doch weil die heutigen Boote höher an den Wind gehen können, ist die Sache etwas leichter.

Weil der Südpazifik und seine Myriaden von Inseln nach wie vor der Hauptanziehungspunkt bei einem Törn im Pazifik sind, soll die Rückreise zur Westküste hier irgendwo im Südwestpazifik beginnen, wobei Neuseeland der wahrscheinlichste Startpunkt ist. Die logischste Route führt über Tahiti, und zwar mit Hilfe westlicher Winde unterhalb 35° südlicher Breite. Diese Rückfahrt nach Tahiti findet am besten im Mai oder April zum Ende der Zyklonsaison statt, bevor im Süden der Winter beginnt. Bei zeitiger Abfahrt von Neuseeland bleibt genügend Zeit, die Westküste via Hawaii zu erreichen, bevor der Winter auch in der nördlichen Hemisphäre einsetzt. Eine solche Rückreise nach Tahiti gestattet es demjenigen, der auf der Hinreise schnell zwischen diesen Inseln hindurchgesegelt ist, beim zweiten Mal mehr von Französisch Polynesien zu sehen. Die andere Möglichkeit besteht darin, nach demselben Zeitplan von Neuseeland aus über die Cook Islands nach Hawaii zu segeln.

Wer entschlossen ist, den Pazifik vollständig zu umsegeln, hat immer die Möglichkeit, eine Fahrt im Südpazifik zum Fernen Osten hin fortzusetzen. Das geschieht am besten, indem man von Papua-Neuguinea zu den Philippinen oder nach Hongkong und von dort aus nach Japan segelt. Von dort geht es dann weiter über die Aleuten nach Alaska, British Columbia und weiter nach Süden. Ein derartiger Umweg erfordert sorgfältige Planung, damit man zur günstigsten Zeit durch die Inselwelt im Fernen Osten segelt; dieser Abstecher nach Norden ist aber auf jeden Fall möglich, auch wenn er länger dauert als der Rückweg über Tahiti und Hawaii.

Es sind auch schon andere Wege zur Rückkehr an die Westküste versucht worden, jedoch mit weitaus weniger Erfolg, und zwar aufgrund des hohen Anteils an Gegenwinden auf dem Weg nach Hawaii; das gilt besonders, wenn die Fahrt in Mikronesien beginnt. Viele dieser Versuche mußten abgebrochen werden, und alle, die Erfolg hatten, haben sich geschworen, so etwas nie wieder zu tun. Deshalb kann auch gar nicht genug betont werden, wie wichtig die ordentliche Planung einer Rückreise zur Westküste ist, und die verschiedenen Möglichkeiten, die hier aufgezeigt wurden, sollten vorzugsweise schon vor der Abfahrt in die Überlegungen einbezogen werden.

Törn F: Einmal um den Atlantik

Im Vergleich zum Pazifik läßt sich der Nordatlantik viel leichter umsegeln, und ein solcher Törn wird immer häufiger auch von Leuten unternommen, die nur ein Jahr lang Zeit haben.

Von Nord- oder Westeuropa aus empfiehlt sich eine Abfahrt Ende des Frühjahrs oder Anfang des Sommers, damit die Biskaya vor Mitte August durchquert werden kann. In diesem Fall kann man noch eine Zeitlang vor der Küste der Iberischen Halbinsel verbringen, bevor man entweder direkt oder via Madeira Kurs nimmt auf die Kanarischen Inseln.

Die Atlantiküberquerung erfolgt dann im November oder Anfang Dezember auf der Passatwindroute, so daß man noch vor Jahresende in der Karibik eintrifft. In den nächsten vier Monaten segelt man dann zwischen den Kleinen Antillen und zwar vorzugsweise von Süden nach Norden, um die gleichen Routen nicht zweimal fahren zu müssen. Die Rückreise nach Europa sollte im April oder Anfang Mai beginnen und umfaßt in der Regel einen Aufenthalt auf den Bermudas, wobei allerdings manche Leute direkt zu den Azoren segeln. Die Azoren bieten ein passendes Sprungbrett mitten im Atlantik für eine Rückreise, bei der man den Heimathafen fast ein Jahr nach der Abfahrt erreicht.

Eine ähnliche Umrundung des Nordatlantiks läßt sich auch von der Ostküste der USA oder Kanadas durchführen. Die beste Abfahrtszeit liegt ebenfalls Ende des Frühjahrs oder Anfang des Sommers, weil Westeuropa dann direkt oder über die Azoren anzusteuern ist. Leider bleibt dabei nicht sehr viel Zeit für die nördlicheren Häfen in Europa, weil man vor Einsetzen der Herbststürme bereits Richtung Süden unterwegs sein muß. Dafür steht jedoch mehr Zeit für Portugal, Gibraltar oder Madeira zur Verfügung, bevor man sich den anderen Booten anschließt, die sich auf die Überfahrt in die Karibik von den Kanarischen Inseln aus vorbereiten. Wer wenig Zeit hat, kann auch durchaus direkt von Madeira in die Karibik fahren.

Für den Rückweg aus der Karibik zu Häfen an der Ostküste gibt es weitaus mehr Möglichkeiten als für Segler aus Europa. Am schnellsten geht es, wenn man Ende des Winters (April) entweder von den Jungferninseln oder Antigua aus direkt zur Ostküste segelt und in einem der Häfen südlich von Cape Hatteras an Land geht. Als Alternative kann man auch zu den Bermudas segeln, von wo aus es möglicherweise einfacher ist, die weiter nördlich an der Ostküste gelegenen Häfen zu erreichen. Eine dritte Möglichkeit besteht darin, via Bahamas nach Florida zu segeln und an der Küste entlang nach Hause zurückzukehren.

In den letzten Jahren hat sich eine verlängerte Atlantikumsegelung herausgebildet, bei der eine zunehmende Zahl von Booten von den Kanarischen Inseln aus entweder direkt oder über die Kapverdischen Inseln und Westafrika nach Brasilien segelt. Dieser Umweg verlängert den Törn in der Regel um ein Jahr; die Route führt dabei von Brasilien aus an der Küste Südamerikas entlang in die Karibik, wo sie wieder auf die obigen Strecken stößt.

3 Winde und Strömungen auf der Welt

Seit der Mensch sich zum ersten Mal in windgetriebenen Fahrzeugen auf die hohe See wagte, hat er nach Gesetzmäßigkeiten im Verhalten des Windes gesucht. Derartige Beobachtungen haben möglicherweise dazu geführt, daß die ersten Fischer morgens mit Hilfe einer ablandigen Brise zu ihren guten Fangstellen fuhren und sich später am Tag von der anlandigen Brise zurücktreiben ließen. Dieser Gesetzmäßigkeiten bedient man sich auch heute noch in manchen Gegenden, wo die Fischer wie ihre Vorväter über zahllose Generationen hinweg mit Segelbooten auf Fang gehen. Eine ähnliche Regelmäßigkeit für Hochseefahrten festzustellen, war komplizierter, und so manche abgelegene Gegend wäre wohl unbevölkert geblieben, wenn die frühen Seefahrer in der Lage gewesen wären, einen günstigen Wind für den Rückweg zu finden. Die Tatsache, daß der Wind bestimmte Gesetzmäßigkeiten aufweist, war bereits in früher Zeit bekannt, und schon in der Antike gab es jahreszeitlich bedingte Segelrouten. Die Chinesen bedienten sich ihrer im Fernen Osten, die Griechen in der Ägäis, die Polynesier bei der Kolonisierung der Inseln im Pazifik, und arabische Handelsschiffe nutzten die Monsunwinde im Indischen Ozean dazu, eine regelmäßige Verbindung zwischen Indien und Ostafrika einzurichten.

Diese Abhängigkeit von günstigen Winden bei den meisten Hochseefahrten dauerte bis ins letzte Jahrhundert hinein; dann befreiten die stark verbesserten Segeleigenschaften der Schiffe am Wind die Kapitäne von den Fesseln, die ihnen dadurch aufgelegt waren, daß allein der Wind ihren Kurs bestimmte. Aber obwohl sie höher am Wind segeln können, macht es den Skippern moderner Yachten wie schon den Kapitänen der alten Klipper nicht unbedingt Spaß, gegen den Wind anzukämpfen, und die meisten nehmen lieber einen Umweg in Kauf, wenn dabei der Wind aus einer günstigeren Richtung weht. Selbst mit einer gut konstruierten Yacht ist es oft ratsamer, eine längere Strecke mit besserem Wind zurückzulegen, als stur zu versuchen, dem direkten Kurs zwischen zwei Punkten zu folgen. Deshalb ist es auch so wichtig, Kenntnis von den vorherrschenden Windsystemen auf der Welt zu haben, nach denen sich die meisten Törns auf den folgenden Seiten richten.

Schon die spanischen und portugiesischen Seefahrer im 15. und 16. Jahrhundert hatten erkannt, wie wichtig es war, die vorherrschenden Winde in bestimmten Gegenden zu kennen, und sie hatten ihre Beobachtungen lange Zeit streng geheim gehalten. Christoph Kolumbus' Erstüberquerung des Atlantik zeigte seinen Nachfolgern, daß der beste Weg zu den gerade entdeckten Karibischen Inseln weiter im Süden verlief, während für die Rückreise nach Europa ein Abstecher nach Norden vorzuziehen war. Für den Pazifik bewiesen Magellan und andere frühe Seefahrer, daß die Fahrt von Osten nach Westen über den Südpazifik relativ einfach war, wenn man im Bereich des Südostpassats blieb. Die Rückreise gegen diesen Passat erwies sich jedoch als unmöglich, bis schließlich der spanische Seefahrer Urganeta die westlichen Winde der höheren Breiten entdeckte, die schließlich als Gegenpassat bezeichnet wurden.

Diese weltweiten Gesetzmäßigkeiten im Wind sind also schon seit langer Zeit bekannt und wurden im Verlauf der Jahrhunderte von zahllosen Seefahrern ausgenutzt. In seinem 1873 in der 13. Auflage erschienenen Buch *Memoir of the Northern Atlantic Ocean* beschreibt Alexander George Findlay diese Gesetzmäßigkeit kurz und knapp mit den folgenden Worten:

»Es ist bekannt, daß die Windsysteme auf unserer Erde auf natürliche Art und Weise den Kurs von Schiffen auf den Meeren bestimmen; die Passatwinde treiben sie in den Tropen von Ost nach West, während Gegenpassatwinde sie wieder jenseits der Tropen nach Osten führen. Wenn dazwischen nicht der Kalmengürtel läge, könnten die Segelanweisungen für Schiffe, die in die andere Hemisphäre unterwegs sind, ganz einfach sein; aber die wohlbekannten äquatorialen Störungen – ›die Kalmen‹ – lassen die Sache in ganz anderem Licht erscheinen und führen dazu, daß viele Überlegungen in die Festlegung eines Kurses einfließen müssen.«

Die drei Hauptfaktoren, die die Entstehung und Richtung von Wind beeinflussen, sind Luftdruck, Temperatur und Erddrehung. Die Hauptursache für Wind ist ein Temperaturunterschied. Dieser wiederum führt zu Unterschieden im Luftdruck, und zwar hauptsächlich aufgrund der Tatsache, daß warme Luft aufsteigt und dann durch kalte Luft ersetzt wird. Außerdem strömt die Luft aus Gebieten mit hohem Druck in Gebiete mit niedrigem Druck. Gebiete mit andauerndem Hochdruck liegen etwa zwischen 20° und 40° nördlicher und südlicher Breite. Beidseits dieser Hochdruckgürtel befinden sich Tiefdruckgebiete. Wenn es die Erddrehung nicht gäbe, würde der Wind entweder aus Norden oder aus Süden wehen, aber weil die Erde sich in östlicher Richtung um ihre Achse dreht, wird die Luft, die in ein Tiefdruckgebiet einströmt, in der nördlichen Hemisphäre nach rechts und in der südlichen Hemisphäre nach links abgelenkt. Das führt in der nördlichen Hemisphäre dazu, daß der Wind gegen den Uhrzeigersinn um ein Tief herumführt und im Uhrzeigersinn um ein Hoch kreist. Auf der südlichen Hemisphäre ist es umgekehrt; dort bewegt sich die Luft im Uhrzeigersinn um ein Tiefdruckgebiet und gegen den Uhrzeigersinn um ein Hoch.

Aus den folgenden Karten 2–5 ist ersichtlich, wie die Winde auf der Äquatorialseite der Hochdruckgürtel in der nördlichen Hemisphäre aus Nordost und in der südlichen Hemisphäre aus Südost in Richtung auf den Äquator wehen. Nördlich und südlich dieser Hochdruckgürtel finden sich in beiden Hemisphären überwiegend westliche Winde.

In vielen Gebieten werden diese Windsysteme durch Landmassen gestört, die ausgeprägteren Temperatur- und Druckunterschieden unterliegen als die Meere. Beeinflußt werden die Windsysteme auch von den Jahreszeiten, da sich die Hochdruckgürtel durch die jährliche Bewegung der Sonne im Sommer in Richtung auf die Pole verlagern. Aufgrund dieser Sonnenbewegung verschieben sich die Windsysteme dieser Hochdruckgebiete, und zwar besonders der Passat, zusammen mit der Sonne ein paar Grad nach Süden oder Norden.

Passatwinde

Diese stetigen Winde beidseits der äquatorialen Kalmen wehen im allgemeinen in der nördlichen Hemisphäre aus Nordost und in der südlichen Hemisphäre aus Südost. Sie erreichen im Schnitt Stärke 4 bis 5 und nur selten Sturmstärke. Das Wetter bei Passat ist sehr angenehm – blauer Himmel und flockige Kumuluswolken. Im Passatgürtel herrscht gleichbleibender Luftdruck, der nur durch eine Druckwelle unterbrochen wird, die das Barometer alle zwölf Stunden leicht steigen und fallen läßt. Wenn die tägliche Bewegung des Barometers aufhört oder sehr ausgeprägt ist, steht eine tropische Störung zu erwarten. Der gesamte

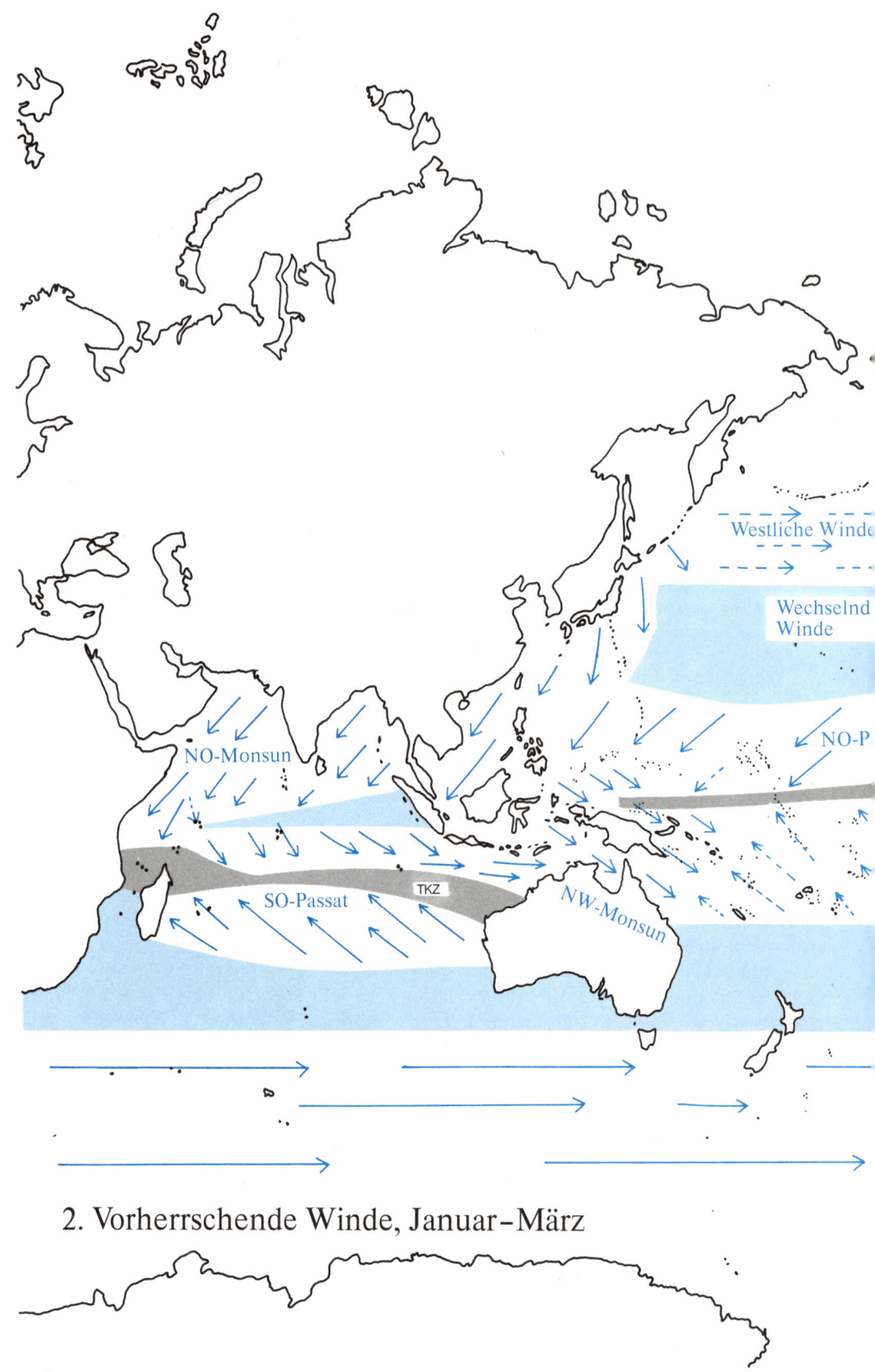

2. Vorherrschende Winde, Januar–März

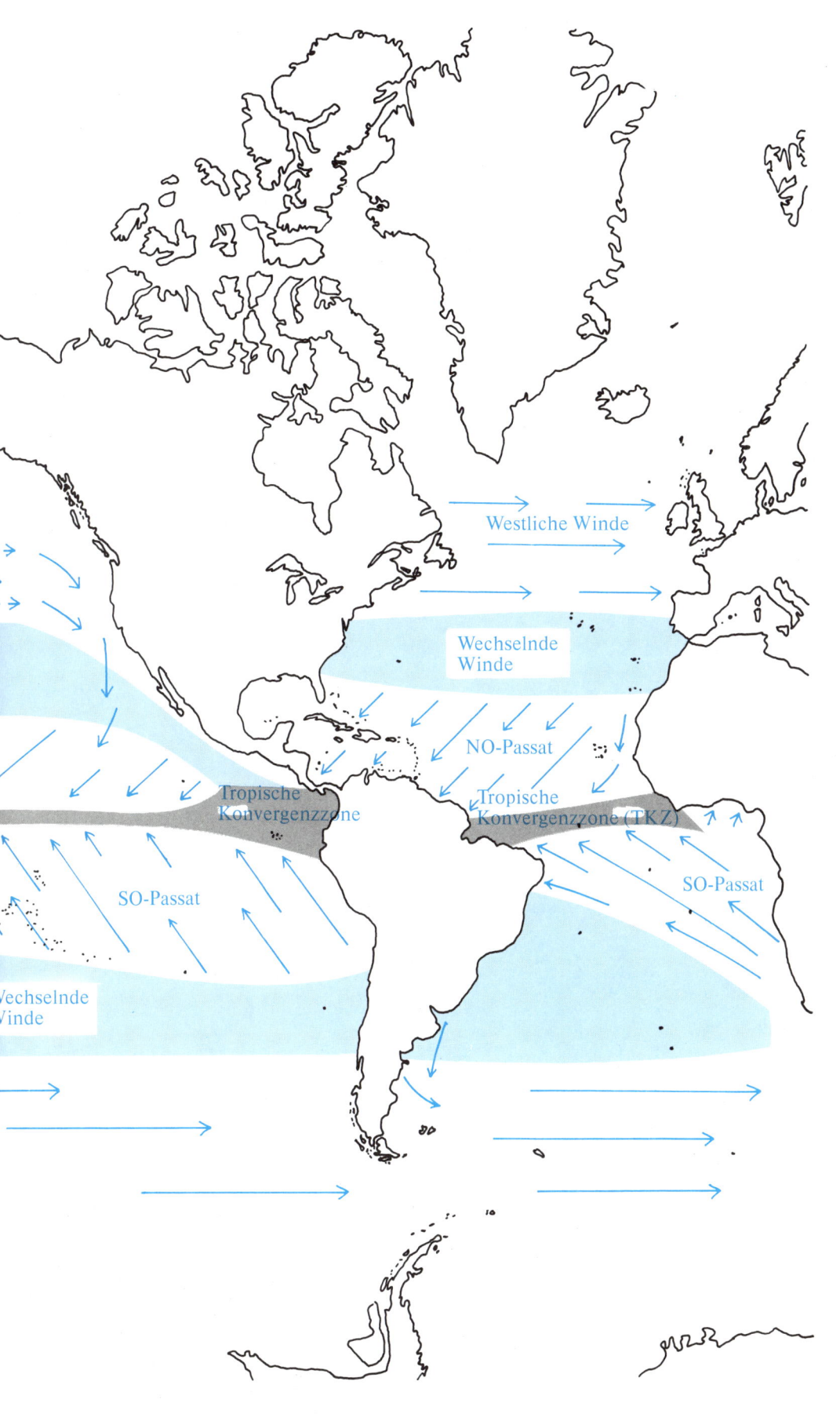

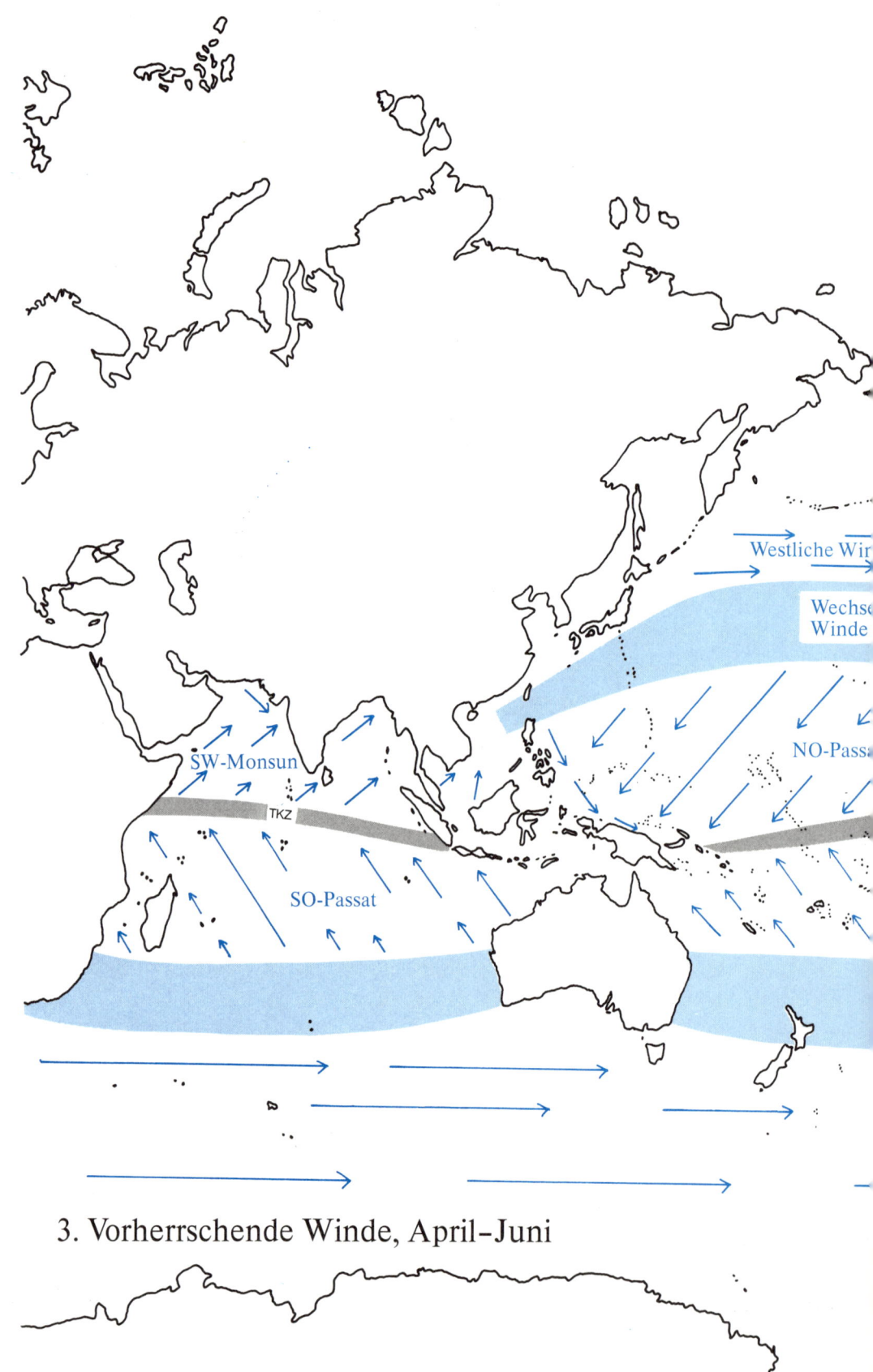

3. Vorherrschende Winde, April–Juni

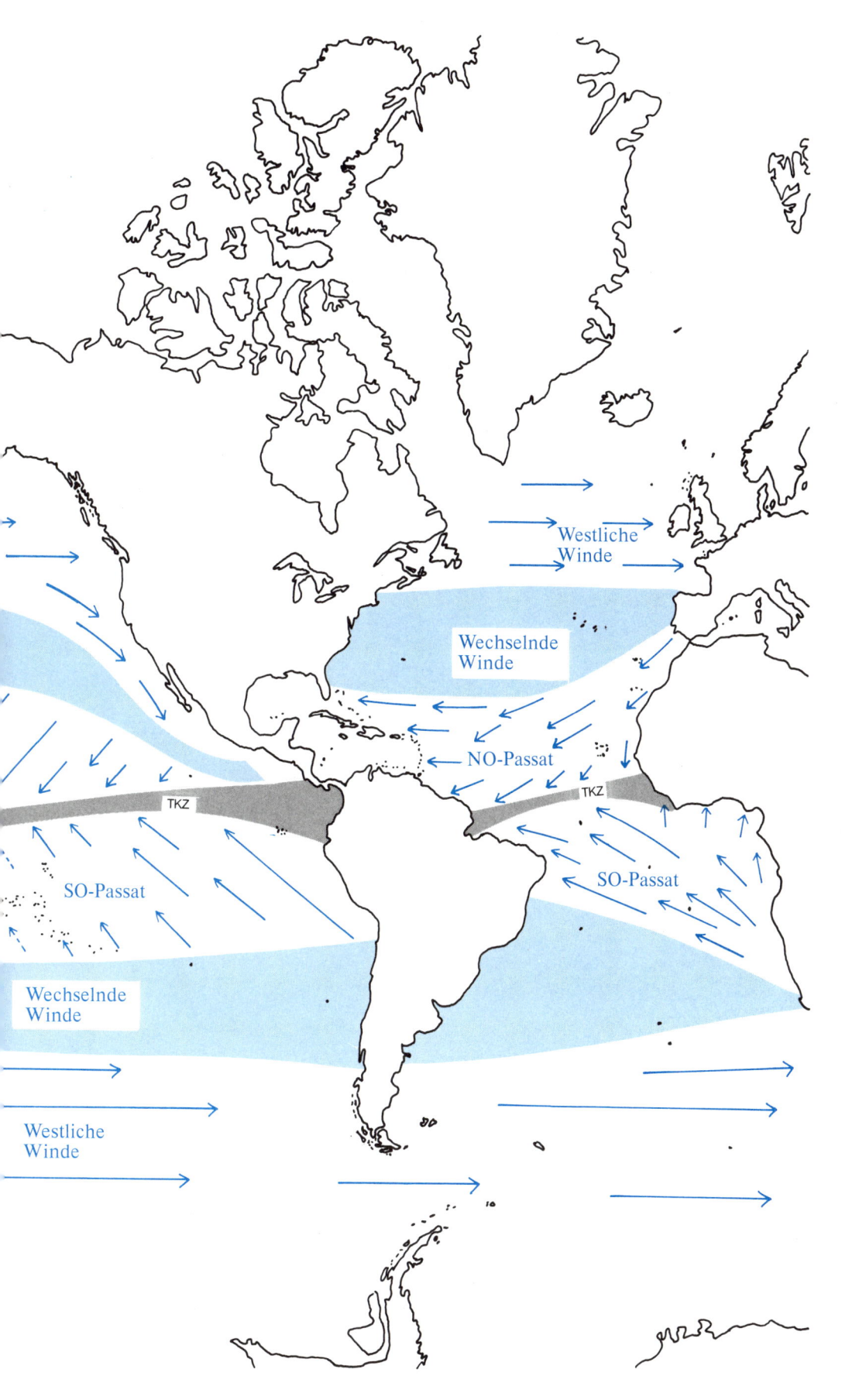

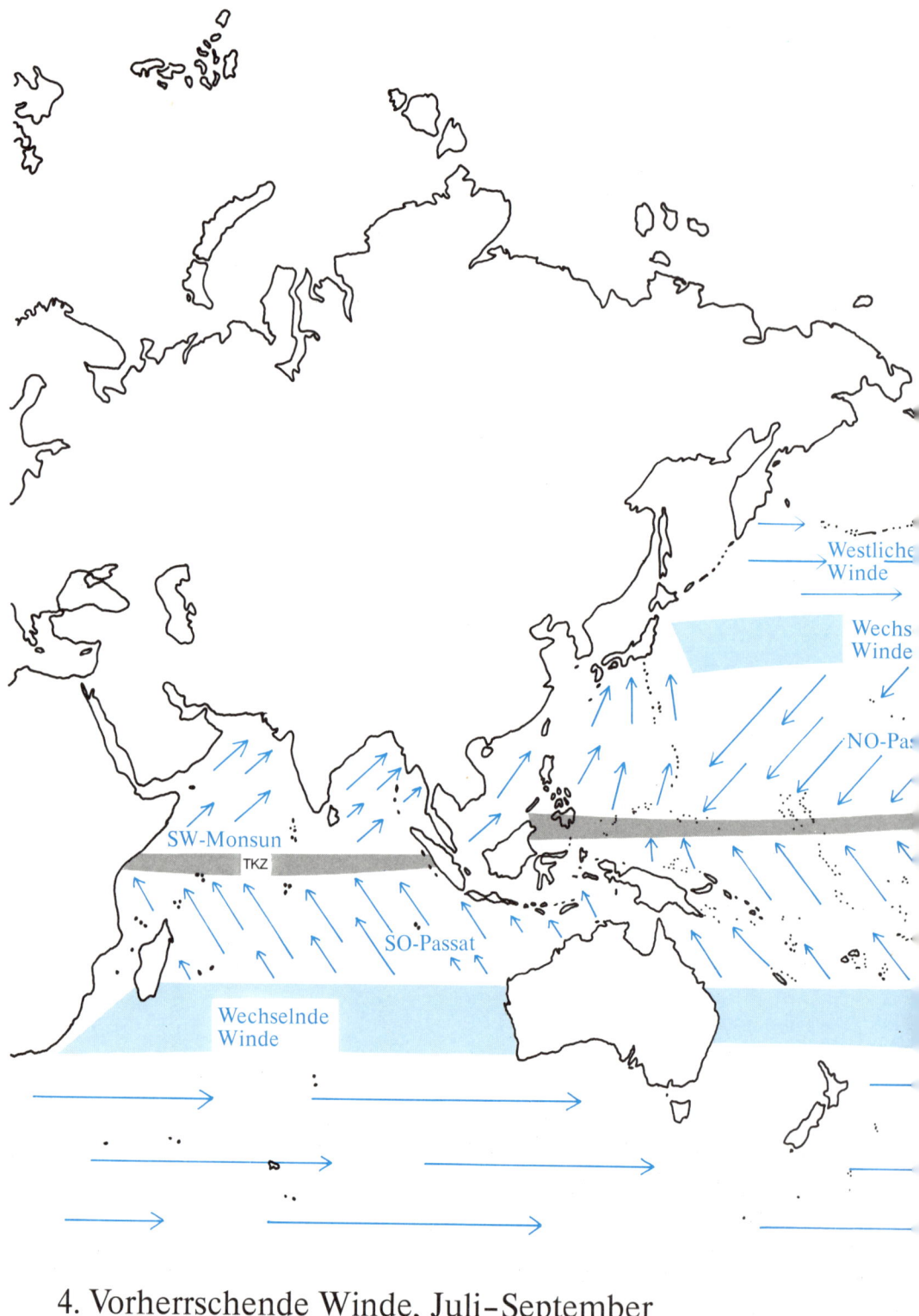

4. Vorherrschende Winde, Juli–September

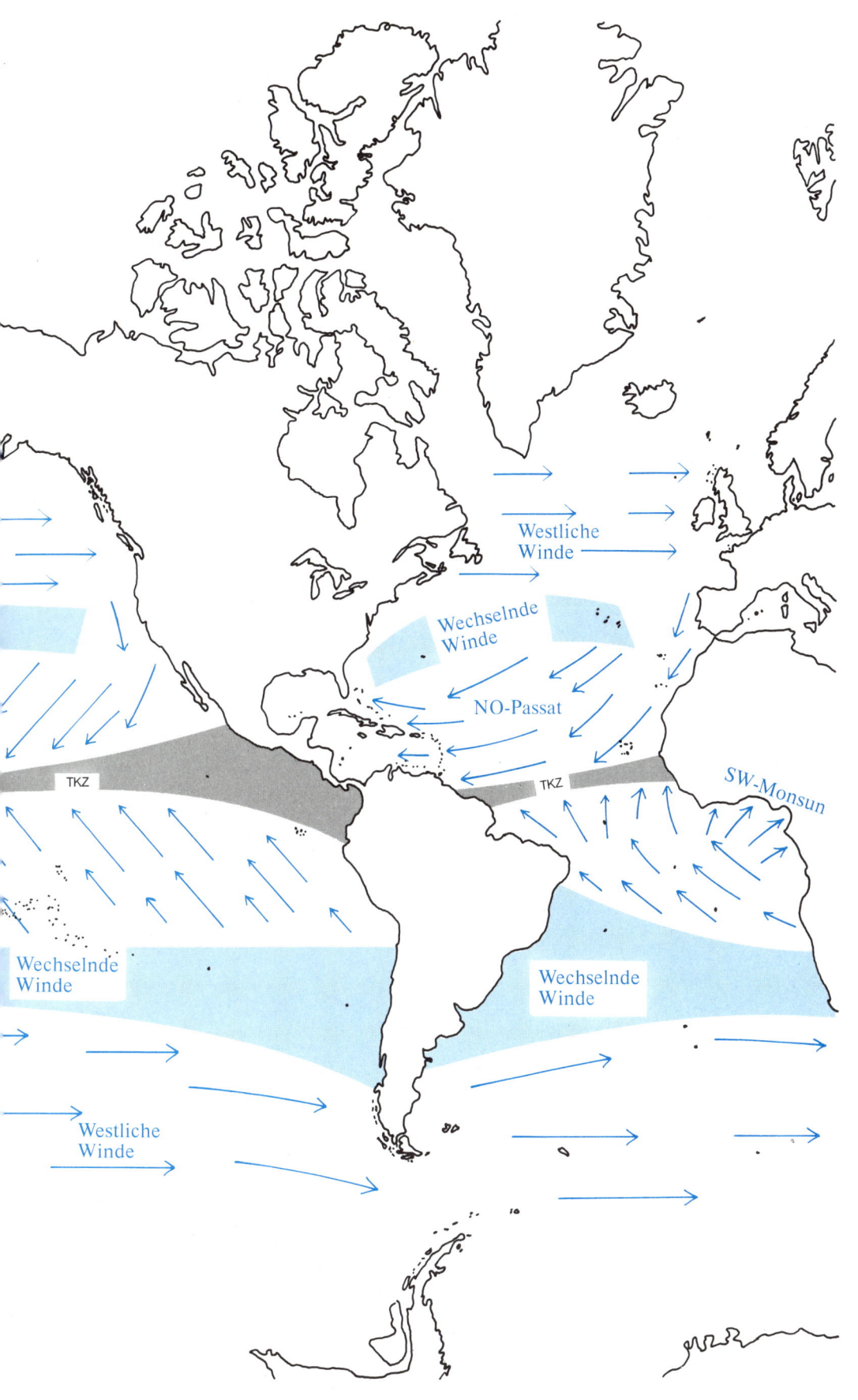

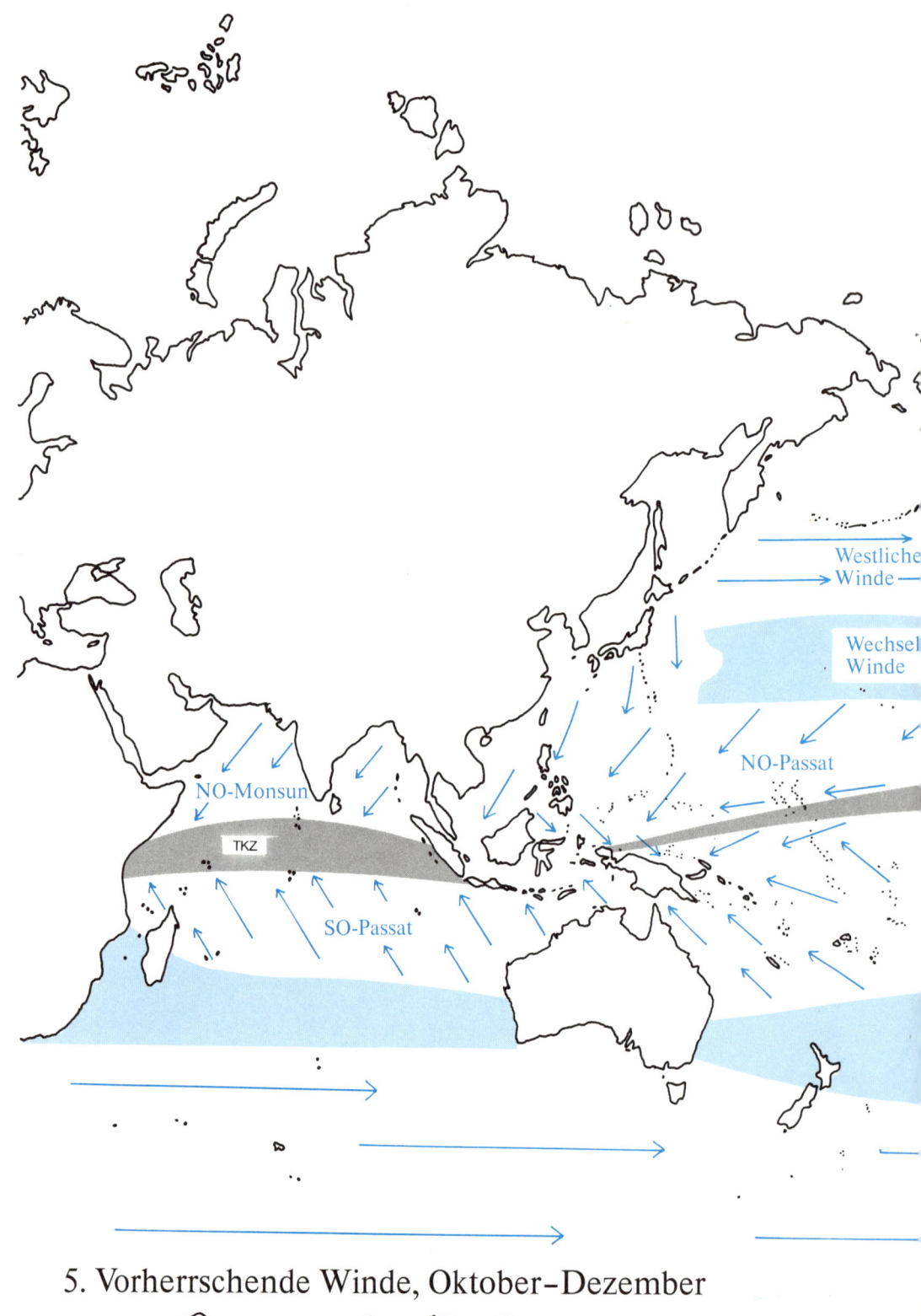

5. Vorherrschende Winde, Oktober–Dezember

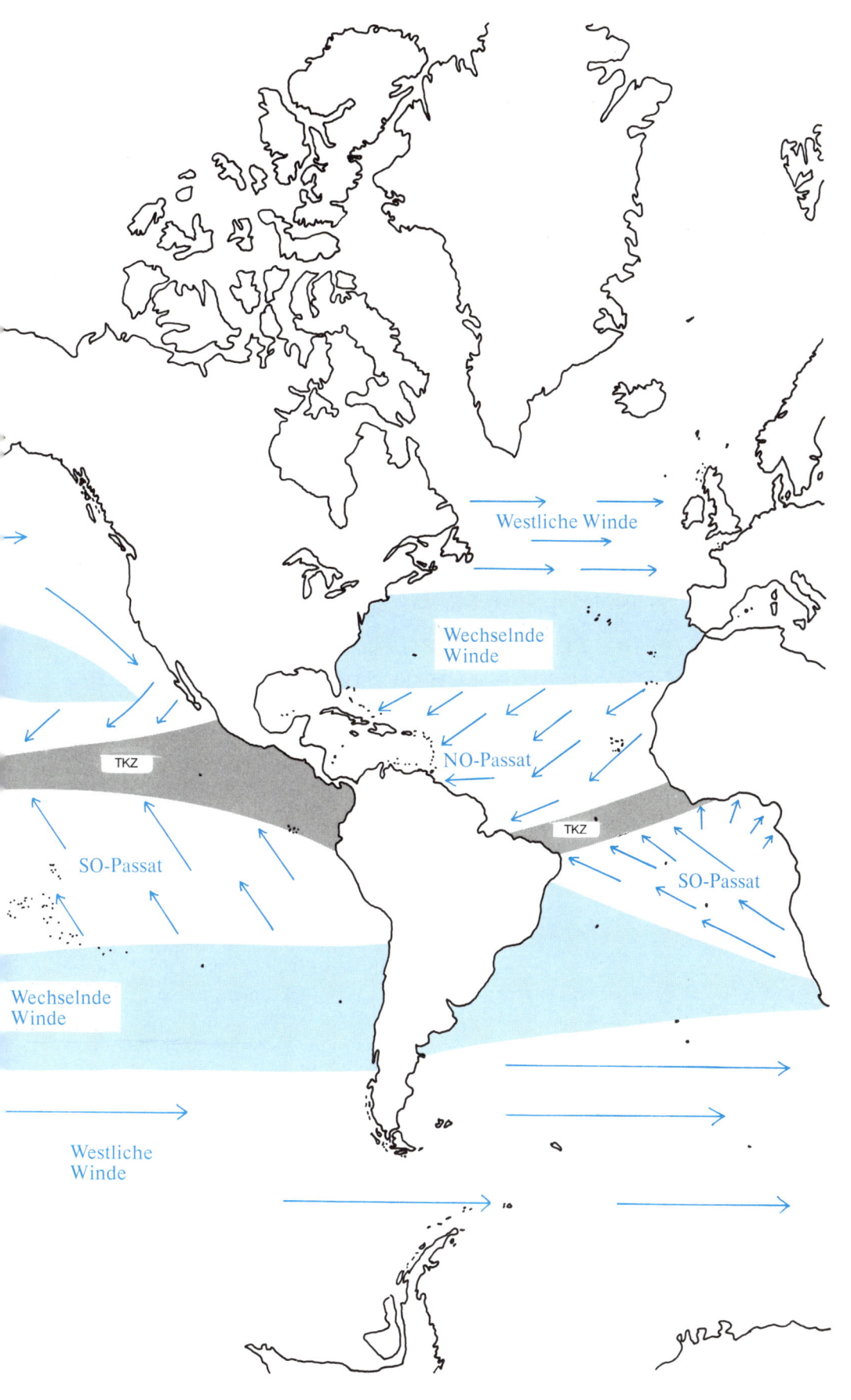

Passatgürtel einschließlich der windstillen Zone zwischen den beiden Systemen verschiebt sich im Jahresverlauf nach Norden und Süden. Diese Verschiebung geht auf die Sonne zurück, wobei allerdings die Verschiebung des Passatgürtels um bis zu zwei Monate später als die Veränderung des Sonnenstandes erfolgen kann. In der Nähe der tropischen Konvergenzzone weht der Passat weniger stetig.

Tropische Konvergenzzone

Dieses Tiefdruckgebiet zwischen den Passatzonen der beiden Hemisphären ist auch als äquatoriale Tiefdruckrinne oder besser noch als Kalmen bekannt. Hier weht nur leichter oder gar kein Wind, und das Wetter ist schwül und heiß. Die einzigen Unterbrechungen sind gelegentliche Böen und Gewitter, bei denen es sehr stark regnen kann. Die Ausdehnung der Kalmen schwankt von Jahr zu Jahr und Jahreszeit zu Jahreszeit sehr stark. Der schlechte Ruf der Kalmen ist zwar auf die häufigen Windstillen zurückzuführen, die die Segelschiffe tagelang aufhalten konnten, doch das Wetter dort kann mit heftigen Böen und tobenden Gewittern besonders unangenehm sein. Am schlechtesten ist es im allgemeinen, wenn der Passat am stärksten weht.

Wechselnde Winde

Nördlich und südlich der Passatgürtel erstreckt sich jeweils eine Zone mit leichten und wechselnden Winden, die mehr oder weniger den Hochdruckgebieten der beiden Hemisphären zwischen etwa 25°C und 35°C nördlicher und südlicher Breite entspricht. Diese Zonen wurden früher als Roßbreiten bezeichnet, weil die Besatzungen von Segelschiffen, die dort bekalmt wurden, gelegentlich gezwungen waren, aus Mangel an Trinkwasser die Tiere an Bord zu töten.

Westliche Winde

In den höheren Breiten beider Hemisphären finden sich vermehrt westliche Winde, die nördlich und südlich des 35. Breitengrades vorherrschen. Stärker und öfter treten westliche Winde im Süden auf, wo sie oft mit Sturmstärke mehrere Tage lang aus der gleichen Richtung wehen. Wegen der ausgedehnteren Landmassen in der nördlichen Hemisphäre sind die westlichen Winde dort leichter und weniger gleichmäßig.

Monsunwinde

In einigen Gebieten der Erde treten jahreszeitlich bedingte Winde auf, wobei die Bezeichnung Monsun auf ein arabisches Wort mit der Bedeutung »Jahreszeit« zurückgeht. Diese Winde kommen eine ganze Jahreszeit lang aus einer Richtung und wehen nach einer kurzen Unterbrechung ebenso gleichmäßig aus der anderen Richtung. Die wichtigsten Gegenden, in denen derartige Winde auftreten, sind der Indische Ozean und der Westpazifik.

Tiefdruckgebiete

Das sind – wie der Name schon sagt – Gebiete mit tiefem Luftdruck, die in der Regel für unbeständiges Wetter verantwortlich sind, obgleich nicht jedes Tief von heftigem Wind begleitet ist. Tiefdruckgebiete treten am häufigsten in mittleren und höheren Breiten auf, wobei sich allerdings die stärksten Stürme, die auf See anzutreffen sind, in den niedrigen Breiten bilden; das sind die im nächsten Abschnitt behandelten Wirbelstürme.

Wie bereits gesagt, weht der Wind in der nördlichen Hemisphäre gegen den Uhrzeigersinn um ein Tiefdruckgebiet herum, in der südlichen Hemisphäre dagegen im Uhrzeigersinn. Die meisten Tiefdruckgebiete bewegen sich nach Osten, einige allerdings auch in andere Richtungen. Die Geschwindigkeit, mit der sie weiterziehen, kann sehr gering sein, aber auch 40 Knoten und mehr betragen. Ein Tief hält sich in der Regel etwa vier bis fünf Tage, und es wird langsamer, während es sich auffüllt und der Druck steigt.

Die Stärke des durch ein Tief erzeugten Windes hängt vom Abstand der Isobaren ab, d. h. der Linien, mit denen beispielsweise auf der Wetterkarte Orte gleichen Luftdrucks verbunden sind. Je enger die Isobaren nebeneinander liegen, desto stärker ist der Wind. Daß sich ein Tief nähert, zeigt sich immer am Fallen des Barometers und meistens auch an einer Veränderung am Himmel und in der Wolkenbildung. Es dürfte sich auszahlen, sich mit diesem Teil der Meteorologie zu befassen, um das unterwegs und vor Anker zu erwartende Wetter abschätzen zu können.

Tropische Wirbelstürme

Tropische Wirbelstürme sind die heftigsten Stürme, die auf See anzutreffen sind, und es ist eine kluge Maßnahme, die Gegenden und Jahreszeiten, in denen sie auftreten, zu meiden. Die extrem starken Winde und riesigen Seen, die sie aufpeitschen, können einem Boot leicht zum Verhängnis werden. Je nach der Gegend des Auftretens werden sie als Hurrikan, Zyklon, Taifun oder Willy-Willy bezeichnet. Sie drehen sich auf der Nordhalbkugel gegen den Uhrzeiger und auf der Südhalbkugel im Uhrzeigersinn um ein Tiefdruckgebiet, und zwar nicht in konzentrischen Kreisen, sondern spiralförmig auf den Mittelpunkt zu.

In der Regel treten diese Stürme im westlichen Bereich der einzelnen Ozeane auf, sie kommen aber auch in anderen Teilen vor. Im allgemeinen entstehen sie zwischen dem siebten und fünfzehnten Breitengrad beidseits des Äquators, doch es hat viele Fälle gegeben, in denen tropische Stürme sich näher am Äquator gebildet haben. Die Brutstätte tropischer Stürme ist die tropische Konvergenzzone, wo die beiden einander entgegengesetzten Passatwindsysteme aufeinandertreffen. Wenn gewisse Bedingungen in bezug auf Luftdruck, Temperatur und Luftfeuchtigkeit erfüllt sind, kann sich der Luftwirbel am Punkt des Zusammentreffens zu einem schweren tropischen Wirbelsturm auswachsen. Die gefährlichsten Gebiete sind der westliche Nordatlantik von Grenada bis Cape Hatteras, der westliche Nordpazifik zwischen Guam und Japan, der Südpazifik von den Marquesasinseln bis zum Korallenmeer, die australische Nord- und Nordwestküste, der südwestliche Indische Ozean und der Golf von Bengalen. Einige dieser Gegenden werden jedes Jahr mehrfach von Wirbelstürmen heimgesucht, während andere nur einmal in zehn Jahren betroffen sind.

Tropische Wirbelstürme bewegen sich nicht nur im Kreis, sondern auch vorwärts. In der nördlichen Hemisphäre ziehen sie anfänglich nach WNW und drehen dann allmählich auf N und NO, wenn sie höhere Breiten erreichen. In der südlichen Hemisphäre führt ihre Bahn anfänglich nach WSW und schließlich ab etwa 20° südlicher Breite nach SO. Gelegentlich dreht ein Sturm nicht ab, sondern zieht nach WNW in der nördlichen bzw. WSW in der südlichen Hemisphäre weiter, bis er auf die kontinentale Landmasse trifft, wo er dann allmählich nachläßt, nachdem er eine Menge Schaden angerichtet hat. Manchmal ziehen die Stürme auch wahllos hin und her, so daß unmöglich vorherzusagen ist, welche Richtung sie nehmen. Die Geschwindigkeit eines Sturms beträgt zu Anfang etwa 10 Knoten und nimmt nach dem Abdrehen zu.

Jedes Boot, das in der Bahn eines Sturms, und zwar besonders seines Zentrums liegt, ist ernsthaft gefährdet. Der Wind behält seine Richtung bei, bis das Auge durchgezogen ist; nach einer kurzen windstillen Periode kommt er dann aus der anderen Richtung zurück, und zwar möglicherweise mit größerer Kraft. Die See wird rauh und aufgewühlt, und Schiffe vor Anker können auf Legerwall geraten. Jeder Sturm hat zwei Seiten, die als navigierbarer

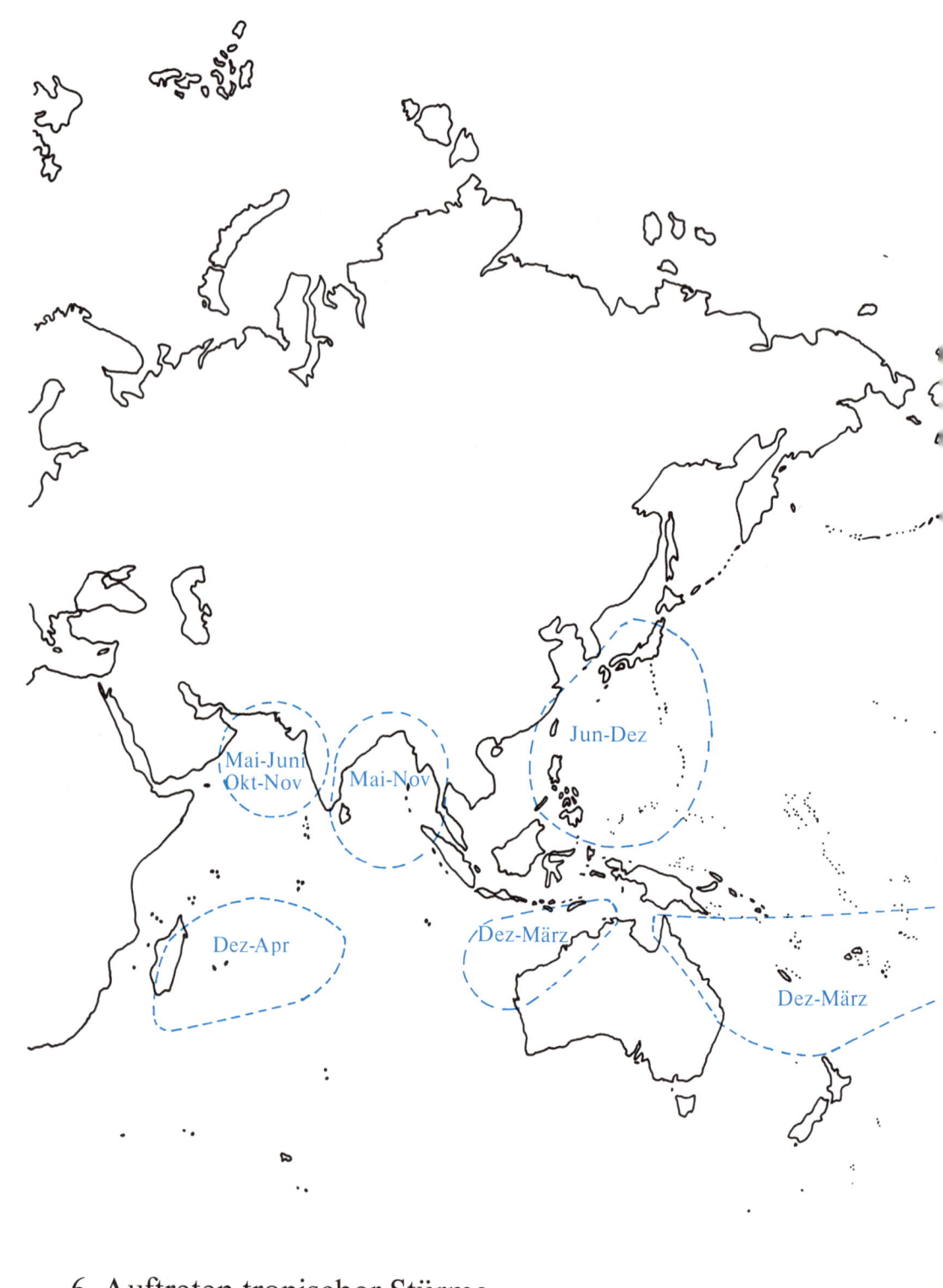

6. Auftreten tropischer Stürme

Jun-Nov

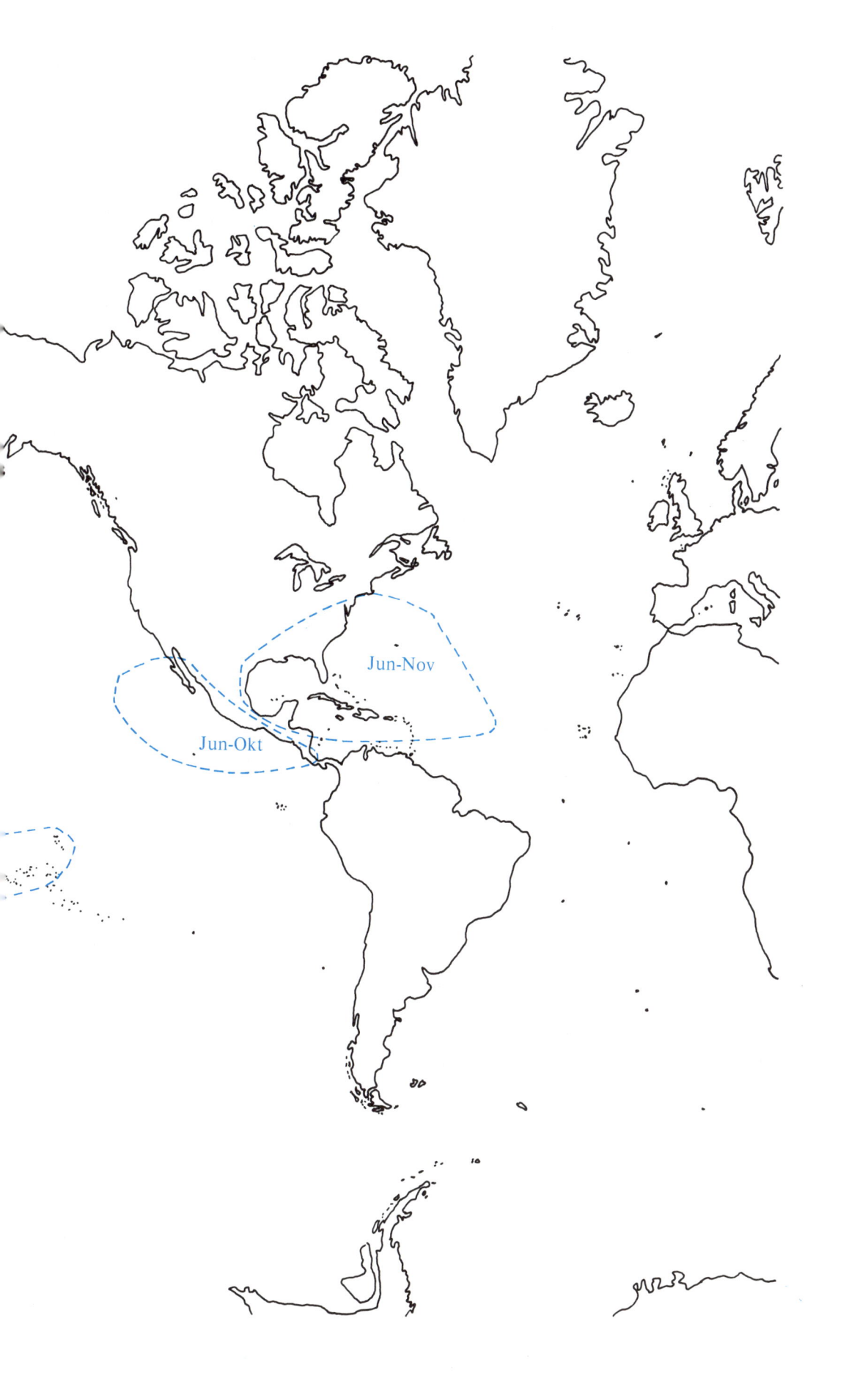

Jun-Okt

Halbkreis bzw. gefährliches Viertel bezeichnet werden. In der nördlichen Hemisphäre liegt das gefährliche Viertel rechts von der Zugbahn des Sturmes. In der südlichen Hemisphäre befindet es sich auf der linken Seite.

Die Lokalisierung und Verfolgung tropischer Stürme hat sich stark verbessert, seit es Wettersatelliten gibt. Die Stationen WWV in Fort Collins, Colorado, und WWVH in Kauai, Hawaii, melden stündlich die Koordinaten, Geschwindigkeiten und Stärken tropischer Stürme. WWV sendet auf 2,5, 5, 10, 15 und 20 MHz um acht Minuten nach jeder vollen Stunde Sturmwarnungen für den Atlantik. WWVH strahlt auf 2,5 5, 10 und 15 MHz um achtundvierzig Minuten nach der vollen Stunde Warnungen für den Pazifik aus. Mit Hilfe der von diesen Stationen gesendeten Daten kann man den Kurs eines Sturms in die Karte einzeichnen und versuchen, ihm aus dem Weg zu gehen. Die Bahn des Sturms im Verhältnis zur letzten Position des Schiffes zeigt das Ausmaß der Gefahr. Auf See macht man am besten folgendes:

(a) Nördliche Hemisphäre

Wenn der Wind von vorn kommt, liegt das Zentrum des Sturms zwischen 90° und 135° rechts vom Beobachter. Wenn der Wind rechtsdreht, befindet sich das Boot im rechten Halbkreis, dem gefährlichen Sektor. Linksdrehender Wind bedeutet navigierbarer Halbkreis. Wenn die Richtung des Windes konstant bleibt, seine Stärke zunimmt und das Barometer fällt, liegt das Boot genau in der Zugbahn des Sturms. Wenn sich die Windrichtung nicht ändert, die Windstärke aber abnimmt, während das Barometer langsam steigt, befindet sich das Boot direkt hinter dem Zentrum.

Die allgemein akzeptierte Taktik für Boote in der Zugbahn eines tropischen Sturms besteht darin, auf Backbordbug mit Wind von Steuerbord achteraus davonzulaufen. Dieselbe Taktik sollte angewandt werden, wenn das Boot sich im navigierbaren Halbkreis befindet, wo man möglichst im rechten Winkel zur vermuteten Zugbahn des Sturmes laufen sollte. Je nach Verhalten des Bootes bei Backstagsee sollte man entweder vor Topp und Takel oder unter Sturmfock laufen. Wenn das Boot sich im gefährlichen Viertel befindet, sollte man beiliegen oder, falls möglich, mit dichtgeholten Segeln auf Backbordbug segeln, um sich vom Zentrum des Sturms zu entfernen.

(b) Südliche Hemisphäre

Südlich des Äquators liegt das Zentrum eines tropischen Sturms zwischen 90° und 135° links vom Beobachter. Wenn der Wind linksdreht, befindet sich das Boot im gefährlichen Sektor; rechtsdrehender Wind bedeutet navigierbarer Halbkreis. Das Schiff befindet sich direkt in der Zugbahn des Sturms, wenn die Windrichtung konstant bleibt. Zunehmende Geschwindigkeit in Verbindung mit fallendem Barometer bedeutet, daß das Boot sich vor dem Sturm befindet; bei abnehmender Windgeschwindigkeit und steigendem Barometer liegt das Schiff hinter dem Zentrum.

Wer sich direkt vor dem Sturm befindet, läuft am besten mit Wind von Backbord achteraus. Die gleiche Taktik gilt für den Fall, daß das Boot sich im navigierbaren Halbkreis befindet; dort sollte man versuchen, im rechten Winkel zur vermuteten Zugbahn vor dem Sturm davonzulaufen, ebenfalls mit Wind von Backbord achteraus. Im gefährlichen Sektor versucht man, sich mit dichtgeholten Segeln auf Steuerbordbug vom Sturmzentrum zu entfernen. Wenn das nicht möglich ist, sollte man beiliegen.

Diese allgemeinen Regeln gelten zwar für die meisten Situationen, doch gibt es Umstände, unter denen sie nicht ohne weiteres befolgt werden dürfen. Das Verhalten bei tropischen Stürmen ist von vielen Faktoren abhängig, darunter auch eventuell fehlendem Seeraum oder dem Verhalten eines bestimmten Bootes, wenn es bei heftigem Wind beiliegt oder vor großen Backstagseen läuft. Diese Faktoren müssen in die Überlegungen Eingang finden, und leider gibt es auch keine feste Re-

Winde und Strömungen auf der Welt

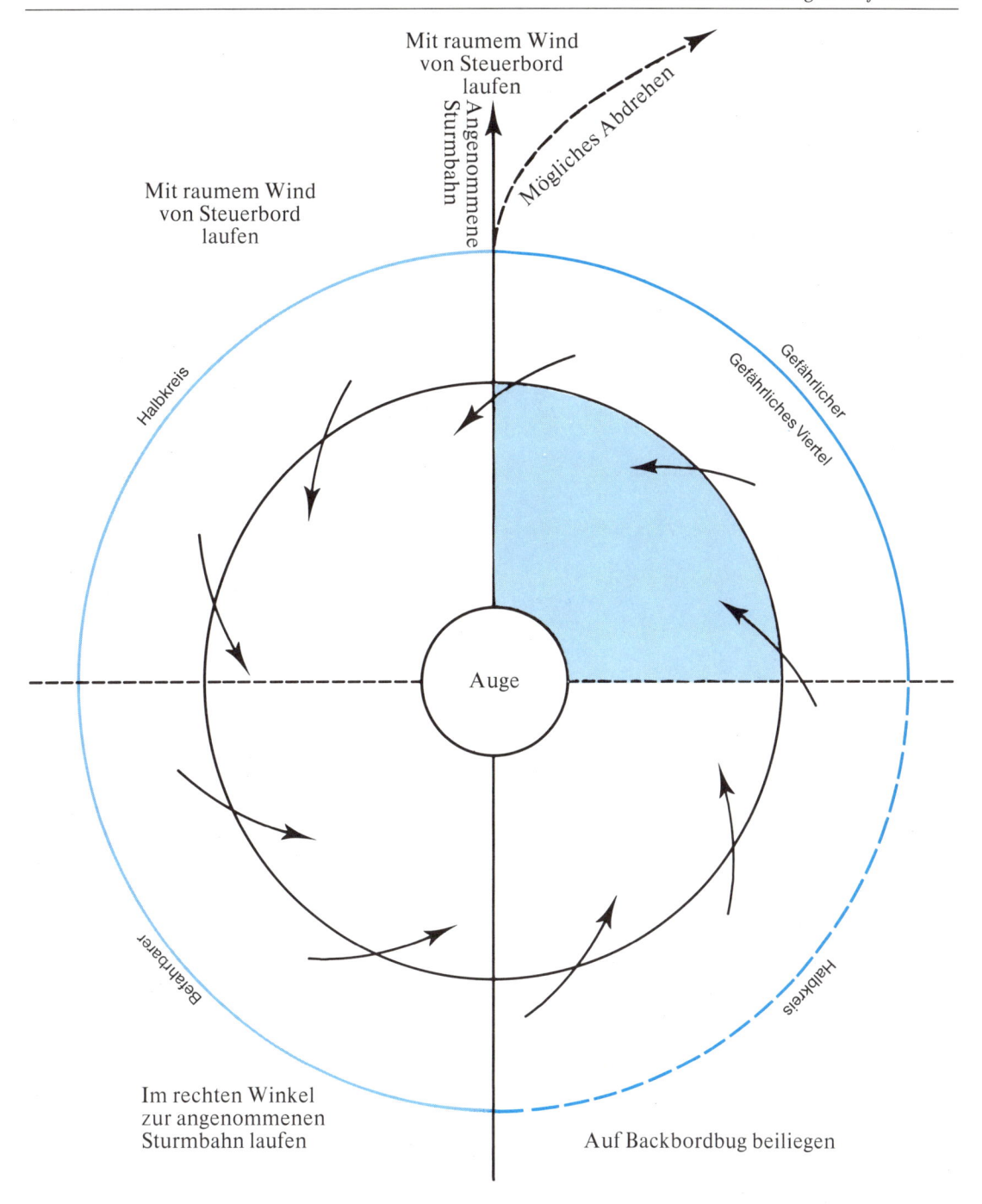

Mit raumem Wind
von Steuerbord
laufen

Angenommene Sturmbahn

Mögliches Abdrehen

Mit raumem Wind
von Steuerbord
laufen

Halbkreis

Gefährlicher
Gefährliches Viertel

Auge

Befahrbarer

Halbkreis

Im rechten Winkel
zur angenommenen
Sturmbahn laufen

Auf Backbordbug beiliegen

**7. Verhalten bei tropischen Stürmen
in der nördlichen Hemisphäre**

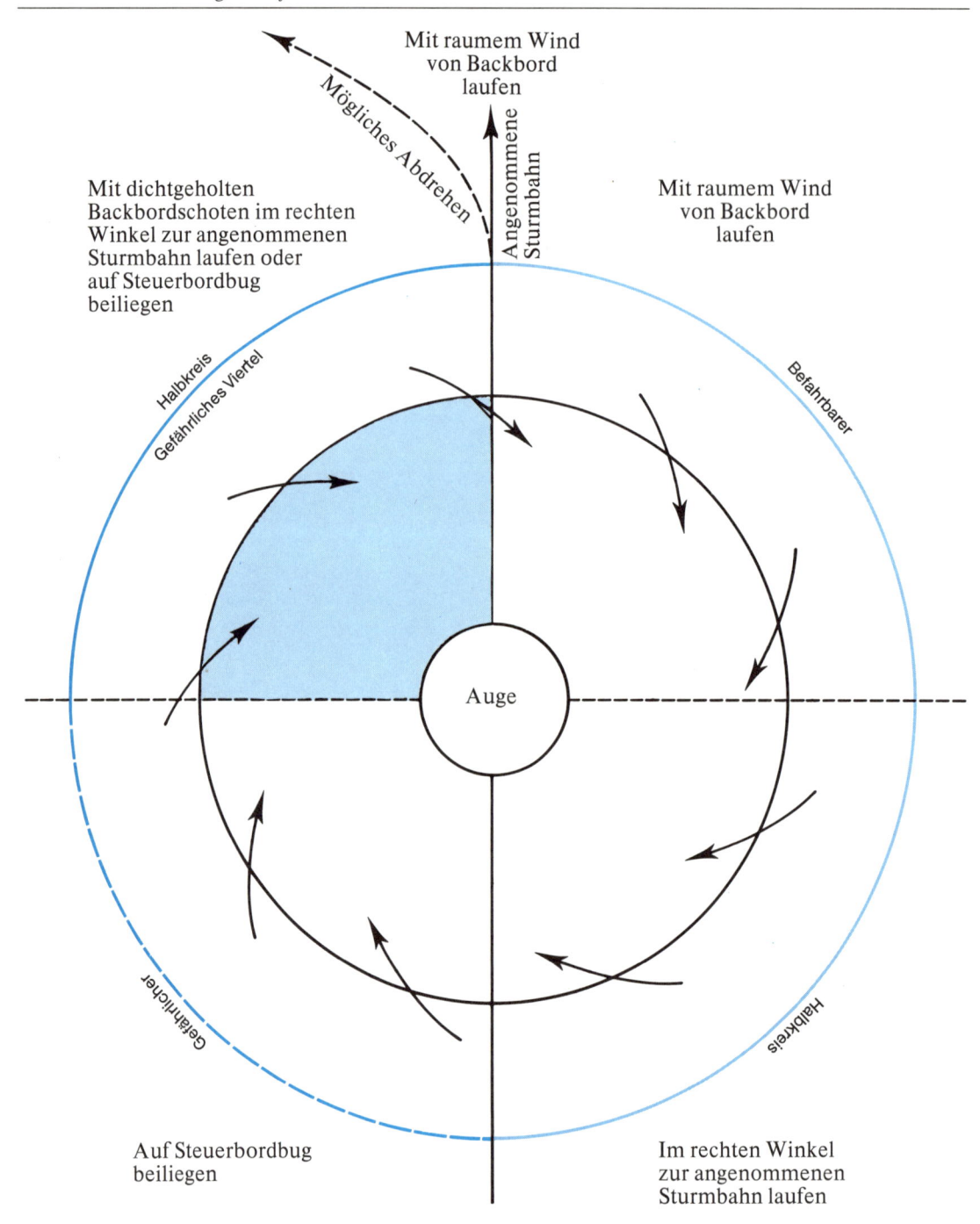

Winde und Strömungen auf der Welt

Mit raumem Wind von Backbord laufen

Mögliches Abdrehen

Angenommene Sturmbahn

Mit dichtgeholten Backbordschoten im rechten Winkel zur angenommenen Sturmbahn laufen oder auf Steuerbordbug beiliegen

Mit raumem Wind von Backbord laufen

Halbkreis
Gefährliches Viertel

Befahrbarer

Auge

Gefährlicher

Halbkreis

Auf Steuerbordbug beiliegen

Im rechten Winkel zur angenommenen Sturmbahn laufen

8. Verhalten bei tropischen Stürmen in der südlichen Hemisphäre

gel, die jederzeit gilt. Am ungefährlichsten ist es zweifellos, Gebiete, in denen Wirbelstürme auftreten können, ganz zu meiden. Die wichtigste Überlegung bei der Planung eines Törns ist daher, darauf zu achten, daß sich das Boot zu keiner Zeit in einem Gebiet befindet, das in der gefährlichen Jahreszeit von tropischen Stürmen heimgesucht wird. Wer ein Gebiet zu durchqueren plant, das nie ganz frei von tropischen Stürmen ist, sollte zumindest versuchen, in den Monaten mit der geringsten Häufigkeit zu segeln. Das ist nicht allzu kompliziert, und viele Boote haben schon mehrere Jahre in den Tropen verbracht, ohne jemals zur falschen Zeit am falschen Ort zu sein, indem sie einfach zu Beginn der gefährlichen Saison die Hurrikanzone verließen und am Ende wieder zurückkehrten. In den Segelhandbüchern für die verschiedenen Törns sind die sturmgefährdeten Monate angegeben, so daß man sich bei der Planung schon darauf einstellen kann.

In beiden Hemisphären treten tropische Stürme am häufigsten gegen Ende des Sommers oder Anfang Herbst auf. Die ungefährliche Jahreszeit geht von Mitte November bis Mitte Juni in der nördlichen Hemisphäre und von etwa Mai bis Mitte November auf der südlichen Halbkugel. Das einzige tropische Gebiet, in dem gar keine Wirbelstürme auftreten, ist der Südatlantik. Im westlichen Nordpazifik gibt es keinen einzigen Monat, der als völlig ungefährlich anzusehen ist, wobei Taifune im Winter allerdings äußerst selten sind. Im Arabischen Meer treten im Sommer keine Zyklone auf, dafür aber bei Monsunwechsel im Mai/Juni oder im Oktober/November. Karte 6 zeigt die Verteilung tropischer Stürme und die Monate, in denen sie am ehesten auftreten.

Es ist nichts Ungewöhnliches, daß tropische Stürme sich außerhalb der offiziellen Jahreszeiten entwickeln, so daß zu Beginn der ungefährlichen Jahreszeit Vorsicht am Platze ist. Tropische Stürme treten zu folgenden Jahreszeiten auf:

Gebiet	Jahreszeit	größte Häufigkeit
Westindische Inseln	Juni bis November	September
NO-Pazifik	Mai bis November	Juli – September
NW-Pazifik	ganzjährig	Juli – Oktober
Golf von Bengalen	Mai bis Dezember	Oktober – November
Arabisches Meer	April bis Dezember	April – Mai, Oktober – November
Südindischer Ozean	November bis Mai	Dezember – April
Südpazifik	November bis April	Januar – März

Vorherrschende Winde

Die regionalen Wetterverhältnisse werden genauer zu Beginn der einzelnen Kapitel beschrieben, doch es ist vielleicht ganz nützlich, an dieser Stelle die grundlegenden Windverhältnisse in den sechs Hauptbereichen, wie sie auf den Karten 2 bis 5 dargestellt sind, anzusprechen.

Nordatlantik: Der NO-Passat weht etwa zwischen 2°N und 25°N im Winter und zwischen 10°N und 30°N im Sommer. Im nördlichen Teil kommt der Wind überwiegend aus W; nahe der nordamerikanischen Küste wechselt er auf SW. Zwischen der Passatzone und dem Bereich der westlichen Winde liegt eine Zone mit wechselnden Winden, die Roßbreiten.

Südatlantik: Der SO-Passat weht in einem Breitengürtel, der im Sommer etwa vom Äquator bis 30°S reicht. Im Winter (Juli) liegt die

Winde und Strömungen auf der Welt

Passatzone weiter nördlich zwischen 5°N und 25°S. Windstille Zonen sind südlich des Äquators nicht zu finden. In den höheren Breiten wehen konstante westliche Winde, die aber besonders während des Sommers auf der südamerikanischen Seite auf NW und sogar N drehen.

Nordpazifik: In den Sommermonaten weht der NO-Passat zwischen 12°N und 30°N; im Winter verschiebt sich diese Zone auf den Bereich zwischen 4°N oder 5°N und 25°N. Zwischen 35°N und 55°N kommt der Wind aus W oder NW. Die Kalmen sind weniger genau abgegrenzt.

Südpazifik: Der SO-Passat ist weniger konstant und zuverlässig als auf anderen Ozeanen. Im tiefsten Winter (Juni bis August) weht er in einem Gürtel, der sich etwa zwischen 5°N und 25°S erstreckt. Im Sommer ist der Passat noch weniger konstant und weht südlich des Äquators bis hinunter auf 30°S. Konstante westliche Winde finden sich südlich von 30°S im Winter und 40°S im Sommer.

Nordindischer Ozean: Die Windverhältnisse werden von den beiden Monsunen beherrscht, nämlich NO im Winter (November bis März) und SW im Sommer (Mai bis September).

Südindischer Ozean: Der SO-Passat reicht im Winter (Juli) vom Äquator bis 25°S. Im Sommer (Januar) erstreckt sich die Zone des SO-Passats von etwa 10°S bis 30°S, und auch der NO-Monsun macht sich südlich des Äquators bis hinunter auf 10°S bemerkbar, wird aber durch die Erddrehung abgelenkt und zum NW-Monsun. Südlich des SO-Passatgürtels befindet sich eine Zone mit wechselnden Winden. Die höheren Breiten sind für ihre starken westlichen Winde bekannt.

Strömungen

Strömungen gibt es in allen Meerestiefen, doch nur die Strömungen an der Oberfläche sind es, die den Segler interessieren. Weil die Hauptursache für Oberflächenströmungen in der Windrichtung liegt, besteht eine enge Verbindung zwischen der Richtung der Strömung und der des vorherrschenden Windes. Einige der konstantesten Strömungen gehen auf konstante Winde wie etwa den Passat zurück, folgen aber nicht immer genau der Richtung des Windes, der sie verursacht hat. Wie auf den Wind wirkt sich die Erddrehung auch auf die Strömungen aus, die demzufolge auf der nördlichen Halbkugel nach rechts und auf der südlichen Halbkugel nach links von der Windrichtung abweichen. Das ist der Grund dafür, daß die Strömungen in der nördlichen Halbkugel im Uhrzeigersinn, in der südlichen Hemisphäre jedoch gegen den Uhrzeigersinn fließen. Genauere Hinweise zu den Strömungen finden sich in den einzelnen Kapiteln über die drei Ozeane.

Atlantischer Ozean

4 Wind- und Strömungsverhältnisse im Nordatlantik
Karte 2 bis 6

Nordost-Passat

Der NO-Passat erstreckt sich über einen Breitengürtel nördlich des Äquators zwischen der afrikanischen Westküste und dem Karibischen Meer. Er weht fast das ganze Jahr auf der Südseite der Antizyklone, die bei etwa 30°N liegt und als Azorenhoch bekannt ist. Die nördliche Begrenzung der Passatzone liegt bei etwa 25°N im Winter und 30°N im Sommer, wobei man sich nicht darauf verlassen kann, daß der Passat dort konstant weht. Bei einer Atlantiküberquerung ist es deshalb ratsam, weit genug nach Süden zu fahren, bevor man auf Westkurs geht.

Die Konstanz wie auch die Stärke des Passats nimmt in den Wintermonaten zu. Er erreicht im Schnitt Stärke 3 bis 4, von Januar bis März aber auch durchaus Stärke 6 oder 7. Im Sommer, der auch die Zeit der Hurrikane ist, weht der Passat schwächer und weniger gleichmäßig. Er hat im östlichen Teil des Nordatlantik eine eher nördliche Komponente und dreht in der Karibik zunehmend auf Ost.

Die Gleichmäßigkeit und Zuverlässigkeit des NO-Passats ist besonders interessant für den, der eine Atlantiküberquerung auf der klassischen Route mit Ausgangspunkt auf den Kanarischen Inseln plant. Obgleich der Wind in den Wintermonaten am gleichmäßigsten sein soll, gibt es Jahre, in denen er in tieferen Breiten als normal auftritt, und es ist nichts Ungewöhnliches, daß Boote nahezu halbe Distanz bis zur Karibik zurücklegen, bevor sie auf stetigen Wind treffen.

Zu den Passatwinden gehört auch der Portugalpassat, der von April bis September oder Oktober aus NO bis NW vor der Westküste der Iberischen Halbinsel weht. Eine weitere regionale Form des NO-Passats ist der *Harmattan*. Das ist ein heißer und trockener Wind, der entsteht, wenn der NO-Passat über die afrikanischen Wüsten zieht, und der die See staubbefrachtet erreicht. Bei etwa 20°N ist er nur in der Nähe der afrikanischen Küste anzutreffen, doch weiter im Süden macht sich der *Harmattan* auch weiter auf See bemerkbar, wo er die Boote mit feinem rötlichem Staub bedeckt und die Sicht vermindert. Dieser östliche Wind tritt in der Regel zwischen November und Februar auf.

Eine weitere regionale Erscheinung in diesem Gebiet, das normalerweise unter dem Einfluß des NO-Passats steht, sind die *Norder*. In den Wintermonaten entwickeln sich riesige Antizyklonen über dem nordamerikanischen Kontinent, die gelegentlich bis zum Golf von Mexiko reichen. Vor diesem Hochdruckgebiet entsteht eine aus Norden kommende kalte Luftströmung, die zu einem heftigen *Norder* wird, der sich gelegentlich noch bis in die Karibik bemerkbar macht. Durch die höher aus dem Wasser ragenden Inseln Haiti und Kuba wird ein *Norder* in der Regel aufgehalten, doch nördlich dieser Inseln kann er besonders gefährlich werden, und zwar hauptsächlich wegen der steilen Seen, die sich aufbauen, wenn ein heftiger *Norder* auf den nach Norden fließenden Golfstrom stößt. Daß sich ein *Norder* nähert, wird in der Regel durch eine große Wolkenbank über der N- oder NW-Kimm angekündigt.

Tropische Konvergenzzone

Die Ausdehnung der Passatzone wird zu allen Jahreszeiten von der Lage der tropischen Konvergenzzone beeinflußt. Sie bleibt das ganze Jahr über nördlich des Äquators, verändert ihre genaue Position aber in starkem Maße, und zwar hauptsächlich je nach jahreszeitlich bedingtem Sonnenstand, dazu aber auch von Tag zu Tag. Die Breite der Kalmenzone verändert sich ebenfalls und beträgt im Schnitt zwischen 200 und 300 Meilen, wobei sie in der Regel nahe der afrikanischen Küste breiter und vor Brasilien schmaler ist. Das Wetter im Kalmengürtel ist im breiteren östlichen Bereich turbulenter als im Westen; dort treten häufig Böen und Gewitter auf.

Südwest-Monsun

Die von der afrikanischen Landmasse im Sommer erzeugte Wärme läßt den Luftdruck dort fallen und sorgt dafür, daß die tropische Konvergenzzone sich nach Norden verlagert. Dadurch dringt der südatlantische SO-Passat bis über den Äquator vor und trifft als SW-Monsun auf die afrikanische Küste. Er hält zwischen dem Äquator und 15°N von Juni bis Oktober an, wobei im Golf von Guinea das ganze Jahr über leichte SW-Winde vorherrschen.

Reihenböen

Diese Erscheinung tritt häufig in den Tropen auf, und zwar besonders unterhalb von 20°N und nahe der afrikanischen Küste. Diese linearen Störungen bewegen sich in der Regel im rechten Winkel zur Richtung des vorherrschenden Windes mit 20–25 Knoten von Osten nach Westen. Sie gehen einher mit gewittrigem und böigem Wetter. Das erste Anzeichen für eine sich nähernde Reihenbö ist ein dichtes Kumulo-Nimbusband im Osten. Es herrscht gewöhnlich leichter oder gar kein Wind, und die Luft ist drückend. Während die Wolke sich nähert, wird sie dunkel und drohend, es donnert und blitzt. Die Wolkenunterkante sieht wie eine gerade Linie aus, verändert sich aber manchmal zu einem Bogen, wenn sie über den Betrachter hinwegzieht. Plötzlich kommt aus östlicher Richtung ein Windstoß, der im Schnitt 20 oder 25 Knoten erreicht, gelegentlich aber auch viel stärker ist. Kurz nach dem Windstoß beginnt es heftig zu regnen. Derartige Böen halten im Schnitt eine halbe Stunde lang an, manchmal aber auch länger. Das Barometer zeigt nichts an, so daß sie nur mit dem Auge zu entdecken sind. Da diese Böen manchmal recht heimtückisch sind, tut man in den entsprechenden Gegenden gut daran, bei Nacht, wenn die Sicht schlechter ist, die Segelfläche zu verkleinern. Reihenböen treten besonders zu Beginn und am Ende der Regensaison (Mai bis Oktober) auf und sind außergewöhnlich heftig nahe der afrikanischen Küste.

Wechselnde Winde

Nördlich des NO-Passatgürtels erstreckt sich eine Zone mit wechselnden Winden über den Atlantik. Das ist der Bereich mit hohem Luftdruck, der im Sommer etwas nördlich und im Winter etwas südlich des 30. Breitengrades liegt. Der Wind in der östlichen Hälfte dieses Bereiches kommt gewöhnlich aus Norden und läßt sich als verlängerter Passat betrachten. Im westlichen Teil ist der Wind oft sehr leicht, und man muß mit langen windstillen Perioden rechnen. Dort liegt die gefürchtete Sargassosee, in der die Segelschiffe wochenlang bekalmt waren.

Westliche Winde

Westliche Winde herrschen im nördlichen Teil des atlantischen Ozeans vor, wo das Wetter hauptsächlich aufgrund der Tatsache, daß nahezu unaufhörlich Tiefdruckgebiete in östlicher Richtung über das Meer ziehen, häufig unbeständig ist. Die Winde in diesen höheren Breiten kommen zwar überwiegend aus Westen, sind aber in der Richtung weniger konstant als in den »Roaring Forties« im Süden.

Hurrikane

Ein großer Teil des westlichen Nordatlantiks wird von tropischen Wirbelstürmen heimgesucht, die theoretisch jederzeit auftreten können; in den vergangenen Jahrhunderten wurden nämlich in jedem Monat des Jahres Hurrikane verzeichnet, in manchen Monaten allerdings äußerst selten. Die normale Hurrikansaison dauert von Ende Mai bis Anfang Dezember, wobei die Monate August bis Oktober die größte Häufigkeit aufweisen. Am schlimmsten ist es im September mit einem Schnitt von zwei Hurrikanen pro Monat über einen Zeitraum von hundert Jahren, wobei gelegentlich im September viel mehr Hurrikane zu verzeichnen waren. In der Praxis unterliegen Häufigkeit und Stärke von Hurrikanen von Jahr zu Jahr großen Schwankungen; in manchen Jahren ist es mit bis zu fünfzehn Hurrikanen besonders schlimm, während in anderen kaum ein Hurrikan zu verzeichnen ist. In einem Reim von den westindischen Inseln heißt es sinngemäß:

> »Juni ist frei,
> Juli an der Reih,
> August paß nur auf,
> September zuhauf,
> Oktober vorbei!«

Die meisten Hurrikane entstehen in dem Kalmengebiet westlich der Kapverdischen Inseln. Sie ziehen in der Regel nach Westen auf das Karibische Meer zu und bewegen sich dabei im Uhrzeigersinn außen um Hochdruckgebiete herum. Am häufigsten betroffen ist das Karibische Becken, insbesondere der nördliche Teil der Kleinen Antillen, die Jungferninseln, die Bahamas, Bermuda, der Golf von Mexiko und Florida. Zu Beginn und am Ende der Hurrikansaison entwickeln sich diese Stürme gelegentlich in der westlichen Karibik, von wo aus sie nach Norden ziehen und hauptsächlich die Südstaaten der USA heimsuchen. Später in der Saison ist es besonders gefährlich in der Karibik, da sich die Hurrikane im September und Oktober für gewöhnlich dort entwickeln und die Warnzeiten kürzer sind. Wenn man also unbedingt in der Hurrikansaison in der Karibik, und zwar besonders im Bereich der Kleinen Antillen, segeln will, plant man seine Ankunft besser zu Beginn der Hurrikansaison (Mai bis Juni) als zum Ende hin (Oktober bis Anfang November). Ein ganz nützlicher Tip für den Bereich der Westindischen Inseln könnte noch sein, daß bei überdurchschnittlich starkem Wind, unterdurchschnittlichem Niederschlag und niedriger Luftfeuchtigkeit im Mai, Juni und Juli im August und September weniger als zwei Hurrikane im östlichen Karibischen Meer zu erwarten sind.

Tornados

Tornados und Wasserhosen treten in denselben Gegenden und in denselben Jahreszeiten wie Hurrikane auf. Sie ziehen gewöhnlich in der gleichen Richtung wie der vorherrschende Wind und sind in der Regel rechtzeitig zu erkennen, weil sie nur selten bei Nacht auftreten. Der Wind bei einem Tornado kann extrem heftig sein, doch weil das tatsächlich betroffene Gebiet nur sehr klein ist, besteht nur eine geringe Wahrscheinlichkeit, auf See von einem solchen Wirbelwind getroffen zu werden. Wasserhosen treten manchmal bei Gewitterstürmen am Nachmittag in Küstennähe auf, wobei die Seeseite der Chesapeake-Bucht in den Sommermonaten besonders häufig heimgesucht wird.

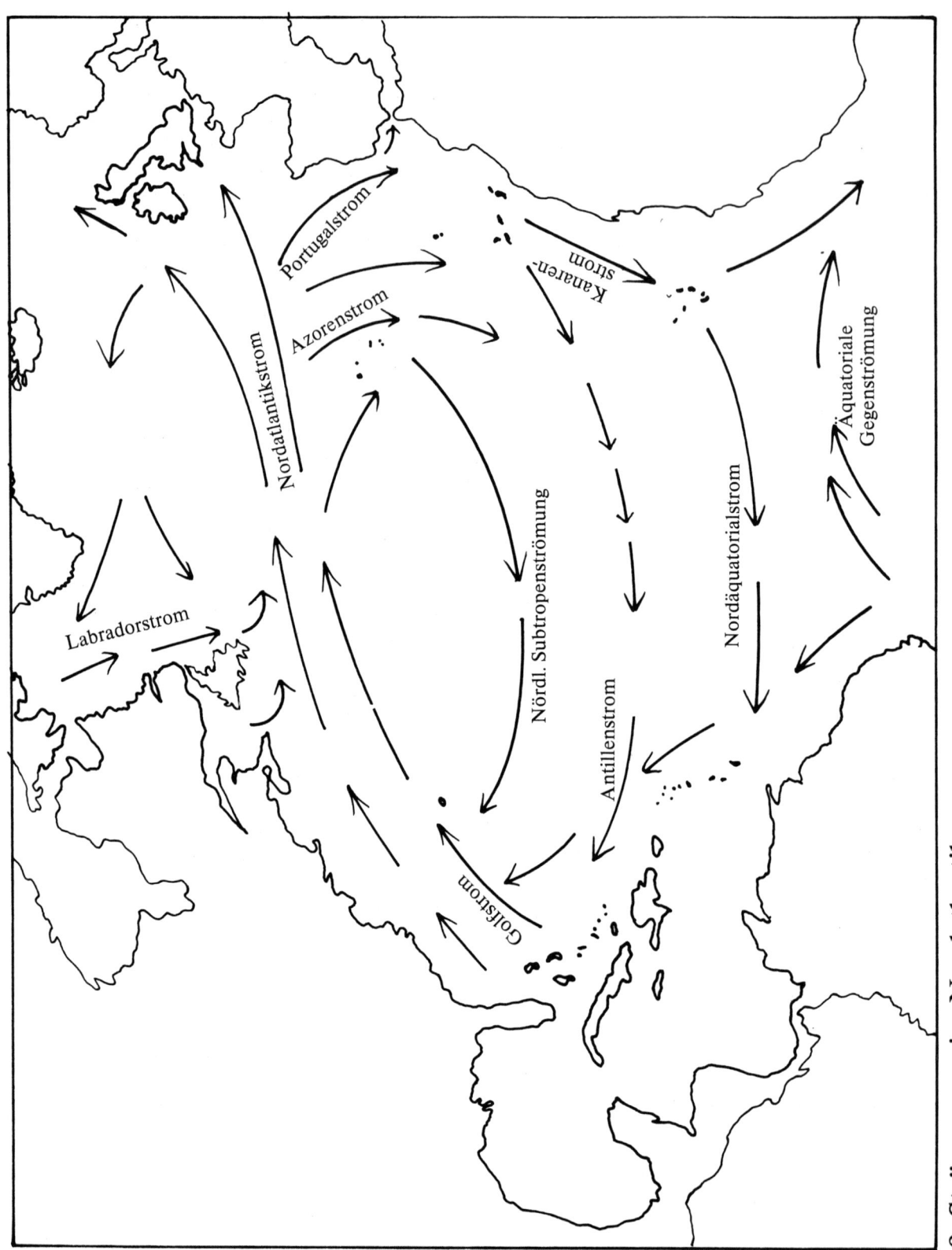

9. Strömungen im Nordatlantik

Strömungen

Die Strömungen im Nordatlantik gehören zu einem riesigen System, das sich im Uhrzeigersinn bewegt und den gesamten Ozean südlich von 40°N umfaßt. Der NO-Passat verursacht den Nordäquatorialstrom, der von den Kapverdischen Inseln nach Westen in die Karibik führt. Nördlich davon verläuft die schwächere nördliche Subtropenströmung. Ein Teil des Nordäquatorialstroms führt in das Karibische Meer, während ein anderer Zweig an den Kleinen Antillen vorbei nach Norden fließt und als Antillenstrom bezeichnet wird.

Die treibende Kraft im Nordatlantik ist der Golfstrom, der trotz seines Namens nicht im Golf von Mexiko beginnt, sondern eine Fortsetzung des Nordäquatorialstroms ist. Das breite Band aus warmem Wasser streift an der Ostseite Nordamerikas entlang, bis es auf den kalten Labradorstrom trifft, der es in eine östliche Richtung zwingt. Ab etwa 45°W ist der Golfstrom nicht mehr so stark und führt als Nordatlantikstrom weiter nach Osten. Im östlichen Teil des Ozeans lassen sich die Strömungen nicht mehr so genau abgrenzen, weil der Nordatlantikstrom sich fächerförmig in verschiedene Richtungen ausbreitet und die nach Süden gerichtete Azorenströmung und, weiter östlich, die Portugalströmung bildet. Diese Strömung führt an der Iberischen Halbinsel entlang, wobei ein Teil durch die Straße von Gibraltar in das Mittelmeer gelenkt wird, während der andere an der afrikanischen Küste entlang nach Südwesten führt und zur Kanarischen Strömung wird, die sich schließlich wieder nach Westen wendet, in den Nordäquatorialstrom eingeht und so das im Uhrzeigersinn verlaufende System der Strömungen im Nordatlantik vervollständigt.

Südlich von 10°N ist das Schema der Strömungen komplizierter. Zwischen den beiden nach Westen gerichteten Äquatorialströmen liegt die äquatoriale Gegenströmung. Im Winter ist diese Ostströmung östlich von etwa 45°W entlang 6°N stärker, nimmt jedoch in Richtung auf den südamerikanischen Kontinent ab und verschwindet dort ganz und gar. In diesem Bereich verbindet sich der Südäquatorialstrom mit dem Nordäquatorialstrom zu einer starken Westströmung, die an der südamerikanischen Küste entlang in nördlicher Richtung zu den Kleinen Antillen fließt.

5 Regionale Wetterverhältnisse im Nordatlantik

Iberische Halbinsel

Für Segelboote ist das wichtigste Merkmal in diesem Gebiet der Portugalpassat, der in den Sommermonaten konstant und stetig die Küste hinunterweht. Der vorherrschende Wind kommt von April bis September aus Norden und kann im Juni und Juli bis nach Madeira reichen. An den Nordwestküsten der Halbinsel ist der Wind wechselhafter, wobei er allerdings im Sommer eine eher nördliche Komponente aufweist. Bei schönem Sommerwetter wechseln sich Landwind und Seewind an der Küste ab; letzterer unterliegt allerdings in gewissem Ausmaß dem Einfluß des nördlichen Passats. Im Sommer tritt auch nahe der Küste eher Seenebel auf, der mit Windstille oder schwachem Wind einhergeht. Das Klima ist besonders weiter im Süden gewöhnlich trocken und warm.

Im Winter kommt der Wind an der gesamten Küste eher aus wechselnden Richtungen, wobei Westwind vorherrscht. Stürme, Starkwind und Niederschlag nehmen im Winter zu und erreichen die größte Häufigkeit vor der spanischen Nordwestküste, wo es in bestimmten Gebieten frieren kann. Auch Böen sind zwischen November und März häufiger; sie gehen speziell mit Kaltfronten aus W oder NW einher. In bergigen Gebieten können diese Böen schwerwiegende Folgen haben, wenn sie auf die Küste treffen.

Im südlichen Teil der Iberischen Halbinsel von Kap Sâo Vicente bis Gibraltar ist der Wind das ganze Jahr über wechselhafter, weil sich dort der Portugalpassat, der einen Seewind aus Südwesten oder Westen zuläßt, weniger bemerkbar macht. Als Segler nahe der Straße von Gibraltar muß man mit deren höchst eigenwilliger Natur rechnen. Der Wind weht entweder in die Straße hinein oder aus ihr heraus und kann gelegentlich recht stark werden. Wenn der starke Ostwind mit der Bezeichnung *Levanter* gegen die vorherrschende Ostströmung in das Mittelmeer gerichtet ist, entstehen kurze steile Seen, die die Einfahrt vom Atlantik aus schwierig machen. Der entgegengerichtete *Poniente,* ein starker West- oder Südwestwind, kann die Fahrt in der anderen Richtung, von Gibraltar aus in den Atlantik, genauso erschwerlich machen. In der Straße von Gibraltar selbst gibt es häufige Wechsel zwischen *Levanter* und *Poniente,* wobei allerdings der *Levanter* am häufigsten zwischen Juli und Oktober weht und mit Regen und schlechter Sicht einhergeht. Ebenfalls im Sommer zieht das eine oder andere Tiefdruckgebiet von Marokko aus nordwärts nach Gibraltar.

Nordwestafrika

Obwohl dieses Gebiet nur selten von Stürmen heimgesucht wird und das Wetter im allgemeinen heiter ist, fahren nur wenige Boote auf dem Weg zu den Kanarischen Inseln an der marokkanischen Küste entlang, weil der einzige Hafen, der dazu auch nur über begrenzte Einrichtungen für Yachten verfügt, Casablanca ist.

Der Wind kommt überwiegend aus Nordosten und ist im Sommer am stärksten. Der aus nördlichen Richtungen kommende Portugalpassat weht an der marokkanischen Atlantikküste in den Sommermonaten konstant, wird aber von Land- und Seewinden beeinflußt. Ein Seewind, der ein paar Stunden nach Sonnenaufgang beginnt, versetzt den Wind nach Nordwesten, wo er am Nachmittag seine größte Stärke erreicht und bei Sonnenuntergang einschläft. Spät am Abend und früh am Morgen weht ein Landwind aus NO bis SO. Im Winter setzt der Seewind später am Tag ein. In den Spätsommermonaten kann ein warmer staubiger Landwind aus S oder SO auftreten.

Im Winter kann der NO-Passat durch Tiefdruckgebiete, die über den Atlantik oder von den Kanarischen Inseln heranziehen, auf Nord oder Süd drehen. Am stärksten ist dieser Wind, wenn das Tief durchgezogen ist; derartige Tiefdruckgebiete sind aber nicht sehr häufig und auch nicht stark ausgeprägt. Stürme treten nur sehr selten auf.

Weiter im Süden wird das Wetter durch die Lage der tropischen Konvergenzzone beeinflußt, die sich im Sommer nach Norden bewegt und den Küstenbereichen nördliche Winde bringt. Im Winter, wenn der Passatgürtel weiter nach Süden reicht, herrschen NO- und O-Winde vor, wobei von Oktober bis März gelegentlich auch recht starker Wind aus W bis SW zu erwarten ist.

Im Winter gehen in Nordmarokko die Temperaturen bis auf 8°C zurück, während es im Sommer warm ist – bei Seewind werden etwa 27°C erreicht, bei Landwind dagegen viel höhere Temperaturen. In Rabat sind schon 47°C gemessen worden! Die Monate Juni bis September sind trocken; der meiste Regen fällt im Winter, und zwar oft in Form von kurzen heftigen Schauern, wenn eines der kleinen Tiefdruckgebiete durchzieht. Je weiter man sich an der Küste von Casablanca entfernt, desto weniger Regen gibt es und desto höher sind die Temperaturen das ganze Jahr hindurch. In den Sommermonaten tritt frühmorgens an der Küste oft Nebel auf, und zwar besonders dort, wo der Landwind über das kältere Atlantikwasser zieht.

Westafrika

Um einen Geschmack von Afrika zu bekommen, segelt man am besten in Senegal und Gambia, wo auch die Möglichkeit besteht, die größeren Flüsse zu befahren. Zwar segelt man vor Westafrika meistens im Rahmen eines längeren Törns, der weiter im Süden über den Atlantik nach Brasilien führt, doch gibt es auch Leute wie etwa Pierre Ribes, der mit seiner 26ft-Yacht *Sphinx* jahrelang zwischen Frankreich und Senegal hin und her segelte, um im Rahmen des von ihm gegründeten Hilfsprogramms Medikamente und andere Hilfsgüter zu verteilen.

Das Wetter in dieser Region wird hauptsächlich von der Lage der tropischen Konvergenzzone beeinflußt, die von Januar bis Juli weiter im Norden und von Juli bis Dezember weiter im Süden liegt. In den nördlicheren Küstenbereichen herrscht die meiste Zeit des Jahres NO-Passat, der allerdings direkt an der Küste aus nördlicherer Richtung kommt. In den Sommermonaten gibt es einen kurzen SW-Monsun. Weiter südlich ist das Bild umgekehrt; dort herrscht überwiegend SW-Monsun, und der NO-Passat macht sich nur kurz im Januar bemerkbar. Dazwischen wechselt dementsprechend das Verhältnis zwischen NO-Passat und SW-Monsun, während in der tropischen Konvergenzzone selbst der Wind aus wechselnden Richtungen weht. In der Gegend von Dakar herrscht beispielsweise von Oktober bis April überwiegend Nordwind, von Juni bis August dagegen meistens Westwind.

Wenn im Winter die NO-Passatzone weiter

Atlantischer Ozean

nach Süden vordringt, weht der *Harmattan* aus Osten. Dieser warme Wind kann den Passat zwischen November und Februar unterbrechen und die Temperaturen bis auf 40°C ansteigen lassen. Die Staubteilchen, die der *Harmattan* mitführt, verursachen einen Schleier, der gelegentlich große Bereiche der Küstengewässer bedeckt und bis zu den Kapverdischen Inseln reichen kann; dabei wird die Sicht manchmal bis auf 50 m eingeschränkt.

Stürme und Starkwind sind in diesem Gebiet nahezu unbekannt; dafür wird das Wetter in

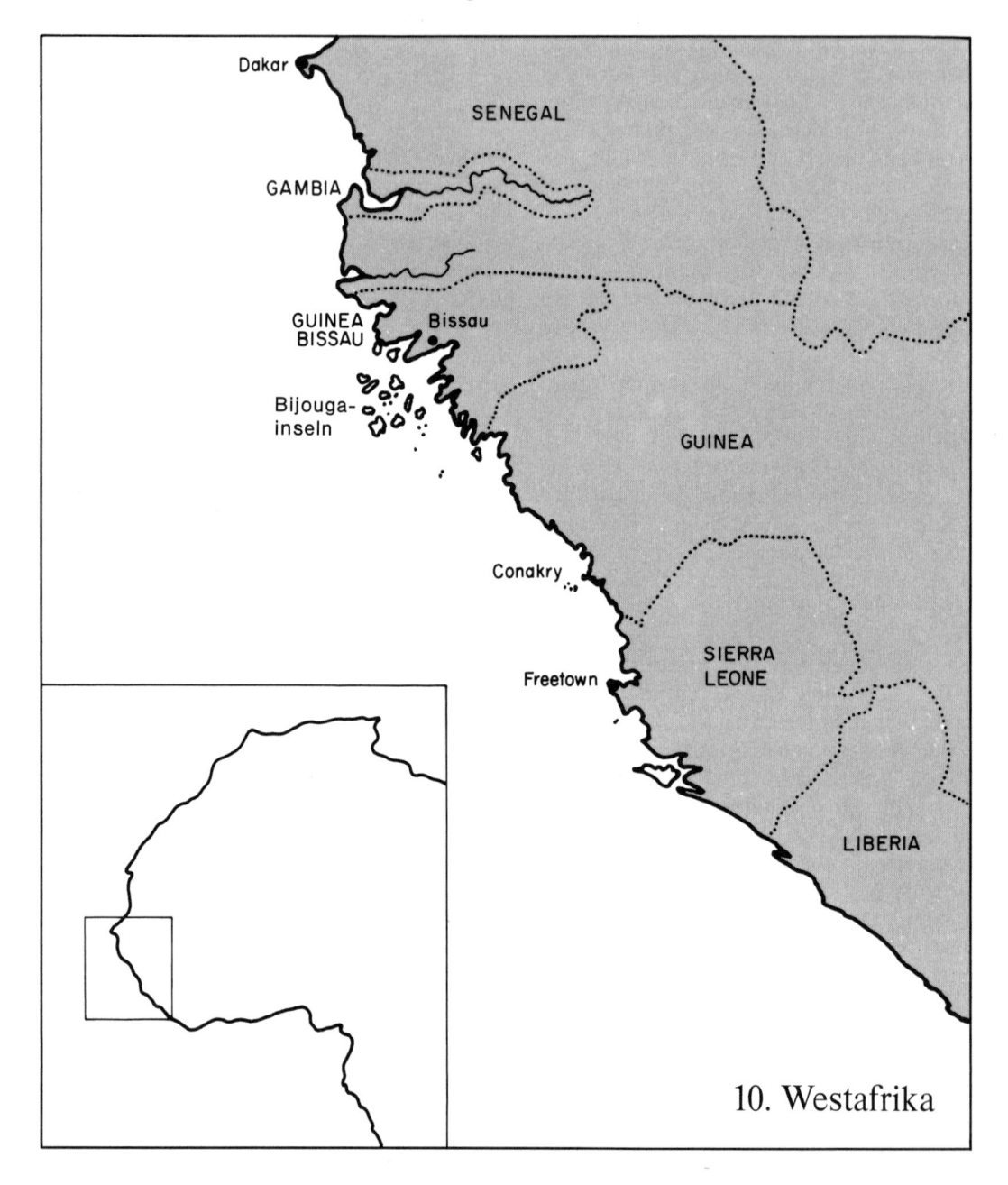

10. Westafrika

Westafrika von den von Osten nach Westen ziehenden Reihenböen geprägt. Diese Gewitterböen können die Windgeschwindigkeit für kurze Zeit auf bis zu 30 Knoten ansteigen lassen und ziehen gewöhnlich heftigen Regen nach sich, der ein oder zwei Stunden lang anhält. Am häufigsten treten sie zu Beginn und zum Ende der nassen Jahreszeit, d. h., des Sommers, auf. Die Temperaturen in diesem Gebiet sind hoch und weichen zwischen den Jahreszeiten nur wenig voneinander ab; die Wintermonate sind allerdings trockener und nicht so schwül. Weiter im Süden dauert die nasse Jahreszeit länger und beginnt früher. Der meiste Regen fällt bei Böen und Gewitterstürmen.

Azoren

Diese Gruppe zerklüfteter Vulkaninseln mitten im Nordatlantik hat nicht viele sichere Häfen, doch die wenigen vorhandenen werden von Seglern auf langen Atlantiküberquerungen geschätzt. Die Inseln bilden außerdem im Sommer ein beliebtes Fahrtziel für Yachten aus Westeuropa.

Die Azoren rühmen sich eines Atlantikklimas, dessen dominierendes Merkmal das nach ihnen benannte Hochdruckgebiet ist. Die Lage des Azorenhochs ändert sich mit der Jahreszeit; im Oktober befindes es sich weiter im Norden und im Februar weiter im Süden. Gewöhnlich liegt es im Süden oder Südwesten der Inseln, und im Sommer verändert es seine Lage häufig nicht. Dann sind längere windstille Perioden zu erwarten. Zu anderen Zeiten ist der Wind sowohl in Stärke als auch in Richtung sehr wechselhaft, wobei allerdings etwas häufiger Westwind herrscht. Nahe am Land wird der Wind abgelenkt und zwar besonders dort, wo die Küste steil abfällt, und seine Richtung ändert sich von Insel zu Insel und von Ort zu Ort.

Das Wetter auf den Azoren wird außerdem

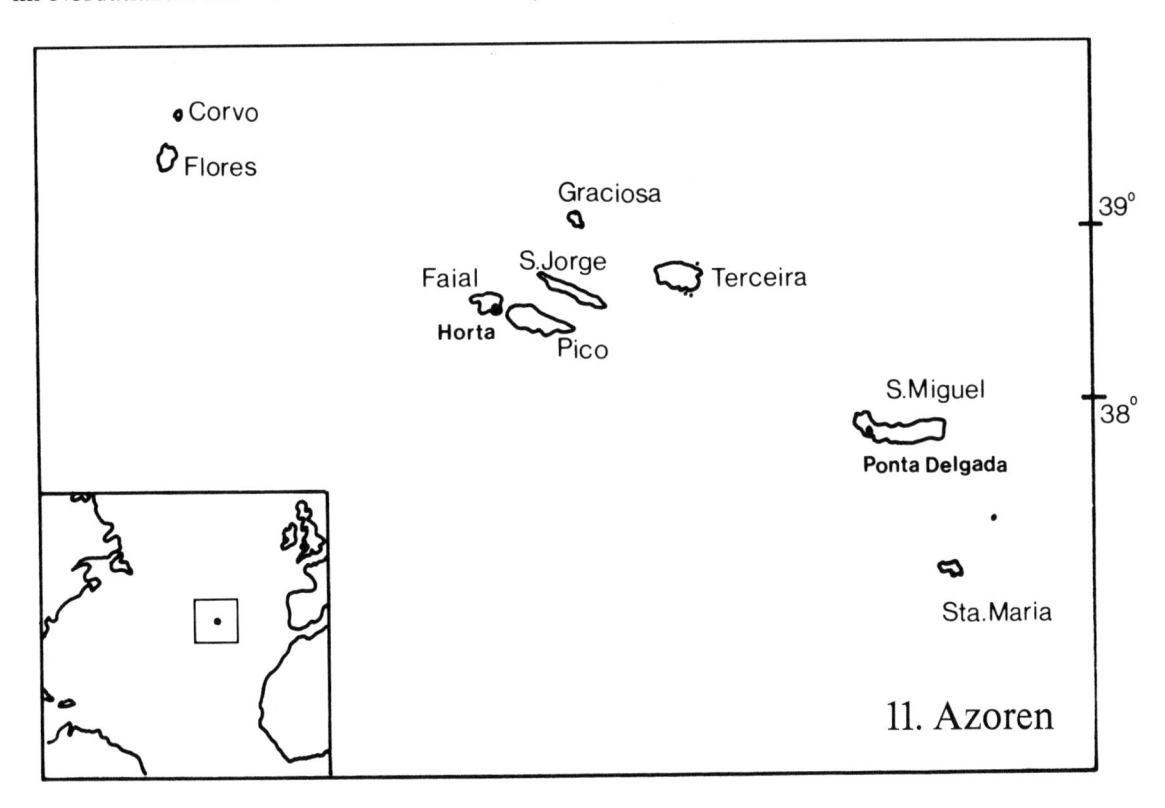

Atlantischer Ozean

von den Tiefdruckgebieten beeinflußt, die von Westen nach Osten über den Atlantik ziehen. Außer im Winter, wenn sie manchmal direkt über die Inseln hinwegziehen, nehmen diese Tiefdruckgebiete meistens einen etwas nördlicheren Kurs. Wenn eine dieser Fronten durchzieht, dreht der Wind schnell von SW auf NW und bringt Regen. Es gibt keinen Monat, der völlig trocken ist, wobei im Winter mehr Regen fällt, und zwar besonders in Verbindung mit den atlantischen Tiefdruckgebieten. Die Lufttemperatur schwankt je nach Windrichtung, doch selbst im Sommer können die Nächte recht kalt sein.

Obwohl die Inseln nicht im Hurrikangürtel liegen, kommt es vor, daß ein Hurrikan einen ungewöhnlichen Verlauf nimmt und an den Azoren vorbeizieht; bis dorthin hat er sich im allgemeinen jedoch schon stark abgeschwächt. Stürme gibt es über den Azoren nur in mäßiger Zahl, meistens in den Wintermonaten.

Madeira

In einer Entfernung von mehr als 350 Meilen vor der Küste von Marokko ist Madeira, bekannt durch seinen Süßwein, die Hauptinsel dieser Gruppe aus gebirgigen Inseln vulkanischen Ursprungs. Das Klima ist warm im Som-

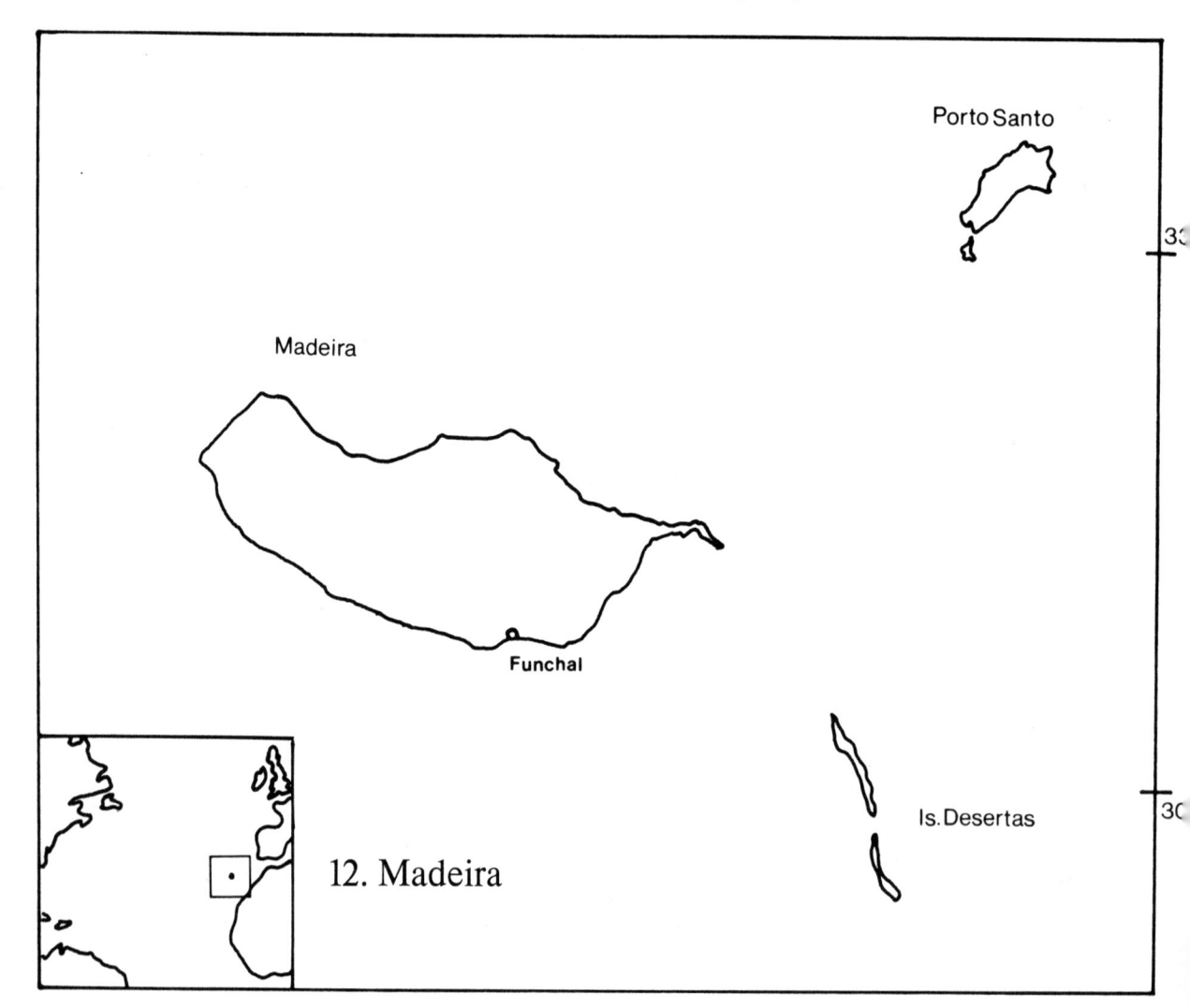

12. Madeira

Regionale Wetterverhältnisse im Nordatlantik

mer, mit milden Wintern und veränderlichem Niederschlag, der gelegentlich sehr stark sein kann.

Der Wind kommt vorherrschend aus Nordost, teilt sich aber, weil Madeira so hoch ist, und kann an der Südküste durchaus aus SW kommen, wenn er auf See aus NO weht. Die kleinere Insel Porto Santo ist ebenfalls sehr hoch, und der NO-Wind beschleunigt von den Bergen herab, so daß in deren Lee heftige Böen auftreten.

Im Winter weht der Wind aus wechselnden Richtungen. Die Nordatlantikfronten, die von West nach Ost über den Ozean ziehen, verlagern sich gelegentlich weiter nach Süden und stoßen auf die Insel, ihre Wirkung ist jedoch weniger stark als auf den Azoren. Bei Ostwind vom afrikanischen Kontinent können Dunstschleier auftreten, die die Sicht verringern.

Kanarische Inseln

Diese Inselgruppe nahe der afrikanischen Küste ist das traditionelle Sprungbrett für Atlantiküberquerungen, seit Kolumbus vor etwa fünfhundert Jahren zum ersten Mal von dort lossegelte. Heute bieten die Inseln eine große Zahl an Häfen und Einrichtungen für Reparaturarbeiten und zum Verproviantieren. Ihre Beliebtheit als Abfahrtpunkt überschattet die Tatsache, daß man dort das ganze Jahr über segeln kann, so daß außer zwischen September und Dezember hier nur wenige Boote zu sehen sind.

Der Wind kommt das ganze Jahr über vorwiegend aus nordöstlichen Richtungen; er ist im Juli und August am stärksten und im Oktober und November am schwächsten. Die hohen Vulkaninseln verursachen jedoch lokale

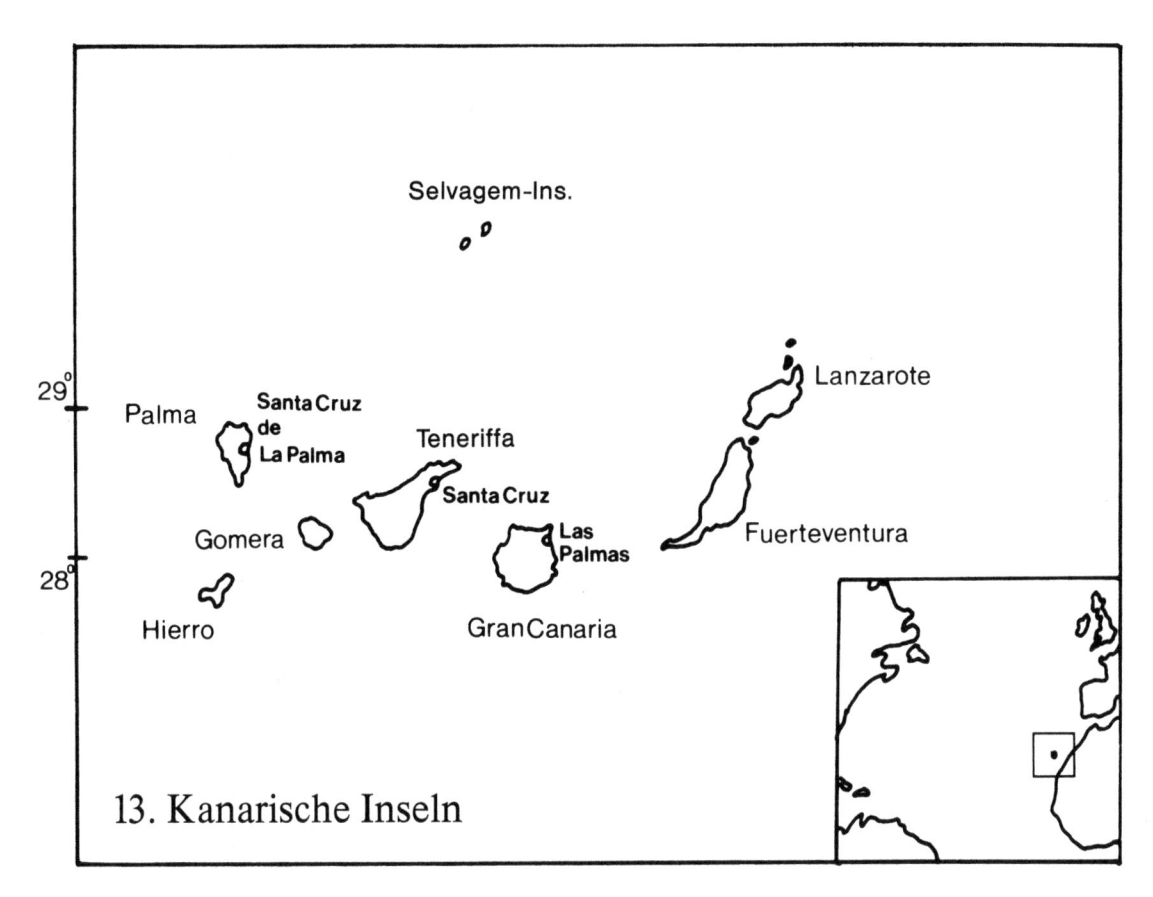

13. Kanarische Inseln

Atlantischer Ozean

Schwankungen in den Windverhältnissen. Grundsätzlich herrscht in Lee der Inseln ein anderer Wind als an den Küsten mit Passat. Bei starkem NO-Passat weht auf der anderen Seite der Insel meistens ein entgegengerichteter Wind, dessen Stärke sich nach der Stärke des Passats richtet. An den Küsten einiger der gebirgigen Inseln macht sich außerdem eine Trichterwirkung bemerkbar, und der Passat erreicht gelegentlich bis zu 15 Knoten.

Die atlantischen Tiefdruckgebiete kommen nur selten so weit nach Süden, daß sie die Kanarischen Inseln erreichen; dafür bilden sich in der Nähe der Inseln selbst kleine Tiefdruckgebiete, die nordostwärts nach Gibraltar oder ostwärts nach Afrika ziehen. Stürme sind selten, gelegentlich bringen die lokalen Tiefdruckgebiete jedoch starken S- und W-Wind mit sich. In den Sommermonaten kann ein starker Ostwind warm aus Afrika herüberwehen.

Das Klima ist sehr gleichmäßig, nicht zu warm im Sommer und angenehm im Winter. Die Niederschlagsmenge schwankt enorm, und weil die hohen Berge die Feuchtigkeit einfangen, haben die höheren Inseln wie Teneriffa, Palma und Gran Canaria auch den meisten Niederschlag. Auf Lanzarote und Fuerteventura regnet es nur wenig. Die Südküsten der Inseln sind sonniger und wärmer als die Nordküsten, an denen es kühl und bewölkt sein kann.

Kapverdische Inseln

Diese Gruppe kleiner Inseln 200 Meilen vor der Westafrikanischen Küste war einst eine von Ozeandampfern viel besuchte Bunkerstation. Heute werden sie wieder entdeckt als bequeme Zwischenstation für denjenigen, der seine Atlantiküberquerung in die Karibik abkürzen möchte oder in Brasilien an Land gehen will. Da die Inseln im Passatgürtel liegen, herrscht die meiste Zeit des Jahres NO-Wind, der von Februar bis Juni etwas stärker ist (15 bis 25 Knoten). Wenn die Konvergenzzone in den Sommermonaten ihre nördlichste Position erreicht, herrschen wechselnde Winde, die zur Zeit des SW-Monsuns im August und September frisch aus südlichen Richtungen wehen.

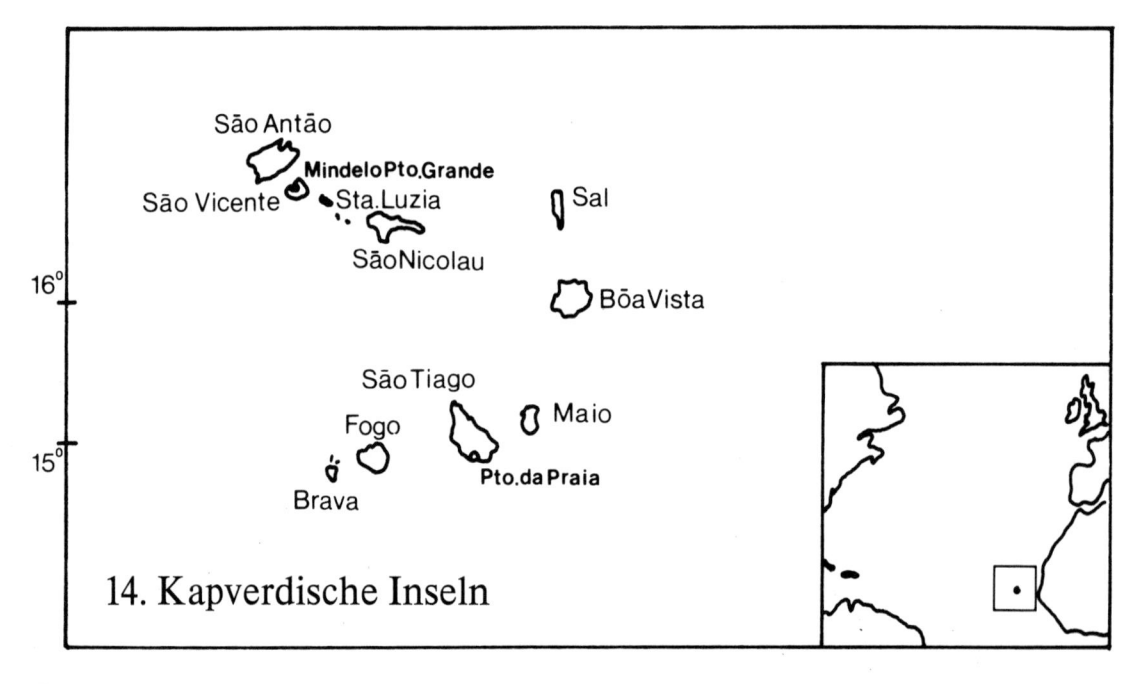

14. Kapverdische Inseln

Zwischen Dezember und Februar kann es durch den über Afrika wehenden starken NO-Passat zu *Harmattan* kommen. Dieser erzeugt oft einen Staubschleier und bedeckt Boote und Segel mit rötlichem Staub. Dieser durch einen gelblichen Himmel und eine verschwommene Kimm gekennzeichnete Schleier reduziert nicht nur die Sicht auf wenige hundert Meter, sondern macht es auch bei mehreren Meilen Sicht sehr schwierig, die Entfernungen auf See abzuschätzen, wenn kein Land oder ein anderes Objekt zusehen ist. Deshalb ist unter diesen Bedingungen bei der Annäherung an die Kapverdischen Inseln Vorsicht am Platze.

Stürme treten nur selten auf, wobei allerdings von den Bergen herab Böen durch die Täler ziehen können und der Wind an den Passatküsten viel stärker als an den Leeküsten ist. Der Niederschlag ist auf den einzelnen Inseln unterschiedlich und fällt überwiegend zwischen August und Oktober; in vielen Gegenden regnet es jedoch nur wenig, und es kommt zu langen Trockenperioden.

Guayana

Die Region an der südamerikanischen Küste von Venezuela bis hinunter nach Brasilien liegt überwiegend im NO-Passatgürtel, wobei allerdings von August bis Oktober, wenn die Konvergenzzone nach Norden zieht, der SO-Passat einfällt. Die Temperaturen liegen das ganze Jahr über zwischen 26 und 28°C. Von Mai bis Juli fällt der meiste Niederschlag, September und Oktober sind die trockensten Monate, und weiter südlich und östlich ist das Klima allgemein feuchter, weil die nasse Jahreszeit früher beginnt und länger anhält.

Der NO-Passat ist mit 15 Knoten von Januar bis März am stärksten; früher im Jahr hat er eine nördlichere und später eine östlichere Komponente. Von Mai bis Juli gibt es mehr Flauten und häufige Böen, während der Wind allmählich über ONO auf OSO dreht. Der SO-Passat ist nicht sehr stark (7 bis 8 Knoten), und wenn er im November wieder auf NO dreht, geschieht das plötzlicher und ohne die Böen, die für die Drehung in der anderen Jahreszeit charakteristisch sind.

Nahe der Küste läßt der Wind nachts nach und nimmt am Morgen wieder zu; je früher am Tag das passiert, desto stärker ist der Wind tagsüber im allgemeinen. Besonders im letzten Teil des Jahres können an der Küste Landwinde aus SW bis NW auftreten, die aber nicht lang anhalten. Böen über dem Land sind nichts Ungewöhnliches. Sie bringen Donner und Regen an der Küste.

Venezuela und die ABC-Inseln

Die Tatsache, daß Venezuela und die Inseln vor seiner Küste südlich des Hurrikangürtels, aber noch innerhalb der Passatzone liegen, macht dieses Gebiet so anziehend für Fahrten in den Sommermonaten, in denen die übrige Karibik unter Hurrikangefahr leidet. Sehr selten nimmt ein vagabundierender Sturm Kurs auf dieses Gebiet, und wenn ein Hurrikan weiter nördlich durchzieht, steht schwere Dünung zu erwarten. Im Bereich der Inseln vor Venezuela und der holländischen Besitzungen Aruba, Bonaire und Curaçao herrscht die meiste Zeit des Jahres NO-Passat; die Wetterbedingungen ähneln denen auf den südlicher gelegenen Kleinen Antillen.

Das Wetter an der venezolanischen Küste wird durch die Landmasse des südamerikanischen Kontinents beeinflußt. Der NO-Passat hat besonders von März bis Juni eine viel stärkere östliche Komponente. Am stärksten ist der Wind, der dann aus NO bis O kommt, von Dezember bis April. Von Juni bis September, in der Zeit, die die meisten Segler für einen Törn dort wählen, sind die Winde schwächer und wechselhafter. Die Landmasse verursacht östliche Winde, die gewöhnlich tagsüber wehen und bei Nacht einschlafen; bei Tagesanbruch ist es oft ziemlich windstill. Der Wind nimmt am Morgen zu und kann bis zum Nachmittag recht kräftig werden.

Atlantischer Ozean

15. Venezuela und ABC-Inseln

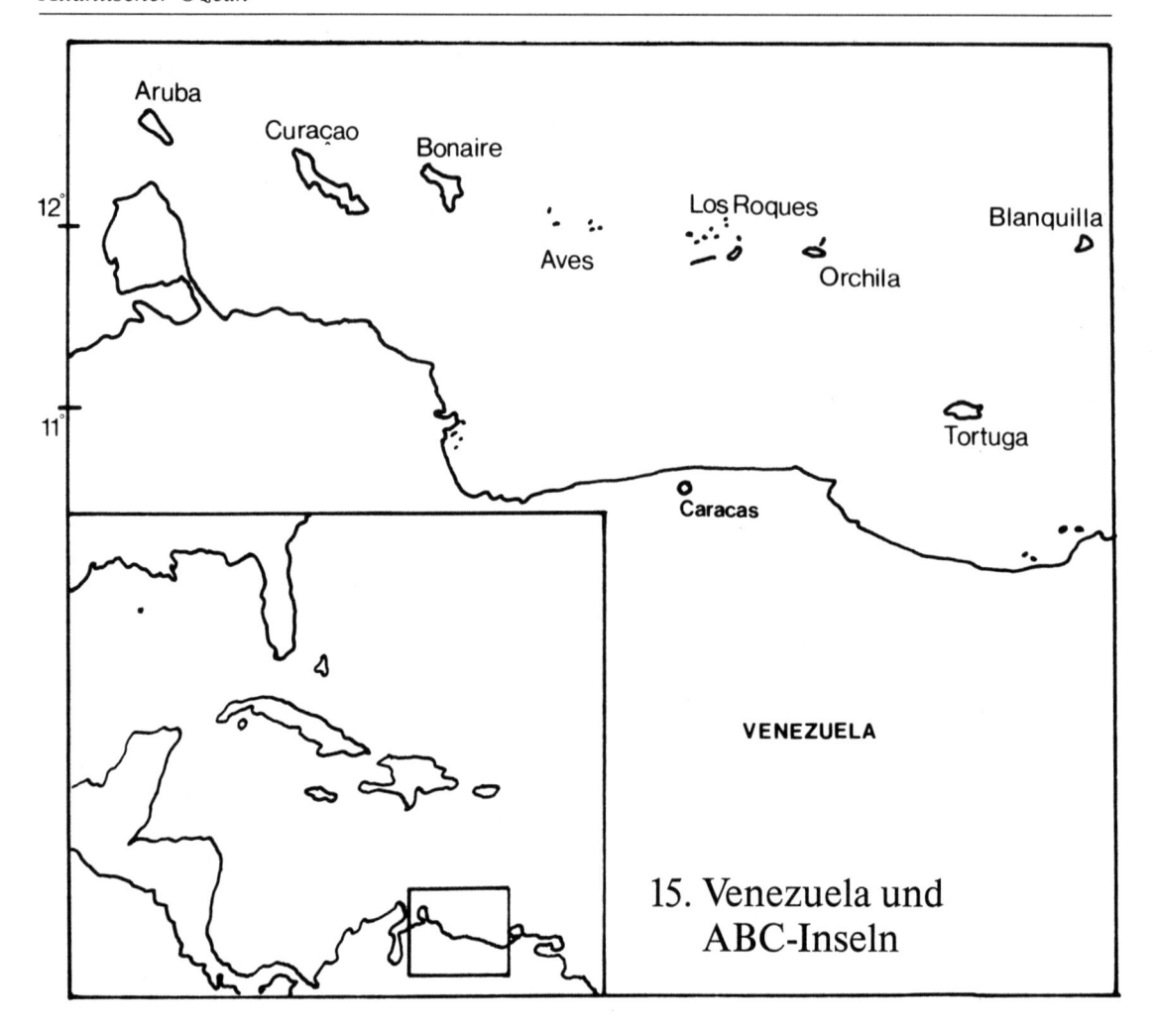

In Venezuela ist es etwas kühler als auf den Kleinen Antillen; die Temperaturen können in Winternächten auf 18°C absinken. Dort ist das Klima am trockensten. Nach beiden Seiten – Panama im Westen und Brasilien im Südosten – wird das Klima allmählich feuchter. Der Regen fällt hauptsächlich in Böen an den Bergen. Von Mai bis November sind diese Böen recht heftig; sie kommen aus südlichen Richtungen und verlieren über dem Meer langsam ihre Kraft. In der Gegend um Maracaibo treten am Nachmittag örtlich sogenannte *Chubascos* auf, Böen mit bis zu 50 Knoten. Dort kommt es auch im Winter zu starken Winden, weil sich das durch die Aufheizung der Wüste entstehende Tief durch Meeresluft auffüllt. Im Herbst fallen gelegentlich warme kurze Böen, die *Calderatas,* von den Bergen herab.

Trinidad

Das von den anderen Westindischen Inseln etwas abgelegene Trinidad lockt Segler besonders zum Karneval, einem der spektakulärsten in der Karibik. Trinidad hat die meiste Zeit des Jahres NO-Passat, dessen Wirkung in den Sommermonaten von Juni bis November, der

Regionale Wetterverhältnisse im Nordatlantik

Regenzeit, allerdings durch die südlichere Lage und die Nähe zur venezolanischen Küste gemindert wird. Über die Ebenen am Golf von Paria fegt ein SO-Wind, der im Golf jeden Nachmittag eine Dünung aufbaut. Wegen des Zusammentreffens von Wind und Strömungen, die aus dem Golf von Paria heraus- und um die Nordküste der Insel herumfließen, ist die See nahe der Insel im allgemeinen recht rauh. Die Strömung im »Drachenmaul« läuft gelegentlich mit 5 Knoten nach Norden und nur selten nach Süden.

Da Trinidad südlich des Hurrikangürtels liegt, hat es nur selten unter schweren Stürmen zu leiden – in diesem Jahrhundert hat es nur einen einzigen unberechenbaren tropischen Sturm dort gegeben.

Kleine Antillen

Diese Inseln, die sich in einem Bogen von der südamerikanischen Küste bis nach Puerto Rico erstrecken, sind bekannt für ihr gleichmäßig

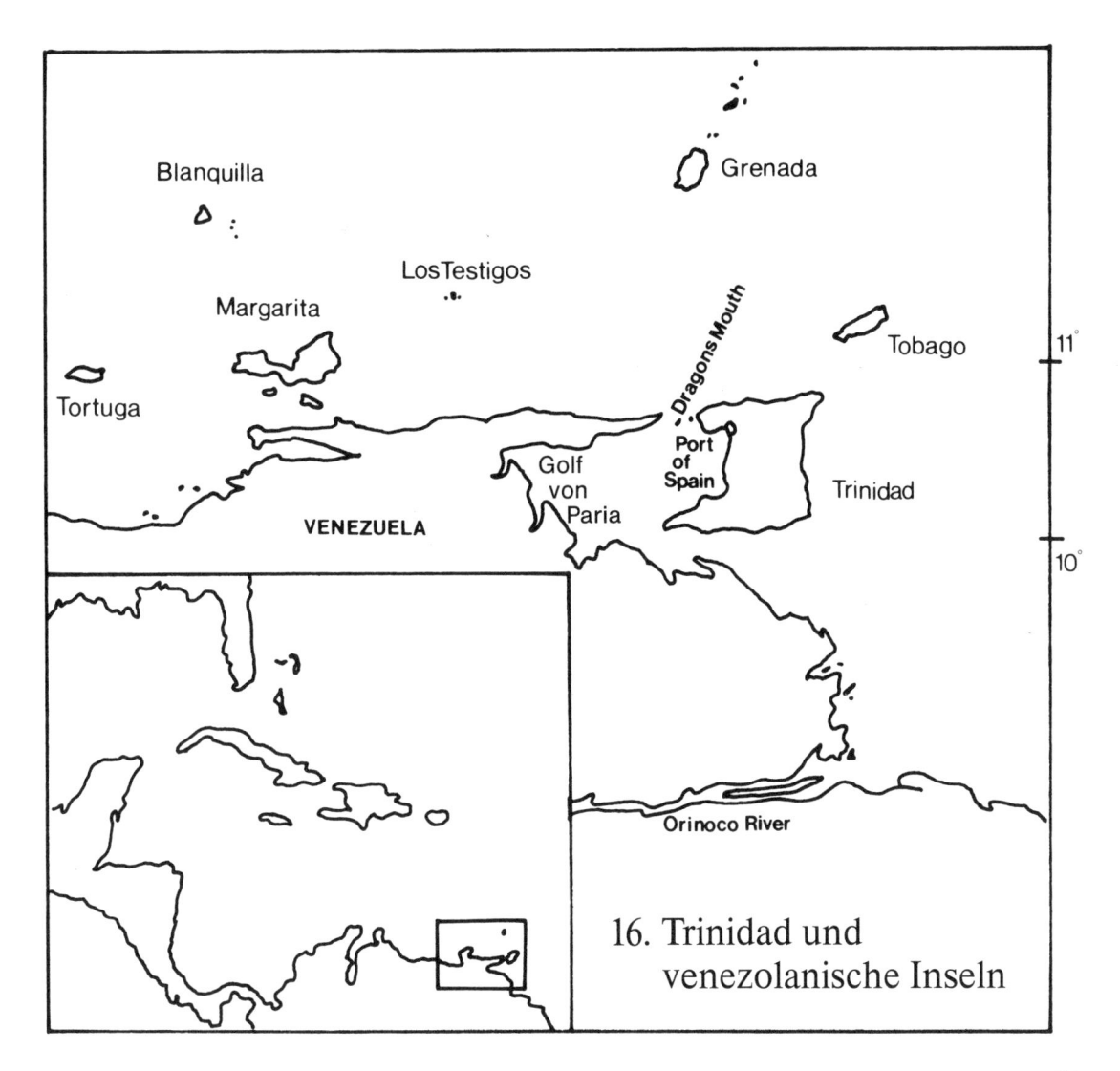

16. Trinidad und venezolanische Inseln

Atlantischer Ozean

17. Kleine Antillen

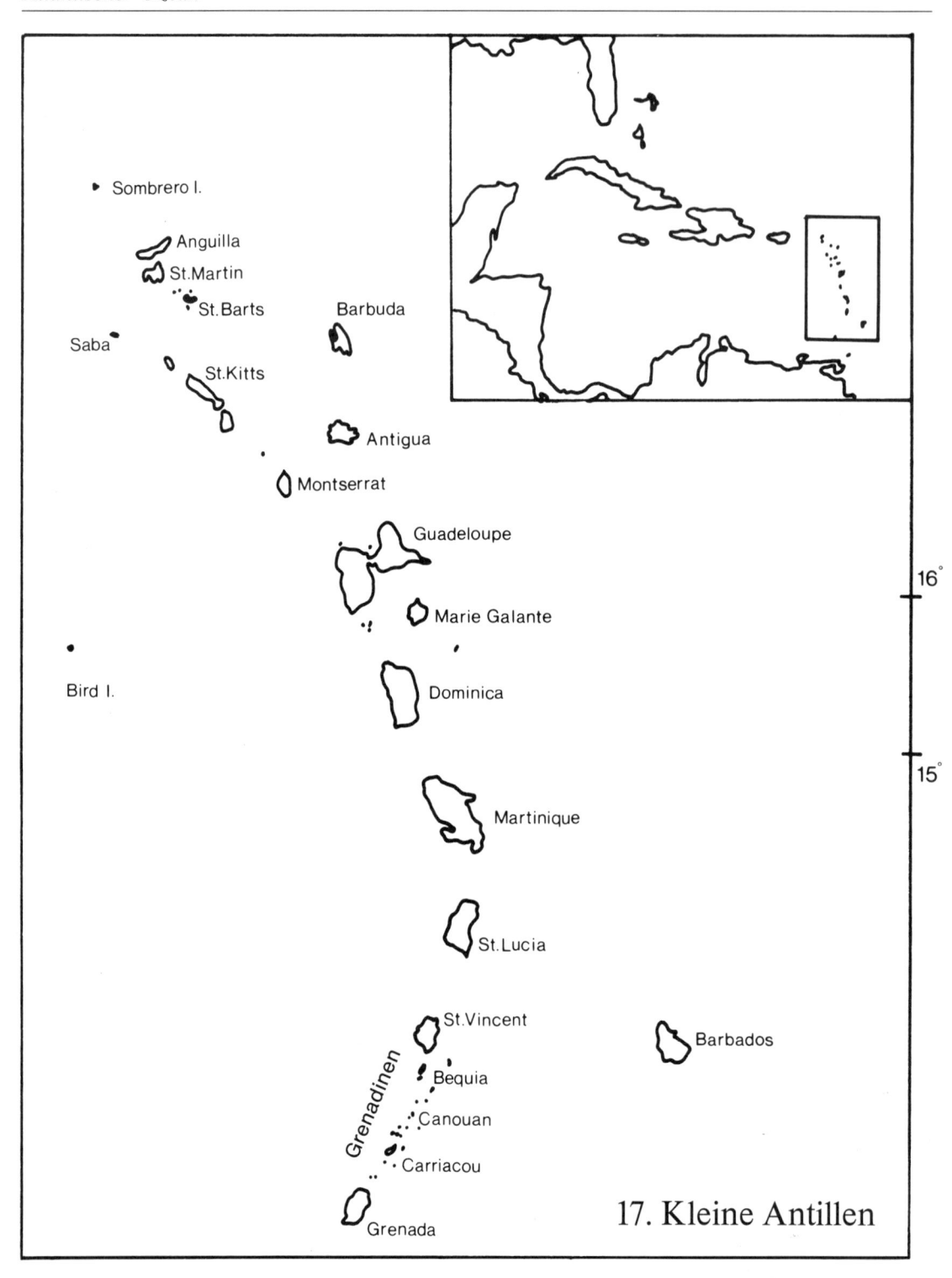

schönes Wetter und die exzellenten Segelbedingungen. Ihr größter Pluspunkt sind die stetigen Winde und das angenehme Wetter, das keine extremen Temperaturen und Luftfeuchtigkeitswerte kennt. In den Wintermonaten weht der NO-Passat ganz regelmäßig, bei Tag und Nacht ist es angenehm warm. Die Durchschnittstemperaturen liegen das ganze Jahr über bei etwa 26 bis 28°C. Im Spätsommer und im Herbst, wenn der Passat nachläßt, trübt die Hurrikangefahr dieses Bild der Perfektion. Nur wenige segeln dort in diesem Zeitraum weiter; die meisten haben Angst, auf See in einen Hurrikan zu geraten. Die Hochsaison liegt im Winter. Dann treffen Hunderte von Booten aus Übersee ein und verstärken die Charterbootflotten, die dort ihren Heimathafen haben.

Von Mitte Dezember bis Ende April weht der Passat aus NO und ONO, meistens konstant mit 15 bis 20 Knoten. Gelegentlich frischt er ein paar Tage lang auf 25 bis 30 Knoten auf und erreicht besonders Ende Januar und Anfang Februar von Zeit zu Zeit 45 Knoten. Manchmal erreicht ein verlängerter *Norder* die nördlichen Inseln.

Wenn der Sommer näherkommt, dreht der Wind auf SO und sogar S, bis er zum Jahresende hin allmählich wieder auf O und NO zurückdreht. In den Sommermonaten ist der Wind schwächer, 12 bis 15 Knoten von Juni bis September. Das ist auch die Regenzeit, die vom August bis in den November dauern kann. Weil sich an den höheren Inseln der Passat staut, ist es dort viel feuchter, und es können zu jeder Jahreszeit schwere Regenböen auftreten. Die niedrigeren südlicheren Inseln wie die Grenadinen sowie Antigua und andere niedrige Inseln im Norden sind viel trockener.

Böen können jederzeit auftreten, dauern jedoch normalerweise nur zwischen fünf und zwanzig Minuten. Die meisten Böen gehen nicht über 30 Knoten hinaus, sie können aber 50 Knoten erreichen, während andere Böen keinen Wind, dafür aber viel Regen mit sich bringen. Da unmöglich vorherzusagen ist, wie stark eine näherkommende Bö ist, empfehlen erfahrene Antillensegler, die Segel bei jeder Bö zu reffen oder zu bergen. Böen kommen häufiger bei unbeständigem Wetter vor und werden besonders in der Nähe der höheren Inseln beträchtlich von lokalen Umständen beeinflußt. Diese hohen Inseln können den Passat völlig von der Leeküste abhalten, und dort dreht sich der Wind gelegentlich um bis zu 180°. Wind, der von den Bergen aufgehalten wird und dann durch größere Täler schießt, kann ein Boot ganz plötzlich treffen.

Gelegentlich wird das Wetter von einer Tiefdruckrinne unterbrochen, die nach Westen zieht und sich zu einem Hurrikan entwickeln kann. Immer, wenn der Wind in den Sommermonaten nach Norden dreht, ist eine steife Brise zu erwarten. Hurrikane, die die Westindischen Inseln erreichen, bilden sich meistens etwa 800 Meilen östlich von Barbados und ziehen dann nach Norden und Westen. Sie treten auf den nördlich gelegenen Leeward Islands häufiger auf als auf den Windward Islands im Süden und suchen die am weitesten südlich gelegenen Inseln wie etwa Grenada nur ganz selten heim. Je weiter südlich und östlich man in der Mitte der Saison ist, desto weniger wahrscheinlich gerät man in einen solchen Sturm. Hurrikane ziehen häufig auf der Breite von Guadeloupe oder weiter im Norden durch und dann an den Leeward Islands entlang, bevor sie sich nach Norden wenden. Die Hurrikansaison dauert von Juni bis November, wobei die meisten im September auftreten. Nur sehr selten schlägt ein Hurrikan im Mai oder Dezember zu.

Jungfern-Inseln

Diese kleineren und niedrigeren Inseln östlich von Puerto Rico und nördlich der Kleinen Antillen sind ein äußerst beliebtes Segelgebiet, das sich ähnlicher Wetterbedingungen wie die Kleinen Antillen erfreut. Der vorherrschende Wind kommt aus Osten, wobei der Passat im Winter etwas nördlicher und im Sommer etwas südlicher dreht. In den Wintermonaten ist er stärker und erreicht etwa 20 Knoten, in Böen

18. Jungfern-Inseln

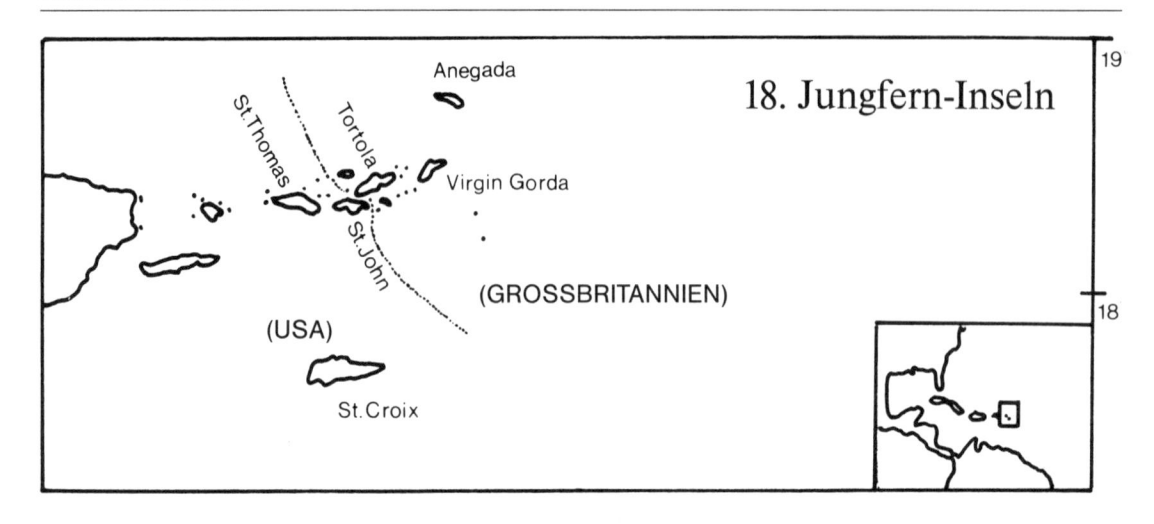

gelegentlich über 30 Knoten. Im Winter können auch *Norder* auftreten, allerdings nicht so häufig und nicht so stark wie in anderen Gebieten. Aufgrund ihrer Lage und vergleichsweise geringen Höhe sind die Inseln eher trocken mit wenig Niederschlag. Die Jungfern-Inseln liegen in der Hurrikanzone und können jedes Jahr von tropischen Stürmen heimgesucht werden.

Große Antillen

Die großen Inseln Kuba, Haiti, Puerto Rico und Jamaika sind zwar als Segelgebiet nicht so beliebt wie die Kleinen Antillen, werden aber als Zwischenstationen von vielen Yachten angelaufen. Dort herrscht zwar das typische Karibikwetter mit Wintern, die vom NO-Passat mit gelegentlichen *Nordern* beherrscht werden, und Sommern, in denen Hurrikangefahr herrscht, doch die Höhe und Lage dieser großen Inseln beeinflussen die lokalen Wetterbedingungen ganz beträchtlich. Normalerweise läßt der Wind an den Küsten nachts nach, wenn abgekühlte Luft von den Bergen auf das Meer strömt. Dieser Landwind kann recht stark werden, so daß er den Passat völlig aufhebt und Flaute verursacht.

In den Wintermonaten kann der vorherrschende NO-Passat an den Nordküsten aus weiter östlicher Richtung wehen. In dieser Zeit kommt es zu *Nordern*, die für die Nordwestküsten der Inseln starken Nord- oder, häufiger, Nordwestwind und kalte Temperaturen mit sich bringen. Die Südküsten der Inseln sind vor diesen Stürmen geschützt. Sie kommen ohne Vorwarnung wie aus heiterem Himmel, lassen sich aber möglicherweise anhand der Tatsache erahnen, daß der Wind vorher über S und SW umspringt.

Im Sommer hat der Passat eine mehr südliche Komponente und ist viel schwächer; dann spielen See- und Landwinde eine größere Rolle. Besonders am Spätnachmittag treten in Landnähe im gesamten Gebiet Gewitterböen auf. Die heftigsten Böen in der Karibik, kurz, aber heftig mit Gewitter und starkem Regen, gibt es vor der kubanischen Südküste. Aber weil die hohen Inseln den Nordwind abriegeln, denkt man im Zusammenhang mit Reihenböen eher an die Nordküsten von Haiti und Kuba. Jamaika ist etwas geschützter als die anderen Inseln und verzeichnet weniger jahreszeitlich bedingte Veränderungen; der Wind ist dort im allgemeinen schwächer und wechselhafter.

Die Großen Antillen liegen mitten im Hurrikangürtel und werden häufig von Stürmen auf ihrer gekrümmten Bahn nach Norden heimgesucht. Die Ostküsten sind häufiger betroffen als die Westküsten. Kuba liegt außerdem in der

Bahn von Hurrikanen, die im Golf von Mexiko entstehen. Die Hurrikansaison dauert von Juni bis November und erreicht im September ihren Höhepunkt.

Auf den drei kleinen Cayman-Inseln halbwegs zwischen dem Südwesten Kubas und Jamaika herrscht ein ähnliches Klima wie auf Jamaika. Der vorherrschende Wind kommt aus NO und hat im Sommer eine südliche Komponente. Im Winter sind die Inseln von *Nordern* betroffen, die allerdings durch Kuba etwas abgeschwächt werden. Die Cayman-Inseln liegen in der Hurrikanzone.

Ostküste Mittelamerikas

Dort gibt es mehrere attraktive Segelgebiete, insbesondere die Bay Islands vor der honduranischen Küste. Die Wintermonate werden durch einen angenehmen NO-Passat geprägt, der allerdings regelmäßig von *Nordern* unterbrochen wird, die mit Böen und heftigem Regen aus dem Golf von Mexiko heranziehen. Die *Norder* lassen weiter südlich allmählich nach und sind unterhalb der Inseln vor der Mosquitoküste weitaus schwächer. In Verbindung mit einem starken NO-Passat können sie jedoch im südlichsten Bereich der Karibik in Richtung Panama sehr heftig werden.

Von November bis März kommt der Wind vor der mittelamerikanischen Küste aus nördlicher Richtung als der NO-Passat, der zu anderen Zeiten vorherrscht. Die Küste ist ganz besonders von Land- und Seewinden betroffen. Der Seewind beginnt spät am Morgen aus NO und frischt allmählich auf; zwischen Spätnachmittag und Sonnenuntergang dreht er dann auf O. Diese Drehung geht im Uhrzeigersinn weiter, bis in der Nacht mäßiger Wind aus SO herrscht. In den südlicheren Küstenbereichen kann daraus W- und SW-Wind werden.

Die sommerliche Regenzeit wird besonders am Spätnachmittag durch böiges Wetter charakterisiert. Es ist nur selten windstill, und es herrscht ein ähnliches Schema aus Land- und Seewinden wie im Winter. Diese Sommermonate von Juni bis November sind die Zeit der Hurrikane, die aber meistens nach Norden abdrehen, bevor sie den Golf von Honduras erreichen. Es gibt allerdings Ausnahmen, so daß die mittelamerikanische Küste von Zeit zu Zeit von Hurrikanen heimgesucht wird.

Die beste Segelzeit in diesen Gebieten liegt im Spätwinter und zu Anfang des Frühjahrs von etwa April bis Juni; dann treten keine *Norder* mehr auf, der Passat weht zuverlässig, und die Hurrikansaison hat noch nicht begonnen.

Golf von Mexiko

In diesem Gebiet gibt es keine wirklich angenehme Segelsaison. In den Wintermonaten von Dezember bis April, wenn der vorherrschende Wind aus NO kommt, treten überall starke *Norder* auf, die etwa einmal in der Woche und gelegentlich auch häufiger über den Golf ziehen. Dieser *Norder* halten etwa zwei Tage lang an, können bis zu 60 Knoten erreichen und gehen mit trübem Wetter einher. Sie treten ganz plötzlich auf, so daß man in dieser Jahreszeit jederzeit damit rechnen muß. Daß sich ein *Norder* nähert, kann man vielleicht daran erkennen, daß der NO-Passat auf SO umspringt; anschließend wird es windstill, und schwere dunkle Wolken ziehen über der NW-Kimm auf. Nach einem *Norder* bleibt es im allgemeinen vier oder fünf Tage lang klar.

Im Sommer kommt der Wind vorherrschend aus SO, und das Wetter ist regnerisch mit schweren Böen und windstillen Perioden. Von April bis Juli wechseln sich an der Südküste der USA Land- und Seewinde ab. Der Golf ist eines der Gebiete, die in der Zeit zwischen Juni und November am häufigsten von Hurrikanen heimgesucht werden, und zwar von Hurrikanen aus dem Golf selbst und aus anderen Gebieten der Karibik. Hurrikane im Golf ziehen gewöhnlich nach W, dann nach NW und schließlich in einem Bogen nach NO auf die Golfküste zu, wobei einige nach Westen weiterziehen und schließlich auf die Nordküste treffen. Von September bis November ziehen

19. Mittelamerika und Golf von Mexiko

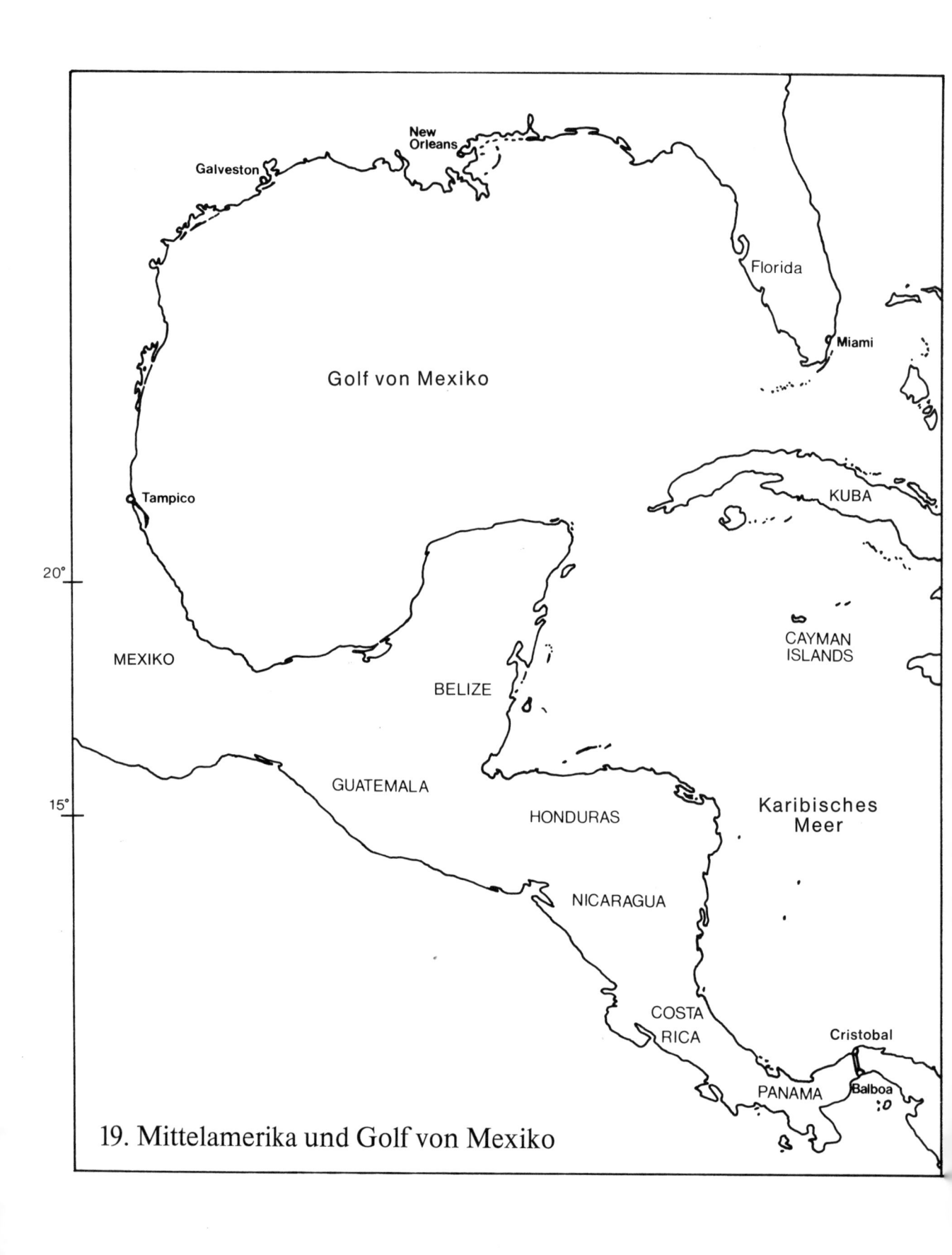

Hurrikane, die in der westlichen Karibik entstehen, mit großer Wahrscheinlichkeit durch den Yucatankanal und dann in einem Bogen nach Norden und Osten auf Kuba und Florida zu. Charakteristisch für die Hurrikansaison sind außerdem Tornados, Wasserhosen und Gewitterböen.

Auch im südlichen Teil des Golfs wird der Passat im Winter von Oktober bis März von *Nordern* unterbrochen. Von April bis Juli kommt der Wind vorherrschend aus O und OSO und kann durch Flauten und kurze heftige Böen mit Donner und Regen unterbrochen werden. Nachts weht ein starker Landwind aus S bis SW bis etwa 70 Meilen auf das Meer hinaus, bis er auf den O- und OSO-Passat stößt.

Bahamas

Diese niedrigen Inseln mit ihren Bänken und Riffen bietet besonders für flachgehende Boote eine große Auswahl an Ankerplätzen. Ihre Beliebtheit hat in letzter Zeit nachgelassen, weil Fälle von Piraterie und Verbrechen im Zusammenhang mit dem Drogenschmuggel gemeldet wurden, so daß man in den abgelegeneren Gegenden nicht allein segeln sollte.

Der Wind kommt vorherrschend aus NO bis SO, wobei die nördlichsten Inseln am Rande des Passatgürtels liegen. Da die Inseln niedrig sind, gibt es keinen regelmäßigen Landwind. Der NO-Passat wird den ganzen Winter hindurch von *Nordern* unterbrochen, die meistens damit beginnen, daß der Wind auf S und SW dreht. Wenn die Kaltfront eintrifft, springt der Wind plötzlich auf NW, dann auf N und schließlich auf NO, wo er langsam nachläßt. Das kann im Winter mehrere Tage lang dauern, im Frühjahr dagegen nur 24 Stunden. Die meisten *Norder* sind trocken, können aber gelegentlich mit Regen und Gewitterböen einhergehen. Sie erreichen auf den Bahamas jedoch nur selten über 30 Knoten. Je nördlicher die Inseln liegen, desto häufiger sind sie von *Nordern* betroffen.

Das Sommerwetter beginnt etwa im Mai, wenn der letzte *Norder* sich ausgeweht hat, und dauert bis November. Der Passat kommt im Sommer mehr aus SO, ansonsten herrscht in diesen Monaten überwiegend O- oder SO-Wind. Im August und September können besonders nachts Flauten auftreten. Das milde Sommerwetter wird gelegentlich von Tiefdruckrinnen aus Osten, wie sie im Passatgürtel vorkommen, unterbrochen. Sie gehen gewöhnlich mit Schauern und hoher Luftfeuchtigkeit einher. Manchmal werden aus diesen Tiefdruckrinnen tropische Tiefdruckgebiete und sogar Hurrikane. Mai bis Oktober sind die nassesten Monate, in denen regelmäßig Regenböen auftreten.

Die Hurrikansaison dauert von Juni bis November, wobei die Hurrikane im Juni und Juli meistens südlich der Bahamas durchziehen. Die gefährlichsten Monate sind August bis Oktober, doch wurden Hurrikane schon im Mai und im Dezember verzeichnet. Die Bahamas weisen eine der größten Hurrikanhäufigkeiten im Nordatlantik auf, weil Hurrikane sowohl aus dem Atlantik als auch aus der Karibik dort durchziehen.

Die Temperaturen schwanken das Jahr über nur wenig; sie liegen tagsüber bei 29 bis 30°C, können in Winternächten aber auf 18°C und darunter fallen, wenn ein *Norder* weht.

US-Küste von Florida bis Cape Hatteras

Diese Strecke kann man vollständig auf dem an der Küste entlangführenden System von Binnenwasserstraßen zurücklegen, doch weil sich dabei täglich nur begrenzte Strecken zurücklegen lassen, ziehen viele Segler die offene See vor.

In den Sommermonaten wird diese Region von der Lage des Nordatlantikhochs beeinflußt. Florida mit seinem tropischen Klima hat vorherrschend O- und SO-Wind, der aber weiter die Küste hinauf wechselhafter wird und eher aus SW weht. Gewitterstürme treten häufiger im Sommer auf, allerdings nicht sehr häu-

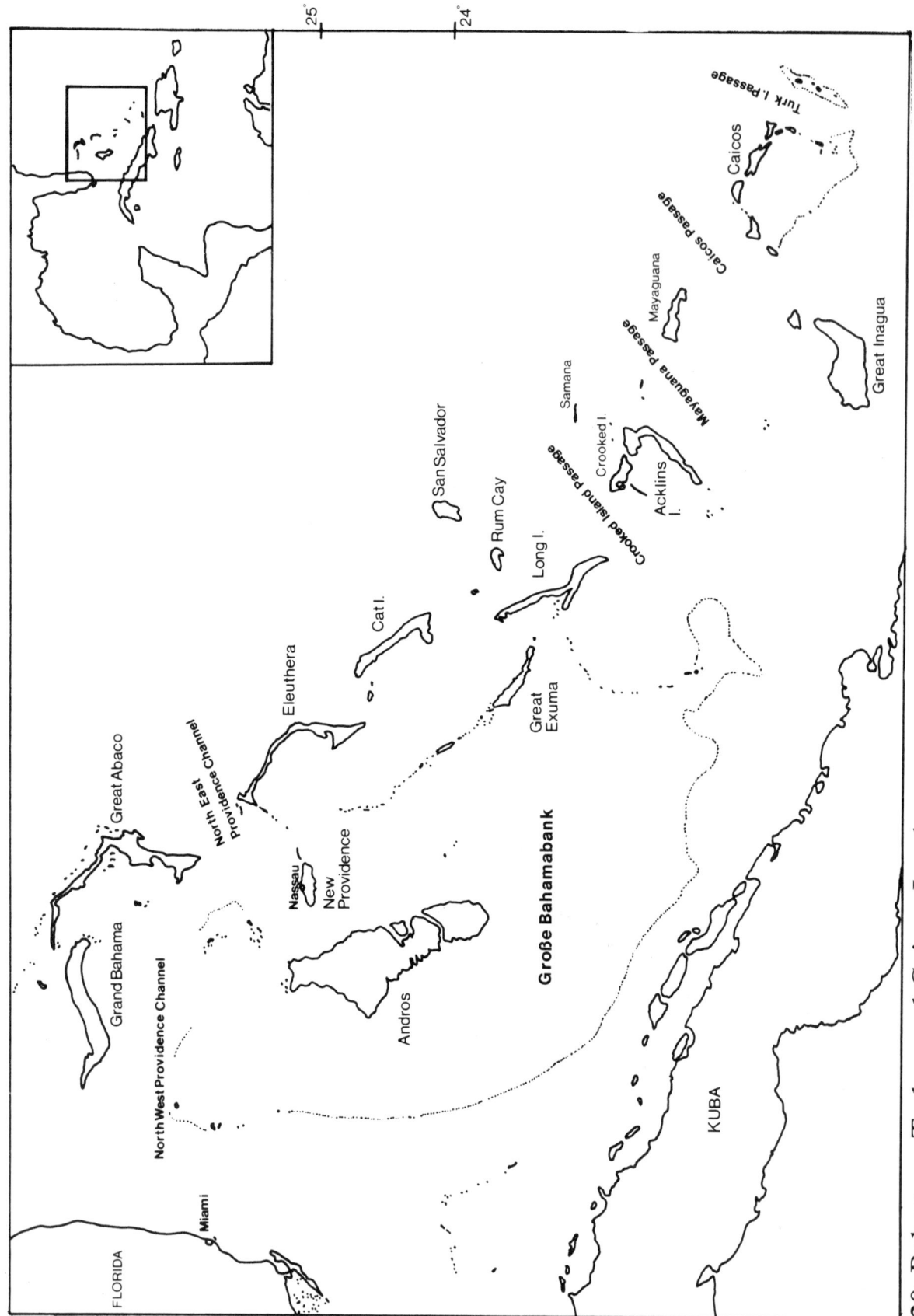

20. Bahamas, Turks- und Caicos-Inseln

fig. In dieser Jahreszeit besteht jedoch an der gesamten Ostküste Hurrikangefahr, wobei die Wirbelstürme, die im Atlantik entstehen, meistens aus O und SO heranziehen. Tropische Stürme, die in der Karibik entstanden sind, kommen aus Süden und treten in den Monaten September und Oktober häufiger auf. In diesen Monaten sind die Temperaturen mit bis zu 30°C in den südlicheren Gebieten höher.

Von Oktober bis Februar herrscht in Florida vorwiegend NO-Passat, doch weiter im Norden liegt die Küste im Bereich wechselnder Winde, und Stürme können aus jeder beliebigen Richtung heranziehen. Das gesamte Gebiet wird durch die Wetterverhältnisse auf dem nordamerikanischen Kontinent und die dort liegende semipermanente Antizyklone beeinflußt. Sie entwickelt sich, wenn der Luftdruck steigt, zu einem *Norder*, einem Kaltluftstrom aus N und NW, der mehrere Tage lang kräftig an der Küste entlang wehen kann.

Ebenfalls im Winter kommt es zu Stürmen, wenn Tiefdruckgebiete über die Südstaaten nach Osten zum Atlantik ziehen. Nördlich von Florida bringen diese Fronten starken SW-Sturm mit sich, wobei der Wind hinter dem Tief auf W oder NW dreht. In Florida kommt es zu starkem SO-Sturm und kälteren Temperaturen. In Cape Hatteras selbst gibt es immer wieder NO-Stürme.

Bei schwächerem Wind treten an der gesamten Küste Land- und Seewinde und gelegentlich Küstennebel auf. Die jahreszeitlichen Wetterunterschiede sind im Norden ausgeprägter.

Cape Hatteras bis Cape Cod

Dieser Bereich liegt in der Zone wechselnder Winde und wird gleichermaßen durch das Wetter auf dem Kontinent mit *Nordern* im Winter und Stürmen in Verbindung mit ostwärts ziehenden Fronten beeinflußt. Hurrikane können bis 40°N vordringen, das ist fast die Höhe von New York, und besonders im Spätsommer und im Herbst mit ihren Ausläufern gelegentlich noch weiter nördlich reichen.

Zwischen Cape Hatteras und New York ist das Wetter sehr stark vom Nordatlantikhoch abhängig; es herrschen wechselnde Winde mit einem hohen Anteil an SW-Wind. Oberhalb von New York liegt die Küste im Gürtel der vorherrschenden Westwinde, und das Wetter wird dort mehr als auf See von der Landmasse beeinflußt.

Zu Gewitterstürmen mit Regen kommt es im Juni, Juli und August, und besonders morgens herrscht oft Küstennebel. Mit Seewinden an bestimmten Küsten und häufigen Winddrehungen zeigen die lokalen Wetterverhältnisse viele Variationen.

Cape Cod bis Neufundland

Der Wind kommt vorherrschend aus SW oder S und dreht auf NW, wenn Tiefdruckgebiete durchziehen. Im Sommer treten nur wenige Stürme auf, und der Wind ist an Land schwächer als auf See. Das Gebiet zwischen Maine und Neufundland und die Grand Banks sind besonders im Frühjahr und im Sommer von Nebel betroffen. Dieser Nebel entsteht dadurch, daß S- oder SW-Winde warme feuchte Luft auf das Wasser treibt, das durch die Labradorströmung kühl gehalten wird. Unter diesen Umständen muß man sorgfältig auf die vielen Fischerboote und Hummerkörbe achten. Bei Nordwind klärt es sich meistens auf. Im Frühjahr und im Sommer bis hinein in den Juli, wenn das Eis am Nordpol schmilzt, gelangen außerdem manchmal Eisberge bis in den Bereich vor Neufundland. Die US-Küste und Neuschottland liegen normalerweise außerhalb der Eisbergzone.

Bermudas

Diese kleine Gruppe mit Dämmen verbundener Inseln bildet eine gute Zwischenstation für Boote auf mehreren Routen. Die Bermudas liegen in den Roßbreiten, dem Bereich wechselnder Winde nördlich der Passatzone und

Atlantischer Ozean

südlich der Zone mit westlichen Winden. Es gibt keine vorherrschende Windrichtung, und das Wetter auf den Inseln ist abhängig von zwei Hauptwettersystemen, nämlich der Lage des Azorenhochs und der Abfolge der Wettersysteme, die über die Ostküste der Vereinigten Staaten auf den Atlantik hinausziehen. Im Sommer ist das Azorenhoch der dominierende Faktor, der für SW-Wind von etwa 15 Knoten sorgt. Auch der Golfstrom beeinflußt das Klima; er macht das Wasser um die Bermudas wärmer und läßt die Winter mild bleiben. Selbst wenn vom nordamerikanischen Kontinent Kaltluft herüberzieht, sinkt die Temperatur nur selten unter 15°C. Die Sommermonate können mit Temperaturen um 30°C heiß und schwül sein.

Die Hurrikangefahr darf nicht außer acht gelassen werden, obwohl die meisten dieser tropischen Stürme westlich an den Bermudas vorbeiziehen und nur wenige direkt über die Inseln hinweggehen. Die Hurrikansaison dauert offiziell vom 1. Juli bis zum 30. November, wobei die Monate August bis Oktober die größte Häufigkeit aufweisen. Im Winter gibt es zwar keine Hurrikane, dafür aber viel Starkwind und Sturm. Der Februar ist mit einem Schnitt von acht Stürmen der schlimmste Monat.

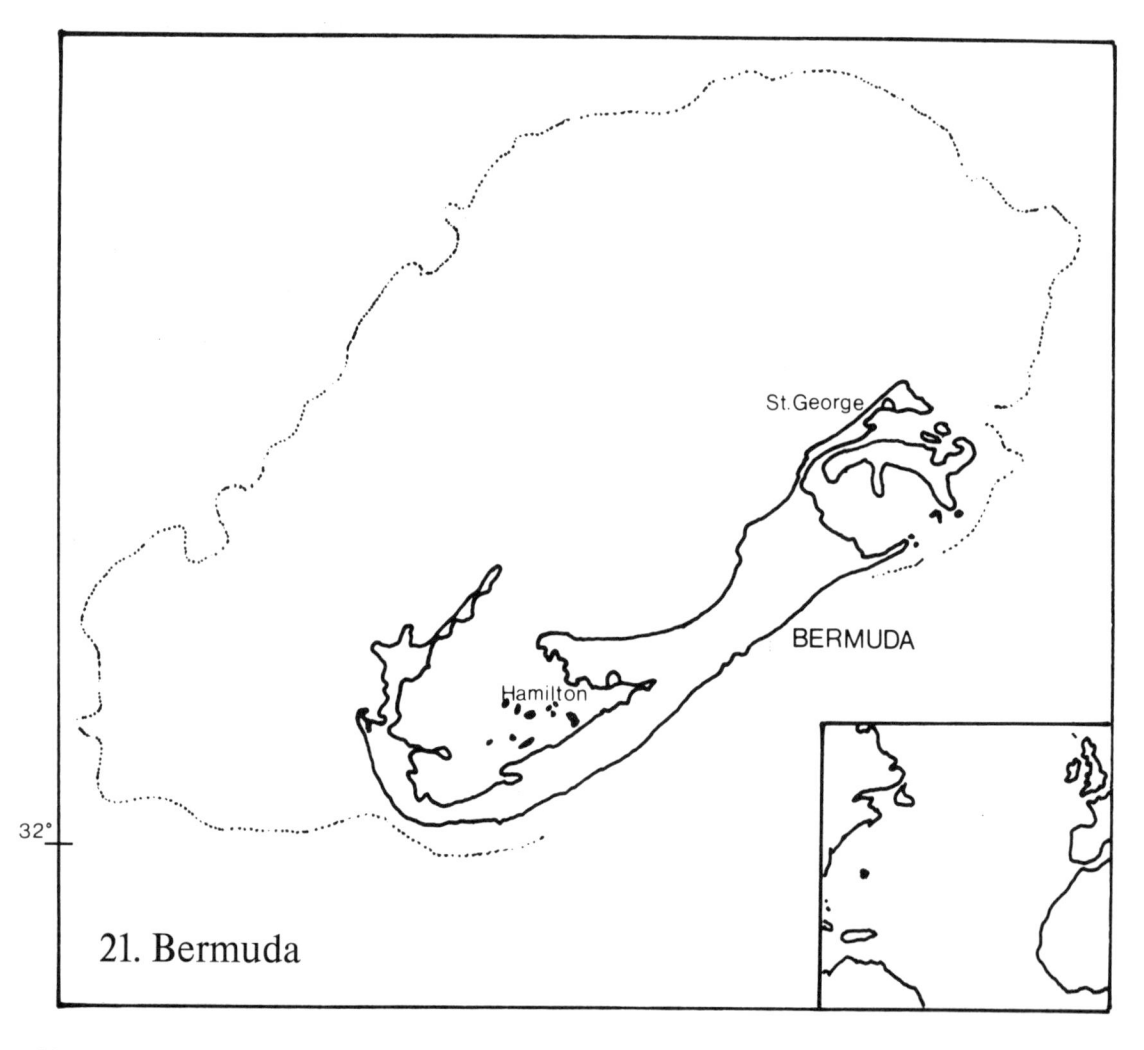

21. Bermuda

6 Törns im Nordatlantik

AN 10 Ab Nordeuropa

AN 11   Europa – Nordamerika
AN 12   Nordeuropa – Süden
AN 13   Durch die Biskaya
AN 14   Nordeuropa – Madeira

AN 15   Nordeuropa – Kanarische Inseln
AN 16   Madeira – Kanarische Inseln
AN 17   Nordeuropa – Azoren

AN 11
Europa – Nordamerika   Karte 22

Cape Wrath – Cape Cod: 2560 sm
Falmouth – Newport: 2730 sm

Beste Zeit:	Mai bis August
Tropische Stürme:	Juni bis November
Karten:	BA 4011
	US 121
Segelhandbücher:	BA 27, 40, 59, 67, 68, 69
	US 140, 142, 145

Von den Wikingern über die Pilgerväter bis zu den Einhandseglern in den OSTAR-Regatten haben die nach Westen führenden Transatlantikrouten in den hohen Breiten im Verlauf der Jahrhunderte einiges an Segelschiffen gesehen. Am schwierigsten ist wahrscheinlich die Großkreisroute mit Start im Ärmelkanal (AN 11 A), weil man dort auf dem gesamten Weg mit Gegenwind kämpfen muß. Die Alternativen sind ein Umweg nach Norden in der Hoffnung auf günstigeren Wind (AN 11 C), ein Kurs, der näher an der Großkreisroute von Schottland aus (AN 11 B) liegt, oder, mit der Aussicht auf wärmeres Wetter, ein Umweg nach Süden, der entweder direkt (AN 11 D) oder über die Azoren (AN 11 E) zum Ziel führt. Mit Ausnahme der südlichsten muß man auf all diesen Routen mit Nebel und Eis rechnen, so daß die Wahl des richtigen Zeitpunktes sehr wichtig ist. Im Juli reicht die Eisgrenze südöstlich von Neufundland bis auf 39°N, 50°W (Punkt B). Im August zieht sie sich auf oberhalb 41°N zurück.

Das Ziel bei den nördlichsten Routen (AN 11 B und AN 11 C) ist es, nördlich der Tiefdruckgebiete zu bleiben, die von Westen nach Osten über den Atlantik ziehen und in den höheren Breiten östliche Winde mit sich bringen. Diese Winde können zwar Sturmstärke erreichen, kommen aber zumindest aus einer günstigen Richtung. Zwischen den einzelnen Tiefdruckgebieten kommt der Wind wahrscheinlich aus NW bis SW. Die Routen treffen bei Punkt A (55°N, 30°W) zusammen, von wo aus die Großkreisroute zum Zielhafen genommen wird. Da diese Routen durch ein Gebiet mit einer sehr hohen Wahrscheinlichkeit von Nebel und Eis führen, sollte man sie nur später im Sommer nehmen.

22. Transatlantiktörns von Ost nach West

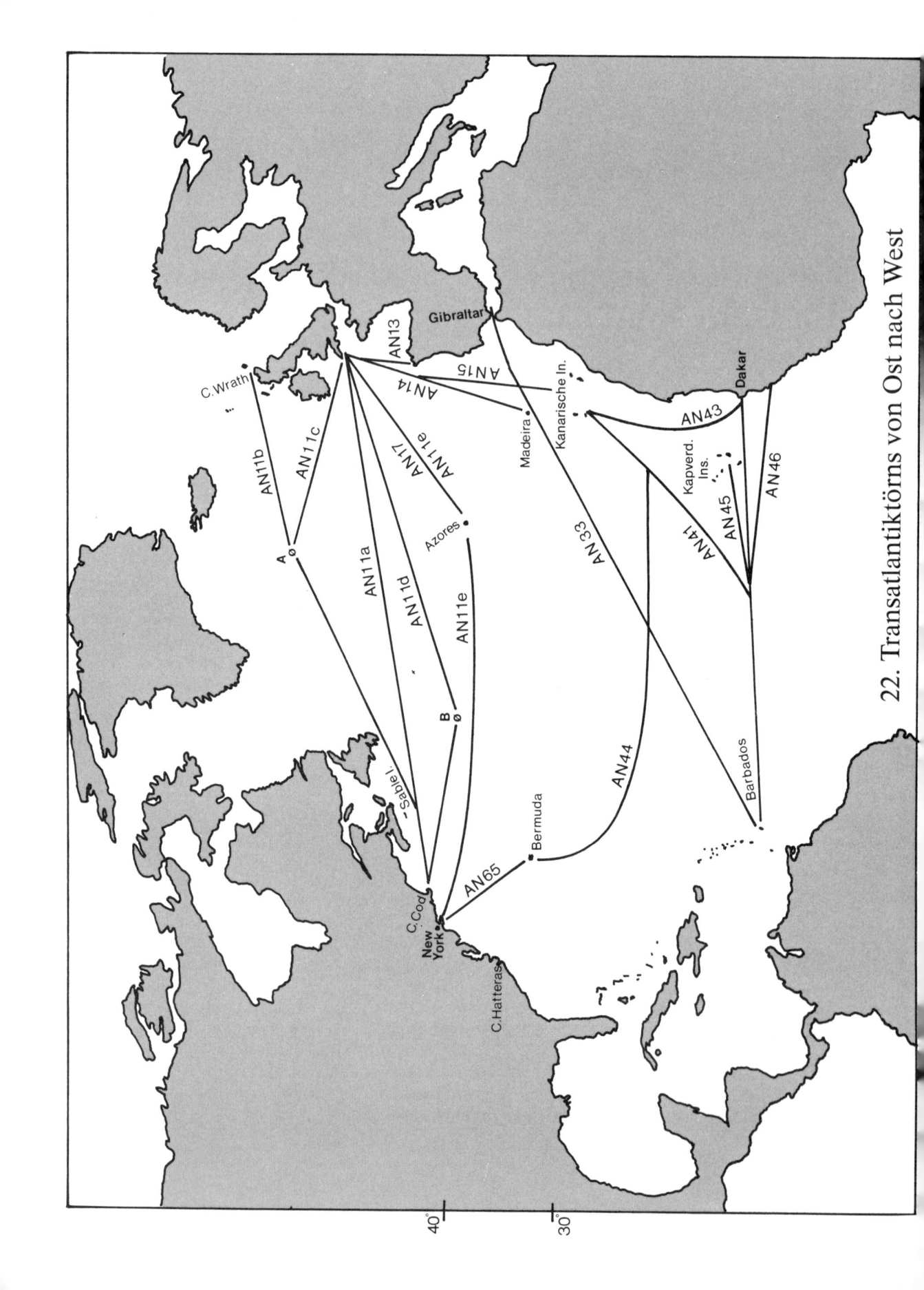

Die mittlere Route (AN 11 D) hält sich südlich der Eisgrenze, die von Jahr zu Jahr und Monat zu Monat unterschiedlich ist. Die durchschnittlichen Eisgrenzen für Juli und August sind oben angegeben, doch kann man auch einen nördlicheren Kurs wagen, wenn über Funk neueste Eismeldungen eingeholt werden können. Der Wind auf dieser Route kommt überwiegend aus Westen; dazu hat man den Nachteil, gegen den Golfstrom anlaufen zu müssen. Wer versucht, der Gegenströmung durch Ausweichen nach Süden aus dem Weg zu gehen, gerät möglicherweise vom Regen in die Traufe, weil die Gefahr besteht, in den Einflußbereich des Azorenhochs zu kommen.

Route AN 11 E ist eine Fortsetzung von Route AN 17; sie ist zwar länger als die obigen Routen, bietet aber den Vorteil wärmeren Wetters und eine Möglichkeit, sich mitten im Atlantik etwas auszuruhen und neue Vorräte an Bord zu nehmen. Der Westkurs von den Azoren aus hängt davon ab, wo der Zielhafen liegt und welches Wetter herrscht. Er sollte nicht weiter als etwa 37° N nach Norden führen, weil man sonst wieder in den Golfstrom gerät. Im Sommer herrschen auf dieser Route südliche und südwestliche Winde vor. Sie ist die einzige, auf der die Möglichkeit eines tropischen Sturms besteht, und daran sollte man denken, wenn man sie nach etwa Mitte Juni benutzt. Ein Zwischenaufenthalt auf den Bermudas ist nicht zweckmäßig und wird außer in Notfällen nicht empfohlen. Törn AN 65 enthält Einzelheiten für den Fall, daß die Bermudas angelaufen werden sollen.

AN 12
Nordeuropa – Süden   Karte 22

Nordostseekanal – Straße von Dover: 360 sm

Beste Zeit:	Mai bis August
Tropische Stürme:	keine
Karten:	BA 2182 A, 2182 B
	US 37010, 126
Segelhandbücher:	BA 1, 22, 27, 28, 54, 55, 67
	US 191, 192

Bei Törns, die in der Ostsee beginnen, kommt man durch den Nordostseekanal bequem in die Nordsee. Alle Routen aus Skandinavien und Nordeuropa laufen auf dem Weg in die Biskaya in der Straße von Dover zusammen. Für diese Fahrten nach Süden sind die frühen Sommermonate die beste Zeit, weil dann die Wetterbedingungen und Winde in der Nordsee und im Ärmelkanal im allgemeinen günstig sind. Von Mai bis Juli herrschen nördliche Winde vor, und es gibt in der Nordsee nur wenige Stürme. Man kann darauf vertrauen, daß bis etwa Mitte August gute Bedingungen anzutreffen sind; danach nimmt die Sturmgefahr zu. Im September gibt es die heftigsten Stürme, gewöhnlich im Zusammenhang mit dem Äquinoktium (Tag- undnachtgleiche). Der Oktober ist zwar nicht ideal, aber für eine Fahrt nach Süden ein noch einigermaßen guter Monat, so daß auch diejenigen, die zu lange gebummelt haben, sich noch der Flotte anschließen können, die von Gibraltar und Madeira aus Kurs nach Süden auf die Kanarischen Inseln nimmt.

AN 13 Durch die Biskaya   Karte 22

Falmouth – La Coruña: 430 sm
Falmouth – Lissabon: 720 sm
Falmouth – Vilamoura: 870 sm

Beste Zeit:	Mai bis Mitte August
Tropische Stürme:	keine
Karten:	BA 4103
	US 120, 126
Segelhandbücher:	BA 22, 27, 28, 37, 40
	US 143, 191

Unabhängig davon, ob der Abfahrtshafen in England oder in Nordeuropa liegt, ist es anzuraten, in Falmouth einen letzten Aufenthalt einzulegen, um vor der Fahrt durch die Biskaya eine entsprechend gute Wettervorhersage abzuwarten. Nicht zu empfehlen ist die Abfahrt, wenn SW-Winde vorhergesagt sind, die durch über den Nordatlantik ziehende Tiefdruckgebiete hervorgerufen werden. Sobald das Tiefdruckgebiet durchgezogen ist, steht NW-Wind

Atlantischer Ozean

zu erwarten, so daß bei einer entsprechenden langfristigen Vorhersage meistens genügend Zeit bleibt, um Cape Finisterre zu erreichen, bevor das Wetter umschlägt. Unabhängig von der Vorhersage und von der tatsächlichen Windrichtung ist es ratsam, einen etwas westlichen Kurs zu nehmen und nicht einer Loxodrome durch die Biskaya zu folgen. Ein SSO- oder SO-Kurs sollte grundsätzlich gemieden werden, um nicht bei Sturm aus SW, der Richtung, aus der generell die schlimmsten Stürme kommen, in die Bucht getrieben zu werden. Weil das Wasser relativ flach ist, kann die See selbst bei einem mäßigen Sturm extrem rauh werden. Diese Situation wird gelegentlich verschärft durch eine hohe Dünung, die auf einen Hurrikan in Tausenden von Meilen Entfernung zurückgeht.

Die beste Zeit für diese Fahrt liegt im Frühsommer, zwischen Mai und Juli, wenn das Wetter oft beständig und der Wind günstig ist. Gegen Ende des Sommers nehmen die Stürme zu, und von Mitte August bis Ende September sollten die Wettervorhersagen aufmerksamer verfolgt werden, weil in dieser Zeit einige der schlimmsten Stürme zu verzeichnen waren. Diese heftigen Stürme werden zwar als Äquinoktialstürme bezeichnet, können aber sowohl vor als auch nach dem Herbstäquinoktium auftreten und die See in der Biskaya extrem rauh werden lassen.

AN 14
Nordeuropa – Madeira   Karte 22, 23

Falmouth – Funchal: 1200 sm

Beste Zeit:	Mai bis Juli
Tropische Stürme:	keine
Karten:	BA 4011
	US 120
Segelhandbücher:	BA 1, 22, 27, 67
	US 143, 191

Da der direkte Weg vom Ärmelkanal nach Madeira an Cape Finisterre vorbeiführt, gelten für die Fahrt durch die Biskaya dieselben Hinweise wie bei Route AN 13. Da nicht geplant ist, in Nordspanien oder Portugal anzulegen, sollte der Kurs nach Verlassen des Ärmelkanals weiter nach Westen führen, um für den Fall, daß während der Fahrt durch die Biskaya ein SW-Sturm auftritt, genügend Seeraum zu haben. Dadurch geht man auch den Schiffahrtslinien aus dem Weg, die in Cape Finisterre zusammenlaufen.

Im Sommer ist der Wind meistens günstig; der Portugalpassat weht von der Iberischen Halbinsel und der afrikanischen Küste aus ablandig. Günstig ist auch die Portugalströmung, die in Richtung SSW führt.

Theoretisch läßt sich diese Fahrt zu jeder Jahreszeit durchführen, wobei man im Winter den Vorteil hat, daß das Wetter sich gewöhnlich bessert, je weiter man nach Süden kommt. Bei einer späten Abfahrt als Teil einer Atlantiküberquerung ist besonders im September und Oktober auf die Wettervorhersagen zu achten, weil Hurrikane im Bereich der Westindischen Inseln das Wetter auch auf dieser Seite des Atlantiks beeinflussen können. Das schlechteste Wetter herrscht auf dieser Route im September; dann sind SW-Winde mit Sturmstärken nichts Ungewöhnliches.

AN 15   Karte 22
Nordeuropa – Kanarische Inseln

Falmouth – Las Palmas: 1400 sm

Beste Zeit:	Mai bis Juli
Tropische Stürme:	keine
Karten:	BA 4011
	US 120
Segelhandbücher:	BA 1, 22, 27, 28, 55, 67
	US 143, 191

Der direkte Kurs aus dem Ärmelkanal lehnt sich eng an die Route nach Madeira an, so daß dieselben Hinweise wie für die Routen AN 13 und AN 14 gelten. Da eine derartige Nonstopfahrt von Nordeuropa zu den Kanarischen Inseln meistens spät in der Saison von Booten unternommen wird, die schnell auf die Passatstrecke in die Karibik wollen, kann das Wetter weniger günstig und Stürme viel wahrscheinlicher als im Sommer sein. Diese Route ist nur für den Segler zu empfehlen, der sich auf den Kanarischen Inseln vor der Fahrt in die Karibik verproviantieren will. Wenn geplant ist, nach Kapstadt, Brasilien oder andere Zielhäfen im Südatlantik weiterzusegeln, dürfte es besser sein, sich westlich der Kanarischen Inseln zu halten, um den Äquator dann auf einem Längengrad zu überqueren, auf dem der Kalmengürtel schmaler ist als in der Nähe der afrikanischen Küste. Transäquatorialtörns werden in Kapitel 7 besprochen.

AN 16
Madeira – Kanarische Inseln Karte 23

Funchal – Las Palmas: 285 sm

Beste Zeit:	Mai bis Oktober
Tropische Stürme:	keine
Karten:	BA 4104
	US 120
Segelhandbücher:	BA 1
	US 143

Die meiste Zeit des Jahres einfaches Segeln vor dem Wind. Ab November wird der Wind gelegentlich stärker, und es bildet sich rauhe See.

AN 17
Nordeuropa – Azoren Karten 22, 23

Falmouth – Horta: 1230 sm

Beste Zeit:	Mai bis September
Tropische Stürme:	keine
Karten:	BA 4103
	US 120
Segelhandbücher:	BA 22, 27, 28, 55, 67
	US 140, 143

Die beste Zeit für diese Fahrt liegt im Juni oder Juli, wenn in der Regel günstige Bedingungen zu erwarten sind. Zu Beginn der Fahrt ist die Wahrscheinlichkeit von W- und SW-Winden recht hoch, doch weiter im Süden herrscht im Sommer mehr und mehr N-Wind. Es lohnt sich, mit der Abfahrt aus dem Ärmelkanal zu warten, bis N-Wind vorhergesagt wird; dann kann man nämlich zu Anfang ein Stück nach Westen vorankommen. Wenn jedoch unterwegs W-Wind anhält oder starker SW-Wind auftritt und ein direkter Kurs auf die Azoren nicht praktikabel erscheint, dürfte es besser sein, den Plan zu ändern und über Spanien oder Portugal dorthin zu segeln. Auf dem anschließenden Teilabschnitt von einem der Häfen an der Iberischen Halbinsel aus kann man sich den Portugalpassat zunutze machen; ein solcher Umweg verlängert die Strecke jedoch um bis zu 300 Meilen.

AN 20 Ab Portugal

AN 21   Portugal – Gibraltar
AN 22   Portugal – Kanarische Inseln
AN 23   Portugal – Madeira

AN 24   Portugal – Azoren
AN 25   Portugal – Nordeuropa

23. Atlantiktörns ab Westeuropa

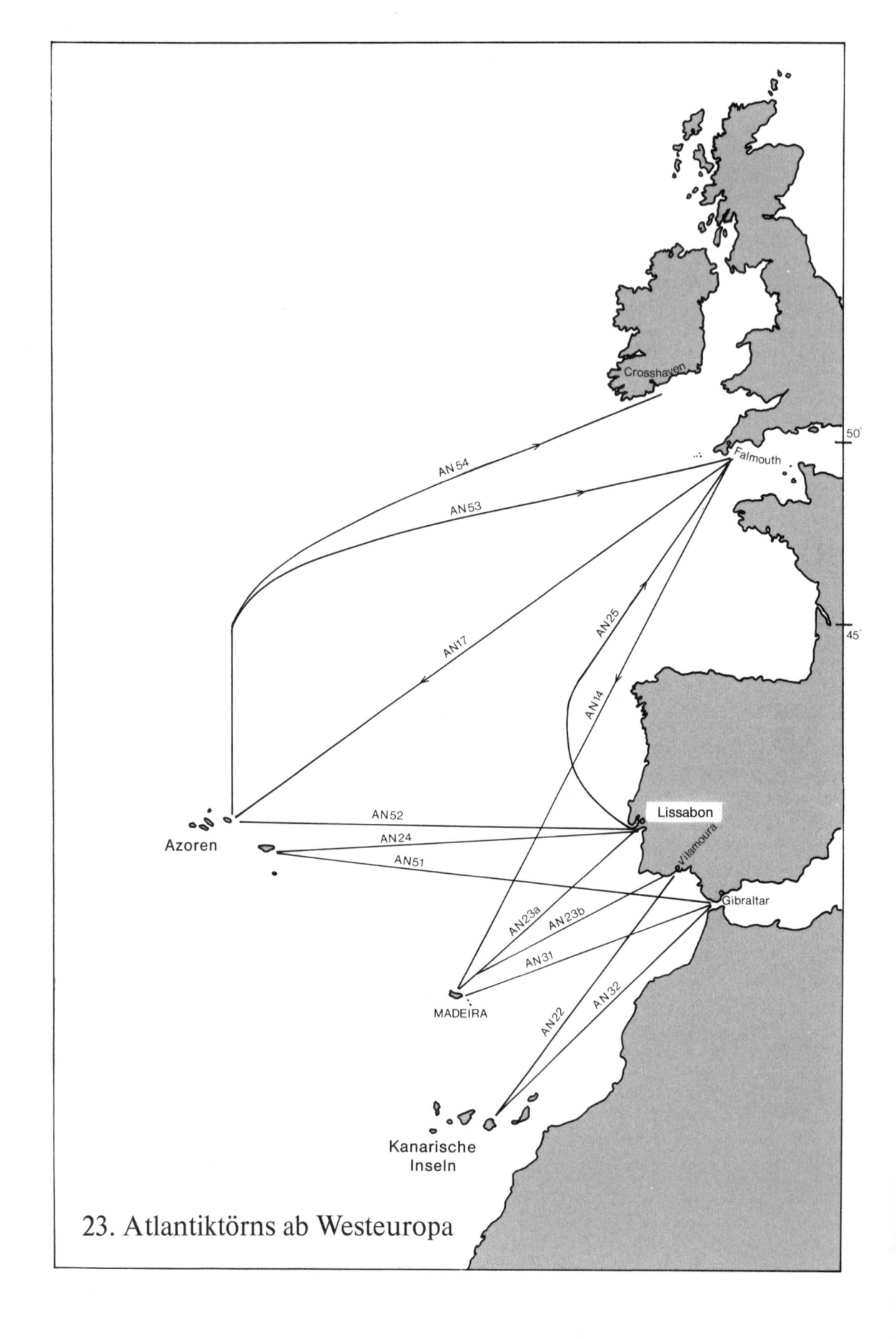

AN 21
Portugal – Gibraltar   Karte 23

Lissabon – Gibraltar: 290 sm
Vilamoura – Gibraltar: 145 sm

Beste Zeit:	April bis Oktober
Tropische Stürme:	keine
Karten:	BA 92
	US 51013
Segelhandbücher:	BA 67
	US 131, 143

An der Westküste von Portugal sind besonders im Sommer, wenn der Portugalpassat vorherrscht, nördliche Winde zu erwarten. Hinter Kap São Vicente herrschen wechselnde Winde, die meistens bei Gibraltar in die Straße hinein oder aus ihr heraus wehen. Die Strömung ist günstig, da das Wasser konstant aus dem Atlantik in das Mittelmeer fließt. Der östliche *Levanter* baut steile Seen auf, was die Lage für ein kleines Boot etwas schwierig machen kann, wenn der Wind entsprechend stark ist.

AN 23
Portugal – Madeira   Karte 23

Vilamoura – Funchal: 510 sm
Lissabon – Funchal: 530 sm

Beste Zeit:	Mai bis Oktober
Tropische Stürme:	keine
Karten:	BA 4104
	US 120
Segelhandbücher:	BA 1, 67
	US 143

Das ganze Jahr über kommt der Wind auf dieser Route vorwiegend aus nördlicher Richtung, wobei die besten Segelbedingungen im allgemeinen zwischen Juni und August anzutreffen sind, wenn NO-Wind vorherrscht. Der Portugalpassat reicht zwar normalerweise bis nach Madeira, doch im Winter nimmt die Wahrscheinlichkeit von Gegenwinden zu. Das Wetter um Madeira wird durch die Lage des Azorenhochs beeinflußt; wenn es weiter als normal nach Süden zieht, kommt es zu Schwachwind und Flauten.

AN 22
Portugal – Kanarische Inseln   Karte 23

Vilamoura – Las Palmas: 660 sm

Beste Zeit:	Mai bis Oktober
Tropische Stürme:	keine
Karten:	BA 4104
	US 120
Segelhandbücher:	BA 1, 67
	US 143

Meistens eine angenehme Fahrt, und zwar besonders im Sommer, wenn der Portugalpassat gleichmäßig weht und die Portugalströmung weitere Hilfestellung leistet. Bei Abfahrt von Vilamoura sollte der Kurs ein gutes Stück vor der afrikanischen Küste liegen, weil der Wind weiter auf See stetiger ist.

AN 24
Portugal – Azoren   Karte 23

Vilamoura – Horta: 980 sm
Lissabon – Horta: 920 sm

Beste Zeit:	Juni bis September
Tropische Stürme:	keine
Karten:	BA 4103
	US 120
Segelhandbücher:	BA 67
	US 143

Diese Route zwischen dem portugiesischen Festland und seiner Inselgruppe hat den Vorteil, daß in den Sommermonaten der Portugalpassat mit nördlichen Winden vorherrscht. Bei einer Fahrt im Mai sind in den ersten Tagen starke nördliche Winde anzutreffen, die Flauten weichen, wenn eine schmale Hochdruck-

Atlantischer Ozean

zone, die vom Azorenhoch ausgeht, durchquert wird. Auf der anderen Seite einer solchen Hochdruckzone herrscht normalerweise SW-Wind, der recht stark sein kann. Zu Beginn und zum Ende des Sommers nimmt die Häufigkeit von Stürmen und SW-Winden zu.

AN 25
Portugal – Nordeuropa Karte 23

Lissabon – Falmouth: 720 sm
Vilamoura – Falmouth: 870 sm

Beste Zeit:	April bis August
Tropische Stürme:	keine
Karten:	BA 4103
	US 126
Segelhandbücher:	BA 22, 27, 28, 55, 67
	US 142, 143, 191

Der im Sommer vorherrschende nördliche Wind, der Portugalpassat, der bei Fahrten nach Süden für ausgezeichnete Segelbedingungen sorgt, macht es in den Sommermonaten sehr schwierig, Ziele im Norden zu erreichen. Die einfachste Lösung besteht darin, etappenweise die Küste heraufzusegeln und die Biskaya erst dann zu durchqueren, wenn die Bedingungen günstig sind. Die andere Möglichkeit lautet, in einem langen Schlag auf See hinaus möglichst weit nach Norden voranzukommen zu versuchen, bis man auf günstigeren Wind trifft. Nördlich von 45°N herrschen mehr und mehr westliche Winde, doch zum Ende des Sommers hin nimmt auch die Häufigkeit von SW-Stürmen zu, so daß man eine solche Fahrt besser für die erste Hälfte des Sommers plant. Wenn möglich, sollte man die Zeit kurz vor dem Herbstäquinoktium meiden, weil die Biskaya bei den Äquinoktialstürmen sehr gefährlich ist.

AN 30 Ab Gibraltar

AN 31	Gibraltar – Madeira	AN 33	Gibraltar – Kleine Antillen
AN 32	Gibraltar – Kanarische Inseln	AN 34	Gibraltar – Nordeuropa

AN 31
Gibraltar – Madeira Karte 23

Gibraltar – Funchal: 610 sm

Beste Zeit:	Mai bis Oktober
Tropische Stürme:	keine
Karten:	BA 4104
	US 120
Segelhandbücher:	BA 1, 67
	US 131, 143

Bei starkem Westwind sollte man möglichst nicht aus Gibraltar losfahren, weil der Wind durch den permanenten Wasserfluß aus dem Atlantik in das Mittelmeer verstärkt wird und es nahezu unmöglich macht, sich aus der Straße von Gibraltar herauszukämpfen. Bei gleichermaßen starkem Ostwind ist es auch nicht viel besser, weil dann eine kurze steile See aufgebaut wird. Im Idealfall sollte man bei leichtem Wind aus Gibraltar abfahren; wenn das jedoch nicht möglich ist, hält man sich am besten auf der nordafrikanischen Seite, wo die Strömung schwächer ist.

In den Sommermonaten sorgt der stetige Portugalpassat für den Rest der Fahrt bis nach Madeira im allgemeinen für günstige Segelbedingungen. Zu Beginn und zum Ende des Sommers hin läßt es sich nicht so angenehm segeln, weil dann Flauten und SW-Winde unterwegs auftreten können. Das gilt besonders für die Monate Mai und November; zwischen Juni und Anfang Oktober sollten die vorherrschenden

AN 32
Gibraltar – Kanarische Inseln
Karte 23

	Gibraltar – Gran Canaria: 730 sm
Beste Zeit:	Mai bis Oktober
Tropische Stürme:	keine
Karten:	BA 4104
	US 120
Segelhandbücher:	BA 1, 67
	US 131, 143

Auf dem Weg zu den Kanarischen Inseln trifft man normalerweise auf bessere Segelbedingungen als auf der Fahrt nach Madeira, doch diese Tatsache allein sollte niemanden davon abhalten, Madeira mit seinem üppigen Grün einen Besuch abzustatten. Nach der Abfahrt aus der Straße von Gibraltar gelten dieselben Hinweise wie für Route AN 31. Hinter Kap Espartel darf man sich nicht zu eng an die afrikanische Küste halten, da weiter auf See der Wind stetiger ist. Von Juni bis September sorgen der Portugalpassat und eine günstige Strömung im allgemeinen für exzellente Segelbedingungen auf dieser Route. Im Mai und im Oktober ist der Wind weniger konstant, kommt aber weiterhin vorwiegend aus nördlichen Richtungen. Der November weist mehr Winde aus anderen Richtungen auf, wobei jedoch nördliche Winde weiterhin überwiegen.

AN 33
Gibraltar – Kleine Antillen
Karte 22

	Gibraltar – Barbados: 3220 sm
	Gibraltar – Antigua: 3190 sm
Beste Zeit:	November bis April
Tropische Stürme:	Juni bis November
Karten:	BA 4012
	US 120
Segelhandbücher:	BA 1, 67, 71
	US 131, 140, 143, 147

Da Madeira und die Kanarischen Inseln nicht weit von dieser Route abliegen, legt man auf dieser langen Fahrt nur dann nicht dort an, wenn man es sehr eilig hat. In den Wintermonaten herrschen auf dieser Route NO-Winde vor, doch erst südlich von 25°N kann man auch sicher sein, den richtigen Passat zu erwischen. Der Anfangskurs führt zwischen Madeira und den Kanarischen Inseln hindurch, und von dort aus sollte man in SW-Richtung weiterfahren, bis eine Zone mit gleichmäßigen NO-Winden erreicht ist. Erst dann wird der Kurs auf den Zielhafen gesetzt.

Bei einer Fahrt in den Sommermonaten, d. h. der Hurrikansaison auf den Westindischen Inseln, sollte man regelmäßig eine Station wie etwa WWV einstellen, die Frühwarnungen vor tropischen Stürmen bringt. Da der Passatgürtel in den Sommermonaten weiter im Norden liegt, kann man auf direkterem Kurs als im Winter über den Atlantik segeln. Zwischen Ende Mai und Juli treten nur wenige Hurrikane auf; die Häufigkeit nimmt jedoch nach August zu und erreicht im September einen Höhepunkt.

Weitere Einzelheiten zur Atlantiküberquerung finden sich bei Route AN 41.

AN 34
Gibraltar – Nordeuropa
Karte 23

	Gibraltar – Falmouth: 1000 sm
Beste Zeit:	April bis August
Tropische Stürme:	keine
Karten:	BA 4011
	US 126
Segelhandbücher:	BA 1, 22, 27, 28, 55, 67
	US 131, 142, 143, 191

Die Fahrt aus der Straße von Gibraltar hinaus ist besonders schwierig, wenn ein starker Ostwind gegen die Strömung weht, die immer aus dem Atlantik in das Mittelmeer führt. Wenn man aus der Straße freigekommen ist, bleibt man besser näher an der Nordküste, wo die

Bedingungen eher günstig sind. Von Kap São Vicente aus führt der Kurs parallel zur Küste, an der man sich aber nur halten sollte, wenn man in einem der Häfen anlegen will. Im Sommer herrscht der Portugalpassat vor, der es äußerst schwierig macht, ein Ziel im Norden zu erreichen. Wer es eilig hat, segelt am besten auf dem Kurs auf das offene Meer hinaus, auf dem er am weitesten nach Norden vorankommt. Im anderen Fall ist es wahrscheinlich einfacher, in kurzen Etappen an der Küste entlang zu segeln, bis bessere Winde herrschen oder Kap Finisterre passiert ist. Auf westliche Winde stößt man möglicherweise erst, wenn 45°N überquert ist. Im Spätsommer erreichen die SW-Winde in der Biskaya oft Sturmstärke; weil es dann sehr rauh werden kann, macht man diese Fahrt am besten vor Mitte August.

AN 40 Ab Kanarische Inseln und Westafrika

AN 41   Kanarische Inseln – Kleine Antillen
AN 42   Kanarische Inseln – Kapverd. Inseln
AN 43   Kanarische Inseln – Westafrika

AN 44   Kanarische Inseln – Bermuda
AN 45   Kapverdische Inseln – Kleine Antillen
AN 46   Westafrika – Kleine Antillen

AN 41   Kanarische Inseln – Kleine Antillen   Karte 22

Gran Canaria – Barbados: 2630 sm
Teneriffa – Barbados: 2590 sm
Gran Canaria – Antigua: 2640 sm
Teneriffa – Martinique: 2620 sm

Beste Zeit:	Dezember bis April
Tropische Stürme:	Juni bis November
Karten:	BA 4012
	US 120
Segelhandbücher:	BA 1, 71
	US 140, 143, 147

Diese klassische Passatroute ist von einer ungeheuren Vielfalt an Schiffen befahren worden, seit Christoph Kolumbus vor 500 Jahren auf den Kanarischen Inseln die Segel setzte, um die Grenzen der bekannten Welt zu erweitern. Seit damals hat man zwar eine Menge über vorherrschende Winde und Wettervorhersagen gelernt, doch die Routen, die Kolumbus als Resultat seiner vier Reisen in die Karibik vorschlug, gelten immer noch und lassen sich kaum verbessern. Seine beiden schnellsten Fahrten dauerten 21 Tage, eine selbst für heutige Vorstellungen ausgezeichnete Zeit, und führten über eine Route, die dem optimalen Kurs für die jeweilige Jahreszeit sehr nahe kam. Auf beiden Fahrten segelte die Flotte auf SW-Kurs, bis sie bei etwa 20°N auf einen stetigen Passat traf; erst dann ging sie auf Westkurs. Diese wichtige Regel, d. h., erst dann den Kurs auf das gewünschte Ziel zu nehmen, wenn man sich ein gutes Stück im Passatgürtel befand, haben sich alle Seefahrer seit dieser Zeit zunutze gemacht.

Die Abfahrtszeit von den Kanarischen Inseln ist ein entscheidender Faktor, und zwar sowohl für die unterwegs anzutreffenden Bedingungen als auch für das Wetter auf der anderen Seite des Ozeans. Die Hurrikansaison in der Karibik dauert theoretisch etwa sechs Monate, wobei der wirklich gefährliche Zeitraum zwischen August und Oktober liegt und im September der Höhepunkt erreicht wird. Die meisten Leute wollen zwischen Dezember und April in der Karibik segeln, also in einer Zeit, die nicht nur am ungefährlichsten ist, sondern auch mit einem gleichmäßig wehenden Passat das schönste Wetter zeigt. Deshalb kommt eine Abfahrt von den Kanarischen Inseln Ende November oder Anfang Dezember den Plänen der meisten Leute entgegen, und das ist auch die Zeit, in der sich die Mehrzahl der Boote von den Kanarischen Inseln aus auf den Weg über den Atlantik macht. Eine frühere Abfahrt ist nicht zu empfehlen, und zwar hauptsächlich wegen der Gefahr eines verspäteten Hurrikans, aber auch, weil der Winterpassat nur selten vor Mitte November stetig und gleichmäßig weht. Von etwa Mitte November bis April kann man sich auf dieser Route auf einen stetigen NO-Passat verlassen, dessen durchschnittliche Stärke im Februar und März allmählich zunimmt. Obwohl der Wind auch im Sommer günstig bleibt, kann diese Jahreszeit nicht empfohlen werden, weil sich eine solche Empfehlung wegen der Hurrikangefahr nur sehr schwer rechtfertigen lassen würde.

In allen Büchern über Atlantiküberquerungen ist etwas zu der optimalen Route für eine Fahrt im Passatgürtel gesagt, obwohl sich dem, was Kolumbus festgestellt hat, nur sehr wenig hinzufügen läßt. Zunächst kommt es darauf an, die Region mit Flauten und wechselnden Winden um die Kanarischen Inseln möglichst schnell zu verlassen. Mit etwas Glück kommt Nordwind auf, ansonsten muß man eben warten oder unter Motor fahren. Der alte Rat, Kurs auf einen Punkt bei 25°N, 25°W zu nehmen, muß etwas modifiziert werden, weil der Winterpassat so weit im Norden wie auf 25°N nur selten gleichmäßig weht; diesem Vorschlag sollte man also nur im Sommer folgen. Ein besserer und oft wiederholter Ratschlag besteht darin, nach Abfahrt von den Kanarischen Inseln tausend Meilen mit Kurs SSW zu segeln und erst in einem Bereich zwischen hundert und zweihundert Meilen nordwestlich der Kapverdischen Inseln auf Westkurs zu gehen. Der Vorschlag, die Kapverdischen Inseln in nicht zu weiter Entfernung zu passieren, hat tatsächlich einiges für sich, da auf deren Breite meistens stetigere Winde anzutreffen sind. Dabei muß allerdings auch die größere Entfernung berücksichtigt werden. Auf einer direkteren Route, die bei etwa 30°W über den 20. und bei etwa 40°W über den 15. Grad nördlicher Breite hinwegführt, stößt man wahrscheinlich etwas später auf den Passat, hat dafür aber den Vorteil einer kürzeren Strecke. Leider gibt es keine feste Regel, da das Wetter in jedem Jahr anders aussehen kann und in manchen Jahren schon schnelle Überfahrten auf der kürzesten Großkreisroute gemacht worden sind.

Der NO-Passat dreht weiter auf Osten, je weiter man nach Westen kommt, und hat im allgemeinen eine südliche Komponente, wenn der Sommer da ist. Er weht auch nicht sehr gleichmäßig, und die in manchen Publikationen angegebene durchschnittliche Windstärke 4 ist wirklich nur ein *Durchschnitt* und nichts anderes. Obwohl der Wind im Winter außer in Böen nur selten Sturmstärke erreicht, kann der Passat zwischen Dezember und März tagelang mit Stärke 6 wehen und geht dann mit einer entsprechend hohen Dünung einher. Die Dünung selbst ist von der Richtung her nur dann regelmäßig und stetig, wenn der Wind über einen langen Zeitraum hinweg aus der gleichen Richtung gekommen ist; ansonsten kommt es auf dieser Route häufig zu einer kreuzenden Dünung, wenn eine Windsee eine andere Dünung überlagert, die durch einen Sturm in Tausenden von Meilen Entfernung erzeugt worden ist. In manchen Jahren haben sich Transatlantiksegler schon mehr über diese unangenehme Dünung als über die Stärke des Windes oder dessen Ausbleiben beklagt. Es sieht wohl so aus, daß auf dieser Strecke niemand ohne Flaute davonkommt; diese Flauten halten zwischen wenigen Stunden und mehreren Tagen lang an. Ihnen folgt in der Regel ein frischer Passat, der sich durch eine Reihe von Böen ankündigt.

Diese Route bietet den Vorteil der Kanarischen Strömung und des Nordäquatorialstroms, die mit durchschnittlich einem halben Knoten nach Westen führen. Im Gegensatz zu ihrer Richtung kann man sich jedoch auf ihre Konstanz nicht allzu sehr verlassen.

Die obigen Hinweise gelten mit kleinen Änderungen für alle Ziele auf den Kleinen Antillen, von Trinidad im Süden bis Antigua im

Norden. Wenn man den Passatgürtel erreicht hat, kann man den besten Kurs auf eine beliebige Insel nehmen und für die letzten paar hundert Meilen darauf bleiben. Die Route zu den Jungfern-Inseln führt so dicht an Antigua vorbei, daß es ratsam ist, dort vor der Weiterfahrt an Land zu gehen. Die gleiche Empfehlung gilt für Anguilla und andere Inseln in Lee von Antigua.

AN 42 Kanarische Inseln – Kapverdische Inseln Karte 30

Gran Canaria – São Vicente: 870 sm

Beste Zeit:	Oktober bis Mai
Tropische Stürme:	keine
Karten:	BA 4104
	US 120
Segelhandbücher:	BA 1
	US 143

Diese Route wird in zunehmendem Maße von Seglern genommen, die die Kapverdischen Inseln als Zwischenstation auf ihrer Atlantiküberquerung nutzen. Eine der empfohlenen Segelstrecken von den Kanarischen Inseln zu den Kleinen Antillen führt nordwestlich an diesen Inseln vorbei, so daß sich ein Umweg leicht rechtfertigen läßt. Zwar lassen sich die Versorgungseinrichtungen in Mindelo auf São Vicente, der Hauptinsel der Gruppe, nicht mit denen in Las Palmas vergleichen, doch geben die Kapverdischen Inseln einen guten Startpunkt für die Atlantiküberquerung ab, und zwar hauptsächlich, weil sie im Passatgürtel liegen und die Erfahrung zeigt, daß sich auf dieser Breite schnelle Überfahrten machen lassen.

In den Wintermonaten, von Dezember bis April, weht der NO-Passat zwischen den Kanarischen und den Kapverdischen Inseln kräftig. Zu einer schnellen Fahrt trägt die nach SW führende Kanarische Strömung bei, die in der Nähe der Inseln in den Nordäquatorialstrom übergeht. Die Sicht ist in der Nähe der Inseln oft schlecht, und zwar entweder aufgrund von Dunst oder wegen des staubbefrachteten *Harmattan*, der hier im Winter weht. Im Oktober und November ist die Windrichtung zwischen den beiden Inselgruppen weniger konstant, wobei allerdings der NO-Passat sich mehr und mehr durchsetzt, je weiter man sich dem Breitengrad der Kapverdischen Inseln nähert. Der Bereich südlich der Kapverdischen Inseln wird von Juni bis Oktober von SW-Monsun beeinflußt; südliche Winde treten allerdings nördlich von 15°N selbst auf der Höhe des SW-Monsun nur äußerst selten auf.

AN 43 Kanarische Inseln – Westafrika Karte 22

Las Palmas – Nouadhibou: 450 sm
Las Palmas – Dakar: 840 sm
Dakar – Banjul: 95 sm

Beste Zeit:	Oktober bis Mai
Tropische Stürme:	keine
Karten:	BA 4104
	US 120
Segelhandbücher:	BA 1
	US 143

Eine zunehmende Zahl von Booten läuft Westafrika an, manche auf dem Weg nach Brasilien, andere nur auf einem kleinen Abstecher vor der Fahrt über den Atlantik in die Karibik. In dieser Region, die viel zu bieten hat, wird die Situation für Segler nach und nach besser, da sich Behörden und Bevölkerung langsam an ausländische Segler gewöhnen.

Die beste Zeit für die Fahrt nach Süden liegt im Winter, wenn an der gesamten Küste von Mauretanien und Senegal günstige Winde herrschen. Der NO-Passat weht gleichmäßig bis auf die Breite von Dakar, südlich von 13°N wird er jedoch zunehmend schwächer und ab 10°N wechselnd. Die Strömung an der afrikanischen Küste führt immer nach Süden.

Häfen mit den nötigsten Einrichtungen sind

Nouadhibou in Mauretanien, Dakar und Ziguinchor im Senegal und Banjul in Gambia.

AN 44 Kanarische Inseln – Bermudas
Karte 22

Gran Canaria – Bermudas: 2560 sm

Beste Zeit:	Mai bis Juli
Tropische Stürme:	Juni bis November
Karten:	BA 2059
	US 120
Segelhandbücher:	BA 1, 70, 71
	US 140, 143, 147

Wahrscheinlich, weil die besten Segelbedingungen auf dieser Route mit dem Beginn der Hurrikansaison im Westatlantik zusammenfallen, segeln nur relativ wenige Boote direkt von den Kanarischen Inseln zu den Bermudas. Auf den Bermudas selbst wird die größte Hurrikanhäufigkeit von Mitte August bis Mitte Oktober verzeichnet, Juni und Juli gelten als relativ ungefährliche Monate.

Für den, der es eilig hat, in die Vereinigten Staaten zurückzukehren, hat diese direkte Route, auf der schon einige schnelle Fahrten zu verzeichnen waren, einiges für sich. In der ungefährlichen Jahreszeit von November bis April weht der Winterpassat so weit im Süden, daß ein Abstecher in den Passatgürtel hinein so nahe an den Kleinen Antillen vorbeiführen würde, daß man dort gleich einen Halt einlegen könnte. Wenn die Sonne sich auf den Weg nach Norden begibt, folgt ihr der Passatgürtel, so daß eine Fahrt zu den Bermudas zwischen 20°N und 25°N möglich ist. Auf dem größten Teil der Atlantikstrecke hat man dann gleichmäßigen Wind aus NO und später O. Dabei darf man nicht zu früh Kurs auf die Bermudas nehmen, um nicht in eine Zone mit wechselnden Winden mit einem hohen Anteil an starkem SW-Wind zu geraten, der im Sommer auf den Bermudas vorherrscht. Im Idealfall sollte 25°N nicht vor Erreichen von 60°W überquert werden, um die Bermudas dann aus SSO anzulaufen.

AN 45 Kapverdische Inseln – Kleine Antillen
Karte 22

São Vicente – Barbados: 2020 sm
São Vicente – Martinique: 2090 sm
São Vicente – Antigua: 2110 sm

Beste Zeit:	Dezember bis April
Tropische Stürme:	Juni bis November
Karten:	BA 4012
	US 120
Segelhandbücher:	BA 1, 71
	US 140, 143, 147

Kolumbus erkannte als erster, daß sich diese Inseln besser als die Kanarischen Inseln als Sprungbrett für eine Atlantiküberquerung vor dem Passat eigneten, und machte sich von hier aus zu seiner dritten Fahrt in die Karibik auf. Der Vorteil dieser Route liegt nicht nur darin, daß die tatsächliche Strecke kürzer ist, sondern auch darin, daß die Kapverdischen Inseln die meiste Zeit des Jahres mitten im NO-Passat liegen. Wer die Kapverdischen Inseln als Startpunkt wählt, macht meistens eine schnelle Überfahrt, wenn er nicht zu weit nach Süden gerät, wo der Passat weniger konstant weht. Genauere Hinweise zur Atlantikstrecke sind in Route AN 41 zu finden.

AN 46 Westafrika – Kleine Antillen
Karte 22

Dakar – Barbados: 2460 sm
Dakar – Martinique: 2530 sm

Beste Zeit:	Dezember bis April
Tropische Stürme:	Juni bis November
Karten:	BA 4012
	US 120
Segelhandbücher:	BA 1, 71
	US 140, 143, 147

Unabhängig davon, ob der Abfahrtshafen im Senegal oder in Gambia liegt, trifft man auf dieser Route, die viele Ähnlichkeiten mit Törn AN 45 aufweist, auf stetige günstige Winde. Da

24. Transatlantiktörns von West nach Ost

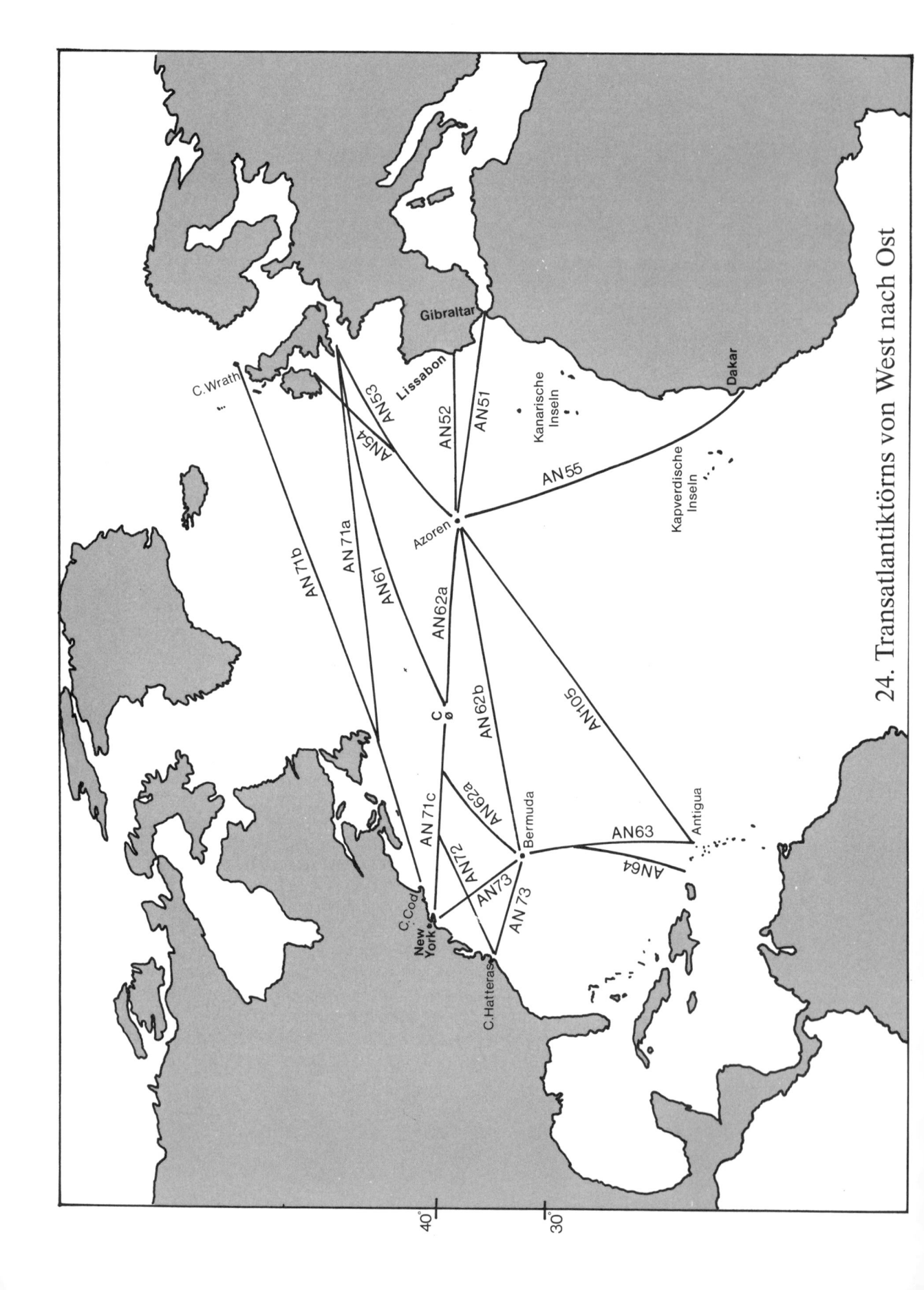

die Kapverdischen Inseln so nahe an der direkten Route liegen, kann man dort vor der Weiterfahrt nach Westen gut einen Zwischenaufenthalt einlegen. Wer besonders von den südlicheren Häfen aus die direkte Route nehmen will, muß auf die Strömungen in Küstennähe und während der Atlantiküberquerung achten. Wenn der Kurs zu nahe an der südlichen Grenze des NO-Passatgürtels liegt, besteht die Gefahr, durch einen Ausläufer des Nordäquatorialstroms in die Kalmen und eine Zone mit weniger stetigem Wind abgetrieben zu werden.

AN 50 Ab Azoren

AN 51   Azoren – Gibraltar
AN 52   Azoren – Portugal
AN 53   Azoren – Ärmelkanal
AN 54   Azoren – Irland
AN 55   Westafrika – Azoren

AN 51
Azoren – Gibraltar   Karten 23, 24

Horta – Gibraltar: 1120 sm

Beste Zeit:	Mai bis September
Tropische Stürme:	keine
Karten:	BA 4103
	US 120
Segelhandbücher:	BA 67
	US 131, 140, 143

Diese Fahrt wird meistens zu Anfang des Sommers gemacht, wenn auf dem größten Teil des Weges günstige Winde zu erwarten sind. In Inselnähe sind die Winde wechselnd und kommen vorherrschend aus SW. Im Mai und Anfang Juni muß man meistens durch einen Kalmengürtel zwischen den Azoren und dem Festland, bevor der Bereich mit vorherrschendem Nordwind erreicht ist. Die Flauten können gelegentlich recht lange anhalten, so daß man sich darauf einstellen sollte, unter Motor zu fahren. Zur Mitte des Sommers hin kann man mit stetigerem Wind rechnen; im Juli und August sorgt der starke Portugalpassat mit stetigen 15 bis 20 Knoten für einen schnellen und lebhaften Törn. Wenn bei der Annäherung an Gibraltar ein starker *Levanter* weht, ist es vielleicht besser, an der Algarve Schutz zu suchen, als es mit den unangenehm steilen Seen aufzunehmen, die dadurch entstehen, daß der Ostwind gegen die Strömung aus dem Atlantik in das Mittelmeer gerichtet ist.

AN 52
Azoren – Portugal   Karten 23, 24

Horta – Lissabon: 920 sm
Horta – Vilamoura: 980 sm

Beste Zeit:	Mai bis September
Tropische Stürme:	keine
Karten:	BA 4103
	US 120
Segelhandbücher:	BA 67
	US 140, 143

Für diese Strecke gelten ähnliche Hinweise wie für AN 51, wobei allerdings weiter nördlich an der Küste gelegene Häfen auf der Höhe des Portugalpassats noch weiter luvwärts liegen als Gibraltar oder Vilamoura. Berücksichtigen muß man den vorherrschenden NO-Wind und die südliche Portugalströmung zu einem frühe-

Atlantischer Ozean

ren Zeitpunkt auf der Fahrt, um die Küste möglichst etwas in Luv des Zielhafens anzulaufen.

AN 53
Azoren – Ärmelkanal   Karten 23, 24

Horta – Falmouth: 1230 sm

Beste Zeit:	Juni bis Juli
Tropische Stürme:	keine
Karten:	BA 4103
	US 120, 126
Segelhandbücher:	BA 22, 27, 67
	US 140, 142, 143, 191

Im Sommer herrscht vorwiegend NO-Wind, so daß man bei allen Fahrten von den Azoren aus nach Norden meistens am Wind segeln muß. Direkten Kurs auf den Ärmelkanal zu nehmen ist nur selten möglich und auch nicht ratsam, weil die westlichen Winde und die Ostströmung in den höheren Breiten das Boot dann in die Biskaya versetzen. Der generelle Rat für diese Route lautet, genau nach Norden zu segeln, bis stetiger Westwind erreicht ist, aber nicht vor Erreichen von 45°N auf die Großkreisroute zum Ärmelkanal einzuschwenken. Nördlich der Inseln kommt es häufig zu Flauten, deren Ausmaß von der Lage des Azorenhochs und seiner im Sommer bis nach Europa reichenden Hochdruckkeile abhängt. Wer auf solche windstillen Zonen trifft, sollte unter Motor fahren, um weiter nach Norden voranzukommen. Auch bei Windstille ist es heiter und sonnig, bevor sich westliche Winde, bedeckter Himmel und allgemein nasses und kaltes Wetter durchsetzen. Für das Sommerwetter im Ärmelkanal läßt sich keinerlei Vorhersage abgeben – der Wind kann aus allen Richtungen und mit jeder Stärke wehen. Die Sicht ist in den Revieren vor dem Kanal oft schlecht, und diese Tatsache in Verbindung mit den vorhandenen starken Tidenströmungen sowie dem dichten Schiffsverkehr muß bei der Annäherung an die englische Küste berücksichtigt werden.

AN 54
Azoren – Irland   Karten 23, 24

Horta – Crookhaven: 1120 sm

Beste Zeit:	Juni bis Juli
Tropische Stürme:	keine
Karten:	BA 4011
	US 126
Segelhandbücher:	BA 22, 27, 40, 67
	US 140, 142, 143

Es gelten die gleichen allgemeinen Hinweise wie für Route AN 53, doch weil die Zielhäfen in Irland etwas westlicher liegen als die im Kanal, ist es um so wichtiger, bei der Abfahrt von den Azoren nach Norden zu segeln. Ein bestimmter Leeweg nach Westen läßt sich später mit Hilfe der westlichen Winde ausgleichen, die normalerweise in den höheren Breiten vorherrschen. In der Nähe der Azoren kommt es gelegentlich zu Flauten, und zwar besonders im Juli und im August, wenn das Azorenhoch den höchsten Druck erreicht; auch unterwegs kann man auf Flauten und schwache wechselnde Winde stoßen.

Abgesehen von dem einen oder anderen Sonnentag zu Beginn ist das Wetter auf dieser Route meistens grau, feucht und kalt.

AN 55
Westafrika – Azoren   Karte 24

Dakar – Horta: 1560 sm

Beste Zeit:	April bis Juli
Tropische Stürme:	keine
Karten:	BA 4012
	US 120
Segelhandbücher:	BA 1, 67
	US 140, 143

Auf dem ersten Teilabschnitt vom Senegal zu den Kapverdischen Inseln muß man wahrscheinlich gegen Strömung und Wind anlaufen, und besonders in den Wintermonaten ist starker bis sehr starker NO-Wind zu erwarten. Die empfohlene Route führt an der afrikanischen

Seite der Kapverdischen Inseln nahe an Sal, der nordöstlichsten Insel der Gruppe, entlang. Von dort aus nimmt man am besten Kurs auf einen Punkt, der etwa 5° südlich der Azoren auf dem Längengrad des Zielhafens liegt.

Im allgemeinen kann man davon ausgehen, daß der Passat irgendwo zwischen 25°N und 30°N aufhört; von dort aus geht es dann einfacher nach Norden voran. Nördlich von 30°N werden die Windverhältnisse weitgehend von der Lage des Azorenhochs bestimmt. Wenn es südlicher als normal liegt, ist auf dem Weg zu den Azoren schwacher Wind oder gar Flaute zu erwarten.

Der Zeitpunkt für diese Fahrt hängt davon ab, wohin es von den Azoren aus weitergehen soll; man will schließlich nicht zu früh in Europa eintreffen. Die Fahrt sollte nicht vor April erfolgen, weil dann erst der winterliche NO-Passat an Stärke nachläßt. Südlich von 15°N tritt im Sommer an seine Stelle der SW-Monsun, der von Juni bis Oktober zwischen Senegal und den Kapverdischen Inseln weht. Das Einsetzen des SW-Monsuns ist deshalb wohl der bessere Zeitpunkt, um den Senegal in Richtung auf die Azoren zu verlassen; dann hat man wenigstens auf dem ersten Abschnitt der Fahrt besseren Wind.

AN 60 Ab Bermudas

AN 61   Bermudas – Nordeuropa
AN 62   Bermudas – Azoren
AN 63   Bermudas – Kleine Antillen

AN 64   Bermudas – Jungfern-Inseln
AN 65   Bermudas – USA

AN 61 Bermudas – Nordeuropa Karte 24

Bermudas – Falmouth: 2820 sm

Beste Zeit:	Mai bis Juli
Tropische Stürme:	Juni bis November
Karten:	BA 4011
	US 120, 121
Segelhandbücher:	BA 27, 40, 67, 70
	US 140, 147, 191

Diese Route wird zwar nur von Seglern benutzt, die in einem Rutsch ohne Zwischenaufenthalt auf den Azoren nach Nordeuropa wollen, bietet aber gegenüber Route AN 62 den Vorteil, daß die vorherrschenden westlichen Winde, sobald man ihren Bereich erst einmal erreicht hat, in der Regel für den größten Teil der Überfahrt genutzt werden können. Nach der Abfahrt von den Bermudas segelt man am besten fast genau nach Norden bis auf 40°N, wo man dann auf die Großkreisroute zum Ärmelkanal schwenkt. Südlich dieser Route gibt es weniger Stürme, doch sollte man nicht zu früh auf Ostkurs gehen, weil dann die Gefahr besteht, aus dem Bereich der westlichen Winde hinaus in das Azorenhoch zu geraten, das sich im Sommer weiter nach Norden erstreckt. 40°N sollte im Idealfall auf 55°W überquert werden, doch darf dieser Punkt auch weiter östlich liegen, wenn bald nach der Abfahrt von den Bermudas eine Zone mit SW-Wind erreicht wird. Von dort aus geht es dann auf der Großkreisroute zum Ziel. Auf dem größten Teil der Strecke kann man den Golfstrom mit einer günstigen Geschwindigkeit von mindestens ½ Knoten nutzen. Segler, die versucht haben, den ganzen Weg von den Bermudas bis zum Ärmelkanal auf der Großkreisroute zurückzulegen, mußten längere Flauten in Kauf

Atlantischer Ozean

nehmen, weil die Route durch das Hochdruckgebiet führt.

Abgesehen von dem unmittelbaren Bereich um die Bermudas ist auf dieser Route nur selten mit Hurrikanen zu rechnen; von Fahrten im Spätsommer muß jedoch abgeraten werden, weil nach Mitte August im Ostatlantik oft heftige Stürme auftreten. Zu Anfang des Sommers ist auf die Eisgrenze zu achten; in dieser Zeit sollte der Anfangskurs im Bereich südlich von Neufundland nicht über 39°N hinausgehen (siehe Route AN 71).

AN 62
Bermudas – Azoren   Karte 24

Bermudas – Horta: 1800 sm	
Beste Zeit:	Mai bis Juni
Tropische Stürme:	Juni bis November
Karten:	BA 4011
	US 120
Segelhandbücher:	BA 67, 70
	US 140, 143, 147

Die Azoren liegen so günstig mitten im Atlantik, daß nur sehr wenige Boote nonstop nach Europa segeln. Weil die Bermudas im Süden der Zone mit vorherrschend westlichen Winden liegen, wird empfohlen, in der Hoffnung auf günstige Winde auf etwa 40°N zunächst eine möglichst große Strecke nach Norden zurückzulegen. Die Vorteile einer Route, die nördlich von 40°N (AN 62A) verläuft, sind eine größere Gewißheit von SW-Wind und außerdem eine günstige Strömung. Nachteilig ist, daß es mehr Stürme gibt und allgemein kälter und feuchter ist als auf einer südlicheren Route, die nicht über 38°N hinausführt. Die Meinungen im Hinblick auf den besten Kurs sind geteilt, und es gibt Segler, die in dem Versuch, die angenehmste Alternative zu finden, noch weiter gehen und einer Loxodrome (AN 62B) zu den Azoren folgen, auf der es zumindest wärmer ist, wo aber oft Flauten und Gegenwind herrschen. Auf der nördlichen Route sollte man nicht vor Erreichen von Punkt C (39°00′N, 50°00′W) über 40°N hinausgehen, weil dort zu Anfang des Sommers noch Eis auftreten kann.

Wenn man sich einmal die Aufzeichnungen aus einer Reihe von Jahren anschaut, stellt man fest, daß diejenigen Segler am längsten gebraucht haben, die nicht weit genug nach Norden in den Bereich der westlichen Winde vorgestoßen sind. Die meisten, die südlich von 38°N blieben, trafen im Bereich des Hochdruckkeils zwischen den Bermudas und den Azoren viel früher auf Flauten, als wenn sie sich weiter nördlich gehalten hätten. Früher oder später hält das Azorenhoch jedes Boot auf, aber wenn man sich den Azoren von Nordwesten statt von Westen nähert, kann man den Hochdruckkeil im rechten Winkel durchqueren. In dieser Zeit sollte man die Maschine zu Hilfe nehmen und deshalb vor der Abfahrt von den Bermudas ausreichend Treibstoff an Bord nehmen.

Mai und Juni sind für diese Fahrt die besten Monate, wobei eine spätere Abfahrt vorzuziehen ist, wenn die nördliche Route gewählt wird. In diesem Falle ist es am besten, sich voll und ganz an diese Route zu halten und von den Bermudas aus fast genau nach NNO zu segeln, um möglichst bald in den Bereich der westlichen Winde zu kommen. Nach Anfang Juli nimmt die Hurrikangefahr im Gebiet um die Bermudas zu, so daß man dann nur fahren sollte, wenn es unbedingt erforderlich ist. Die Hurrikangefahr läßt weiter östlich nach.

AN 63
Bermudas – Kleine Antillen   Karte 24, 25

Bermudas – Antigua: 940 sm	
Beste Zeit:	November bis Mitte Dezember
Tropische Stürme:	Juni bis November
Karten:	BA 3273
	US 124
Segelhandbücher:	BA 70, 71
	US 140, 147

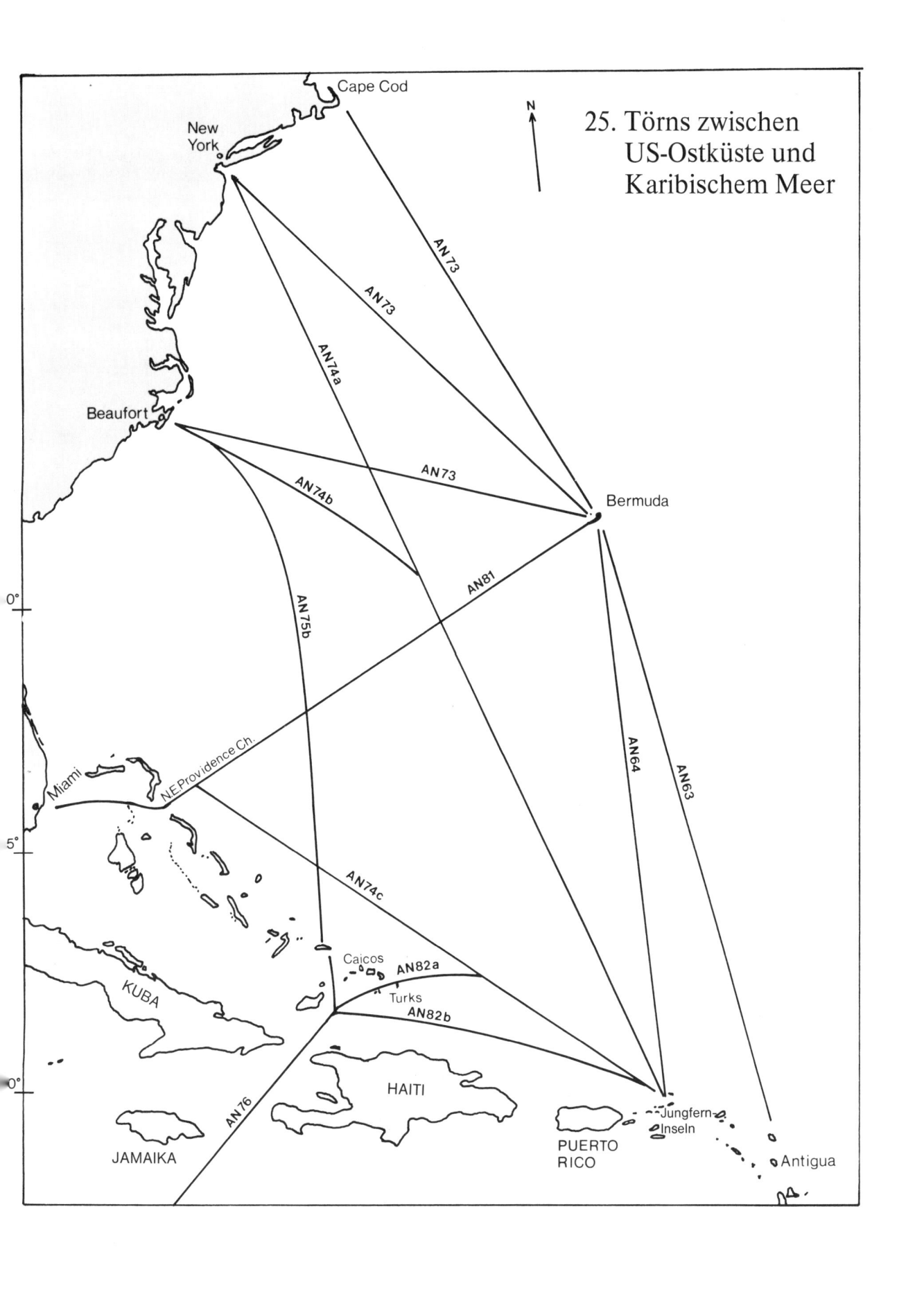

25. Törns zwischen US-Ostküste und Karibischem Meer

Atlantischer Ozean

Bis der Bereich des Passats erreicht ist, gelten die gleichen Hinweise wie für Route AN 64. Da die nördlichen Anfahrtswege zu den Kleinen Antillen extrem gefährlich sind und jedes Jahr wieder Boote auf den vielen unbefeuerten Riffen verloren gehen, sollte man bei Beginn der Fahrt möglichst weit nach Osten zu kommen versuchen, um alle Gefahrenstellen in ausreichendem Abstand luvwärts zu passieren und auf Barbuda an Land zu gehen. Wenn das nicht möglich ist, wählt man besser einen einfacher zu erreichenden Zielhafen und fährt von dort aus in kürzeren Tagestörns nach Antigua oder zu den anderen Inseln.

Eine Fahrt auf dieser Route in der Hurrikansaison ist nicht zu empfehlen, doch zu Beginn des Sommers, wenn die Hurrikangefahr noch nicht sehr groß ist, kann man mit gutem Wetter rechnen. Wenn man – was sehr wahrscheinlich ist – bei der Abfahrt von den Bermudas auf südliche Winde trifft, sollte man mit deren Hilfe versuchen, ein Stück nach Osten vorwärts zu kommen, bevor bei etwa 25°N der Passatgürtel beginnt. Gelegentlich hat der Sommerpassat keine südliche Komponente, und dann ist es möglich, die Leeward Islands anzusteuern, von denen Antigua mit am einfachsten zu erreichen ist. Sonst muß man entweder kreuzen oder Kurs auf die Jungfern-Inseln nehmen.

AN 64
Bermudas – Jungfern-Inseln

Karten 24, 25

Bermudas – St. Thomas: 850 sm

Beste Zeit:	November bis Mitte Dezember
Tropische Stürme:	Juni bis November
Karten:	BA 3273
	US 124
Segelhandbücher:	BA 70, 71
	US 140, 147

Für diese Route eine optimale Zeit anzugeben ist schwierig, weil im Sommer die Gefahr tropischer Wirbelstürme besteht und im Winter Nordstürme auftreten können. Am besten fährt man wahrscheinlich zwischen den Jahreszeiten, wenn die Hurrikangefahr nachgelassen hat und die Häufigkeit von Winterstürmen noch akzeptabel niedrig ist. Der Wind kann bei der Abfahrt von den Bermudas aus jeder beliebigen Richtung kommen, und wenn er schwach ist, dürfte es ratsam sein, unter Motor eine möglichst große Strecke nach Süden zurückzulegen. Nach der Fahrt durch den Gürtel wechselnder Winde sollte zwischen 22°N und 25°N der NO-Passat einsetzen. Die Annäherung an die Inseln von Norden aus ist schwierig, weil die meisten Gefahrenstellen nicht befeuert sind. Es dürfte ratsam sein, nicht direkt Kurs auf St. Thomas zu nehmen, sondern auf Sombrero Island mit seinem Leuchtfeuer, und die Jungfern-Inseln dann von Luv anzusteuern.

AN 65
Bermudas – USA

Karten 22, 26

Bermudas – Boston: 680 sm
Bermudas – New York: 670 sm
Bermudas – Beaufort: 620 sm

Beste Zeit:	Mai bis Juni
Tropische Stürme:	Juni bis November
Karten:	BA 4403
	US 124
Segelhandbücher:	BA 69, 70
	US 140, 147

Die Tatsache, daß die Bahn vieler Hurrikane so gefährlich nahe an den Bermudas vorbeiführt, engt den Zeitraum ein, in dem diese Fahrt ungefährlich ist. Der hohe Anteil an SW-Winden im Sommer sollte für gute Segelbedingungen auf dem Weg zu den meisten Häfen nördlich von Cape Hatteras sorgen, doch das ist nur selten der Fall. Selbst im Mai und Juni herrscht auf dieser Route oft extrem schlechtes Wetter, das im Bereich des Golfstroms häufig am schlimmsten ist. Der Durchzug von Kaltfronten vom amerikanischen Kontinent führt zu unbeständigem Wetter, das oft mit heftigen Regenböen einhergeht. Später im Sommer geht das unbeständige Wetter meistens auf tropische Tiefdruckgebiete zurück, die sich gelegentlich zu Hurrikanen entwickeln.

Man tut gut daran, vor der Abfahrt von den Bermudas eine langfristige Wettervorhersage einzuholen, aus der eventuell bedrohliche tropische Tiefdruckgebiete ersichtlich sind. Das Verhalten von NW-Fronten, die Kurs auf die offene See nehmen, ist leider schwerer vorherzusagen, und bis man eine Sturmwarnung in Händen hat, steckt man möglicherweise schon mitten drin. Besonders gefährlich kann das im Golfstrom sein, den man am besten immer im rechten Winkel durchquert.

AN 70 Ab USA

AN 71 USA – Nordeuropa	AN 74 USA – Jungfern-Inseln
AN 72 USA – Azoren	AN 75 USA – Bahamas
AN 73 USA – Bermudas	AN 76 USA – Panama

AN 71
USA – Nordeuropa   Karte 24

Newport – Falmouth: 2730 sm
Cape Cod – Cape Wrath: 2560 sm

Beste Zeit:	Juni bis August
Tropische Stürme:	Juni bis November
Karten:	BA 4011
	US 120, 121
Segelhandbücher:	BA 27, 40, 59, 66, 68, 69
	US 140, 141, 142, 191

Bestenfalls eine kalte, feuchte und neblige Route, die aber zumindest den Vorteil günstiger Winde und Strömungen besitzt. Für eine schnelle Überfahrt nach Nordeuropa ist die Großkreisroute offensichtlich erste Wahl, während für Ziele südlich der Biskaya auch andere Möglichkeiten in Frage kommen, die bei den Routen AN 61, AN 62, AN 72 und AN 73 beschrieben sind.

Bei der Entscheidung für die Großkreisroute gilt es zunächst einige Probleme zu bedenken, die auf dieser nördlichsten aller Routen auftreten können. Zwei Faktoren sind es, die auf dieser Strecke hauptsächlich Anlaß zur Sorge geben: Nebel und Eis. Beide haben mit dem Labradorstrom zu tun, einer kalten Strömung vor den Küsten von Neufundland und Neuschottland. Nebel entsteht dadurch, daß warme Luft über das kalte Wasser zieht, das der Labradorstrom, der auch im Sommer Eisberge nach Süden trägt, aus der Arktis heranführt. Wenn sich der Nordatlantik mit Einsetzen des Sommers langsam erwärmt, tritt weniger häufig Nebel auf, und die Eisberge beginnen zu schmelzen, wobei sie allerdings gelegentlich bis auf 40°N nach Süden treiben. Da also die zweite Hälfte des Sommers ungefährlicher ist, wird der August für diese Fahrt empfohlen. Für denjenigen, der noch im gleichen Sommer in Nordeuropa segeln will, ist das möglicherweise zu spät; er muß also entweder früher abfahren und den Gefahren trotzen oder eine südlichere Route nehmen (AN 71 C). Der Anfangskurs auf dieser Route führt zu Punkt C (39°N, 50°W), von wo aus dieselben Hinweise wie für Route AN 61 gelten.

Die Großkreisroute führt südlich an Neuschottland und Neufundland vorbei, wo sie sich in einen nördlichen Arm, der um Schottland herum nach Skandinavien (AN 71 B) führt, und in einen südlichen Arm zum Ärmelkanal (AN 71 A) aufteilt. Der schwierigste Teil der Fahrt liegt auf den ersten paar hundert Meilen, bis

Atlantischer Ozean

die Ansammlung von Fischerbooten auf den Grand Banks und auch die Gegend mit der höchsten Nebel- und Eisberggefahr vor Neufundland hinter dem Schiff liegen.

Der Wind dürfte überwiegend mit etwa 15 Knoten aus westlichen Richtungen kommen. Stürme treten im August in diesen Breiten nicht häufig auf, und Flauten sind selten. Da die Route ein gutes Stück nördlich des Azorenhochs liegt, sollte das Wetter dessen direktem Einfluß entzogen sein; das Hoch könnte jedoch gewisse Auswirkungen haben, wenn es nach Norden zieht. Wenn das Azorenhoch an seiner üblichen Position bleibt, wird das Wetter viel eher von einem der Tiefdruckgebiete beeinflußt, die von Nordamerika aus nach Europa über den Atlantik ziehen. Dabei kann es zu NO- oder O-Winden mit Sturmstärke kommen. Ab etwa 40°W macht sich die günstige Wirkung des Golfstroms, der von dort ab Nordatlantikstrom heißt, weniger bemerkbar.

wöhnlich den Golfstrom bis zu dieser Breite, bevor sie sich nach Osten wenden, sobald stetiger Westwind herrscht. Gelegentlich wird zwar 38°N als Wendepunkt empfohlen, doch im Sommer, wenn das Azorenhoch weiter nach Norden reicht, sind gleichmäßige westliche Winde nur in höheren Breiten zu finden. Boote, die aus Häfen nördlich von New York abfahren, können die Zone mit vorwiegend westlichen Winden schneller erreichen, sollten sich aber südlich der Nantucket-Untiefen halten, bevor sie auf Ostkurs gehen.

Von Mai bis Juli sind auf dem ersten Teil der Fahrt überwiegend S- oder SW-Winde zu erwarten. Bei einer Abfahrt aus südlicheren Häfen sollte die Gefahr eines frühen Hurrikans berücksichtigt werden, die jedoch bis Mitte Juli ziemlich niedrig ist. Ein loxodromischer Kurs auf einer südlichen Route ist nur dann zu empfehlen, wenn man bereit ist, unter Motor durch die mit dem Hochdruckgebiet zusammenhängenden Flauten zu fahren.

AN 72
USA – Azoren   Karte 24

Newport – Horta: 1960 sm
Norfolk – Horta: 2230 sm

Beste Zeit:	Mai bis Juli
Tropische Stürme:	Juni bis November
Karten:	BA 4011
	US 120
Segelhandbücher:	BA 59, 67, 68, 69
	US 140, 143

Der Vorteil dieser direkten Route zu den Azoren im Vergleich zu der auf den Bermudas beginnenden Route AN 62 besteht darin, daß die Breiten mit den vorherrschend westlichen Winden schneller zu erreichen sind. Das erste Ziel nach Abfahrt von der Ostküste muß es sein, 40°N auf etwa 60°W zu überqueren; von dort aus gelten die gleichen Hinweise wie für die auf den Bermudas beginnende Route. Boote aus Häfen südlich von Cape Hatteras nutzen ge-

AN 73
USA – Bermudas   Karten 24, 25

New York – Bermudas: 670 sm
Beaufort – Bermudas: 620 sm

Beste Zeit:	Mai bis Juni, November
Tropische Stürme:	Juni bis November
Karten:	BA 4403
	US 124
Segelhandbücher:	BA 69, 70
	US 140, 147

Diese Route nimmt man im allgemeinen auf dem Weg zu den Jungfern-Inseln, Kleinen Antillen oder Azoren und nur selten, um einzig und allein zwischen den Bermuda-Inseln zu segeln. Von der Ostküste aus sollte die Fahrt zu Beginn des Sommers nicht allzu schwierig sein. Der Wind kommt im Sommer vorwiegend aus SW, und wenn die Wettervorhersage bei der Abfahrt günstig ist, sollte auch die Durchquerung des Golfstroms kein Problem darstellen. Boote aus Florida durchqueren den Golfstrom nicht, sondern nutzen ihn als zusätzlichen Antrieb auf dem Weg zu den Bermudas. In letzter Zeit verbringen immer mehr Segler den Winter in Florida und gehen dann im Mai und Juni auf Fahrt zu den Bermudas, zu den Azoren und nach Europa. Anfang des Sommers ist das Wetter meistens angenehm, und wenn auch der Wind nur schwach ist, so ist es zumindest warm. Ein Tiefdruckgebiet, das sich gelegentlich über den Bahamas bildet und dann nach NO zieht, kann zu länger anhaltenden Böen und rauher See führen, ist aber die Ausnahme von der Regel. Später im Sommer ist besonders auf Hurrikane zu achten, die sich in der Karibik entwickeln; sie ziehen nämlich meistens zwischen den Bermudas und dem Festland durch. September und Oktober sind die Monate, in denen die meisten Hurrikane auftreten. Nach Ende Oktober nimmt zwar die Hurrikangefahr ab, doch dafür läuft man vermehrt Gefahr, auf einen frühen *Norder* zu stoßen, der die See extrem rauh werden läßt, wenn er gegen den Golfstrom anbläst.

AN 74
USA – Jungfern-Inseln Karte 25

New York – St. Thomas: 1420 sm
Beaufort – St. Thomas: 1170 sm

Beste Zeit:	November (offene See)
	November bis Mai
	(via Bahamas)
Tropische Stürme:	Mai bis November
Karten:	BA 4403
	US 124
Segelhandbücher:	BA 69, 70, 71
	US 140, 147

Bei dieser Route gibt es eine Menge Ausweichmöglichkeiten, die von der Art des Bootes und der Erfahrung der Besatzung abhängig sind. Die direkteste Route führt über die offene See und sollte nur mit einem sorgfältig getesteten Boot und einer erfahrenen Besatzung in Angriff genommen werden. Wenn die Reise in einem Hafen östlich von New York beginnt, käme ein Aufenthalt auf den Bermudas in Frage, der die Gesamtstrecke kaum verlängern würde. Weil jedoch im November um die Bermudas mehr Stürme als anderswo auftreten, ist ein solcher Abstecher möglicherweise nicht unbedingt anzuraten. Man könnte stattdessen früher im Sommer zu den Bermudas segeln, dort einige Zeit verbringen und dann später im Jahr zu den Jungfern-Inseln oder den Kleinen Antillen weiterfahren. Hinweise zu einer Fahrt via Bermudas sind bei den Routen AN 73, AN 63 und AN 64 zu finden.

Die Zeitplanung für eine direkte Fahrt zu den Jungfern-Inseln (AN 74 A) ist ein entscheidender Faktor, weil im Sommer die Gefahr von Hurrikanen und im Winter die Gefahr von Nordstürmen besteht. Die beste Zeit dürfte deswegen der November sein, weil die Hurrikangefahr dann gering ist und Winterstürme nur selten auftreten. Bis hinunter auf 30°N herrscht normalerweise NW-Wind, und wenn dieser Wind stark ist, sollte der Golfstrom möglichst schnell durchquert werden. Bei Wind aus SW führt der Kurs in einem Bogen nach Osten, was aber keine Rolle spielt, weil der derart verlorengegangene Boden wieder gutgemacht werden kann, wenn man bei 24°N oder 25°N auf den Passat stößt. Wenn diese Fahrt am Ende des Frühjahrs erfolgt, sollte man zu Beginn nach Osten segeln, um die SO-Tendenz des Passats wettzumachen. Das ist weniger wichtig im November, wenn der Passat aus NO weht.

Die direkte Route zu den Jungfern-Inseln ist auch von Häfen südlich von New York aus möglich. Wenn der erste Teil der Fahrt nach Süden durch das Binnenwasserstraßensystem an der Küste führt, ist es nicht ratsam, über Beaufort oder Morehead City hinaus weiter nach Süden zu fahren, weil man dann später zu hoch am Wind segeln muß. Bei der Abfahrt von Beaufort (AN 74 B) mit einer günstigen Wettervorhersage sollte man Ostkurs steuern, um den Golfstrom möglichst schnell zu durchqueren; anschließend kann man Kurs auf die

Atlantischer Ozean

Jungfern-Inseln setzen. Um nicht gegen den Passat anknüppeln zu müssen, wählt man am besten einen Kurs, der den Längengrad des Zielhafens auf etwa 25°N schneidet. Das bedeutet, daß die Inseln aus einem besseren Winkel im Verhältnis zum vorherrschenden Wind angesteuert werden können.

Die Hochseestrecke von Florida aus (AN 74C) hat den Vorteil, daß man sie auch im Winter nehmen kann; dabei sind allerdings als Nachteil starke Gegenwinde zu berücksichtigen. Von Florida aus führt die Route durch den nordwestlichen und nordöstlichen Providence-Kanal und anschließend nördlich an den Inseln entlang. Es ist zu empfehlen, auf 25°N nach Osten zu segeln und erst nach Überquerung von 65°W auf Südostkurs zu gehen. Im November und Dezember herrscht mäßiger Passat aus NO, der ab Ende Januar auf O dreht und stärker wird, so daß auch diese Route nicht zu spät im Winter befahren werden sollte.

Eine weitere Route in die Ostkaribik führt zwischen den Bahamas, Turks- und Caicos-Inseln und Puerto Rico hindurch. Diese Route ist kompliziert und zeitlich aufwendig und führt doch nicht an den starken Gegenwinden vorbei, die am Ende warten. Einzelheiten dazu finden sich bei den Routen AN 75 und AN 82.

AN 75
USA – Bahamas   Karte 25

Beaufort – San Salvador: 660 sm
Beaufort – Mayaguana: 770 sm

Beste Zeit:	November (direkt), November bis April (von Florida)
Tropische Stürme:	Juni bis November
Karten:	BA 4403 US 108, 124
Segelhandbücher:	BA 69, 70 US 140, 147

Von Häfen nördlich von Cape Hatteras lohnt sich der Gedanke an eine direkte Route zu den Bahamas nur, wenn das Ziel im Süden der Bahamas liegt, und selbst dann muß man noch ziemlich weit nach Osten ausweichen, um dem Golfstrom aus dem Wege zu gehen. Angenehmer ist die Route AN 75B, die in Beaufort, Morehead City oder Charleston beginnt und für die die beste Zeit der November ist. Eine frühere Abfahrt bringt die Gefahr von Hurrikanen mit sich, die noch bis Mitte Dezember auftreten können, während man bei einer späteren Abfahrt mit den gefürchteten *Nordern* rechnen muß, die zu gefährlichen Bedingungen im Golfstrom führen. Ab Anfang November treten nicht mehr so viele Hurrikane auf, und wenn man vor der Abfahrt eine Vorhersage einholt, ist man vor vorhandenen tropischen Tiefdruckgebieten und bevorstehenden *Nordern* gewarnt. Von der Küste aus sollte Kurs OSO genommen werden, der im rechten Winkel durch den Golfstrom führt, und in dieser Richtung sollte es noch mindestens 100 Meilen weitergehen, bevor Kurs auf die südlichen Bahamas gesetzt wird. Bei schwachem Wind oder Flaute ist es ratsam, unter Motor schnell von der Küste weg und durch den Golfstrom zu fahren. Auf dem gesamten Stück sind wechselnde Winde zu erwarten, da Flauten zu dieser Jahreszeit selten sind. Als Ziele kommen die Inseln San Salvador und Mayaguana in Frage, wobei letztere vorzuziehen ist, wenn die Fahrt nach Panama oder in die Ostkaribik weitergehen soll. Äußerste Vorsicht ist in der Caicos-Passage angebracht, wo die Strömungen stark und unberechenbar sind. Diese Warnung gilt im übrigen für alle Passagen zwischen den Bahamas, wo mehr Boote durch Strömungen als durch das Wetter verloren gehen.

Von Florida aus sind die Bahamas auf einer Vielzahl von Routen zu erreichen, die aber nicht über die offene See führen und deshalb über den Rahmen dieses Buches hinausgehen. Diese Küstenrouten kann man den gesamten Winter hindurch benutzen. Hochseefahrten sollten entweder im November, wie oben gesagt, oder vor Beginn der Hurrikansaison zwischen April und Mitte Juni unternommen werden.

AN 76
USA – Panama   Karte 25

Beaufort – Windward Passage: 930 sm
Windward Passage – Cristobal: 720 sm

Beste Zeit:	Mai bis Juni, November
Tropische Stürme:	Juni bis November
Karten:	BA 3273
	US 108, 124
Segelhandbücher:	BA 69, 70, 7 A
	US 147, 148

Unabhängig davon, ob ein Aufenthalt auf den Bahamas, Haiti oder Jamaika geplant ist oder die Fahrt direkt nach Panama gehen soll, dürfte es auf dieser Route in der Übergangszeit zwischen Frühjahr und Sommer bzw. Herbst und Winter kaum Probleme geben. Hinweise zur besten Route zu den Bahamas finden sich bei Route AN 75. Schwierig an dieser Route ist die Fahrt zwischen den Bahamas hindurch, wo flache Bänke, ausgedehnte Riffe und unberechenbare Strömungen genauestes Navigieren erforderlich machen.

Von Häfen nördlich von Cape Hatteras, aber auch von Beaufort oder Morehead City aus segelt man am besten direkt zu den südlichen Bahamas und nimmt Kurs auf Mayaguana. Von dort aus ist es an Great Inagua entlang zur Windward Passage ganz einfach, wobei allerdings zwischen den Bahamas sorgfältig navigiert werden muß. In Lee von Haiti ist der Passat meistens nicht mehr zu spüren, und in der Windward Passage ist der Wind oft schwach, frischt aber weiter im Süden wieder auf. Weitere Hinweise sind bei Route AN 83 zu finden.

Die besten Monate sind Mai bis Juni und November; dann sind auf dem Großteil der Strecke günstige Winde zu erwarten, und die Gefahr von Hurrikanen und *Nordern* ist akzeptabel gering. Die zweite Mai- und die erste Novemberhälfte gelten als beste Zeit für eine Nonstopfahrt nach Panama, wobei Beaufort in North Carolina wahrscheinlich der beste Abfahrtshafen ist. Wichtig für den ersten Teilabschnitt durch den Golfstrom ist, daß gutes Wetter vorausgesagt wird; danach dürfte der Wind auf dem Weg zu den Bahamas überwiegend aus O oder SO kommen. Für die Fahrt durch die Karibik sollte der Wind auch im Winter von Dezember bis April günstig sein, wobei allerdings der starke Passat das Segeln in der westlichen Karibik unangenehm machen kann. Diese Fahrt sollte nicht in der Hurrikansaison von Juli bis Oktober unternommen werden.

Wenn Jamaika passiert ist, muß man die starke Stromversetzung in Richtung auf die Pedro Bank und die New Bank berücksichtigen.

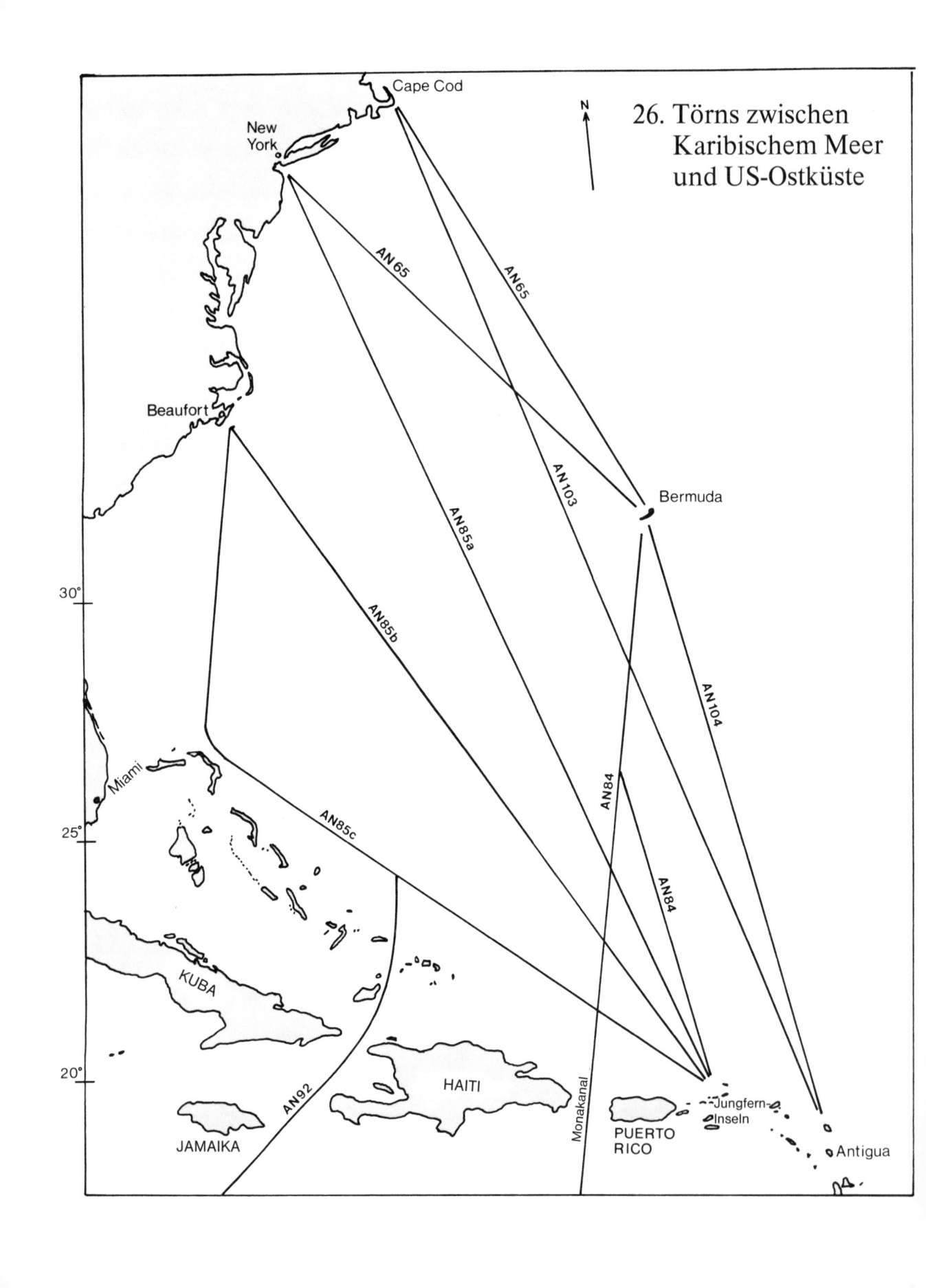

26. Törns zwischen Karibischem Meer und US-Ostküste

AN 80 Ab Bahamas und Jungfern-Inseln

AN 81   Bahamas – Bermudas
AN 82   Bahamas – Jungfern-Inseln
AN 83   Bahamas – Panama
AN 84   Puerto Rico und Jungfern-Inseln – Bermudas
AN 85   Jungfern-Inseln – USA
AN 86   Jungfern-Inseln – Bahamas
AN 87   Jungfern-Inseln – Jamaika und Golf von Mexiko
AN 88   Jungfern-Inseln – Panama

AN 81
Bahamas – Bermudas   Karten 25, 27

Caicospassage – Bermudas: 780 sm
NO-Providence-Kanal – Bermudas: 770 sm

Beste Zeit:	Mai bis Mitte Juni
Tropische Stürme:	Juni bis November
Karten:	BA 4403
	US 108, 124
Segelhandbücher:	BA 70
	US 140, 147

Hier gelten ähnliche Hinweise wie für die Route AN 73, die ebenfalls von Booten auf dem Weg von Florida zu den Bermudas benutzt wird. Als Zeitraum für diese Fahrt wird das Ende des Frühjahrs oder der Anfang des Sommers empfohlen, weil die Wetterbedingungen dann am besten sind. Bei Abfahrt von den nördlichen Bahamas läßt sich mit Hilfe der vorherrschend östlichen Winde und des nach Norden führenden Golfstroms ohne Probleme ein NNO-Kurs verfolgen. Da der Passat im Sommer oft aus SO kommt, kann man gelegentlich von den Bahamas aus auf direktem Kurs durch die Roßbreiten zu den Bermudas fahren. Auf dieser Route muß man gelegentlich mit Schwachwind rechnen, Stürme sind zu dieser Jahreszeit sehr selten. Die Hurrikansaison beginnt auf den Bermudas offiziell am 1. Juni, doch kommt es nur selten vor, daß ein Hurrikan vor Mitte August diesen Weg nimmt, und selbst wenn das der Fall sein sollte, nimmt er eine Bahn westlich der Bermudas näher am amerikanischen Festland.

AN 82
Bahamas – Jungfern-Inseln   Karte 25

Beste Zeit:	Mitte April bis Juni, November bis Mitte Dezember
Tropische Stürme:	Juni bis November
Karten:	BA 3273
	US 108, 124
Segelhandbücher:	BA 70, 71
	US 147

Nach Erreichen der südlichen Bahamas auf einer der Hochseestrecken oder zwischen den Inseln hindurch führt der nächste Teilabschnitt zu den Jungfern-Inseln die meiste Zeit des Jahres luvwärts. Die beste Zeit für die Fahrt nach Osten ist der Wechsel zwischen den Jahreszeiten, wenn der Passat schwächer und die Hurrikangefahr nicht so groß ist. Abgesehen vom Gegenwind können die starken Strömungen in diesem Bereich zum Problem werden. In Verbindung mit den zahlreichen Riffen, niedrigen Inseln und fehlenden Leuchtfeuern erfordern sie jederzeit genauestes Navigieren.

Wer von den südlichen Bahamas entweder auf direktem Wege (AN 82 A) oder über Puerto Rico zu den Jungfern-Inseln will, kann durch die Crooked-Island-, Mayaguana-, Caicos- oder Turks-Passage wieder die offene See erreichen. Der Anfangskurs sollte ein gutes Stück an allen Gefahrenstellen einschließlich der Bänke östlich von Grand Turk vorbeiführen. Weil man gegen Wind und Strömung anlaufen muß, ist diese Strecke oft so schwierig, daß eine Alternativroute (AN 82 B) in Betracht

Atlantischer Ozean

gezogen werden muß, wenn der Wind nicht gerade aus nördlichen Richtungen weht oder schwach ist. Dafür bietet es sich an, südlich von Caicos zu bleiben und an den Küsten von Haiti und Puerto Rico entlang zu segeln. Selbst bei starkem Passat findet man vor diesen hohen Inseln etwas Lee und schwächere Küstenwinde.

AN 83
Bahamas – Panama Karten 27, 28

Windward Passage – Cristobal: 720 sm

Beste Zeit:	April bis Mai
	November bis Dezember
Tropische Stürme:	Juni bis November
Karten:	BA 3273
	US 108, 124
Segelhandbücher:	BA 7 A, 70
	US 147, 148

Alle Routen von den Bahamas aus laufen in der Windward Passage zusammen, die man westlich oder östlich an Great Inagua vorbei anlaufen kann. Von der Windward Passage aus kann der Kurs beidseits an Navassa vorbeiführen, wobei jedoch die Westseite vorzuziehen ist, weil bei starkem Wind die Wellen auf den Untiefen vor dem SW-Zipfel von Haiti brechen. Wenn kein Aufenthalt auf Jamaika vorgesehen ist, führt der Kurs östlich an Morant Cays vorbei zum Panamakanal. Wegen der Stromversetzung muß man auf genügend Seeraum achten, wenn man die Pedro- und die New Bank in geringem Abstand passiert.

Der Wind auf dieser Strecke ist das ganze Jahr über günstig, wobei man allerdings die Hurrikansaison und den starken Winterpassat meiden sollte. In bezug auf letzteren lassen sich mit Sicherheit von Januar bis März rauhe Bedingungen vorhersagen. Die Dauer der Hurrikansaison steht nicht so genau fest, wobei in eben diesen Wintermonaten von Januar bis April keine Gefahr besteht. In den Monaten dazwischen ist die Hurrikanhäufigkeit weitaus geringer; es hat aber auch schon zu Weihnachten Hurrikane gegeben, so daß letztendlich die Fahrt durch die Karibik zum Ende der Saison gefährlicher ist als zu Beginn.

AN 84 Puerto Rico und
Jungfern-Inseln – Bermudas Karte 26

San Juan – Bermudas: 840 sm
St. Thomas – Bermudas: 850 sm
Monakanal – Bermudas: 860 sm

Beste Zeit:	Ende April bis Juni
Tropische Stürme:	Juni bis November
Karten:	BA 4403
	US 108, 124
Segelhandbücher:	BA 70, 71
	US 140, 147

Hier haben wir einen problemlosen Törn nach Norden für alle Boote, die nach Europa oder an die amerikanische Ostküste weiterfahren wollen. Die besten Bedingungen auf dieser Route, die durch die Roßbreiten führt, finden sich Ende des Frühjahrs oder Anfang Sommer. Zu dieser Jahreszeit kommt der Passat weitaus mehr als im Winter aus O oder SO, doch auch wenn er aus NO weht, spielt es keine große Rolle, wenn man etwas nach Westen vom gewünschten Kurs abkommt, weil weiter im Norden die Wahrscheinlichkeit größer ist, daß der Wind auf SO oder sogar S dreht. Die Abdrift nach Westen kann man in den Kalmen wieder gutmachen, wenn man bereit ist, unter Motor zu fahren, und die Bermudas aus einem besseren Winkel ansteuern will. Nördlich der Kalmenzone und der legendären Sargassosee herrschen wechselnde Winde, die überwiegend aus S und SW und nur selten aus N kommen. Nach Mitte April, wenn die meisten Boote auf dieser Route unterwegs sind, ist die Gefahr eines stürmischen *Norders* nur minimal. Die besten Bedingungen herrschen im allgemeinen im Mai. Nach Ende Juni ist diese Route wegen der zunehmenden Hurrikangefahr nicht zu empfehlen.

Törns im Nordatlantik

AN 85
Jungfern-Inseln – USA Karten 26, 27

St. Thomas – New York: 1420 sm
St. Thomas – Beaufort: 1170 sm
St. Thomas – Charleston: 1190 sm

Beste Zeit:	Ende April bis Juni (direkt), November bis Juni (via Bahamas)
Tropische Stürme:	Juni bis November
Karten:	BA 4403
	US 108, 124
Segelhandbücher:	BA 69, 70, 71
	US 140, 147

Für Boote mit Zielhafen nördlich von Cape Hatteras gelten ähnliche Hinweise wie für Route AN 84, und auch in der Praxis ist es so, daß viele Segler die weiter nördlich gelegenen Häfen an der Ostküste auf dem Weg über die Bermudas ansteuern. Auf der direkten Route (AN 85 A) ist günstiger Wind bis an die Nordgrenze des Passatgürtels zu erwarten. In der Kalmenzone, die sich zwischen 25°N und 30°N erstreckt, herrscht gelegentlich anhaltend Südwind. Zu Beginn der Saison sollte man der Versuchung einer Fahrt mit dem Golfstrom widerstehen, um nicht von einem verspäteten *Norder* erwischt zu werden.

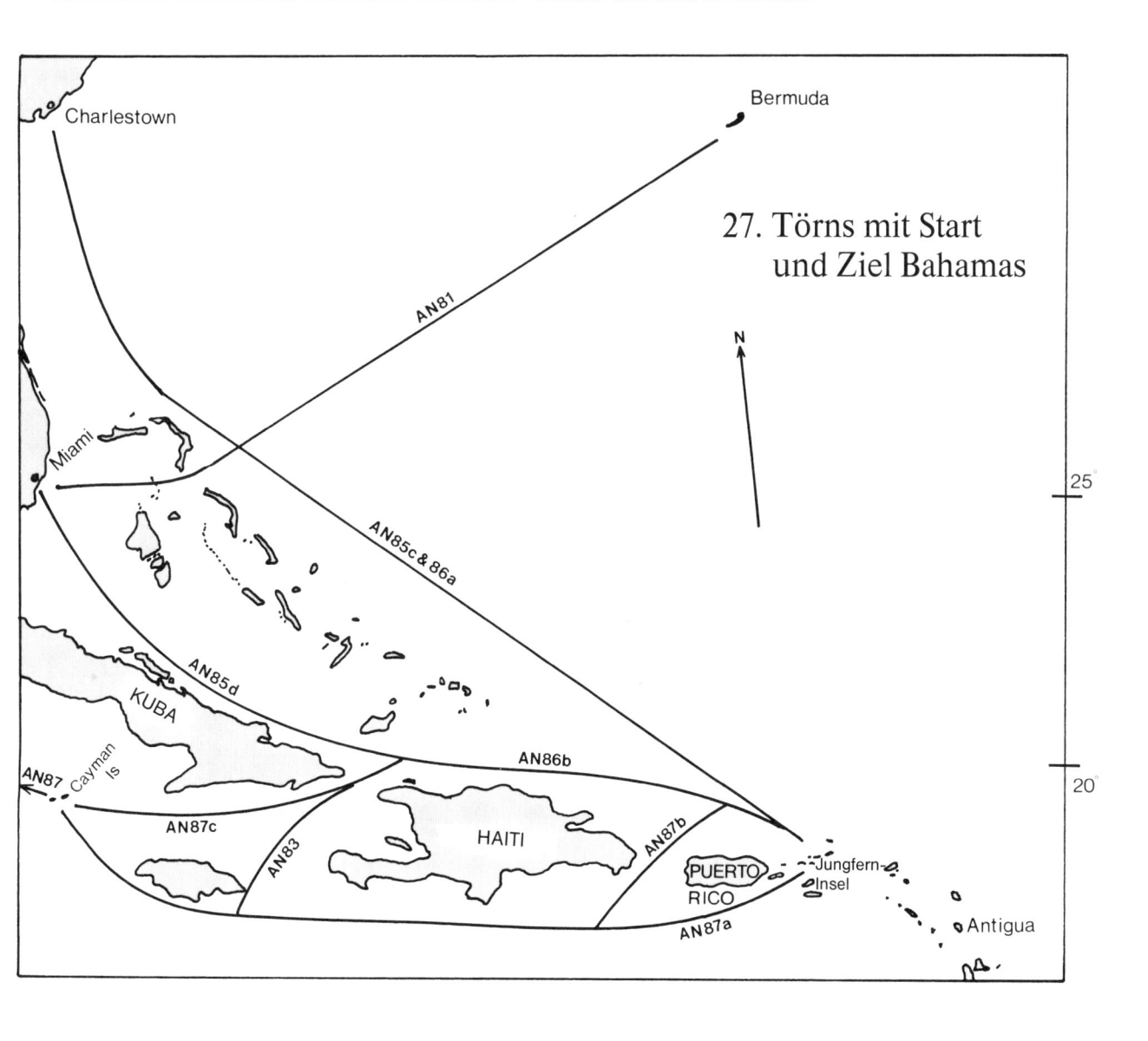

27. Törns mit Start und Ziel Bahamas

Atlantischer Ozean

Wenn der Zielhafen südlich von Cape Hatteras liegt, ist ein Umweg über die Bermudas nicht gerechtfertigt; Karte 26 zeigt die verschiedenen Alternativen. Route AN 85B ist zwar die direkteste Strecke, wahrscheinlich aber nicht die schnellste, weil sie quer durch die Kalmenzone nördlich von 25°N führt. Die Alternative (AN 85C) besteht darin, von St. Thomas aus auf NW-Kurs zu gehen, um die Turks- und Caicos-Inseln und die Bahamas in Luv zu passieren. Von Great Abaco aus geht es nach Norden in den Golfstrom hinein. Winde und Strömungen sind auf dem Großteil dieser Strecke günstig. Unabhängig davon, für welche Alternative man sich entscheidet, fällt der optimale Zeitpunkt für die Abfahrt von den Jungfern-Inseln mit dem Ende der ungefährlichen Segelsaison in der Ostkaribik zusammen.

In den Wintermonaten sollte man keinesfalls eine der direkten Routen wählen, sondern lieber langsam zwischen den Bahamas hindurch nach Florida segeln und die Vereinigten Staaten somit auf bequemere Art und Weise erreichen. Für den Weg nach Florida gibt es drei Möglichkeiten. Die direkteste Route zwischen April und Juni ist bis Great Abaco identisch mit AN 85C. Dort zweigt sie durch den NO- und den NW-Providence-Kanal ab und führt durch den Golfstrom nach Florida. Die beiden anderen Strecken kann man jederzeit zwischen November und Juni befahren; auf beiden fährt man jedoch nicht auf offener See, sondern hüpft von Insel zu Insel, und zwar entweder über die Turks- und Caicos-Inseln und die Bahamas oder im Norden an Puerto Rico, Haiti und Kuba vorbei (AN 85D).

AN 86
Jungfern-Inseln – Bahamas Karte 27

Beste Zeit:	November – Mai
Tropische Stürme:	Juni bis November
Karten:	BA 3273
	US 108, 124
Segelhandbücher:	BA 70, 71
	US 147

Die Hochseestrecke (AN 86A) zu den nördlichen Bahamas ähnelt der Route AN 85C und folgt einem NW-Kurs, der bis zum NO-Providence-Kanal parallel zur Inselkette verläuft. Unabhängig davon, ob man von St. Thomas aus über die offene See fährt oder ob man einen Zwischenaufenthalt in San Juan, Puerto Rico, einlegt, sollte der Kurs ein gutes Stück in Luv der Silver- und der Mouchoir-Bank nördlich von Haiti liegen. Die südlichen Bahamas sind über eine der vier Tiefwasserrinnen Turks-, Caicos-, Mayaguana- oder Crooked-Island-Passage zu erreichen. In allen herrschen wie überall im Bereich der Bahamas starke Strömungen.

Außerhalb der Hurrikansaison ist die Hochseefahrt zu jeder Zeit möglich; dann kann man auf gute Winde und den günstigen Antillenstrom rechnen. Die Alternativroute AN 86B führt nördlich an Puerto Rico, Haiti und Kuba vorbei durch den Alten Bahamakanal südlich der Großen Bahamabank nach Florida.

AN 87 Jungfern-Inseln – Karte 27
Jamaika und Golf von Mexiko

St. Thomas – Kingston: 690 sm
St. Thomas – Galveston: 1900 sm

Beste Zeit:	April bis Mai, November
Tropische Stürme:	Juni bis November
Karten:	BA 3273
	US 400
Segelhandbücher:	BA 69 A, 70, 71
	US 147

Weil diese Route direkter und weniger gefährlich als eine Fahrt zwischen den Bahamas hindurch ist, kommt sie all denen entgegen, die in die Länder im Süden des Golfs von Mexiko wollen. Die erste Strecke (AN 87A) führt von den Jungfern-Inseln nach SW zwischen St. Croix und Puerto Rico hindurch und von dort aus südlich an Haiti entlang nach Jamaika. Als Alternative kann man sich nördlich von Puerto Rico (AN 87B) und möglicherweise auch Haiti

(AN 87 C) halten und durch den Monakanal oder die Windward Passage wieder in das Karibische Meer gelangen. Die erste Route bietet mit Sicherheit bessere Winde, wohingegen im Norden der großen Inseln der Passat abgeblockt wird und man sich auf Küstenwinde verlassen muß.

Wie bei den meisten Fahrten durch die Karibik liegt die beste Zeit in den Übergangsmonaten April/Mai vor der Hurrikansaison bzw. im November vor Einsetzen der winterlichen *Norder*. Auf dem zweiten Abschnitt von Jamaika bis zum Golf bietet sich für einen Zwischenaufenthalt Grand Cayman an, das weniger als 200 Meilen WNW von Jamaika liegt. Auf der gesamten Strecke sind günstige Winde und Strömungen zu erwarten.

AN 88
Jungfern-Inseln – Panama   Karte 28

St. Thomas – Cristobal: 1030 sm
St. Croix – Cristobal: 1020 sm

Beste Zeit:	April bis Mai
	November bis Dezember
Tropische Stürme:	Juni bis November
Karten:	BA 3273
	US 400
Segelhandbücher:	BA 7A, 71
	US 147, 148

Diese Fahrt, auf der das Boot die ganze Zeit auf Vorm-Wind-Kurs liegt, sollte man nicht zwischen Juli und Oktober, wenn die Hurrikansaison ihre Höhepunkte erreicht, und auch nicht zwischen Januar und Mitte März auf der Höhe des Winterpassats unternehmen.

Es gelten ähnliche Hinweise wie bei Route AN 102, wenn man davon absieht, daß der empfohlene Zwischenaufenthalt auf den ABC-Inseln oder in Venezuela nur dann gilt, wenn man einige Zeit dort segeln möchte. Auf der direkten Route AN 88 A bleibt Vieques Island an Steuerbord, wobei manche Segler allerdings erst San Juan, Puerto Rico, anlaufen und erst nach der Fahrt durch den Monakanal (AN 88 B) Kurs auf Panama setzen. Auf der Fahrt nördlich um Puerto Rico herum muß man zu Ende des Winters mit Flauten rechnen, weil die Insel dem Passat dann den Weg versperrt.

Die meisten Boote fahren im Winter von den Jungfern-Inseln aus nach Panama, und von allen Seglern, die diese Fahrt im Februar unternommen haben, sind Klagen über die rauhen Bedingungen in der Karibik zu hören. Eine spätere Abfahrt zu einem Zeitpunkt, an dem der Winterpassat schon etwas von seiner Kraft verloren hat, könnte hier vielleicht Abhilfe schaffen, wirft aber neue Probleme auf, wenn jemand seine Fahrt an der mittelamerikanischen Pazifikküste fortsetzen will, wo die Hurrikansaison etwa Ende Mai beginnt. Für den, der zu den Inseln im Südpazifik will, kommt es nicht so sehr darauf an, frühzeitig von den Jungfern-Inseln abzufahren, weil die Jahreszeiten dort denjenigen in der Karibik entgegengesetzt sind und möglicherweise eine spätere Fahrt nach Panama im April oder Anfang Mai vorzuziehen ist.

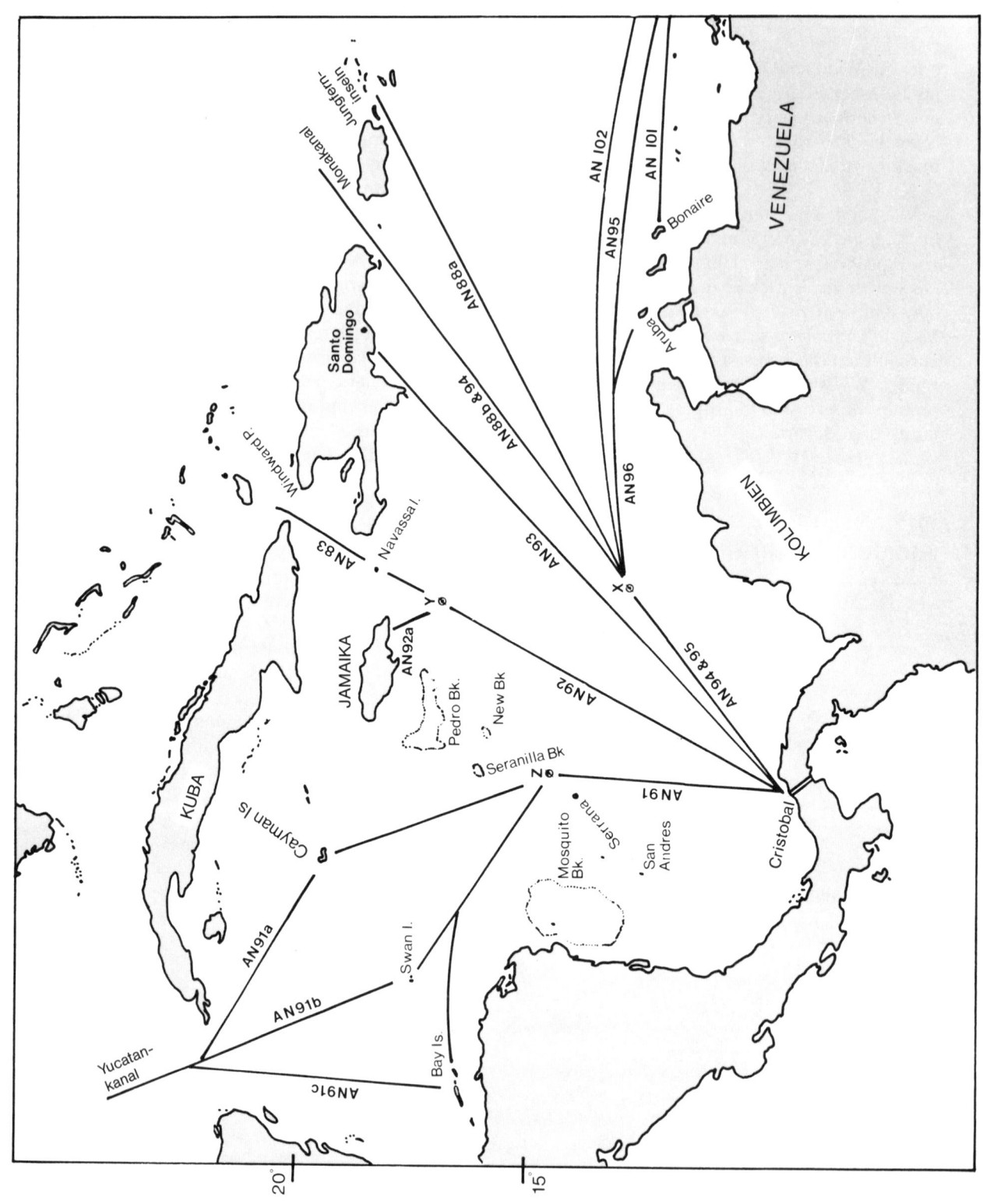

28. Törns im Karibischen Meer mit Start und Ziel Panama

AN 90 Im Karibischen Meer und ab Panama

AN 91 Panama – Mittelamerika und Golf von Mexiko
AN 92 Panama – Windward Passage, Jamaika und Haiti
AN 93 Panama – Haiti
AN 94 Panama – Jungfern-Inseln
AN 95 Panama – Kleine Antillen
AN 96 Panama – Venezuela und ABC-Inseln

Die meisten Törns in der Karibik und im Golf von Mexiko beginnen oder enden in Panama, und weil sie vieles gemeinsam haben, sind ein paar generelle Überlegungen angebracht. Aufgrund der Vielzahl der Zielhäfen sind die einzelnen Routen nur schwer voneinander abzugrenzen, wobei es allerdings je nach gewählter Route bestimmte Dinge zu berücksichtigen gilt. Der Großteil dieser Überlegungen hängt eng mit dem Wetter zusammen, und hier ist besonders von August bis Oktober, den Monaten mit der höchsten Hurrikanhäufigkeit, von Fahrten durch die Karibik abzuraten. Einige der späteren Hurrikane bilden sich sogar in der Karibik, so daß die Vorwarnzeiten kürzer sind, als wenn das Tief bereits über den Atlantik gezogen wäre. In der Westkaribik ist rauhes Wetter auch auf dem Höhepunkt des Winterpassats zu erwarten, während der Winter im Golf von Mexiko mit heftigen Nordstürmen einhergeht. Ein weiteres Problem im Golf von Mexiko ist die Unberechenbarkeit der Strömungen.

Außer über das Wetter muß man sich in der Karibik noch über ganz andere Dinge Gedanken machen, seien es jetzt Politik oder Piraterie. Letztere tritt überwiegend im Zusammenhang mit dem Drogenschmuggel auf, wobei die Gewässer vor Kolumbien den schlimmsten Ruf haben. Gefährlich können auch einige der abgelegeneren Inseln der Bahamas sein, wo schon einzelne Yachten von Banden angegriffen worden sind, die ein Boot für eine Schmuggelfahrt benötigten. Es ist daher ratsam, abgelegene Orte nur zusammen mit mehreren Booten aufzusuchen.

Fahrten von Panama aus nach Osten können zu jeder Jahreszeit wegen der Richtung der vorherrschenden Winde und Strömungen extrem schwierig sein. Viele Segler sind versucht, eine derartige Fahrt spät im Jahr zu unternehmen, um in der hurrikanfreien Zeit auf den Kleinen Antillen einzutreffen. In diesem Fall muß die Fahrt vor Einsetzen des starken Winterpassats erfolgen. Es hat sich aber gezeigt, daß man zu Ende des Frühjahrs oder Anfang Sommer besser und bequemer fährt, was allerdings den Nachteil hat, daß man dann zu Beginn der Hurrikansaison auf den Kleinen Antillen eintrifft. Um diese Fahrt zur besten Zeit zu unternehmen und außerdem der Hurrikansaison aus dem Weg zu gehen, gibt es zwei Möglichkeiten. Wenn man den Panamakanal nicht vor dem Winter passieren kann, ist es besser, bis April oder Mai zu warten und dann Kurs auf Venezuela und die nördlich davon gelegenen Inseln zu nehmen. Da diese Gegend außerhalb der Hurrikanzone liegt, kann man dort ungefährdet bis November segeln und anschließend zu den Kleinen Antillen weiterfahren. Wenn die Fahrt durch den Kanal Ende Oktober oder Anfang November möglich und der Passat schon zu stark ist, um die Kleinen Antillen auf direktem Wege zu erreichen, kann man sie möglicherweise aus Norden über die Jungfern-Inseln und Puerto Rico ansteuern. Da der Winterpassat überwiegend aus NO oder ONO kommt, hätte man auf der Fahrt von Norden an der Kette der Kleinen Antillen entlang wohl bessere Winde als auf dem umgekehrten Weg.

Atlantischer Ozean

AN 91 Panama – Mittelamerika und Golf von Mexiko   Karte 28

Cristobal – Swan Island: 600 sm
Cristobal – Grand Cayman: 620 sm

Beste Zeit:	November
	Mitte April bis Juni
Tropische Stürme:	Juni bis November
Karten:	BA 3273
	US 400
Segelhandbücher:	BA 7 A, 69 A
	US 148

Nach Verlassen des Panamakanals gibt es zwei Möglichkeiten, und zwar einmal eine direkte Route, die auf dem schnellsten Weg in den Golf von Mexiko führt, und zum anderen eine indirekte Route für den, der unterwegs noch vor Honduras, Belize oder anderen Ländern Mittelamerikas segeln will. Die direktere Route erfordert besonders zu Beginn sorgfältiges Navigieren, und zwar wegen der zahlreichen Untiefen und Bänke vor der Küste Mittelamerikas. Nach der Abfahrt aus Cristobal Colon sollte ein Kurs gesteuert werden, der westlich an der Roncadorbank vorbei- und zwischen der Sueno- und der Serranabank hindurchführt, die alle befeuert sind. Möglich ist es auch, San Andres oder Providencia anzulaufen. Bei ungünstigen Bedingungen oder schlechter Sicht ist es vielleicht besser, all diese Inseln in Luv zu passieren und bei Punkt Z (14°30′ N, 79°30′ W) Kurs auf Grand Cayman oder den Yucatan-Kanal zu setzen. Von diesem Punkt aus kann man entweder Grand Cayman anlaufen (AN 91 A) oder direkt Kurs auf den Yucatan-Kanal nehmen. Eine weitere Möglichkeit besteht darin, Swan Island (AN 91 B) anzulaufen und von dort aus entweder über Cozumel oder auf direktem Weg in den Golf zu segeln.

Wer einen Abstecher zu den honduranischen Islas de la Bahía oder darüber hinaus machen will, sollte einen Kurs wählen, der an der

Wie bei allen Fahrten in der Karibik ist für diese Route die Zeitplanung der entscheidende Faktor. Abgesehen von der Hurrikangefahr, die von Juli bis Oktober am größten ist, geraten immer wieder Boote in einen *Norder* im Golf von Mexiko. Das gesamte Gebiet wird bis Anfang April von *Nordern* heimgesucht, deren Auswirkungen noch bis nach Panama zu spüren sind. Bei den extrem rauhen Bedingungen, die herrschen, wenn der Nordwind und die starken Strömungen im Golf aufeinandertreffen, kommt es immer wieder dazu, daß Boote kentern, Mastbruch erleiden oder gar sinken. Die beste Zeit für diese Fahrt dürfte also zwischen Ende Oktober und Anfang Dezember bzw. von Mitte April bis Ende Juni liegen. Beide Zeiträume liegen außerhalb der Monate mit den schlimmsten *Nordern* und mit der höchsten Hurrikanhäufigkeit. In der westlichen Karibik herrscht überwiegend NO- bis O-Gordabank vorbeiführt (AN 91 C). Da dieser Kurs über ein paar flache Stellen führt, sollte man ihn nur nehmen, wenn das Wetter nicht zu rauh ist; sonst kann es nämlich gefährlich werden, wenn die Seen an den Sandbänken brechen. Von der Gordabank aus führt der Kurs nördlich an der Hobbiesbank vorbei und läuft dann parallel zur honduranischen Küste. Auch die Segelreviere vor Guatemala und Belize lassen sich noch erkunden, bevor es wieder auf Route AN 91 C zurück geht, die entweder direkt oder über Cozumel in den Golf von Mexiko führt.

Wind, der nördlich von Yucatan eine südliche Komponente aufweist. Die Strömungen auf dieser Route verlaufen in NW-Richtung und sind am stärksten im Yucatan-Kanal. Die Strömungsverhältnisse im Golf von Mexiko sind kompliziert und nur schwer vorherzusagen; das gilt besonders für den Bereich der Dry Tortugas, wo äußerste Vorsicht am Platze ist.

Weil sie so kompliziert ist, wird diese Route durch den Golf von Mexiko nur für Boote empfohlen, deren Ziel in Häfen am Golf liegt. Zu anderen Häfen an der amerikanischen Ostküste sollte man Alternativrouten wählen.

AN 92 Panama – Windward Passage, Jamaika und Haiti Karte 28

Cristobal – Windward Passage: 720 sm
Cristobal – Kingston: 560 sm

Beste Zeit:	April bis Mai, November
Tropische Stürme:	Juni bis November
Karten:	BA 762
	US 400, 402
Segelhandbücher:	BA 7A, 70
	US 147, 148

Diese Route wird von allen Seglern bevorzugt, die schnell Häfen an der amerikanischen Ostküste erreichen wollen; dabei ist der Zeitraum, in dem es auf dieser Route ungefährlich ist, relativ kurz. Die beste Zeit liegt zwischen April und Juni, wenn der Passat seine winterliche Stärke verloren hat und der Wind allgemein eine südliche Komponente aufweist, und im November, bevor der starke Winterpassat einsetzt. Wenn man auf dieser Route spät im Jahr segelt, besteht außerdem die Gefahr, in einen *Norder* zu geraten. Während der Hurrikansaison ist es ratsam, regelmäßig die Station WWV zu hören, die Hurrikanwarnungen für dieses Gebiet sendet.

Die Navigation in der Zentralkaribik wird erschwert durch die große Anzahl an Bänken, Riffen und Untiefen in Verbindung mit der starken, nach Westen verlaufenden Strömung. Wegen dieser Strömung führt ein direkter Kurs auf Jamaika gefährlich nahe an die New Bank und an die Pedro Bank heran, so daß bei der Festlegung des Kurses auf ausreichenden Seeraum zu achten ist. Beide Bänke können bei rauhem Wetter sehr gefährlich sein und sollten gemieden werden.

Wenn kein Aufenthalt auf Jamaika vorgesehen ist, sollte der Kurs von Panama aus zu Punkt Y (15°45′N, 75°55′W) etwa 40 Meilen südlich von Morant Cays südöstlich von Jamaika führen. Dieser Kurs liegt abseits von allen Gefahrenstellen. Von hier aus geht es westlich an Navassa vorbei oder zwischen dieser Insel und Cape Tiburon am SW-Zipfel von Haiti hindurch. Bei starkem Wind ist die westliche Route sicherer, weil dort nicht wie unmittelbar vor der haitianischen Küste die Seen auf den Untiefen brechen.

Wichtige Anmerkung: Die Windward Passage ist frei von Gefahrenstellen; aufpassen muß man aber, wenn man weiter nach Norden durch die Caicospassage zwischen Mayaguana und der Caicosbank hindurchfährt. Dort gibt es starke und unberechenbare Strömungen, durch die schon viele Schiffe und Yachten auf den Riffen um Mayaguana, und zwar besonders dem Riff vor der Ostspitze, verloren gegangen sind. Die Strömungen sind offensichtlich viel stärker, als in den Karten angegeben, und nur schwer festzustellen; das gilt besonders für Nachtfahrten, die deshalb möglichst nicht unternommen werden sollten.

AN 93 Panama – Haiti Karte 28

Cristobal – Santo Domingo: 800 sm

Beste Zeit:	Mai bis Juni, November
Tropische Stürme:	Juni bis November
Karten:	BA 762
	US 400, 402
Segelhandbücher:	BA 7A, 70
	US 147, 148

Weil der Wind in der Karibik überwiegend aus NO oder O kommt, liegen alle Zielpunkte auf dieser Route die meiste Zeit des Jahres von Panama aus in Luv. Falls der Wind nicht auf Süd dreht, dürfte es besser sein, den Hinweisen für Route AN 92 zu folgen und dann mit Hilfe der Landwinde ostwärts an der Südküste von Haiti entlang zu fahren. In unmittelbarer Küstennähe tritt gelegentlich eine Ostströmung auf.

Atlantischer Ozean

AN 94
Panama – Jungfern-Inseln Karte 28

Cristobal – St. Croix: 1020 sm
Cristobal – Monakanal: 910 sm

Beste Zeit:	April bis Mai, November
Tropische Stürme:	Juni bis November
Karten:	BA 762
	US 400, 402
Segelhandbücher:	BA 7 A, 71
	US 147, 148

Wegen der vorherrschenden Winde und der Weststrømung ist diese Route das ganze Jahr über schwierig. Den direkten Weg im Süden von Puerto Rico oder via Monakanal und im Norden an Puerto Rico entlang sollte man nur in der Übergangsperiode zwischen den Jahreszeiten nehmen, weil der Passat dann generell schwächer ist. Je nach Jahreszeit ist es möglicherweise besser, auf Route AN 92 durch die Windward Passage und dann an der Nordküste von Haiti und Puerto Rico entlang zu segeln. Eine weitere Möglichkeit besteht darin, möglichst hoch am Wind bis zur Südküste Haitis zu segeln (AN 93) und von dort aus entweder südlich von Puerto Rico oder nördlich der Insel durch den Monakanal zu den Jungfern-Inseln weiterzufahren.

Als radikale Alternative zu den nördlichen Routen, die in der Hurrikansaison zu gefährlich sind, gibt es noch eine Südroute, auf der man fast das ganze Jahr lang segeln kann. Dabei macht man einen Abstecher nach Venezuela und zu den Inseln vor der venezolanischen Küste und bekommt gleichzeitig die Möglichkeit, die gefährlichen Monate in diesem sichereren Revier zu verbringen, bevor es am Ende der Hurrikansaison Richtung Norden geht (siehe auch AN 96 und AN 112).

AN 95
Panama – Kleine Antillen Karte 28

Cristobal – Grenada: 1120 sm
Cristobal – Martinique: 1150 sm
Cristobal – Antigua: 1160 sm

Beste Zeit:	Mitte April bis Mai
	November
Tropische Stürme:	Juni bis November
Karten:	BA 762
	US 400, 402
Segelhandbücher:	BA 7 A, 71
	US 147, 148

Dieser Trip kann sehr rauh werden, weil er die ganze Zeit luvwärts führt. Er ist eine Herausforderung für alle, die nach der Fahrt durch den Kanal nach Osten wollen. Manch einer fährt erst zu den San-Blas-Inseln, für die vor der Abfahrt in Cristobal eine Genehmigung eingeholt werden muß. Eine zusätzliche Genehmigung ist bei der Ankunft in Porvenir einzuholen, wo jeder anlegen muß, der zwischen den San-Blas-Inseln kreuzen will (siehe Kapitel 27).

Unabhängig davon, ob man die San-Blas-Inseln besuchen will, sollte man die kolumbianischen Gewässer meiden. Das geschieht am besten, indem man in einem Bogen über Punkt X (13°N, 76°W) nach Aruba segelt, das sich als Zwischenaufenthalt anbietet, wenn man nicht in einer Nonstopfahrt zu den Kleinen Antillen will – ein Vorhaben, das aufgrund von Gegenwind und Strömung nicht so einfach sein dürfte. Als Alternative zu einem anstrengenden Schlag hoch am Wind bietet sich eine südlichere Route an, die in kurzen Abschnitten an der venezolanischen Küste und den vorgelagerten Inseln vorbeiführt.

Die beste Zeit für eine Fahrt weiter im Süden liegt zwischen Juni und August, weil der Passat dann in Stärke und Richtung nicht so gleichmäßig ist wie im Winter. September und Oktober, die beiden anderen Monate, in denen schwächerer Wind zu erwarten ist, liegen mitten in der Hurrikansaison, und wenn Venezuela und die vorgelagerten Inseln auch außerhalb des Hurrikangürtels liegen, so können die Bedingungen in der westlichen Karibik extrem ungemütlich werden, wenn ein Hurrikan weiter im Osten oder Norden durchzieht. Die schlechteste Zeit für diese Fahrt liegt zwischen Januar und Anfang April, wenn der Passat seinen Höhepunkt erreicht.

Bei der Fahrt nach Osten durch die venezolanischen Gewässer sollte man sich möglichst nahe an der Küste halten, um die Land- und Seewinde und die günstige Strömung dort auszunutzen. Nachts läßt der Passat gewöhnlich nach, und das ist dann die Zeit, sich den Landwind zunutze zu machen. Mit einem Boot, das gut Höhe läuft, kann man tagsüber weiter auf See hinausgehen und dann bei Einbruch der Nacht wieder Kurs auf die Küste nehmen. Auf diese Weise ist Grenada in kurzen Sprüngen zu erreichen und von dort aus dann auch die anderen Inseln.

AN 96 Panama – Venezuela und ABC-Inseln   Karte 28

Cristobal – Aruba: 640 sm
Cristobal – Caracas: 860 sm

Beste Zeit:	Mitte April bis Juni, November
Tropische Stürme:	Juni bis November
Karten:	BA 762
	US 400, 402
Segelhandbücher:	BA 7 A
	US 148

Um aus der Nähe der kolumbianischen Küste zu bleiben, sollte der Kurs von Panama aus zunächst zu Punkt X (13°N, 76°W) und dann in einem Bogen nach Aruba führen. Ein derartiger Kurs ist gegen die vorherrschenden NO- oder O-Winde im Winter nur schwer zu halten, so daß diese Fahrt vorzugsweise zwischen den Jahreszeiten erfolgen sollte. Im November kommt es gelegentlich zu Schwachwind und sogar Flauten, und wenn man bereit ist, die Maschine zu benutzen, kommt man in dieser Zeit ein ganzes Stück vorwärts.

Es gibt leider keine Alternative zu einem anstrengenden Schlag gegen den Wind, so daß man es sich ernsthaft überlegen muß, diese Route trotz ihrer unbestreitbaren Schwierigkeiten in den Gesamtplan für den Törn einzubeziehen. Eine andere Möglichkeit, nach Venezuela und zu den ABC-Inseln zu kommen, besteht darin, sie für das Ende einer Fahrt in der Karibik aufzusparen und auf der Rückreise nach Panama dort anzuhalten. In diesem Fall wäre es einfacher, von Panama aus zunächst nach Norden zu segeln und Venezuela schließlich aus Nordosten und von den Kleinen Antillen her anzusteuern.

29. Törns im östlichen Karibischen Meer

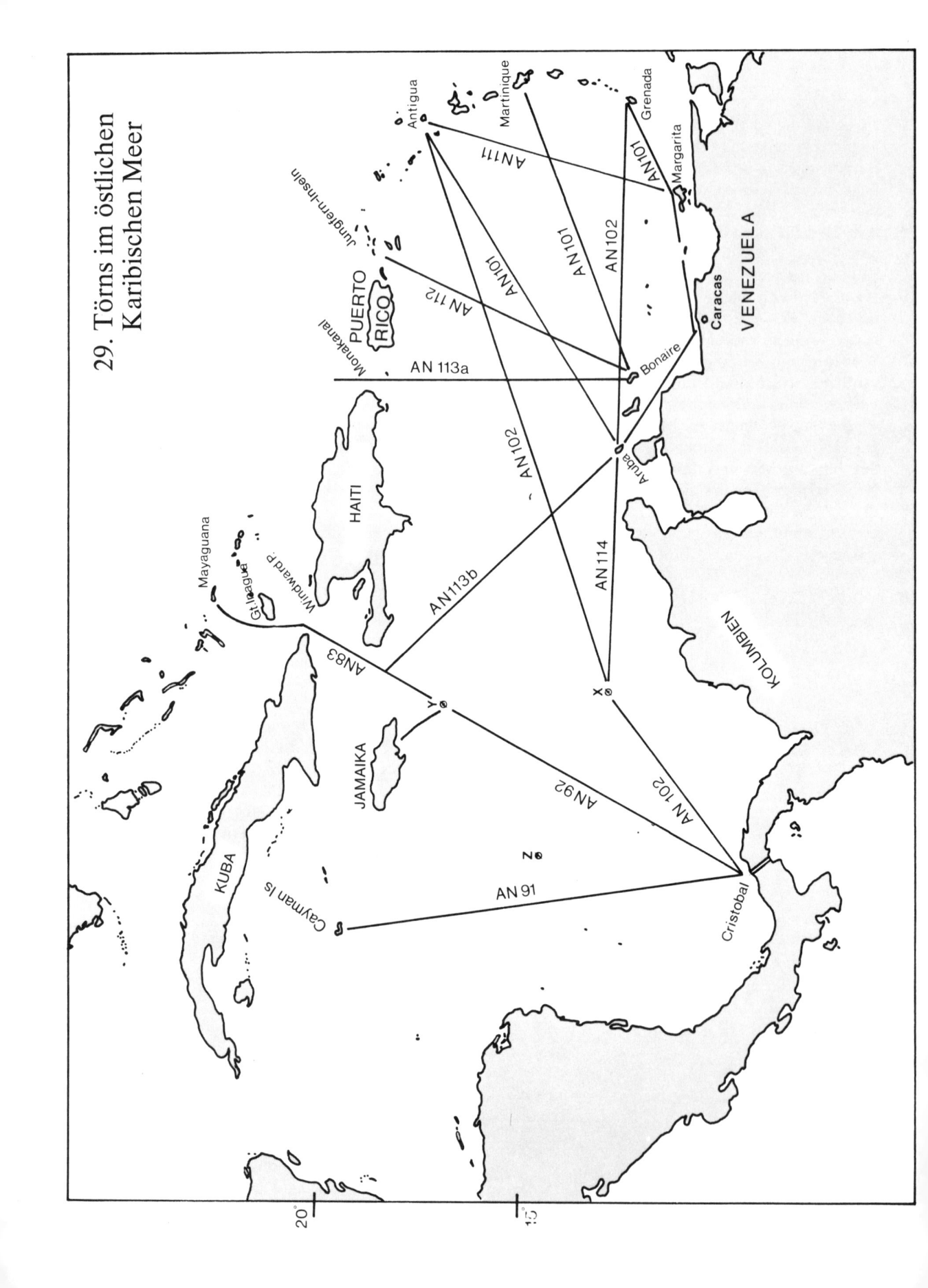

AN 100 Ab Kleine Antillen

AN 101 Kleine Antillen – ABC-Inseln und Venezuela
AN 102 Kleine Antillen – Panama
AN 103 Kleine Antillen – USA und Kanada
AN 104 Kleine Antillen – Bermudas
AN 105 Kleine Antillen – Azoren

AN 101 Kleine Antillen – ABC-Inseln und Venezuela   Karten 28, 29

Grenada – Margarita: 150 sm
Martinique – Bonaire: 450 sm
Antigua – Aruba: 550 sm

Beste Zeit:	Dezember bis Mai
Tropische Stürme:	Juni bis November
Karten:	BA 762
	US 400, 402
Segelhandbücher:	BA 7 A, 71
	US 147, 148

Auf dieser unkomplizierten Fahrt profitiert man das ganze Jahr über von günstigen Winden. Wenn der Passat im Winter von Januar bis März kräftig weht, wird es gelegentlich rauh, aber nie wirklich gefährlich. Besser segelt man in der Übergangszeit zwischen den Jahreszeiten, wenn der Wind weiterhin günstig, meistens aber schwach ist. Genauso gut sind die Segelbedingungen im Sommer, wenn die Kleinen Antillen von Hurrikanen bedroht werden. Da die ABC-Inseln und Venezuela gerade außerhalb des Hurrikangürtels liegen, bilden sie einen passenden Aufenthaltsort, wenn man während des Sommers in der Karibik bleiben will. Auf allen Fahrten nach Süden ist der starke Äquatorialstrom zu berücksichtigen, der mit bis zu 2 Knoten nach Westen führt.

AN 102 Kleine Antillen – Panama   Karten 28, 29

Grenada – Cristobal: 1120 sm
Martinique – Cristobal: 1150 sm
Antigua – Cristobal: 1160 sm

Beste Zeit:	April bis Mai,
	November bis Dezember
Tropische Stürme:	Juni bis November
Karten:	BA 762
	US 400, 402
Segelhandbücher:	BA 7 A, 71
	US 147, 148

Das kann eine sehr rauhe Fahrt werden, was noch durch die Tatsache bestätigt wird, daß viele erfahrene Segler ihre Fahrt durch die Karibik als den schlimmsten Teil ihrer Weltumsegelung betrachten. Auf dem Höhepunkt der Passatsaison türmt der konstante Ostwind das Wasser im westlichen Bereich der Karibik auf und sorgt so für gefährliche Bedingungen. Viele Boote sind schon von den steilen Sturzseen von achtern überrascht worden, während andere an der kolumbianischen Küste gestrandet sind, nachdem die starke Strömung sie zu weit vom Kurs abgetrieben hatte. Die kolumbianische Küste ist weiterhin berüchtigt für Piraterie. Die gemeldeten Fälle standen meistens mit dem Drogenschmuggel in Zusammenhang, und ein Segelboot mit kleiner Mannschaft ist extrem verwundbar, wenn es auf hoher See angegriffen wird. Es wird daher empfohlen, mindestens 100 Meilen vor der kolumbianischen Küste zu bleiben und erst bei Punkt X

Atlantischer Ozean

(13°00′ N, 76°00′ W) Kurs auf Panama zu setzen.

Diese Fahrt sollte man nicht zwischen Juli und Oktober, den Monaten mit den meisten Hurrikanen, unternehmen. Die besten Zeiten liegen im November und Dezember, wenn der Passat noch nicht mit voller Stärke weht, oder im April und Mai, wenn der Passat nachläßt. Von Januar bis März gibt es zwar keine Hurrikane, dafür ist aber der Passat dann am stärksten, so daß es im westlichen Teil der Karibik für kleine Boote ungemütlich werden kann.

Wer diese Fahrt durch die Karibik plant, sollte vielleicht auch an einen Aufenthalt in Venezuela oder auf den vorgelagerten Inseln denken, die außerhalb des Hurrikangürtels liegen und eine willkommene Unterbrechung darstellen können. Der Vorteil eines solchen Aufenthaltes liegt darin, daß die Fahrt nach Panama zu jeder Jahreszeit, und zwar auch in der Hurrikansaison, fortgesetzt werden kann, weil die Route von Aruba nach Panama südlich der von tropischen Stürmen heimgesuchten Gegend liegt.

AN 103   Kleine Antillen – USA und Kanada   Karte 26

Antigua – New York: 1560 sm
St. Barts – Beaufort: 1260 sm
Antigua – St. John: 1900 sm

Beste Zeit:	Ende April bis Mitte Juni
Tropische Stürme:	Juni bis November
Karten:	BA 4403
	US 108
Segelhandbücher:	BA 59, 68, 69, 70, 71
	US 140, 145, 147

Hier gelten ähnliche Hinweise wie für Route AN 85, in der die verschiedenen Alternativen für eine Fahrt von den Jungfern-Inseln zur Ostküste dargestellt sind. Da die Kleinen Antillen in Luv der Jungfern-Inseln liegen, ergibt sich auf einer direkten Route zur Ostküste ein besserer Winkel zum Wind auch dann, wenn der Passat aus Nordosten kommt, was in dem empfohlenen Zeitraum nur selten der Fall ist. Bei Zielhäfen östlich von New York bis etwa hinauf nach Neuschottland spricht einiges für einen Zwischenaufenthalt auf den Bermudas. Einzelheiten dazu finden sich bei Route AN 104 in Verbindung mit AN 65, AN 84 und AN 85; für all diese Routen gelten ähnliche Überlegungen.

Von Fahrten auf diesen Routen in der Hurrikansaison ist definitiv abzuraten, weil sie fast genau mit der Zugbahn vergangener Hurrikane zusammenfallen, die nördlich der Bahamas und zwischen der Ostküste und den Bermudas durchgezogen sind.

AN 104 Kleine Antillen – Bermudas   Karte 26

Antigua – Bermudas: 940 sm

Beste Zeit:	Mitte April bis Mitte Juni
Tropische Stürme:	Juni bis November
Karten:	BA 3273
	US 108, 124
Segelhandbücher:	BA 70, 71
	US 140, 147

Der bevorzugte Abfahrtshafen für diese Route ist English Harbour auf Antigua, wo viele Boote den Kleinen Antillen auf Wiedersehen sagen und im Rahmen der Rückreise nach Europa oder Nordamerika auf Nordkurs zu den Bermudas gehen. Bei der Abfahrt von Antigua ist man weiter in Luv als bei einer Abfahrt von den Jungfern-Inseln oder gar Puerto Rico. Durch den besseren Winkel zum Wind kann man die Nordgrenze des Passatgürtels erreichen, die in der optimalen Zeit für diese Fahrt bei 26°N bis 28°N liegen kann. Auf dem ersten Teil dieser Fahrt kommt der Wind von Ende April bis Mitte Juni überwiegend aus O bis SO und läßt weiter nördlich nach. Schwache südliche Winde dringen gelegentlich bis durch die

Roßbreiten hindurch vor, wobei im Bereich der Sargassosee Flauten die Regel und nicht die Ausnahme sind. Bei konstantem SO-Wind bleibt das Wetter klar, sonst wird es bewölkt bis bedeckt.

Wer entschlossen ist, auf der Strecke zu den Bermudas eine gute Zeit herauszuholen, kommt nicht darum herum, unter Motor durch den Kalmengürtel zu fahren; später in der Saison ist das wegen der Hurrikangefahr definitiv geboten. Nach Mitte Juni treten immer mehr tropische Tiefdruckgebiete auf, und selbst wenn sie keinen Starkwind hervorrufen, ist das Wetter in ihrer Umgebung sehr unbeständig mit heftigen Regenfällen. Wenn sich ein solches Tiefdruckgebiet im Bereich der nördlichen Ausläufer der Kleinen Antillen bildet, ist auf dem Weg zu den Bermudas Gegenwind zu erwarten.

Diese Fahrt läßt sich auch zum Ende der Hurrikansaison hin unternehmen, wenn auf dem Weg zu den Bermudas häufiger S- und SW-Wind herrscht, die Gefahr eines verspäteten Hurrikans aber auch größer ist. Die beste Zeit für diese Route ist zum Glück auch die angenehmste, weil sie mit dem Ende der ungefährlichen Segelsaison in der Karibik, mit der Antigua-Woche und mit optimalem Wetter für eine anschließende Fahrt nach Europa zusammenfällt.

AN 105
Kleine Antillen – Azoren Karte 24

Antigua – Horta: 2170 sm

Beste Zeit:	Mai bis Juli
Tropische Stürme:	Juni bis November
Karten:	BA 4011
	US 120
Segelhandbücher:	BA 67, 71
	US 140, 143, 147

Jahrelang war kein Skipper bereit, die allgemein anerkannte Regel in Frage zu stellen, daß eine Rückreise aus der Karibik nach Europa nur auf der klassischen Route über die Bermudas und die Azoren erfolgen dürfte. Was als Route begann, auf der überwiegend Mannschaften von Booten auf Überführungsfahrt und Skipper von Charterbooten ihr Glück versuchten, die es eilig hatten, am Ende der Saison in der Karibik wieder in das Mittelmeer zurückzukehren, zieht jetzt auch mehr und mehr Fahrtensegler an. Da die Strecke über die Bermudas mindestens 500 Seemeilen länger ist als die Großkreisroute von Antigua nach Horta und da man auf nicht einmal der Hälfte dieser Strecke mit Sicherheit gute Windverhältnisse hat, bleiben viele lieber in wärmeren Regionen und hoffen das Beste.

Bei der Abfahrt von Antigua oder einer anderen Insel der Kleinen Antillen geht man auf NO-Kurs, was durchaus möglich sein sollte, weil der Passat im Mai oder Juni, wenn diese Fahrt meistens gemacht wird, meistens aus Ost zu Süd kommt. Die Aussicht auf SO-Wind nimmt zu, je weiter nördlich man kommt, bis dann die Zone mit Kalmen und schwachem Wind erreicht ist, die den Passatgürtel von dem Bereich westlicher Winde in den höheren Breiten trennt. Das ist dann der Augenblick, in dem eine kräftige Maschine und ein guter Treibstoffvorrat den Mangel an Wind wettmachen, und dieser Taktik bedienen sich auch die meisten Segler auf dieser Route. Mit etwas Glück kann der Wind auf der anderen Seite der Roßbreiten günstig sein. In diesem Fall sind manche Leute versucht, die Azoren links liegen zu lassen und nonstop nach Gibraltar weiterzufahren. Ein Boot, das gut Höhe läuft, ist dabei unschätzbar, weil möglicherweise der Portugalpassat in spitzem Winkel durchquert werden muß.

Die optimale Zeit für diese Fahrt liegt zwischen Mai und Juli, wobei die meisten Segler sie wahrscheinlich lieber früher als später unternehmen. Der April ist etwas zu früh, weil es dann im Atlantik noch viele Stürme gibt. Nach Juli nimmt die Hurrikanhäufigkeit zu und macht alle Fahrten in die oder aus der Karibik zu einem riskanten Unternehmen.

Atlantischer Ozean

AN 110 Ab ABC-Inseln

AN 111 ABC-Inseln und Venezuela – Kleine Antillen
AN 112 ABC-Inseln und Venezuela – Jungfern-Inseln
AN 113 Nordwärts von Venezuela und ABC-Inseln
AN 114 ABC-Inseln und Venezuela – Panama

AN 111 ABC-Inseln und Venezuela – Kleine Antillen Karte 29

Margarita – Grenada: 150 sm
Bonaire – Antigua: 490 sm

Beste Zeit:	April bis Mai, November bis Dezember
Tropische Stürme:	Juni bis November
Karten:	BA 762 US 400, 402
Segelhandbücher:	BA 7A, 71 US 147, 148

Auf Grund der Richtung des vorherrschenden Windes ist es meistens besser, sich an der venezolanischen Küste und den vorgelagerten Inseln ostwärts vorzuarbeiten, bevor Kurs auf die Kleinen Antillen genommen wird. Die Entfernung zwischen den einander am nächsten gelegenen Inseln Margarita und Grenada beträgt nur 140 Meilen, was angesichts des starken NO-Winds im Winter einen längeren Törn über die offene See kaum gerechtfertigt erscheinen läßt. Zum Frühjahr hin, wenn eine bessere Aussicht auf SO-Winde herrscht, sind Direktfahrten zu den nördlicheren Inseln der Antillen einfacher, doch auch dann fährt man besser möglichst weit im Osten ab.

AN 112 ABC-Inseln und Venezuela – Jungfern-Inseln Karte 29

Aruba – St. Thomas: 470 sm
Bonaire – St. Croix: 410 sm

Beste Zeit:	Mitte April bis Mai, November
Tropische Stürme:	Juni bis November
Karten:	BA 762 US 400, 402
Segelhandbücher:	BA 7A, 71 US 147, 148

Schwierig ist diese Fahrt in den Wintermonaten, wenn der Passat eine starke nördliche Komponente hat. Von Dezember bis April erreicht man die Jungfern-Inseln meistens besser in kürzeren Abschnitten an den Kleinen Antillen entlang. Für eine direkte Fahrt ist es anzuraten, bis zur zweiten Aprilhälfte zu warten; dann ist die Aussicht größer, daß der Wind aus einer günstigen Richtung weht. Wenn der direkte Weg zu den Jungfern-Inseln sich als zu schwierig erweist, nimmt man besser den Monakanal und steuert die Inseln von Westen an (AN 113 A). Wenn jedoch auch der Monakanal auf Grund ungünstiger Winde nicht zu erreichen ist, hält man sich weiter westlich an der Küste von Haiti, von wo aus man dann mit Hilfe der günstigen Strömung und der Landwinde an der Küste entlang nach Osten vorankommt. Das gleiche gilt für die Südküste von Puerto Rico, wenn ein Umweg über den Monakanal nicht in Frage kommt.

AN 113 Nordwärts ab Venezuela und ABC-Inseln Karte 29

Bonaire – Monakanal: 390 sm
Aruba – Windward Passage: 510 sm

Beste Zeit:	April bis Mai, November
Tropische Stürme:	Juni bis November
Karten:	BA 762
	US 400, 402
Segelhandbücher:	BA 7A, 70, 71
	US 147, 148

Wer in diesem Revier gesegelt hat und nicht beabsichtigt, die Fahrt nach Panama und in den Pazifik fortzusetzen, sondern in die USA oder nach Europa will, wählt am besten das Frühjahr, wenn der Wind gewöhnlich auf SO zu drehen beginnt. Am günstigsten startet man möglichst weit im Osten, wobei allerdings auch Bonaire und Curaçao gute Abfahrtshäfen sind. Bei Kurs auf den Monakanal (AN 113 A) muß die Weströmung berücksichtigt werden. Wenn man nicht Kurs auf den Monakanal nehmen kann und nach Westen abgetrieben wird, kann man die Fahrt an der Südküste der Dominikanischen Republik unterbrechen und von dort aus mit Hilfe einer östlichen Strömung nahe an der Küste nach Osten fortzusetzen.

Da der Passat zu Anfang des Winters eine starke nördliche Komponente hat, sollte die Fahrt nicht zu früh im Jahr in Angriff genommen werden. Die beste Zeit für die Durchquerung des Karibischen Meeres ist im April oder im Mai, wenn die Möglichkeit, daß der Wind nach Norden dreht, nur gering ist. Wer nach Europa will, kann vom Monakanal aus auf direktem Kurs die Bermudas ansteuern (AN 84). Für die Fahrt zu Zielhäfen an der amerikanischen Ostküste bietet es sich an, vom Monakanal aus zwischen den Bahamas hindurchzufahren und dann das Binnenwasserstraßensystem an der amerikanischen Küste zu benutzen. In diesem Fall lohnt es sich kaum, bei der Abfahrt von Venezuela gegen den Wind anzuknüppeln, und es wäre sinnvoller, direkt Kurs auf die Windward Passage zu nehmen (AN 113B) und die USA von dort aus anzusteuern.

AN 114 ABC-Inseln und Venezuela – Panama Karte 29

Aruba – Cristobal: 640 sm

Beste Zeit:	April bis Mai,
	November bis Dezember
Tropische Stürme:	Juni bis November
Karten:	BA 762
	US 400, 402
Segelhandbücher:	BA 7A
	US 148

Obwohl diese Route unmittelbar außerhalb des Hurrikangürtels liegt, plant man diese Fahrt besser für die Zwischensaison, in der bessere Bedingungen zu erwarten sind. Genauere Hinweise finden sich bei Route AN 102.

Der beste Abfahrtspunkt in Richtung Panama ist Aruba, von wo aus der Kurs ein gutes Stück von der kolumbianischen Küste abliegen sollte. Der Anfangskurs sollte in einem Bogen zu Punkt X (13°00′N, 76°00′W) führen und von dort aus direkt zum Panamakanal. Der empfohlene Kurs liegt außerhalb der 1000-Faden-Linie, so daß man nicht nur die kolumbianische Küste meidet, sondern auch die rauhe See, die öfter in den relativ flacheren Küstengewässern auftritt.

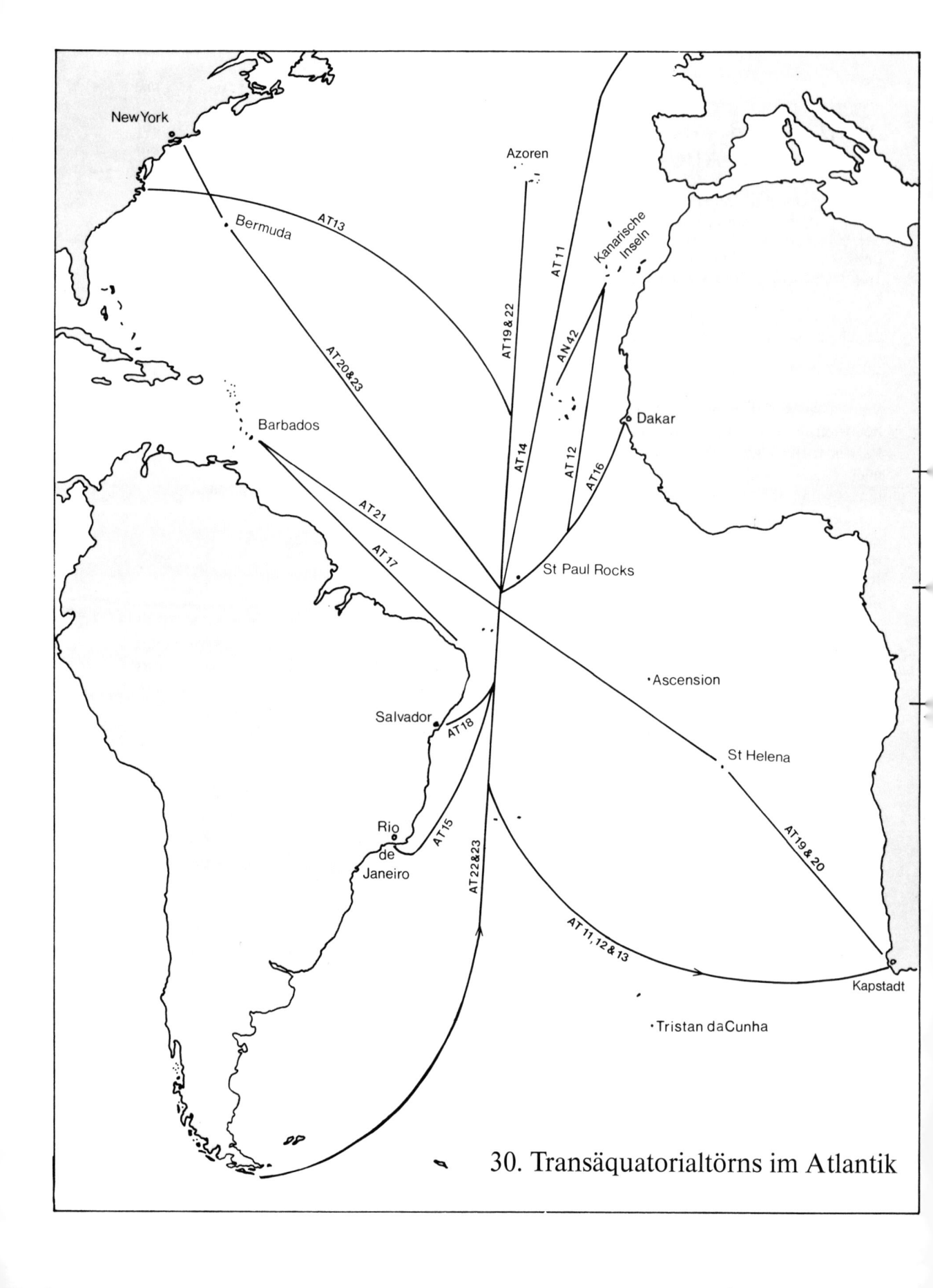

30. Transäquatorialtörns im Atlantik

7 Transäquatorialtörns im Atlantik

AT 10 Transäquatorstrecken

AT 11 Europa – Kapstadt
AT 12 Kanarische Inseln – Kapstadt
AT 13 US-Ostküste – Kapstadt
AT 14 Kanarische Inseln – Brasilien
AT 15 Kapverdische Inseln – Brasilien
AT 16 Westafrika – Brasilien
AT 17 Brasilien – Kleine Antillen

AT 18 Brasilien – Europa
AT 19 Kapstadt – Azoren
AT 20 Kapstadt – US-Ostküste
AT 21 Kapstadt – Kleine Antillen
AT 22 Kap Hoorn – Europa
AT 23 Kap Hoorn – US-Ostküste

Der beste Weg von einer Halbkugel auf die andere hat die Seefahrer beschäftigt, seit die ersten Forschungsreisenden den Kalmengürtel entdeckten, der die Passatsysteme der beiden Meere voneinander trennt. Als »die bekannten äquatorialen Störungen« bezeichnet Alexander George Findlay die Kalmen in seinem im letzten Jahrhundert erschienenen Buch *Memoir of the Northern Atlantic Ocean,* einem umfassenden Werk, in dem er den Versuch macht, alle damals bekannten Tatsachen über die Windsysteme im Nordatlantik zusammenzustellen. Er befaßt sich detailliert damit, wie die Kalmen am besten anzugehen seien, und zwar auf Grund der Tatsache, daß schnelle Fahrten über den Äquator für die Kapitäne der Segelschiffe, die Europa und Nordamerika mit dem Rest der Welt verbanden, nach wie vor von äußerster Bedeutung waren, bevor die beiden großen Kanäle eröffnet wurden und maschinengetriebene Fahrzeuge sich immer mehr durchsetzten.

Der erste Meteorologe, der den Versuch unternahm, Wind- und Wetterbeobachtungen auf eine ordentliche wissenschaftliche Grundlage zu stellen, war Captain Matthew Fontaine Maury, ein Offizier der US-Marine, der zu Beginn des 19. Jahrhunderts begann, ganz methodisch Wetterdaten zu sammeln, und der der Urheber der Segelanweisungen war. Captain Maury interessierte sich zwar hauptsächlich für das Wetter im Nordatlantik und die Möglichkeiten, Fahrten zwischen den Vereinigten Staaten und Nordeuropa schneller zu machen, befaßte sich aber auch mit Fahrten über den Äquator. Das Hauptproblem, dem sich Schiffe auf dem Weg zwischen den beiden Hemisphären gegenübersahen, bestand in der Frage, wo sie den Kalmengürtel durchqueren sollten. Es ist seit langer Zeit bekannt, daß die Atlantikkalmen die Form eines Dreiecks haben, dessen Basis an der afrikanischen Küste zwischen den Kapverdischen Inseln und dem Äquator liegt und das nach Westen hin spitz zuläuft. Weiter im Westen ist die Strecke durch die Kalmen also kürzer.

Atlantischer Ozean

Die von Captain Maury zusammengetragenen Daten, die auf Tausenden von Beobachtungen von Seeleuten beruhen, die seine speziellen Logbücher ausgefüllt hatten, ließen vermuten, daß man den Äquator am besten zwischen 30°W und 31°W überquerte. Da diese Empfehlungen vorwiegend für Schiffe galten, die von Nordamerika nach Kap Hoorn oder zum Kap der Guten Hoffnung segelten, mußten sie später noch dahingehend abgeändert werden, daß man auch bei Äquatorüberquerungen, die in Europa begannen, die jahreszeitlich bedingten Wetteränderungen in den Kalmen ausnutzen konnte. Dabei sind für jeden einzelnen Monat spezifische Anweisungen erforderlich, weil sich die tropische Konvergenzzone mit den Jahreszeiten verlagert und weil der SO-Passat eine südlichere Komponente aufweist, wenn die Sonne nördlich des Äquators steht.

Da die Großkreisroute von Europa in den Südatlantik nahe an den Kapverdischen Inseln vorbeiführt, sollte man sich zwischen Januar und April hart westlich der Inseln auf 25°W halten. Mit der alternativen Route zwischen den Kapverdischen Inseln hindurch beschäftigen wir uns weiter hinten. Zu dieser Jahreszeit trifft man auf etwa 4°N auf südliche Winde, und der Äquator sollte zwischen 26°W und 28°W überquert werden. Zwischen Mai und Juli gelten dieselben Hinweise, dabei sollte man allerdings versuchen, südlich der Kapverdischen Inseln ein Stück nach Osten voranzukommen, um den Äquator auf 25°W oder 26°W zu überqueren.

Von Mitte Juli an macht sich auf den Transäquatorialrouten der SW-Monsun bemerkbar, der auf der afrikanischen Seite des Atlantiks zwischen dem Äquator und den Kapverdischen Inseln weht. In diesen Monaten kommt man mit Hilfe der SW-Winde bei etwa 10°N nach Osten voran und kann den Äquator auf 23°W überqueren.

Nach August rücken die Punkte für die Äquatorüberquerung mit 25°W im September und 27°W oder 28°W im Oktober allmählich nach Westen. In diesen Monaten findet man zwischen 7°N und 8°N südliche Winde. Im November und Dezember ist es ratsam, südlich der Kapverdischen Inseln ostwärts zu steuern, um 25°W auf etwa 6°N zu überqueren und anschließend auf den Schlag zu gehen, auf dem man am weitesten nach Süden vorankommt, so daß der Äquator nicht weiter westlich als 29°W überquert werden kann.

Bei diesen Hinweisen handelt es sich natürlich nur um Anhaltspunkte, weil die Bedingungen von Jahr zu Jahr unterschiedlich sind und möglicherweise eine andere Strategie angewandt werden muß, wenn man weiter im Norden auf den SO-Passat stößt. Für Fahrten in Richtung Süden ist die beste Stelle für die Durchquerung der Kalmen nicht die einzige Überlegung, weil man außerdem genügend weit nach Osten vorankommen muß, um den SO-Passat über die Ausbuchtung von Südamerika hinaus weiter auf Backbord halten zu können.

Ein weiteres strittiges Thema zwischen den Kapitänen der nach Süden fahrenden Segelschiffe war der beste Weg um die Kapverdischen Inseln herum, ob nun im Westen oder zwischen der Inselgruppe und der afrikanischen Küste hindurch. Das Königliche Meteorologische Institut der Niederlande stellte sich der Herausforderung, die in der von Captain Maury aufgestellten Behauptung lag, eine Äquatorüberquerung im Westen sei zu jeder Zeit günstiger, und veröffentlichte eine vergleichende Untersuchung der Routen einer Reihe holländischer Segelschiffe. Die Fahrtzeiten der 455 holländischen Schiffe wurden mit den Zeiten von 144 amerikanischen Schiffen, darunter viele Klipper, verglichen, die auf ihren Fahrten über den Äquator ebenfalls entweder die West- oder die Ostroute benutzt hatten. Die gesammelten Erfahrungen von 599 Schiffen geben einen faszinierenden Lesestoff ab, wenn auch die daraus zu ziehenden Schlüsse nicht so deutlich sind, wie man erwartet hätte. Es hielten sich viel mehr Schiffe westlich (340 Holländer, 111 Amerikaner) der Inseln als östlich (114 Holländer, 34 Amerikaner), doch die mittleren Fahrtzeiten differierten nur um einen Tag zugunsten derjenigen, die die Westroute genommen hatten. Daraus ergibt sich, daß die westliche Route vorzuziehen ist und daß der einzige Zeitraum, in dem die Ostroute von Vorteil sein könnte, zwischen Dezember und Februar liegt; der Vorteil ist jedoch so gering, daß man sich bei der Entscheidung für die jeweilige Route letztendlich von anderen Überlegungen leiten lassen sollte, die in Verbindung mit den entsprechenden Törns angesprochen werden.

Für nach Norden gehende Schiffe ist die ganze Sache etwas einfacher, und der Punkt, an dem der Äquator überquert werden sollte, hängt vom Abfahrtshafen und vom Zielpunkt ab. Da die meisten Boote, die von Kapstadt aus nach Norden segeln, gewöhnlich auf St. Helena anlegen, geht es von dort aus am besten nahe an Ascension vorbei, um den Äquator dann zwischen 25°W und 30°W zu überqueren. Im Juli und August sollte die Überquerung weiter östlich zwischen 20°W und 25°W stattfinden, um nördlich des Äquators bessere Winde vorzufinden; in dieser Zeit herrscht nämlich SW-Monsun. Der Längengrad der Äquatorüberquerung ist stark von der Route abhängig, die im Nordatlantik genommen werden soll; eine Überquerung weiter im Osten sorgt nämlich auf der anschließenden Teilstrecke zu den Azoren für einen besseren Winkel zum NO-Passat. Für Boote, die in die Karibik, zu den Bermudas und an die amerikanische Ostküste wollen, dürfte jedoch eine Äquatorüberquerung weiter im Westen ratsam sein, weil sie dann die günstigen Strömungen ausnützen können.

Die durch die atlantischen Kalmen hervorgerufenen Kontroversen halten bis auf den heutigen Tag an, eine Lösung muß erst noch gefunden werden. Die optimale Strategie für die Äquatorüberquerung in Richtung Süden wird alle vier Jahre wieder aktuell, wenn sich die Skipper der heutigen Dickschiffe, die an der Whitbread-Regatta um die Welt teilnehmen, wie die Kapitäne der alten Klipper den Kopf darüber zerbrechen, auf welchem Weg sie am schnellsten nach Kapstadt kommen. Mit den immer besseren Wettersatelliten geben die Kalmen jedoch vielleicht eines Tages ihre Geheimnisse preis, und dann können sich möglicherweise auch kleine Segelboote bei landgestützten Führungsdiensten über den besten Weg beraten lassen. Der Törnplanung wird damit viel Spaß und Aufregung genommen, doch die »Äquatorialen Störungen« werden künftigen Skippern dann nicht mehr lästig sein.

AT 11
Europa – Kapstadt Karte 30

Falmouth – Kapstadt: 6500 sm
Gibraltar – Kapstadt: 5750 sm

Beste Zeit:	Oktober bis Januar
Tropische Stürme:	keine
Karten:	BA 2127
	US 22, 120
Segelhandbücher:	BA 1, 2, 5, 22, 27, 67
	US 121, 123, 140, 142, 143, 191

Der optimale Zeitpunkt für die Umrundung des Kaps der Guten Hoffnung beschränkt die Abfahrtszeit aus Europa auf einen oder zwei Monate. Die günstigsten Bedingungen an der Spitze von Afrika sind zwischen Dezember und Februar zu erwarten, so daß die Abfahrt nach Kapstadt im November oder Dezember erfolgen sollte.

Für Boote aus Südeuropa gelten bis zu den Kanarischen Inseln die Hinweise für AN 22 und AN 32; von dort aus geht es auf AT 12 weiter. Wer eine Nonstopfahrt bevorzugt, fährt von Gibraltar aus zwischen Madeira und den Kanarischen Inseln hindurch und stößt bei 20°W auf die Route aus Nordeuropa.

Wer aus Nordeuropa durch den Ärmelkanal kommt, sollte mit günstigem Wind mindestens bis auf 12°W nach Westen vorstoßen. Das Ziel dabei ist, von den vorherrschenden westlichen Winden nicht in die Biskaya getrieben zu werden. Von 12°W aus sollte der Kurs ein gutes Stück an Kap Finisterre vorbeiführen. Nach der nächsten Kursänderung wird ein imaginärer Punkt hart westlich von Madeira angesteuert. An diesem Punkt muß die Entscheidung fallen, ob es westlich oder östlich an den Kapverdischen Inseln entlanggehen soll; die verschiedenen Alternativen sind bei AT 10 beschrieben. Stetigere Winde herrschen meistens westlich der Kapverdischen Inseln, und wer diese Route nimmt, muß südlich der Inseln ein Stück nach Osten vorankommen, um in einem besseren Winkel auf den SO-Passat zu stoßen. Im November/Dezember wird für die Äquatorüberquerung ein Punkt zwischen 27°W und 29°W empfohlen. Obwohl man dabei normalerweise von besseren Winden und einem schmaleren Kalmengürtel profitiert, bleiben manche Segler nördlich des Äquators lieber weiter auf Ostkurs und versuchen, diesen Vorteil in den SO-Passat hinein zu retten. Dabei besteht allerdings die Gefahr, auf ein breiteres Band mit Flauten zu treffen.

Südlich des Äquators muß das Ziel darin bestehen, noch innerhalb des SO-Passats, der gewöhnlich bis auf 25°S reicht, möglichst weit nach Osten vorzustoßen. Jenseits der südlichen Grenze des Passatgürtels sind die Winde wechselhaft und oft ziemlich stark. Bis hinunter auf die Breite von Kapstadt kommt der Wind im Sommer vorherrschend aus nördlicher Richtung, so daß es dort nicht zu schwer sein sollte, nach Osten voran zu kommen. Im Anschluß an den Passatgürtel führt die Route über 20°W auf etwa 30°S, 10°W auf 32°S und 0° auf 35°S in einem Bogen zum Kap der Guten Hoffnung. Der Rest des Törns erfolgt mehr oder weniger auf der Breite von Kapstadt.

Gelegentlich reicht der SO-Passat weiter nach Süden und macht es schwierig, oberhalb von 30°S genügend weit nach Osten voranzukommen. In diesem Fall muß man möglicherweise weiter nach Süden ausweichen und Tristan da Cunha hart nördlich passieren. Diese abgelegene und windumtoste Insel lohnt durchaus einen kleinen Umweg, und die freundliche Begrüßung durch die einsamen Bewohner macht den unwirtlichen Ankerplatz wett. Da die Hauptanlegestelle Wind und Wetter preisgegeben ist, muß man ablegen, wenn das Wetter schlechter wird. Siehe auch Routen AS 15 und AS 16.

Bei der Annäherung an die südafrikanische Küste muß man darauf achten, nicht von der starken Strömung nach Norden versetzt zu werden. Kapstadt sollte im Idealfall aus SW angesteuert werden.

AT 12   Karte 30
Kanarische Inseln – Kapstadt

Las Palmas – Kapstadt: 5100 sm

Beste Zeit:	Oktober bis Januar
Tropische Stürme:	keine
Karten:	BA 2127
	US 22, 120
Segelhandbücher:	BA 1, 2, 5
	US 121, 123, 140, 143

Da die Route von Europa nach Kapstadt hart westlich an den Kanarischen Inseln vorbeiführt, plant mancher Segler auf der Fahrt nach Süden einen Aufenthalt auf diesen Inseln ein. Dadurch kann er in Europa im Sommer ablegen und das anschließende Teilstück nach Südafrika genau zur richtigen Zeit in Angriff nehmen. Wenn man bereits unterwegs ist, läßt sich ein Aufenthalt auf den Kanarischen Inseln nicht immer rechtfertigen, und zwar speziell im Winter nicht, weil man den Äquator dann besser weiter westlich überquert.

Von den Kanarischen Inseln aus führt die Route nach SSW und in NW an den Kapverdischen Inseln vorbei. Diese Route westlich der Kapverdischen Inseln ist zwischen Oktober und Januar vorzuziehen, weil dort dann stetigere Winde herrschen. Hinweise zu den Längengraden, auf denen der Äquator überquert werden sollte, finden sich bei AT 10. Südlich des Äquators gelten die gleichen Hinweise wie für Route AT 11.

Die Route führt zwar westlich der Kapverdischen Inseln durch eine potentielle Brutstätte für Hurrikane, die aber in der Entwicklungsphase nur selten auch Hurrikanstärke erreichen.

AT 13
US-Ostküste – Kapstadt   Karte 30

New York – Kapstadt: 6800 sm	
Beste Zeit:	November
Tropische Stürme:	Juni bis November
Karten:	BA 2127
	US 22, 120
Segelhandbücher:	BA 1, 2, 5, 69, 70
	US 121, 123, 124, 140

Die Abfahrtszeit von der Ostküste richtet sich nach der besten Zeit für die Umrundung des Kaps der Guten Hoffnung, die zwischen Dezember und Februar liegt. Wenn die Fahrt in Kapstadt enden soll, ist die Ankunftszeit nicht so entscheidend, und die Fahrt kann jederzeit unternommen werden, wobei man allerdings die Wintermonate im Kapbereich, d. h., von Mai bis November, am besten meidet.

Eine gute Abfahrtszeit von der gesamten Ostküste ist Anfang November. In dieser Zeit kann man darauf hoffen, sowohl den ersten winterlichen *Nordern* als auch einem späten Hurrikan zu entgehen. Da der NO-Passatgürtel auf seiner gesamten Breite durchquert werden muß, macht man bei 35°N, wo im November NW-Winde vorherrschen, am besten möglichst viel Fahrt nach Osten. Nach der Überquerung von 45°W wird der Kurs allmählich auf SO geändert, so daß er hart westlich an den Kapverdischen Inseln vorbeiführt. Südlich der Kapverdischen Inseln geht es wieder nach Osten, so daß 5°N bei etwa 25°W erreicht wird. In der Nähe dieses Breitengrades trifft man auf den SO-Passat und kann den Äquator auf dem empfohlenen Ostkurs auf Backbordbug überqueren. Der Punkt der Äquatorüberquerung richtet sich nach der Ausdehnung und Lage der tropischen Konvergenzzone; in AT 10 sind die optimalen Längengrade mit dem schmalsten Band aus Flauten zu den verschiedenen Jahreszeiten beschrieben. Bei der Fahrt nach Kapstadt kann man jedoch auch jenseits des Äquators noch auf Ostkurs bleiben und in einem ausgedehnteren Flautengürtel notfalls die Maschine zu Hilfe nehmen. Andernfalls sollte der Äquator zwischen 27°W und 29°W überquert werden.

Der SO-Passat wird in dem Winkel durchquert, in dem das Boot am besten Höhe läuft. Seine südliche Grenze verläuft in der Regel auf einer Linie zwischen dem Kap der Guten Hoffnung und der brasilianischen Insel Trinidade. Die Route führt dann in einen Bereich mit wechselnden Winden nach Südosten zu einem Punkt bei 30°S, 30°W und von dort aus auf 35°S nach Kapstadt. Siehe auch Routen AT 11, AS 15 und AS 16.

AT 14   Karte 30
Kanarische Inseln – Brasilien

Las Palmas – Salvador: 2820 sm	
Beste Zeit:	September bis Februar
Tropische Stürme:	keine
Karten:	BA 4012, 4022
	US 22, 120
Segelhandbücher:	BA 1, 5
	US 121, 124, 140, 143

Der Zeitpunkt für diese Fahrt richtet sich hauptsächlich nach der gewünschten Ankunftszeit in Brasilien und nicht so sehr nach den unterwegs zu erwartenden Segelbedingungen. Die Mehrheit aller, die diese Fahrt unternehmen, wollen in Brasilien zum Karneval eintreffen, was bedeutet, daß sie vor Anfang Februar in Salvador (Bahia) oder Rio de Janeiro sein müssen.

Die Fahrt durch die Kalmen bildet ein größeres Problem, wobei die Meinungen über die beste Stelle zur Äquatorüberquerung geteilt sind. Als erstes muß man sich jedoch entscheiden, ob man von den Kanarischen Inseln aus östlich oder westlich an den Kapverdischen Inseln vorbei segeln will. Wenn ein Aufenthalt auf den Kapverdischen Inseln oder in Westafrika nicht geplant ist, hält man sich wahrscheinlich besser leicht westlich der Kapverdischen Inseln. Je nach Jahreszeit gerät man irgendwo zwischen 10°N (September) und 4°N

(Dezember) aus dem NO-Passatgürtel hinaus. Da der atlantische Kalmengürtel nach Westen hin schmaler wird, dürfte es logischer sein, ihn näher an der brasilianischen Küste zu durchqueren. Diese Annahme wird durch die Tatsache erhärtet, daß Boote, die die Kalmen in der Nähe der afrikanischen Küste durchquerten, viel weiter segeln mußten, um in den SO-Passat zu gelangen, als Boote, die sich weiter westlich hielten. Die Breite der Kalmen schwankt je nach Jahreszeit und Längengrad stark und kann überall zwischen 100 und 400 Meilen betragen. Schiffe in Richtung Süden stoßen im Regelfall zwischen dem Äquator (Juli) und 3°S (Januar) auf den SO-Passat, wobei südliche Winde auf jedem beliebigen Punkt südlich von 10°N auftreten können.

Boote, die nach Brasilien unterwegs sind, können gut auf Fernando de Noronha anlegen, einer kleinen Insel vor der brasilianischen Küste. Zwischen Oktober und Februar herrschen an der brasilianischen Küste zwischen Kap Sâo Roque und Kap Frio NO-Winde vor; in Verbindung mit der SW-Strömung bilden Fahrten nach Süden daher kein Problem.

AT 15
Kapverdische Inseln – Brasilien   Karte 30

São Vicente – Salvador: 1970 sm
São Vicente – Rio de Janeiro: 2620 sm

Beste Zeit:	Oktober bis Februar
Tropische Stürme:	keine
Karten:	BA 4202, 4215
	US 22, 106
Segelhandbücher:	BA 1, 5
	US 124, 143

Hinweise zum optimalen Punkt für die Äquatorüberquerung finden sich bei AT 10. Wenn der Zielhafen in Brasilien zwischen Kap São Roque und Kap Frio liegt, kann man den Äquator auch weiter westlich überqueren, als für die nach Kapstadt führenden Routen empfohlen ist. Er sollte jedoch nicht weiter westlich als 30°W überquert werden, weil man sonst gegen den SO-Passat südlich des Äquators anknüppeln muß. Die Felsen von St. Peter und St. Paul müssen mit extremer Vorsicht angelaufen werden, da sie oft nur sehr schwer zu erkennen sind.

In der günstigen Jahreszeit kommt der Wind an der brasilianischen Küste aus NO, und die Strömung setzt nach SW, so daß jeder Hafen auf diesem Küstenstreifen einfach zu erreichen ist. Zwischen März und September herrscht vorwiegend SO-Wind und NO-Strömung. Dann muß man ein gutes Stück vor der Küste Südkurs halten und versuchen, in Luv des Zielhafens das Land anzusteuern. Bei der Anfahrt aus Norden sollte man so planen, daß man zwischen Oktober und Februar bei NO-Wind die südlicheren Häfen anläuft und dann in den anderen Monaten bei SO-Passat die Küste hinaufsegelt.

AT 16
Westafrika – Brasilien   Karte 30

Dakar – Salvador (Bahia): 2090 sm

Beste Zeit:	Oktober bis Februar
Tropische Stürme:	keine
Karten:	BA 4202, 4215
	US 22, 106
Segelhandbücher:	BA 1, 5
	US 124, 143

Westafrika wird als Ziel immer beliebter, und die meisten Segler, die dort einen Törn unternehmen, fahren anschließend nach Brasilien weiter, bevor es in die Karibik geht. Die Fahrt über den Äquator erfordert sorgfältige Planung, weil der Kalmengürtel in der Nähe der afrikanischen Küste 400 bis 500 Meilen breit sein kann. Und auch, wenn man bereit ist, unter Motor zu fahren, kann man in Schwierigkeiten geraten, weil die Treibstoffbeschaffung in manchen Ländern dort Schwierigkeiten bereitet. Außerdem kann eine Fahrt unter Motor durch die Kalmen sehr unbequem werden, und zwar aufgrund der durcheinanderlaufenden Dünung, die dadurch entsteht, daß die Passatsysteme dort aufeinandertreffen. Daher wird empfohlen, im NO-Passat nördlich des Äquator zu bleiben und ihn erst auf 29°W oder 30°W zu überqueren. Wenn der Zielhafen Salvador lautet, ist eine Überquerung weiter im Westen wegen der Gefahr von Gegenwinden südlich des Äquators nicht ratsam. Siehe auch AT 10 und AT 15.

AT 17
Brasilien – Kleine Antillen Karte 30

Rio de Janeiro – Barbados: 3200 sm
Salvador – Tobago: 2550 sm

Beste Zeit:	März bis Juni
Tropische Stürme:	Juni bis November
Karten:	BA 4202, 4216
	US 22, 108
Segelhandbücher:	BA 5, 7A, 71
	US 124, 147, 148

Auf Fahrten in Richtung Norden aus Häfen im südlichen Brasilien sind die starken NO-Winde und die SW-Strömung zwischen Oktober und Februar hinderlich. In dieser Zeit fährt man aus Häfen südlich von Recife besser nicht ab, weil die einzige Lösung für das Problem darin besteht, sich weit auf dem offenen Meer zu halten, bis der SO-Passat erreicht ist, und dann mit dessen Hilfe nach Norden zu fahren. Boote aus Häfen südlich von Rio de Janeiro finden bessere Bedingungen zwischen März und September vor, wenn der SO-Passat vorherrscht. Wer von südlichen Häfen aus eine Küstenfahrt vorzieht, muß zwischen den Abrolhos-Inseln und dem Festland vorsichtig sein, weil die Karten nicht genau und die Riffe ausgedehnter sind, als auf den Karten eingezeichnet. Auch wenn die Inseln seewärts passiert werden, ist Vorsicht angebracht, weil die Riffe etwa 35 Meilen in die See hineinragen.

Aus Häfen nördlich von Recife (Pernambuco) ist die Fahrt zu den westindischen Inseln zu jeder Jahreszeit möglich. Die Winde an der brasilianischen Nordküste sind immer günstig, und die Strömung setzt stark nach NW. Das Wasser an diesem Küstenteil ist durch den Amazonas oft sehr lehmig, und da es oft auch flach ist, bleibt man besser ein gutes Stück vom Land entfernt, zumal auch die Farbe des Wassers keinen Hinweis auf die Tiefe liefert.

Die Ausdehnung der Kalmen schwankt mit der Jahreszeit und ist im Sommer auf der nördlichen Halbkugel größer. Vom Äquator in 30°W erstreckt sich bis auf 3°N–5°N auf 38°W ein Bereich mit wechselnden Winden, Flauten und Böen.

AT 18
Brasilien – Europa Karte 30

Rio de Janeiro – Falmouth: 4700 sm
Salvador – Gibraltar: 3300 sm
Rio de Janeiro – Gibraltar: 4000 sm

Beste Zeit:	April bis September
Tropische Stürme:	Juni bis November
Karten:	BA 2059, 4202
	US 22, 120
Segelhandbücher:	BA 1, 5, 22, 27, 67
	US 124, 140, 142, 143, 191

Aus brasilianischen Häfen südlich von Kap Frio sollte man nicht zwischen Oktober und Februar Richtung Norden ablegen, weil dann an der ganzen Küste NO-Wind vorherrscht. In dieser Zeit geht man normalerweise in einem langen Schlag auf die offene See hinaus, bis man ein gutes Stück innerhalb des SO-Passatgürtels ist, der es ermöglicht, Kap São Roque am östlichen Zipfel Brasiliens zu passieren. Nach einem ausreichenden Stück in Richtung Osten kann der Kurs auf Nord geändert werden, so daß der Äquator zwischen 28°W und 30°W überquert wird.

Von April bis September ist die Fahrt nach Norden viel einfacher; in dieser Zeit sollte der Äquator möglichst weit im Osten überquert werden, um im günstigsten Winkel in den NO-

Atlantischer Ozean

Passat zu gelangen. Nördlich des Äquators führt die Route nahe an den Azoren vorbei, die immer im Westen passiert werden sollten, wenn der Zielhafen in Nordeuropa liegt. Je nach den Windverhältnissen in der Nähe der Inseln sollte man auf dem Bug segeln, auf dem man am weitesten nach Norden vorankommt, da in den höheren Breiten westliche Winde herrschen und der Kurs dann auf NO geändert werden kann. Zum restlichen Abschnitt bis nach Nordeuropa siehe Routen AN 53 und AN 54.

Boote nach Gibraltar sollten sich nördlich des Äquators so weit östlich halten, wie der Passat es gestattet. Wenn die Azoren nicht zu meiden sind, bildet Horta einen passenden Anlegehafen; von dort aus geht es auf den Routen AN 51 und AN 52 weiter.

AT 19
Kapstadt – Azoren   Karte 30

Kapstadt – Horta: 5540 sm

Beste Zeit:	Januar bis April
Tropische Stürme:	keine
Karten:	BA 4012, 4022
	US 22, 120
Segelhandbücher:	BA 1, 2, 67
	US 121, 123, 140, 143

Die Großkreisroute von Kapstadt zu den Azoren führt so nahe an St. Helena (AS 11) und Ascension (AS 12) vorbei, daß nur wenige Segler darauf verzichten, dort kurz anzulegen. Wenn kein Aufenthalt geplant ist, sollte die Großkreisroute von Kapstadt aus zu einem der bei AT 10 empfohlenen Längengrade genommen werden. Da der größte Teil der Fahrt im Südatlantik im SO-Passat erfolgt, sind nahezu auf dem gesamten Weg zum Äquator stetige Winde zu erwarten. Von Ascension aus führt die Route in NW-Richtung zum Äquator, der im nördlichen Winter weiter westlich und im Sommer weiter östlich überquert wird, und zwar zwischen 26°W und 28°W von Dezember bis Februar und zwischen 22°W und 25°W von Juni bis September. Der zuletzt genannte Zeitraum fällt mit dem SW-Monsun zusammen, so daß es möglicherweise besser ist, den Äquator weiter östlich zu überqueren und eine Route zwischen den Kapverdischen Inseln und der afrikanischen Küste zu nehmen, auf der man den SW-Wind ausnutzen kann. Das bedeutet außerdem, daß man den NO-Passatgürtel nördlich der Kapverdischen Inseln aus einem besseren Winkel ansteuert. Eine derartige Alternativroute könnte auch einen Abstecher nach Westafrika beinhalten.

Die Route zwischen den Kapverdischen Inseln hindurch ist im Winter nicht zu empfehlen; dann sollte man die Inseln möglichst nah an der Westseite passieren. Das ist im allgemeinen möglich, wenn man nördlich des Äquators ein Stück nach Osten fährt und die Kalmen im rechten Winkel durchquert, eventuell mit Hilfe der Maschine. Es ist wichtig, daß die Route nahe an den Kapverdischen Inseln vorbeiführt, weil die Azoren dann in einem Schlag zu erreichen sind. Das verbleibende Stück zu den Azoren entspricht Route AN 55.

AT 20
Kapstadt – US-Ostküste   Karte 30

Kapstadt – New York: 5800 sm

Beste Zeit:	Januar bis April
Tropische Stürme:	Juni bis November
Karten:	BA 2127
	US 22, 120
Segelhandbücher:	BA 2, 5, 69, 70, 71
	US 121, 123, 140, 147

Bis zum Äquator gelten die gleichen Hinweise wie für Route AT 19, wobei allerdings Boote, die in die USA wollen, den Äquator weiter im Westen überqueren sollten. Südlich des Äquators bietet sich die kleine brasilianische Insel Fernando de Noronha als Anlaufpunkt an. Weil man bei Abfahrt von Kapstadt zur optimalen Zeit (Januar bis März) zu früh im Nordatlantik ist, ziehen manche Segler einen Umweg über die Karibik vor, und zwar speziell, weil die Route recht nahe an den Kleinen Antillen vorbeiführt. Das anschließende Stück bis zur Ostküste ist bei Route AN 103 beschrieben.

Nach der Äquatorüberquerung führt die direkte Route auf NW-Kurs durch den NO-Passat zu den Bermudas. Bei Route AN 65 finden sich Hinweise für die Rückkehr in die USA. Wer von Kapstadt aus eine Nonstopfahrt plant, sollte nicht vor Mitte April auf den Bermudas eintreffen. Eine Abfahrt von Kapstadt Ende Februar oder Anfang März ist nicht zu spät, weil die Segelbedingungen im Südatlantik dann noch günstig sind.

AT 21
Kapstadt – Kleine Antillen Karte 30

Kapstadt – Barbados: 5200 sm
Kapstadt – Martinique: 5300 sm

Beste Zeit:	November bis März
Tropische Stürme:	Juni bis November
Karten:	BA 3273, 4022
	US 22, 124
Segelhandbücher:	BA 2, 5, 71
	US 121, 123, 124, 147

Als Alternative zu AT 20 hat diese Route den Vorteil, daß man früher aus Kapstadt abfahren kann und nach Mitte November zu Beginn der ungefährlichen Segelsaison in der Karibik eintrifft. Da die Route nahe an St. Helena vorbeiführt, legen viele Boote kurz dort an, bevor der Äquator überquert wird. Ein anderer beliebter Anlaufpunkt auf dem Weg in die Karibik ist die Insel Fernando de Noronha vor der brasilianischen Küste. Die Route führt bei etwa 32°30′ W über den Äquator; der Kalmengürtel ist zu dieser Jahreszeit (Dezember bis Februar) dort sehr schmal. Der SO-Passat schläft in der Regel kurz hinter dem Äquator ein, und der NO-Passat beginnt dann nach etwa 100 bis 150 Meilen. Die Route führt parallel zur brasilianischen Nordküste, wo eine sehr starke NW-Strömung mit einer Geschwindigkeit von 1,5 bis 2 Knoten für ausgezeichnete Fahrt sorgt.

Der NO-Passat setzt normalerweise bei etwa 5°N ein, und da er zu Beginn gelegentlich aus NNO kommt, sollten Boote zu den Leeward Islands oder den Jungfern-Inseln den Äquator nicht zu weit westlich überqueren, um in einem besseren Winkel zum Passat laufen zu können. In diesem Fall wird ein Punkt zwischen 30°W und 32°W zur Überquerung des Äquators empfohlen. Siehe auch AT 17.

Anmerkung: Inhaber eines südafrikanischen Reisepasses sollten daran denken, daß sie in einer Reihe von Ländern in der Karibik nicht willkommen sind und mit Zurückweisung rechnen müssen, wenn sie kein Visum vorweisen können.

AT 22
Kap Hoorn – Europa Karte 30

Kap Hoorn – Falmouth: 7100 sm
Kap Hoorn – Gibraltar: 6360 sm

Beste Zeit:	Dezember bis März
Tropische Stürme:	keine
Karten:	BA 2127
	US 20, 120
Segelhandbücher:	BA 1, 5, 6, 22, 27, 67
	US 121, 124, 140, 142, 143, 191

Diese auf dem Höhepunkt der Klipperära viel befahrene Route wird heute nur noch von wenigen Segelbooten benutzt, die entweder Europa von Neuseeland aus auf dem harten Weg erreichen wollen oder an Rennen um die Welt teilnehmen. Nach der Umrundung von Kap Hoorn kann der Kurs sowohl östlich als auch westlich an Staten Island vorbeiführen. Wer die Insel seewärts passiert, sollte einen weiten Bogen um Kap St. John machen, da eine gefährliche Stromkabbelung sich etwa 6 Meilen auf See erstreckt und zu gefährlichen Bedingungen führt, wenn der Wind gegen die Tide anbläst. Als Alternative kann man die Route durch die Le-Maire-Straße nehmen, und zwar besonders, wenn man die Falkland-Inseln im Westen passieren will. Von den Falkland-Inseln aus, die man beidseits passieren kann, führt die Route in allgemein nördöstlicher Richtung durch einen Bereich mit vorherrschend westlichen Winden. In diesen Breiten sollte man vor Erreichen des SO-Passatgürtels ein gutes Stück auf Ostkurs fahren, damit die anschließende Strecke bis zum Äquator diesen Passatgürtel in einem besseren Winkel schneidet. Von den Falkland-Inseln aus führt die Route auf 48°W über 45°S, auf 42°W über 40°S und auf 34°W über 30°S, so daß man irgendwo auf 30°W auf den SO-Passat stößt.

Der SO-Passat reicht normalerweise bis 25°S und kommt an seiner südlichen Grenze mehr aus östlicher Richtung. Im Passatgürtel führt der Kurs in nördlicher Richtung, so daß der Äquator je nach Jahreszeit zwischen 26°W und 30°W überquert wird (siehe AT 10). Im südlichen Winter von Mai bis September kann man sich im allgemeinen näher an der brasilianischen Küste halten und zwischen Kap Frio und den vorgelagerten Inseln hindurchsegeln. Zur Fortsetzung der Fahrt nach Europa siehe Route AT 18 und AT 19.

AT 23
Kap Hoorn – US-Ostküste   Karte 30

Kap Hoorn – Bermudas: 6600 sm
Kap Hoorn – New York: 7240 sm

Beste Zeit:	Dezember bis Februar
Tropische Stürme:	Juni bis November
Karten:	BA 2127
	US 20, 120
Segelhandbücher:	BA 5, 6, 69, 70, 71
	US 121, 124, 140, 147

Diese Route entspricht bis zum Eintritt in den SO-Passatgürtel der Route AT 22; anschließend kann es auf westlicherem Kurs an Fernando Noronha vorbei zum Äquator gehen. Der Äquator wird bei etwa 30°W überquert, und von diesem Punkt aus nimmt man dann die Großkreisroute entweder zu den Bermudas oder direkt zum Zielhafen. Diese Route ist in der Hurrikansaison nicht zu empfehlen, doch da Kap Hoorn wahrscheinlich in den günstigsten Monaten, d. h. in den Sommermonaten zwischen Dezember und März, umsegelt wird, erreicht man den Nordatlantik zu einer passenden Zeit.

Bei Route AT 20 finden sich ein paar Alternativen, mit deren Hilfe man es vermeidet, mitten im Winter in den USA einzutreffen. Dabei kann man einige Zeit in Brasilien, auf den Kleinen Antillen oder auf den Bermudas verbringen.

Die direkte Route nördlich des Äquators führt durch den NO-Passatgürtel, der normalerweise bis zu 25°N reicht; von dort aus müssen die Roßbreiten durchquert werden.

8 Wind- und Strömungsverhältnisse im Südatlantik

Karten 2 bis 6

Südost-Passat

Weil die tropische Konvergenzzone das ganze Jahr über nördlich des Äquators liegt, kann man sagen, daß der Südatlantik keine Kalmenzone hat. Der SO-Passat ist konstanter als sein Gegenstück im Nordatlantik, der NO-Passat. Er bildet die äquatoriale Seite der Luftbewegung um die ozeanische Antizyklone, die zwischen 22°S und 30°S liegt und eine direkte Auswirkung auf die Winde und das Wetter im gesamten tropischen Südatlantik hat.

Die nördliche Grenze des SO-Passatgürtels reicht im südlichen Winter bis zum Äquator und zieht sich im Sommer ab Dezember ein paar Grad nach Süden zurück. Gelegentlich reicht dieser Wind bis über den Äquator hinaus, so daß auch auf 10°N noch südliche Winde zu verspüren sind. Ihre Richtung schwankt zwischen SO oder SSO auf der östlichen Seite des Ozeans und fast genau O im westlichen Teil. Der SO-Passat erreicht durchschnittlich 15 Knoten, nimmt aber zum Äquator hin ab.

Wechselnde Winde

Südlich des SO-Passatgürtels erstreckt sich eine Zone schwacher wechselnder Winde, die den Roßbreiten des Nordatlantik ähnelt. Diese Region mit wechselnden Winden entspricht den ozeanischen Hochdruckgebieten zwischen 25°S und 32°S. Deren Lage wird vom jahreszeitlich bedingten Sonnenstand beeinflußt, wobei die südliche Grenze im Januar und die nördliche Grenze im Juli erreicht wird. Östlich des Nullmeridians kommt der Wind eher aus südlichen Richtungen und läßt sich als verlängerter Passat betrachten. Der Sommerwind in der westlichen Hälfte dieser Region kommt überwiegend aus NO.

Westliche Winde

Die Winde in den höheren Breiten des Südatlantiks kommen vorwiegend aus W. Das ist der Bereich der »brüllenden Vierziger«, in denen der Wind, der durch die unaufhörlich von West nach Ost durchziehenden Tiefdruckgebiete erzeugt wird, oft mit Sturmstärke weht. Die starken westlichen Winde können südlich der drei großen Kaps ungehindert wehen und sind in südlichen Gewässern nichts Besonderes.

Tropische Stürme

Tropische Wirbelstürme kommen im Südatlantik nicht vor.

Atlantischer Ozean

Strömungen

Die Strömungen im Südatlantik sind Teil eines genau abgegrenzten Systems, das entgegen dem Uhrzeigersinn zirkuliert. Der Südäquatorialstrom fließt in einem breiten Gürtel von Osten nach Westen, wobei seine Achse auf etwa 6°S liegt. Derjenige Teil, der zwischen dem Äquator und 6°S liegt, soll eine der konstantesten Strömungen auf der Welt sein. Sie versetzt mit einer Durchschnittsgeschwindigkeit von etwa 1 Knoten immer in westlicher Richtung, meistens zwischen WNW und WSW. Weiter südlich bis auf etwa 20°S fließt die schwächere südliche Subtropenströmung, die ebenfalls nach Westen führt. Der Südäquatorialstrom reicht über den Äquator hinaus bis auf etwa 4°N, und ein Zweig verbindet sich mit dem Nordäquatorialstrom zu einer starken Strömung in Richtung auf die Westindischen Inseln.

Der andere Arm wird durch den südameri-

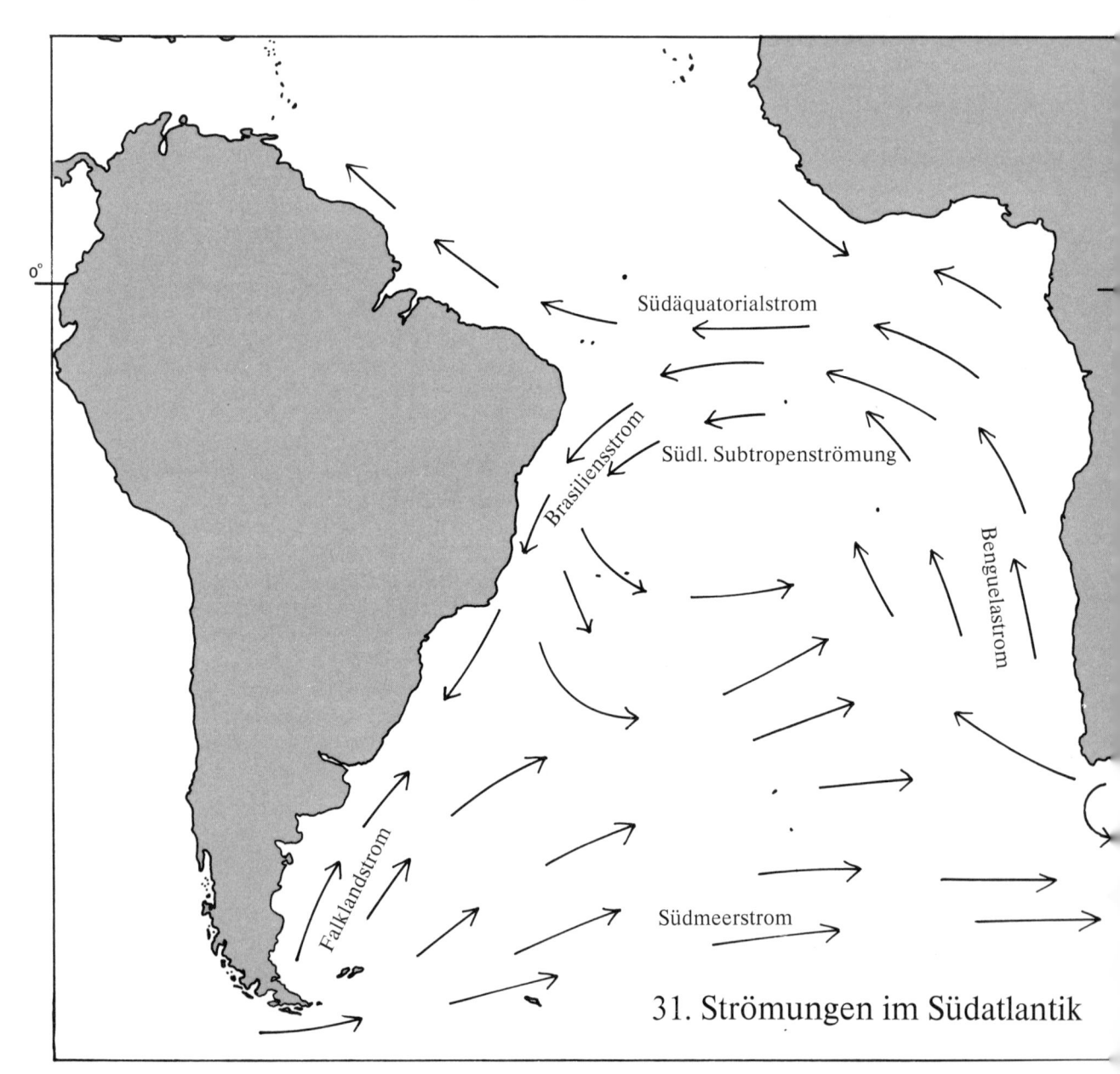

31. Strömungen im Südatlantik

kanischen Kontinent nach Süden abgelenkt und verbindet sich mit der südlichen Subtropenströmung zum Brasilienstrom. Dieser führt an der Küste entlang bis hinunter auf 25°S, wo sich ein Teil nach Osten wendet. Der Rest führt bis auf 35°S hinunter, wo er sich ebenfalls nach Osten wendet und in die Ostströmung übergeht, die durch den Südmeerstrom erzeugt wird. Diese breite Kaltwasserströmung führt auf der südlichen Halbkugel im Süden aller Kontinente nach Osten. Von Kap Hoorn aus wendet sich ein Arm dieser Strömung nach Nordosten in den Südatlantik hinein und bildet den Falklandstrom.

Auf der afrikanischen Seite wird das System der Strömungen im Südatlantik durch den Benguelastrom vervollständigt. Dieser Strom führt an der afrikanischen Küste entlang nach Norden und bildet eine Verlängerung des Agulhasstroms, nachdem dieser das Kap der Guten Hoffnung passiert hat. Der Benguelastrom wird durch einen Teil des Südmeerstroms verstärkt. Nördlich von 20°S führt der Benguelastrom von der afrikanischen Küste fort und geht in die Subtropenströmung und den Südäquatorialstrom über. Nahe der afrikanischen Küste setzt der Strom immer nach Norden und reicht von Februar bis April bis zum Äquator.

9 Regionale Wetterverhältnisse im Südatlantik

Südafrika

Diese Zwischenstation für Weltumsegler läßt sich nur als stürmisch bezeichnen. Mit der heißen afrikanischen Landmasse im Norden und dem kalten Eis der Antarktis im Süden bildet diese äußerst unwirtliche Küstenlinie ein Hindernis für die einander entgegengesetzten Luftströmungen aus diesen Regionen. Die Wetterbedingungen in dieser Gegend werden hauptsächlich charakterisiert durch den hohen Anteil an Winden mit Sturmstärke, die aus fast allen Richtungen und ohne Vorwarnung kommen und schnell hohe und gefährliche Seen aufwerfen. Die Wetterberichte hier geben nur selten eine Vorhersage für mehr als zwölf Stunden. Oft erreichen die Winde am Tag Sturmstärke und flauen nachts ab, doch das ist weder die Regel noch kann man sich darauf verlassen.

Es ist nichts Ungewöhnliches, daß der Sturm an einem Tag aus NO und am nächsten aus SW kommt. Die starken Strömungen in dieser Gegend sind mit ein Grund dafür, daß sich so schnell so hohe Seen aufbauen, und zwar besonders, wenn Sturm und Strömung einander entgegengesetzt sind. Eine typische Wetterfolge besteht aus einem schweren NO-Sturm, dem erst eine Flaute und anschließend ein SW-Sturm folgt. Im Sommer ziehen aus Süden Tiefdruckgebiete heran, die ähnlich wie die kalten, heftigen Südwinde in Südostaustralien Kaltluft mit sich bringen.

Auf der Atlantikseite herrscht im Sommer der SO-Passat vor, der allerdings zum SO-Sturm werden und stärker als der Passat auf offener See wehen kann. Im Winter tritt an dessen Stelle oft der NW-Gegenpassat, der nördlich des Kaps über Afrika hinwegzieht. Am stürmischsten ist es meistens am hohen und steilen Kap der Stürme, wie es passenderweise von den frühen Reisenden genannt wurde. Die Monate von Dezember bis Februar sind in der Regel die beste Zeit zur Umrundung des Kaps.

Magalhãesstraße – Rio de la Plata

Diese Gegend ist kein Ziel für entspanntes Segeln und wird deshalb wohl auch nur von wenigen Booten angelaufen, die um Kap Hoorn herum oder durch die Magalhãesstraße fahren. Trotz der Tatsache, daß sie im Gürtel der vorherrschend westlichen Winde liegt, die klares Wetter mit sich bringen, treten Winde und Stürme aus anderen Richtungen auf.

Von September bis Juni muß man mit SO-Sturm mit Regen, schlechtem Wetter und schwerer See rechnen. Dabei kann sich auch Nebel bilden. Sehr dichter Nebel kann auch zwischen Februar und Oktober bei NO-Wind an den südlichen Küstenabschnitten auftreten. Wenn der Wind mehr auf West zu Süd dreht, lichtet sich der Nebel meist. Bei wärmerem Wetter können N- und W-Winde mit Donner und Blitz einhergehen.

Nordstürme kündigen sich durch bedeckten Himmel, Dunst, viele kleine hohe Wolken und Wetterleuchten an. Der Wind nimmt allmählich auf Sturmstärke zu. Südwind dagegen erreicht viel plötzlicher Sturmstärke und ist viel heftiger. Daß schlechtes Wetter aus Süden bevorsteht, erkennt man an großen schweren Wolkenmassen über der südlichen Kimm. Wenn das Barometer aus sehr tiefem Stand zu steigen beginnt, kann das auch ein Zeichen dafür sein, daß der Wind auf Süd dreht. Auf den alten Segelschiffen hielt man es für klug zu reffen, wenn das Barometer sehr tief stand und schwere Wolken sich im Süden verdichteten. Böen sind nicht so häufig, können aber extrem heftig sein, wenn sie aus den kalten Einöden im Süden kommen.

Rio de la Plata

Diese große Mündung der Flüsse Paraná und Uruguay wird hauptsächlich von denjenigen befahren, die entweder nach Montevideo am nördlichen uruguayanischen Ufer oder nach Buenos Aires am südlichen argentinischen Ufer wollen. In der Region mit wechselnden Winden ändert sich das Wetter in der Flußmündung sehr häufig und sehr schnell.

In den Sommermonaten von September bis März herrscht vorwiegend Wind aus östlicher Richtung, und zwar außerhalb des Flusses mehr Ost zu Nord und in der Flußeinfahrt mehr aus Ost. Das restliche Jahr über überwiegt in der Flußeinfahrt Wind aus W bis SW, der im Fluß weiter nördlich dreht. Das Wetter ist im allgemeinen nur schön, wenn stetiger Nordwind herrscht. Ansonsten können zu dieser Jahreszeit wechselnde Winde, Flauten und Böen auftreten, wobei der Wind im Uhrzeigersinn und entgegen dem Uhrzeigersinn umspringt und seine größte Stärke erreicht, wenn er aus Osten oder Westen weht.

Von Juni bis Oktober kann es ohne große Vorwarnung zu starken SW-Böen kommen, die als *Pamperos* bezeichnet werden. Diese Böen, deren Bezeichnung von der Tatsache abgeleitet ist, daß sie über die Pampas hinwegfegen, bringen Regen und Kälte mit sich, bei der der Regen sogar in Hagel übergehen kann. Die *Pamperos*, die in den Wintermonaten am häufigsten sind, halten zwei oder drei Tage an, gelegentlich auch länger. In den anderen Monaten sind sie weniger häufig und halten nicht so lange an, können dafür aber um so heftiger sein. Die *Pamperos* konzentrieren sich zwar am Rio de la Plata, wirken sich aber auf den gesamten Küstenbereich zwischen 31°S und 40°S und bis auf 48°W auf See hinaus aus.

Gefährlich wird es im Fluß bei starkem SO-Wind; dieser baut nämlich eine schwere See auf und geht gewöhnlich mit Nebel und Regen einher, so daß die Nordküste zu einer gefährlichen Leeküste wird. Warnende Anzeichen sind ein steiler Anstieg des Barometers, bedeckter Himmel und Blitzen.

Brasilien

Brasilien hat von der kulturellen Vielschichtigkeit Rio de Janeiros im Süden bis zum mächtigen Amazonas im Norden viel Attraktives zu bieten. Das Land ist Zielpunkt für Boote, die von Südafrika, den Kanarischen Inseln, den Kapverdischen Inseln oder der afrikanischen Westküste und von Kap Hoorn her eintreffen.

Die brasilianische Südküste von Rio de Janeiro bis zum Rio de la Plata zeigt stark wechselnde Winde mit jahreszeitlich bedingten Abweichungen. Von Oktober bis April herrschen Winde aus nordöstlicher Richtung vor, denen, wenn sie stark sind, in der Regel Flauten und SW-Wind folgen. Im April gibt es zu gleichen Teilen NO-, NW- und SW-Winde, die nach ein paar SO- bis SW-Stürmen im Mai in SW-Wind übergehen. Dieser SW-Wind herrscht dann bis Oktober. Von Juli bis September bringen westliche Winde gelegentlich schlechtes Wetter. In

32. Magalhãesstraße und Kap Hoorn

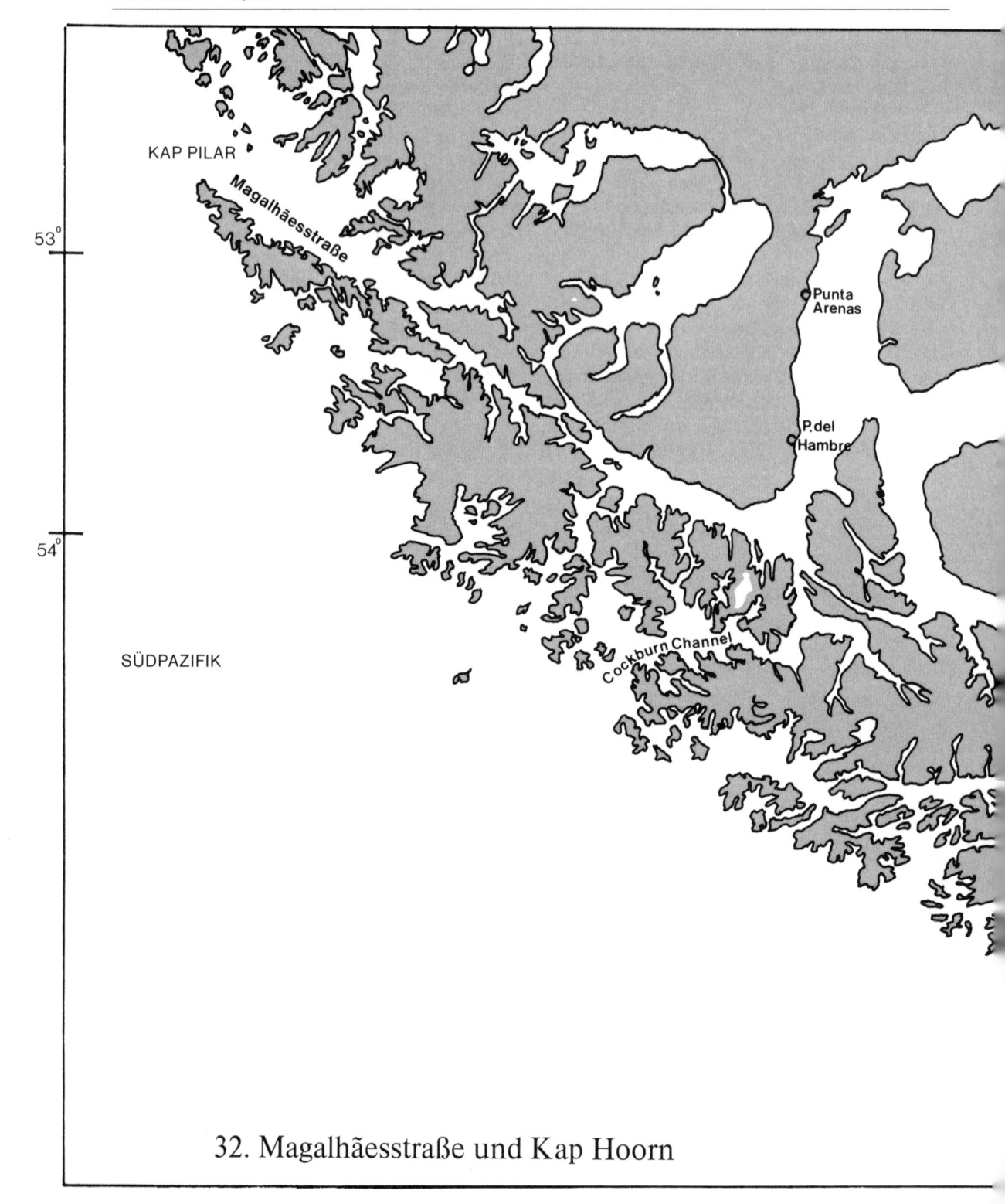

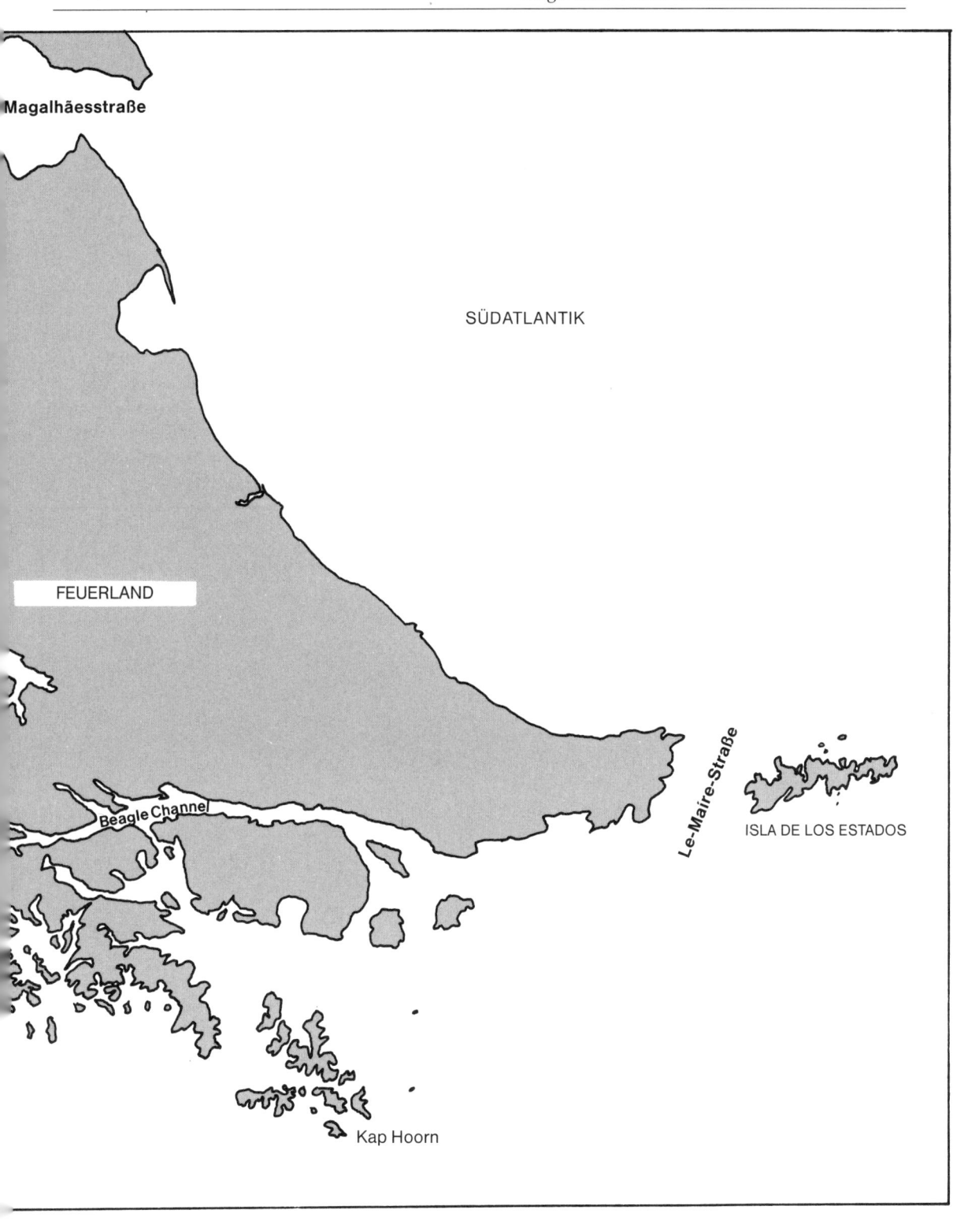

Regionale Wetterverhältnisse im Südatlantik

Magalhäesstraße

SÜDATLANTIK

FEUERLAND

Beagle Channel

Le-Maire-Straße

ISLA DE LOS ESTADOS

Kap Hoorn

Atlantischer Ozean

dieser Zeit kommt es in der Nähe von Rio de Janeiro auch zu NW-Böen von wenigen Stunden Dauer.

Oberhalb von Rio de Janeiro genießt die niedrige brasilianische Ostküste die meiste Zeit des Jahres NO-Wind, schönes Wetter und klaren Himmel, wobei der Wind nahe der Küste von Dezember bis Februar am stärksten ist. Vor Kap Frio und Kap São Tomé kann die Kombination aus frischem NO-Wind und starken Strömungen zu rauher See führen. Westlich von Kap Frio ist der NO-Wind wegen der Berge nicht mehr so stark zu spüren.

Weiter an der Küste hinauf macht sich der SO-Passat von März bis August südlich bis nach Salvador (Bahia) bemerkbar, während er in den verbleibenden Monaten nur bis Recife (Pernambuco) reicht.

Sowohl der SO- als auch der NO-Wind wird gelegentlich von böigem SW-Wind abgelöst, der ein paar Tage lang anhält und Wolken und Regen bringt. Das geschieht besonders von April bis August, wenn der Wind im allgemeinen schwächer und wechselhafter ist. Das Barometer fällt meistens vierundzwanzig Stunden vor Einsetzen des SW-Windes. An der gesamten Küste gibt es Land- und Seewinde, wobei der Landwind normalerweise kurzlebig und schwach ist, wenn der Seewind nicht gerade stark weht.

An der brasilianischen Nordküste zum Amazonas hin wird das Wetter von der tropischen Konvergenzzone beeinflußt, die von August bis Oktober für SO-Passat in Verbindung mit schönem Wetter und von November bis März für NO-Passat sorgt. Letzteres ist an dieser Kü-

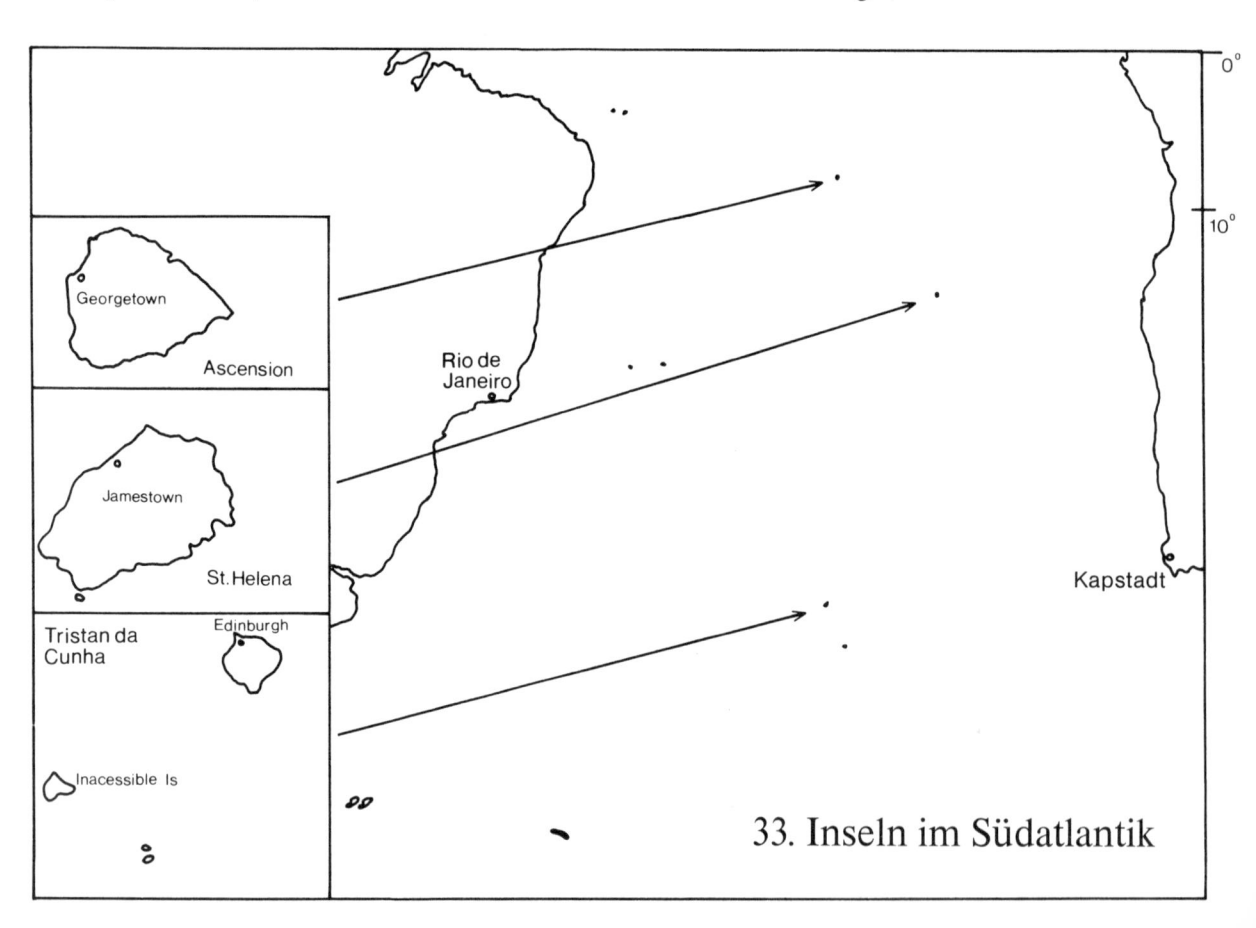

33. Inseln im Südatlantik

ste auch die feuchte Jahreszeit. Beide Passatwinde haben mit OSO und ONO eine mehr östliche Komponente. Zwischen April und dem Einsetzen des SO-Passats im August dreht der Wind zuerst auf OSO, daran schließen sich ein paar Monate Kalmenwetter mit Flauten, Böen und wechselnden Winden an. Land- und Seewinde sind in dieser Jahreszeit zwar häufiger, aber nie sehr ausgeprägt.

St. Helena

Diese ziemlich abschreckende Insel, Napoleons Verbannungsort, ist aufgrund der ausgezeichneten Sicht in dieser Region oft schon aus 60 Meilen Entfernung wie eine Festung im Meer zu erkennen. Die Insel liegt voll im SO-Passat, der nur selten nachläßt.

Ascension

Diese betriebsame Militärbasis mitten im Atlantik ist ein weiteres willkommenes Ziel für alle, die sich auf einer langen Atlantikfahrt befinden. Der SO-Passat hat oft einen Teil seiner Kraft verloren, wenn er Ascension erreicht, und weht möglicherweise nur mit schwachen 5 Knoten. Schwere Roller und Dünung aus NW können sich bemerkbar machen, wenn der NO-Passat im Nordatlantik seinen Höhepunkt erreicht; dann kann es schwierig werden, in den Hafen zu kommen.

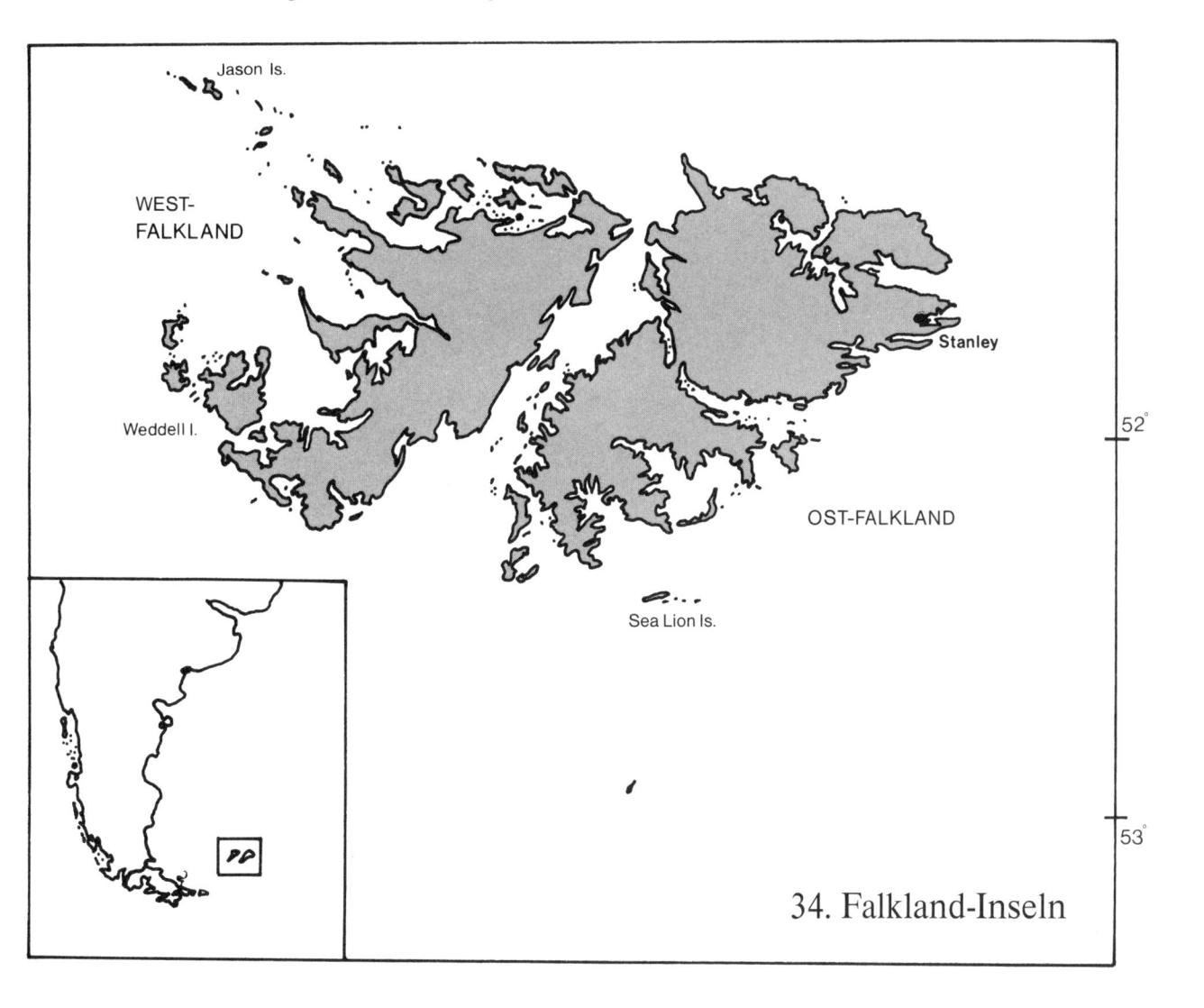

34. Falkland-Inseln

Atlantischer Ozean

Falkland-Inseln

Diese Inseln im Südatlantik liegen nur knapp 300 Meilen von Kap Hoorn entfernt, und die Witterung dort hat viel gemeinsam mit dem Wetter am gefürchteten Kap. Doch die zweihundert Inseln, die die Hauptinseln Westfalkland und Ostfalkland umgeben, haben dem unerschrockenen Segler, der sich von ihrer Abgeschiedenheit nicht schrecken läßt, viel zu bieten. Die Navigation zwischen den Inseln kann zwar zu einer recht heiklen Angelegenheit werden, dafür ist es aber nie zu weit bis zu einem sicheren Ankerplatz.

Auf diesen wahrlich windigen Inseln kommt der Wind überwiegend aus Westen, und zwar mit einem Jahresdurchschnitt von 17 Knoten und einer leichten Zunahme in den Sommermonaten von Dezember bis März. Dieser Wind flaut bei Sonnenuntergang oft völlig ab, nimmt dann in der Nacht auf 10 bis 15 Knoten zu und flaut bei Tagesanbruch wieder ab. Tagsüber nimmt er zu und kann am Nachmittag Sturmstärke erreichen.

Stürme kommen meistens zunächst aus NW und drehen dann schnell auf SW. Die schlimmsten Stürme kommen aus N und NO; sie lassen sich nur schwer vorhersagen und treten oft ohne Vorwarnung auf. Verursacht werden sie von Tiefdruckgebieten, die zwischen den Inseln und der patagonischen Küste nach Norden ziehen. Nördliche Winde, wie sie in den Sommermonaten von Dezember bis April recht häufig sind, führen an der Nordküste oft zu Nebel. Bei starkem Westwind kommt es oft zu Wirbelwind-Böen, die für kleine Boote extrem gefährlich sind. Sie treten überwiegend in Lee der Inseln und gelegentlich in den schmalen Durchfahrten zwischen den Inseln im Westen auf.

Wer zwischen den Inseln kreuzen will, sollte sich die »Minenkarten« besorgen, die es kostenlos im »Secretariat Building« in Port Stanley gibt und auf denen die Gebiete eingezeichnet sind, die während des Krieges 1982 vermint wurden.

10 Törns im Südatlantik

AS 11 Kapstadt – St. Helena	AS 16 Tristan da Cunha – Kapstadt
AS 12 St. Helena – Ascension	AS 17 Südamerika – Falkland-Inseln
AS 13 St. Helena – Brasilien	AS 18 Südamerika – Magalhãesstraße
AS 14 Kapstadt – Brasilien	AS 19 Magalhãesstraße – Falkland-Inseln
AS 15 Brasilien – Tristan da Cunha	AS 20 Falkland-Inseln – Südamerika

AS 11
Kapstadt – St. Helena   Karte 35

Kapstadt – St. Helena: 1680 sm

Beste Zeit:	November bis März
Tropische Stürme:	keine
Karten:	BA 4022
	US 22
Segelhandbücher:	BA 2
	US 121, 123

Weil der SO-Passat gleichmäßig weht und tropische Stürme im Südatlantik nicht vorkommen, kann man diese Fahrt das ganze Jahr über machen. Die meisten Segler gehen jedoch davon aus, die Gegend am Kap vor Einsetzen der Winterstürme zu verlassen, und deshalb liegt die beste Zeit für diese Fahrt in den Sommermonaten von November bis April. Diese Zeit paßt auch meistens in die weiteren Pläne, ob man jetzt zum Karneval in Brasilien, zur Segelsaison in der Karibik oder am Ende des Frühjahres bzw. Anfang Sommer in den Vereinigten Staaten und Europa eintreffen will.

Es ist generell ratsam, in Kapstadt eine günstige Wettervorhersage abzuwarten oder sich zumindest die Zeit zu nehmen, bis vorhandene Tiefdruckgebiete durchgezogen sind. Kräftige SW-Winde sorgen gelegentlich zu Beginn der Fahrt für willkommenen Schub, obgleich sie manchmal Sturmstärke erreichen. Bei fehlendem Wind wird empfohlen, nicht zu weit auf See hinaus zu gehen, um noch von eventuellen Landwinden profitieren zu können. Wenn man der afrikanischen Küste nach Norden folgt, kann man außerdem den kräftigen Benguelastrom ausnutzen, wobei dort allerdings oft Nebel auftritt, wenn warmer Wind auf das kalte Wasser der Strömung stößt. Der Ratschlag, der Küste zu folgen, läuft den Hinweisen in früheren Publikationen zuwider, in denen die Kapitäne von Segelschiffen aus Kapstadt dringend aufgefordert wurden, möglichst schnell und weit nach NW zu segeln, um nicht durch Böen aus W oder NW auf Legerwall zu geraten. Bei unbeständigem Wetter ist es in der Tat besser, sich in sicherer Entfernung von der Küste zu halten.

Im Sommer reicht die südliche Grenze des SO-Passatgürtels bis nach Kapstadt, doch echte Passatbedingungen trifft man aufgrund der Eigenarten des Wetters in diesem Gebiet in der

Atlantischer Ozean

Regel nur oberhalb 25°S. Heftige Stürme, die nicht lange anhalten, sind auch im Januar und Februar, den besten Monaten für diese Fahrt, nichts Ungewöhnliches.

AS 12
St. Helena – Ascension   Karte 35

St. Helena – Ascension: 710 sm

Beste Zeit:	Ganzjährig
Tropische Stürme:	keine
Karten:	BA 4022
	US 22
Segelhandbücher:	BA 2
	US 123

Als Fortsetzung der Fahrt von Kapstadt nach Norden profitiert das anschließende Teilstück von St. Helena nach Ascension das ganze Jahr über von günstigen Winden. Sie kommen überwiegend aus SO, sind aber unterschiedlich stark und besonders in den Sommermonaten von Januar bis März gelegentlich schwach.

AS 13
St. Helena – Brasilien   Karte 35

St. Helena – Salvador: 1920 sm
St. Helena – Fernando de Noronha: 1740 sm

Beste Zeit:	Ganzjährig
Tropische Stürme:	keine
Karten:	BA 4022
	US 22
Segelhandbücher:	BA 2, 5
	US 123, 124

Für Segler, die in die Karibik wollen, ist es einfacher, einen Umweg über die brasilianische

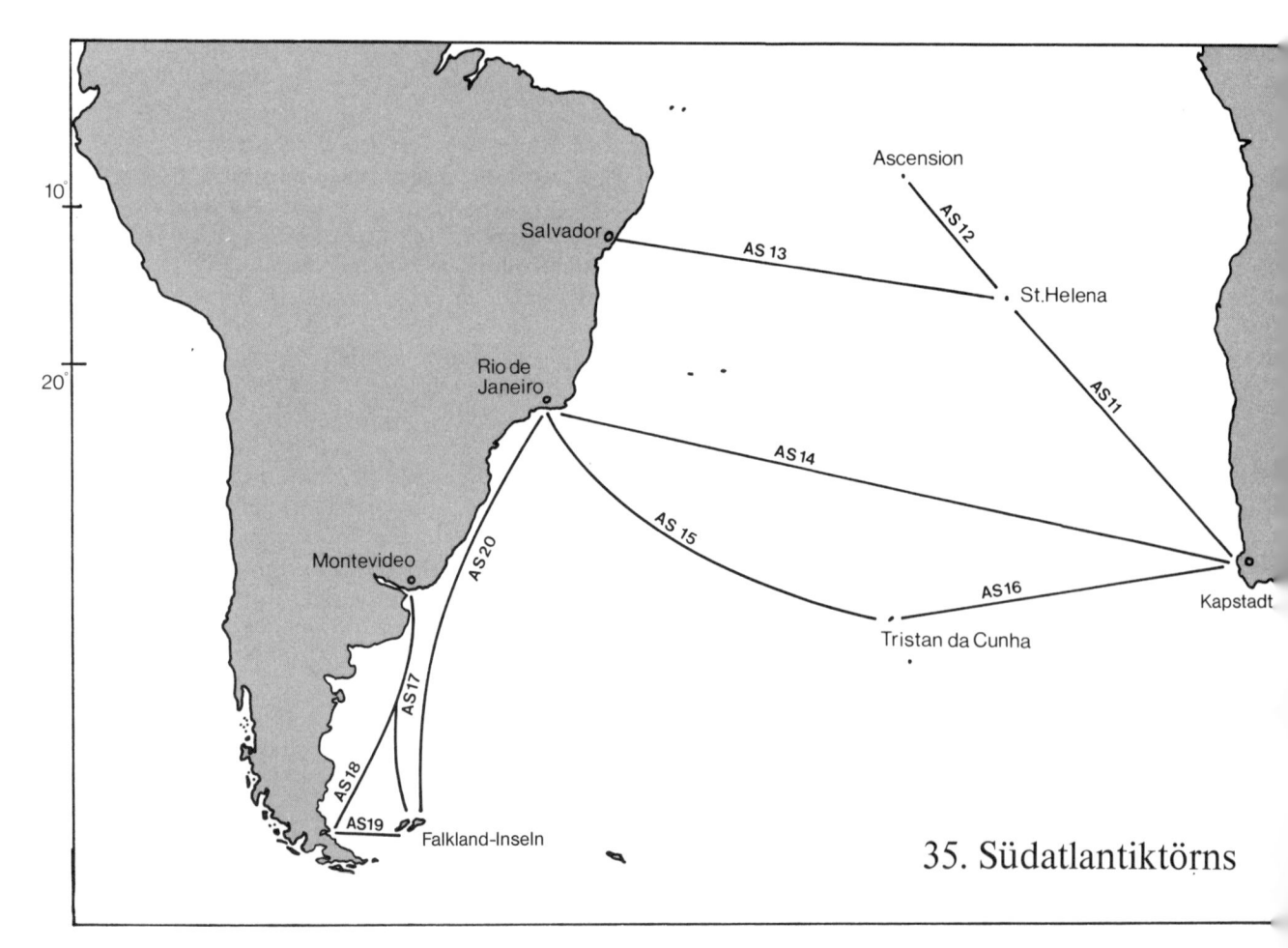

35. Südatlantiktörns

Küste zu machen, bevor Kurs NW gesetzt wird. Eine der Hauptattraktionen an der Nordostküste ist Salvador, das ehemalige Bahia, dessen Karneval mit dem bekannteren Karneval in Rio durchaus konkurrieren kann. Die Insel Fernando de Noronha vor Kap São Roque eignet sich gut als Sprungbrett für Boote, die in die Karibik unterwegs sind. Siehe auch Route AT 17.

Das Wetter auf dieser Route ist meistens freundlich, mit gleichmäßigem O- und SO-Wind, der nur selten Sturmstärke erreicht.

AS 14
Kapstadt – Brasilien   Karte 35

Kapstadt – Rio: 3270 sm
Kapstadt – Salvador: 3330 sm

Beste Zeit:	Dezember bis März
Tropische Stürme:	keine
Karten:	BA 4022
	US 22
Segelhandbücher:	BA 2, 5
	US 123, 124

Die Großkreisroute nach Rio de Janeiro und zu Häfen südlich von Kap Frio liegt ein gutes Stück außerhalb des SO-Passatgürtels, so daß es ratsam ist, diese Fahrt zwischen 20°S und 25°S zu unternehmen, wo die Aussichten auf günstigen Wind viel besser sind. Die südliche Grenze des SO-Passatgürtels liegt auf einer diagonalen Linie, die von der Insel Trinidade bis zum Kap der Guten Hoffnung führt. Der Törn führt von Kapstadt aus zunächst etwa 1200 Meilen nach NW, bis man auf stetigen SO-Passat stößt. Von dort aus geht es nach Westen bis auf 30°W, von wo aus Kurs auf die Küste genommen wird. Eine ähnliche Route, auf der man den SO-Passat voll ausnutzen kann, sollte man auch zu Häfen nehmen, die weiter südlich an der südamerikanischen Küste liegen.

Eine direktere Route kann man von Kapstadt aus zu Häfen nördlich von Kap Frio nehmen. Da die brasilianischen Häfen zwischen Kap São Roque und Kap Frio zwischen Oktober und Februar unter der Einwirkung stetiger NO-Winde stehen und die Strömung an der Küste nach SW setzt, sollte eine anschließende Fahrt von Rio aus nach Norden für die SO-Saison von März bis September geplant werden.

AS 15
Brasilien – Tristan da Cunha Karte 35

Rio de Janeiro – Tristan da Cunha: 1800 sm

Beste Zeit:	November bis März
Tropische Stürme:	keine
Karten:	BA 4022
	US 22
Segelhandbücher:	BA 2, 5
	US 121, 123, 124

Da die Großkreisroute von Rio de Janeiro nach Kapstadt durch ein Gebiet mit wechselnden Winden führt, ist es ratsam, bei der Abfahrt von Rio einen mehr südwestlichen Kurs zu steuern, um schneller auf 35°S zu gelangen, wo der Wind vorherrschend aus NW und W kommt. Von einem Punkt auf 35°S, 30°W aus führt die Route auf dem 35. Breitengrad fast genau nach Osten. Zu Anfang des Sommers, im Oktober oder November, herrschen auf 33°S oder 34°S meistens westliche Winde, so daß es möglicherweise nicht erforderlich ist, auf der Suche nach stetigem Wind weiter nach Süden zu gehen. Je weiter der Sommer fortschreitet, desto südlicher zieht der Gürtel wechselnder Winde, so daß man im Februar oder März möglicherweise bis auf 37°S gehen muß, um stetigen Westwind zu bekommen. Die Windgeschwindigkeit auf diesen Breiten beträgt in der Regel 20 bis 25 Knoten, gelegentlich bis zu 40 Knoten.

Da die südlichere Route nahe an Tristan da Cunha vorbeiführt, wäre es nur schwer zu rechtfertigen, auf dieser abgelegenen Insel keinen Zwischenaufenthalt einzulegen. Der kleine

Atlantischer Ozean

Hafen auf der NO-Seite der Insel eignet sich nur für die kleinen Boote der Inselbewohner, doch läßt sich in Lee der Insel meistens ein Ankerplatz finden.

AS 16
Tristan da Cunha – Kapstadt
Karte 35

Tristan da Cunha – Kapstadt: 1510 sm

Beste Zeit:	Dezember bis März
Tropische Stürme:	keine
Karten:	BA 4022
	US 22
Segelhandbücher:	BA 2
	US 121, 123

Die Winde unterhalb 35°S sind für eine Fahrt nach Kapstadt viel günstiger als weiter nördlich, so daß ein südlicherer Kurs empfohlen wird. In der Nähe von Tristan da Cunha weht der Wind im Sommer meistens aus Richtungen zwischen N und W; weiter östlich kommt er überwiegend aus westlichen Richtungen. Nach Überquerung des Nullmeridians kann man einen direkteren Kurs auf Kapstadt nehmen, so daß man 35°S wieder in 10°O überquert. Da der Wind in der Gegend von Kapstadt im Sommer überwiegend aus SO kommt und häufig Sturmstärke annimmt, sollte man die Küste aus SW ansteuern, um nicht vom Wind und der stark nach Norden setzenden Strömung nach Lee versetzt zu werden.

AS 17
Südamerika – Falkland-Inseln
Karte 35

Rio de Janeiro – Stanley: 1860 sm
Montevideo – Stanley: 1020 sm

Beste Zeit:	Dezember bis Februar
Tropische Stürme:	keine
Karten:	BA 4200, 4201
	US 20
Segelhandbücher:	BA 5, 6
	US 121, 124

Von Rio de Janeiro aus führt die Route nach Süden nahe an der Küste entlang, und wer nicht zu Häfen in der Mündung des Rio de la Plata will, sollte besser die direkte Route über die offene See nehmen. Zwischen Rio de Janeiro und 35°S kommt der Wind im Sommer meistens aus NO. Südlich von 35°S weht der Wind zunehmend aus westlichen Richtungen, so daß es ratsam ist, ein gutes Stück westlich der direkten Route zu den Falkland-Inseln zu bleiben, um nicht von einem Weststurm vom Kurs abgebracht zu werden. Das Wetter ist nahe der Küste generell besser als auf See. Ein weiterer Grund dafür, lieber an der Küste entlang zu fahren, besteht darin, daß man dort den kräftig nach Norden setzenden Falklandstrom meidet, der auf See bis zu 2 Knoten erreichen kann. Auf der Küstenroute sollte man sich bis auf 47°S halten, von wo aus ein direkter Kurs auf den Hafen von Stanley gesetzt werden kann.

AS 18
Südamerika – Magalhãesstraße
Karte 35

Montevideo – Cape Virgins: 1200 sm

Beste Zeit:	November bis Februar
Tropische Stürme:	keine
Karten:	BA 4200
	US 20
Segelhandbücher:	BA 5, 6
	US 121, 124

Von Rio de Janeiro aus folgt die Route der Küste bis nach Montevideo; dort findet man im Sommer im allgemeinen günstige Winde und Strömungen. Vorsicht ist angebracht, wenn der Kurs nahe am Ufer entlang führt, weil die Gefahr von anlandigen Strömungen besteht. Südlich vom Rio de la Plata geht es sehr nahe an der Küste entlang, um in geschützten Gewässern zu bleiben und den kräftig nach Norden setzenden Falklandstrom zu meiden. Die Winde in dieser Gegend kommen überwiegend aus westlichen Richtungen, so daß das Risiko, auf Legerwall zu geraten, sehr gering ist. Stürme aus Osten sind extrem selten, und wenn sie doch auftreten, wird man immer früh genug gewarnt.

Die Magalhãesstraße ist mit äußerster Vorsicht anzusteuern, weil die Gezeitenunterschiede sehr groß sind und die Gezeitenströme stark in Richtung auf die Sarmientobank und das gefährliche Cape Virgins setzen.

Die Ankunftszeit an der Straße hängt von den Gezeiten ab, wobei daran zu denken ist, daß die Hoch- und Niedrigwasserzeiten später liegen, je weiter man nach Westen kommt. Das ist eine große Hilfe bei Fahrten von Ost nach West, und ein Boot, das bei Beginn der Westströmung in der »ersten Enge« ist, hat gute Aussichten, neun Stunden lang in der günstigen Strömung zu schwimmen, möglicherweise sogar bis nach Punta Arenas. Die Gezeitenströmung läuft mit 5 bis 7 Knoten durch die »erste Enge« und mit 3 bis 6 Knoten durch die »zweite Enge«. Der Gezeitenunterschied schwankt zwischen etwa 12 Metern am Ostausgang der Straße und nur etwa 1,5 Metern am Westausgang.

Vom Atlantik aus führt die Route in der Regel durch die folgenden Kanäle: Smyth, Sarmiento, Inocentes, Concepción, Largo, Messier und durch den Golf von Peñas in den Pazifischen Ozean. Eine kürzere Strecke in den Pazifik führt durch den Cockburn-Kanal.

AS 19 Magalhãesstraße – Falkland-Inseln   Karte 35

Cape Virgins – Stanley: 400 sm

Beste Zeit:	Dezember bis März
Tropische Stürme:	keine
Karten:	BA 4200
	US 20
Segelhandbücher:	BA 6
	US 124

Die vorherrschenden Westwinde machen diese Fahrt relativ einfach, wobei bei Verlassen der Straße Vorsicht angebracht ist, da die starke Gezeitenströmung oft auf die Felsen vor Cape Virgins setzt. Die Route führt im Süden zwischen Sea Lion Island und Ostfalkland hindurch.

AS 20 Falkland Inseln – Südamerika   Karte 35

Stanley – Montevideo: 1020 sm
Stanley – Rio de Janeiro: 1860 sm

Beste Zeit:	Dezember bis Mai
Tropische Stürme:	keine
Karten:	BA 4200, 4201
	US 20
Segelhandbücher:	BA 5, 6
	US 121, 124

Die Fahrt nach Norden bis zum Rio de la Plata kann man den gesamten Sommer hindurch unternehmen; auf der direkten Route profitiert man dabei von dem kräftig nach Norden setzenden Falklandstrom und dem vorherrschenden W-Wind. Nördlich des Rio de la Plata kommt der Wind im Sommer vorwiegend aus NO, so daß man eine solche Fahrt nicht vor April in Angriff nehmen sollte. Im Idealfall erfolgt die Fahrt von den Falkland-Inseln zum Rio de la Plata zwischen Dezember und Februar; das anschließende Teilstück nach Rio de Janeiro und darüber hinaus kommt dann später, zwischen Mai und September, wenn an der gesamten brasilianischen Küste günstige Winde vorherrschen.

Die Fahrt von den Falkland-Inseln nach Europa und an die Ostküste der USA kann entweder im Rahmen der obigen Möglichkeit oder auf der direkten Route von Kap Hoorn zu den bei AT 22 und AT 23 beschriebenen Zielorten erfolgen.

Pazifischer Ozean

11 Wind- und Strömungsverhältnisse im Nordpazifik

Karten 2 bis 6

Nordostpassat

Der Nordostpassat weht auf der Südseite des Hochdruckgebiets, das normalerweise bei etwa 30°N liegt. In den Sommermonaten befindet sich dieses Hoch meistens weiter nördlich als im Winter, so daß der NO-Passat bis auf 32°N reicht. Im Sommer herrscht der Passat östlich von 150°O vor und geht westlich dieses Längengrades in den SW-Monsun des westlichen Pazifik über.

Der NO-Passat des nördlichen Pazifik ist von der Stärke und Richtung her über weite Bereiche besonders gleichmäßig. Er kommt nahe der amerikanischen Küste mehr aus N und sogar aus NW und dreht weiter im Westen zunehmend auf O. Die Stärke liegt bei etwa 10 bis 15 Knoten, wobei der Wind allerdings gelegentlich auffrischt und auf dem Höhepunkt der Passatsaison Windgeschwindigkeiten von 30 Knoten nichts Ungewöhnliches sind. Am stärksten weht der Passat im Winter zwischen November und März; er läßt aber nach, je weiter man nach Süden zum Äquator kommt.

Der gesamte Passatgürtel verlagert sich während des Jahres mit dem Sonnenstand nach Norden oder Süden. Seine Nord- und Südgrenze führt aber nicht in einer geraden Linie von Osten nach Westen, sondern in einer Kurve, deren Scheitelpunkt im Sommer auf etwa 35°N ca. 200 Meilen vor der amerikanischen Küste liegt; die Südgrenze befindet sich dann bei 8°N. Im Winter reicht der Passat bis auf 29°N bei etwa 150°W im Norden, während die Südgrenze in dieser Zeit am Äquator liegt.

Tropische Konvergenzzone

Der NO-Passat grenzt im Süden an die tropische Konvergenzzone, die östlich von 160°W das ganze Jahr über nördlich des Äquators bleibt. Westlich dieses Längengrades reicht sie im nördlichen Winter, von etwa Dezember bis April oder Anfang Mai, südlich über den Äquator hinaus. Während des Sommers in der nördlichen Hemisphäre, wenn der SO-Passat im Südpazifik seinen Höhepunkt erreicht, verschwindet die tropische Konvergenzzone westlich von etwa 150°W, wo die beiden Passatsysteme fast aufeinander treffen und der Kalmengürtel nicht vorhanden ist, völlig. Im westlichen Teil des Nordpazifiks gibt es die tropische Konvergenzzone nur in den Übergangszeiten zwischen den Monsunen, also von Mitte April bis Mitte Mai und von Mitte September bis Mitte November.

Innerhalb der Konvergenzzone herrscht typisches Kalmenwetter, mit Flauten oder sehr schwachen Winden, die mit Böen, schweren Regenfällen und Gewitterstürmen abwechseln. Weiter im Westen läßt die Häufigkeit von Flauten und leichten wechselnden Winden jedoch nach, und der Wind kommt auch innerhalb der Kalmen überwiegend aus östlichen Richtungen. Diese Tatsache sollte man besonders dann berücksichtigen, wenn man westlich des Längengrades der Marquesas-Inseln eine Äquatorüberquerung plant.

Nordostmonsun

Die intensive Kälte, die in den Wintermonaten über der asiatischen Landmasse liegt, sorgt über Teilen des Fernen Ostens für ein Hochdruckgebiet. Die um dieses Winterhoch zirkulierende Luft führt dazu, daß in den Wintermonaten im Chinesischen Meer und den angrenzenden Gewässern NO-Winde vorherrschen. Der NO-Monsun im westlichen Nordpazifik macht sich besonders zwischen 5°N und 30°N bemerkbar. Seine östliche Grenze ist schwieriger zu bestimmen, weil er in den NO-Passat des Nordpazifiks übergeht. Die Monsune im Chinesischen Meer lassen sich zwar als Verlängerung des Monsunsystems im Indischen Ozean betrachten, weisen aber doch gewisse Unterschiede auf. Im Chinesischen Meer ist es der NO-Monsun im Winter, der stärker und gleichmäßiger weht, während im Indischen Ozean der SW-Monsun der starke, gleichmäßige Wind ist. Auf seinem Höhepunkt bildet der NO-Monsun im Chinesischen Meer ein fortlaufendes Windsystem mit dem NO-Passat im Nordpazifik, so daß im Dezember und besonders im Januar ein Gürtel mit starkem NO-Wind von Kalifornien bis nach China quer über den Ozean reicht.

Wann der Monsun einsetzt, hängt vom Breitengrad ab; im Norden beginnt er früher als im Süden. Der NO-Monsun setzt an der Nordgrenze zwar schon etwa im September ein, aber es dauert noch bis November, bis er sich voll durchgesetzt hat; dann hält er bis März an. In der Übergangszeit zum SW-Monsun, d. h., April-Mai und August-September, gibt es Flauten und wechselnde Winde.

Auch die Stärke des Windes wird durch den Breitengrad beeinflußt, wobei der Monsun im Norden mit durchschnittlich 25 Knoten am stärksten weht und im Bereich der Philippinen und Nordindonesiens auf 15 Knoten und weniger abnimmt. Im Dezember und Januar, auf dem Höhepunkt des Winters, kann er jedoch viele Tage lang mit Sturmstärke wehen; am stürmischsten ist es dann in den offenen Gewässern zwischen den Philippinen, Taiwan und Japan.

Südwestmonsun

Im Sommer, wenn sich durch die Erwärmung Asiens ein großes Tiefdruckgebiet über dem östlichen Teil des Kontinents bildet, kommt es zu einer Umkehrung des NO-Monsuns. Das führt dazu, daß der SO-Passat des Indischen und des Pazifischen Ozeans über den Äquator vordringt. Aufgrund der Erddrehung wird der SO-Passat nach rechts abgelenkt und im westlichen Teil des Pazifiks zum SW-Monsun. Im Chinesischen Meer kommt der Wind dann überwiegend aus S und SW, näher an Japan hingegen aus S oder SO. Das Gebiet im Einflußbereich des SW-Monsuns liegt im allgemeinen westlich von 140°O und südlich von 40°N.

Stetige SW-Winde herrschen im Juli im Chinesischen Meer, doch weiter zum Nordosten hin läßt der Monsun immer mehr nach, und es kommt zunehmend zu wechselnden Winden. Das Wetter ist bei SW-Monsun häufig unbeständig, und es treten sehr oft Böen auf, bei denen Sturmstärke erreicht wird.

Wechselnde Winde

An die Stelle der beiden Monsune und des NO-Passats tritt auf der Polseite des Nordpazifiks ein Gürtel mit wechselnden Winden. Er entspricht zwar den Roßbreiten des Atlantischen

Pazifischer Ozean

Ozeans, ist aber viel schmaler und nur selten mehr als 300 Meilen breit. Die Zone mit wechselnden Winden wird durch die Lage des Hochdruckgebiets beeinflußt, das sich im Sommer nach Norden verlagert; dann sind zwischen 35°N und 40°N schwache und wechselnde Winde zu erwarten. Das Hoch verlagert sich im Winter nach Süden und reicht dann von etwa 25°N auf 30°N. Die Luftzirkulation um das nordpazifische Hoch wirkt sich direkt auf die Windverhältnisse in der Zone mit wechselnden Winden aus. In der östlichen Hälfte des Ozeans kommt der Wind im Sommer eher aus nördlicher Richtung und geht in den NO-Passat über. In der westlichen Hälfte herrschen eher südliche Winde, die somit eine Verlängerung des SW-Monsuns bilden.

Westliche Winde

Die wechselnden Winde gehen nördlich von etwa 35°N mehr und mehr in westliche Winde über. Diese sind nicht so stürmisch wie im Südmeer, und außerdem läßt sich die nördliche Grenze der Zone mit wechselnden Winden nicht so genau festlegen. Die westlichen Winde sind in Richtung und Stärke in den Wintermonaten zuverlässiger, doch das dürfte kaum die Zeit sein, in der jemand daran denken würde, in den höheren Breiten des Nordpazifiks mit seinen rauhen Wetterverhältnissen zu segeln. Im Sommer, wenn weniger Tiefdruckgebiete zwischen Japan und Alaska über den Nordpazifik ziehen, ist das Wetter angenehmer. Am besten dürfte es im Juli sein, wenn nördlich von 40°N leichter bis mäßiger Westwind vorherrscht.

Tropische Stürme

Im Nordpazifik gibt es zwei Gebiete mit tropischen Wirbelstürmen, und zwar den Fernen Osten mit seinen Taifunen und den östlichen Teil des Nordpazifiks mit seinen Hurrikanen.

Die Hurrikanregion liegt in der Nähe der amerikanischen Küste zwischen etwa 30°N und 10°N westlich von 140°W. Dieses Gebiet umfaßt die mexikanische und mittelamerikanische Pazifikküste und reicht bis auf 140°W auf die offene See hinaus, eine Tatsache, die man berücksichtigen muß, wenn man diese Region in der gefährlichen Jahreszeit durchqueren will. Theoretisch reicht die Hurrikansaison von Mai bis November, wobei die meisten Hurrikane zwischen Juni und Oktober mit einem Höhepunkt im September zu verzeichnen sind. Da Hurrikane auch schon gelegentlich im Dezember aufgetreten sind, können nur die Monate von Januar bis April als ungefährlich bezeichnet werden.

Als allgemeine Regel gilt, daß nur die frühen Hurrikane bis an die westliche Grenze des Gebiets ziehen, während die späteren überwiegend im Küstenbereich bleiben. Deshalb ist es bei Fahrten zum Ende der Hurrikansaison hin anzuraten, möglichst schnell den Küstenbereich zu verlassen.

Die von Taifunen betroffene Region ist viel größer und erstreckt sich von den Karolinen bis nach Japan. Sie wird im Osten von Guam und den Marianen und im Westen von den Philippinen, Taiwan und dem nördlichen Teil des Südchinesischen Meeres begrenzt. Die Taifunsaison läßt sich weniger genau abgrenzen als die Hurrikansaison im Ostpazifik, so daß kein einziger Monat als völlig ungefährlich gilt. Die meisten Taifune treten jedoch zwischen Mai und Dezember auf, und in diesem Zeitraum wurde bisher über die Hälfte aller Taifune zwischen Juli und Oktober verzeichnet. Der September ist mit einem Durchschnitt von mehr als vier Taifunen der gefährlichste Monat. Am geringsten ist die Wahrscheinlichkeit eines Taifuns von Januar bis April. Da in dem Bereich zwischen dem Nordteil des Chinesischen Meeres und der Westseite des Ostchinesischen Meeres von Dezember bis April bislang keine Taifune verzeichnet wurden, dürfte das die ungefährlichste Zeit für Fahrten nach und ab Japan sein; zu dieser Zeit herrscht allerdings Winterwetter.

Strömungen

Die Oberflächenströmungen im Nordpazifik ähneln einem riesigen Karussell, bei dem sich verschiedene Strömungen im Uhrzeigersinn um eine Zelle drehen, die nicht ganz in der Mitte der nördlichen Halbkugel liegt. Die Antriebsfeder für diese Kreisbewegung ist der Nordäquatorialstrom, der mit seiner Achse auf etwa 12°N nach Westen fließt. Südlich davon fließt die äquatoriale Gegenströmung nach Osten, deren südliche Grenze zwischen 2°N und 4°N liegt, wo sie an den Südäquatorialstrom stößt.

Der Nordäquatorialstrom wird überwiegend vom Kalifornienstrom und vom nördlichen Arm der äquatorialen Gegenströmung gespeist. Weiter im Westen wird er durch den Nordpazifikstrom verstärkt, und noch weiter westlich teilt er sich in einen südlichen Arm, der die Richtung wechselt und zur äquatorialen Gegenströmung wird, und einen nördlichen Arm, der nach Taiwan und Japan weiterführt. Das ist dann die Hauptquelle für den Kuro Schyo, eine Warmwasserströmung ähnlich dem Golfstrom im Nordatlantik. Der hauptsächliche Unterschied besteht darin, daß die Richtung des Kuro Schyo von den Jahreszeiten abhängig ist; er setzt nämlich während des SW-Monsuns nach NO und fließt im Winter auf dem Höhepunkt des NO-Monsuns in umgekehrter Richtung.

Der Kuro Schyo fließt an der japanischen Südküste entlang hauptsächlich in NO-Richtung. Auf etwa 35°N weitet er sich anschließend auf und bildet den Nordpazifikstrom. Dieser wiederum, verstärkt durch den Aleütenstrom, führt in einem breiten Band quer über den Nordpazifik nach Amerika. Östlich von 160°W breitet er sich fächerförmig aus, wobei ein Teil sich südlich wendet, während der Hauptstrom weiter nach Osten zum nordamerikanischen Kontinent führt, wo er sich nach NO wendet. Diese Südströmung wird dann zum Kalifornienstrom, der in den Nordäquatorialstrom übergeht und damit die Bewegung im Uhrzeigersinn um das Nordpazifische Becken vervollständigt.

Die Oberflächenströmungen an der zentralamerikanischen Pazifikküste und im Golf von Panama verlaufen unregelmäßiger mit starken jahreszeitlich bedingten Schwankungen, die eine Vorhersage unmöglich machen. Die äquatoriale Gegenströmung wird in diesem Gebiet normalerweise nach Nordwesten an der Küste Mittelamerikas entlang abgeleitet und geht in den Kalifornienstrom und schließlich in den Nordäquatorialstrom über. In den ersten Monaten des Jahres wendet sich ein Arm der äquatorialen Gegenströmung nach Süden und fließt in den Südpazifik. Im Golf von Panama sind die Strömungsverhältnisse noch komplizierter, da von beiden Seiten Wasser einströmt und im Zentrum eine Strömung wieder hinausführt, die schließlich in den Südäquatorialstrom eingeht.

Pazifischer Ozean

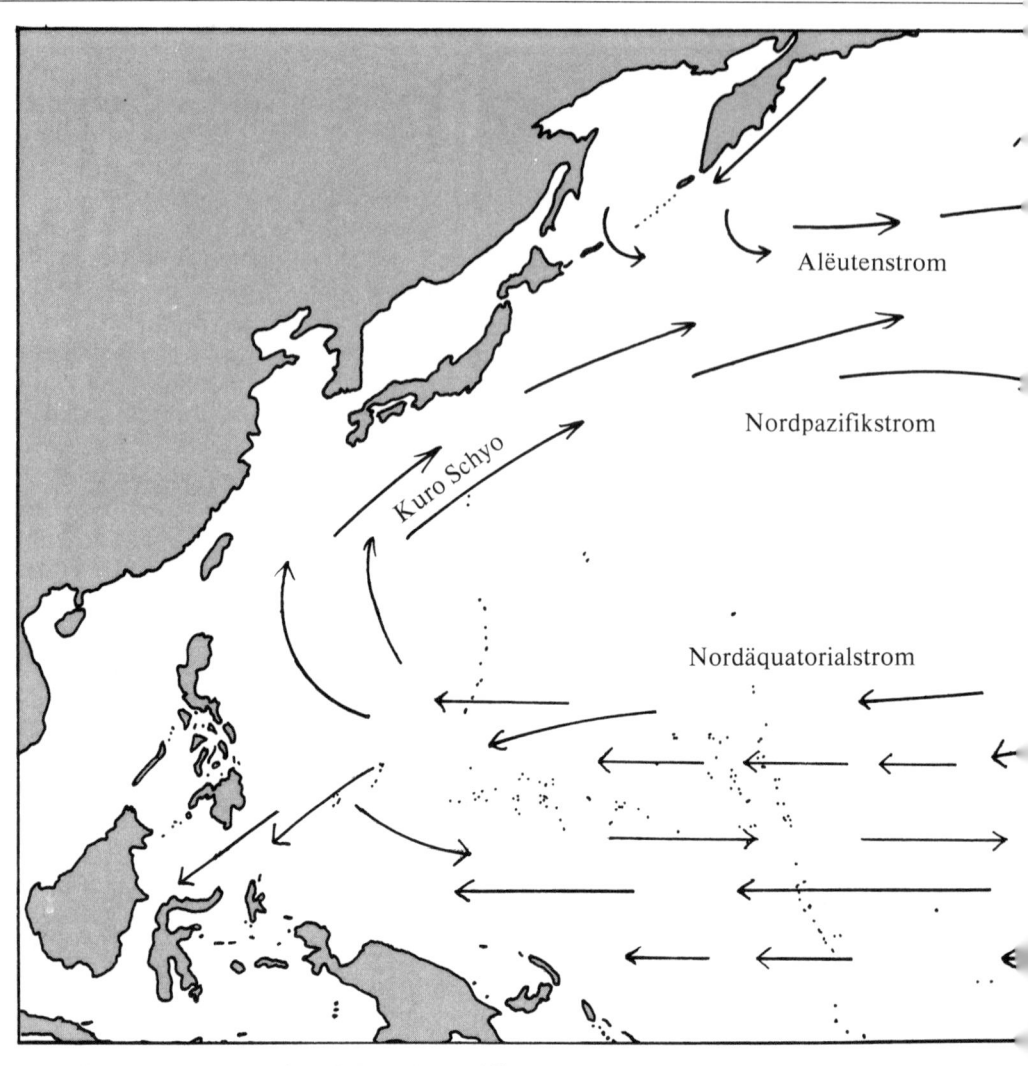

36. Strömungen im Nordpazifik

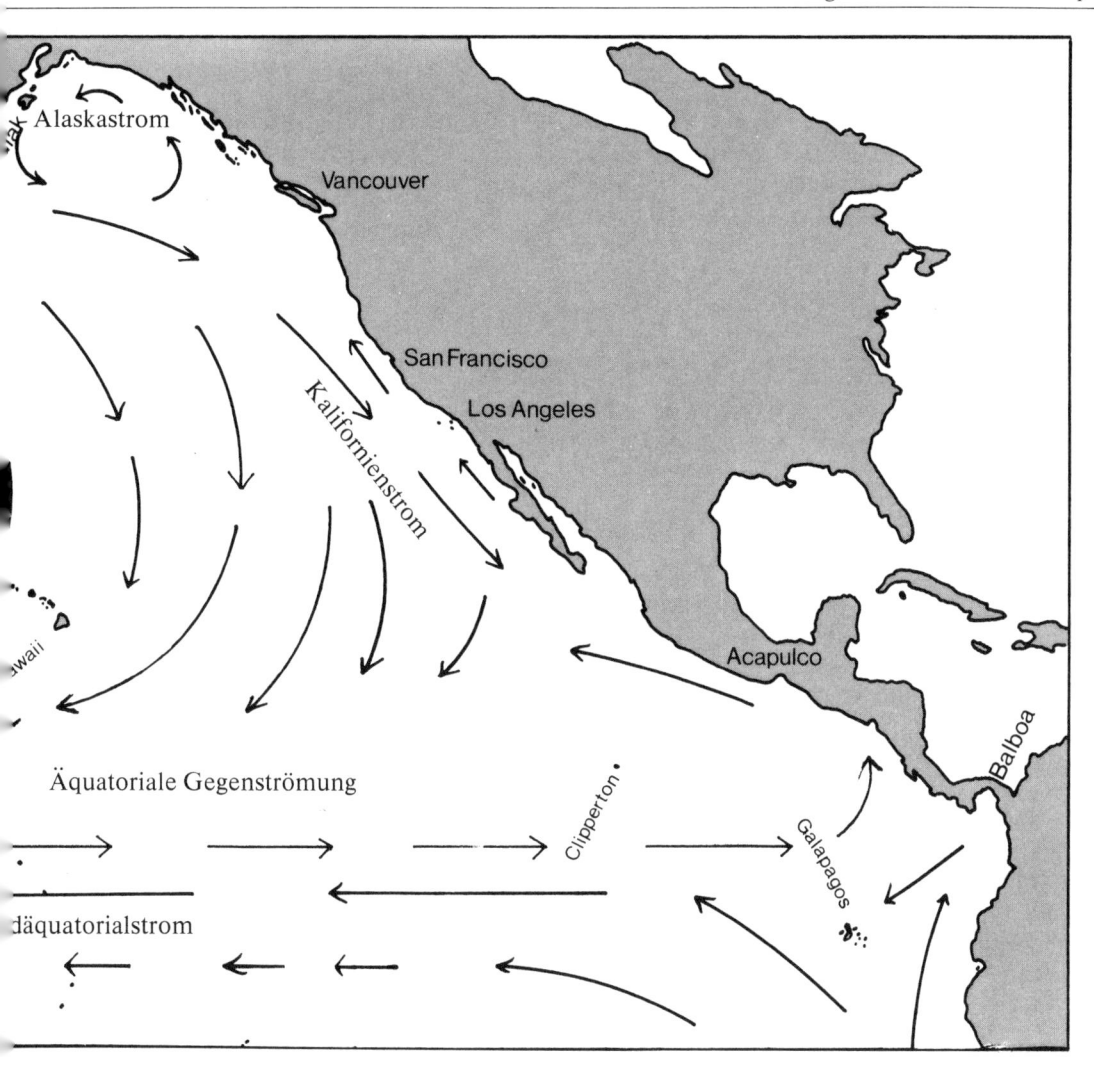

Wind- und Strömungsverhältnisse im Nordpazifik

12 Regionale Wetterverhältnisse im Nordpazifik

Alaska

In diesem schönen, aber eisigen Staat ist die Segelsaison sehr kurz und das Wetter unvorhersehbar. Selbst in den Sommermonaten kann es zu Stürmen mit heftigem Regen kommen, und nachts, wenn es kräftig windet, ist es immer kalt. Hauptsächlich morgens treten Nebel und Nieselregen auf, wobei der Nebel tagsüber von der Sonne aufgelöst wird.

Ein Grund dafür, hier zu segeln, ist der spektakuläre Anblick der Gletscher, die steil in die See abfallen, aber die Gefahr von Eis mit sich bringen. Man muß immer sorgfältig auf Teile von Eisbergen und auf Holzstämme achten. Nachts segelt man deshalb also besser nicht an dieser Küste. Man kann in geschützten Gewässern segeln, wenn man nachts vor Anker geht und dabei auf den starken Tidenhub, die starken Strömungen und den Wind von den Bergen achtet.

British Columbia

Die Sommermonate von Mai bis September sind die beste Jahreszeit für die Erkundung dieser schönen und dramatischen Küstenlinie. Der Wind kommt zu etwa 65% entweder aus SO oder NW. Im Sommer dominieren NW-Winde, während in der stürmischen Jahreszeit von Oktober bis März SO-Wind häufiger ist. Stürme sind in den Sommermonaten seltener und auch nicht so heftig. Die stärksten Winde gehen mit Tiefdruckgebieten und deren Fronten einher. Generell dreht der Wind bei Annäherung einer Front in den SO-Quadranten rück und erreicht Sturmstärke. Wenn der Sturm nachläßt, dreht der Wind in den NW-Quadranten und läßt nach. Ganz selten wird diese Drehung nicht abgeschlossen, so daß der Wind aus SW weht. Frühjahr und Herbst sind Übergangszeiten mit entsprechendem Wetter.

Weil häufig Tiefdruckgebiete vom Pazifik heranziehen, ist es meist bewölkt und regnet reichlich. Es gibt längere Perioden mit wechselhaftem Wetter, mit wenigen schönen Abschnitten im Winter und häufigeren schönen Abschnitten im Sommer. Seenebel tritt sehr häufig im Sommer auf, wobei die Monate August bis Oktober den höchsten Anteil an Nebeltagen haben.

Die Mehrheit der Segler in British Columbia nutzt die Küstenstrecken, wo allerdings Gezeitentabellen unerläßlich sind. Die Berge wirken sich dahingehend aus, daß entweder Flaute herrscht oder daß es mit Sturmstärke die Hänge hinabbläst. Zu extremen Wetterverhältnissen kommt es, wenn ein Druckgradient mit einer geographischen Gegebenheit übereinstimmt. Bei SO-Wind kommt es in allen Küsteneinschnitten zu Starkwind bis Sturm. Wenn

SO-Wind vorhergesagt wird, kann man sicher sein, daß er vor und in allen Einschnitten stark weht.

US-Westküste

In den nördlichen Teilen dieses Gebiets herrschen ähnliche Bedingungen wie in British Columbia. Das Wetter in dieser Region wird von zwei Haupterscheinungen beeinflußt, nämlich vom Pazifikhoch und vom Kalifornienstrom. Wenn im Frühjahr das sich ausdehnende Pazifikhoch das Kommando übernimmt, wechselt das Wetter allmählich von kalt und regnerisch auf mild und sonnig. Das Hoch sorgt für schönes Wetter mit vorherrschenden Winden aus W bis N. Im Frühjahr kommt es noch gelegentlich zu SO- bis N-Stürmen, die aber in den Sommermonaten fast ganz nachlassen. Der kalte Kalifornienstrom bringt für ein Drittel der Zeit im Sommer und Herbst Nebel mit sich und sorgt dafür, daß es nicht zu heiß wird. In den Sommermonaten regnet es viel weniger.

Obwohl es noch ein paar milde sonnige Tage gibt, setzt gegen Ende September langsam das Winterwetter mit häufigen Stürmen, viel Regen und Kälte ein. Wenn sich im Golf von Alaska ein großer Sturm hält, kann das schlechte Wetter bis zu einer Woche lang anhalten. Rauhe Bedingungen können vor der Mündung des Columbia River herrschen, weil sich dort so viel Süßwasser über die Schwelle ergießt und auf die westliche Dünung trifft. Das führt zu durcheinanderlaufenden und gefährlichen Seen. Dort bleibt man besser weiter auf See, und zwar besonders bei schlechtem Wetter, wenn jede Menge Großschiffe auf bessere Bedingungen wartet, um die Schwelle zu überqueren. Ähnliche Probleme gibt es vor der Coos Bay in Oregon.

Kalifornien

Die Winde, die um das Nordpazifikhoch kreisen, wehen die meiste Zeit des Jahres parallel zur kalifornischen Küste. Im Winter reicht der NW-Wind nicht so weit nach Norden, sondern herrscht im Süden vor, während in den Sommermonaten dort SW- oder S-Wind weht.

Im Winter kommt es zu SO-Stürmen mit heftigem Regen; davon sind allerdings mehr das mittlere und nördliche Kalifornien betroffen und weniger der Bereich südlich von Los Angeles. Gelegentlich tritt wie aus heiterem Himmel ein starker Nordsturm auf. Zu NW-Stürmen mit Windgeschwindigkeiten von 50 bis 60 Knoten kommt es meistens hauptsächlich in den Wintermonaten nach Durchzug einer Front. Diese Stürme halten zwei bis drei Tage lang an und werden oft von einer Flaute abgelöst.

Im Sommer unterbricht gelegentlich ein SO-Sturm das normalerweise gute Wetter, wobei der äußerste Süden generell schwächere Winde und ruhigere See hat. In den Sommermonaten kann es zu langen Flautenperioden kommen; in dieser Zeit sollte man, wenn die Fahrt gegen die vorherrschende Windrichtung geht, besonders nachts und in den frühen Morgenstunden unter Motor fahren. Die Flauten sind bei einer geplanten Fahrt nach Luv von großer Bedeutung, da der zuverlässige Westwind am Nachmittag einen willkommenen Schub in der gewünschten Richtung geben kann. In Landnähe können an klaren trockenen Tagen auch bei beständigem Wetter lokale Winde durch die Canyons fegen. Sie werden zwar als Abendwinde bezeichnet, weil sie bei Sonnenuntergang auftreten, können aber auch am Morgen wehen.

Die Gefahr tropischer Stürme besteht von Juni bis November, in der Hurrikansaison im östlichen Nordpazifik. Hurrikane treten aber nur selten oberhalb von 30°N auf, am ehesten noch im August und September. Oft haben tropische Zyklone einen Großteil ihrer Kraft verbraucht, wenn sie das südliche Kalifornien erreichen.

Außer tropischen Zyklonen gibt es noch einen weiteren Starkwind, den *Santa Ana,* der allerdings nur selten auftritt. Es handelt sich dabei um einen Wüstenwind mit bis zu 50 Knoten, der meistens im Spätherbst oder Winter im Bereich der San Pedro Bay auftritt.

Ein anhaltendes Problem an dieser Küste, und zwar besonders zwischen San Francisco und Los Angeles, ist der Nebel, der dadurch verursacht wird, daß die warmen feuchten Winde, die um das Pazifikhoch kreisen, auf den kalten Kalifornienstrom treffen. Die Küstengegenden werden regelmäßig von dichtem Nebel heimgesucht, der sich allerdings meist auflöst, wenn sich die Erde tagsüber erwärmt.

Im Golf von Kalifornien herrscht von November bis Mai schönes Wetter mit NW-Wind, während für den Rest des Jahres der Wind überwiegend aus SO kommt. Das ist die feuchte Jahreszeit, in der der SO-Wind gelegentlich Sturmstärke annehmen kann. Im oberen Teil des Golfs kommt es im Dezember, Januar und Februar zu NW-Stürmen.

Mexiko

Wie in Kalifornien folgt der vorherrschende Wind meistens der Küstenlinie. Von Januar bis April herrscht gewöhnlich schönes Wetter mit nördlichen Winden sowie Land- und Seewinden nahe der Küste. Die Seewinde setzen in der Regel gegen Mittag aus SSW ein und drehen auf W. Spät abends erhebt sich ein weniger regelmäßiger Landwind.

Die feuchte Jahreszeit dauert von April bis September; dann herrscht böiges Wetter mit Donner, Blitz und heftigem Regen. In diesem Zeitraum kommt es zu SO- bis SW-Stürmen. Diese Jahreszeit fällt auch fast genau mit der Hurrikansaison zusammen, in der im Schnitt jährlich 15 tropische Zyklone vor der Westküste von Mexiko entstehen. Davon erreicht in der Regel aber nur die Hälfte Hurrikanstärke.

Das zentralmexikanische Gebirge sorgt für viele lokale Besonderheiten in den Windverhältnissen und unterbricht die allgemeine Luftströmung. Im Winter wehen starke und heftige Winde von den mexikanischen Höhen herab über die Küste und mehrere Hundert Meilen nach Süden und Westen auf die See hinaus. Gelegentlich reichen diese starken Luftströmungen, die als *Papagayos* oder *Nortes* bezeichnet werden, bis zum Äquator und zu den Galápagos-Inseln. Sie treten in der gleichen Zeit auf wie die *Norder* im Golf von Mexiko.

Mittelamerika

Der großartige Gebirgszug der Kordilleren sorgt dafür, daß Land- und Seewinde in der schönen Jahreszeit überall dort vorherrschen, wo das Gebirge bis an die Küste heranreicht. Diese schöne Jahreszeit dauert von Februar bis Mai; dann kündigen wechselnde Winde die feuchte Jahreszeit an, in der der Regen oft in böigen Schauern fällt. Mit dieser Sommerzeit von Juni bis September fällt auch die Hurrikansaison zusammen.

Im September und Oktober wird der Übergang zum Winter oft durch starke W- und SW-Stürme charakterisiert, die besonders zur Zeit des Herbstäquinoktiums schwere Regenfälle mit sich bringen. In den Wintermonaten besteht zwar keine Hurrikangefahr, doch es kann bis hinunter in den Golf von Panama zu starken Nordstürmen kommen. Im Golf von Panama herrscht in den Wintermonaten NNO- und sonst SW-Wind, wobei es fast das ganze Jahr über naß und regnerisch ist.

Abgesehen von einem der gelegentlichen *Norder,* seltenen Weststürme oder Sommerhurrikane könnte man das Wetter an der Westküste Mittelamerikas als echtes Pazifikwetter mit wenig Wind und ruhiger See beschreiben. Je nach der Topographie des Landes kann es dabei an der Küste zu sehr großen Unterschieden in den lokalen Bedingungen kommen.

Hawaii

Die großen Roller des Pazifiks, die Hawaii zu einem Surferparadies machen, sind bei Seglern nicht so beliebt, und bei starkem Wind sind sogar einige Häfen von der schweren Dünung betroffen.

Regionale Wetterverhältnisse im Nordpazifik

Um Hawaii herum herrscht den Großteil des Jahres über NO-Passat. Dieser hat im März eine nördlichere, später eine östlichere Komponente. In der Nähe dieser Insel ist der NO-Passat stärker als überall sonst im Pazifik. Schwächere Winde und Flauten können im Oktober auftreten, während im November und Dezember Südwind den Passat unterbrechen kann.

Die schlechtesten Monate sind der Januar und der Februar, in denen S- und SW-Stürme auftreten, die als *Konas* bezeichnet werden, von wenigen Stunden bis zu zwei bis drei Tagen anhalten und Regen mit sich bringen. Die feuchte Jahreszeit dauert von November bis April.

Die hohen Vulkaninseln beeinflussen die lokalen Windverhältnisse, und es wehen sanfte Land- und Seewinde. Der Passat teilt sich und strömt besonders nördlich und südlich an den Küsten von Molokai und Maui entlang.

Line Islands

Diese kleinen flachen Inseln, die kaum sechs Meter aus dem Wasser ragen, liegen beidseits des Äquators. In diesem Gebiet gibt es keinen genau abgegrenzten Kalmengürtel zwischen dem NO- und dem SO-Passat, statt dessen eine nahezu konstante östliche Luftströmung. Der Wind kommt mit 10 bis 20 Knoten und gelegentlich 25 Knoten vorwiegend aus NO und SO. Die Temperaturen schwanken mit etwa 29°C am Tag und 22°C in der Nacht nur wenig, die Niederschlagsmenge ist von Jahr zu Jahr und Insel zu Insel sehr unterschiedlich. Regen fällt überwiegend zwischen Januar und Juli, und zwar meistens in Form von nächtlichen Regenböen. Obwohl die Inselgruppe nach allgemeiner Ansicht nicht im Zyklongürtel liegt, ist im letzten Jahrhundert ein Zyklon über Caroline Island im äußersten Süden hinweggezogen.

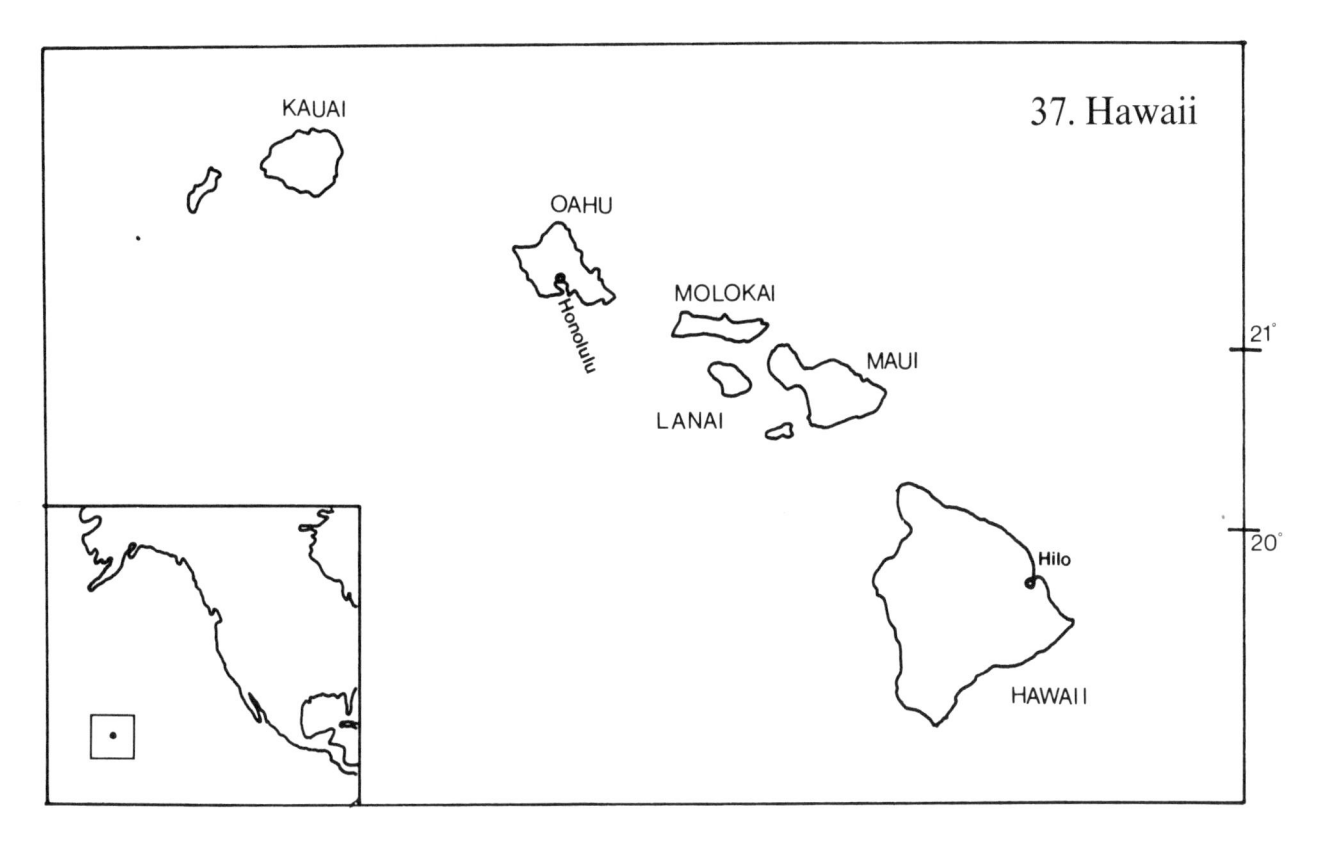

37. Hawaii

Pazifischer Ozean

Marshall-Inseln

Das Wetter auf diesen kleinen Inseln wurde bekannt und berüchtigt, als eine unerwartete Winddrehung die radioaktive Wolke nach einer Atombombenexplosion auf dem Bikini-Atoll über die Bewohner der Inseln Rongelap und Rongerik hinwegziehen ließ. Unter normalen Umständen herrscht von Dezember bis April auf diesen Inseln der NO-Passat vor. In manchen Jahren setzt dieser Wind jedoch nicht ein oder ist sehr schwach und unregelmäßig. In diesen Fällen kommt es oft zu SO-Wind. Von Mai bis November weht der Wind überwiegend aus Ost. Zwischen August und November wird der Ostwind gelegentlich durch Flauten oder starken SW-Wind unterbrochen. In der Zeit mit NO-Passat kann es böig sein. Bei Heranziehen einer Bö dreht der Wind meistens von NO über O, SO auf S und schließlich wieder auf NO zurück, wenn die Bö durchgezogen ist. Tropische Stürme wurden aus diesem Gebiet nicht gemeldet, die einzigen heftigen Stürme kommen aus SW. Mehrere Atolle dieser Gruppe sind radioaktiv verstrahlt.

Kiribati

Die ehemaligen Gilbert-Inseln, die heute unabhängig sind, liegen nördlich und südlich des Äquators. Das ist vielleicht der Grund dafür, daß sich für diese Inselgruppe kein einheitliches Wetterschema feststellen läßt, wobei

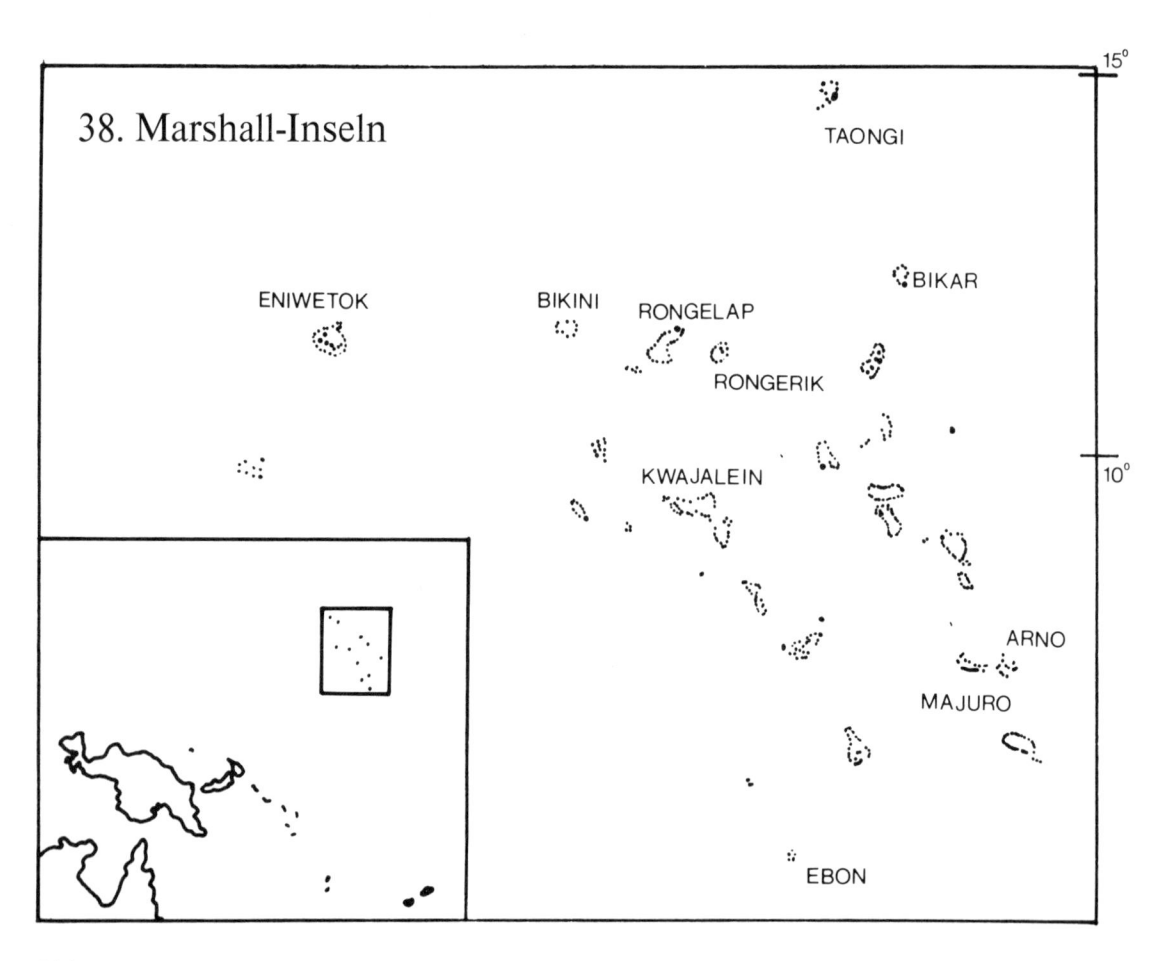

38. Marshall-Inseln

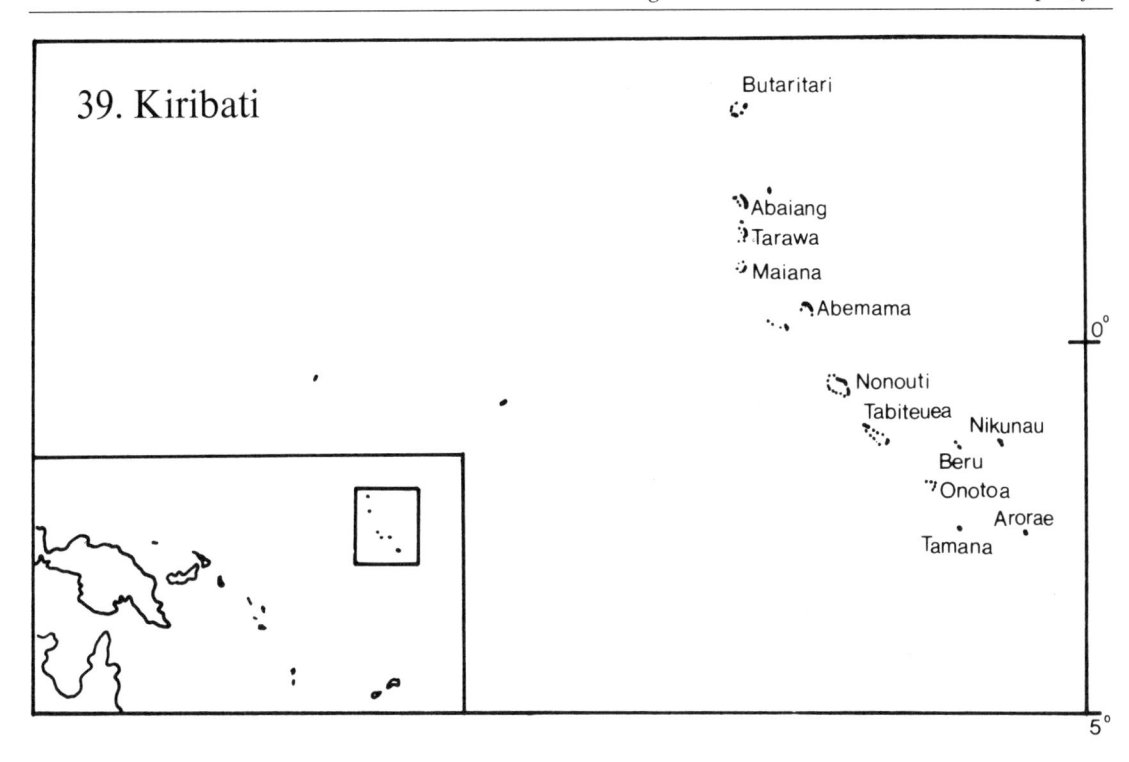

Regionale Wetterverhältnisse im Nordpazifik

39. Kiribati

allerdings Wind aus östlicher Richtung vorherrscht. Die schönste Jahreszeit liegt zwischen Mai und September, wenn der Passat aus ONO bis OSO weht und Regen selten ist. Von Oktober bis April macht sich weiter im Westen der NO-Monsun bemerkbar, der Wind kommt häufig aus N und W und bringt viel Regen mit sich. Das ist auch die Jahreszeit, in der heftige Stürme aus SW auftreten, die allmählich auf Nord drehen und zwei bis drei Tage lang anhalten. Zyklone sind in dieser Region nicht bekannt. Wie man es am Äquator erwarten würde, herrschen normalerweise hohe Temperaturen (30°C), die nachts nur wenig absinken.

Karolinen

Die winzigen Atolle der heutigen Föderation Mikronesien sind über einen riesigen Bereich verteilt und liegen in der Bahn des NO-Passats, der von Oktober bis Mai über der gesamten Inselgruppe für frischen Wind sorgt. In manchen Jahren setzt der Passat um bis zu einen Monat früher oder später ein. Auf Ponape im östlichen Teil des Archipels dauert es gelegentlich bis Januar, bis sich der NO-Passat bemerkbar macht. Zu Anfang der Saison weht er kräftig und geht mit heftigen Böen und Regenfällen einher. Im Juni treten an die Stelle des Passats Flauten und wechselnde Winde, die das restliche Jahr über anhalten. Im Juni, Juli und August übernimmt der SW-Monsun das Kommando, der gelegentlich von kurzen Flauten und östlichen Winden unterbrochen wird. Die feuchte Jahreszeit dauert zwar von Juni bis Oktober, doch ist kein einziger Monat völlig niederschlagsfrei. Zum Ende des SW-Monsuns hin, d. h., Ende August oder Anfang September, kann es zu starken SW-Stürmen kommen. Diese stehen offensichtlich mit den Taifunen in Verbindung, die ihre Brutstätte in dieser Region haben. Sie ziehen zwar meistens in NW-Richtung von den Inseln fort, erreichen aber sehr schnell ihre volle Stärke, und die wenigen, die über die Karolinen hinwegziehen, sind mit

147

Pazifischer Ozean

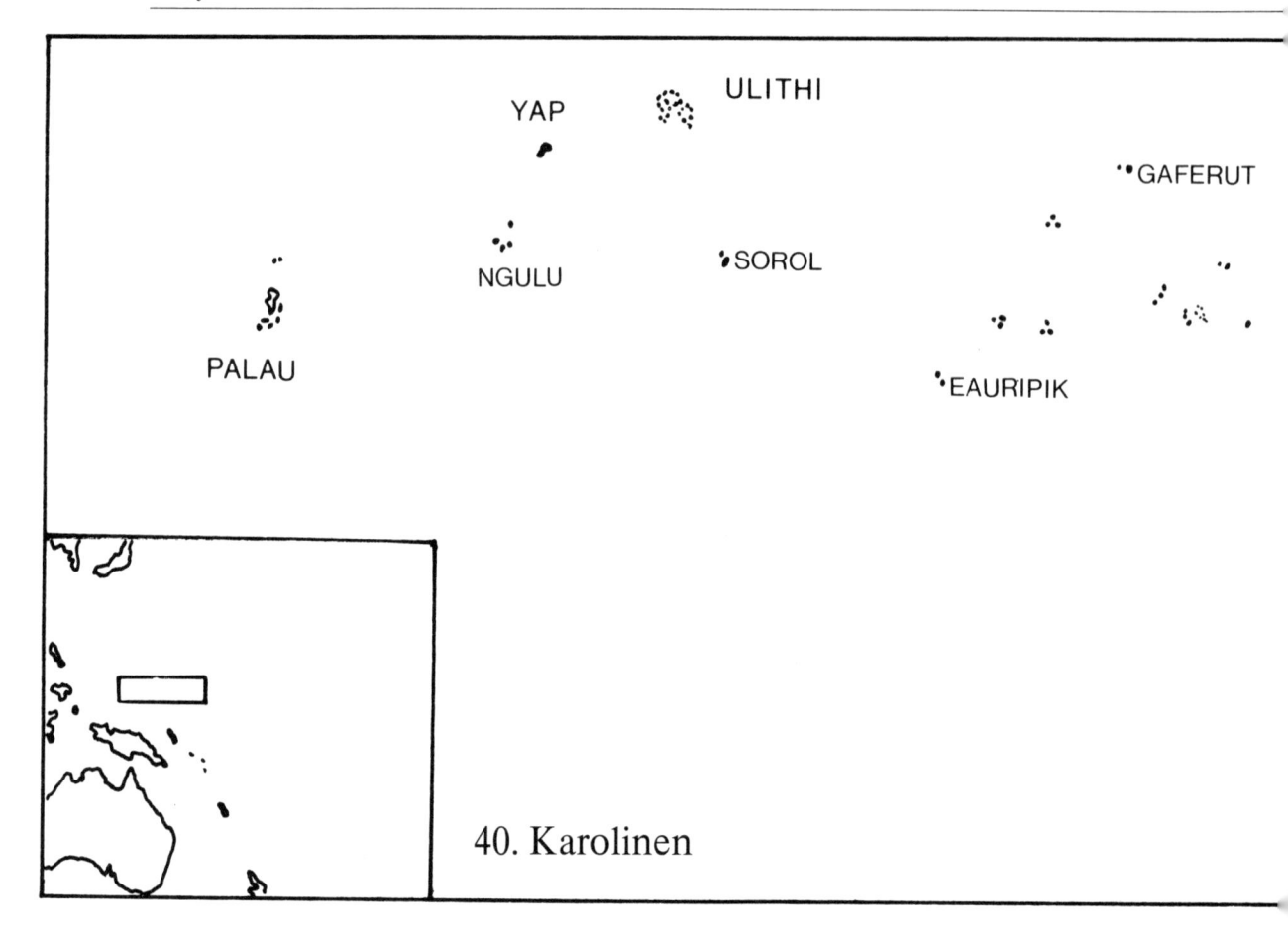

40. Karolinen

Windgeschwindigkeiten von bis zu 125 Knoten, wie sie 1960 auf dem Ulithi-Atoll gemessen wurden, sehr gefährlich.

Palau

Die um die große Insel Palau gescharte Inselgruppe am westlichen Rand der Karolinen liegt hart an der Grenze des Gebietes, in dem sich der asiatische NO-Monsun bemerkbar macht. Im Oktober wird aus dem NW- langsam ein NO-Wind, der sich im Dezember endgültig durchgesetzt hat. Von Dezember bis März weht er stetig mit etwa 10 bis 15 Knoten. Das ist die relativ trockene Jahreszeit, in der die wenigen Stürme, die tatsächlich auftreten, meistens aus NW kommen.

Im April und im Mai herrscht zwar immer noch NO- oder ONO-Wind vor, der aber allmählich schwächer und wechselhafter wird. Der Übergang zum SW-Monsun erfolgt langsam, und von Juni an werden Winde aus südlicher Richtung häufiger. Von Juli bis September herrscht SW-Monsun, der aber auch auf seinem Höhepunkt im August nie zu stark wird (5–10 Knoten). In diesem Zeitraum können aber auch Winde aus anderen Richtungen auftreten. Im Oktober, bei Beginn des Monsunwechsels, kommt der Wind aus wechselnden Richtungen, oft von SW oder NW.

Palau liegt am Rande des nordwestpazifischen Taifungürtels, und obwohl die meisten Taifune entweder in höheren Breiten entstehen oder sich nach Norden und Westen von Palau entfernen, darf man sie nicht ganz außer acht lassen. Die größte Taifungefahr besteht zwischen Juli und November.

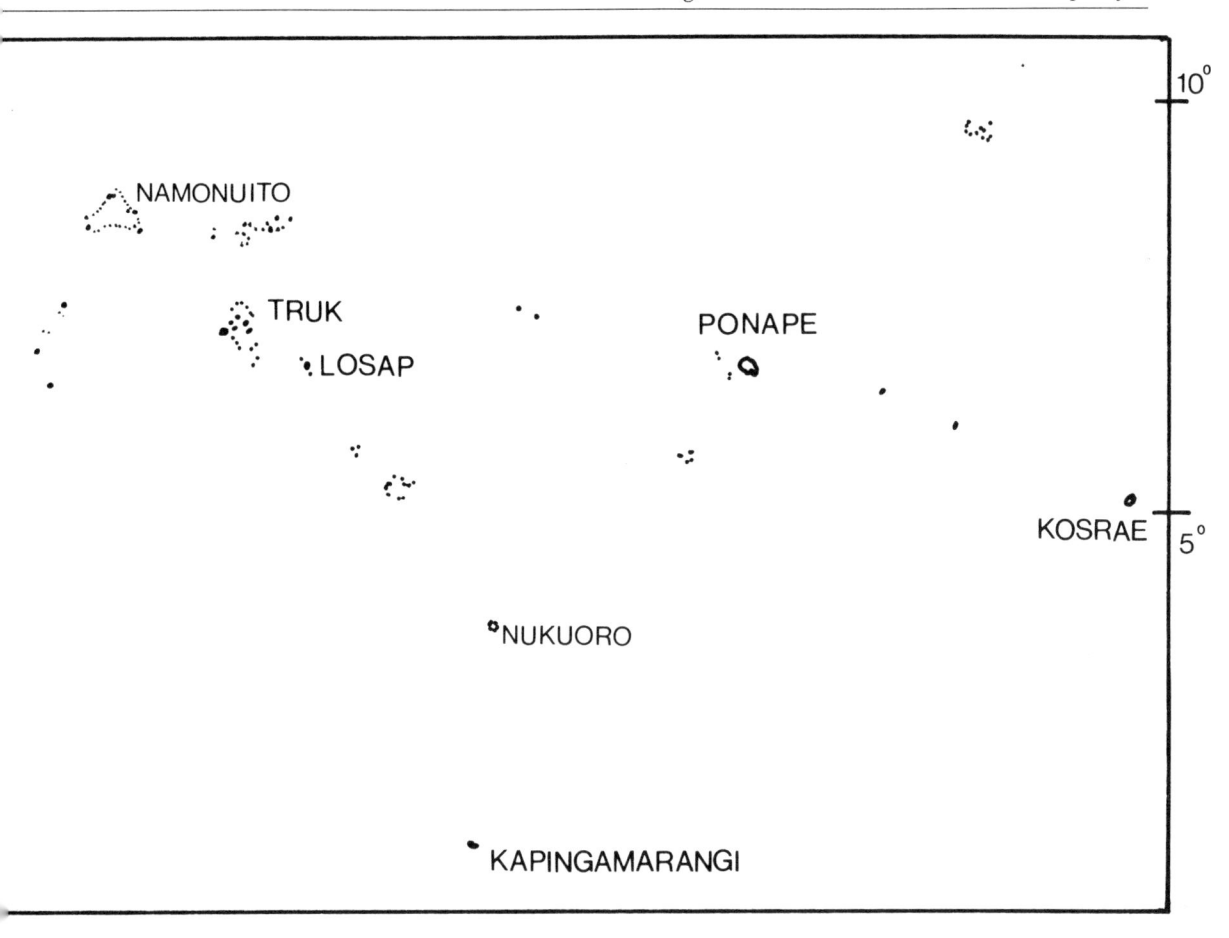

Marianen

Die Kette der Marianen bildet einen regelmäßigen Bogen bis hinab nach Guam, der größten Insel in Mikronesien, die zu den USA gehört. All diese Inseln liegen in der Region mit NO-Winden und werden vom NO-Monsun im Chinesischen Meer beeinflußt. Der Wind kommt von Januar bis März vorwiegend aus N bis NO und dreht im April und im Mai allmählich auf OSO und SO. Der SW-Monsun macht sich von Juni bis Oktober bemerkbar. Im Juni und Juli weht der Wind meistens aus SO bis SW, während er von August bis Oktober aus südlicher bis westlicher Richtung kommt. Im November und Dezember dreht er langsam auf Nord und kommt schließlich in den ersten Monaten des Jahres beständig aus NO. In dieser Zeit treten die meisten Regenböen auf. Die schönste Jahreszeit liegt zwischen April und Juni.

Von August bis November dauert die feuchte Jahreszeit, und in diesen Monaten treten auch die stärksten Winde auf, und zwar meistens aus Westen und häufig in Verbindung

Pazifischer Ozean

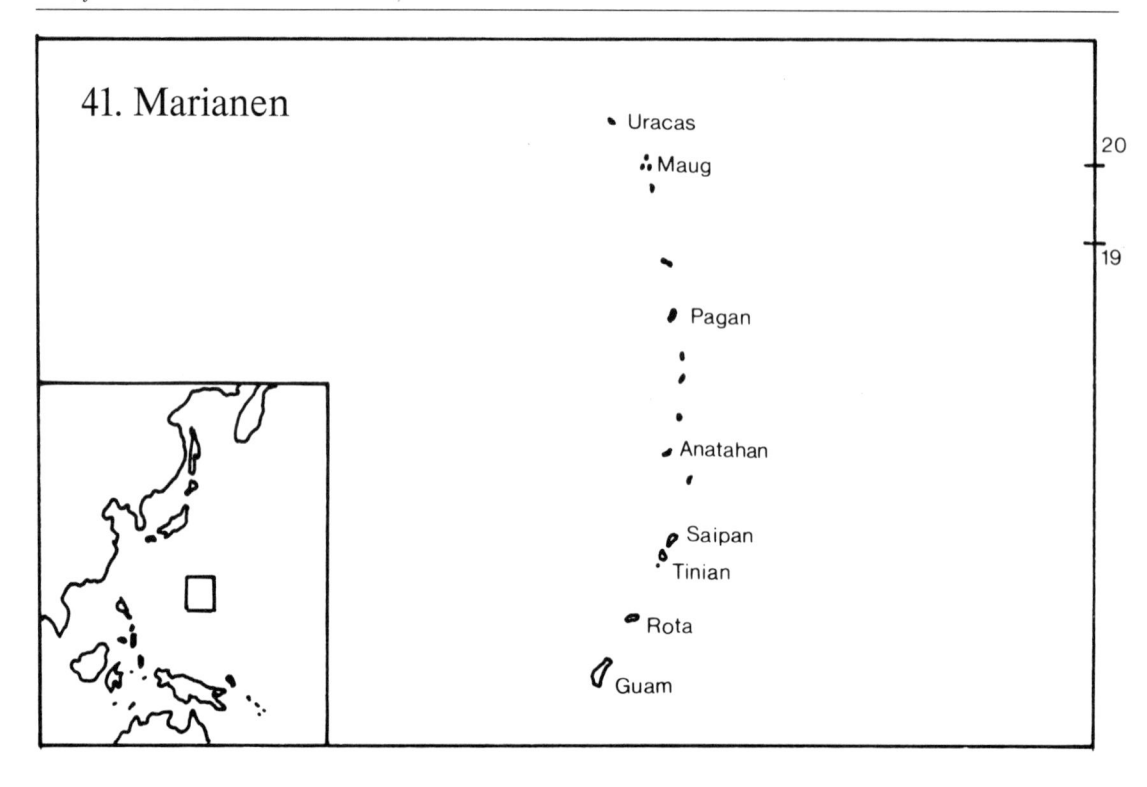

41. Marianen

• Uracas
⁘ Maug

• Pagan

• Anatahan

• Saipan
• Tinian

• Rota

• Guam

mit Gewitterstürmen. In dieser Zeit besteht die Möglichkeit von Taifunen, die von ihrer Brutstätte bei den Karolinen aus in einem Bogen nach Westen und Nordwesten ziehen. Die Zahl der Taifune schwankt beträchtlich von Jahr zu Jahr; manche Inseln bleiben viele Jahre lang unbehelligt, während andere von mehreren Taifunen im Jahr heimgesucht werden. Auf Guam wird im Schnitt alle zwei Jahre ein Taifun verzeichnet. Die wahrscheinlichsten Monate sind Juli bis November, wobei der August am gefährlichsten ist.

Philippinen

Diese große Inselgruppe besteht aus über 7000 Inseln, von denen Luzon im Norden die größte ist, auf der auch die Hauptstadt Manila liegt. Bei so vielen Inseln, die sich über ein so großes Gebiet verteilen, gibt es natürlich beträchtliche lokale Unterschiede in den Wetterverhältnissen. Der Wind wird überwiegend von den Monsunen im Chinesischen Meer beeinflußt, das von den Philippinen zum Pazifik hin abgegrenzt wird. Der NO-Monsun weht von Mitte Oktober bis Mitte Mai, und dieser Zeitraum gilt als die schöne Jahreszeit mit trockenem und klarem Wetter.

Der SW-Monsun setzt sich erst ab Juli durch und hält dann bis Oktober an. Gegen Ende dieses Zeitraums wird das Wetter böig mit heftigen Stürmen, die mehrere Tage lang anhalten können. Diese Stürme beginnen meistens im Norden oder Nordwesten und drehen dann auf SW oder S; dabei kommt es zu heftigen Niederschlägen. Die schlimmsten Monate sind September bis November. Das ist auch die Zeit, in der diese Gewässer von Taifunen heimgesucht werden. Diese Wirbelstürme bilden sich im allgemeinen im Südosten der Inseln und ziehen dann über sie hinweg zum Chinesischen Meer; manche erreichen die chinesische Küste, während andere in einem Bogen nach Japan zie-

42. Philippinen

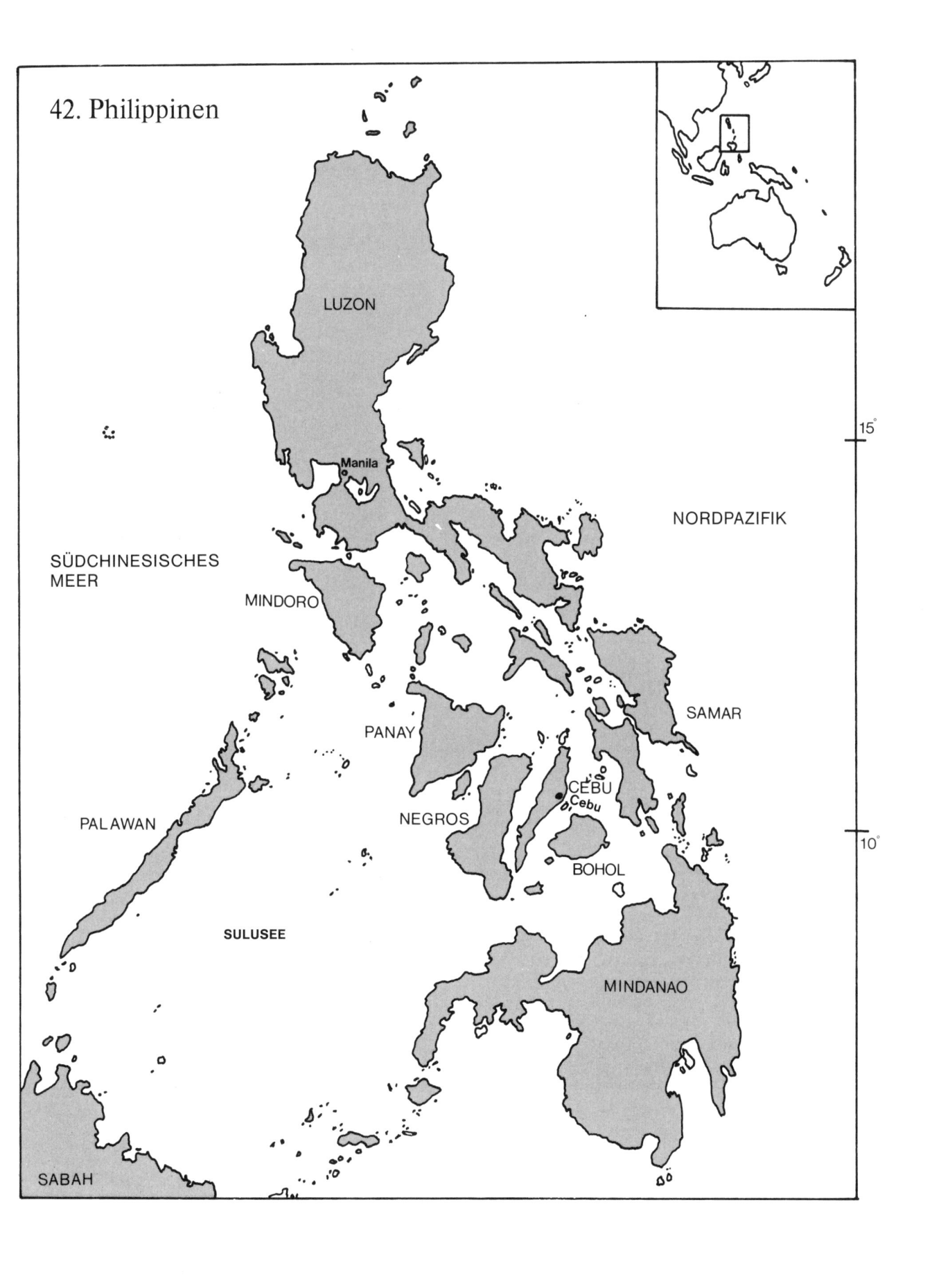

hen. Die Philippinen haben mit die höchste Anzahl an Taifunen zu verzeichnen, deren Hauptsaison zwar zwischen Juni und Oktober liegt, die aber jederzeit zwischen Mai und November auftreten können. Die Temperaturen liegen das ganze Jahr über bei etwa 30°C mit hoher Luftfeuchtigkeit.

Hongkong

Als glänzendstes Juwel in der Krone des dahinschwindenden britischen Empire fällt dieses große Handels- und Bankenzentrum 1997 an China zurück. Hongkong mit seiner Lage am Rande der Tropen hat ein Klima mit ausgeprägten Jahreszeiten. Der Winter von November bis April ist die Zeit des NO-Monsuns mit kühleren Temperaturen (15–18°C) und geringerer Luftfeuchtigkeit. Der Sommer von Mai bis Oktober ist warm und schwül (27–28°C) mit viel Regen. Das ist die Zeit des SW-Monsuns. Dann liegt Hongkong im Einflußbereich schlimmer Tiefdruckgebiete aus SO und SSO, die sich zu Taifunen entwickeln können. Diese Stürme entstehen meist im Pazifik östlich der Philippinen und ziehen dann nach NW. Taifune treten am häufigsten zwischen Mai und Oktober auf, aber auch zu Beginn des NO-Monsuns.

Aufgrund der Topographie der Inseln, ihrer Flüsse und Mündungen kann es zu starken lokalen Unterschieden in Windrichtung und -geschwindigkeit kommen. So führt beispielsweise eine Front aus SO an der einen Stelle zu SO-Wind und an der anderen zu N-Wind. Diese Tiefdruckgebiete aus SO treten zu jeder Jahreszeit auf, sind im Sommer allerdings häufiger.

Japan

Das Land der aufgehenden Sonne bietet nicht gerade das beste Segelwetter, so daß man hier als Segler nach anderen Vergnügungen Umschau halten muß. Es hat ein typisches gemäßigtes Klima und kann in den Wintermonaten extrem stürmisch sein. Da Japan im Gürtel der wechselnden Winde liegt, kann der Wind im Sommer aus nahezu jeder beliebigen Richtung wehen. Von Mai bis Oktober besteht leider auch die Gefahr von Taifunen, die von ihren Brutstätten weiter im Süden nach NW ziehen.

Eine weitere Gefahr in den japanischen Gewässern ist der hohe Anteil an Nebeltagen. Der Nebel entsteht dadurch, daß die kalte Strömung aus dem Norden auf den wärmeren Kuro Schyo trifft, so daß sich ein ähnlicher Effekt wie auf den Grand Banks und vor Neufundland im Atlantik ergibt. All diese Mängel werden durch die warme Gastfreundschaft, die man ausländischen Seglern entgegenbringt, mehr als wett gemacht.

43. Japan

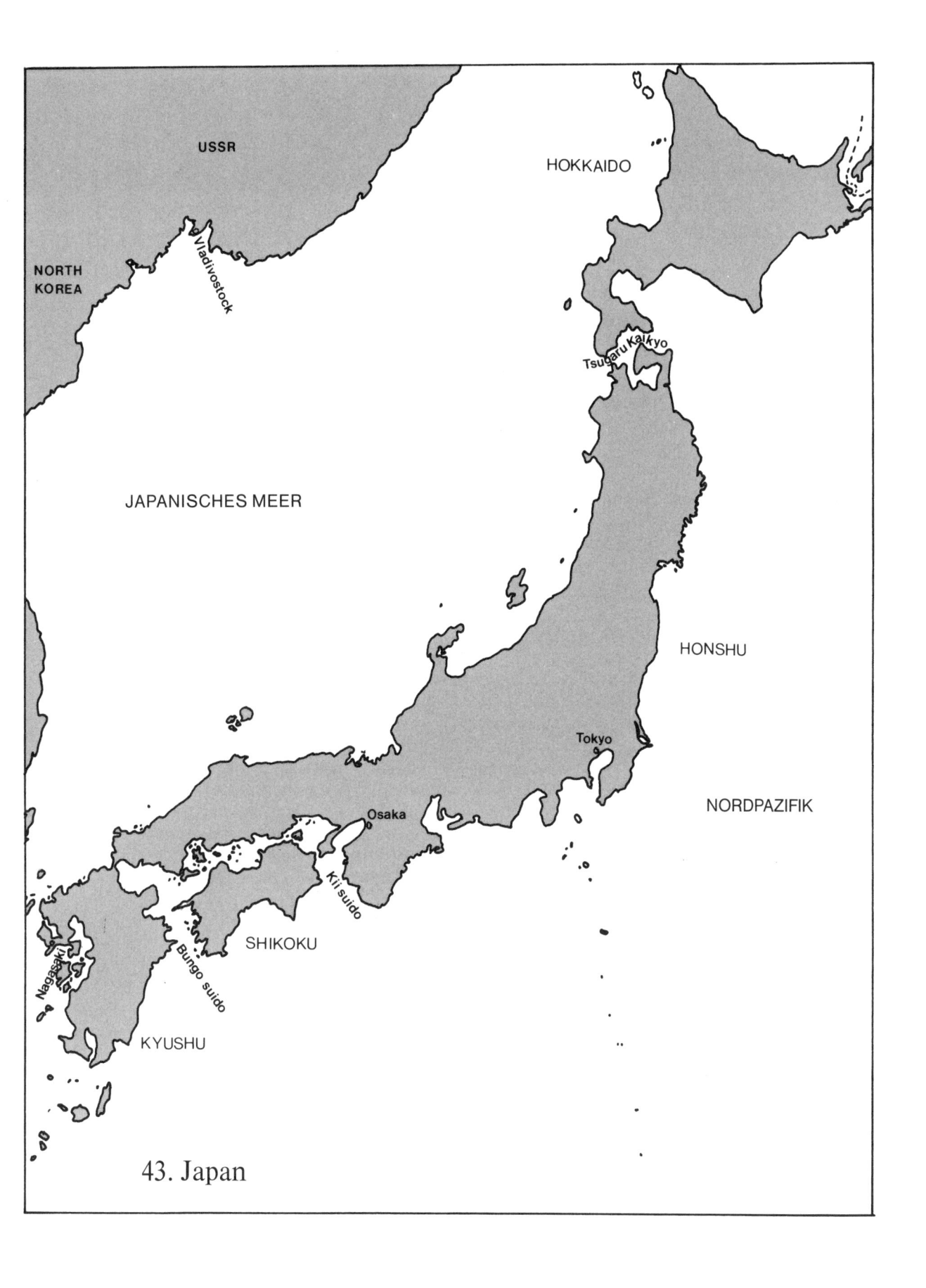

13 Törns im Nordpazifik

PN 10 Ab Westküste Nordamerikas

PN 11   Kalifornien – Hawaii
PN 12   Kalifornien – Panama
PN 13   Nordwärts ab Kalifornien
PN 14   Kalifornien – British Columbia

PN 15   Alaska – British Columbia
PN 16   British Columbia – Kalifornien
PN 17   British Columbia – Hawaii

Südwärts ab Kalifornien

Wer von Kalifornien aus zu einem entfernten Ziel im Süden will, sei es nun Panama, die Galápagos-Inseln, die Marquesas-Inseln oder Tahiti, hat zwei Möglichkeiten: er kann entweder direkt auf offener See oder in kürzeren Abschnitten an der Küste entlang segeln. Beide Möglichkeiten haben gewisse Vorteile, doch weil es in diesem Buch nur um Hochseetörns geht, ist die zweite Möglichkeit nicht näher beschrieben. Man kann die beiden Möglichkeiten auch durchaus kombinieren, indem man ein Stück an der Küste entlang fährt und dann etwa von Mexiko oder Costa Rica aus zu entfernten Zielorten startet. Das hat den Vorteil, daß sich Boot und Mannschaft noch in erreichbarer Nähe von Hafen- und Werftanlagen aneinander gewöhnen können.

Der Vorteil eines Hochseetörns von Kalifornien aus nach Süden liegt darin, daß der vorherrschende NW-Wind einen langen Schlag ermöglicht, sobald man die Küste hinter sich gelassen hat. Wegen der Zuverlässigkeit des vorherrschenden Windes wartet man am besten mit dem Ablegen, bis beständiges Wetter mit anhaltendem N- oder NW-Wind vorhergesagt wird. Unabhängig vom endgültigen Ziel ist es ratsam, sofort auf die offene See hinauszugehen, da der Wind in etwa 100 Meilen Entfernung vom Festland beständiger ist.

PN 11
Kalifornien – Hawaii   Karten 44, 45

San Francisco – Hilo: 2020 sm
San Diego – Hilo: 2180 sm

Beste Zeit:	Mai bis September
Tropische Stürme:	Juni bis Oktober
Karten:	BA 4807
	US 51
Segelhandbücher:	BA 8, 62
	US 152

Auf dieser Route hat man das ganze Jahr über günstigen Wind, wobei allerdings nur wenige Segler die Fahrt wegen der Kälte und des hohen Anteils an Starkwind im Winter unternehmen. Dafür besteht in den Sommermonaten die Gefahr tropischer Stürme, wobei August und September die gefährlichsten Monate sind. Zwischen diesen beiden Extremen gibt es einige Monate, in denen die Segelbedingungen auf dieser Route nahezu perfekt sind; das gilt besonders für Mai und November. Gutes Wetter hat man oft auch im April, wobei man bei einem frühen Start allerdings meist mit kälteren Temperaturen rechnen muß. Selbst bei gutem Wind ist der Himmel gelegentlich bedeckt und macht allen das Leben schwer, die es auf diesem langen Hochseetörn mit der astronomischen Navigation versuchen wollen.

Der Wind kommt auf den ersten paar hundert Meilen überwiegend aus N oder NW; er dreht auf NO und schließlich, näher an Hawaii, auf O. Man sollte die gesamte Strecke auf einer Großkreisroute zurücklegen, da alles andere nichts bringt. Da der Wind in den Kanälen zwischen den Inseln stärker ist, steuert man die Inseln gelegentlich besser nicht aus Luv an, sondern versucht, in Lee zu kommen.

PN 12
Kalifornien – Panama

San Diego – Balboa: 2900 sm

Beste Zeit:	November bis Mai
Tropische Stürme:	Juni bis Oktober
Karten:	BA 587, 2323, 2324, 3273
	US 51
Segelhandbücher:	BA 7, 7A, 8
	US 152, 153

Die beste Zeit für diese Fahrt ist in den Wintermonaten, wenn der Wind vor der mexikanischen Küste vorwiegend aus Norden kommt. An der Küste von Mexiko ist die Strömung günstig, während man weiter südlich an der mittelamerikanischen Küste auf eine Gegenströmung trifft. Der Kurs sollte in einem Abstand von mindestens 100 Meilen an der Küste entlang führen, um den Landwinden aus dem Weg zu gehen und den dichten Schiffsverkehr an der Küste zu meiden. Die Route verläuft parallel zur mittelamerikanischen Küste und schließlich bei Cabo Mala in einem Bogen in den Golf von Panama. Die Las-Perlas-Inseln kann man auf beiden Seiten passieren, wobei die Passage auf der Westseite ungehinderter ist.

Dieser Törn ist im Sommer nicht zu empfehlen; dann besteht Hurrikangefahr, und der Wind weht weniger gleichmäßig und wird von langen Flautenperioden unterbrochen.

PN 13
Nordwärts ab Kalifornien

Beste Zeit:	April
Tropische Stürme:	keine
Karten:	BA 4801
	US 501, 502
Segelhandbücher:	BA 8, 25, 26
	US 152

Fahrten von Kalifornien aus nach Norden sind schwer zu planen, weil man nur sehr selten sicher sein kann, günstigen Wind zu bekommen. Deshalb planen die meisten Segler ihren Törn mit möglichst häufigem Anlegen an der Küste. Auf diese Weise kann man sich die Morgenbrise zunutze machen. Leichter wird die Fahrt nach Norden, wenn man im April mit einem der letzten Südstürme ablegt. Diese Stürme sind zu dieser Jahreszeit meistens schwächer als in den Wintermonaten. So verlockend es sein mag, vor einem dieser Stürme zu laufen, so vorsichtig sollte man dabei sein, weil die meisten Häfen gefährlich in Lee liegen.

Im Sommer muß man sich auf viel Knüppelei gegen starken Wind einstellen. Wer plant, unter Motor zu fahren, tut das im allgemeinen besser nachts, wenn der Wind schwächer ist.

Pazifischer Ozean

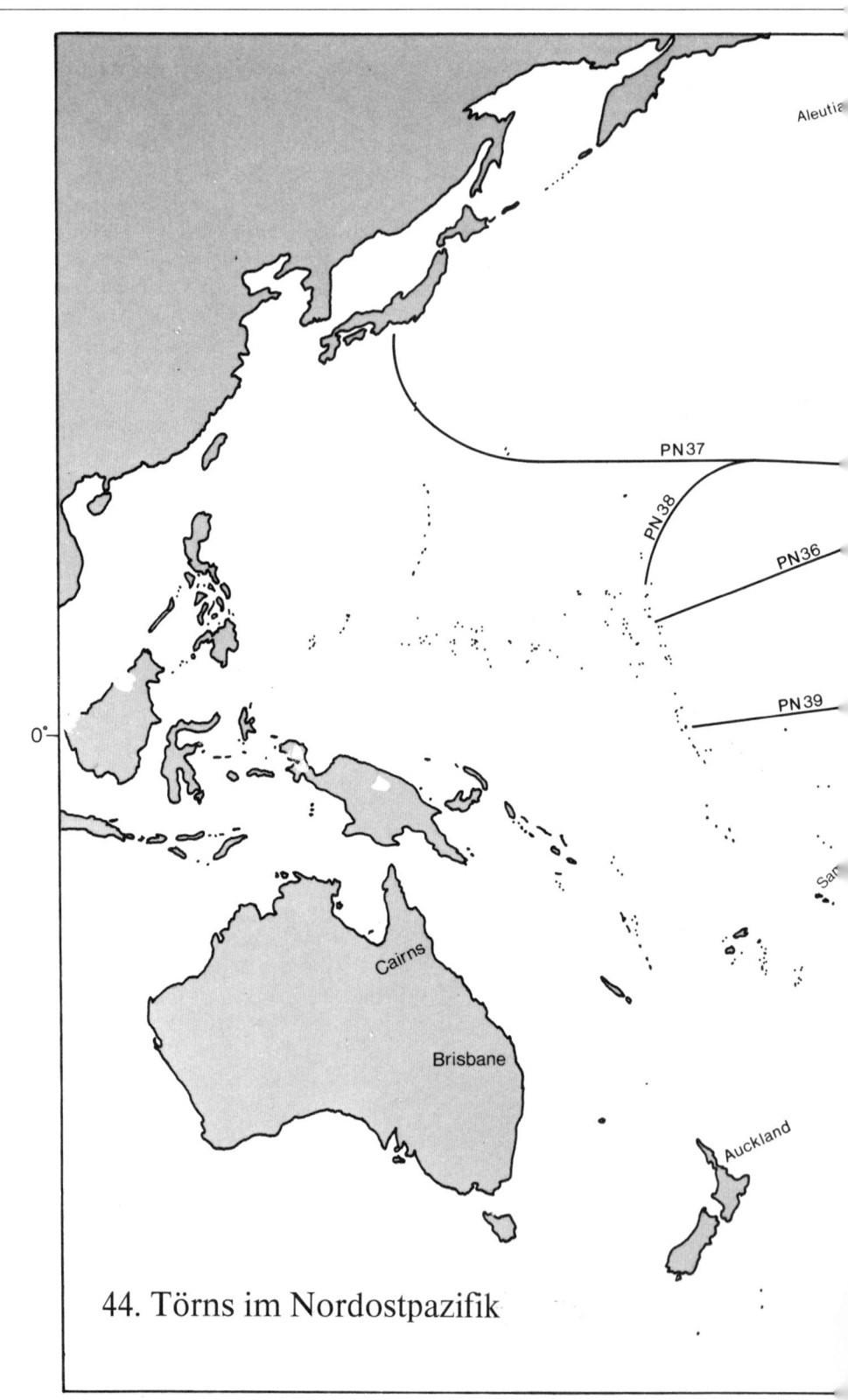

44. Törns im Nordostpazifik

Törns im Nordpazifik

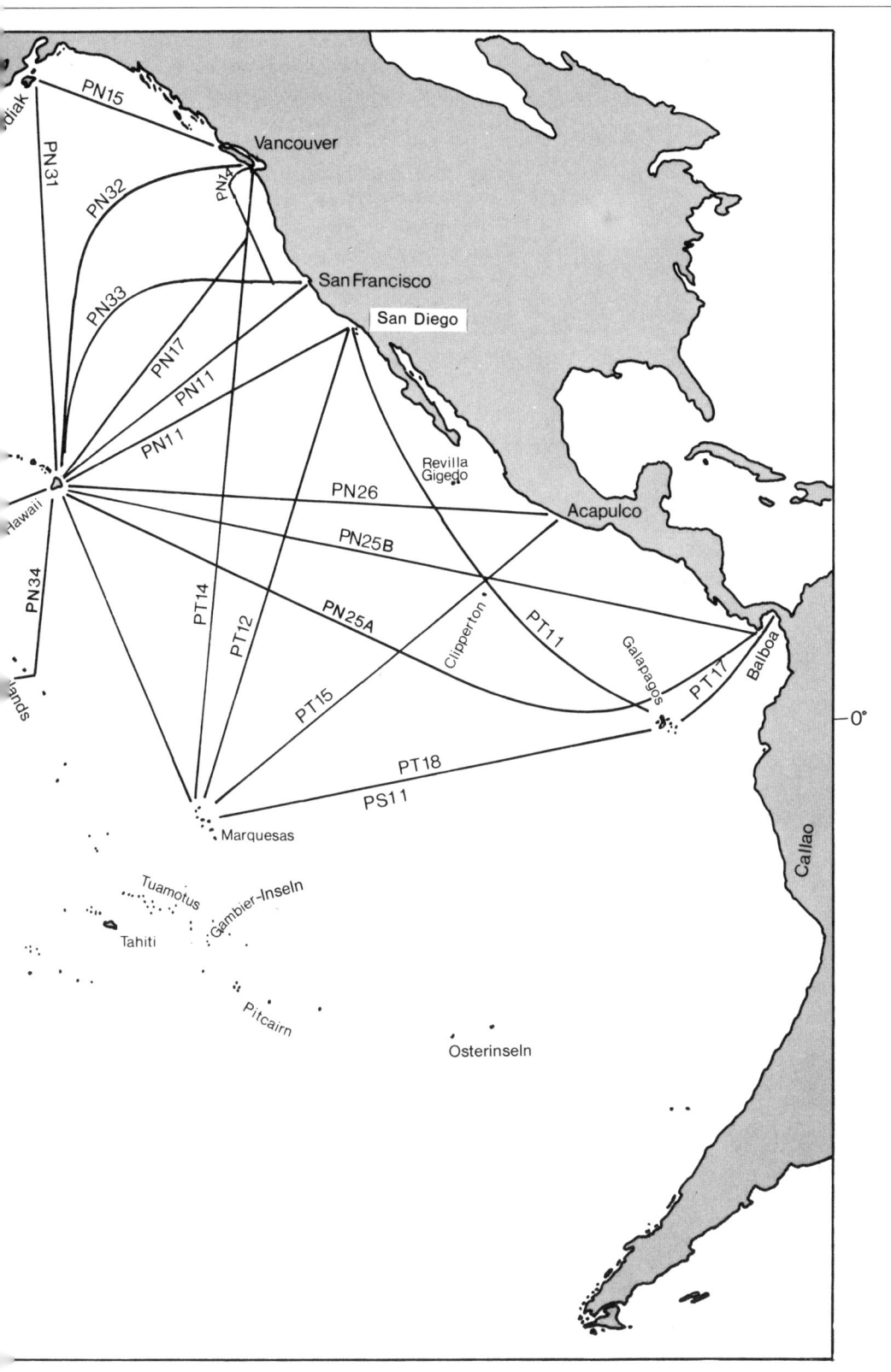

Pazifischer Ozean

PN 14
Kalifornien – British Columbia

Karte 44

San Francisco – Vancouver: 760 sm

Beste Zeit:	Mai bis Juni
Tropische Stürme:	keine
Karten:	BA 4801
	US 501
Segelhandbücher:	BA 8, 25, 26
	US 152, 154

Sowohl im Winter als auch im Sommer herrscht an der nordamerikanischen Küste NW-Wind vor, der eine direkte Fahrt auf offener See nahezu unmöglich macht. Es gibt verschiedene Möglichkeiten, mit diesem Gegenwind fertig zu werden, wobei der radikalste Vorschlag dahingehend lautet, direkt nach dem Ablegen von der Küste etwa 200 Meilen auf See hinauszufahren und dann nach Norden abzudrehen. Anschließend geht es aus dem günstigsten Bug bis auf den Breitengrad des Zielhafens. Dann kann ein neuer Kurs gesetzt werden, auf dem die Küste auf dem Bug angesteuert wird, auf dem das Boot im Luv des Zielhafens kommt. Man kann auch in kurzen Abschnitten an der Küste entlangsegeln oder in einem Abstand von etwa 30 Meilen parallel zur Küste segeln, um noch VHF-Wettervorhersagen empfangen und notfalls Schutz suchen zu können.

PN 15
Alaska – British Columbia

Karten 44, 45

Kodiak – Prince Rupert: 790 sm

Beste Zeit:	Juni bis August
Tropische Stürme:	keine
Karten:	BA 4810
	US 531
Segelhandbücher:	BA 4, 25, 26
	US 152, 154

Der Wind im Golf von Alaska kommt im Sommer aus wechselnden Richtungen, wobei westlicher Wind leicht überwiegt. Bei der Durchquerung des Golfs im Sommer kann Nebel zum Problem werden, Stürme sind jedoch selten. Den Hafen von Prince Rupert, wo die kanadischen Einreiseformalitäten erledigt werden können, erreicht man durch die Dixon-Straße zwischen der Prince-of-Wales-Insel und der Graham-Insel. Weil die Segelsaison in Alaska so kurz ist, haben es die meisten Segler eilig, wenn es an der Zeit ist, nach Süden zu fahren. Obgleich es eine schnellere Route über die offene See gibt, wollen nur wenige auf die unübertroffene Schönheit der Küstenroute verzichten, die sich an den zahllosen Inselchen und Einschnitten an der zerklüfteten Küste von British Columbia vorbeischlängelt.

PN 16
British Columbia – Kalifornien

Vancouver – San Francisco: 760 sm

Beste Zeit:	Mai bis Oktober
Tropische Stürme:	keine
Karten:	BA 4801
	US 501, 530
Segelhandbücher:	BA 8, 25
	US 152, 154

Der Wind auf dieser Route ist immer günstig, manchmal allerdings zu stark, um noch angenehm zu sein. Wegen der starken Dünung weiter auf See ist es ratsam, so nahe an der Küste zu bleiben, wie die Vorsicht es gestattet. Mehrere Häfen haben Einfahrtsschwellen, so daß die Einfahrt bei starker Dünung schwierig oder gefährlich ist, und zwar besonders, wenn diese Dünung wie in der Einfahrt in den Columbia River über der Schwelle bricht. Eine weitere Gefahr an dieser Küste ist der Dunst, der die Sicht oft drastisch verringert und aufgrund des dichten Schiffsverkehrs für kleine Boote extrem gefährlich werden kann.

PN 17
British Columbia – Hawaii

Karten 44, 45

Vancouver – Hilo: 2400 sm

Beste Zeit:	Juni bis September
Tropische Stürme:	keine
Karten:	BA 4806, 4807
	US 50, 520
Segelhandbücher:	BA 25, 62
	US 152, 154

Diese Route erfreut sich das ganze Jahr über günstiger Winde, wobei allerdings der hohe Prozentsatz an Stürmen im Winter diese Fahrt nach Süden zwischen November und März weniger attraktiv macht. Am beständigsten ist das Wetter in der Regel im Juni. Wegen der schweren Dünung, die normalerweise von der Küste abläuft, ist es wahrscheinlich besser, auf den ersten paar hundert Meilen möglichst in Küstennähe zu bleiben. Ab etwa 40°N kann man die Großkreisroute nach Hawaii nehmen.

PN 20 Ab Panama

PN 21 Panama – Mittelamerika	PN 25 Panama – Hawaii
PN 22 Panama – Kalifornien	PN 26 Mittelamerika – Hawaii
PN 23 Panama – British Columbia	PN 27 Mittelamerika – Panama
PN 24 Panama – Alaska	

Nach der Fahrt durch den Panamakanal steht nur eine begrenzte Auswahl an Routen zur Verfügung. Man hat im wesentlichen zwei Möglichkeiten, nämlich entweder, im Nordpazifik mit seiner geringen Anzahl von Zielhäfen zu bleiben, oder, Kurs auf den Südpazifik zu nehmen, wo die Wahlmöglichkeiten um so größer werden, je weiter man nach Westen kommt.

Von Panama aus gibt es nur eine Handvoll Routen, und die beliebteste darunter ist die zu den Galápagos-Inseln (PT 17). Die meisten Segler, die in den Südpazifik wollen, nutzen die durch Charles Darwin bekanntgewordenen Inseln zu einem kurzen Zwischenaufenthalt. Im gesamten 19. Jahrhundert dienten die günstig gelegenen Inseln als Anlaufstelle für die Segelschiffe, die sich dort neu verproviantierten. Heute darf man dort leider ohne Sondergenehmigung (siehe Kapitel 27) nicht mehr segeln, so daß viele Skipper die Galápagos-Inseln ganz meiden und direkt Kurs auf die Marquesas-Inseln und Französisch Polynesien nehmen (PT 18).

Wer zu Häfen an der südamerikanischen Westküste will, sieht sich einer harten Fahrt gegen Wind und Strömung gegenüber (PT 19). Jedes Jahr machen einige wenige Boote diesen Törn und zeigen damit, daß er trotz aller Schwierigkeiten möglich ist. Zur Zeit der spanischen Kolonialherrschaft, als die Segelschiffe nicht gerade dafür bekannt waren, daß sie gut Höhe liefen, wurde diese Route sogar regelmäßig befahren. Die andere Möglichkeit besteht darin, den Besuch dieser Gegend zu verschieben, bis man weiter im Westen auf dem Pazifik ist und mit Hilfe der günstigen Westwinde in den höheren Breiten Kurs auf Chile nehmen kann. Das ist jedoch eine lange und harte Fahrt, die noch weniger attraktiv ist als das Anknüppeln gegen den Humboldt-Strom. Attraktiv an einer solchen Fahrt an der südamerikanischen Küste hinunter ist die Möglichkeit, Ecuador und Peru und ein paar selten besuchte Inseln wie die Oster-Insel, die Pitcairn-Insel oder die Gambier-Inseln zu sehen.

Von Panama aus direkt an die Westküste Nordamerikas zu segeln ist genauso schwer.

Pazifischer Ozean

Nach Meinung vieler Segler kommt man am besten nach Kalifornien und hier speziell zu den Häfen weiter im Norden, indem man zuerst nach Hawaii segelt. Was die Häfen an der mittelamerikanischen Westküste angeht, so ist Panama ein guter Ausgangspunkt, und da die Entfernungen relativ kurz sind, braucht man ungünstige Bedingungen, wenn sie denn auftreten, zumindest nicht zu lange auszuhalten. Da der Großteil dieses Gebietes zwischen Juni und Oktober von Hurrikanen heimgesucht wird, sollte man in dieser Zeit nicht nach Mexiko und Kalifornien segeln. Wer also von Panama aus nach Norden will, plant die Fahrt durch den Kanal am besten zwischen November und April, um nicht vor der mittelamerikanischen Küste in einen Hurrikan zu geraten.

Vor dem Verlassen des Golfs von Panama legen manche Segler einen kürzeren oder längeren Aufenthalt auf den Las-Perlas-Inseln ein, auf denen es ein paar ausgezeichnete Ankerplätze gibt. Sie gehören zu Panama, und man darf dort nach Erledigung der Ausreiseformalitäten in Balboa nur anlegen, wenn man sich vorher eine entsprechende Genehmigung geholt hat (siehe Kapitel 27).

PN 21
Panama – Mittelamerika

Balboa – Puntarenas: 460 sm
Balboa – Acapulco: 1430 sm

Beste Zeit:	Februar bis Mai, November
Tropische Stürme:	Juni bis Oktober
Karten:	BA 3273
	US 51
Segelhandbücher:	BA 7, 8
	US 152

Die Fahrt zu den Häfen an der mittelamerikanischen Pazifikküste ist immer schwierig, und zwar entweder, weil Gegenwind herrscht, oder, weil länger anhaltende Flauten auftreten. Bis zum Golf von Fonseca kann man zwar mit einer günstigen Strömung rechnen, doch von dort ab ist die Strömung dann meist gegenläufig. Man sollte sich darauf einstellen, jede Winddrehung auszunutzen und notfalls auch die Maschine zu Hilfe zu nehmen, um gegen die ungünstige Strömung anzukommen. Es treten häufig Gewitterstürme mit heftigen Blitzschlägen auf.

Wer nach Norden segelt, hält sich besonders nach Erreichen von Fonseca weit von der Küste ab. Bei einem *Norder* im Golf von Tehuantepec läuft man besser auf Backbordbug davon, als gegen das Wetter anzukämpfen. Wenn das Wetter besonders schwer ist, so daß man beidrehen muß, kann man davon ausgehen, daß ein *Norder* zwischen zwei und vier Tagen dauert. Der Himmel ist meistens klar mit einem roten Dunstschleier über der Kimm.

PN 22
Panama – Kalifornien   Karte 45

Balboa – San Diego: 2900 sm

Beste Zeit:	Februar bis Mai
Tropische Stürme:	Juni bis Oktober
Karten:	BA 587, 2323, 2324
	US 51
Segelhandbücher:	BA 7, 8
	US 152, 153

Das kann ein sehr langer und schwerer Törn werden. Besonders wer lange Hochseefahrten mag und Zeit genug hat, segelt deshalb besser nicht direkt nach Kalifornien, sondern erst nach Hawaii und von dort aus zur Westküste (siehe PN 25).

Bei einer Nonstopfahrt nach Kalifornien sollte man sich trotz der größeren Entfernung ein gutes Stück von der Küste entfernt halten, weil der Wind dort besser ist. Von Juni bis Januar führt die Route nach Verlassen des Golfs von Panama zwischen den Galápagos-Inseln und 5°N hindurch bis auf 105°W (PN 22 A). Auf etwa diesem Punkt wird der Kurs so geändert, daß er westlich an Clipperton vorbei führt. Nach Erreichen des NO-Passatgürtels und wenn San Francisco das Ziel ist, führt die Route auf etwa 120°W über 20°N und auf 135°W über 35°N. Zu den weiter südlich gelegenen kalifornischen Häfen geht man auf den günstigsten Bug, wenn der Punkt 20°N, 120°W passiert ist.

Von Februar bis Mai führt die empfohlene Hochseeroute nach dem Verlassen des Golfs von Panama südlich an den Galápagos-Inseln vorbei. Dann geht es nach Westen bis auf 105°W, wo NW-Kurs in den NO-Passatgürtel gesetzt wird. Wenn der Wind nach dem Passieren von Cabo Mala jedoch günstig ist, kann man auch eine Route nördlich der Galápagos-Inseln nehmen, die auf direkterem Weg nach Kalifornien führt (PN 22 B). Der Anfangskurs auf der direkteren Route verläuft in nur etwa 20 Meilen Abstand bis Costa Rica parallel zur mittelamerikanischen Küste. Vom nördlichen Costa Rica aus geht es etwa 1000 Meilen weit genau nach Westen bis zu einem Punkt nördlich von Clipperton. Von dort aus führt die Route in NW-Richtung parallel zur Küste und allmählich in einem Bogen zum Zielhafen. Wer diese Route nimmt, muß sich darauf einstellen, besonders auf dem ersten Abschnitt von Panama aus nach Norden notfalls die Maschine zu Hilfe zu nehmen.

Wer von Panama aus nordwärts segelt, sollte es so einrichten, daß er am 1. Juni nördlich von Kap San Lucas ist, zumal einige Versicherungsgesellschaften diese Bestimmung angesichts der Hurrikansaison in Mittelamerika in ihre Policen aufgenommen haben. Diese Überlegung in Verbindung mit den Wetterbedingungen in der Karibik lassen es ratsam erscheinen, die Fahrt durch den Panamakanal für den Anfang des Jahres zu planen, um genügend Zeit zu haben, entweder die Westküste vor Einsetzen der Hurrikansaison zu erreichen oder andere Vorkehrungen zu treffen.

PN 23
Panama – British Columbia   Karte 45

Balboa – Vancouver: 4400 sm

Beste Zeit:	April bis Mai, November
Tropische Stürme:	Juni bis Oktober
Karten:	BA 587, 787
	US 51, 501
Segelhandbücher:	BA 7, 8, 25
	US 152, 153, 154

Die Hinweise für diese Route entsprechen denen für PN 22, weil man sich als Skipper genau dem gleichen Dilemma gegenübersieht, ob man jetzt von Panama nach Kalifornien oder weiter bis nach British Columbia will. Man hat die Wahl zwischen einer relativ direkten Route an der mittelamerikanischen Küste entlang, einer indirekten Hochseeroute an den Galápagos-Inseln vorbei oder einem großen Umweg über Hawaii. Wem ein solcher Umweg nicht behagt, der hat die Wahl zwischen den beiden anderen Routen, die jeweils Vorteile und Nachteile aufweisen. Die Route an den Galápagos-Inseln vorbei bietet eine größere Sicherheit günstiger Winde, ist aber länger (PN 22 A). Die Route an der Küste von Costa Rica entlang ist kürzer, erfordert aber häufiger die Zuhilfenahme der Maschine (PN 22 B). In beiden Fällen ist der letzte Abschnitt nördlich von 30°N der härteste, weil dort in den Sommermonaten ein hoher Prozentsatz an Nordwinden zu verzeichnen ist. Welche Möglichkeit man auch wählt, zuletzt geht es je nach Jahreszeit parallel an der Küste entlang bis auf 43°N (siehe auch PN 32), wo Kurs auf die Küste von British Columbia genommen wird.

Pazifischer Ozean

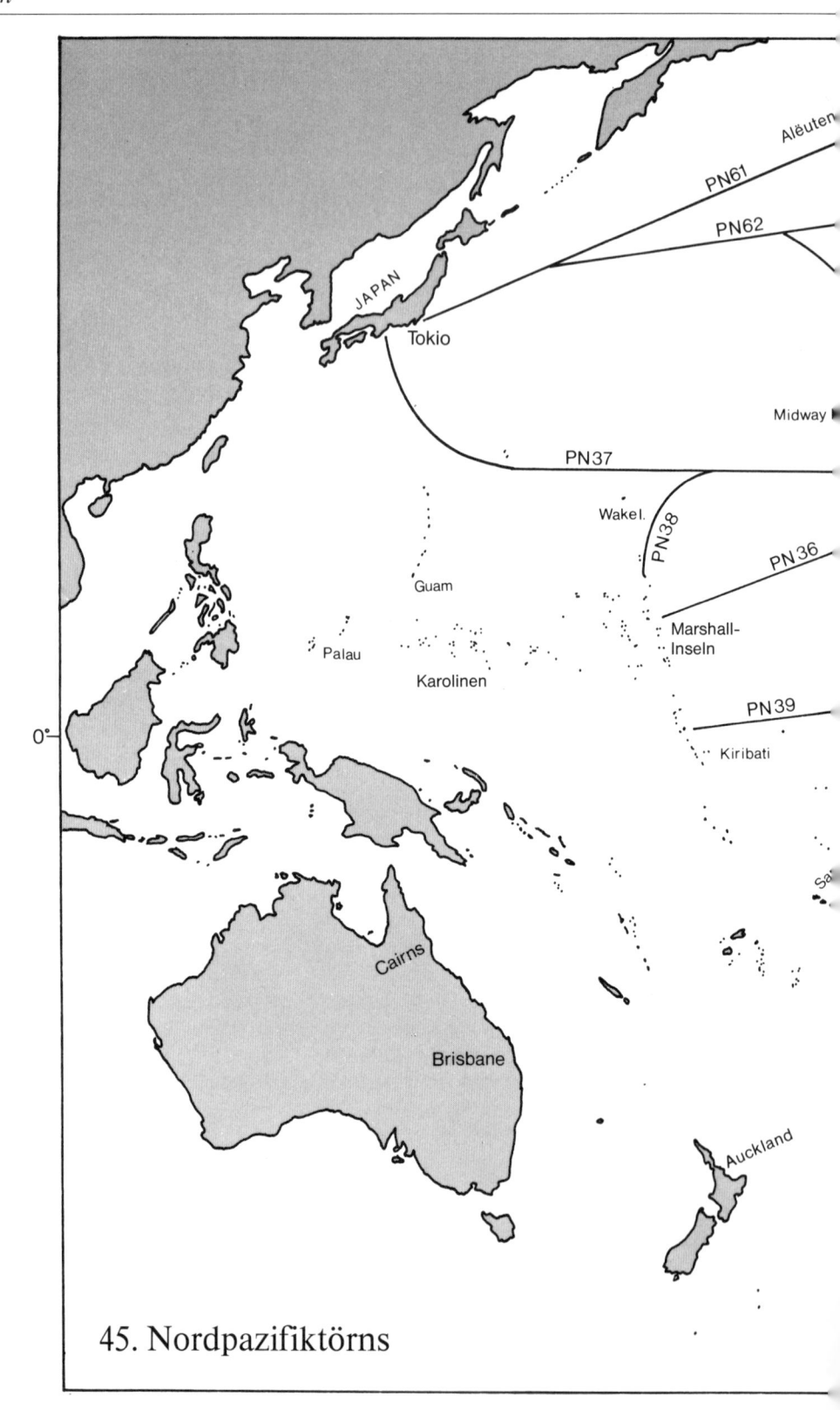

45. Nordpazifiktörns

Törns im Nordpazifik

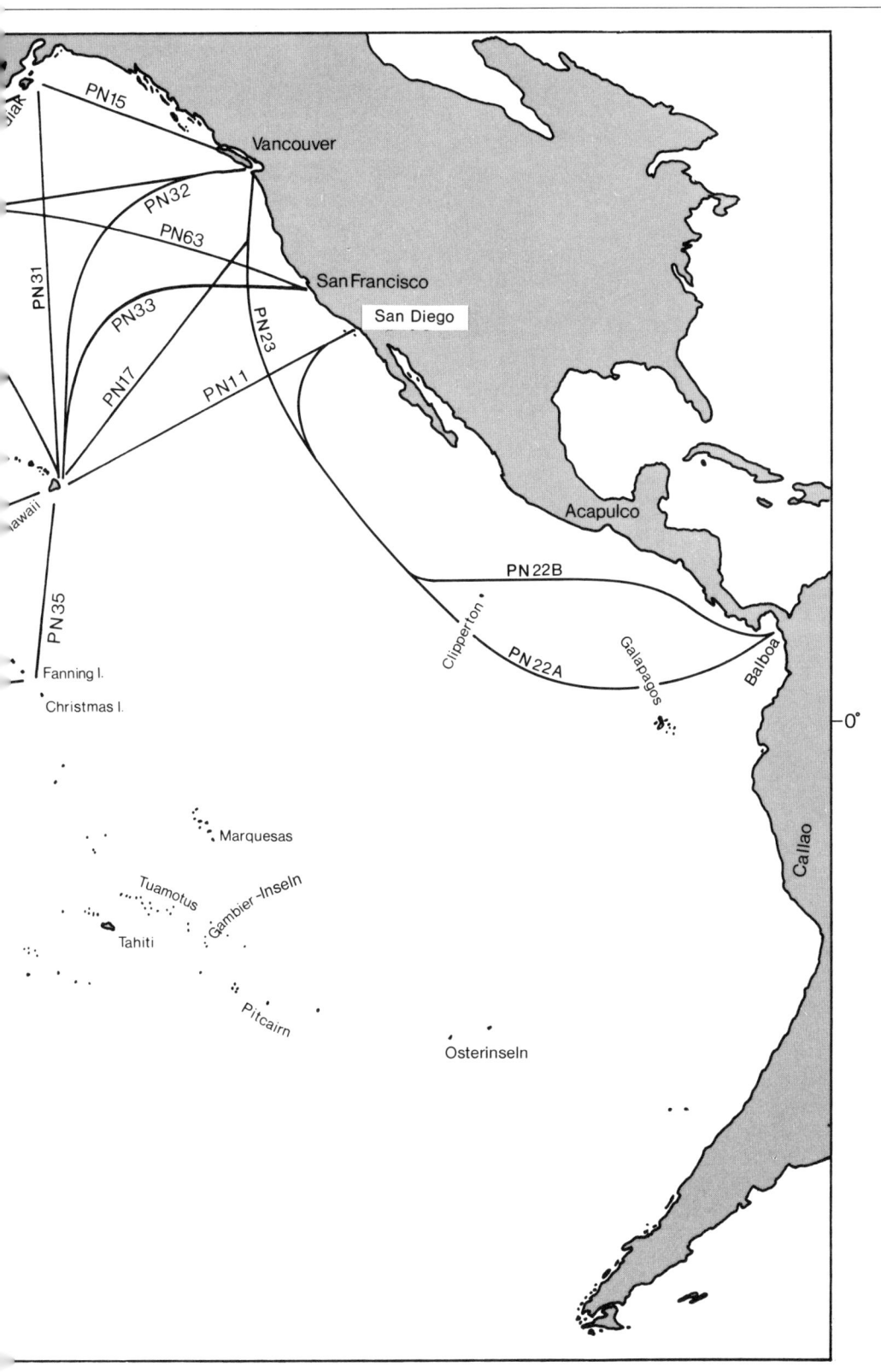

PN 24 Panama – Alaska

Balboa – Kodiak: 5340 sm

Beste Zeit:	Mai
Tropische Stürme:	Juni bis Oktober
Karten:	BA 587, 787
	US 51, 520
Segelhandbücher:	BA 4, 7, 7A, 8
	US 152, 153

Besonders zwischen September und März, wenn es für eine Fahrt nach Alaska entweder zu spät oder zu früh ist, hat ein Umweg über Hawaii (siehe PN 25) gegenüber einer Nonstopfahrt nach Alaska gewisse Vorteile. Von April bis August sollte man die direkte Route wählen, wobei der Mai wahrscheinlich der beste Monat für die Fahrt nach Norden ist.

Bis auf 30°N gelten die gleichen Hinweise wie für PN 22 und PN 23. Nach der Überquerung von 30°N auf etwa 140°W sollte die Route in einem Bogen nach Norden führen, um westlich des Nordpazifikhochs zu bleiben. Nördlich von 40°N gelten dieselben Hinweise wie für PN 31.

PN 25 Panama – Hawaii   Karte 44

Balboa – Hilo: 4550 sm

Beste Zeit:	März bis Mai, November
Tropische Stürme:	Juni bis Oktober
Karten:	BA 2683
	US 51
Segelhandbücher:	BA 7, 62
	US 152, 153

Wer von Panama aus nach Hawaii segeln will, steht vor dem schmerzlichen Dilemma, sich entscheiden zu müssen, entweder auf der traditionellen Route zu segeln (PN 25 A) und einen Umweg von etwa 1000 Meilen in Kauf zu nehmen oder die Großkreisroute zu nehmen (PN 25 B) und auf das Beste zu hoffen. Die Großkreisroute streift einen Bereich mit Flauten und schwachen Winden zwischen 80°W und 110°W, den man meiden kann, wenn man sich nach den Anweisungen für die Kapitäne der Segelschiffe richtet, die immer versuchen mußten, mit Hilfe des SO-Passats nach Westen voranzukommen. Das bedeutet, daß man bis auf 110°W südlich von 5°N bleibt und erst von diesem Punkt aus die Großkreisroute nach Hawaii nimmt. Diese südliche Route ist besonders in der Hurrikansaison zu empfehlen, wenn die Großkreisroute von Panama aus durch die Region mit tropischen Stürmen führt. Für den Rest des Jahres zwischen November und April ist die direkte Route vorzuziehen, weil sie schneller in den NO-Passatgürtel führt, der sich im Winter weiter nach Süden erstreckt.

Wer diese Fahrt in kürzere Abschnitte unterteilen will, kann auch erst über die offene See oder in kurzen Sprüngen an der Küste entlang nach Costa Rica segeln. Von dort aus gelten die gleichen Hinweise wie für Route PN 26.

PN 26 Mittelamerika – Hawaii   Karte 44

Manzanillo – Hilo: 3120 sm
Puntarenas – Hilo: 4100 sm

Beste Zeit:	März bis Mai, November
Tropische Stürme:	Juni bis Oktober
Karten:	BA 2863
	US 51
Segelhandbücher:	BA 8, 62
	US 152, 153

Diese Route ist den ganzen Sommer über von tropischen Stürmen bedroht, wobei allerdings die Gefahr für Boote aus Mexiko größer ist als für Yachten mit Abfahrtshafen in Costa Rica, von wo aus man ohne weiteres einen Kurs wählen kann, der südlich der Gefahrenzone liegt. Hauptsächlich wegen dieser Wirbelstürme werden die Fahrten meistens vor Juni oder nach Oktober unternommen. Zu allen Zeiten ist es wichtig, möglichst schnell auf die offene See hinauszugehen, um dem Einfluß des Landes zu entkommen und in den vorherrschenden NO-

Passat zu gelangen. Im April und Anfang Mai ist das Wetter in der Nähe der Küste mit Gewitterstürmen und wechselnden Winden oft unbeständig. Auf See ist der Wind zu Beginn des Sommers besonders westlich von 120°W sehr beständig. Im November und Dezember weht der Passat viel kräftiger, und es kommt durch Stürme weiter im Norden oft zu einer heftigen Dünung.

PN 27 Mittelamerika – Panama

Acapulco – Balboa: 1430 sm
Puntarenas – Balboa: 460 sm

Beste Zeit:	November bis Mai
Tropische Stürme:	Juni bis Oktober
Karten:	BA 587
	US 51
Segelhandbücher:	BA 7, 7A, 8
	US 153

Wegen des Mangels an geschützten Häfen in Guatemala und der politischen Situation in El Salvador und Nicaragua ziehen die meisten Segler eine Nonstopfahrt von Mexiko nach Costa Rica vor. Der Wind auf dieser Strecke ist leicht wechselhaft mit häufigen Flauten. Die starke NW-Strömung hat schon viele Leute in Schwierigkeiten gebracht, die in der Annahme, sie seien bereits in Costa Rica die nicaraguanische Küste angesteuert haben. Die Topographie an der Südküste Nicaraguas zeigt große Ähnlichkeit mit dem Norden Costa Ricas, so daß man sich schnell irrt. Deshalb ist es ratsam, bei der Fahrt nach Süden weit genug auf See zu bleiben und die Küste erst anzusteuern, wenn die Position mit absoluter Sicherheit feststeht (siehe auch PN 12).

PN 30 Ab Hawaii, Marshall-Inseln und Kiribati

PN 31	Hawaii – Alaska	PN 36	Hawaii – Marshall-Inseln
PN 32	Hawaii – British Columbia	PN 37	Hawaii – Japan
PN 33	Hawaii – Kalifornien	PN 38	Marshall-Inseln – Hawaii
PN 34	Hawaii – Line Islands	PN 39	Kiribati – Hawaii
PN 35	Line Islands – Hawaii		

Törns ab Hawaii

Die Anziehungskraft des amerikanischen Vorpostens im Nordpazifik für Segler liegt hauptsächlich im NO-Passat, der von jedem Hafen an der Westküste aus für eine schnelle Fahrt vor dem Wind sorgt. Derselbe Passat sorgt aber auch für den größten Nachteil, weil er die Rückkehr zu diesen Häfen an der Westküste zu einem sehr schwierigen Unternehmen macht. Die logische Lösung für eine Rückreise mit vernünftigem Wind besteht in einem großen Bogen nach Norden in der Hoffnung, in höheren Breiten den für die Heimfahrt benötigten günstigen Wind zu finden. Der vorherrschende NO-Wind kann auch die Rückfahrt sehr

Pazifischer Ozean

schwierig machen. Aus diesen Gründen ist eine vernünftige Vorausplanung bei Törns ab Hawaii unerläßlich.

Nur die Route über den Äquator nach Tahiti (PT 24) bietet Aussichten auf gute Verhältnisse in beiden Richtungen, was allerdings nicht der Hauptgrund für ihre Beliebtheit ist. Seit der Südpazifik Anfang der 30er Jahre in die Karte der Segelvereine aufgenommen wurde, gilt Hawaii als gutes Sprungbrett auf dem Weg zu anderen Zielen in Polynesien. Die modernen Segelschiffe haben Hawaii wieder seine bedeutende Position an der Spitze des Dreiecks verschafft, dessen Basis von der Linie zwischen Aotearoa im Westen und Rapa Nui im Osten gebildet wird. Für einen Törn in die Südsee bilden die Hawaii-Inseln einen exzellenten Ausgangspunkt. Für alle, die sich nicht davor fürchten, auf der Suche nach besseren Windverhältnissen ein wenig weiter zu segeln, ist Hawaii genau so gut gelegen, ob das Ziel jetzt in Japan, Alaska, British Columbia oder an der Westküste liegt. Die im folgenden angegebenen Entfernungen beziehen sich auf die Großkreisrouten, so daß in der Realität wahrscheinlich längere Strecken dabei herauskommen.

PN 31
Hawaii – Alaska
Karten 44, 45

Hilo – Kodiak: 2420 sm

Beste Zeit:	Mitte Juni bis August
Tropische Stürme:	keine
Karten:	BA 782, 2460
	US 520
Segelhandbücher:	BA 4, 62
	US 152

Der Sommer ist für diese Fahrt zweifellos die beste Zeit, so daß die meisten Boote Hawaii in der zweiten Junihälfte verlassen. Dadurch sind die Tage in den höheren Breiten noch länger und wärmer, und man kann mindestens einen Monat in Alaska segeln, bevor es wieder nach Süden geht.

Von Hawaii aus führt der Kurs fast genau nach Norden und streift den westlichen Rand des Nordpazifikhochs. Anhaltender NO-Wind herrscht normalerweise zumindest bis auf 40°N, wo dann wechselnde Winde das Kommando übernehmen. In manchen Jahren ist der Übergang zu westlichen Winden recht abrupt, während in anderen Jahren von stetigem Westwind fast nicht die Rede sein kann und schwache wechselnde Winde und Flauten sich auf dem gesamten Weg nach Alaska abwechseln. In den höheren Breiten wird es zunehmend kälter, und nördlich von 40°N kommt ein hoher Prozentsatz an Nebeltagen hinzu. Das kann ein Grund zur Sorge sein, weil reger Schiffsverkehr herrscht. Ein weiteres Problem ist der bedeckte Himmel, ein charakteristisches Merkmal der höheren Breiten im Sommer. Die permanente Wolkendecke macht es unmöglich, die Sonne anzupeilen, so daß man sich bei fehlender Satellitennavigation auf das Koppeln verlassen muß.

PN 32
Hawaii – British Columbia
Karten 44, 45

Hilo – Vancouver: 2400 sm

Beste Zeit:	Mai bis August
Tropische Stürme:	keine
Karten:	BA 4806, 4807
	US 520
Segelhandbücher:	BA 8, 25, 62
	US 152, 154

Für diese Fahrt sind die Sommermonate vorzuziehen, und zwar nicht wegen der besseren Windverhältnisse, sondern weil es wärmer ist. Schnellere Fahrten kann man im Februar machen, weil man dann wegen des höheren Anteils an südlichen Winden fast auf einem Großkreiskurs bis nach Juan de Fuca segeln kann. Zu allen anderen Zeiten segelt man von Hawaii aus erst genau nach Norden und geht erst auf Ostkurs, wenn stetiger Westwind herrscht. Das ist normalerweise oberhalb von 40°N der Fall, wobei der genaue Punkt, an dem es nach Osten geht, im August am weitesten nördlich und im Dezember am weitesten südlich liegt. Im Sommer muß man möglicherweise bis auf 45°N gehen, bevor man den Kurs auf Ost ändern kann.

Diese Route ist sehr stark abhängig von der Lage des Nordpazifikhochs, weil sie zunächst dessen westlichem Rand folgt und dann in einem Bogen auf seine Nordseite führt, um die Flauten im Innern des Hochdruckgebiets zu meiden. Manche Segler, die sich davon nicht abschrecken lassen und bereit sind, unter Motor zu fahren, steuern auf dem direktesten Kurs durch das Hoch und werden gelegentlich mit einer schnelleren, wenn auch windlosen Fahrt belohnt. Wer lieber segeln will, hat weniger Wahlmöglichkeiten und bekommt als Belohnung für einen längeren und kälteren Törn in höheren Breiten eine schnelle Fahrt in stetigen westlichen Winden.

Da die Route das Hoch streift, ist der Himmel oft bedeckt und astronomische Navigation meistens unmöglich. Von daher läßt es sich kaum vermeiden, auf einem nur gegißten Besteck vor der kanadischen Küste einzutreffen, eine Situation, die oft noch durch einen der Stürme verschlimmert wird, die im Sommer nahe an der Küste auftreten.

PN 33
Hawaii – Kalifornien   Karten 44, 45

Hilo – San Francisco: 2020 sm
Hilo – San Diego: 2180 sm

Beste Zeit:	März bis Mai, September bis Oktober
Tropische Stürme:	keine
Karten:	BA 4807
	US 520
Segelhandbücher:	BA 8, 62
	US 152

Für diese Route gelten fast die gleichen Hinweise wie für PN 32, da ein direkter Kurs von Hawaii nach Kalifornien aufgrund des vorherrschenden NO-Windes nur selten möglich ist. Die empfohlene Route führt von Hawaii aus fast genau nach Norden, bevor sie sich nach Osten wendet, wenn der Bereich mit stetigem Westwind erreicht ist. Der Breitengrad dieses Punktes ändert sich das ganze Jahr über; er liegt im Sommer bei 40°N und im Winter bei 32°N. Die empfohlene Route biegt im Sommer an dem Punkt, an dem stetiger Westwind herrscht, scharf ab, während sie zu anderen Zeiten in einem Bogen allmählich über NO und O zum Zielhafen führt. Bei Fahrten zu Ende des Winters zwischen Februar und April sollte man bei etwa 25°N auf NO-Kurs gehen, einen Punkt bei 30°N, 150°W anlaufen und dann direkten Kurs auf das Ziel nehmen. Die Kursänderung auf NO erfolgt im Mai auf 30°N, im Juni auf 33°N und im Juli auf 36°N; von dort aus geht es in einem Bogen allmählich so nach Norden, daß 150°W auf etwa 38°N überquert wird. Im August liegt dieser Punkt mit 40°N am weitesten im Norden, während man im September und Oktober schon kurz nach Überquerung von 32°N auf NO-Kurs gehen kann. Der anschließende Kurs ist überwiegend von den gegebenen Windverhältnissen abhängig.

All diese Routen werden stark von der Lage des Nordpazifikhochs beeinflußt, da sie sich an den Konturen dieses Hochdruckgebietes ausrichten. Schiffe, die gut Höhe laufen, können oft eine direktere Route nehmen; das gilt auch für andere Boote, wenn der Skipper bereit ist, die Maschine zu benutzen, um nach Osten voranzukommen. Einige schnelle Fahrten sind schon im Mai von Skippern gemacht worden, die die Großkreisroute gewählt hatten und bei schwachem Wind Höhe herausgesegelt hatten, indem sie die Maschinen mitlaufen ließen. Andere haben versucht, sich ihren Weg nach Südkalifornien südlich des Hochs zu erkämpfen, was besonders dann möglich ist, wenn man regelmäßig die Wettervorhersagen verfolgen kann. Ansonsten ist es besser, sich nach der bewährten Methode zu richten und mit den westlichen Winden in den hohen Breiten nach Osten zu segeln. Da sich jedoch die Lage des Nordpazifikhochs dermaßen auf alle Routen

Pazifischer Ozean

zum Festland auswirkt, sollte man sich vor der Abfahrt von Hawaii eine langfristige Wettervoraussage besorgen, um unter Berücksichtigung der tatsächlichen Wetterbedingungen den besten Kurs abstecken zu können.

PN 34
Hawaii – Line Islands Karte 44

Hilo – Fanning: 990 sm
Hilo – Christmas: 1080 sm

Beste Zeit:	November bis Mai
Tropische Stürme:	keine
Karten:	BA 782
	US 504
Segelhandbücher:	BA 62
	US 126, 152

Auf der Route, die genau nach Süden zu diesen Inseln nahe am Äquator führt, profitiert man das ganze Jahr über vom NO-Passat. Der Wind ist im Winter besonders stark und beständig, wird aber in der Nähe der Inseln schwächer. Der NO-Passat geht meistens auf etwa 8°N verloren, wobei die Kalmen nur selten breiter als 2° sind. Südlich von 8°N ist der Anteil südlicher Winde immer höher. Das Gebiet liegt im Einflußbereich aller drei äquatorialer Strömungen, deren Richtung, Geschwindigkeit und Stetigkeit das ganze Jahr über schwankt. Im Winter herrscht zwischen Christmas Island und Fanning Island gelegentlich eine sehr starke Westströmung, während im Sommer die Gegenströmung nach Osten genauso stark sein kann.

Die Inseln gehören zu Kiribati, doch da es keine offiziellen Einreisebestimmungen gibt, wird das Kommen und Gehen von Segelbooten meistens ohne Formalitäten geduldet.

PN 35
Line Islands – Hawaii Karte 45

Fanning – Hilo: 990 sm
Christmas – Hilo: 1080 sm

Beste Zeit:	Juni bis Oktober
Tropische Stürme:	keine
Karten:	BA 782
	US 504
Segelhandbücher:	BA 62
	US 126, 152

Die Zone zwischen diesen beiden Inselgruppen liegt immer im Einflußbereich des NO-Passats, und besonders im Winter, wenn dieser Passat kräftig weht, führt die Fahrt nach Norden immer nach Luv. Der Wind kommt im Sommer in der Regel mehr aus östlicher Richtung, und weil er dann auch schwächer ist, hat man zu dieser Zeit die besten Segelbedingungen. Die unmittelbare Umgebung der Inseln liegt im Kalmengürtel, der bis auf etwa 8°N reicht. Die äquatoriale Gegenströmung setzt in der Nähe der Inseln normalerweise stark nach Osten und kann dazu genutzt werden, ein Stück nach Osten voranzukommen, bevor es in den NO-Passat hinein geht.

PN 36
Hawaii – Marshall-Inseln Karten 44, 45

Hilo – Majuro: 2100 sm

Beste Zeit:	ganzjährig
Tropische Stürme:	keine
Karten:	BA 781, 782
	US 504
Segelhandbücher:	BA 61, 62
	US 126, 152

Auf diesem Törn kann man die ganze Zeit vor dem NO-Passat laufen, der in der Nähe der Inseln eine östlichere Komponente bekommt. Zwischen den Inseln ist der Wind weniger gleichmäßig, und im Sommer kann es böig sein, wobei die Windrichtung vorherrschend östlich bleibt. Das unbeständige Sommerwetter wird dadurch verursacht, daß die tropische Konvergenzzone nach Norden über die Inseln hinwegzieht.

Der Nordäquatorialstrom und die äquatoriale Gegenströmung sind innerhalb der Inselgruppe recht kräftig und sorgen für komplizierte Verhältnisse. Zwischen den nördlichen Inseln setzt die Strömung überwiegend nach Westen, zwischen den südlichen Inseln hingegen nach Osten. Weil die Strömungsverhältnisse so unberechenbar sind und es sich bei den Inseln um niedrige Atolle handelt, ist es ratsam, nur tagsüber dort zu segeln.

PN 37
Hawaii – Japan   Karten 44, 45

Hilo – Yokohama: 3620 sm

Beste Zeit:	April bis Mai, November
Tropische Stürme:	Mai bis Dezember
Karten:	BA 781, 782
	US 53
Segelhandbücher:	BA 42 A, 42 B, 61, 62
	US 152, 158, 159

Auf dieser Route herrschen das ganze Jahr über günstige Windverhältnisse, wobei allerdings im Hinblick auf die Ankunftszeit in Japan die Taifungefahr berücksichtigt werden muß. Im Winter, wenn keine Taifungefahr besteht, ist die Fahrt nicht zu empfehlen, weil es in Japan dann sehr kalt sein kann. Besser ist der Zeitraum zum Ende des NO-Monsuns hin, vor dem Beginn der Taifunsaison. Außerdem kann man auch unmittelbar vor Einsetzen des Winters fahren, wobei der November mit günstigen Wind- und Strömungsverhältnissen ein guter Monat ist.

Von Hawaii aus führt der Kurs zwischen April und September auf 20°N entlang genau nach Westen. Später im Jahr und im Winter weht der NO-Passat weiter im Süden gleichmäßiger, so daß man möglicherweise bis auf 16°N gehen muß. Für den November wird ein Kurs auf 18°N empfohlen. Nach der Überquerung von 160°O führt die Route in einem Bogen nach NW und dann im Osten an Ogaswara Gunto vorbei. Der Nordäquatorialstrom setzt auf dieser Route das ganze Jahr über nach Westen.

PN 38
Marshall-Inseln – Hawaii   Karten 44, 45

Majuro – Hilo: 2100 sm
Majuro – Tarawa: 350 sm

Beste Zeit:	Juni bis September
Tropische Stürme:	keine
Karten:	BA 781, 782
	US 504
Segelhandbücher:	BA 61, 62
	US 126, 152

Die direkte Route verläuft die ganze Zeit gegen den Wind und macht diesen Törn extrem schwierig. Nur sehr wenige Boote können Hawaii direkt ansteuern, wenn der Skipper nicht bereit ist, sich seinen Weg durch den NO-Passat unter Motor zu erkämpfen. In diesem Falle dürften die schwächeren Winde zu Beginn und zum Ende des Sommers hin vorzuziehen sein, doch auch dann hat man die meiste Zeit Gegenwind.

Die Alternative zu dauerndem Kreuzen besteht in einem Umweg, und zwar entweder nach Norden über Wake Island und Midway Island oder nach Süden über Kiribati und möglicherweise die Line Islands.

Im Sommer, wenn der Passat mehr aus O und S kommt, ist die nördliche Alternative vorzuziehen; es muß allerdings darauf hingewiesen werden, daß Wake Island und Midway Island militärisches Sperrgebiet sind und nur im Notfall angelaufen werden dürfen. Das verschafft einem zumindest die Beruhigung, in einem echten Notfall irgendwo Hilfe bekommen zu

Pazifischer Ozean

können. Zu Beginn des Sommers gibt es auf dieser Route Nordstürme, die teilweise recht heftig sind.

Unabhängig davon, ob man Wake Island anläuft, führt die Route von den Marshall-Inseln fast genau nach Norden bis auf 20°N, von wo aus es auf dem Bug, auf dem man am besten nach Osten vorankommt, in einem Bogen nach NO geht; dabei sollte man versuchen, nicht unter den Breitengrad von Hawaii zu gehen. In der Praxis wird es möglicherweise erforderlich, über 25°N hinauszugehen, um den richtigen Wind für die Fahrt nach Osten zu bekommen. Die Route führt nahe an Laysan, der nordwestlichen Hawaii-Insel vorbei, einem Vogelschutzgebiet ohne sicheren Ankerplatz. Der einzige gute Ankerplatz in der Nähe dieser Route liegt weiter im Süden in den French Frigate Shoals, für die man allerdings eine Genehmigung einholen muß.

Die Südroute über Karibati nimmt man am besten im Winter, wenn der Passat aus NO und O weht und das Wetter beständiger ist. Im Sommer hat der Wind eine südlichere Komponente, und es kann auf See recht böig werden. Von Majuro aus geht es zwischen den Atollen Jaluit und Mili hindurch in das nördliche Karibati bei Little Makin und von dort aus weiter durch den Archipel nach Tarawa, der Hauptstadt. Von dort aus siehe PN 39.

PN 39
Karibati – Hawaii   Karten 44, 45

Tarawa – Hilo: 2180 sm

Beste Zeit:	Oktober bis April
Tropische Stürme:	keine
Karten:	BA 781, 782
	US 504
Segelhandbücher:	BA 61, 62
	US 126, 152

Diesen Törn macht man am besten im Winter, weil dann das Wetter trotz eines unvermeidbaren Anteils an Gegenwinden beständiger und schöner ist. Die Route führt zwischen 5°N und 8°N unter Ausnutzung der äquatorialen Gegenströmung nach Osten. Ein Zwischenaufenthalt ist auf den Line Islands möglich, von wo aus Hawaii auf dem anderen Bug zu erreichen sein sollte (PN 35). Wenn unterwegs SO-Wind auftritt, sollte man die Line Islands gar nicht erst anlaufen, sondern versuchen, Hawaii direkt zu erreichen.

Den Schwierigkeiten einer Rückfahrt nach Hawaii von den Marshall-Inseln oder von Kiribati aus kann man nicht aus dem Wege gehen, und oft bleibt einem nichts als die Hoffnung, daß der Passat unterbrochen wird, um dann mit Hilfe der Maschine Höhe zu gewinnen.

Törns im Fernen Osten

Im Vergleich zu anderen Gegenden der Welt passen die Segelrouten im Fernen Osten nicht in ein logisches Muster. Das liegt an der Tatsache, daß die Gegend abseits aller viel befahrenen Strecken liegt, und an den unvorhersehbaren Wetterverhältnissen. Der westliche Teil des Nordpazifiks liegt abseits aller Hauptstrecken, und weil man die Länder des Fernen Ostens nur auf einem längeren Umweg erreicht, ist es schwer, sie in eine Weltumseglung einzubeziehen. Diese Abgeschiedenheit macht die Gegend dort für manche Segler so anziehend, so daß sich möglicherweise viel mehr Boote dorthin auf den Weg machen würden, wenn nicht das »reizende« Wetter wäre. Das gesamte Gebiet wird nämlich von heftigen Taifunen heimgesucht, die die ungefährliche Segelsaison auf wenige Monate im Jahr beschränken. Da die zurückzulegenden Entfernungen meist sehr groß sind, bedeutet das in der Regel,

Törns im Nordpazifik

46. Törns im Fernen Osten

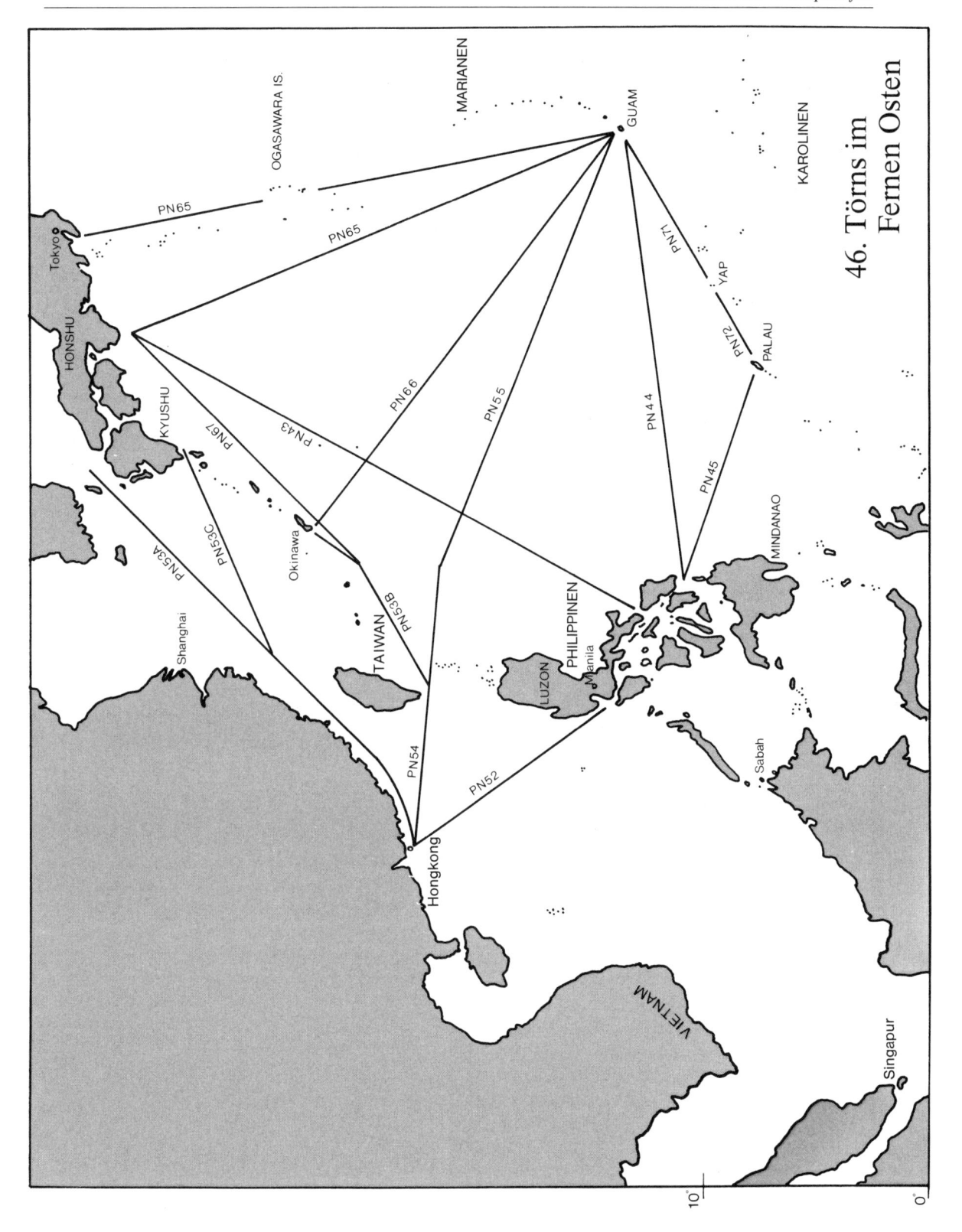

daß man bereit sein muß, über die Segelsaison hinaus dort zu bleiben und die Taifunsaison in der Nähe eines sicheren Ankerplatzes zu verbringen, von denen es glücklicherweise viele gibt. Tropische Stürme sind zwar in jedem Monat des Jahres zu verzeichnen, doch gilt die Zeit von Mai bis September als Taifunsaison, weil dann viel mehr Taifune als im Winter auftreten.

Die drei wesentlichen Segelreviere sind die Philippinen, Japan und Mikronesien. Attraktiv an den Philippinen sind das generell schöne Wetter und die große Anzahl von Küsteneinschnitten und Buchten, die man erkunden kann. Die Inselgruppe wird zwar regelmäßig von Taifunen heimgesucht, doch gibt es viele gute Ankerplätze, in denen man Schutz suchen kann. Die japanische Inlandsee und die große Anzahl kleiner Fischerhäfen machen Japan zu einem sehr attraktiven Ziel, obwohl die ungefährliche Segelsaison sehr kurz ist. Die weit verstreuten Inseln Mikronesien ähneln viel mehr den Inseln im Südpazifik und bilden ein gutes Sprungbrett zwischen dem Südpazifik und dem Fernen Osten.

Der hauptsächliche Nachteil des Fernen Ostens bleibt jedoch die Schwierigkeit, dorthin zu gelangen. Trotz des günstigen NO-Passats, der für einen schnellen und angenehmen Törn von der amerikanischen Westküste aus über den Nordpazifik sorgt, ist die Zahl der nordamerikanischen Yachten, die auf einen solchen Törn gehen, überraschend klein. Amerikanische Skipper lassen sich viel eher von der Südsee locken und segeln in den Südpazifik; manche wagen sich allerdings später auf den Nordwestpazifik und erreichen den Fernen Osten dann meistens über Papua Neuguinea. Eine andere Route, auf der Segelboote in der Vergangenheit zu den Philippinen und nach Hongkong gelangten, war die von Singapur aus. Die aus dem Südchinesischen Meer gemeldeten Fälle von Piraterie lassen jedoch die meisten Segler diese Route meiden, und es ist durchaus ratsam, in Singapur Erkundigungen über die Lage einzuziehen, bevor man sich auf den Weg zu den Philippinen oder nach Hongkong macht.

Politische Hindernisse verhindern es, daß man nach Hongkong die direktere Route durch den Golf von Thailand nimmt, und die erforderliche Genehmigung macht einen Umweg durch die Inselwelt Indonesiens unmöglich. Für Boote aus Singapur besteht die beste Lösung im Augenblick darin, der Nordküste Borneos zu folgen, wo man in den Kleinstaaten Sarawak, Brunei und Sabah haltmachen kann. Die andere Alternative besteht darin, den Fernen Osten am Ende eines Törns im Südpazifik über Papua Neuguinea anzusteuern. Außerdem kann man von der Westküste oder von Hawaii aus direkt nach Japan segeln und von dort aus weiter nach Singapur und in den Indischen Ozean oder über Papua Neuguinea nach Australien und Neuseeland und auf der Südroute nach Tahiti.

Für einen Törn im Fernen Osten gibt es zahllose Variationen, doch leider keine logische Möglichkeit, dort hin- und wieder zurückzukommen.

PN 40   Ab Philippinen und Singapur

PN 41   Philippinen – Singapur
PN 42   Philippinen – Hongkong
PN 43   Philippinen – Japan
PN 44   Philippinen – Guam

PN 45   Philippinen – Palau
PN 46   Singapur – Philippinen
PN 47   Singapur – Hongkong

PN 41
Philippinen – Singapur   Karte 76

Balabacstraße – Singapur: 870 sm

Beste Zeit:	Januar bis März
Tropische Stürme:	Mai bis Dezember
Karten:	BA 1263
	US 522
Segelhandbücher:	BA 30, 31, 33, 44
	US 160, 163, 166

Weil in dem Gebiet, durch das diese Route führt, nur wenige tropische Stürme auftreten, sind Fahrten nach Süden das ganze Jahr über möglich, wobei die Segelbedingungen allerdings in den Monaten, in denen sich der NO-Monsun durchgesetzt hat, günstiger sind. Im Sommer und bei SW-Monsun ziehen gelegentlich Taifune über die Philippinen hinweg, so daß man Hochseetörns besonders in den Spitzenmonaten August und September am besten meidet.

Nach Verlassen der Sulusee durch die Balabacstraße führt die Route parallel zur Nordküste Borneos zwischen den Luconia-Untiefen und Kap Baram hindurch, nördlich an Subi Kechil vorbei und zwischen den südlichen Natuna-Inseln hindurch. Nur wenige Boote befahren diese Route, ohne in einem der drei Kleinstaaten in Nordborneo anzulegen, die sämtlich ausgezeichnete Häfen haben, nämlich Kota Kinabalu in Sabah, Muara in Brunei und Kuching in Sarawak. Besonders willkommen ist ein Aufenthalt in diesen Häfen in der Zeit des SW-Monsuns, in der Gegenwind und gegenläufige Strömungen diese Fahrt langsam und mühselig machen.

PN 42
Philippinen – Hongkong   Karte 76

Manila – Hongkong: 620 sm

Beste Zeit:	Mitte Dezember bis Mitte März
Tropische Stürme:	Mai bis Dezember
Karten:	BA 2661 B
	US 508, 550
Segelhandbücher:	BA 30, 31, 33
	US 161, 160, 165

Diese Fahrt beginnt meistens entweder direkt in der Manila-Bucht oder in einem Hafen weiter im Norden an der Westküste von Luzón. Wo der Abfahrtshafen auch liegt, es gibt keinerlei Probleme bei NO-Monsun, bei dem trotz gelegentlich recht starker Winde auf der ganzen Strecke günstige Bedingungen zu erwarten sind. Die beste Zeit für diese Fahrt liegt zwischen Mitte Dezember und Mitte März. Im Rest des Jahres ist besonders auf tropische Tiefs zu achten, die sich im Südchinesischen Meer oder noch weiter entfernt bilden; sie können sich zu ausgewachsenen Taifunen entwickeln, bevor ein sicherer Hafen in Reichweite ist.

Das Pratas-Riff sollte in weitem Abstand und nur bei klarem und beständigem Wetter in

Pazifischer Ozean

Luv passiert werden. Bei NO-Monsun, wenn gelegentlich mehrere Tage lang Starkwind herrscht und der Himmel bedeckt ist, sollten Boote, die sich dem Pratas-Riff aus S oder SO nähern, häufig ihre Position überprüfen, weil dort schon viele Schiffe verlorengegangen sind, weil das Besteck nicht genau stimmte.

PN 43
Philippinen – Japan   Karte 46

Luzónstraße – Okinawa: 560 sm
Okinawa – Bungokanal: 460 sm
Bernardinostraße – Yokohama: 1620 sm

Beste Zeit:	Mai
Tropische Stürme:	Mai bis Dezember
Karten:	BA 4509
	US 522
Segelhandbücher:	BA 33, 42 A, 42 B
	US 158, 159, 160, 165

Die beste Zeit für diese Fahrt ist im Mai, zu Beginn des SW-Monsuns, wenn die Gefahr eines frühen Taifuns nur minimal ist. Der Wind ist auf dem Großteil der Strecke günstig, wobei allerdings bei Annäherung an die japanische Küste Flauten zu erwarten sind. Die Hochseeroute folgt dem Kuro Schyo, der mit beträchtlicher Geschwindigkeit nach NO setzt. Gelegentlich kann das Wetter recht rauh werden, wenn man von dem einen Windsystem in das andere übergeht, und es ist auf den Durchzug von Frontensystemen zu achten. Gleichermaßen zu achten ist auf den starken Schiffsverkehr.

Wenn man diese Fahrt während des NO-Monsuns machen muß, ist auf dem größten Teil der Strecke mit Gegenwind zu rechnen. Früh im Jahr, im Februar oder März, besteht die Alternative, nach Okinawa zu segeln und von dort aus zwischen den japanischen Inseln zu kreuzen. Vom südwestlichen Zipfel Japans aus ist es einfacher, an der Inselkette entlang nach NO zu segeln.

PN 44
Philippinen – Guam   Karten 46, 47

San Bernardino – Guam: 1200 sm

Beste Zeit:	Juli bis September
Tropische Stürme:	Mai bis Dezember
Karten:	BA 781
	US 522
Segelhandbücher:	BA 33, 60
	US 126, 166

Im Winter, wenn die Taifungefahr sehr gering ist, wird dieser Törn durch die Stetigkeit des NO-Passats zu einer rauhen Fahrt nach Luv. Mit gutem Wind kann man nur während des SW-Monsuns rechnen, wenn die Windrichtung zwar günstig, die Taifungefahr aber sehr real ist. Wer diese Fahrt bei NO-Monsun machen will, geht besser im Norden um Luzon herum und von dort aus auf Route PN 55.

PN 45
Philippinen – Palau   Karten 46, 47

San Bernardino – Palau: 680 sm

Beste Zeit:	Januar bis März
Tropische Stürme:	Mai bis Dezember
Karten:	BA 781
	US 522
Segelhandbücher:	BA 33, 60
	US 126, 166

Diese Route ist meistens der erste Abschnitt einer längeren Fahrt in den Südpazifik. Wie in der umgekehrten Richtung (siehe Route PT 28) liegt die beste Zeit in den Wintermonaten, weil dann die Gefahr, in einen Taifun zu geraten, sehr gering ist. Auf dem ersten Teil der Fahrt profitiert man vom NO-Passat, der von Dezember bis März recht kräftig sein kann, in der Nähe von Palau aber allmählich schwächer wird. Der Nordäquatorialstrom setzt in dieser Region kräftig nach Westen, und das muß berücksichtigt werden.

PN 46
Singapur – Philippinen   Karte 76

Singapur – Balabacstraße: 870 sm

Beste Zeit:	Mai bis Juli
Tropische Stürme:	Mai bis Dezember
Karten:	BA 1263
	US 508
Segelhandbücher:	BA 30, 31, 33, 44
	US 160, 163, 166, 174

Wegen der verschiedenen Gefahren, die im Südchinesischen Meer lauern, ist das eine schwierige Route. Bei einer Fahrt während des SW-Monsuns hat man Aussicht auf günstige Winde, muß allerdings bei der Annäherung an die Philippinen mit Taifunen rechnen, die aber in der südlichen Hälfte der Inselgruppe seltener auftreten. Geringer ist die Gefahr durch Taifune während des NO-Monsuns, bei dem jedoch überwiegend Gegenwind herrscht. Da die Route an der Küste von Borneo entlangführt, kann man die Fahrt in einem der drei Staaten am Südchinesischen Meer unterbrechen; in Sarawak, Brunei und Sabah gibt es mehrere gute Häfen, in denen Yachten Schutz finden.

Von Singapur aus kann man zwei Routen nehmen. Die erste führt zwischen den Inseln Südnatuna und Subi Kechil hindurch, die zweite durch die Api-Passage nordwestlich von Borneo. In all diesen Durchfahrten ist auf die Strömungen zu achten, die gelegentlich sehr stark sind. Die beiden Routen treffen sich südlich der Luconia-Untiefen, von wo aus ein direkter Kurs zur Balabacstraße gesteuert werden kann, der nördlich an der Insel Mangalum vorbeiführt. Als Alternative kann man noch Kota Kinabalu anlaufen, die Hauptstadt von Sabah, eines der Staaten der Malaysischen Föderation. Von der Balabacstraße aus geht es durch die Sulusee, in der die Bedingungen bei NO-Monsun recht rauh sein können. Die Strecke durch die Sulusee ist nicht notwendigerweise die beste, wenn Luzón und Manila das Ziel sind; dorthin kann man auch durch die Palawan-Straße fahren (siehe Route PN 47).

PN 47
Singapur – Hongkong   Karte 76

Singapur – Hongkong: 1800 sm

Beste Zeit:	Mai bis Juni
Tropische Stürme:	Mai bis Dezember
Karten:	BA 1263
	US 508
Segelhandbücher:	BA 30, 31, 44
	US 160, 161, 163, 166, 174

Bis zur Balabacstraße gelten dieselben Hinweise wie für Route PN 46; anschließend geht es dann durch die Palawan-Straße weiter. An der schmalsten Stelle ist diese Straße 28 Meilen breit; dort führt sie zwischen der Captain-Royal-Untiefe im Westen und der Insel Balabac im Osten hindurch. Wegen der starken Ostströmung durch die Balabacstraße sollte man die Insel bei schlechtem Wetter nicht anlaufen. Im Bereich zwischen Borneo und Palawan sind die Strömungen oft so unberechenbar, daß schon viele Schiffe bei schlechter Sicht in Schwierigkeiten geraten sind. Nördlich der Palawan-Straße führt die Route östlich an der Macclesfieldbank vorbei und dann direkt nach Hongkong.

Die günstigsten Winde herrschen auf dieser Route zu Beginn des SW-Monsuns, und wenn auch im Juli und August gleichmäßigere Winde zu erwarten sind, macht doch die größere Taifungefahr im Bereich um Hongkong einen späteren Zeitpunkt weniger attraktiv. Sehr schwierig wird diese Fahrt nördlich von Borneo durch den starken NO-Monsun und eine gleichermaßen starke Südströmung.

Pazifischer Ozean

PN 50 Ab Hongkong

PN 51 Hongkong – Singapur
PN 52 Hongkong – Philippinen
PN 53 Hongkong – Japan

PN 54 Hongkong – Guam
PN 55 Taiwan – Guam

PN 51
Hongkong – Singapur Karte 76

Hongkong – Singapur: 1800 sm

Beste Zeit:	Januar bis März
Tropische Stürme:	Mai bis Dezember
Karten:	BA 1263
	US 508
Segelhandbücher:	BA 30, 31, 44
	US 160, 161, 163, 166, 174

Die günstigsten Bedingungen auf dieser Route herrschen auf dem Höhepunkt des NO-Monsuns, wenn stetiger Wind und eine Südströmung für eine schnelle Fahrt sorgen. Die Route kann man in der gesamten Zeit des NO-Monsuns von Oktober bis April nehmen, wobei allerdings in der Übergangszeit mit weniger gleichmäßigem Wind und mit böigem Wetter zu rechnen ist. In den Wintermonaten ist die Taifungefahr im Bereich um Hongkong sehr gering, während tropische Stürme im südlichen Teil des Südchinesischen Meeres, im Golf von Thailand und im gesamten nördlichen Indonesien zu allen Jahreszeiten äußerst selten sind.

Aufgrund politischer Erwägungen wird die direktere Route, die nahe an Vietnam vorbeiführt, nur dann empfohlen, wenn, was sehr unwahrscheinlich ist, die vietnamesischen Behörden eine entsprechende Genehmigung erteilt haben. Die beiden Alternativrouten führen entweder östlich an der Macclesfieldbank vorbei oder zwischen dieser Bank und der Paracel-Insel hindurch und anschließend durch die Palawan-Straße. Auf der gesamten Strecke ist in der Nähe der verschiedenen Gefahrenstellen, die bei schlechter Sicht nur schwer zu erkennen sind, äußerste Vorsicht angebracht; verschlimmert wird die Situation noch durch die unberechenbaren Strömungen. Der gefährlichste Bereich liegt im südlichen Teil der Palawan-Straße, nahe an der Balabacstraße.

Weiter geht es parallel zur Nordküste Borneos, wo die Fahrt in Sabah, Brunei oder Sarawak mit ihren guten Häfen unterbrochen werden kann. Die Route führt dann südlich an den Luconia-Untiefen vorbei, durch die Südgruppe der Natuna-Inseln und weiter nach Singapur.

PN 52
Hongkong – Philippinen Karte 46

Hongkong – Manila: 620 sm

Beste Zeit:	Februar bis April
Tropische Stürme:	Mai bis Dezember
Karten:	BA 2661 B
	US 508
Segelhandbücher:	BA 30, 31, 33
	US 160, 161, 165

Die besten Fahrten auf dieser Route macht man in den Frühjahrsmonaten zum Ende des NO-Monsuns hin, der von Anfang November bis April oder manchmal Anfang Mai dauert. Zu einem früheren Zeitpunkt kann es bei NO-Monsun ungemütlich werden, da das Südchinesische Meer besonders bei Durchzug einer Kaltfront aus dem Norden Anfang Dezember recht rauh sein kann. Ein guter Abfahrtszeitpunkt liegt kurz nach dem Durchzug einer solchen Front. Gute Wettervorhersagen erhält man vom Königlichen Observatorium, das auch vor tropischen Stürmen im Umkreis von 400 Meilen um Hongkong warnt. In manchen Jahren geht das Einsetzen des NO-Monsuns im nördlichen Teil des Südchinesischen Meeres mit Stürmen einher, die die Fahrt in beide Richtungen sehr rauh machen. Als weitere Unannehmlichkeit kommen bei diesem Wetter noch niedrigere Temperaturen hinzu.

Fahrten nach Süden in der Taifunsaison zwischen Juni und Oktober können auch dann, wenn zuverlässige langfristige Wettervorhersagen einen sicheren Beginn der Fahrt garantieren, recht riskant sein. Der Höhepunkt der Taifunsaison fällt in den SW-Monsun; dann sind bei beständigem Wetter schwache Winde zu erwarten.

Durchquerung des Ostchinesischen Meeres sollte der Kurs nur dann geändert werden, wenn man die Nordspitze Taiwans luvwärts auf Steuerbordbug umsegeln kann. Mit Hilfe der günstigen Strömung kann man nach NNO vorankommen, wenn man sich westlich der Nansei-Shoto-Inseln hält (PN 53 C). Die japanische Südküste ist dann durch eine der Straßen südlich von Osumi Kaikyo zu erreichen.

Eine Alternativroute führt auf Ostkurs durch die Baschistraße südlich von Taiwan und dann mit günstigem Wind und mit der Hilfe des Kuro Schyo nach NO (PN 53). Die Gefahr, in der Baschistraße in einen Taifun oder ein Tief zu geraten, macht diese Alternative jedoch ziemlich gefährlich, wenn das Wetter nicht gerade absolut beständig ist. Wenn man diese Fahrt im April macht, wird es in Japan langsam wärmer, so daß man angenehmer segelt als in den kalten Wintermonaten.

PN 53   Hongkong – Japan   Karte 46

Hongkong – Nagasaki: 1020 sm

Beste Zeit:	Mai
Tropische Stürme:	Mai bis Dezember
Karten:	BA 1263
	US 523
Segelhandbücher:	BA 30, 32, 42, 42 B
	US 157, 158, 159, 160, 161

Wer diese Fahrt im Mai, zu Beginn des SW-Monsuns, unternimmt, kann sowohl mit günstigen Winden rechnen als auch den schlimmsten Teil der Taifunsaison meiden. Bei einer Fahrt nach Nagasaki und an die NW-Küste Japans segelt man besser durch die Formosastraße und folgt dann der chinesischen Küste (PN 53 A). Für einen Törn zur japanischen Südküste wird die Tokarastraße empfohlen. Bei NO-Monsun ist diese Fahrt viel schwieriger. Indem man parallel zur chinesischen Küste segelt, kann man möglicherweise von der Tatsache profitieren, daß der Wind nachts etwas weiter nördlich und tagsüber etwas weiter östlich dreht. Zur

PN 54   Hongkong – Guam   Karte 46

Hongkong – Guam: 1850 sm

Beste Zeit:	Januar bis März
Tropische Stürme:	Mai bis Dezember
Karten:	BA 781, 2661 B
	US 522
Segelhandbücher:	BA 30, 32, 60
	US 126, 160, 161

Die direkte Route führt nördlich an Luzón vorbei durch die Luzónstraße in die philippinische See, von wo aus die gleichen Hinweise wie für Route PN 55 gelten. Diese Fahrt unternimmt man am besten im Winter, wenn die Taifungefahr gering ist, der starke NO-Passat aber einen Nachteil darstellt. Da der Wind in den niedrigeren Breiten mehr aus östlichen Richtungen kommt, ist es ratsam, auf der Breite der Luzónstraße noch ein gutes Stück nach Osten voranzukommen zu versuchen; das macht dann auch die Westströmung weiter im Süden wieder wett.

Pazifischer Ozean

Zu Beginn oder während des SW-Monsuns führt eine geschütztere Route durch den Philippinischen Archipel, den man dann durch die San-Bernardino-Straße verläßt. Diese Alternative ist möglicherweise attraktiver, wobei allerdings im April in der Nähe von Guam Taifune nichts Ungewöhnliches sind.

PN 55 Taiwan – Guam Karten 46, 47

Baschistraße – Guam: 1400 sm

Beste Zeit:	Dezember bis März
Tropische Stürme:	Mai bis Dezember
Karten:	BA 781
	US 522
Segelhandbücher:	BA 32, 60
	US 126, 157

Die Zeit von Dezember bis März ist für diese Fahrt am ungefährlichsten, weil die Gefahr eines Taifuns sehr gering ist. Das einzige Problem besteht in der Stärke des NO-Passats, durch den man möglicherweise auf der ganzen Strecke hoch am Wind laufen muß. Es ist daher ratsam, nach dem Ablegen von Taiwan ein möglichst großes Stück nach Osten zu fahren, bevor ein direkter Kurs auf Guam gesetzt wird. Die Route führt durch die Baschistraße südlich von Taiwan nach Osten zu einem Punkt bei etwa 22°N, 125°O und von dort aus direkt nach Guam.

Man kann diese Fahrt auch in den Sommermonaten machen, sollte die Philippinische See aber nicht mitten in der Taifunsaison durchqueren. Selbst ohne Taifune ist das Wetter im Juli und August oft stürmisch mit bedecktem Himmel und rauher See.

PN 60 Ab Japan

PN 61 Japan – Alaska
PN 62 Japan – British Columbia
PN 63 Japan – Kalifornien
PN 64 Japan – Hawaii

PN 65 Japan – Guam
PN 66 Guam – Japan
PN 67 Japan – Hongkong

PN 61
Japan – Alaska Karte 45

Yokohama – Kodiak: 3000 sm

Beste Zeit:	Juli
Tropische Stürme:	Mai bis Dezember
Karten:	BA 2459, 2460
	US 523
Segelhandbücher:	BA 4, 23, 41, 42 A
	US 152, 158

Die wenigen Boote, die auf dieser Route hoch über den Nordpazifik fahren, unterbrechen ihre Fahrt oft auf den Aleuten. Die einzig vernünftige Zeit für diesen Törn ist die Mitte des Sommers, im Juli oder möglicherweise August, wenn das Wetter wärmer und die Tage lang sind. In den Sommermonaten gibt es gelegentlich längere Perioden mit Flauten oder leichten Winden, in denen man möglicherweise unter Motor fahren muß. Man kann aber durchaus auch das Pech haben, daß auf der gesamten Strecke rauhes Wetter herrscht. Die zeitliche Abstimmung für dies Fahrt hängt von den weiteren Plänen ab, da die Fahrt von Alaska aus nach Süden spätestens im September angetreten werden mß. Wenn man jedoch den Winter in Alaska verbringen will, ist es nicht so wichtig, früher anzukommen.

PN 62
Japan – British Columbia   Karte 45

Yokohama – Vancouver: 4200 sm

Beste Zeit:	Juni bis August
Tropische Stürme:	Mai bis Dezember
Karten:	BA 2683
	US 520, 523
Segelhandbücher:	BA 25, 42 A, 62
	US 152, 154, 158

Auf diesem langen Törn kann man auf der gesamten Strecke über den Nordpazifik mit guten Wind rechnen. Die günstigsten Bedingungen herrschen in den Sommermonaten von Juni bis August, wenn der Wind überwiegend aus S und W kommt und auch vom Aleutenstrom etwas Hilfe zu erwarten ist. Der Prozentsatz an Stürmen ist in den Sommermonaten niedrig, wobei allerdings das eine oder andere Tiefdruckgebiet stärkere Winde mit sich bringen kann. In diesen Sommermonaten tritt recht häufig Nebel auf, und deshalb muß man bei schlechter Sicht sorgfältig Ausguck halten, da die Fischerboote in diesem Bereich oft auf Automatik geschaltet sind.

Bei Abfahrt von einem der Häfen in Zentraljapan bleibt man im Sommer auf dem größten Teil der Strecke zwischen 42°N und 45°N, wo die Aussichten auf günstigen Wind besser sind. Von Japan aus geht es über 42°N, 170°O zu einem Punkt in 45°N, 160°W. Von dort aus kann der direkte Kurs zur Juan-de-Fuca-Straße genommen werden.

PN 63   Japan – Kalifornien   Karte 45

Yokohama – San Francisco: 4500 sm

Beste Zeit:	Juni bis August
Tropische Stürme:	Mai bis Dezember
Karten:	BA 2683
	US 520, 523
Segelhandbücher:	BA 8, 42 A, 62
	US 152, 158

Hier gelten die gleichen Hinweise wie für Route PN 62, wobei der direkte Kurs auf Kalifornien nach der Überquerung von 150°W gesetzt werden sollte. Wenn die Fahrt früher oder später im Jahr erfolgt, kann man weiter im Süden bleiben, da es wahrscheinlich nicht notwendig ist, auf der Suche nach günstigem Wind über 40°N hinauszugehen.

PN 64
Japan – Hawaii   Karte 45

Yokohama – Hilo: 3550 sm

Beste Zeit:	Juni bis September
Tropische Stürme:	April bis Dezember
Karten:	BA 2683
	US 523
Segelhandbücher:	BA 42 A, 62
	US 152, 158

Zu Beginn dieses Törns, auf dem man auch von dem im Sommer üblichen SW-Wind profitieren sollte, sorgt der Kuro Schyo für beträchtlichen Schwung. Wer westliche Winde sucht, muß Kurs auf höhere Breiten nehmen und kommt am ehesten zwischen 40°N und 44°N nach Osten voran. Der nördlichste Punkt der Route ist von den Windverhältnissen bis zu dem Punkt abhängig, wo 180°W überquert wird. Von diesem Punkt aus führt die Route in einem Bogen nach OSO, so daß 40°N in 170°W und 35°N in 160°W wieder überquert werden. Ab 160°W kommt man im allgemeinen mit Hilfe des NO-Passats mit seiner im Sommer östlicheren Komponente auf direktem Kurs nach Hawaii.

Die beste Zeit für diese Fahrt liegt zwar in der Taifunsaison, doch die Gefahr, in einen dieser Stürme zu geraten, nimmt ab, je weiter man sich von Japan entfernt.

Pazifischer Ozean

PN 65
Japan – Guam Karte 46

Yokohama – Guam: 1350 sm

Beste Zeit:	November, April
Tropische Stürme:	Mai bis Dezember
Karten:	BA 781
	US 522
Segelhandbücher:	BA 42 A, 60
	US 126, 158

Diese Fahrt macht man am besten spät im November, wenn die größte Taifungefahr vorüber ist, oder im April vor Einsetzen der neuen Taifunsaison und nach den schlimmsten Winterstürmen. Im Bereich der westlichen Winde sollte man versuchen, ein Stück nach Osten voranzukommen, so daß ab etwa 22°N der NO-Passat für gute Windverhältnisse bis nach Guam sorgt. Je nach der Windrichtung bei der Abfahrt von Japan kann man die Marianen entweder im Westen oder im Osten passieren.

Eine beliebte Alternative besteht darin, die Fahrt in Chichi Jima auf den Bonin-Inseln zu unterbrechen, wo man auch Schutz suchen kann, wenn auf der Fahrt nach Guam ein Taifun droht.

PN 66
Guam – Japan Karte 46

Guam – Yokohama: 1350 sm

Beste Zeit:	März bis April
Tropische Stürme:	Mai bis Dezember
Karten:	BA 781
	US 522
Segelhandbücher:	BA 42 A, 60
	US 126, 158

Die beste Zeit für diese Fahrt liegt im März oder im April, wenn es weiter im Norden langsam wärmer wird und die Taifunsaison noch nicht so recht begonnen hat. Im Westpazifik können sich jedoch nördlich des Äquators zu jeder Jahreszeit Taifune bilden, wobei man sich mit einer guten Vorhersage von der Taifunwarnzentrale der US-Marine in Apra Harbour durchaus von Guam auf den Weg machen kann, wenn zumindest für die ersten Tage gutes Wetter zu erwarten ist. Bis auf 25°N herrscht der NO-Passat vor, der in den späten Wintermonaten recht kräftig sein kann. Wenn der Passat eine zu große nördliche Komponente hat, kann man die Schoten fieren und Kurs auf Okinawa nehmen, von wo aus die vielen japanischen Inseln genau so einfach zu erreichen sind. Auf etwa 25°N kommt man in einen Bereich mit wechselhaftem Wetter, in dem es meistens sehr böig ist. Weiter nördlich herrscht W- oder SW-Wind.

PN 67
Japan – Hongkong Karte 46

Yokohama – Hongkong: 1700 sm

Beste Zeit:	Februar bis März, November
Tropische Stürme:	Mai bis Dezember
Karten:	BA 1263
	US 522
Segelhandbücher:	BA 30, 32, 42 A
	US 157, 158, 159, 160, 161

Die beste Zeit für diesen Törn liegt entweder zu Beginn oder am Ende des NO-Monsuns Ende November bzw. im Februar und März. Aus Häfen an der japanischen Nordküste und an der Tsuschimastraße geht es auf SW-Kurs parallel zur chinesischen Küste durch die Formosastraße und weiter nach Hongkong. Von der japanischen Südküste aus gibt es zwei Alternativen, nämlich einmal an der Küste entlang und durch eine der Straßen südlich von Kyuschu in das Ostchinesische Meer und zum anderen über die offene See und bei etwa 28°N, 135°O durch den Kuro Schyo. Im ersten Fall gelten ähnliche Hinweise wie für die Abfahrt von der Nordküste. Im zweiten Fall erreicht man nach Durchquerung des Kuro Schyo das Ostchinesische Meer durch eine der Straßen zwischen den Inseln der Ryukyo-Gruppe.

Bei SW-Monsun (April bis September) ist diese Route nicht zu empfehlen. Wer diese Fahrt jedoch im Sommer machen muß, sollte auf SO-Kurs bis 30°N, 145°O fahren. Von dort aus führt die Route östlich an den Bonin-Inseln und im Süden an Kazan Reto vorbei. Anschließend geht es auf direktem Kurs nördlich an Luzón vorbei geradewegs nach Hongkong, wobei die NO-Strömung im Chinesischen Meer zu berücksichtigen ist.

Die Mehrheit aller Segler segelt von Japan aus zu einem leichter zu erreichenden Ziel wie etwa Guam, statt sich den Weg zurück zu den Philippinen oder nach Hongkong zu erkämpfen. Wer jedoch dorthin zurückkehren will, sollte die Fahrt für die Zeit des NO-Monsuns planen.

PN 70 In Mikronesien

PN 71 Guam – Palau

PN 72 Palau – Guam

PN 71
Guam – Palau   Karte 47

Guam – Palau: 720 sm

Beste Zeit:	Dezember bis März
Tropische Stürme:	ganzjährig
Karten:	BA 781
	US 522
Segelhandbücher:	BA 60
	US 126

Leider ist kein einziger Monat völlig ohne tropische Stürme, von denen in der Vergangenheit in jedem Monat des Jahres einer oder mehrere den von dieser Route durchquerten Bereich heimgesucht hat. Das bedeutet nicht notwendigerweise, daß in jedem Monat ein Taifun auftritt, sondern heißt nur, daß die Möglichkeit nicht auszuschließen ist. Bei NO-Passat sorgen Winde aus NO und O für eine schnelle Fahrt vor dem Wind. Ohne Segelgenehmigung und Visa für alle Besatzungsmitglieder, die im voraus zu besorgen sind, darf man die Reviere in der Republik Palau nicht befahren. Außerdem ist den Behörden über Funk die voraussichtliche Ankunftszeit mitzuteilen.

PN 72
Palau – Guam   Karte 47

Palau – Guam: 720 sm

Beste Zeit:	Juli bis Oktober
Tropische Stürme:	ganzjährig
Karten:	BA 781
	US 522
Segelhandbücher:	BA 60
	US 126

Wie schon in den Hinweisen für die umgekehrte Route gesagt, kann man die Möglichkeit eines Taifuns nie ganz ausschließen, wobei August und September die Monate mit der größten Häufigkeit sind. Leider ist das auch ausgerechnet die Zeit, in der man auf dieser Route, die den größten Teil des Jahres vom NO-Passat beeinflußt wird, mit günstigen Winden rechnen kann. Der vorherrschende NO-Wind wird in den Sommermonaten vom SW-Monsun abgelöst, der allerdings nie so gleichmäßig weht; auch mit östlichen Winden muß man immer rechnen. Bei anhaltendem Gegenwind kann man die Fahrt in Yap, das direkt auf der Strecke nach Guam liegt, unterbrechen.

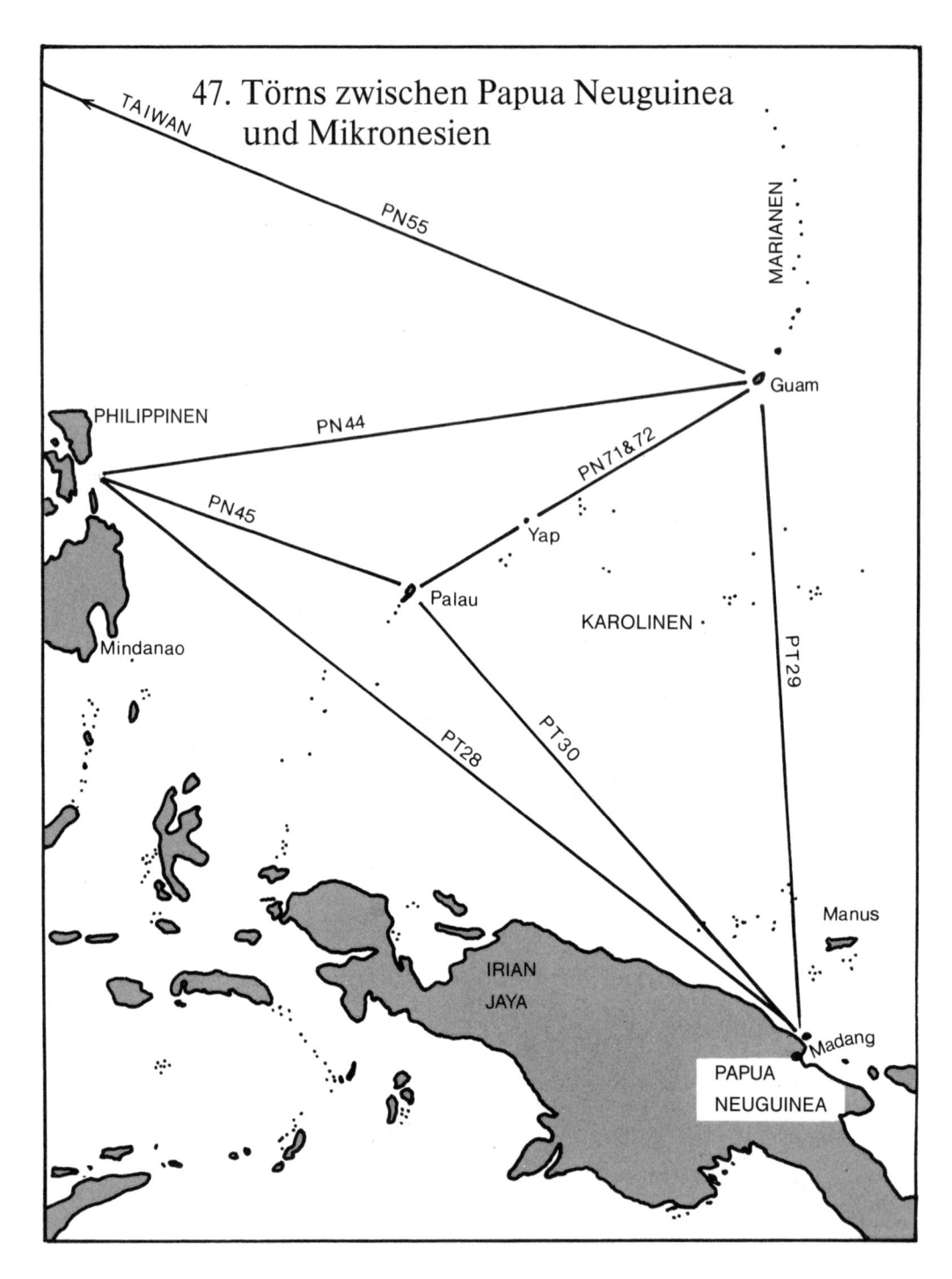

47. Törns zwischen Papua Neuguinea und Mikronesien

Nördlich von Palau setzt der Nordäquatorialstrom nach Westen; er wird allerdings durch den SW-Monsun normalerweise nach Süden abgelenkt.

Wenn bei der Abfahrt von Palau NO-Wind herrscht, fährt man besser auf dem Breitengrad von Palau nach Osten, weil dort zumindest die Aussicht besteht, von der nach Osten setzenden äquatorialen Gegenströmung etwas Unterstützung zu bekommen.

14 Transäquatorialtörns im Pazifik

PT 11	Kalifornien – Galápagos-Inseln	PT 21	Tahiti – Hawaii
PT 12	Kalifornien – Marquesas-Inseln	PT 22	Tahiti – Panama
PT 13	Kalifornien – Tahiti	PT 23	Cook-Inseln – Hawaii
PT 14	British Columbia – Marquesas-Inseln	PT 24	Hawaii – Tahiti
PT 15	Mittelamerika – Marquesas-Inseln	PT 25	Hawaii – Marquesas-Inseln
PT 16	Mittelamerika – Osterinsel	PT 26	Tuvalu – Kiribati
PT 17	Panama – Galápagos-Inseln	PT 27	Kiribati – Tuvalu
PT 18	Panama – Marquesas-Inseln	PT 28	Neuguinea – Philippinen
PT 19	Südwärts ab Panama	PT 29	Neuguinea – Guam
PT 20	Marquesas-Inseln – Hawaii	PT 30	Palau – Neuguinea

Im Unterschied zum Atlantik, wo die meisten Routen in der nördlichen Hemisphäre bleiben und nur eine Minderheit über den Äquator führt, wird die Äquatorregion im Pazifik von einer Vielzahl von Routen durchzogen. Der meistbefahrene Bereich liegt im Osten, wo die Boote aus Panama oder von der Westküste den Äquator überqueren müssen, um ihre Ziele im Südpazifik zu erreichen. Obwohl die tropische Konvergenzzone auf ihrer Ostseite am breitesten ist, stellt die Durchquerung der Kalmen nur selten ein größeres Problem dar, und die Konvergenzzone an sich wird meistens in relativ kurzer Zeit durchquert. Die Kalmenzone wird nur dann zu einem Problem, wenn man sich in bezug auf ihre Lage und ihre Abmessungen ein falsches Bild gemacht hat und der Kurs zu lange durch die Kalmen führt. Das Hauptziel muß darin bestehen, die tropische Konvergenzzone im rechten Winkel zu durchqueren, und dazu muß der Kurs auf jeder Route durch die Kalmen entsprechend geändert werden.

Westlich von etwa 150°W, dem Längengrad von Tahiti, sind die Kalmen sehr schmal, und man kann manchmal ohne Unterbrechung aus dem einen Passatsystem in das andere segeln. Weiter westlich trifft man auf den Transäquatorialrouten zwischen den beiden Halbkugeln nur selten echte Kalmenbedingungen an; allerdings ist das Wetter in dem Bereich, wo die beiden Passate aufeinandertreffen, gelegentlich böig und unbeständig. Flautenwetter herrscht auch in der Übergangszeit zwischen den Monsunen, und zwar besonders vor Papua Neuguinea, wo das Einsetzen des NW-Monsuns immer von Flauten angekündigt wird, was sich speziell auf den Routen nach Mikronesien zeigt.

Ein weiteres charakteristisches Merkmal der pazifischen Äquatorregion, das beträchtliche Auswirkungen auf die dortigen Routen haben kann, ist die Komplexität und Unvorhersehbarkeit der drei Hauptströmungen. Alle Transäquatorialrouten werden mehr oder weniger

48. Törns im Ostpazifik

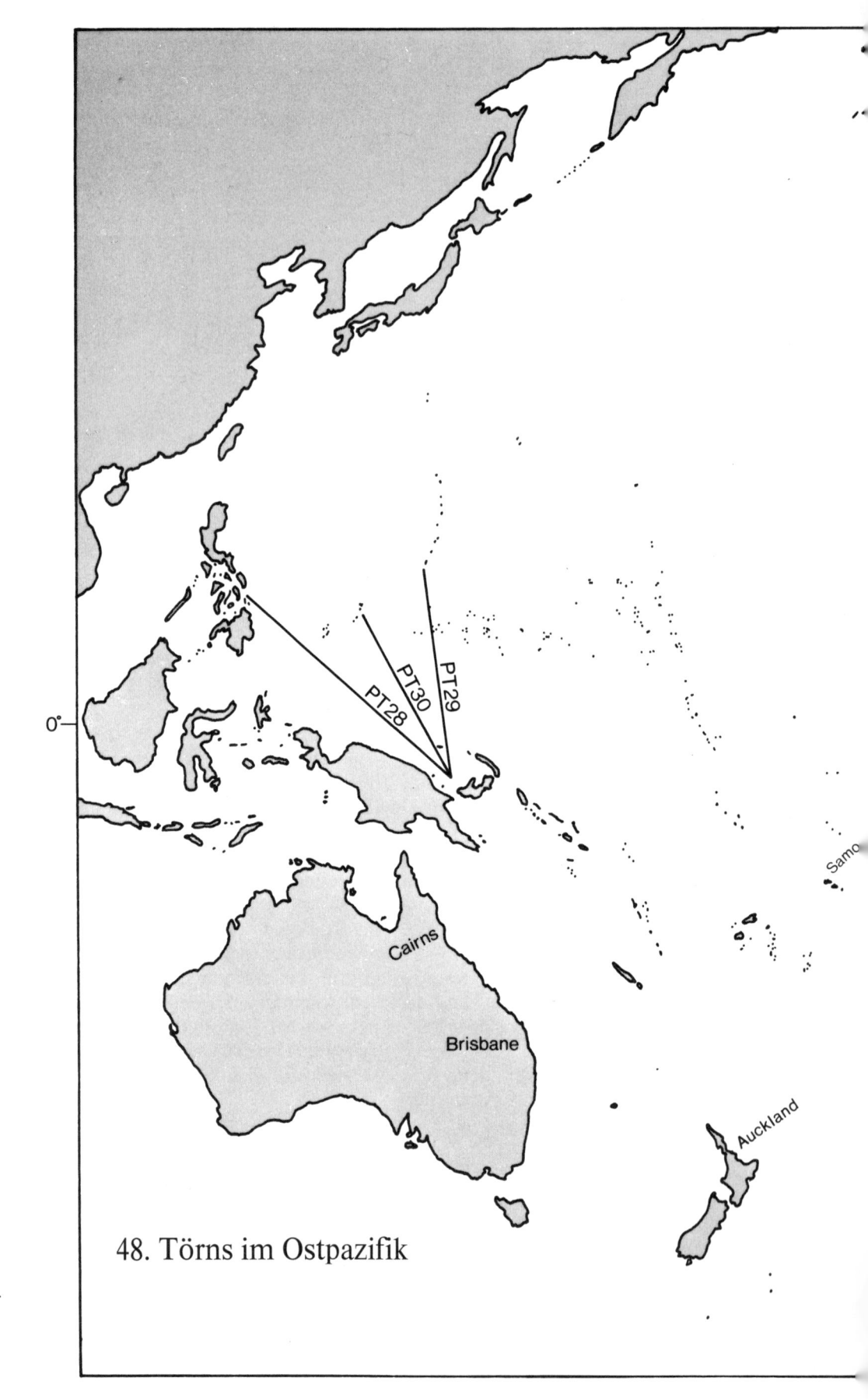

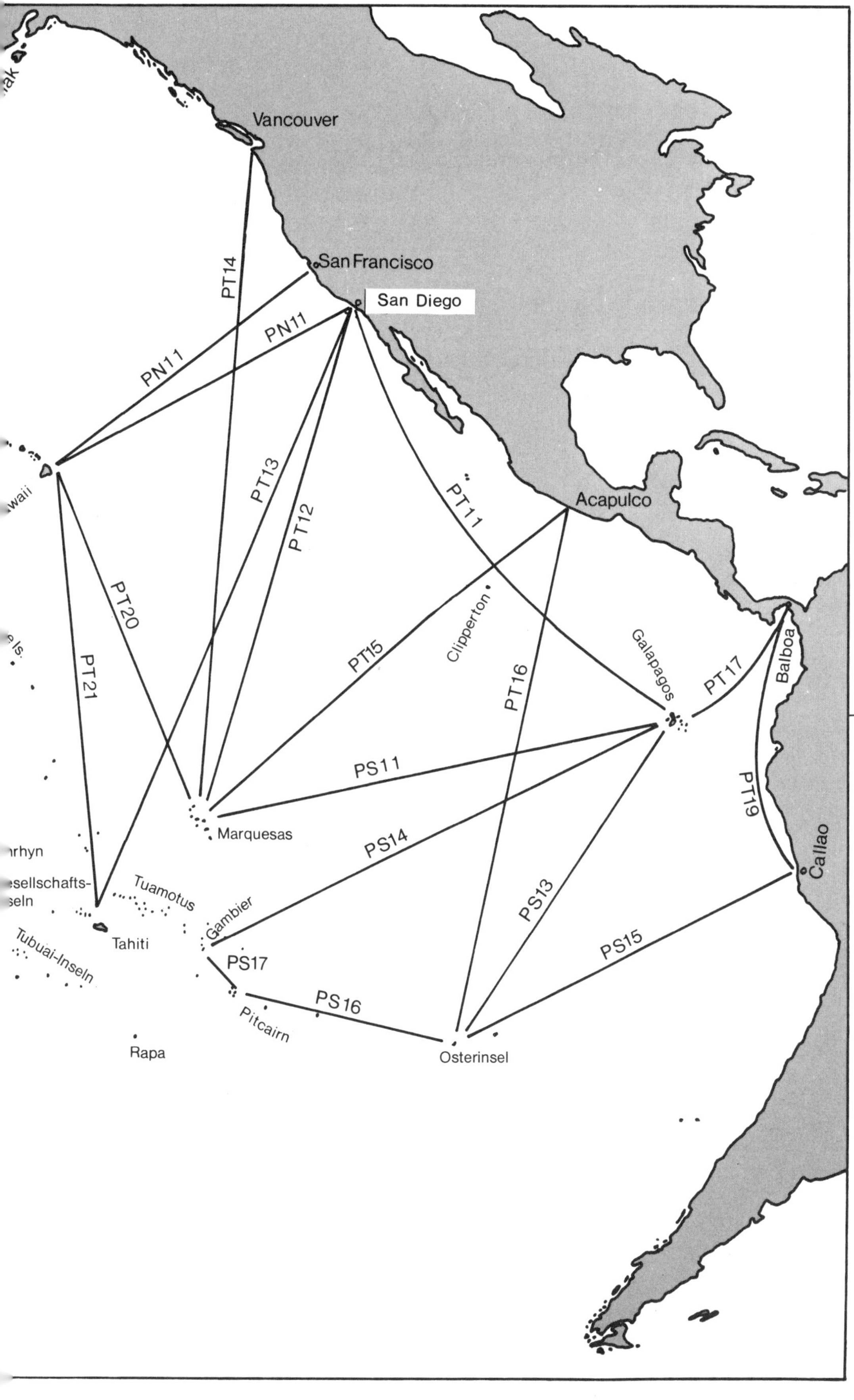
Vancouver
San Francisco
San Diego
PT14
PN11
PN11
PT13
PT12
PT11
Acapulco
PT20
PT21
PT15
Clipperton
PT16
Galapagos
PT17
Balboa
0°
PS11
PT19
Marquesas
PS14
Callao
Tuamotus
Gambier
PS13
Tahiti
Tubuai-Inseln
PS17
PS15
PS16
Pitcairn
Rapa
Osterinsel

Pazifischer Ozean

von ihnen beeinflußt, und wenn man ihr Verhalten auch nicht genau vorhersagen kann, so kann man doch unerfreulichen Überraschungen aus dem Wege gehen, wenn man sich ihres Vorhandenseins bewußt ist.

PT 11
Kalifornien – Galápagos-Inseln
Karte 44

San Diego – Wreck Bay: 2560 sm

Beste Zeit:	März bis April
Tropische Stürme:	Juni bis Oktober
Karten:	BA 2683
	US 51
Segelhandbücher:	BA 7, 8
	US 125, 153

Je nach Jahreszeit muß man möglicherweise sowohl durch den NO- als auch durch den SO-Passat segeln, um das Ziel zu erreichen, so daß es erforderlich ist, etwa 30° nach Osten zu segeln. Da der Wind in der Nähe der Galápagos-Inseln die meiste Zeit des Jahres aus dem südlichen Quadranten weht, ist es ratsam, weiter nördlich möglichst weit nach Osten zu fahren.

Von der kalifornischen Küste aus führt die Route seewärts an den vielen Inseln vor der Küste Niederkaliforniens vorbei. Nach dem Passieren der Revillagigedo-Inseln wird ein Kurs gesetzt, der so weit östlich an Clipperton vorbeiführt, wie es der Wind gestattet. Hinter Clipperton muß man damit rechnen, den NO-Passat zu verlieren und in einen Bereich mit wechselnden Winden zu gelangen. In den Kalmen weiter im Süden herrscht böiges Wetter, das mit Flauten durchsetzt ist. Die äquatoriale Gegenströmung sorgt möglicherweise für willkommenen Schub, wenn man vorher nicht weit genug nach Osten vorangekommen ist; dabei sollte man allerdings daran denken, daß der nach Westen setzende Südäquatorialstrom, in den man später gelangt, wahrscheinlich viel stärker ist. Da die Route durch die Hurrikanzone vor der mexikanischen Küste führt, sollte man die Fahrt nicht zwischen Juni und Oktober unternehmen.

PT 12
Kalifornien – Marquesas-Inseln
Karten 44, 48

San Francisco – Hiva Oa: 3000 sm
San Diego – Hiva Oa: 2560 sm

Beste Zeit:	März bis Mai
Tropische Stürme:	Juni bis Oktober (N)
	Dezember bis März (S)
Karten:	BA 783, 787
	US 51
Segelhandbücher:	BA 8, 62
	US 122, 126, 152

Die Mehrheit aller Segler auf diesem Törn zieht es vor, noch einmal in Häfen in Niederkalifornien oder noch weiter südlich anzulegen, bevor es auf diese lange Hochseefahrt geht; diese Taktik sorgt allerdings nicht für bessere Segelbedingungen. Wer also nicht unbedingt an der mexikanischen Küste entlangsegeln will, ist besser beraten, direkt Kurs auf die Marquesas-Inseln zu nehmen. Vor der Abfahrt sollte man die Ankunftszeit auf den Marquesas-Inseln bedenken, weil eine Abfahrt im November bedeutet, daß man mitten im Sommer auf den Marquesas-Inseln eintrifft, also zu einer Zeit, in der es sehr heiß ist und die in die Zyklonsaison fällt. Besser fährt man zwischen März und Mai ab, so daß man im Winter zur schönsten Jahreszeit auf den Marquesas-Inseln eintrifft. Diese Faktoren gilt es gegen die Vorteile einer Abfahrt im November abzuwägen, wenn der Passat nahezu bis zum Äquator reicht. Von allen Abfahrtshäfen aus geht man am besten schnell auf die offene See, da dort der NO-Passat gleichmäßiger weht.

Die Großkreisroute führt schräg durch die Kalmen, und deshalb sollte der Kurs am Rande des Kalmengürtels so geändert werden, daß er im rechten Winkel hindurchführt. Wenn der NO-Passat stetig ist, verläßt man besser die Großkreisroute, bleibt im Passatgürtel und segelt möglichst weit nach Westen, bevor man den Äquator in Richtung auf die Marquesas-Inseln überquert.

PT 13
Kalifornien – Tahiti
Karte 48

San Diego – Papeete: 3550 sm

Beste Zeit:	November bis Mai
Tropische Stürme:	Juni bis Oktober (N)
	Dezember bis März (S)
Karten:	BA 783, 787
	US 51
Segelhandbücher:	BA 8, 62
	US 122, 126, 152

Das ist eine recht ungewöhnliche Route für alle, die es eilig haben, nach Tahiti zu kommen, und darauf eingestellt sind, nonstop zu segeln, statt auf den Marquesas-Inseln anzulegen oder die längere Route über Hawaii zu nehmen. Die direkte Route meidet alle Gefahren und führt bei etwa 140°W über den Äquator, wo die Kalmen schmaler sind als weiter im Osten. Die Breite der Kalmen schwankt von Jahr zu Jahr, und es gibt sogar Zeiten, zu denen sie nicht vorhanden sind, so daß der NO-Passat fast übergangslos in den SO-Passat übergeht.

PT 14 British Columbia – Marquesas-Inseln
Karten 44, 48

Vancouver – Hiva Oa: 3700 sm

Beste Zeit:	Mai bis Juni
Tropische Stürme:	Juni bis Oktober (N)
	Dezember bis März (S)
Karten:	BA 783, 787
	US 520, 526
Segelhandbücher:	BA 8, 25, 62
	US 122, 126, 152, 154

Wer im Bereich der Marquesas- und der Tuamotu-Inseln segeln will, nimmt von British Columbia aus am besten eine direkte Route. Ein Umweg über Hawaii bedeutet, daß man unter Umständen sehr hoch am Wind laufen muß, um die Marquesas-Inseln zu erreichen.

Die beste Abfahrtszeit ist im Mai oder Anfang Juni; dann sind die Winterstürme vor den Küsten von Washington und Oregon im allgemeinen vorbei, und es bleibt genügend Zeit, vor dem Beginn der Hurrikansaison nach Süden über 10°N hinauszukommen. Bei einer entsprechend guten langfristigen Wettervorhersage kann man auch früher abfahren. Eine spätere Abfahrt ist riskanter, da die Bahn der meisten Hurrikane, die sich vor der mexikanischen Küste bilden, diese Route schneidet.

Bei der Abfahrt sollte man die Küste möglichst schnell hinter sich lassen, weil die See auf dem Festlandsockel immer rauher ist. An einem Punkt, der etwa 200 Meilen südwestlich von Juan de Fuca liegt, kann Kurs auf die Marquesas-Inseln gesetzt werden. Auf der Großkreisroute tut man gut daran, sich bis über den Äquator hinaus östlich von 135°W zu halten, um nicht gegen den SO-Passat anknüppeln zu müssen. Auf dem ersten Teilstück kommt der Wind wahrscheinlich mit 5 bis 20 Knoten aus NW oder W, und auch die Strömung ist günstig. Im Mai und Juni reicht der NO-Passat bis auf 25°N, wobei er gelegentlich auch erst ein paar Grad weiter südlich einsetzt. Die Kalmen sind zu dieser Jahreszeit nicht allzu breit, doch sollte man unter Motor leicht Süd zu Ost hindurchfahren, um dem nach Westen setzenden Südäquatorialstrom entgegenzuwirken und bei Einsetzen des SO-Passats in einer besseren Position zu sein.

PT 15 Mittelamerika – Marquesas-Inseln
Karten 44, 48

Acapulco – Hiva Oa: 2820 sm
Puntarenas – Hiva Oa: 3460 sm

Beste Zeit:	März bis Mai
Tropische Stürme:	Juni bis Oktober (N)
	Dezember bis März (S)
Karten:	BA 587, 783
	US 51
Segelhandbücher:	BA 8, 62
	US 122, 126, 153

Pazifischer Ozean

Die Länge dieses Törns, der im Schnitt etwa vier Wochen dauert, ist sehr stark von den Ausmaßen der Kalmen abhängig. Wie bei Route PT 12 erwähnt, ist es ratsam, möglichst lange im NO-Passat zu bleiben und den Äquator erst auf etwa 132°W zu überqueren. Dieses Vorgehen ist besonders zu Anfang des Jahres zu empfehlen, wenn sich der SO-Passat noch nicht völlig durchgesetzt hat.

In den anderen Monaten sollte man auf einer Großkreisroute bis zum Kalmengürtel fahren und den Kurs dann so ändern, daß er möglichst schnell hindurchführt. Bei Abfahrt nach Anfang Juni geht man am besten sofort auf die offene See hinaus, um den *Chabascos* aus dem Weg zu gehen. Im Sommer herrschen nördlich des Äquators im allgemeinen Gewitterstürme, schwache und wechselnde Winde, südlich des Äquators hingegen gleichmäßige Passatwinde. 1983 herrschten allerdings im Südpazifik ungewöhnliche Wetterbedingungen; es gab südlich des Äquators starke westliche Winde, und der SO-Passat war praktisch nicht vorhanden.

PT 16
Mittelamerika – Osterinsel   Karte 48

Costa Rica – Osterinsel: 2700 sm

Beste Zeit:	Dezember bis Februar
Tropische Stürme:	Juni bis Oktober (N)
Karten:	BA 4023
	US 62
Segelhandbücher:	BA 8, 62
	US 122, 125, 153

Für alle, die nicht den Umweg über die Galápagos-Inseln machen wollen (siehe auch Route PT 11), ist das ein langer Törn nach Süden. Der Anfangskurs führt genau nach Süden, so daß der Äquator auf etwa 100°W überquert wird. Dann fährt man in einem akzeptablen Winkel zum SO-Passat, der weiter südlich eine östlichere Komponente aufweist.

PT 17
Panama – Galápagos-Inseln   Karten 44, 48, 63

Balboa – Wreck Bay: 850 sm

Beste Zeit:	Februar bis Juni
Tropische Stürme:	keine
Karten:	BA 4023
	US 51
Segelhandbücher:	BA 7
	US 125, 153

Die Wetterbedingungen auf dieser Route sind sehr unterschiedlich, und die Fahrtdauer kann unabhängig von der Jahreszeit irgendwo zwischen sechs Tagen und drei Wochen liegen. Die meisten Boote haben entweder mit langen Flautenperioden zu kämpfen, bei denen sich ein ausreichender Treibstoffvorrat als nützlich erweist, oder mit Gegenwinden, da zwischen dem Festland und den Galápagos-Inseln Wind aus S oder SW an der Tagesordnung ist.

Im Golf von Panama kommt der Wind zwischen Oktober und April überwiegend aus Norden. Von Mai bis September herrschen entweder westliche oder wechselnde Winde. Wenn man hinter Cabo Mala auf SW-Wind trifft, bleibt man am besten auf Backbordbug und passiert Malpelo im Osten. Wenn man möglicherweise bis auf 3°S parallel zur Küste nach Süden fährt, hat man bessere Aussichten auf günstigen Wind.

Die N- oder NW-Strömung kann in diesem Bereich sehr stark sein, und daran sollte man bei der Annäherung an die Galápagos-Inseln denken, zumal schlechte Sicht und Strömungen, die stärker als erwartet waren, schon mehrere Yachten zum Verhängnis geworden sind. Wer auf Tower Island an Land gehen will, sollte besonders bei böigem Wetter bei der Annäherung an diese niedrige Insel sehr vorsichtig sein. Bei besonders schlechtem Wetter mit geringer Sicht ist bei der Annäherung an die Galápagos-Inseln wegen der unvorhersehbaren Strömungen und der unzuverlässigen Befeuerung Vorsicht geboten, wenn man in Inselnähe für die Nacht beidreht.

Bei der Ankunft auf den Galápagos-Inseln müssen besuchende Yachten entweder in Academy Bay auf Santa Cruz oder in Wreck Bay auf San Cristobal einklarieren, wo der Hafenkapitän im allgemeinen die Genehmigung zu einem kurzen Aufenthalt erteilt (siehe Kapitel 27).

PT 18
Panama – Marquesas-Inseln Karte 48

Balboa – Nuku Hiva: 3800 sm

Beste Zeit:	Februar bis Juni
Tropische Stürme:	Dezember bis März
Karten:	BA 783, 4023
	US 51
Segelhandbücher:	BA 7, 62
	US 122, 125, 126, 153

Das Problem, eine Segelgenehmigung für die Galápagos-Inseln zu bekommen, ist der Hauptgrund dafür, daß dieser Törn nonstop gemacht wird. Wer direkt zu den Marquesas-Inseln segelt, muß sich bei Verlassen des Golfs von Panama (Route PT 17) entscheiden, ob er die Galápagos-Inseln im Norden oder im Süden passieren will. Von Juni bis Januar ist es ratsam, sie im Norden zu passieren, um nicht gegen den S-Wind anknüppeln zu müssen, der nach dem Verlassen des Golfs von Panama zu erwarten ist. Auf dieser Route hat man auch den Vorteil, daß der Nordäquatorialstrom oft mit beträchtlicher Geschwindigkeit nach Westen setzt. Wenn die Route auf 100° W den Äquator kreuzt, führt sie an allen Gefahrenstellen vorbei. Wenn ungünstige Winde auftreten, nachdem der Längengrad der Galápagos-Inseln passiert ist, segelt man besser mit günstigem Wind und günstiger Strömung nach Westen weiter und überquert den Äquator erst dann, wenn der Wind im gewünschten Winkel einfällt.

Von Februar bis Mai passiert man die Galápagos-Inseln besser im Süden; sobald man dann den Bereich dieser Inselgruppe verlassen hat, kann man direkt Kurs auf die Marquesas-Inseln setzen. Auf welchem Weg man die Galápagos-Inseln auch umfährt, man sollte weiten Abstand halten, da es in ihrer Nähe durch schlechte Sicht und sehr starke Strömungen gefährlich ist. Meiden sollte man die Bereiche zwischen 90° W und 95° W und 3° S und 8° S, von wo schon öfter unerfreuliche Wetterverhältnisse gemeldet wurden. Dort scheint es sich um eine Verlängerung des Kalmengürtels mit wenig Wind oder Flauten, gewittrigen Böen und einer schweren Dünung zu handeln, die die Bedingungen sehr ungemütlich werden lassen. Den größten Teil dieses Bereichs kann man meiden, wenn der neue Kurs nach dem Passieren der SO-Ausläufer der Galápagos-Inseln 100° W auf 3° S kreuzt. Weiter im Westen gelten dieselben Hinweise wie für Route PS 11.

PT 19
Südwärts ab Panama Karten 48, 63

Balboa – Guayaquil: 700 sm
Balboa – Callao: 1270 sm

Beste Zeit:	November bis März
Tropische Stürme:	keine
Karten:	BA 4023
	US 62
Segelhandbücher:	BA 7
	US 125, 153

Alle Fahrten von Panama aus nach Süden an der Westküste Südamerikas entlang sind sehr schwierig, weil anhaltender Südwind herrscht und der Humboldtstrom das ganze Jahr über nach Norden setzt. Segelschiffe, die nicht über den Vorteil einer Hilfsmaschine verfügen, durften nur dann die Küstenroute nehmen, wenn ihr Ziel nicht weiter südlich als Callao in Peru lag. Ansonsten hielt man es für besser, mit dem SO-Passat auf die hohe See hinauszugehen und die Küste dann mit Hilfe der vorherrschend westlichen Winde auf etwa 30° S zu erreichen. Was die chilenischen Häfen angeht, so gilt dieser Hinweis für die heutigen Yachten nach wie vor. Die Häfen nördlich von Callao kann man jedoch von Panama aus ohne längeren Umweg erreichen, wenn man bereit ist, jede Winddrehung auszunutzen und notfalls die Maschine zu Hilfe zu nehmen.

Nach dem Passieren von Cabo Mala sollte ein Kurs gesetzt werden, der in mindestens 50 Meilen Abstand westlich an Punta Galera im Süden des Golfs von Panama vorbeiführt. Die Strömungsverhältnisse in dieser Region sind sehr kompliziert und ändern sich dauernd; es handelt sich um eine Kombination aus dem Humboldtstrom und der äquatorialen Gegenströmung, die gelegentlich bis zu 2,5 Knoten erreicht und nach Osten in die Bucht setzt. Aus diesem Grunde wird man bei der Durchquerung schnell in die Bucht abgetrieben; um das zu vermeiden, passiert man Punta Galera in einem weiten Bogen.

Südlich des Golfs von Panama herrscht die meiste Zeit des Jahres Wind aus S und SW, so daß es darum geht, auf dem besten Bug möglichst weit nach Süden voranzukommen. Bis zum Golf von Guayaquil kommt es unter der Voraussetzung, daß der Kurs weit genug auf See liegt, nicht so sehr darauf an, weil die Kalmen in diesem Bereich nicht sehr breit sind. Südlich von Guayaquil hält man sich besser näher an der Küste, um die Land- und Seewinde ausnützen zu können. Bei Flauten und Schwachwind muß man unter Motor fahren, um die starke Nordströmung wettzumachen.

Es ist nichts Ungewöhnliches, bei der Durchquerung des Golfs von Panama günstigen Wind zu haben, und im nördlichen Winter, und zwar besonders zwischen Februar und April, reicht der NO-Passat gelegentlich sogar bis zum Äquator. Von Dezember bis März erstreckt sich der Kalmengürtel am weitesten nach Süden und reicht westlich von Equador bis zu den Galápagos-Inseln. Weiter südlich, an der peruanischen Küste, herrscht die meiste Zeit des Jahres SO-Passat, der allerdings in Küstennähe mehr aus S als aus O kommt. In den peruanischen Gewässern sind Stürme sehr selten und Zyklone unbekannt. Die einzige Gefahr für kleine Boote besteht in der ungewöhnlich großen Dünung, die manchmal ohne Vorwarnung an der Küste auftritt. Ihr Ursprung liegt wahrscheinlich in seismischen Erschütterungen im Meeresgrund, wie sie dort häufiger auftreten.

PT 20   Karten 48, 64
Marquesas-Inseln – Hawaii

Nuku Hiva – Hilo: 1950 sm

Beste Zeit:	April bis Oktober
Tropische Stürme:	Dezember bis März
Karten:	BA 782, 783
	US 526
Segelhandbücher:	BA 62
	US 126, 152

Von den Marquesas-Inseln aus segelt man am besten genau nach Norden und überquert den Äquator auf etwa 140°W. Auf diesem Nordkurs sollte man bleiben, bis bei etwa 10°N der NO-Passat beginnt. Von dort aus kann man einen direkten Kurs auf Hawaii setzen.

PT 21
Tahiti – Hawaii   Karte 64

Papeete – Hilo: 2270 sm

Beste Zeit:	April bis November
Tropische Stürme:	Dezember bis März
Karten:	BA 782, 783
	US 526, 541
Segelhandbücher:	BA 62
	US 126, 152

Diesen Törn macht man am besten in den Wintermonaten im Südpazifik, wenn im Bereich der Tuamotu-Inseln keine Zyklongefahr besteht. In diesem Zeitraum herrscht südlich des Äquators größtenteils gleichmäßiger Passat. Der optimale Zeitpunkt, um von Tahiti oder einer anderen der Gesellschaftsinseln abzulegen, liegt zwischen April und Juni, wenn meistens auf beiden Seiten des Äquators günstige Bedingungen anzutreffen sind.

Von Tahiti aus steuert man auf Nordkurs westlich an den Tuamotu-Inseln vorbei. Auf 15°S, 149°30′W sollte der Kurs so geändert werden, daß er zwischen 145°W und 147°W über den Äquator führt. Jede Meile, die man in dieser Phase nach Osten vorankommt, ist später ein Vorteil. Von Tahiti bis auf etwa 10°S weht der SO-Passat oft aus O oder sogar NO, doch nach der Überquerung von 10°S herrscht reiner SO-Passat, so daß es möglich wird, den besten Punkt für die Äquatorüberquerung zu wählen. Auf diesen Längengraden reicht der SO-Passat die meiste Zeit des Jahres über den Äquator hinaus, und der Kalmengürtel ist nur selten breiter als 100 Meilen. Manchmal ist von den Kalmen praktisch nichts zu spüren, es erfolgt ein ganz plötzlicher Übergang vom einen Windsystem zum nächsten. Der NO-Passat beginnt in der Regel bei etwa 10°N. Der Kurs sollte leicht ostwärts des Zielorts bleiben, um eine Westströmung wettzumachen und die Hawaii-Inseln von Luv anlaufen zu können.

So verlockend es auch sein mag, die Fahrt wie in der umgekehrten Richtung auf einer der Line Islands zu unterbrechen, so schnell dürfte sich das auf dem Törn nach Norden als Fehler herausstellen, weil man das anschließende Stück nach Hawaii dann höchstwahrscheinlich hart am Wind segeln muß.

PT 22
Tahiti – Panama   Karte 63

Papeete – Balboa: 4450 sm

Beste Zeit:	Oktober bis November
Tropische Stürme:	Dezember bis März
Karten:	BA 783, 4023
	US 62, 621
Segelhandbücher:	BA 7, 62
	US 122, 125, 126, 153

Auf dieser selten benutzten Route segeln nur die, die nicht über Kap Hoorn oder auf der nach Westen führenden Passatroute in den Atlantik wollen. Um Panama von Tahiti aus zu erreichen, muß man je nach Jahreszeit entweder mit Hilfe der westlichen Winde in den höheren Breiten nach Osten fahren oder auf einer direkteren, aber schwierigeren Route diagonal durch den SO-Passatgürtel segeln.

Den Rundtörn mit Hilfe der westlichen Winde kann man das ganze Jahr über machen. Von Tahiti aus geht es auf SSO-Kurs zwischen den Austral-Inseln (Tubuai-Inseln) hindurch, bis die Region mit vorherrschendem W-Wind erreicht ist. In den Wintermonaten, wenn die Grenze des SO-Passatgürtels am weitesten im Norden liegt, sollte man zwischen 28°S und 32°S auf Ostkurs gehen können. In den Sommermonaten muß man möglicherweise bis auf 35°S gehen, um gleichmäßigen W-Wind anzutreffen. Ab 100°W schwenkt der Kurs allmählich auf NO, bis es wieder in den SO-Passat hineingeht. Von dort aus führt die Route unter Ausnutzung des nach Norden setzenden Humboldtstroms parallel zur südamerikanischen Küste.

Die direktere Route kann man nehmen, wenn sich der SO-Passat nicht voll durchgesetzt hat, wobei die beste Zeit in den Sommermonaten zwischen Mitte Oktober und Mitte März liegt. Bei der Abfahrt von Tahiti geht man auf SO-Kurs, um die Tuamotu-Inseln im Süden zu passieren. Von den Gambier-Inseln aus geht es weiter an der Pitcairn-Insel vorbei, von wo aus die Großkreisroute nach Panama genommen wird. Nahe an der südamerikanischen Küste herrschen günstige Wind- und Strömungsverhältnisse.

PT 23
Cook-Inseln – Hawaii   Karte 64

Penrhyn – Hilo: 1740 sm

Beste Zeit:	April bis November
Tropische Stürme:	Dezember bis März
Karten:	BA 782, 783
	US 541
Segelhandbücher:	BA 62
	US 126, 152

Pazifischer Ozean

Die meisten Segler, die diese Route zwischen den nördlichen Cook-Inseln (Pukapuka, Manihiki, Penrhyn und Rakahanga) hindurch nehmen, legen auf einer dieser Inseln an, bevor sie auf Nordkurs zum Äquator gehen. Da die Line Islands auf der direkten Route nach Hawaii liegen, bieten auch sie sich für einen Aufenthalt an, wobei Fanning und Palmyra die besten Ankerplätze haben. Die Fahrt läßt sich in allen Monaten außerhalb der Zyklonsaison machen, die man unbedingt meiden sollte, da die nördlichen Cook-Inseln in der Vergangenheit schon von Zyklonen heimgesucht wurden. Nördlich der Cook-Inseln ist das Wetter oft böig, auf Gewitterstürme folgen Flauten. Auf dem letzten Abschnitt von den Line Islands nach Hawaii segelt man besonders nördlich von 10°N, wo meistens der NO-Passat beginnt, überwiegend hart am Wind.

PT 24
Hawaii – Tahiti   Karte 64

Hilo – Papeete: 2270 sm

Beste Zeit:	April bis November
Tropische Stürme:	Dezember bis März
Karten:	BA 782, 783
	US 541
Segelhandbücher:	BA 62
	US 122, 126, 152

Die direkte Route führt nahe an den Line Islands vorbei, wo man die Fahrt gut unterbrechen kann (siehe PN 34). Zwar sorgt der NO-Passat möglicherweise bis auf 5°N für guten Wind, doch sobald der SO-Passat beginnt, hat man mit Sicherheit Gegenwind. Das läßt sich vermeiden, indem man bei der Abfahrt von Hawaii auf südöstlicheren Kurs geht. Als Alternative käme noch in Frage, zuerst die Marquesas-Inseln anzusteuern. Man sollte versuchen, bei Beginn der Fahrt möglichst weit nach Osten voranzukommen, und den Äquator zwischen 148°W und 150°W überqueren, wenn man direkt nach Tahiti segelt.

Der erste Teil des Törns kann besonders im Winter mit dem starken O-Wind und der rauhen See unerfreulich werden. Die Breite des Kalmengürtels hängt von der Jahreszeit ab; manche Boote haben sie schon in Stunden durchquert, während andere tagelang mit schwachen Winden und Böen zu kämpfen hatten. Obgleich die Fahrt zu jeder Jahreszeit möglich ist, sollte man sie so planen, daß die Ankunft in Tahiti außerhalb der Zyklonsaison liegt. April oder Mai gelten als die besten Monate, weil sich der SO-Passat dann noch nicht voll durchgesetzt hat und die günstige Saison im Bereich der Gesellschaftsinseln gerade beginnt.

PT 25
Hawaii – Marquesas-Inseln   Karte 64

Hilo – Nuku Hiva: 1950 sm

Beste Zeit:	April bis September
Tropische Stürme:	Dezember bis März
Karten:	BA 782, 783
	US 526
Segelhandbücher:	BA 62
	US 122, 126, 152

Hier gelten die gleichen Hinweise wie für PT 24, wobei allerdings bei der Abfahrt von Hawaii ein noch südöstlicherer Kurs gesteuert werden muß, um den Äquator dann mehr oder weniger auf dem Längengrad der Marquesas-Inseln zu überqueren. Die Route führt durch alle drei äquatorialen Strömungen, die insgesamt wahrscheinlich zu einer Westversetzung führen, die es noch schwerer machen kann, den Äquator in 140°W zu erreichen. Daher ist es wichtig, noch im NO-Passat möglichst weit nach Osten voranzukommen. Eine Möglichkeit, diese Schwierigkeit zu überwinden, besteht darin, mit der äquatorialen Gegenströmung nach Osten zu laufen und erst nach der

Überquerung des Längengrades von Nuku Hiva auf Südkurs zu gehen.

PT 26
Tuvalu – Kiribati Karte 67

Funafuti – Tarawa: 780 sm

Beste Zeit:	März bis Oktober
Tropische Stürme:	keine
Karten:	BA 780, 781
	US 526
Segelhandbücher:	BA 61, 62
	US 126

Der Törn zwischen diesen beiden ehemaligen Partnern in der Kolonie der Gilbert- und Ellice-Inseln ist das ganze Jahr über möglich, wobei allerdings die besten Segelbedingungen von März bis Oktober zu erwarten sind, wenn der Wind überwiegend aus dem östlichen Quadranten kommt. Von November bis Februar ist auf den Inseln Regenzeit, in der starke Weststürme nicht selten sind. Besonders in der Jahreszeit mit Westwind sind die Strömungen zwischen den Inseln sehr unregelmäßig, und es ist unmöglich, ihre Richtung vorherzusagen. Die Strömungen zwischen den einzelnen Tuvalu- und den einzelnen Kiribati-Inseln zeigen das ganze Jahr über kein einheitliches Schema, und daran sollte man beim Segeln in diesen Gewässern denken.

Der direkte Kurs von Funafuti nach Tarawa führt nahe an mehreren Inseln vorbei und überquert den Äquator in 173°30′ O. Zwar sollte man erst auf Tarawa einklarieren, doch kann man in einem Notfall kurz an einer der Inseln weiter im Süden anlegen, wobei sich die sichersten Ankerplätze in den Lagunen von Onotoa, Tabiteua und Abemama finden. Bei der Annäherung an Tarawa aus dem Süden ist vor der Insel Maiana Vorsicht geboten, da sie auf den Karten falsch dargestellt ist und das Riff im Südwesten viel ausgedehnter ist, als aus den Karten hervorgeht.

PT 27
Kiribati – Tuvalu Karte 67

Tarawa – Funafuti: 780 sm

Beste Zeit:	März bis Oktober
Tropische Stürme:	keine
Karten:	BA 780, 781
	US 526
Segelhandbücher:	BA 61
	US 126

Die Hinweise für diese Route ähneln denen für den umgekehrten Weg. Wer plant, eine der südlicheren Inseln von Kiribati anzulaufen, sollte vor der Abfahrt von Tarawa die Genehmigung dazu einholen.

Wer plant, längere Zeit in Tuvalu zu bleiben, sollte den Zeitraum von Oktober bis März meiden, weil die meisten Ankerplätze dort bei starkem Westwind, wie er in dieser Zeit üblich ist, nicht sicher sind. Tuvalu liegt zwar normalerweise außerhalb der Zyklonzone, doch es sind schon vereinzelte tropische Stürme von ihrer Brutstätte aus nach Norden gezogen und haben die Inseln heimgesucht. Den schlimmsten gab es im Oktober 1952; er verwüstete Funafuti.

PT 28
Neuguinea – Philippinen Karten 47, 48

Madang – San Bernardino: 1680 sm
Madang – Palau: 1020 sm

Beste Zeit:	Dezember bis März
Tropische Stürme:	April bis Dezember
Karten:	BA 780, 781
	US 524
Segelhandbücher:	BA 33, 60
	US 126, 164, 166

Das ist eine schöne Route für den, der eine Abwechslung von den Südpazifischen Inseln braucht, und zwar besonders, wenn es nach

Pazifischer Ozean

Hongkong und Japan weitergehen soll. Die Mehrheit aller Segler unternimmt diesen Törn bei NW-Monsun, von November bis März, um vor Einsetzen der Taifunsaison die Philippinen zu erreichen. Diese Taifunsaison ist zwar weniger genau abgegrenzt als die Zeiten mit tropischen Stürmen in anderen Gegenden der Erde, doch gelten die Sommermonate von Juli bis November als die gefährlichste Zeit, in der die meisten Taifune im August auftreten.

Boote, die von Rabaul auf Neupommern ablegen, sollten einer Route folgen, die östlich an den Admiralitäts-Inseln vorbeiführt, während von Madang oder anderen Häfen auf der Hauptinsel Neuguinea aus ein NW-Kurs westlich an den Admiralitäts-Inseln vorbei logischer ist. Auf dieser Westroute kann man zwar auf den Hermit Islands anlegen, doch muß man auf dem Höhepunkt des NW-Monsuns mit einer schweren und rauhen Fahrt rechnen, weil der Wind zwischen den Admiralitäts-Inseln und Neuguinea gelegentlich sehr stark aus Norden weht. Zum Äquator hin verliert der Monsun im Bereich der Kalmenzone an Stärke. Die Breite der Kalmen schwankt je nach Jahreszeit, sie sind jedoch selten breiter als 100 Meilen und lassen sich schnell unter Motor durchqueren, zumal die Strömungen in diesem Bereich ein sehr kompliziertes Muster zeigen. Der Südäquatorialstrom setzt in einem breiten Gürtel südlich von 4°N bis 5°N nach Westen. An der Nordgrenze dieses Gürtels kommt es zu einem abrupten Übergang in die andere Richtung. Diese Ostströmung ist die äquatoriale Gegenströmung, die relativ schmal ist und dem Nordäquatorstrom weicht, der nach Westen setzt und je nach Jahreszeit von 7°N oder 8°N bis auf 15°N oder 20°N reichen kann. Diese Strömungen erreichen etwa 1 bis 1,5 Knoten, so daß auf dieser Route besondere Aufmerksamkeit am Platze ist.

Nördlich der Kalmen sind schwache nördliche Winde zu erwarten, bis auf etwa 5°N der NO-Passat einsetzt. Der Passat ist in den Wintermonaten von Dezember bis März am stärksten und gleichmäßigsten und wird zum Sommer hin schwächer und wechselhafter.

Die meisten Boote auf der Fahrt zu den Philippinen legen in Palau an, das mehrere geschützte Häfen hat. Für Palau ist eine Segelgenehmigung erforderlich (siehe Route PN 71). Die Wettervorhersagen aus Guam decken den gesamten Bereich ab und können in der Taifunsaison sehr nützlich sein.

PT 29
Neuguinea – Guam   Karte 47, 48

Madang – Guam: 1130 sm

Beste Zeit:	Dezember bis März
Tropische Stürme:	April bis Dezember
Karten:	BA 780, 781
	US 524
Segelhandbücher:	BA 60
	US 126, 164

Wegen der großen Häufigkeit von Taifunen, die Guam heimsuchen oder sich zwischen der Insel und dem Äquator bilden, unternehmen die meisten Segler die Fahrt nach Guam im nördlichen Winter. Das ist die Zeit des NW-Monsuns in Neuguinea, in der das Wetter in der Bismarcksee und um die nördlichen Inseln von Papua Neuguinea weniger beständig ist als im Rest des Jahres. Nur wenige Boote machen diese Fahrt nonstop, und es gibt verschiedene Inseln, auf denen man unterwegs anlegen kann. Zum Monsunwechsel im November oder Anfang Dezember treten südlich des Äquators häufig Flauten auf. Bis Mitte Dezember hat sich nördlich des Äquators stetiger NO-Wind durchgesetzt, und statt den ganzen Weg nach Guam gegen den Wind anzuknüppeln, unterbrechen manche Segler die Fahrt in Truk, wo man auch nachtanken kann.

PT 30 Palau – Neuguinea   Karte 47, 48

Palau – Manus: 960 sm
Palau – Madang: 1020 sm

Beste Zeit:	Oktober bis März
Tropische Stürme:	April bis Dezember
Karten:	BA 780, 781
	US 524
Segelhandbücher:	BA 60
	US 126, 164

Die beste Zeit für diesen Törn liegt zwischen Oktober und März, weil man dann entweder nach oder vor dem SO-Monsun (April bis Mitte Oktober) in Neuguinea eintrifft und damit dem Gegenwind und der starken NW-Strömung an der Küste aus dem Wege geht. Im Oktober und November gibt es in der Bismarcksee aufgrund des Monsunwechsels von SO auf NW nur wenig Wind, so daß man sich darauf einstellen sollte, unter Motor zu fahren. Von Dezember bis März herrschen in der Nähe von Neuguinea günstige Winde und Strömungen, so daß die Fahrt problemlos verlaufen sollte.

Bei der Abfahrt von Palau geht man auf SO-Kurs, um den Äquator bei Zielen auf Neuguinea in etwa 140°O und bei Zielen in der Bismarcksee weiter östlich zu überqueren. Zu achten ist auf die komplexen Strömungen in dieser Region (siehe PT 28).

Wenn man diese Fahrt nach dem Einsetzen des SO-Monsuns südlich des Äquators machen muß, fährt man am besten noch nördlich des Äquators möglichst weit nach Osten und nutzt dabei die nach Osten setzende äquatoriale Gegenströmung aus. Der Äquator wird erst auf etwa 150°O unter Berücksichtigung des nach Westen setzenden Südäquatorialstroms überquert, um dann östlich der Admiralitäts-Inseln in die Bismarcksee einzufahren.

Der Törn ist auch schon Mitte September gemacht worden, während von Palau bis auf 5°N SW-Winde herrschten. Von dort aus ging es unter Motor durch die Kalmen, die bis auf 1°S reichten. Da die SO-Winde zu dieser Zeit weiter im Süden noch stark sind, kann man den Übergang zwischen den Jahreszeiten auf den Inseln der Ninigogruppe oder auf den Hermit Islands abwarten, die sich in beiden Richtungen für eine Fahrtunterbrechung anbieten.

15 Wind- und Strömungsverhältnisse im Südpazifik

Karte 2 bis 6

Südostpassat

Die Mehrzahl aller Segelrouten im Südpazifik ist von diesem Wind abhängig, der über ein weites Gebiet weht. Der SO-Passat herrscht auf der Äquatorseite des Hochdruckgebiets, das bei etwa 30°S liegt. In der Nähe der südamerikanischen Küste kommt der Passat aus S bis SO, während er zum Westen hin zunehmend aus O kommt. In der Nähe Australiens dreht er wieder auf SO, und zwar besonders in den Wintermonaten. In den Sommermonaten von November bis April ist der Passat in weiten Bereichen weniger gleichmäßig. Westlich von etwa 140°W gibt es häufig Wind aus anderen Richtungen, wobei die vorherrschende Richtung allerdings zwischen NO und SO bleibt.

Der SO-Passat erreicht durchschnittlich 15 Knoten, kann aber gelegentlich in weiten Bereichen auf 20 bis 25 Knoten zunehmen. Am stärksten ist der Wind mit gelegentlich 30 Knoten im Korallenmeer. Der SO-Passat im Südpazifik ist jedoch weder so gleichmäßig noch so konstant wie der Passatwind in den anderen Ozeanen. Einen ununterbrochenen Gürtel mit SO-Passat, der sich über den gesamten Südpazifik erstreckt, gibt es nur in den Monaten Juni, Juli und August. In den restlichen Monaten findet sich ein 600 Meilen weiter Bereich, in dem der Passat nicht so konstant weht. In diesem Bereich, der sich von den Phönix-Inseln über die Tuamotu-Inseln bis zur Osterinsel diagonal nach Südosten durch den Passatgürtel erstreckt, dreht der Wind oft auf NO und wird von Flauten abgelöst. Nach einer Weile kommt er meistens verstärkt aus SO und geht häufig mit heftigen Regenböen einher.

Der Passatgürtel verschiebt sich im Verlauf des Jahres beträchtlich, wobei sich die Südgrenze um fast 300 Meilen verlagert, während sich die Nordgrenze nur um etwa 150 Meilen bewegt und außer im Osten das ganze Jahr über nördlich des Äquators bleibt. Die Nordgrenze des SO-Passats bildet eine leichte Kurve, deren höchster Punkt bei 5°N im Januar und bei 9°N im Juli liegt. Die Südgrenze macht im Juli einen ähnlichen Bogen, dessen höchster Punkt bei etwa 18°S liegt, während sie im Januar näher an der südamerikanischen Küste bis auf 30°S nach Süden reicht.

Tropische Konvergenzzone

Die Nordgrenze des SO-Passatgürtels wird durch die Position der tropischen Konvergenzzone bestimmt, die östlich von etwa 160°W das ganze Jahr über nördlich des Äquators bleibt. In der Westhälfte des Ozeans verlagert sie sich

Wind- und Strömungsverhältnisse im Südpazifik

von etwa November bis April in die südliche Hemisphäre und reicht im Februar auf dem Höhepunkt des südlichen Sommers am weitesten nach Süden. Am ausgeprägtesten ist die Verlagerung der tropischen Konvergenzzone in der Nähe von Australien und Papua Neuguinea, wo der Kalmengürtel am breitesten ist. Er erreicht im Durchschnitt etwa 150 Meilen, kann aber gelegentlich auch doppelt so breit sein, während er in anderen Gegenden mehr oder weniger nicht vorhanden ist. In der Konvergenzzone herrscht typisches Kalmenwetter mit Flauten oder schwachen wechselnden Winden im Wechsel mit Regenböen und Gewitterstürmen. Diese Bedingungen sind aufgrund des großen Winkels, in dem der SO-Passat und der NW-Monsun aufeinandertreffen, in den Kalmen des westlichen Pazifiks extremer als überall sonst.

Nordwestmonsun

In den Sommermonaten herrscht westlich von 180° und zwischen dem Äquator und der tropischen Konvergenzzone, die über Nordaustralien liegt, im westlichen Teil des Südpazifiks vorwiegend NW-Wind. Die Jahreszeit mit NW-Monsun hängt vom Breitengrad ab, sie dauert aber normalerweise von Dezember bis März. Am meisten betroffen vom NW-Monsun sind die Salomonen, Papua Neuguinea und Nordaustralien. Der Wind kommt nahe am Äquator überwiegend aus N oder NO, weiter südlich hingegen aus NW oder sogar W. Der NW-Monsun ist weder von der Stärke noch von der Richtung her sehr gleichmäßig, doch trotz dieser Tatsache sind auf dem Höhepunkt der Saison Windrichtungen zwischen S und O sehr selten. Der Monsun ist schwach oder mäßig, kann aber in den recht häufigen Böen Sturmstärke erreichen. Das Wetter ist im allgemeinen wolkig und bedeckt mit heftigem Regen. In Landnähe wird die Windrichtung möglicherweise stark durch lokale Bedingungen beeinflußt.

Wechselnde Winde

Zwischen der Südgrenze des SO-Passats und der Nordgrenze der westlichen Winde liegt eine Zone mit mäßig starken wechselnden Winden. Diese Zone erstreckt sich in den Sommermonaten von 25°S bis auf 40°S und im Winter von 20°S bis auf 30°S. Sie reicht nicht quer über den gesamten Ozean, und ihre Lage ändert sich von Jahr zu Jahr. Östlich von etwa 85°W kommt der Wind vorherrschend aus S oder SO; hier handelt es sich um eine Verlängerung des SO-Passats. Stärke und Richtung dieser wechselnden Winde können beträchtlich schwanken, wobei die Stärke in den höheren Breiten zunimmt.

Westliche Winde

Die westlichen Winde oder auch »brüllenden Vierziger« herrschen südlich des Südpazifikhochs, das auf etwa 30°S liegt. Im Westen werden diese Winde durch Antizyklonen beeinflußt, die von Australien aus nach Osten ziehen. Durch den nahezu ununterbrochenen Durchzug von Tiefdruckgebieten von Westen nach Osten sind Windrichtung und Windstärke sehr unterschiedlich. Am gleichmäßigsten sind die westlichen Winde zwischen 40°S und 50°S. Im Winter sind Stürme an der Tagesordnung, Starkwind kann zu jeder Jahreszeit auftreten.

Tropische Stürme

Ein weiter Bereich des Südpazifiks wird zwischen Dezember und April von Zyklonen heimgesucht. Die größte Häufigkeit ist zwischen Januar und März zu verzeichnen. Das hauptsächlich betroffene Gebiet liegt südlich von etwa 8°S bis 10°S und westlich von 140°W in einem breiten Gürtel, der sich von den Marquesas-Inseln im Osten bis zur Torresstraße im

Pazifischer Ozean

Westen erstreckt. In manchen Bereichen wie etwa im Korallenmeer treten tropische Stürme in seltenen Fällen auch zu anderen Zeiten auf. Ein Beispiel aus der jüngsten Zeit ist der Zyklon Namu, der am 18. und 19. Mai 1986 mit über 100 Knoten über die Salomonen hinwegfegte und heftige Verwüstungen anrichtete. Am gefährlichsten ist der Zeitraum zwischen Dezember und März, in dem sich aus tropischen Tiefdruckgebieten, die im Korallenmeer oder im Carpentaria-Golf entstehen, Zyklone entwickeln können.

Die Anzahl und die Bahn der tropischen Stürme schwanken von Jahr zu Jahr, wobei allerdings der mittlere Südpazifik häufiger betroffen ist als die Randgebiete. In manchen Bereichen im Zyklongürtel wie etwa auf Tahiti, kommen vielleicht jahrelang keine Zyklone vor, so daß sich die Leute dort in trügerischer Sicherheit wiegen.

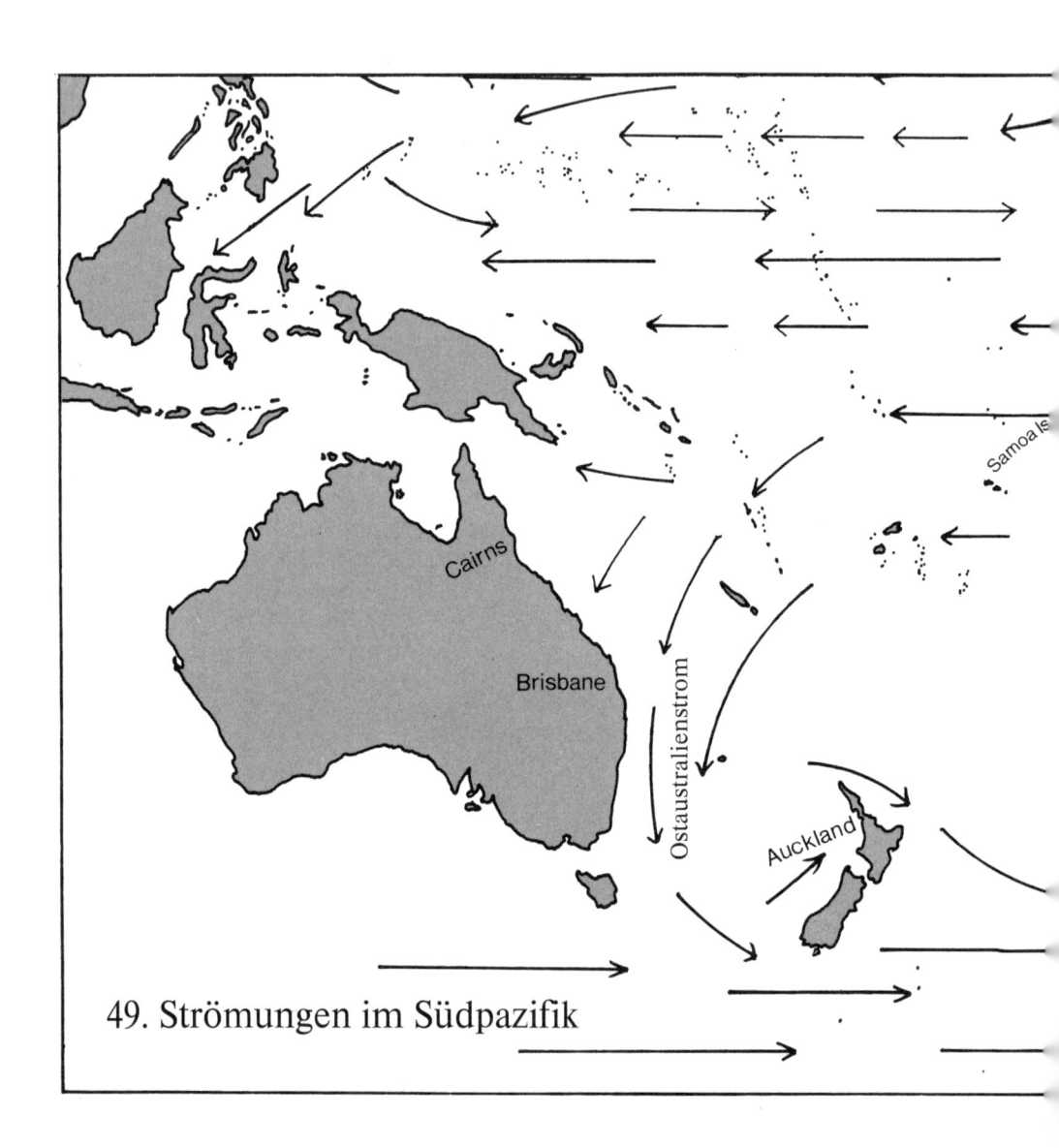

49. Strömungen im Südpazifik

Wind- und Strömungsverhältnisse im Südpazifik

Strömungen

Die Oberflächenströmungen im Südpazifik verlaufen im wesentlichen gegen den Uhrzeigersinn; sie sind aber weniger erforscht als die Strömungen in anderen Ozeanen. Die vier Bestandteile dieser Bewegung gegen den Uhrzeigersinn um den Südpazifik sind der nach Westen setzende Südäquatorialstrom, der nach Süden setzende Ostaustralienstrom, der nach Osten setzende Südmeerstrom und schließlich der nach Norden setzende Humboldtstrom.

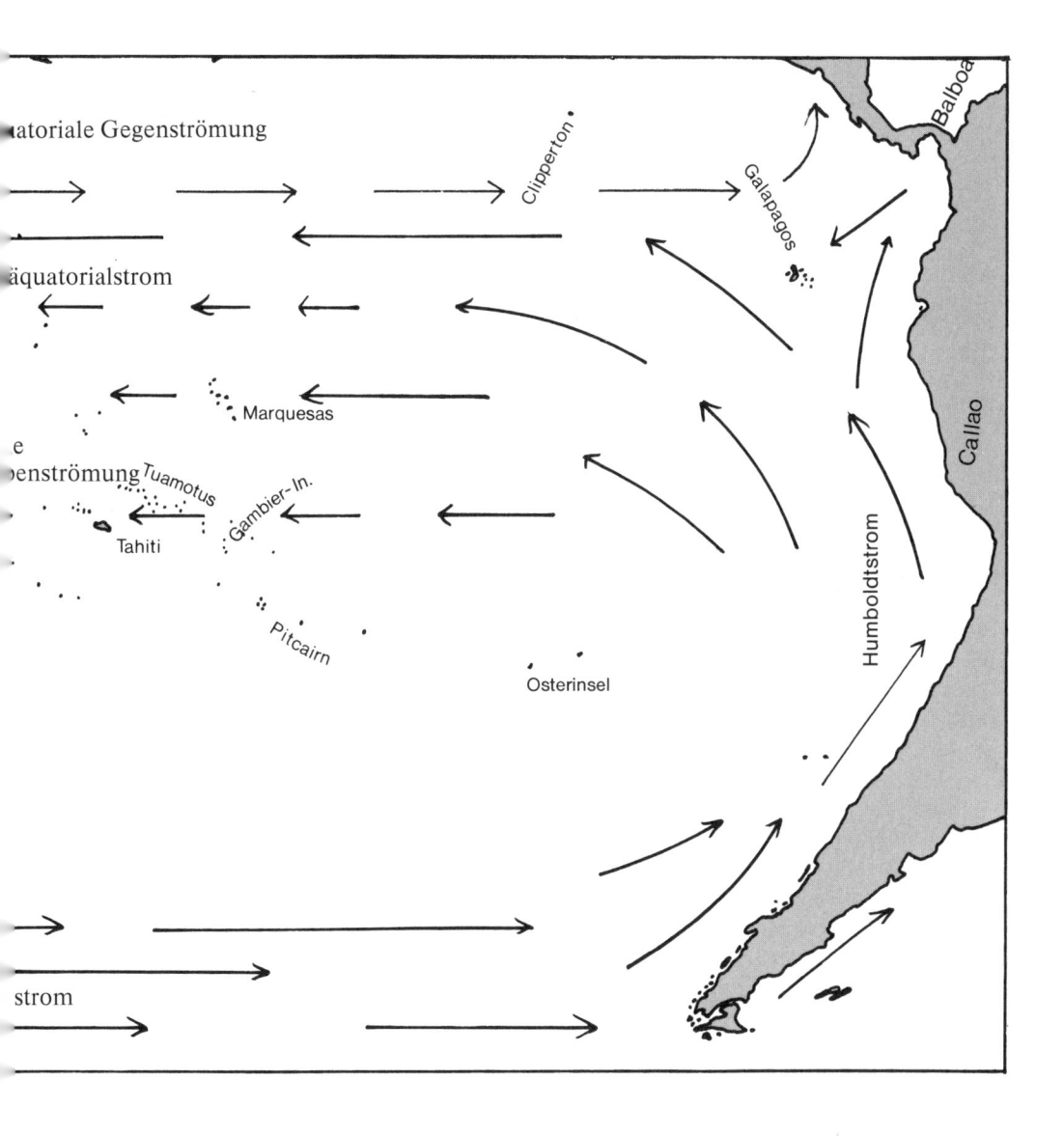

Viele Segelrouten liegen im Einflußbereich des Südäquatorialstroms, dessen Nordgrenze je nach Jahreszeit und Längengrad zwischen 1°N und 4°N oder gar 5°N liegt. Die Mittelachse dieser Strömung verläuft im südlichen Sommer am weitesten nördlich und im Winter nur knapp nördlich des Äquators. Südlich von 6°S nimmt der Südäquatorialstrom von der Stärke her ab, behält aber seine westliche Richtung bei. Zwischen 6°S und 20°S wird dieser schwächere Strom als südliche Subtropenströmung bezeichnet.

Im westlichen Teil des Südpazifiks schwankt die Richtung der Strömung je nach Jahreszeit. Zwischen Juni und August folgt sie der Küste Neuguineas in nordwestlicher Richtung. Von September bis November und von März bis Mai kommt es zu einer Umkehrung der äquatorialen Gegenströmung, die dann an der Küste Neuguineas in südöstlicher Richtung führt.

Ein Teil der südlichen Subtropenströmung fließt an Tuvalu, Vanuatu und Neukaledonien vorbei nach Westen, wobei die Strömungen in dieser Region jedoch beträchtliche Abweichungen zeigen. Das gleiche gilt für die Strömung im Bereich der Tuamotu-Inseln, zwischen den Tonga- und den Fidschi-Inseln sowie im Bereich der zu den Fidschi-Inseln gehörenden Laugruppe. In diesen Revieren ist wegen der unberechenbaren lokalen Strömungen äußerste Vorsicht angebracht.

Über die Strömungen im Korallenmeer weiß man auch nur wenig mehr, als daß sie im nördlichen Teil stark zur Torresstraße hin setzen, während sie im südlichen Teil nach S oder SW führen. Diese Strömung geht schließlich in den stärkeren Ostaustralienstrom über, der an der australischen Küste entlang nach Süden führt und auf dem Weg zu Häfen in Neusüdwales eine große Hilfe sein kann. In der Tasmansee zwischen Australien und Neuseeland herrschen überwiegend wechselnde Strömungsverhältnisse mit insgesamt östlicher Tendenz.

Der Südmeerstrom setzt in höheren Breiten nach Osten oder Nordosten. Der Großteil dieser Strömung führt südlich von Kap Hoorn in den Atlantik, während ein Teil nach Norden an der südamerikanischen Westküste entlangführt und zum Humboldtstrom wird.

Diese kalte Strömung fließt nordwärts zum Äquator und speist letztlich den Südäquatorialstrom. Die Richtung des Humboldtstroms wird gelegentlich durch die äquatoriale Gegenströmung umgekehrt, die im südlichen Sommer weiter nach Süden reicht. Ein Arm dieser Strömung wendet sich gelegentlich nach Süden, wo er an der ecuadorianischen Küste entlangführt und in seltenen Fällen bis nach Callao reicht. Weil diese warme Südströmung gegen Weihnachten auftritt, wird sie auch als El-Niño-Strom bezeichnet. In den Jahren, in denen sie sich voll durchsetzt, übt diese warme Strömung starken Einfluß auf die Wetterbedingungen in der östlichen Hälfte des Südpazifiks aus. So schreibt man dem El-Niño-Strom beispielsweise die verrückten Bedingungen des Jahres 1983 zu, bei denen die Oberflächentemperatur des Wassers um mehrere Grad anstieg und für einen bislang nicht gekannten Wetterverlauf sorgte.

16 Regionale Wetterverhältnisse im Südpazifik

Südamerikanische Küste

Die hohen Anden, die sich wie ein Rückgrat von Norden nach Süden über diesen Kontinent ziehen, stellen sich dem Ostwind entgegen, so daß diese Küste zum großen Teil trocken und steril ist, wenn man sie mit den üppigen Regenwäldern östlich der Anden vergleicht, wo sämtliche Feuchtigkeit abgeladen wird.

Die kolumbianische und ecuadorianische Küste hat das ganze Jahr über gleichmäßiges Pazifikwetter mit wenig Starkwind und ruhiger See. Der Wind folgt vorwiegend der Küstenlinie und kommt aus Richtungen zwischen S und W, wobei nördlich des Äquators westliche und südlich des Äquators südliche Winde vorherrschen. Es kommt häufig zu Gewitterstürmen.

In Peru kommt der Wind vorherrschend aus SO bis S, ist aber nur selten stark. Im Sommer ist es oft mehrere Tage hintereinander windstill. An dieser Küste gibt es gelegentlich Land- und Seewinde, die aber ziemlich schwach sind. Im Winter, von April bis August, kann es zu schwachem Nordwind kommen. Dafür, daß die peruanische Küste im Bereich der Tropen liegt, wird es zu selten richtig heiß und ist es im Winter ziemlich kalt. Das liegt an der kühlenden Wirkung des Humboldtstroms. Es regnet zwar nur selten, doch der Himmel ist oft bewölkt, und zwischen April und August, aber auch zu anderen Zeiten herrscht dichter feuchter Nebel. In einigen Küstenregionen Perus regnet es überhaupt nicht, so daß dort ausgetrocknete und mumifizierte Leichen und Textilien seit Tausenden von Jahren erhalten geblieben sind.

In Chile ist der Zeitraum von September bis Mai die schöne Jahreszeit mit wenig Regen und S- bis SO-Wind, der neun Monate des Jahres vorherrscht. Gelegentlich kommt es zu starken Nordstürmen, die Niederschläge mit sich bringen. Weiter im Süden ist das Wetter häufiger schlecht. In den südlichen Teilen Chiles machen sich die westlichen Winde des Südmeers bemerkbar, und der Wind weht dort stärker. Er kommt überwiegend aus südlichen Richtungen, wobei Stürme aus SW bis NW regelmäßig Regen mit sich bringen. Im Herbst und im Winter dreht der Wind regelmäßig gegen den Uhrzeigersinn von NW auf SW und vertreibt die Wolken; darauf folgt SO-Wind, der völlig einschläft. Später erhebt sich NO-Wind, der im Norden auffrischt und auf NW zurückdreht, wo das Ganze wieder von vorn beginnt.

Juan-Fernandez-Inseln

Die größte unter diesen kleinen chilenischen Inseln trägt zu Ehren ihres berühmtesten schiffbrüchigen Bewohners, Alexander Selkirk, der die Vorlage für das Buch von Daniel Defoe abgab, auch den Namen Robinson-Crusoe-Insel. Sie liegen außerhalb der Tropen und

Pazifischer Ozean

des Passatgürtels und weit genug vor der chilenischen Küste, um nicht durch das dortige Wetter beeinflußt zu werden. Die Winde hier sind wechselnd, kommen jedoch meistens mit weniger als 18 Knoten aus SO oder S. Stärkere Winde sind selten. Es gibt viele windstille Perioden.

Galápagos-Inseln

Die Galápagos-Inseln sind durch ihre einzigartige Flora und Fauna berühmt geworden und wurden von der ecuadorianischen Regierung zum Nationalpark erklärt. Um dort zu segeln, braucht man eine Genehmigung, zu der mehr im Kapitel 27 gesagt ist.

Die vulkanischen Inseln liegen auf dem Äquator, und das Klima ist allgemein warm. Auf der Luvseite ist die Vegetation üppiger, die Leeseite ist trockener. Der Wind kommt vorwiegend aus Osten. Die warme Strömung aus dem Golf von Panama trifft hier auf den kalten Humboldtstrom und fließt mit ihm zusammen nach Westen. Das kann dazu führen, daß die Wassertemperaturen bei ein und derselben Insel auf der Nordseite 26°C und auf der Südseite 16°C betragen. Das Zusammentreffen der beiden Strömungen führt häufig zu schlechter Sicht und Nebel. Oft ist es grau und trübe. Eine merkwürdige lokale Erscheinung, die *Garua*, kann dazu führen, daß die Insel plötzlich verschwindet, nachdem sie mit bloßem Auge zu erkennen war. Am häufigsten passiert das in der kalten Jahreszeit von Mai bis November. Für Inseln, die so nahe am Äquator liegen, kann es nachts durch die kalte Strömung recht kalt werden. Es treten gelegentlich Böen auf, und ganz selten reichen die *Norder* aus Mittelamerika bis hierher. Auch wenn sie nicht zu spüren sind, machen sie sich durch eine starke Norddünung bemerkbar. Auf gleiche Weise weist gelegentlich eine starke Süddünung dar-

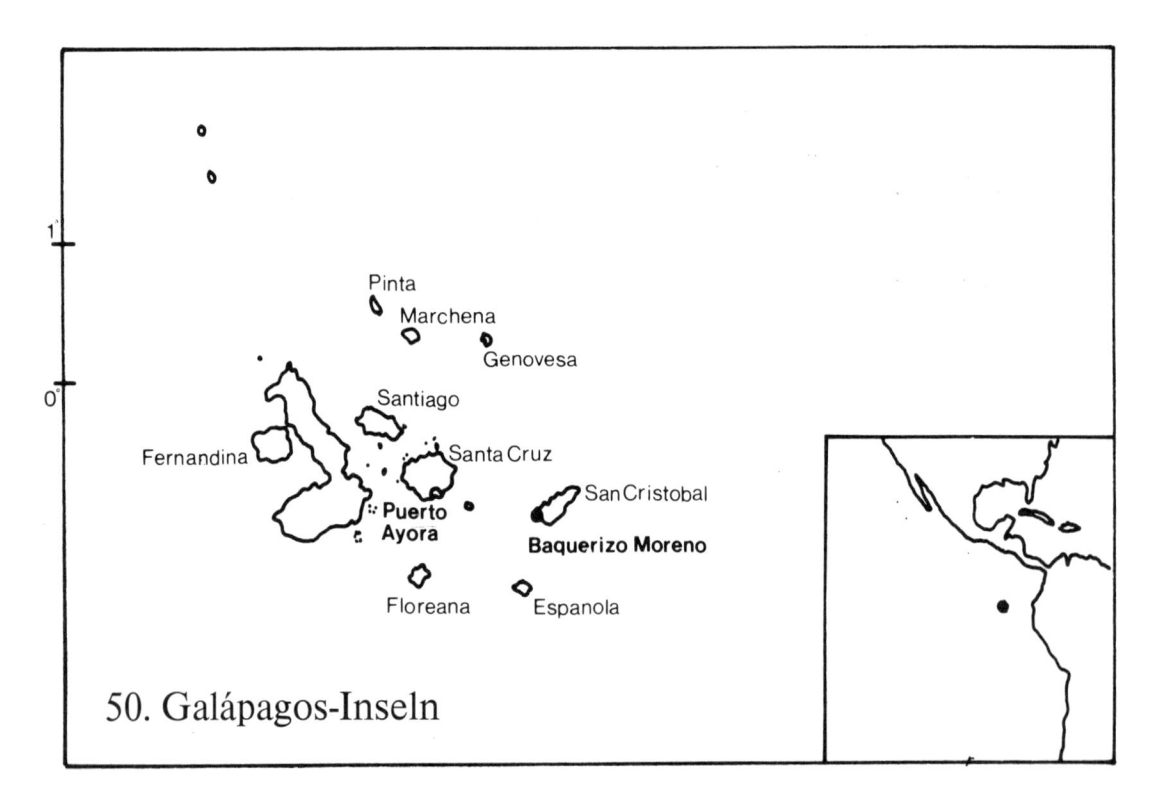

50. Galápagos-Inseln

auf hin, daß in einiger Entfernung Südstürme herrschen.

Osterinsel

Diese chilenische Kolonie liegt in der großen leeren Weite des Südpazifiks zwischen der südamerikanischen Küste und der Pitcairn-Insel, ihrer nächsten bewohnten Nachbarinsel. Die polynesischen Bewohner nennen sie Rapa Nui, während der offizielle spanische Name Isla de Pascua lautet. Die Insel wurde am Ostertag des Jahres 1722 von dem holländischen Seefahrer Jacob Roggeveen entdeckt und entsprechend benannt. Ihre Hauptattraktion sind die riesigen Statuen, die überall auf der Insel verstreut liegen.

Der Wind kommt in den Sommermonaten von Oktober bis April überwiegend aus SO, kann aber gelegentlich auch aus NO wehen. Von Mai bis September, wenn sich der Passatgürtel nach Norden verlagert hat, herrscht vorwiegend Westwind, und es regnet oft heftig. Da die Insel auf Tausende von Meilen das einzige Stück Land ist, schafft sie sich ihre eigenen Wetterbedingungen. Bei böigem Wetter ändert sich die Windrichtung schnell, so daß man leicht auf Legerwall gerät. Wer vor der Osterinsel ankert, muß darauf vorbereitet sein, den Anker kurzfristig umzustecken. Zyklone sind unbekannt.

Die einzige Siedlung ist Hangaroa auf der Westseite, wo man an Land die Einreiseformalitäten erledigen kann; manchmal wird ein Boot auch vor Anker abgefertigt. Bei schwerer Dünung kann es gefährlich sein, in dem kleinen Hafen anzulegen.

Pitcairn-Insel

Das ehemalige Versteck der Meuterer von der *Bounty* ist nach wie vor von einer Handvoll ihrer Nachkommen bewohnt. Zusammen mit den unbewohnten Inseln Oeno, Ducie und Henderson ist Pitcairn die letzte britische Kolonie im Südpazifik.

Pitcairn liegt zwar am Rande des SO-Passatgürtels, aber der Wind kommt nur selten gleichmäßig aus dieser Richtung. Im Winter wie im Sommer hat der Wind oft eine östliche Komponente, doch wie im Fall der Osterinsel muß man vor Pitcairn darauf vorbereitet sein, sofort den Anker zu lichten, wenn der Wind dreht, was ohne große Vorwarnung passieren kann.

Der günstigste Ankerplatz liegt in der Bounty Bay auf der Nordseite der Insel, nahe bei der Hauptsiedlung Adamstown. Weil es schwierig ist, durch die Brandung zu kommen, werden Besucher meistens von den Inselbewohnern mit dem Boot abgeholt. Die Einreiseformalitäten bestehen daraus, daß man seinen Reisepaß vom Magistrat abstempeln läßt, wahrscheinlich das einfachste Einreiseverfahren auf der Welt.

Gambier-Inseln

Diese französische Kolonie in der SO-Ecke der Tuamotu-Inselgruppe wird gelegentlich nach der Hauptinsel auch als Mangareva-Inseln bezeichnet. Es handelt sich um Vulkaninseln in einer großen Lagune, durch deren Riff drei Einfahrten zur Hauptsiedlung Rikitea auf Mangareva führen. Die größten Inseln der Gruppe sind Mangareva, Taravai, Aukena und Akamaru.

Auf diesen Inseln gibt es zwei ausgeprägte Jahreszeiten, nämlich die warme Jahreszeit von Januar bis Juni und eine kühlere Regenzeit von Juli bis Dezember. Die ersten drei Monate des Jahres gehen mit Flauten oder schwachen wechselnden Winden einher. Der SO-Passat beginnt gegen Ende März; er wird allmählich stärker und gleichmäßiger und erreicht seinen Höhepunkt im Juni und Juli. Im August wird es gelegentlich stürmisch, der Wind dreht auf W und NW. Der Passat nimmt allmählich ab, bis er zum Jahresende hin ganz einschläft. Zyklone erreichen diese Inseln nur sehr selten.

Pazifischer Ozean

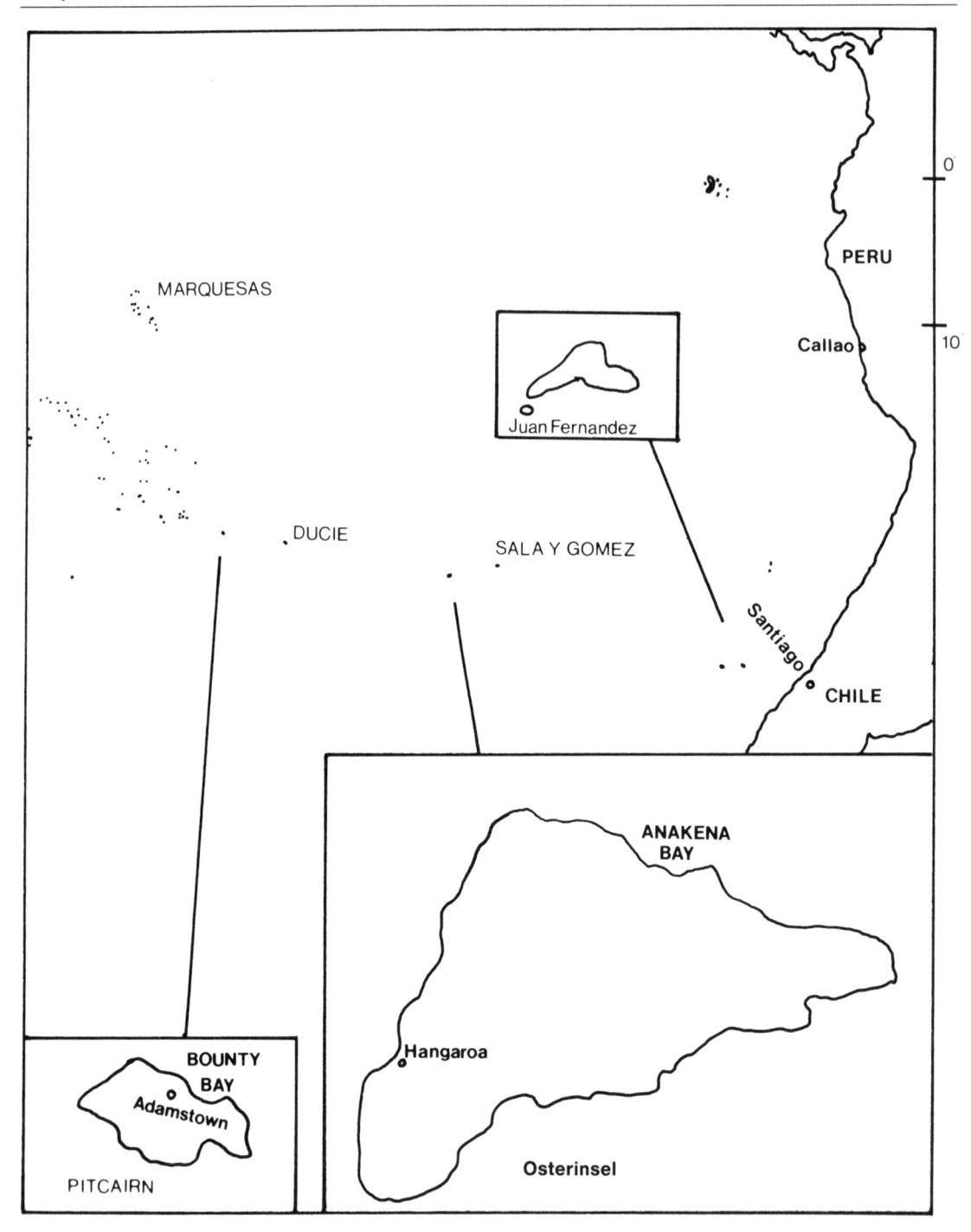

51. Inseln im Südostpazifik

Obwohl kein offizieller Einreisehafen, darf man auf dem Weg nach Tahiti gelegentlich auf den Gambier-Inseln anlegen. Die Formalitäten sollte man bei Gendarmerie in Rikitea erledigen, von wo aus die Aufenthaltserlaubnis über Funk von den Behörden auf Tahiti eingeholt werden kann. Die eigentlichen Einreiseformalitäten für Französisch Polynesien kann man dann bei der Ankunft in Papeete nachholen.

Tuamotu-Inseln

In der Vergangenheit wurden nur wenige dieser Inseln wegen der damit verbundenen Gefahren von Yachten angelaufen. In der letzten Zeit haben jedoch Satellitennavigation und eine bessere Kenntnis des Reviers diese Inseln dem Segeln eröffnet, so daß sie jedes Jahr von einer zunehmenden Anzahl an Booten angelaufen werden. Mit wenigen Ausnahmen handelt es sich bei allen Inseln der Gruppe um niedrige Korallenatolle, unter denen Rangiroa, Fakarava, Makemo, Ahe und Hao die größten sind. Auf Mururoa im südlichen Teil der Inselgruppe testen die Franzosen ihre Atombomben, und dieser Bereich ist meistens für die Schiffahrt gesperrt.

Das Klima auf der Inselgruppe ist heiß, wobei der Zeitraum von Mai bis Oktober etwas kühler als der Rest des Jahres ist. Der SO-Passat weht das ganze Jahr über recht gleichmäßig. Er kommt überwiegend aus O und hat von Juni bis Oktober eine südliche und von November bis Mai eine nördliche Komponente. Am stetigsten ist der Wind in den Wintermonaten von Mai bis Oktober, wenn er gelegentlich auch recht stark wird. In den Sommermonaten von November bis April herrscht häufig eine leichte Brise, bei der der Wind gelegentlich auf W oder N dreht und mehrere Tage lang anhält.

SO-Stürme kommen von Mai bis September auf dem Höhepunkt der Passatsaison vor. Der schlimmste Monat ist der August, in dem diese Stürme mehrere Tage lang anhalten können. Sie gehen meistens mit einem leichten Anstieg des Barometers einher. Bei einem Sturm ist der Himmel bedeckt, klart sich aber zum Abend hin auf. Dem Ende des Sturms geht ein Fallen des Barometers voraus; wenn der Barometerstand jedoch ungewöhnlich hoch bleibt, hält der Sturm meistens mehrere Tage lang an.

In den Sommermonaten von November bis April kommt es zu Stürmen aus N bis SW, bei denen das Barometer gewöhnlich fällt. Die Zyklonsaison dauert von Dezember bis März, wobei tropische Stürme in diesem Teil des Pazifiks allerdings recht selten auftreten. Auf mehrere Jahre ohne Zyklon kann durchaus ein besonders schlimmes Jahr folgen, in dem mehrere Zyklone die Inseln heimsuchen.

Die Einreiseformalitäten für Französisch Polynesien sollten vor der Abfahrt zu den Tuamotu-Inseln entweder auf den Marquesas-Inseln oder auf Tahiti erledigt werden. Der Inselgendarm überprüft gelegentlich die Schiffspapiere.

Marquesas-Inseln

Von Herman Melville und Gauguin bis zu Thor Heyerdahl haben viele Europäer eine Zeitlang auf diesen hohen grünen Inseln verbracht; doch die wahrscheinlich beste Beschreibung der Marquesas findet sich in dem Buch *In the South Seas* (In der Südsee) von R. L. Stevenson. Diese hohen Inseln liegen im SO-Passatgürtel, den sie allerdings unterbrechen, so daß lokale Abweichungen in den Windverhältnissen vorkommen. Die häufigsten sind Winde aus SW oder W, die in Form von Böen von den Bergen auf die Ankerplätze herabfallen, während außerhalb stetiger SO-Wind herrscht. Der Passat kommt nicht immer aus SO, sondern gelegentlich auch aus O oder NO.

Die Zyklonsaison im Südpazifik wirkt sich von Dezember bis März auch auf die Marquesas aus. Die Inseln werden zwar nur selten von einem ausgewachsenen Zyklon heimgesucht, doch muß man durchaus damit rechnen, daß

Pazifischer Ozean

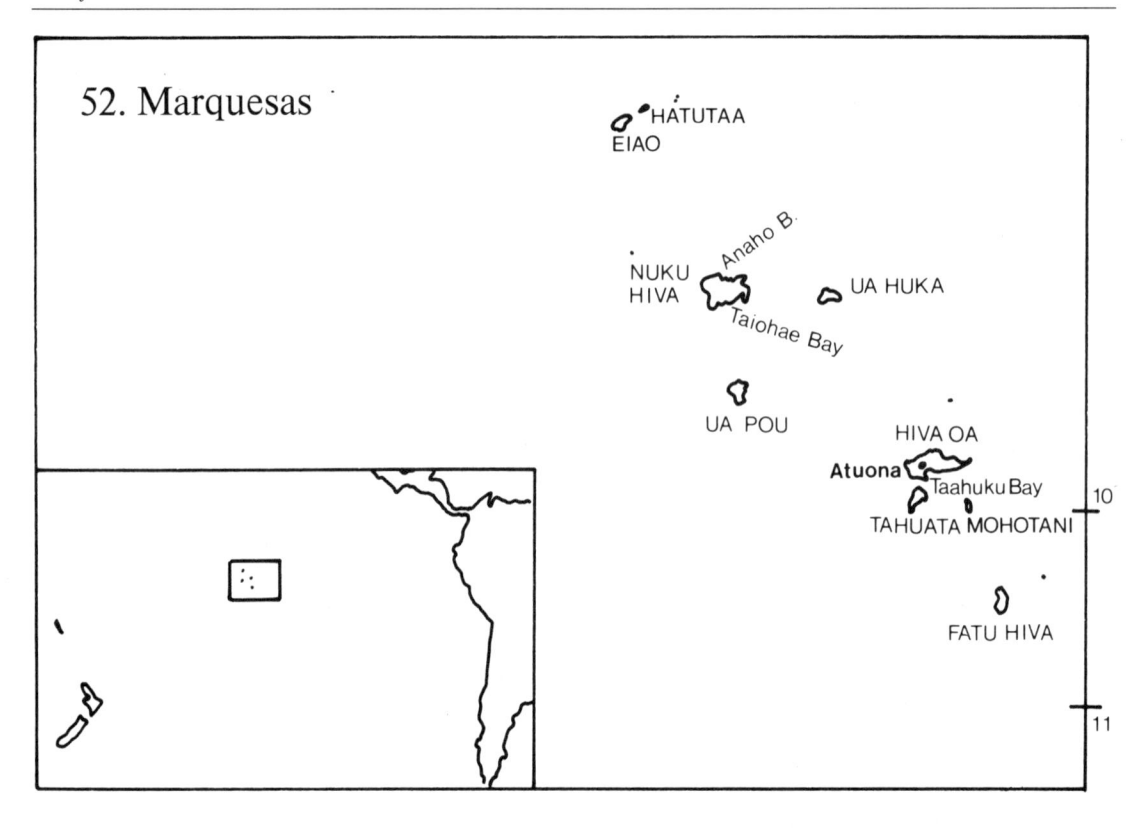

gelegentlich tropische Stürme bis dorthin kommen.

Gesellschafts-Inseln

Der erste Europäer, der diese Inseln auf der Weltkarte erscheinen ließ, war Captain Samuel Wallis, der Tahiti im Jahr 1767 besuchte, doch erst Kapitän Cook gab ihnen zwei Jahre später aus Dankbarkeit gegenüber der königlichen Gesellschaft, die seine Fahrt finanziert hatte, den gegenwärtigen Namen. Cook kam nach Tahiti, um den Durchgang der Venus mit dem Ziel zu beobachten, die Bestimmung des Längengrades auf See zu vereinfachen. Seine Beobachtungen machte er in der Matavai Bay in der Nähe von Papeete an einer Stelle, die seitdem Point Venus heißt.

Die Gesellschafts-Inseln bestehen aus zwei Gruppen, nämlich den Inseln über dem Wind (Iles du Vent) und den Inseln unter dem Wind (Iles sous le Vent). Die Hauptinseln über dem Wind sind Tahiti und Moorea. Die Inseln unter dem Wind umfassen Raiatea und Tahaa, die an der gleichen Lagune liegen, Huahine, Bora Bora, Maupiti und ein paar kleinere Atolle.

Beide Gruppen liegen im SO-Passatgürtel, in dem der Wind hier das ganze Jahr über hauptsächlich aus Osten kommt. Von Mai bis August weht der Passat am stärksten aus Richtungen zwischen SO und ONO. Wenn er aus SO kommt, ist er kräftig und geht oft mit Böen einher. Er läßt nach, wenn er auf ONO dreht, um nach einer Flautenperiode dann wieder auf SO zurückzudrehen. Diese Winddrehungen erfolgen alle ein bis zwei Wochen, und es geschieht nur sehr selten, daß der Wind in der Wintersaison aus einer anderen Richtung weht. In den Sommermonaten von Dezember bis

Regionale Wetterverhältnisse im Südpazifik

53. Gesellschafts-Inseln

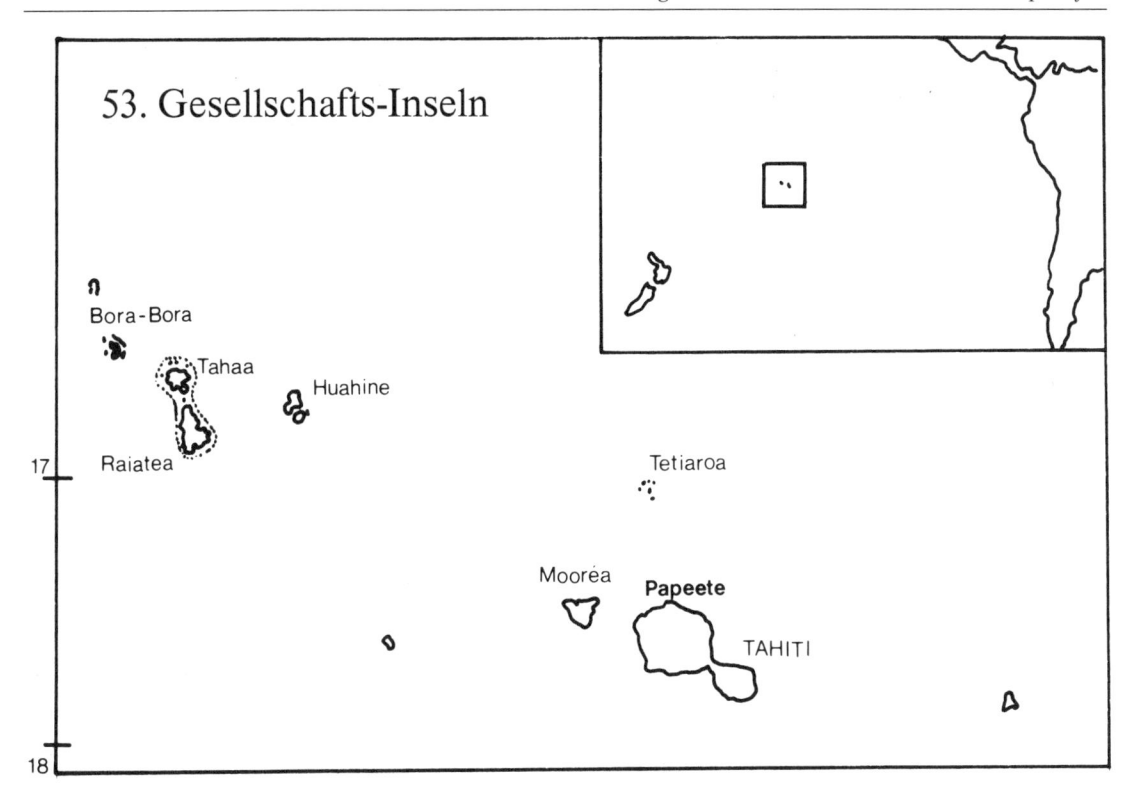

April läßt der Passat nach und wird häufig von Flauten, wechselnden oder starken westlichen Winden unterbrochen.

Die Gesellschafts-Inseln werden gelegentlich von tropischen Stürmen heimgesucht, wobei die Zyklonsaison von Dezember bis Ende März reicht. Tahiti und Moorea sind gefährdeter als die Inseln unter dem Wind, und wenn auch nicht jedes Jahr Zyklone auftreten, so können sie doch verheerende Folgen haben, wie sich im Februar und März 1983 zeigte.

Der Haupteinreisehafen ist Papeete, die Hauptstadt Französisch Polynesiens, wobei die Einreiseformalitäten auch auf allen anderen größeren Inseln erledigt werden können. Weil man jedoch eine Kaution hinterlegen muß, reist man am besten über Papeete ein (weitere Einzelheiten finden sich im Kapitel 27).

Tubuai-Inseln

Diese auch als Austral-Inseln bekannte Gruppe etwa 300 Meilen südlich von Tahiti gehört zu Französisch Polynesien. Sie umfaßt die fünf bewohnten Inseln Tubuai, Rurutu, Raivavae, Rimatara und Rapa sowie eine Anzahl kleinerer unbewohnter Inseln.

Trotz der Tatsache, daß die Inseln an der Südgrenze des SO-Passats liegen, kommt der Wind das ganze Jahr über am häufigsten und gleichmäßigsten aus OSO. N- und NW-Wind, wie er meistens zwischen Oktober und Dezember auftritt, geht im allgemeinen mit schönem Wetter einher; ihm folgt aber oft plötzlicher starker SW-Wind, der auf S und SO rechtsdreht. Wenn bei schwachem NW-Wind im Süden Wolken aufziehen, springt der Wind wahrscheinlich um und geht mit heftigen Böen einher. In den Sommermonaten, und zwar beson-

Pazifischer Ozean

ders im März, treten gelegentlich Zyklone auf.

Segler, die aus einem ausländischen Hafen auf den Inseln eintreffen, erhalten unter der Bedingung, daß die eigentlichen Einreiseformalitäten bei der Ankunft im Einreisehafen nachgeholt werden, eine vorläufige Einreisegenehmigung.

Cook-Inseln

Die Cook-Inseln sind ein selbständiger Staat in einem selbstgewählten Bund mit Neuseeland. Sie haben sehr starke Bindungen an Neuseeland, wo mehr Bewohner der Cook-Inseln leben als in ihrem eigenen Land. Die über 15 Breitengrade verstreuten 15 Cook-Inseln werden in eine südliche und eine nördliche Gruppe unterteilt. Die Hauptinseln der Südgruppe sind Rarotonga, die Hauptstadt, und Aitutaki. Der einzige Einreisehafen in der Nordgruppe ist Penryhn. Eine der bekanntesten Inseln der Gruppe ist heutzutage die Suvorov-Insel, die ehemalige Heimat von Tom Neale, einem modernen Robinson Crusoe, der viele Jahre lang allein auf dem Atoll lebte.

Da die Inseln dieser Gruppe über so viele Breitengrade verstreut sind, unterliegt nur ein Teil von ihnen das ganze Jahr über dem Einfluß des SO-Passats. In den Wintermonaten von Mai bis Oktober herrscht auf allen Inseln SO-Wind vor. Im restlichen Jahr kommt es häufiger zu SW- und W-Wind, der mehrere Tage nacheinander mit Sturmstärke anhält und auf der Westseite der Inseln für eine schwere Dünung sorgt. Im Januar und Februar kann es auch Stürme aus NO oder O geben. Die Sommermonate von Dezember bis März bilden die Zyklonsaison. Tropische Stürme sind zwar selten, ziehen aber, wenn sie doch auftreten, meistens von NW oder N heran und nach SO ab.

Seit in Avatiu an der Nordseite Rarotongas ein neuer Hafen gebaut wurde, gibt es besseren Schutz. Wer auf Aitutaki anlegen möchte, kommt durch eine Einfahrt auf der Westseite der Insel in die Lagune. Das unbewohnte Atoll Suvorov ist als Naturschutzgebiet ausgewiesen, und wer dort anlegen will, braucht eine Genehmigung von den Behörden Rarotonga.

Samoa

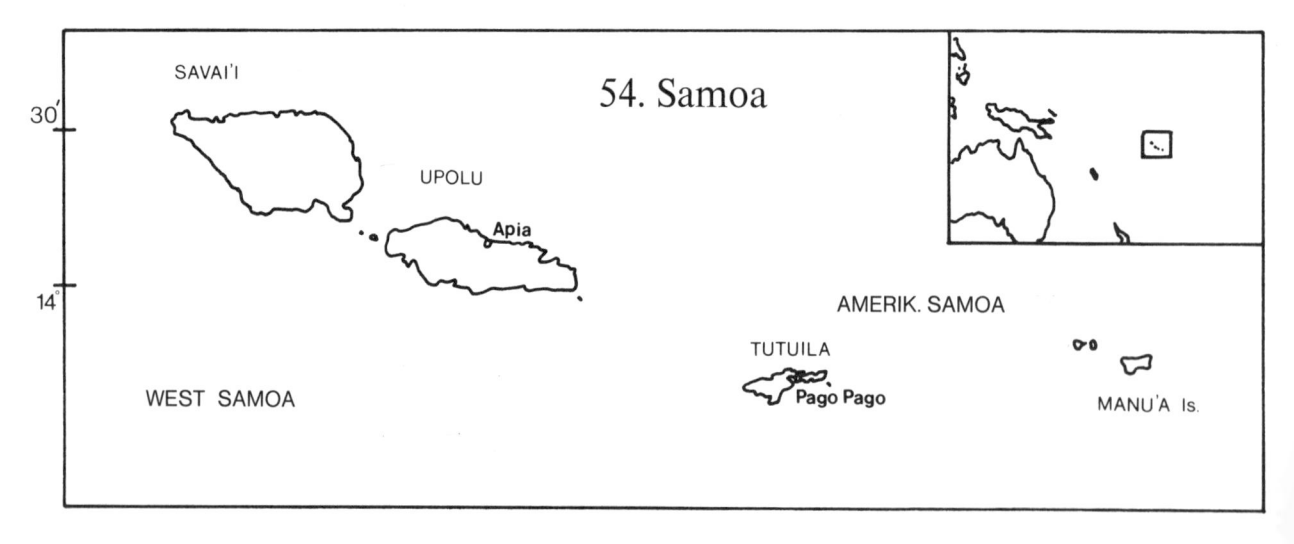

Dieser polynesische Staat wird verwaltungsmäßig durch den 171. Grad westlicher Länge getrennt. Westlich dieser imaginären Linie liegt Westsamoa, ein unabhängiger Staat aus den beiden großen Inseln Savai'i und Upolu sowie einigen Inselchen. Das Gebiet im Osten mit der Hauptinsel Tutuila ist amerikanisches Verwaltungsgebiet.

Von Mitte oder Ende April bis November weht über diesen Inseln ein frischer SO-Passat, der nur selten von Flauten oder SW-Wind unterbrochen wird. Der Zeitraum von Juli bis Mitte September zeichnet sich durch kühle SO-Winde aus, die häufig die Form von heftigen Böen annehmen. Nach Mitte September ist der Passat nicht mehr so stark und wird in Inselnähe oft von Kalmen und schwachem W-Wind unterbrochen. Weiter draußen auf See weht der Wind gleichmäßig stark und nimmt nur nachts ab. Da einige Inseln mehrere tausend Fuß aus dem Wasser ragen, gestalten sich die Wetterbedingungen lokal recht unterschiedlich, wobei sich Land- und Seewinde abwechseln. In den Sommermonaten von November bis April herrscht schwacher Ostwind, der oft von Flauten unterbrochen wird. In diesem Zeitraum kommt es auch zu W-Winden, die manchmal mit Regenböen und gelegentlich mit Sturm einhergehen.

Zyklone gibt es hauptsächlich zwischen Januar und März oder Anfang April. Sie kündigen sich durch heftigen NO-Wind an, der über N und W auf SW dreht. Im Vergleich zu den Inseln wird die offene See zwischen Samoa und Tonga häufiger von Zyklonen heimgesucht.

Wallis und Futuna

Das französische Überseeterritorium Wallis und Futuna besteht aus zwei Inselgruppen, die fast 100 Meilen auseinanderliegen. In den Wintermonaten von April bis November herrscht über den Inseln ziemlich gleichmäßiger SO-Passat, der gelegentlich von teils recht heftigen Böen unterbrochen wird. In den Sommermonaten herrschen überwiegend leichte wechselnde Winde, und es kann sehr schwül werden. In

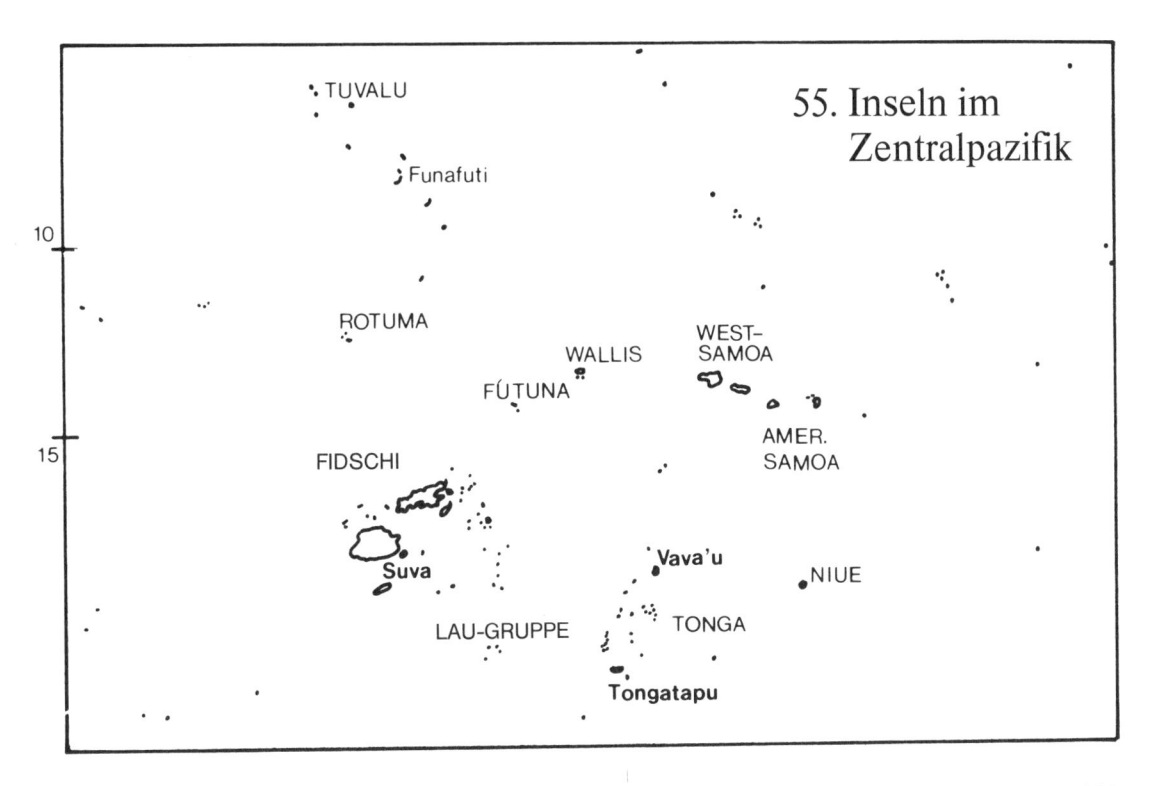

Pazifischer Ozean

dieser Zeit kann es schwere Weststürme geben, Zyklone dagegen sind selten.

Wallis ist die häufiger angelaufene Insel, da sie in der großen Lagune einen sicheren Ankerplatz bietet. Der Einreisehafen für Wallis ist die Hauptstadt Mata Utu, aber bei ungünstigen Bedingungen ankert man normalerweise in der Gahi Bay auf der Südostseite der Hauptinsel und erledigt die Einreiseformalitäten von dort aus. Der einzige akzeptable Ankerplatz auf Futuna liegt in der Sigave Bay auf der Westseite, wo es einige Hafenanlagen gibt.

Tuvalu

Die ehemaligen Ellice-Inseln bestehen aus neun niedrigen Inseln, die sich über einen weiten Bereich südlich des Äquators verteilen. Von Mai bis September herrscht dort Passat, der aus OSO bis ONO kommt. Er ist nur selten stärker als 15 Knoten und schläft in Inselnähe nachts oft ein. In manchen Jahren ist der Passat sehr schwach. In den Sommermonaten von Oktober bis April macht sich zwischen diesen Inseln der NW-Monsun mit wechselnden Winden aus N oder W und viel Regen bemerkbar. In diesem Zeitraum kommt es manchmal zu heftigen Stürmen. Sie beginnen meist in SW, drehen allmählich auf Nord und halten zwei oder drei Tage lang an. Zyklone treten nur sehr selten auf, doch wenn sie es tun, ist die Vorwarnzeit nur sehr gering, weil Tuvalu in der Nähe einer ihrer Brutstätten liegt.

Tonga-Inseln

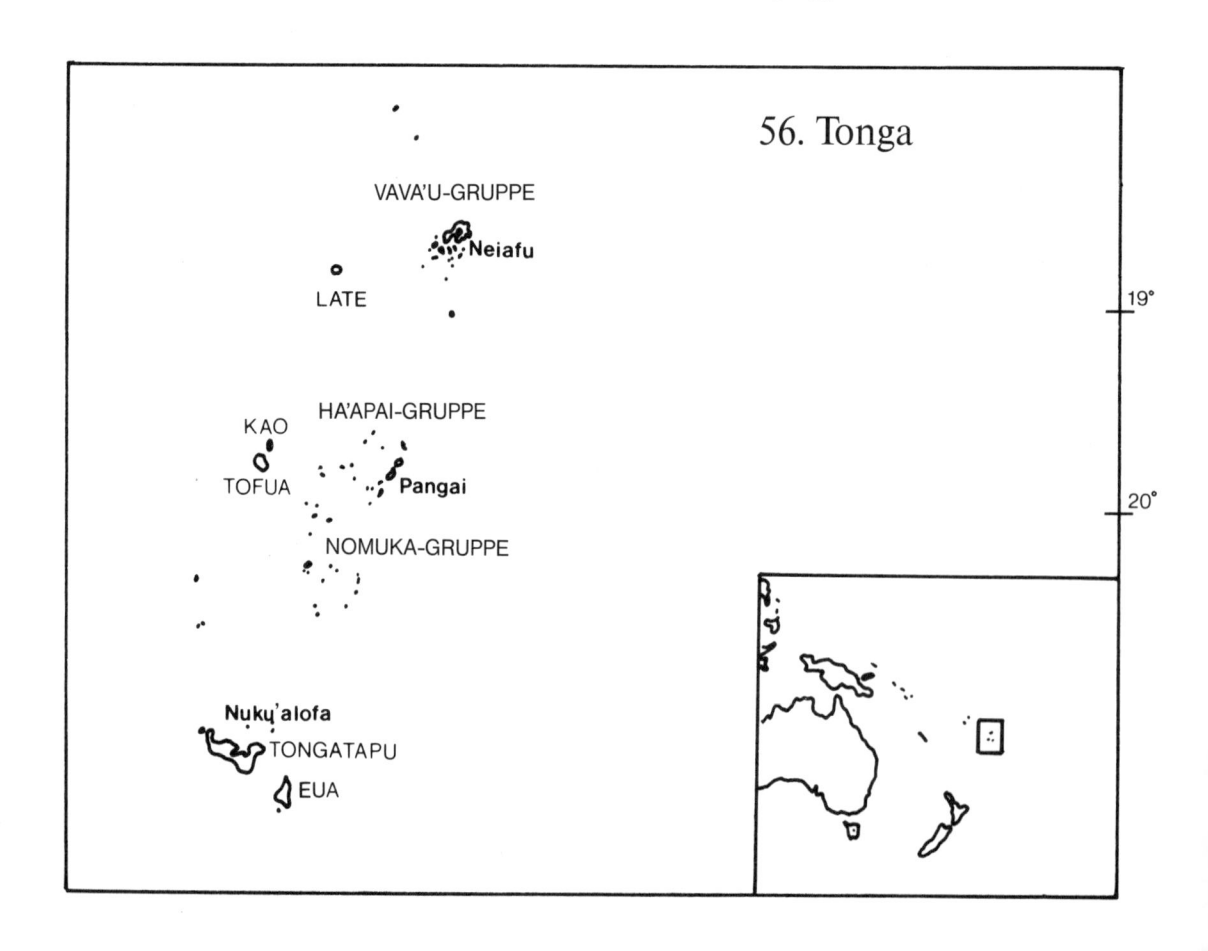

Das unabhängige Königreich Tonga besteht aus drei Inselgruppen und vielen kleineren Inseln. Am weitesten südlich liegt die Tongatapugruppe mit der Hauptstadt Nuku'alofa auf der Hauptinsel Tongatapu (geheiligtes Tonga), die auch die größte Insel des Königreiches ist. Dazu kommen die Ha'apaigruppe im Zentrum des Archipels und die Vava'ugruppe im Norden. Die Inseln Niuatoputapu und Niuafoou zwischen Samoa und Tonga gehören ebenfalls zu Tonga.

Von Mai bis Dezember herrscht über den Tonga-Inseln schwacher bis mäßiger NO-Passat. In den verbleibenden Monaten des Jahres wird der Passat häufig von Böen und Brisen aus W und NW unterbrochen, die mit Regen und manchmal Sturm einhergehen. Selbst auf dem Höhepunkt der Passatsaison dreht der Wind besonders nachts gelegentlich völlig unerwartet auf SW oder W, so daß vor Anker liegende Schiffe auf Legerwall geraten.

Besonders die südlicheren Tonga-Inseln werden fast jedes Jahr von einem Zyklon heimgesucht, der immer verheerende Auswirkungen hat. Die schlimmsten Monate sind Januar, Februar und März. Der sicherste Ankerplatz in der Zyklonsaison ist Neiafu auf Vava'u. Nuku'alofa auf der Nordseite von Tongatapu hat einen kleinen Bootshafen, der aber schnell mit den Booten der Inselbewohner überfüllt ist, wenn ein Zyklon droht.

Tonga liegt zwar östlich des 180. Längengrades, doch die Ortszeit ist der GMT um 13 Stunden voraus.

Fidschi-Inseln

Mehr als 300 Inseln bilden zusammen die Fidschi-Inseln, eines der besten Segelreviere im Südpazifik. In der gesamten Inselgruppe herrscht von April bis Anfang November SO-Passat. In bestimmten Bereichen ändert sich die allgemeine Windrichtung durch den Küstenverlauf und die hohen Berge. Am stärksten ist der Passat im August und September, wenn er gelegentlich mäßige Sturmstärke erreicht. In den Sommermonaten von Dezember bis März ist das Wetter oft unbeständig, der Wind kommt aus nördlichen Richtungen und geht mit heftigem Niederschlag und Böen einher. Im Sommer kommt es gelegentlich zu schönen Abschnitten mit schwachem Wind, der sogar für kurze Zeit auf SO drehen kann.

In der Laugruppe ist der Passat im September und Oktober mit 25 bis 30 Knoten besonders stark. In dieser Zeit ist es oft bedeckt und trübe, so daß die Navigation schwierig wird und die Inseln vorsichtig angesteuert werden müssen. Am längsten herrscht der SO-Passat im Zentrum der Inselgruppe, wo er gewöhnlich im April einsetzt und bis November oder sogar Anfang Dezember anhält. Zwischen den Inseln im Nordwesten der Hauptinsel Viti Levu wird der SO-Wind durch die hohen Berge nach NO und gelegentlich S abgelenkt. Nachts kommt es manchmal zu heftigen Fallwinden.

Die warmen Monate von Dezember bis März sind die Zeit der Zyklone. Sie ziehen im allgemeinen aus NW oder NO heran, umkurven den westlichen Teil der Inselgruppe und ziehen nach SO ab. In den letzten Jahren haben mehrere Zyklone auf den Fidschi-Inseln ungeheure Schäden angerichtet, so daß das Segeln dort besonders zwischen Januar und März ein riskantes Unterfangen sein dürfte.

Die Insel Rotuma 250 Meilen NNW der Hauptgruppe gehört ebenfalls zu Fidschi und kann ohne vorherige Genehmigung der Behörden in Suva angelaufen werden. Im Gegensatz dazu kann man die Inseln der Laugruppe nur mit Genehmigung besuchen, und es wird dringend davon abgeraten, dort vor dem Einklarieren in einem der offiziellen Einreisehäfen anzulegen.

Neuseeland

Dieses beliebte Ziel für Segler, die der Zyklonsaison im Südpazifik entkommen wollen, bietet viele Einrichtungen für Boote und ein Klima, das von den Subtropen bis zu schneebedeckten Bergen reicht.

57. Fidschi-Inseln

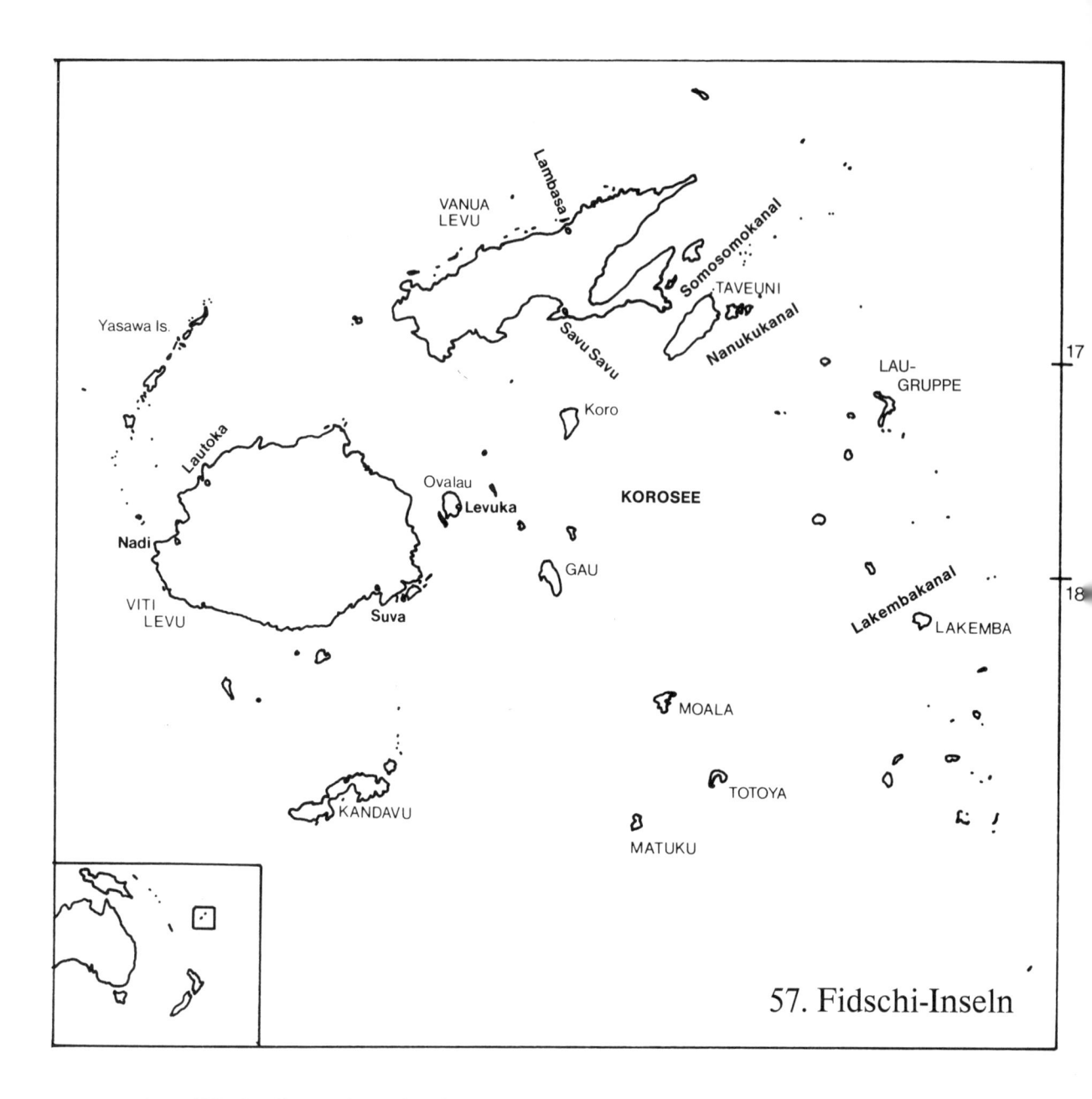

Der Wind sollte vorherrschend aus Westen kommen, wird aber von den hohen Bergketten so abgelenkt, daß er oft dem Küstenverlauf folgt. In der Cookstraße zwischen der Nord- und der Südinsel richtet sich der Wind nach dem Verlauf der Straße und weht entweder aus NW oder aus SO. In den Sommermonaten von Oktober bis März, der Hauptsaison für Segler, werden die Küstenbereiche stark von Land- und Seewinden beeinflußt. Die schönsten Bedingungen findet man auf der Nordinsel vor, wobei allerdings die nördlicheren Reviere im Sommer gelegentlich von dem Ausläufer eines Zyklons aus dem Südpazifik gestreift werden.

Die Südinsel ist nicht so angenehm; dort können selbst in den Sommermonaten Stürme auftreten. Die Landschaft bietet zwar einen spektakulären Anblick, doch die Fallwinde von den hohen Bergen erreichen an vielen Ankerplätzen Sturmstärke. Überall gibt es Windleit-

58. Neuseeland

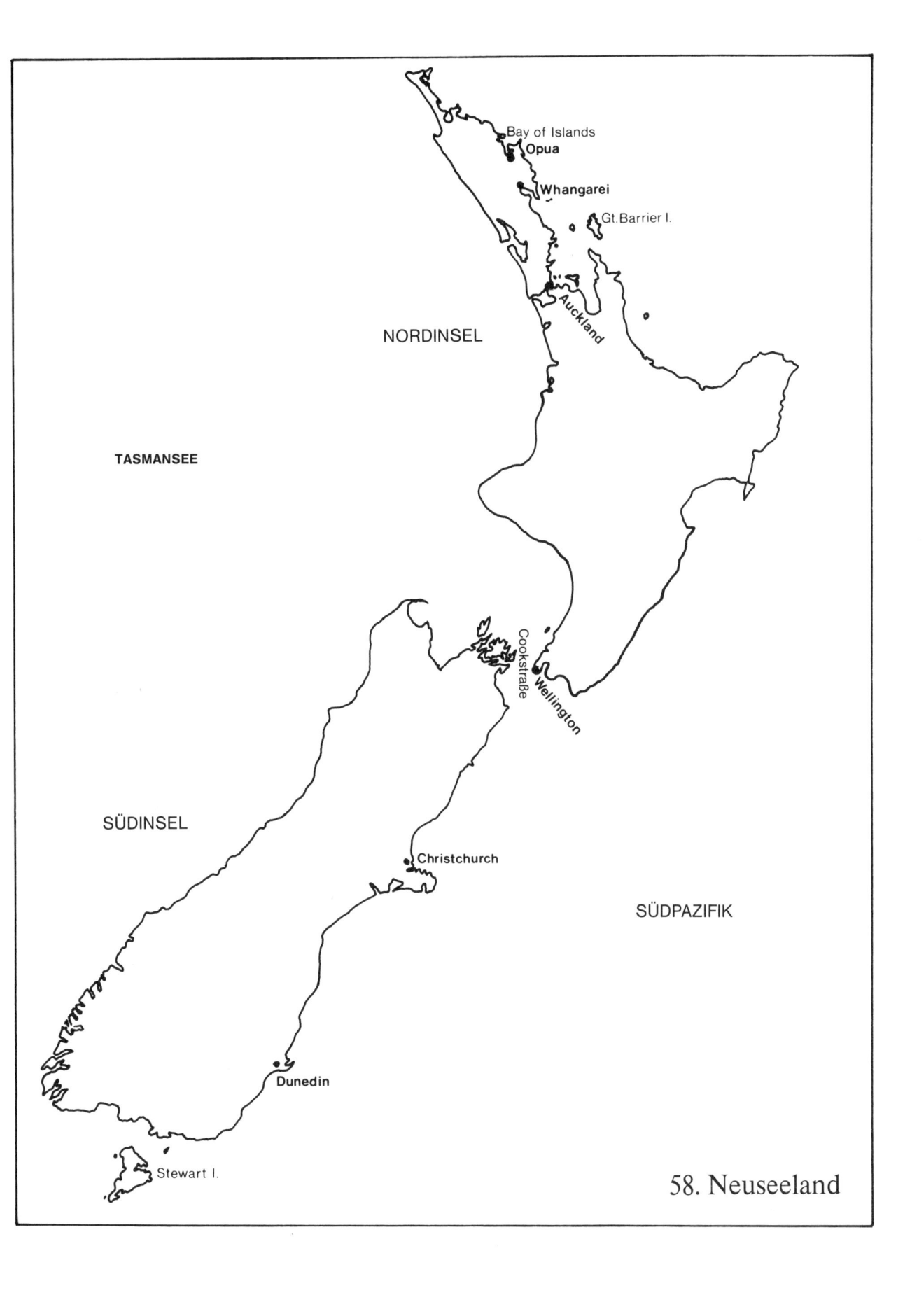

- Bay of Islands
- **Opua**
- **Whangarei**
- Gt. Barrier I.
- Auckland
- NORDINSEL
- TASMANSEE
- Cookstraße
- Wellington
- SÜDINSEL
- Christchurch
- SÜDPAZIFIK
- Dunedin
- Stewart I.

anlagen und Windschutzwände, und nur wenige Ankerplätze im Süden lassen sich als »allwettergeeignet« bezeichnen. Die besten Segelmonate für die Südinsel sind Dezember bis März; bei schönem Wetter herrscht dann an der Westküste in der Regel SW- oder WSW-Wind. Die Foveauxstraße und die Stewart-Insel haben fast das ganze Jahr über Stürme aus westlicher Richtung und im Sommer gelegentlich auch Starkwind aus SO.

Im Winter von April bis September herrschen über ganz Neuseeland wechselnde Winde, und es kommt häufig zu Stürmen, unter denen die schlimmsten von NW auf SW umspringen. SO-Stürme sind ebenfalls nicht selten. Da das Wetter im Winter dort so schlecht ist, bildet der erste Wintersturm für die meisten Segler im allgemeinen das Signal, wieder Kurs auf die Tropen zu nehmen.

Tasmanien

Die starken westlichen Winde der »brüllenden Vierziger« beherrschen diese zerklüftete hübsche Insel, auf der es ähnlich windig und feucht ist wie auf der neuseeländischen Südinsel. Im Winter von Mai bis Oktober ist es sehr kalt und zum Ende des Sommers hin im allgemeinen am schönsten.

Neusüdwales

Hier im gemäßigten Klima der wechselnden Winde kommt das schlechte Wetter meist von Süden. Gefährlich ist der heftige Südwind, der oft mit Reihenböen einhergeht. Diese Region Australiens ist ziemlich trocken, und manchmal weht aus dem Landesinnern ein heißer Wind, der einem Schirokko ähnelt. Dieser muß gelegentlich einem kalten Polarwind weichen, der die Temperaturen sehr rasch fallen läßt. Der Sommer ist im allgemeinen warm und schön. Das Wetter im nördlichen Teil der Insel ähnelt dem in Queensland.

Queensland

Das tropische Australien zieht eine wachsende Anzahl von Weltreisenden an, die hierher kommen, um am Großen Barriereriff zu segeln und um auf die zahlreichen Instandsetzungs- und Wartungseinrichtungen in vielen Häfen in Queensland zurückzugreifen. Da sich dieser australische Bundesstaat über etwa 20 Breitengrade erstreckt, ist es absolut unmöglich, ein einheitliches Wetterschema aufzuzeigen; man muß also im Sommer wie im Winter mit lokalen Abweichungen rechnen.

Während des gesamten Winters dominiert der SO-Passat, der von Ende April oder Anfang Mai bis Ende Oktober an der ganzen Küste weht. Der Passat ist von Mai bis September am stärksten und gleichmäßigsten und kann auf seinem Höhepunkt mehrere Tage lang 30 Knoten und mehr erreichen. Im südlichsten Bereich wird der SO-Wind gelegentlich für kurze Zeit von SW- oder W-Wind abgelöst. In der nördlichen Hälfte sind Flauten und wechselnde Winde sehr selten, weil der SO-Passat während des gesamten Winters seine Richtung und meist auch seine Stärke beibehält. Oktober bis Dezember sind die Frühjahrsmonate, eine Übergangszeit, in der sich im nördlichen Teil SO-Winde halten, wenn auch weniger stark. Im südlichen Teil wird der SO-Wind gelegentlich kurz von N-Wind abgelöst, eine lokale Wettererscheinung, die sich bei einem Törn nach Süden als sehr nützlich erweisen kann.

Das Sommerwetter wird stark vom NW-Monsun beeinflußt, der in der Regel Ende Dezember oder Anfang Januar einsetzt. In dieser Zeit herrschen im nördlichen Teil des Bundesstaates N- oder NO-Winde, die ganz selten von Flauten unterbrochen werden, während in der Südhälfte Flauten schon häufiger sind, mit fortschreitender Jahreszeit allerdings zunehmend von Regenböen aus SO abgelöst werden. Die Zeit des NW-Monsuns ist die feuchte Jahreszeit, in der es meistens mehr regnet als im Winter, der als die trockene Jahreszeit gilt. Der Wind ist im Sommer meist schwach und schläft bei Sonnenuntergang oft ein, um dann am

Morgen oder später am Tag wieder aufzuleben. Der Herbst ist ähnlich wie das Frühjahr eine Übergangszeit, und im April und Anfang Mai setzt langsam wieder der SO-Passat ein, und zwar zuerst in der Nordhälfte.

Der Zeitraum von Dezember bis April ist auch die Zyklonsaison, in der sich Tiefdrucksysteme im Korallenmeer und im Carpentariagolf zu tropischen Stürmen entwickeln können. Diese ziehen aus dem Korallenmeer normalerweise nach Süden, bevor sie nach Osten abdrehen; manchmal erreichen sie aber auch die australische Küste und richten große Schäden an. Zyklone aus dem Carpentariagolf überqueren gelegentlich die Kap-York-Halbinsel und ziehen von dort aus entweder nach OSO oder an der Küste von Queensland entlang. Unter den guten Schlupflöchern bei Wirbelsturmgefahr an der australischen Nordostküste ist Cairns eines der besten. Zyklone können zumindest theoretisch zu jeder Jahreszeit auftreten, sind aber im Winter extrem selten. Die größte Gefahr besteht von Januar bis März, aber es wurden auch im November, Dezember und April schon Zyklone verzeichnet.

Neukaledonien

Obwohl Kapitän Cook ursprünglich nur die größte Insel der Gruppe mit dem Namen Neukaledonien belegte, gilt diese Bezeichnung

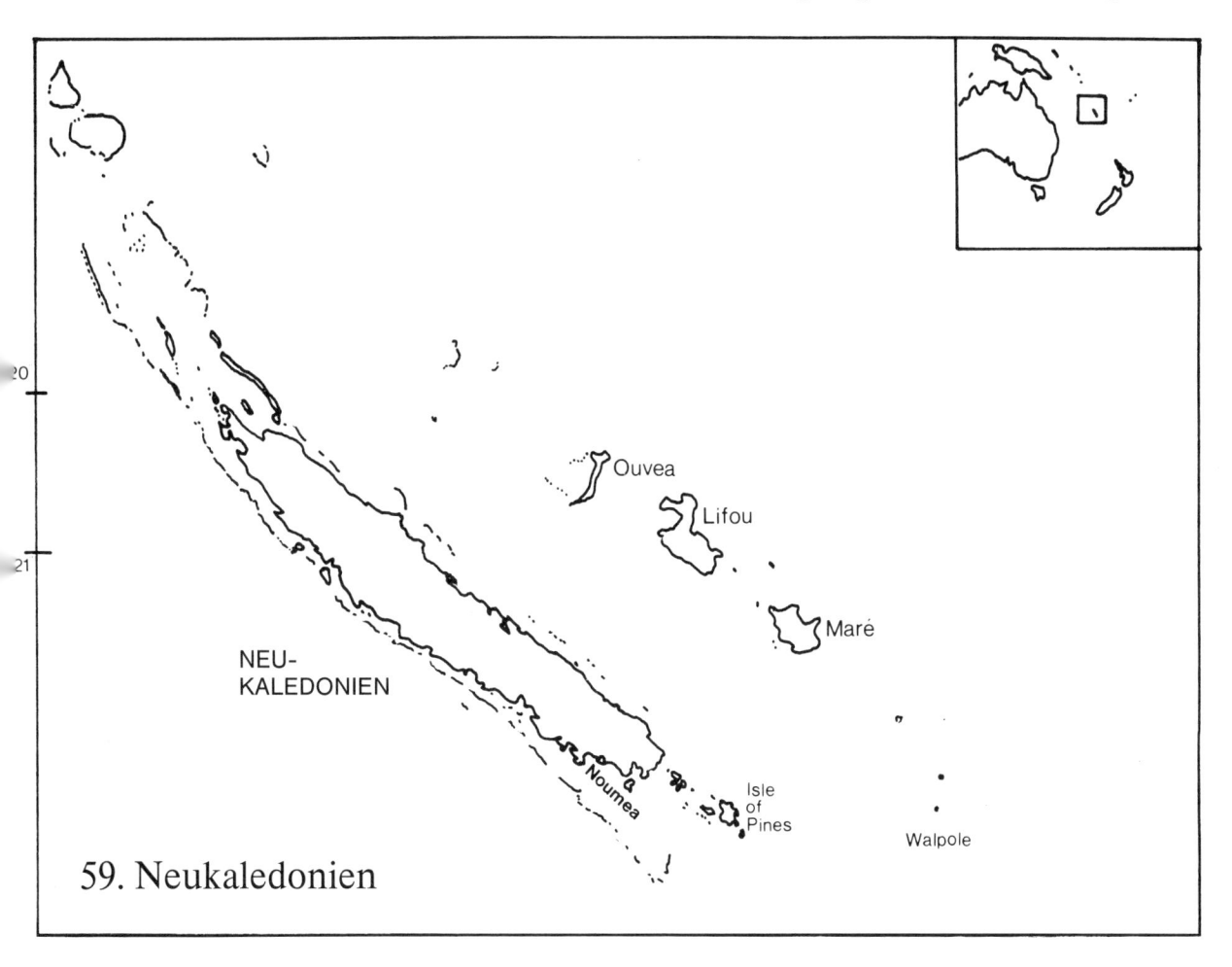

59. Neukaledonien

jetzt für das gesamte Land. Neukaledonien und seine Inseln sind französisches Überseeterritorium. Es besteht aus einer großen und einer kleinen Insel sowie der Loyalty- und der Huon-Gruppe.

Die Inseln liegen generell im SO-Passat, der aber im Bereich von Bergen gelegentlich abgelenkt wird und aus anderen Richtungen kommt. Die besten Monate sind Juli und August, wenn der Passat seinen Höhepunkt erreicht hat. Auf der Südwestseite der Hauptinsel hält das schöne Wetter bis in den September und Oktober hinein an, während an anderen Stellen zu dieser Zeit schon Stürme auftreten. Diesen heftigen Stürmen gehen oft Flauten und trübes Wetter voraus, bei dem die Luft regelrecht elektrisch aufgeladen ist. Ab November kündigt sich mit Böen der Beginn des Sommers an, der als schlechte Jahreszeit gilt. In den ersten vier Monaten des Jahres ist der Wind unregelmäßig und häufig recht stark.

Von November bis Mai dauert die feuchte Jahreszeit, und das ist auch die Zeit, in der Neukaledonien Zyklonen ausgesetzt ist, die allerdings meistens im Januar und Februar auftreten. Die Bahn dieser Sürme ist teilweise recht schmal, so daß man den schlimmsten Auswirkungen entgehen kann, wenn man auf die Vorwarnungen achtet.

Neukaledonien ist zwar französisches Territorium, doch die Formalitäten sind einfacher als auf Tahiti, und eine Kaution ist nicht erforderlich.

Vanuatu

Die gemeinsam von Großbritannien und Frankreich verwalteten ehemaligen Neuen Hebriden heißen seit der Unabhängigkeit Vanuatu. Der Staat besteht aus etwa achtzig Inseln, die am Ostrand des Korallenmeers eine Doppelreihe bilden.

Die Inseln liegen im Bereich des SO-Passats, der zwischen April und Oktober gleichmäßig aus Richtungen zwischen SSO und ONO weht.

Der Wind kommt am häufigsten aus OSO und ist aus dieser Richtung auch am stärksten. Aber auch in den Wintermonaten, die als die schöne Jahreszeit gelten, wird der Passat manchmal von mehrtägigen Flauten oder schwachem NW-Wind unterbrochen.

Die Regenzeit dauert von November bis März und ist gleichzeitig auch die Zyklonsaison. Vanuatu wird zwar nicht so häufig wie die Fidschi-Inseln, aber doch alle paar Jahre von Zyklonen heimgesucht, und zwar besonders die südlicheren Inseln der Gruppe. Segelboote dürfen in der Zyklonsaison in Port Vila nicht mehr im Wasser bleiben, so daß man dafür sorgen muß, sie in dieser Zeit an Land zu schaffen.

Salomonen

Ihren Namen erhielten die Inseln von den Spaniern nach ihrer Entdeckung durch den Forschungsreisenden Alvaro de Mendana, der sich von Peru aus auf den Weg gemacht hatte, um die angeblich schon von den Inkas besuchten Inseln des Königs Salomon zu suchen. Die legendären Reichtümer wurden zwar nie gefunden, doch der Name blieb und wurde auch nach der Entlassung in die Unabhängigkeit im Jahr 1978 beibehalten. Geblieben sind auch die verschiedenen spanischen Bezeichnungen für die Inseln, die eine Doppelreihe aus sechs großen und vielen kleinen Inseln bilden. Die bedeutendste unter ihnen ist Guadalcanal, Schauplatz einer der schlimmsten Schlachten im Zweiten Weltkrieg, in der der Vormarsch der Japaner schließlich zum Stehen gebracht wurde. Die anderen großen Inseln sind Santa Isabel, San Cristobal, Malaita, New Georgia und Choiseul.

Die Monate von Mai bis Oktober sind die Zeit des SO-Passats und auf den meisten Inseln auch die trockene Jahreszeit. Der Passat kommt in der Regel aus OSO, wobei der stärkere Wind aus SO weht und in der Regel auf eine Flaute folgt. Man sagt, daß immer dann

60. Vanuatu

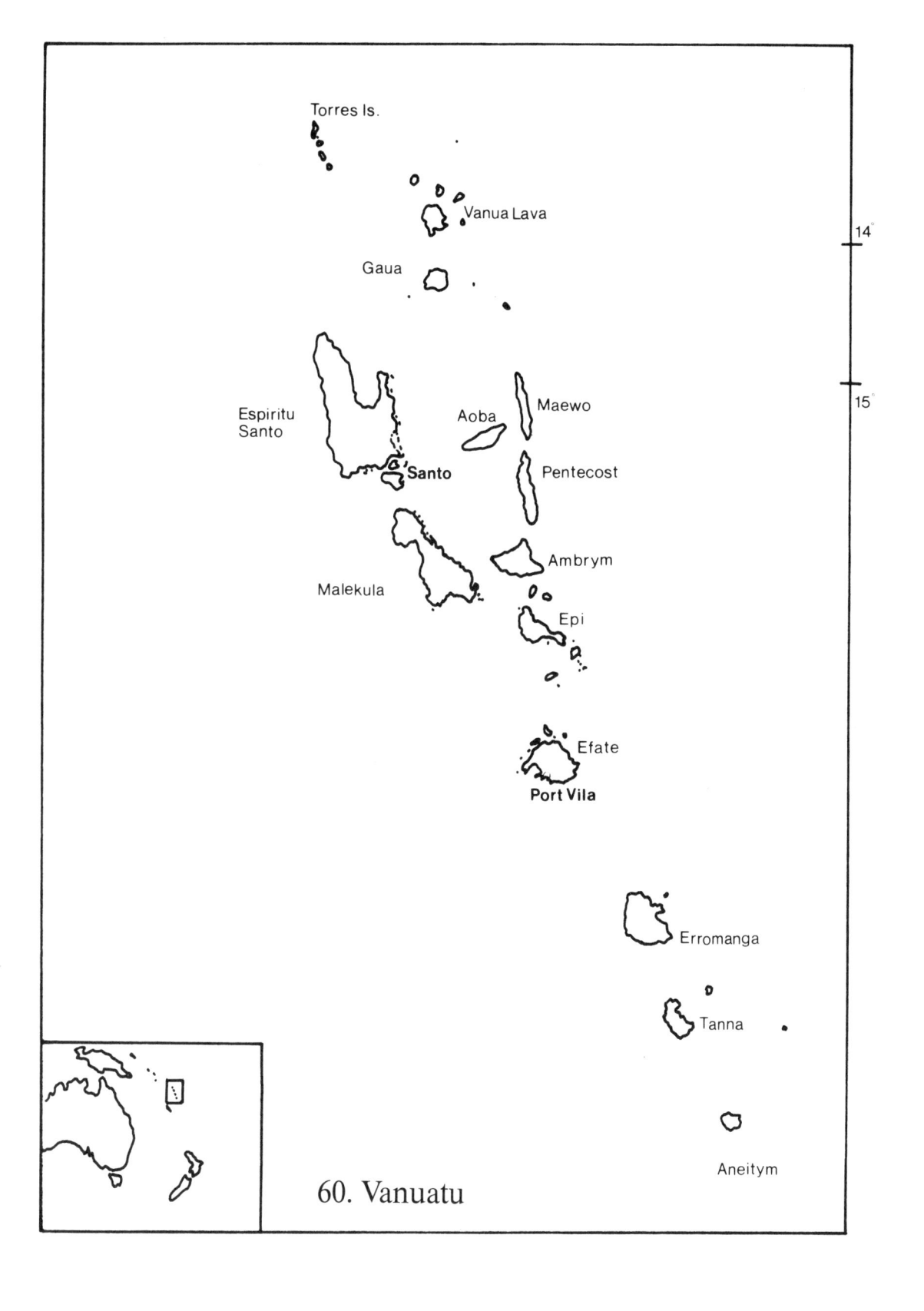

Pazifischer Ozean

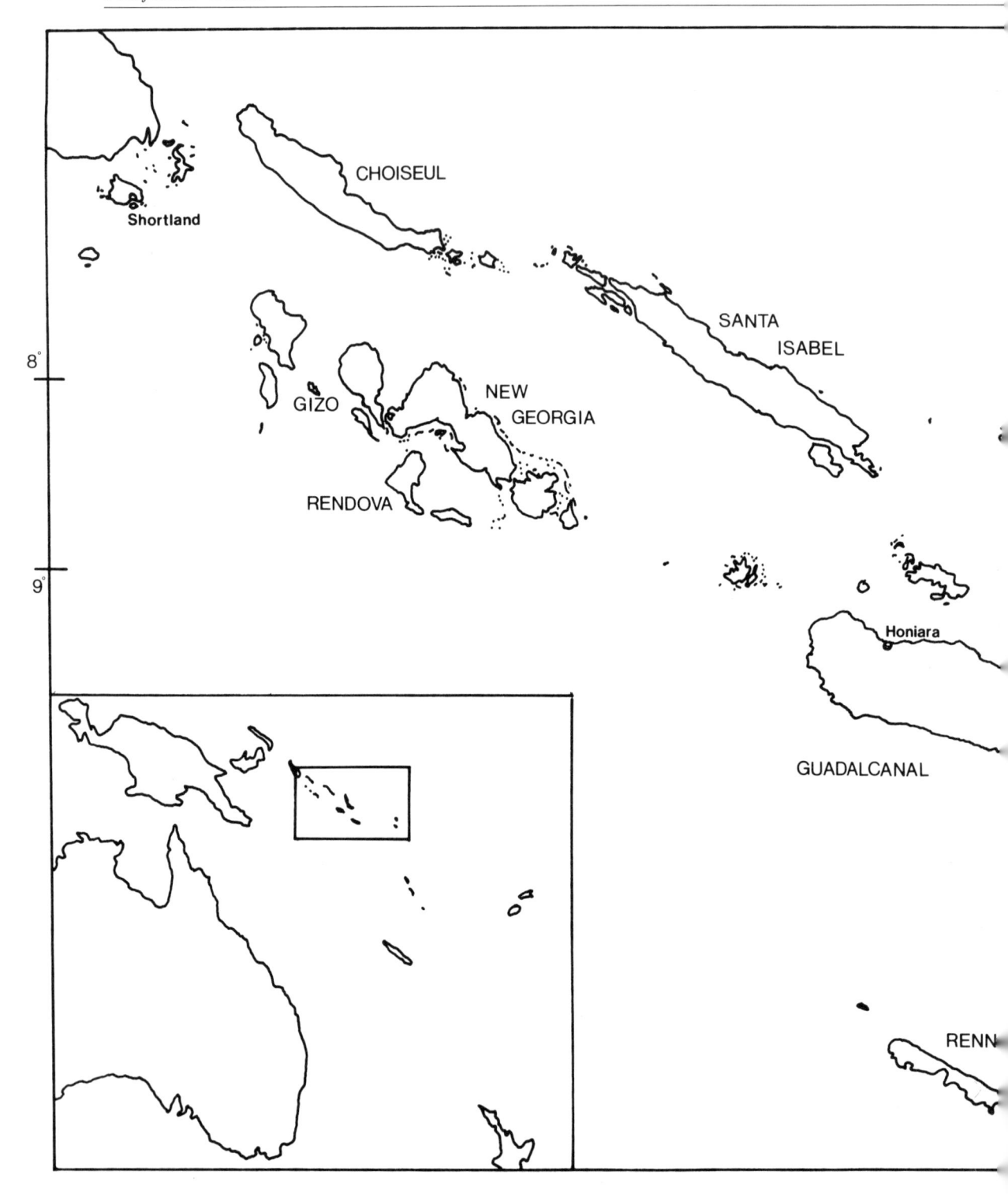

Regionale Wetterverhältnisse im Südpazifik

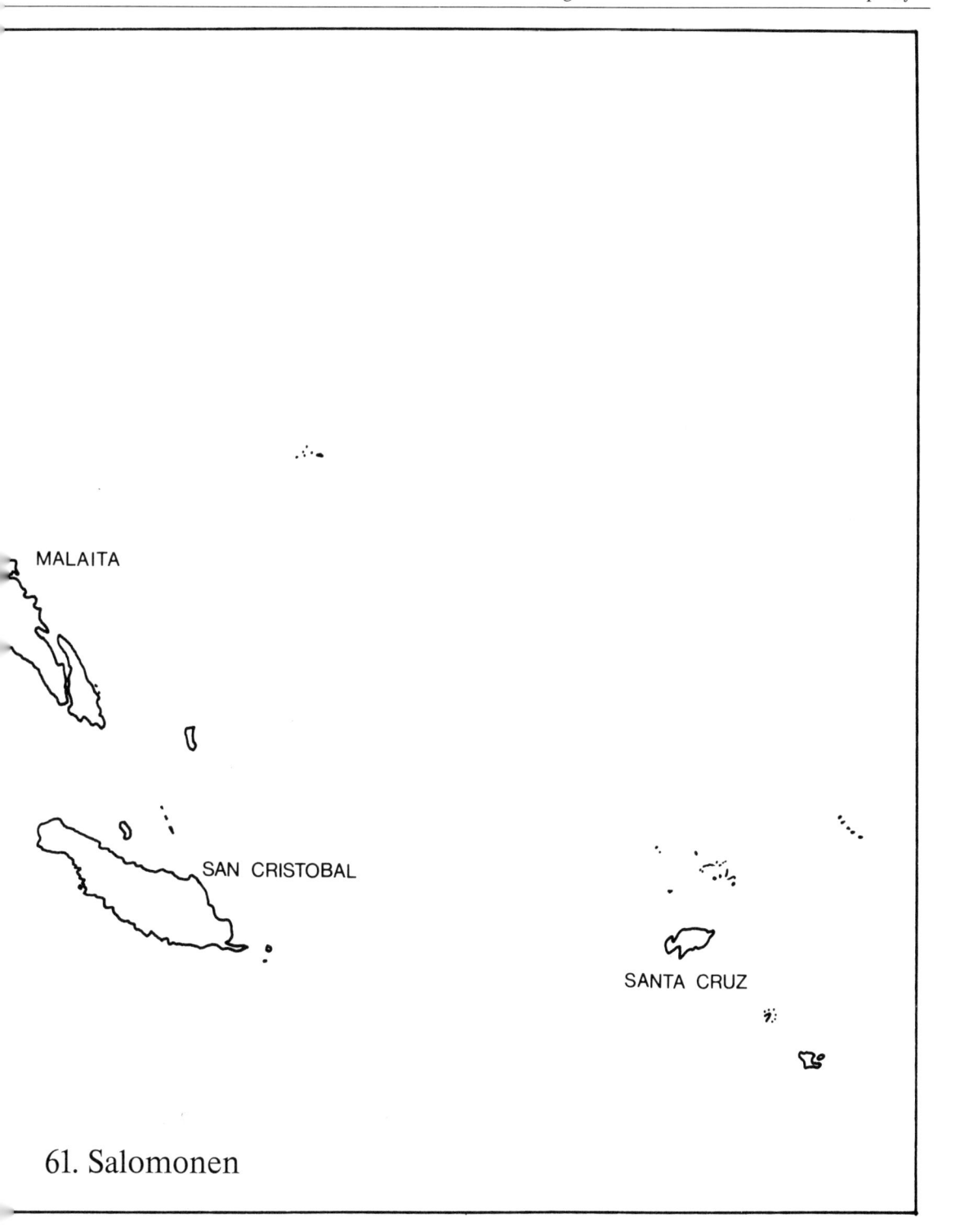

MALAITA

SAN CRISTOBAL

SANTA CRUZ

61. Salomonen

Pazifischer Ozean

eine Flautenperiode zu erwarten ist, wenn der Wind auf O oder NO umspringt. Da die Inseln teilweise recht hoch sind, wird der vorherrschende Passat möglicherweise unterbrochen und durch Flauten oder Wind aus anderen Richungen abgelöst. Gelegentlich springt der Wind auf N oder gar W um, und wenn das der Fall ist, muß man mit Böen oder Stürmen rechnen. Ein derartiges Umspringen des Windes ist häufiger in der Übergangszeit zur feuchten Jahreszeit, d. h., im November und Anfang Dezember, zu beobachten; dann muß der Ankerplatz sehr sorgfältig gewählt werden, weil sich der Wind um bis zu 180° drehen kann.

Während des NW-Monsuns, der jederzeit zwischen Mitte November und Weihnachten einsetzen kann, ist das Wetter regnerisch mit Flauten oder wechselnden Winden. Gelegentlich ziehen Stürme in Verbindung mit heftigem Regen aus NW heran. Im westlichen Teil der Inselgruppe setzt sich der NW-Monsun vor Mitte Dezember nur selten durch; ab dann herrscht vorwiegend NW- oder SW-Wind. Das ist auch die Zyklonsaison, von der die südlicheren Inseln der Gruppe am ehesten betroffen sind. Die offizielle Zyklonsaison dauert zwar von Dezember bis März, doch der Zyklon Namu, der im Mai 1986 mit über 100 Knoten über die Zentralgruppe hinwegfegte, war eine schreckliche Erinnerung an die Tatsache, daß in den Ländern am Korallenmeer kein einziger Monat als völlig zyklonfrei gelten kann.

Alle ausländischen Schiffe müssen Feuergeld in Höhe von etwa 100 US-Dollar zahlen.

Neuguinea

Der Name der größten Insel im Pazifik stammt von einem spanischen Kapitän aus dem 16. Jahrhundert, der meinte, die Eingeborenen erinnerten ihn an die Bewohner von Guinea in Afrika. Der Name findet sich bereits auf der Mercator-Weltkarte aus dem Jahre 1569. Wenn er auch für die gesamte Insel einschließlich Papua auf der Südseite und Westirian im Westen gilt, so geht es bei den hier beschriebenen Bedingungen doch nur um die Nordküste Neuguineas.

Von etwa Mai bis November herrscht SO-Passat, der gelegentlich recht stark werden und mäßige Sturmstärke erreichen kann. Ende Oktober und im November, in der Übergangszeit vom SO-Passat zum NW-Monsun, gibt es häufig Flauten oder wechselnde Winde. Bis zum Januar hat sich der NW-Wind durchgesetzt und hält dann bis März an; anschließend gibt es Flauten oder Schwachwind bis Mai. Die Zeit des NW-Monsuns ist die Regenzeit, in der gelegentlich schwere Stürme auftreten.

Papua

Mit riesigen Lakatoi-Kanus trieben die Bewohner Papuas an der Küste Handel, indem sie sich wie die Araber mit ihren Dhaus nach den beiden Monsunen richteten. Die letzte Handelsfahrt der Hiri fand in den 30er Jahren statt; die Männer setzten Segel, sobald der SO-Passat begann. An Bord hatten sie Tontöpfe, um Lebensmittel und besonders Sago in den fruchtbaren Gegenden einzuhandeln. Mit Einsetzen des NW-Monsuns kehrten sie nach Hause zurück.

Der Küstenbereich südöstlich von Port Moresby liegt in einer regenarmen Zone. Der trockene SO-Passat setzt im März langsam ein und dringt bis April in den Bereich der Torresstraße und an die papuanische Südküste vor. Im Mai hat er sich in ganz Papua durchgesetzt und hält dann bis November an. Der SO-Passat ist gelegentlich frisch, läßt aber nachts nach; Stürme sind selten. Ab Oktober wird der Wind etwas wechselhafter, und der Monsun dringt nach und nach aus NW vor; er hat bis Dezember die meisten Gegenden erreicht und weht dann bis März. Der NW-Monsun ist allgemein schwach, doch können in dieser Jahreszeit heftige NW-Böen namens *Guba* an der papuanischen Küste auftreten. Diese länger anhaltenden Böen fallen meistens nachts ein und können bis zu 50 Knoten erreichen.

Regionale Wetterverhältnisse im Südpazifik

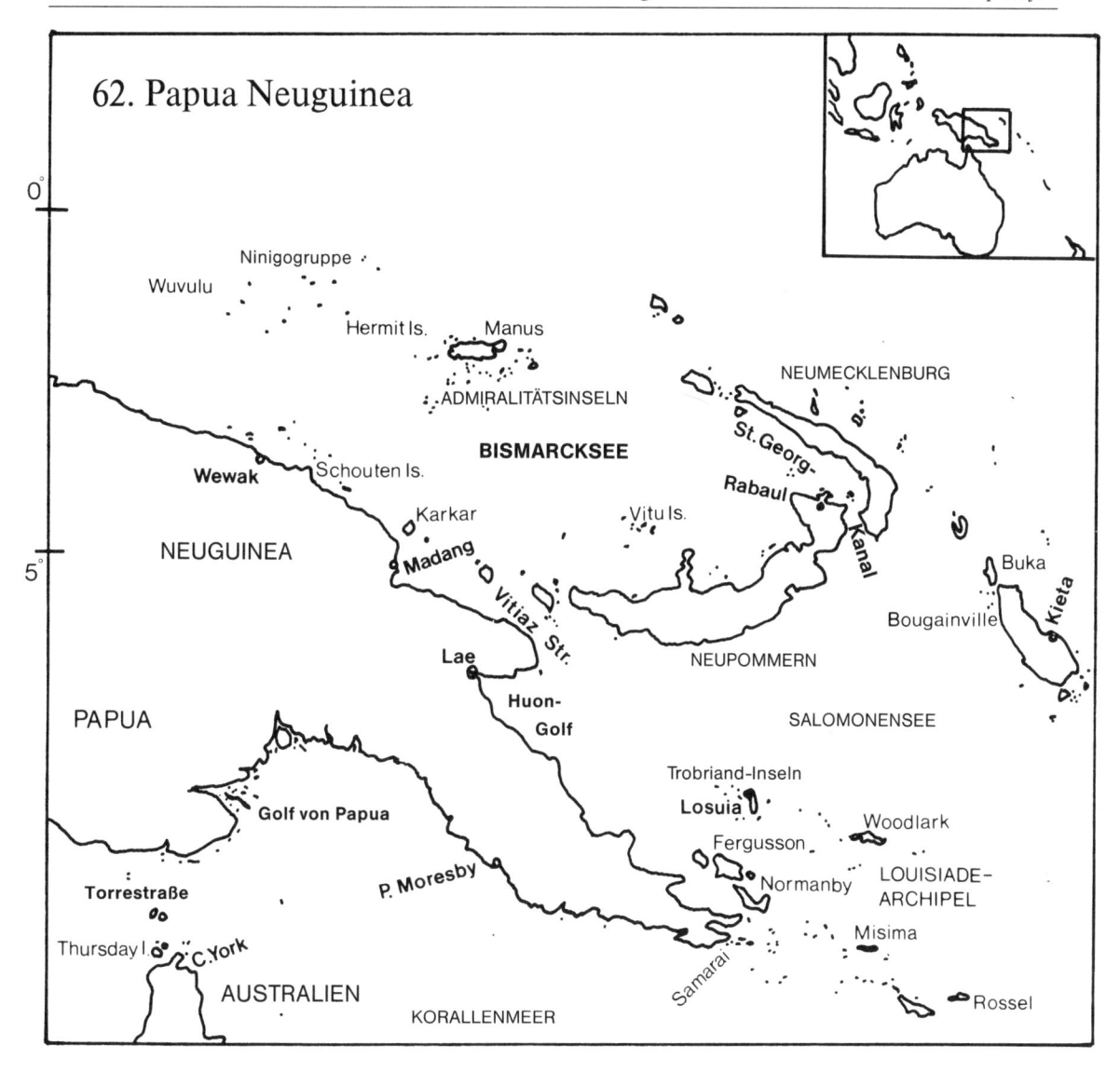

62. Papua Neuguinea

Nur sehr selten in der Saison (Dezember bis März) ziehen Zyklone aus dem Korallenmeer in dieses Gebiet. Am ehesten sind davon die südlicheren Bereich betroffen, wobei die Zyklone dort in der Regel aber noch nicht ihre volle Stärke erreicht haben.

Das Klima ist entsprechend der Tropen warm und feucht mit Temperaturen um 28 bis 29°C; in der Passatsaison ist es trockener als während des NW-Monsuns.

Louisiade-Archipel und Trobriand-Inseln

Diese Inseln im Norden des Korallenmeers gehören zu Papua-Neuguinea. Wie auf den umliegenden Inselgruppen gibt es zwei ausgeprägte Jahreszeiten. Der SO-Passat weht in den Wintermonaten von Juli bis September mit oftmals 25 Knoten am stärksten. Die besten Segelbedingungen herrschen zwischen April und Juni, zu Beginn, und im Oktober, am Ende der Saison. In der Übergangszeit zum NW-Monsun dreht der Wind allmählich auf O und NO. Im Dezember folgen auf schwache Winde aus NW manchmal Flautenperioden. Voll zu spüren ist der NW-Monsun von Januar bis März; in dieser Zeit werden die Wetterbedingungen lokal auch von tropischen Stürmen beeinflußt, die sich in der Nähe der Inseln bilden. Zu ausgewachsenen Zyklonen kommt es jedoch nur sehr selten.

Bismarck-Archipel

Die Inseln dieser Gruppe gehören zu Papua-Neuguinea und liegen einschließlich der größeren Inseln Neupommern und Neumecklenburg im SO-Passat. Dieser weht einigermaßen regelmäßig in der Zeit von April bis Oktober, die auch die trockene Jahreszeit mit wenigen Stürmen und schönem Wetter ist. Der Übergang zum NW-Monsun geht mit Flauten und wechselnden Winden einher. Es dauert einige Zeit, bis sich der NW-Monsun durchgesetzt hat, doch wenn das schließlich der Fall ist, kommt es gelegentlich zu heftigen Stürmen mit starkem Regen. Ab Mitte Februar wird das Wetter langsam besser. Auf Flautenperioden folgt der SO-Passat, der in der Regel Mitte April wieder einsetzt.

In der Nähe der höheren Inseln wird der SO-Passat durch die Berge abgelenkt und folgt im allgemeinen dem Küstenverlauf. Sowohl bei SO-Passat als auch bei NW-Monsun treten nachts in Inselnähe Landwinde auf. Tropische Wirbelstürme sind generell unbekannt, wobei die Stürme bei NW-Monsun teilweise extrem heftig sind.

Manus-Inseln

Die unter dieser Bezeichnung zusammengefaßten Inseln gehören zu Papua/Neuguinea und umfassen mehrere kleinere Inselgruppen, die sich über den Bereich zwischen dem Äquator und der Hauptinsel Neuguinea verteilen. Die größte Insel ist Manus in der Admiralitätsgruppe. Dazu kommen noch die Hermit-Inseln, die Ninigogruppe und die Nauma-Inseln.

Das gesamte Gebiet liegt im SO-Passat, der zwischen Juni und September am gleichmäßigsten ist. In der Passatsaison schläft der Wind gelegentlich nachts ein, um dann nach Sonnenaufgang wieder aufzuleben und nachmittags seine größte Stärke zu erreichen. In dem Zeitraum vor dem NW-Monsun treten Flauten auf, die von Böen unterbrochen werden. Böen aus NW sind in der Regel heftiger als Böen aus NO. Der NW-Monsun setzt im allgemeinen Mitte Dezember ein und hält bis März an.

17 Törns im Südpazifik

Keine andere Region der Welt übt auf Segler und Nichtsegler eine so anhaltende Faszination aus wie der Südpazifik. Von den Meuterern der *Bounty* bis zu Bernard Moitessier ist so mancher Segler der unwiderstehlichen Versuchung der Südsee erlegen. Das gilt keineswegs nur für die Vergangenheit, was man daran erkennt, daß der Südpazifik jedes Jahr neue Liebhaber findet. Düsenflugzeuge und bessere Fernmeldeverbindungen zwischen den Inseln haben uns zwar einen großen Teil des Südpazifiks näher gebracht, doch gibt es immer noch zahllose Orte, die nur mit dem Schiff zu erreichen sind. Für den Segler bietet der Südpazifik einen unverdorbenen Anblick, und zwar besonders dann, wenn man bereit ist, sich abseits der vielbefahrenen Routen zu halten. Dieses weite Gewässer, das ein Drittel der Erdoberfläche bedeckt, ist mit Myriaden winziger Inseln gesprenkelt, auf denen die abgeschiedensten Gemeinschaften der Welt leben. Als Verbindungsmittel zwischen den Inseln dienen in der Regel Boote, wobei allerdings an manchen Orten noch traditionelle Segelschiffe in Gebrauch sind. Der Kleinsegler sieht sich daher von vornherein im Vorteil und hat das großartige Erlebnis, von den Inselbewohnern warmherzig und freundlich aufgenommen zu werden.

Leider sind die Segelbedingungen im Südpazifik nicht immer so idyllisch, wie man erwartet, und die Launen des Wetters sind so gefährlich wie überall sonst auf der Welt. Zwar sind die Jahreszeiten recht genau abgegrenzt und gibt es außer Zyklonen, die nur in bestimmten Monaten und Gebieten auftreten, nur wenige Stürme, doch sind die Windsysteme weniger konsistent als in anderen Gegenden der Erde. Der SO-Passat, der auf den meisten Segelrouten im Südpazifik herrscht, ist bekannt für seine Unbeständigkeit und für alle, die aus der Karibik kommen, häufig eine Enttäuschung. Es gibt Jahre, in denen er überraschend gleichmäßig weht, und es gibt andere Jahre, in denen er entweder wochenlang Sturmstärke hat oder mit längeren Flauten und böigem Wetter einhergeht. 1983 war ein solches Jahr; die damals im gesamten Südpazifik herrschenden ungewöhnlichen Wetterbedingungen wurdem dem El-Niño-Strom zugeschrieben. Diese warme Strömung ist ein Zweig der äquatorialen Gegenströmung, der dazu führt, daß vermehrt warmes Wasser in den Südpazifik strömt, was sich negativ auf das Wetter in der gesamten Region auswirkt; es kommt nämlich häufiger zu Zyklonen und anderen ungewöhnlichen Erscheinungen.

Trotzdem ist das Wetter im Südpazifik im allgemeinen schön und nur selten unangenehm oder gar gefährlich. Am schlimmsten ist es meistens nicht auf See, sondern im Hafen, und zwar besonders für diejenigen Segler, die einen unsicheren Ankerplatz gewählt oder beschlossen haben, die Zyklonsaison in den Tropen zu verbringen. Beiden Gefahren kann man aus dem Weg gehen, da es genügend sichere Ankerplätze gibt und die Zyklonsaison sich ohne Probleme außerhalb der von tropischen Stürmen heimgesuchten Gegenden verbringen läßt.

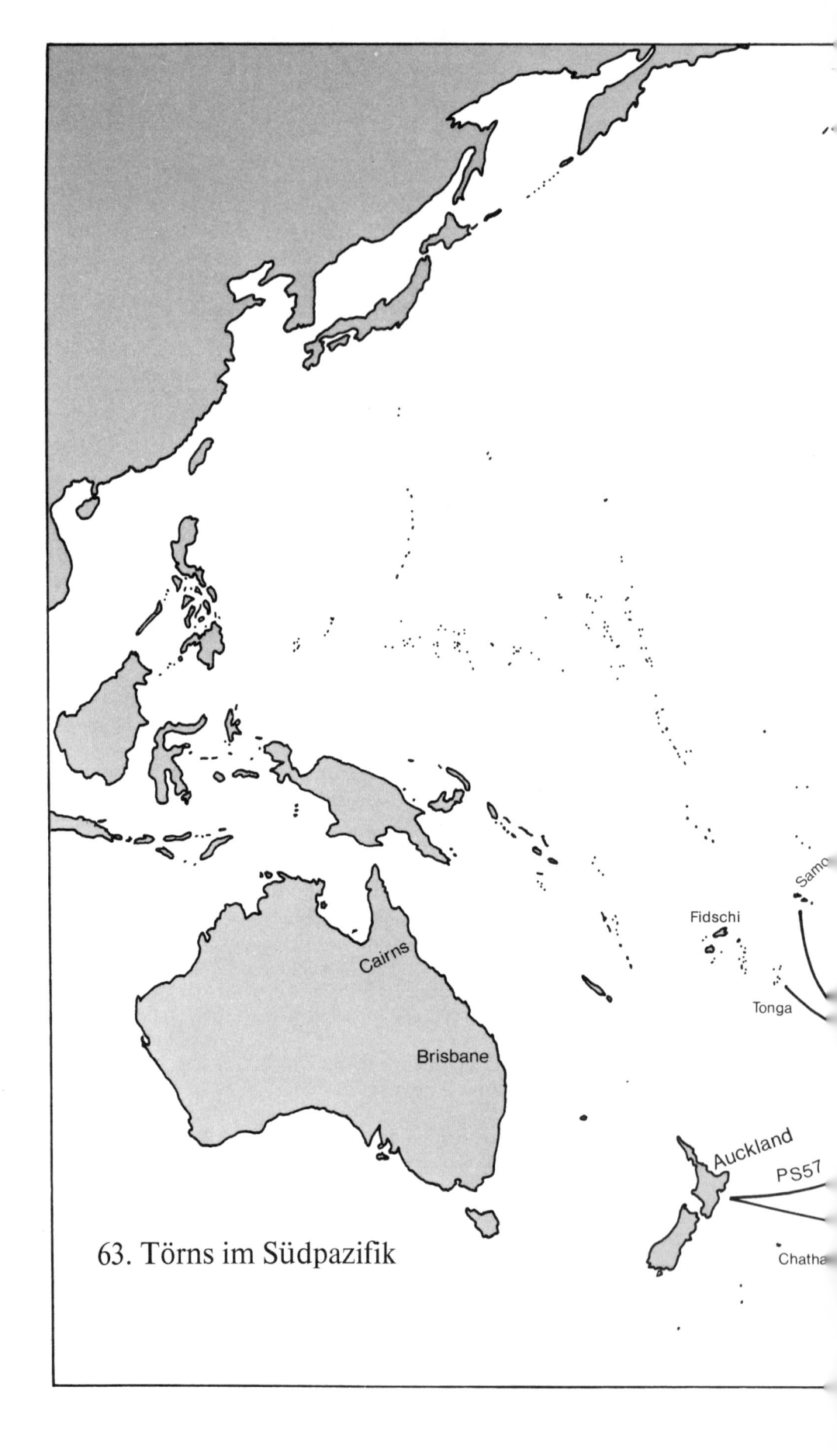

63. Törns im Südpazifik

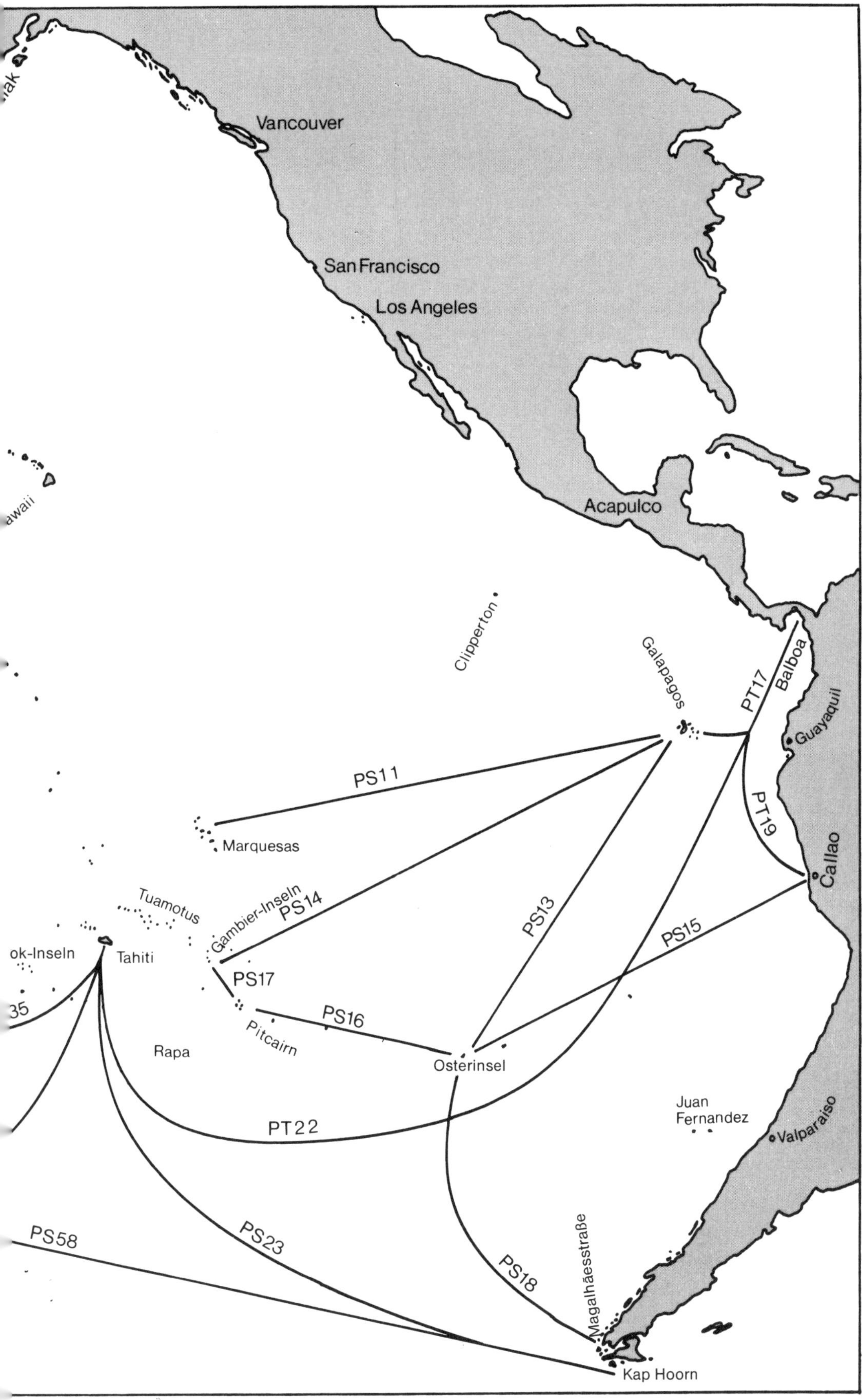
Vancouver
San Francisco
Los Angeles
Acapulco
Clipperton
Galapagos
Balboa
PT17
Guayaquil
PS11
PT19
Marquesas
Callao
Tuamotus
Gambier-Inseln
PS14
PS13
PS15
ok-Inseln
Tahiti
PS17
35
PS16
Pitcairn
Rapa
Osterinsel
Juan Fernandez
PT22
Valparaiso
PS58
PS23
PS18
Magalhãesstraße
Kap Hoorn

Unglücklicherweise ist das Wetter nicht die einzige Gefahr im Südpazifik; in der Praxis gehen jedes Jahr viel mehr Boote aus anderen Gründen verloren. Die größte Gefahr stellen die Korallenriffe dar, die sich luvwärts von vielen niedrigen, unbefeuerten Inseln erstrecken und die Navigation im gesamten Südpazifik zu einer heiklen Angelegenheit machen. Komplizierter wird dieses Problem oft noch durch die starken unvorhersehbaren Strömungen um manche Inselgruppen und die langen Perioden mit bedecktem Himmel, in denen man nicht auf die traditionelle Art navigieren kann. Jedes Jahr wieder fordern die Riffe verschiedener Inselgruppen und die Zyklone, die teilweise die gleichen Gebiete heimsuchen, schweren Tribut unter den Booten. Mit moderner Navigationsausrüstung, gesundem Menschenverstand und etwas Vorausplanung lassen sich diese Risiken auf ein akzeptables Minimum reduzieren, so daß ein Törn im Südpazifik so ungefährlich wie überall sonst wird.

Die Hauptroute durch den Südpazifik verläuft in einem riesigen Bogen von Panama bis zur Torresstraße. Sie wird liebevoll als »Milchmannstour« bezeichnet, was besonders dann paßt, wenn man sich an die Route hält und die Zyklonsaison meidet. Unter deutschen Seglern heißt sie prosaischer »Barfußroute«, womit ausgesagt wird, was sie für alle Segler aus kälteren Gegenden so anziehend macht. Es gibt zahllose Abwandlungen der Hauptroute, von der viele Nebenrouten abzweigen, um später wieder darauf zu stoßen. Am östlichen Ende der Route beginnt der Zustrom amerikanischer und kanadischer Boote, die meistens auf dem direkten Weg von der Westküste der USA oder aus British Columbia auf den Marquesas eintreffen. Am westlichen Ende kommen Boote aus Neuseeland und Australien dazu, die sich von dort aus auf ihre Weltreise begeben. Die wahrhaft internationale Hauptstraße der Meere führt dann weiter in den Indischen Ozean, wo sie sich teilt und zum Roten Meer und ins Mittelmeer bzw. zum Kap der Guten Hoffnung und in den Atlantik führt.

Das Hauptziel für praktisch alle Boote, die im Südpazifik eintreffen, ist Französisch Polynesien und seine Hauptinsel Tahiti. Die meisten Segler nehmen die direkte Route über die Marquesas-Inseln, und zwar besonders, wenn sie durch den Panamakanal in den Pazifik gefahren sind oder wenn ihr Heimathafen an der nordamerikanischen Westküste liegt. Letztere fahren gelegentlich auch über Hawaii nach Tahiti. Außerdem besteht die Möglichkeit, in einem weiten Bogen über Peru und die Osterinsel nach Französisch Polynesien zu kommen, auf einer Route, auf der man einige der abgeschiedensten Gemeinschaften im östlichen Pazifik besuchen kann, unter denen die Pitcairn-Insel die vielleicht bekannteste ist. Auf dieser Südroute kann man auch einen Teil der äußeren Inseln Französisch Polynesiens besuchen, bevor man in Tahiti wieder auf die Hauptroute stößt. Schließlich noch fährt eine zunehmende Anzahl von Booten, deren Skipper sich nicht von den rauheren Bedingungen in höheren Breitengraden abschrecken lassen, von Neuseeland aus nach Tahiti.

Mit seiner Lage im Mittelpunkt eines ganzen Netzes aus Routen bietet Tahiti mehrere Möglichkeiten, die Fahrt fortzusetzen; die meisten Segler halten sich allerdings lieber an die Hauptroute. Eine Nebenroute führt von Tahiti aus über den Äquator nach Hawaii; das ist auch die Route, auf der so manches Boot an die Westküste zurückkehrt. Auch später zweigen noch mehrere Nebenrouten ab, die meistens nordwärts über den Äquator nach Mikronesien führen. An den Cook-Inseln, Tonga-Inseln oder Samoa vorbei kommt man auf der Hauptroute schließlich zu den Fidschi-Inseln, die als Ausgangspunkt für eine Reihe von Routen im SW-Pazifik dienen. Dieses Revier bietet eine Vielzahl an Zielorten mit dem zusätzlichen Vorteil, daß die Entfernungen zwischen ihnen kürzer sind. Das zweifellos beliebteste Ziel im SW-Pazifik ist Neuseeland, wo eine zunehmende Anzahl an Booten die Zyklonsaison in der Sicherheit der geschützten Häfen der Nordinsel verbringt. Diese Zeit wird vielfach auch dazu genutzt, mit Hilfe der verschiedenen Werften, Segelmacher und Maschinenwerkstätten im Bereich von Whangarei und der Bay of Islands wichtige Instandsetzungs- und Wartungsarbeiten durchführen zu lassen. Wer mehr als ein Jahr im Südpazifik verbringen will, sollte einen Aufenthalt in Neuseeland oder Australien, wo es gleichermaßen gute Einrichtungen gibt, einplanen.

Viele Segler erreichen während des Törns im Südpazifik einen Wendepunkt. Sie müssen eine Entscheidung über die Zukunft treffen, und das ist nicht immer einfach. Heute segeln genau so viele Yachten aus Nordamerika wie aus Europa im Südpazifik, doch wenn es an die Rückreise geht, ist die Wahl für die Europäer recht einfach. Für sie bietet es sich an, unter Ausnutzung der günstigen Windverhältnisse nach Westen weiterzufahren. Das ist wahrscheinlich auch die logischste Lösung für Segler, deren Heimathäfen an der amerikanischen Ostküste liegen. Wer aber von der Westküste kommt und nur im Pazifik segeln will, hat weniger Möglichkeiten, und je eher diese erwogen werden, desto besser. Jedes Jahr finden sich im Westpazifik Boote ein, deren Skipper keine Ahnung haben, wie sie am besten wieder nach Hause kommen. Ein paar dieser Möglichkeiten sind bei Törn E in Kapitel 2 und bei PS 50, Routen ab Neuseeland, beschrieben.

Das sind nur einige der Aspekte, an die man vor der Planung eines Törns im Südpazifik denken sollte. Außer Wind und Wetter ist auch die menschliche Seite zu bedenken. Seit der Ankunft der ersten Europäer vor zwei Jahrhunderten sind die Bewohner der Pazifikinseln immer wieder grausam behandelt worden; diese Behandlung reichte vom Sklavenhandel bis zu Atombombenversuchen und zur Beseitigung von radioaktiven Abfällen. Daß sie uns immer noch mit offenen Armen empfangen, ist ein Zeichen für ihren Großmut und ihre Versöhnlichkeit. Der Südpazifik ist weiterhin eine der friedlichsten und saubersten Regionen der Welt, und es liegt in unserem ureigensten Interesse, ihn so zu bewahren.

PS 10 Im östlichen Südpazifik

PS 11 Galápagos-Inseln – Marquesas-Inseln	PS 15 Südamerika – Osterinsel
PS 12 Marquesas-Inseln – Tahiti	PS 16 Osterinsel – Pitcairn-Insel
PS 13 Galápagos-Inseln – Osterinsel	PS 17 Pitcairn-Insel – Gambier-Inseln
PS 14 Galápagos-Inseln – Gambier-Inseln	PS 18 Osterinsel – Magalhãesstr./Kap Hoorn

PS 11 Galápagos-Inseln – Marquesas-Inseln   Karten 48, 63

Wreck Bay – Nuku Hiva: 3060 sm

Beste Zeit:	April bis November
Tropische Stürme:	Dezember bis März
Karten:	BA 4023, 783
	US 51
Segelhandbücher:	BA 7, 62
	US 122, 125, 126

Für viele Segler ist die Fahrt von den Galápagos- zu den Marquesas-Inseln der längste und, wenn sie Glück mit dem Wetter haben, einer der schönsten Törns auf hoher See. Obwohl der Bereich für den Großteil des Jahres vom SO-Passat beeinflußt wird, können sich die Wetterverhältnisse im einen Jahr drastisch von denen im nächsten unterscheiden; dabei übt das Vorhandensein oder Fehlen des El-Niño-Stroms großen Einfluß auf das Wetter in der östlichen Hälfte des Südpazifiks aus.

Pazifischer Ozean

Gute Überfahrten lassen sich zu jeder Jahreszeit machen, doch der günstigste Zeitraum dürfte zwischen April und August liegen, wenn der Passat stetig aus O oder SO weht und die günstige Westströmung am stärksten (1–1,5 Knoten) ist. Manche Leute sind jedoch versucht, diese Fahrt früh im Jahr zu machen, um einen guten Start zur Segelsaison im Südpazifik zu bekommen. In manchen Jahren kann das jedoch ein Fehler sien, da man entweder unterwegs oder nach der Ankunft auf den Marquesas in einen Zyklon geraten kann. Im Februar 1983 erreichte der Zyklon William einen Punkt nahezu tausend Meilen östlich der Marquesas und ließ mehrere Boote, die zu der Zeit auf dieser Route unterwegs waren, seine Kraft spüren. Zwei Zyklone wurden in dem gleichen Jahr auf den Inseln verzeichnet, obwohl die Zyklonhäufigkeit auf den Marquesas relativ gering ist und Jahre vergehen können, ohne daß die Inseln von einem ausgewachsenen Zyklon heimgesucht werden. Wenn das allerdings der Fall ist, treiben Baumstämme und Trümmer auf See hinaus und bilden zusätzliche Gefahrenquellen für kleine Boote, so daß besonders nachts Vorsicht am Platze ist. Die Route führt durch einen Bereich, aus dem Kollisionen mit Walen gemeldet worden sind; es zahlt sich daher aus, Wale mit Vorsicht zu genießen.

Die Fahrt dauert im Schnitt etwa dreißig Tage, wobei manche Boote schon doppelt so lange gebraucht haben, und zwar hauptsächlich dann, wenn der Skipper nicht bereit war, bei Flaute oder Schwachwind unter Motor zu fahren. In der Nähe der Galápagos- und der Marquesas-Inseln kann der Wind selbst auf dem Höhepunkt der Passatsaison abflauen. Die langsamsten Überfahrten macht man im Durchschnitt zu Beginn des Jahres, wenn Schwachwind und Flauten anzutreffen sind. In manchen Jahren kommen bis Mai keine echten Passatbedingungen auf, wobei die Strömung auf dieser Route aber das ganze Jahr über günstig sind. Stärker und gleichmäßiger ist der Wind in der zweiten Jahreshälfte, und wenn man den Törn im Oktober oder November macht, könnte es sich lohnen, einen Kurs nördlich der Loxodrome zu wählen, da Wind und Strömung näher am Äquator möglicherweise günstiger sind.

PS 12
Marquesas-Inseln – Tahiti   Karte 64

Nuku Hiva – Papeete: 760 sm

Beste Zeit:	Mai bis Oktober
Tropische Stürme:	Dezember bis März
Karten:	BA 783
	US 526, 607
Segelhandbücher:	BA 62
	US 122, 126

Die direkte Route führt direkt durch den Tuamotu-Archipel, der in der Vergangenheit wegen seiner Riffe, niedrigen Inseln und sehr starken Strömungen auch als der gefährliche Archipel bezeichnet wurde. Noch bis vor kurzem zogen viele Skipper es vor, diesen Bereich ganz zu umfahren, statt sich den vielen Gefahren auszusetzen. Seit es jedoch Satellitennavigation gibt und auch auf kleinen Booten vermehrt Radar eingesetzt wird, nimmt die Zahl der Segler zu, die zwischen diesen hübschen Atollen kreuzen. Wer jedoch die Fahrt nach Tahiti nicht unterbrechen will, sollte nach wie vor einen Kurs wählen, der an allen Gefahrenstellen vorbeiführt. In der Praxis wird empfohlen, die Marquesas bei Vollmond zu verlassen, und zwar einerseits, um nachts bessere Sicht zu haben, und andererseits, um eine größere Anzahl an Himmelskörpern für die Navigation zur Verfügung zu haben.

Von Mai bis November steht der SO-Passat in diesen Breiten normalerweise in voller Blüte, kann aber gelegentlich von Böen und kurzen Perioden mit Schwachwind und Flauten unterbrochen werden. In den Sommermonaten von Dezember bis April, der Zyklonsaison, ist der Wind weniger gut vorherzusagen, und das Wetter kann heiß und schwül sein. Die Tuamotu-Inseln sollten in der Zyklonsaison gemieden werden, da kein Ankerplatz als wirklich sicher gilt. Weil diese Stürme rotieren, kann man selbst an einem relativ geschützten Ankerplatz auf Legerwall geraten, und die weiten offenen Wasserflächen in den meisten Lagunen können für Boote vor Anker höllische Bedingungen hervorrufen.

PS 13 Galápagos-Inseln – Osterinsel
Karten 48, 63

Wreck Bay – Hangaroa: 1950 sm

Beste Zeit:	November bis März
Tropische Stürme:	keine
Karten:	BA 4023
	US 62
Segelhandbücher:	BA 7, 62
	US 122, 125

Die wenigen Boote, die diese eher ungewöhnliche Route zur Insel der Riesenstatuen nehmen, werden im allgemeinen durch eine schnelle Überfahrt bei halbem Wind aus SO belohnt. Der beste Zeitraum liegt zwischen Dezember und Mai, wenn der Passat am weitesten nach Süden reicht, wobei das Wetter um die Osterinsel in den ersten Monaten des Jahres beständiger ist. Für Boote, die von Panama oder anderen Häfen in Mittelamerika aus direkt zur Osterinsel segeln, gelten auf dem ersten Abschnitt der Fahrt die gleichen Hinweise wie für den Törn zu den Galápagos-Inseln.

PS 14 Galápagos-Inseln – Gambier-Inseln
Karten 48, 63

Wreck Bay – Mangareva: 3460 sm

Beste Zeit:	April bis Oktober
Tropische Stürme:	keine
Karten:	BA 783, 4023
	US 51, 607
Segelhandbücher:	BA 7, 62
	US 122, 125, 126

Auf dieser Route erreicht man Französisch Polynesien nicht aus NO und über die vielbefahrene Route zu den Maresas, sondern aus SO. Es gelten ähnliche Hinweise wie für die Route von den Galápagos-Inseln zur Osterinsel, wobei noch der Vorteil hinzukommt, daß die Gambier-Inseln so viel weiter westlich liegen und der SO-Passat somit auf dieser Route, die durch eine der verlassensten Gegenden der Erde führt, aus einem noch besseren Winkel einfällt. Die Einreiseformalitäten sind in Rikitea auf Mangareva, der Hauptinsel der Gruppe, zu erledigen.

PS 15 Südamerika – Osterinsel
Karten 48, 63

Callao – Hangaroa: 2030 sm
Valparaiso – Hangaroa: 1940 sm

Beste Zeit:	November bis März
Tropische Stürme:	keine
Karten:	BA 4023
Segelhandbücher:	US 62
	BA 7, 62
	US 122, 125

Wo der Abfahrtshafen auch liegt, die Fahrt zur Osterinsel sollte von der südamerikanischen Westküste aus keinerlei Probleme aufwerfen. Aus Häfen nördlich von Callao kann man sofort bei der Abfahrt direkten Kurs steuern, da die meiste Zeit des Jahres günstige Winde zu erwarten sind. Obgleich die Osterinsel etwas außerhalb des Passatgürtels liegt, kommt der Wind zwischen der Insel und dem Festland die meiste Zeit aus Richtungen zwischen O und S. Einen direkten Kurs kann man auch aus Häfen weiter im Süden steuern, wobei man jedoch bei westlichen Winden auf NW-Kurs gehen sollte, bis man den Bereich des SO-Passats erreicht. Wer mit günstigem Wind und günstiger Strömung an der chilenischen Küste entlangsegelt, sollte erst dann Kurs auf die Osterinsel setzen, wenn der Breitengrad von Valparaiso überquert ist. Auf Westkurs kann man von dort aus dann noch die Juan-Fernández-Inseln anlaufen.

PS 16 Osterinsel – Pitcairn-Insel
Karten 48, 63

Hangaroa – Pitcairn: 1120 sm

Beste Zeit:	November bis März
Tropische Stürme:	keine
Karten:	BA 783
	US 621
Segelhandbücher:	BA 62
	US 122, 125, 126

Für den Großteil des Jahres kann man auf dieser Route mit günstigem Wind rechnen. Das beständigste Wetter herrscht im Sommer von Dezember bis Mai, wenn der SO-Passat am weitesten nach Süden reicht. Aber auch in diesen Monaten kann der Passat durch böiges Wetter, Regen und wechselnde Winde unterbrochen werden. Ein direkter Kurs von der Osterinsel zur Pitcairn-Insel führt ein gutes Stück südlich an der Ducie- und der Henderson-Insel vorbei, die beide unbewohnt sind.

PS 17 Pitcairn-Insel – Gambier-Inseln
Karten 48, 63

Pitcairn – Mangareva: 300 sm

Beste Zeit:	März bis Juni
Tropische Stürme:	Dezember bis März
Karten:	BA 783
	US 607
Segelhandbücher:	Ba 62
	US 122, 126

Diese Fahrt kann man zu jeder Jahreszeit machen, da sowohl die Pitcairn-Inseln als auch die Gambier-Inseln nur sehr selten von Zyklonen bedroht werden. Die ersten Monate des Jahres sollte man dabei jedoch aussparen, um nicht in der Zyklonsaison in Französisch Polynesien einzutreffen. Die besten Segelbedingungen sind entweder zum Beginn oder zum Ende des Winters zu erwarten. Da diese Route die Südgrenze des SO-Passats streift, kann das Wetter in den Wintermonaten wechselhaft sein, und Weststürme sind nichts Ungewöhnliches. Die Inseln sind bei trübem Wetter mit Vorsicht anzusteuern, weil sie möglicherweise durch niedrige Wolken verdeckt sind und in ihrer Nähe gelegentlich starke Strömungen herrschen. Die Lagune hat mehrere Einfahrten, von denen die westliche, zwischen den Inseln Taravai und Mangareva, am besten markiert ist, weil dort normalerweise das Versorgungsschiff aus Tahiti einläuft.

PS 18 Osterinsel – Magalhãesstraße oder Kap Hoorn
Karte 63

Hangaroa – Kap Pilar: 2180 sm
Hangaroa – Kap Hoorn: 2500 sm

Beste Zeit:	Dezember bis Februar
Tropische Stürme:	keine
Karten:	BA 4023
	US 62
Segelhandbücher:	BA 6, 62
	US 124, 125

Nur eine Handvoll Segler hat bisher die Osterinsel als Ausgangspunkt für eine Fahrt in das stürmische Südmeer gewählt. Nach der Abfahrt von der Osterinsel sollte man versuchen, möglichst schnell in den Bereich der Westwinddrift zu gelangen. Indem man jede Winddrehung ausnutzt, sollte es möglich sein, ein Stück nach Osten voranzukommen, bevor die »brüllenden Vierziger« erreicht werden, von wo aus günstige, wenn auch starke Winde zu erwarten sind. Der Anteil an Wind mit Sturmstärke ist am höchsten in der Nähe der Südspitze des Kontinents, wobei die Wintermonate Juni, Juli und August am schlimmsten sind. In die Magalhãesstraße geht es bei Kap Pilar, wo man bei schwerem Wetter nicht an Land gehen sollte, weil die Strömungen in der Einfahrt zur Straße für rauhe See sorgen.

PS 20 Ab Gesellschafts- und Cook-Inseln

PS 21 Gesellschafts-Inseln – Cook-Inseln
PS 22 Tahiti – Tubuai-Inseln
PS 23 Tahiti – Kap Hoorn
PS 24 Cook-Inseln – Samoa
PS 25 Cook-Inseln – Tonga
PS 26 Cook-Inseln – Neuseeland

Tahiti und die Gesellschafts-Inseln sind eines der verlockendsten Segelreviere der Welt, und ihrer anhaltenden Beliebtheit tun auch mehrere Mängel keinen Abbruch. Die offensichtlichsten unter diesen Mängeln sind die Kaution, die alle besuchenden Yachten hinterlegen müssen (siehe Kapitel 27), die hohen Lebenshaltungskosten, die zunehmende Verschmutzung in Papeete und die Tatsache, daß die meisten Inseln Französisch Polynesien im Zyklongürtel liegen. Während man die ersten drei einfach hinnehmen muß, kann man gegen den letztgenannten Punkt durchaus etwas tun. Die Zyklonsaison dauert hier von Dezember bis März, wobei Februar und März die schlimmsten Monate sind. Sie fällt mit dem südlichen Sommer zusammen, in dem der SO-Passat fehlt und das Wetter oft schwül mit bedecktem Himmel ist. Derartiges Wetter dürfte kaum jemanden zum Bleiben verlocken, wenn er problemlos woanders sein könnte. Es ist nur eine Sache der zeitlichen Abstimmung und Vorausplanung, um zur bestmöglichen Zeit auf Tahiti zu sein.

Im Idealfall trifft man Ende März oder Anfang April in Französisch Polynesien ein, wenn die Zyklonsaison ausläuft und die Passatsaison gerade einsetzt. Unabhängig davon, ob man aus Norden (Hawaii), Nordosten (Kalifornien oder Panama), Osten (Oster- oder Pitcairn-Insel) oder Südwesten (Neuseeland) kommt, kann man auf diese Weise mehrere Monate lang sorglos segeln, bevor die nächste Zyklonsaison einsetzt. Wer nur begrenzt Zeit hat, kann zwei oder drei Monate bleiben, bevor er die Fahrt fortsetzt. Wenn man die Gesellschafts-Inseln erst nach den Feiern zum 14. Juli, einem einzigartigen Erlebnis, das nur wenige Besucher verpassen möchten, verläßt, ist die ungefährliche Segelsaison in den anderen Tropengebieten schon fortgeschritten, so daß man sich ranhalten und die bevorstehende Zyklonsaison wahrscheinlich in Neuseeland verbringen muß. Die andere Alternative besteht darin, während des Sommers in den Tropen zu bleiben, und zwar entweder, indem man die Abfahrt aus Französisch Polynesien bis zum nächsten Jahr hinauszögert, oder, indem man Kurs auf einen der relativ sicheren Häfen in Lee von Tahiti nimmt, beispielsweise Pago Pago (amerikanisch Samoa), Vavau (Tonga) oder Suva (Fidschi). Auf den Gesellschafts-Inseln selbst gibt es mehrere Häfen, die bei einem Zyklon sicher sein sollen, wobei allerdings die besten Ankerplätze meist sehr voll sind, was auch schon wieder gefährlich sein kann.

Es verbringen weiterhin viele Boote hier die Zyklonsaison, und zwar trotz der Lektionen aus dem Jahr 1983, in dem mehrere Zyklone über Französisch Polynesien hinwegfegten. Es stimmt zwar, daß mehrere Jahre vergehen können, ohne daß ein Zyklon die Inseln heimsucht, doch wenn dann wirklich einer kommt, richtet er meist unermeßliche Schäden an. Wer bereit ist, dieses Risiko auf sich zu nehmen und zwischen Dezember und März in Französisch Polynesien zu bleiben, sollte versuchen, sich in der Nähe eines der empfohlenen Häfen aufzuhalten, und mehrmals täglich die Wettervorhersagen der lokalen Sender und der Station WWVH abhören.

Tahiti bildet zwar den Endpunkt mehrerer Routen, doch ist die Anzahl der Routen, die von dort ausgehen, recht begrenzt. Die Haupt-

64. Törns in Ostpolynesien

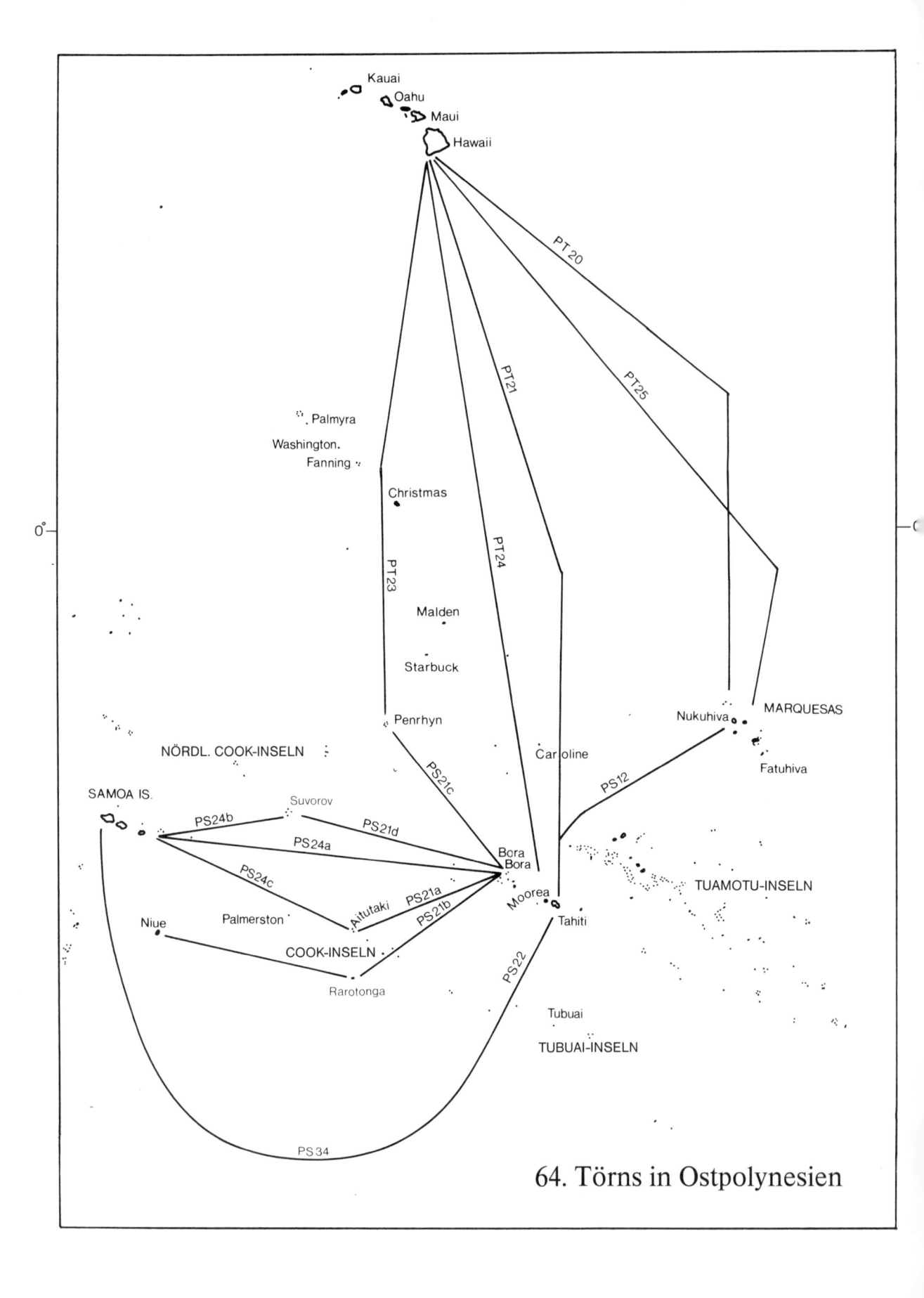

route ist PS 21, die »Milchmannstour«, was allerdings so etwas wie ein Falschname ist, da nur selten auf der gesamten Länge ideale Passatbedingungen herrschen. Man kann zwar jederzeit zwischen April und Oktober, wenn vernünftige Segelbedingungen zu erwarten sind, zu dieser Fahrt aufbrechen, doch wäre es falsch, wenn man sich dabei nicht darüber im klaren wäre, wo man die kommende Zyklonsaison verbringen will. Damit ergeben sich dann automatisch der Abfahrtszeitpunkt aus Französisch Polynesien und die Zeit, die noch bleibt, um die Inseln unterwegs zu besuchen. Eine beliebter Anlaufpunkt auf der Hauptroute in Richtung Westen ist Suvorov, ein typisches Südseeatoll, das durch den Neuseeländer Tom Neale bekannt wurde, der sich Anfang der 50er Jahre allein auf Surorov niederließ und dessen Buch über die Zeit seines freiwilligen Exils die Phantasie potentieller Schiffbrüchiger auf der ganzen Welt angeregt hat. Tom Neale lebt zwar nicht mehr, doch seine Hütte steht immer noch auf Suvorov und wird von Seglern instandgehalten, für die sie zu einer Art von Schrein geworden ist.

Wer von Tahiti aus zur nordamerikanischen Westküste oder nach Europa und zur Ostküste zurückkehren will, kann nur unter einer begrenzten Anzahl von Routen wählen. Die Rückkehr in den Atlantik erfolgt im allgemeinen nach Westen um die Welt mit Hilfe der Passatsysteme der drei Ozeane. Als Alternative dazu gibt es das, was Bernard Moitessier als die »logische Route« bezeichnete, nämlich den Weg über Kap Hoorn in den Atlantik (Route PS 23). Der Weg über Kap Hoorn ist zwar kürzer als die Passatroute, bietet aber die Aussicht auf einen härteren Kampf mit Wind und Wellen. Ansonsten kann man auch durch den Panamakanal in den Atlantik kommen (PT 22). Die südamerikanische Küste ist von Tahiti aus mit Hilfe der westlichen Winde in den höheren Breiten zu erreichen. Von dort aus machen der SO-Passat und der nach Norden setzende Humboldtstrom den Rest der Fahrt nach Panama ziemlich einfach.

An die nordamerikanische Pazifikküste geht es von Tahiti aus auf direkterem Wege. Die bequemste Route führt von Tahiti aus nach Hawaii (PT 21), und diese Route sollten auch alle Segler nehmen, die aus anderen Gegenden der Erde stammen und Alaska, British Columbia oder Kalifornien besuchen wollen.

PS 21 Gesellschafts-Inseln – Cook-Inseln   Karte 64

Bora Bora – Rarotonga: 550 sm
Bora Bora – Aitutaki: 500 sm
Bora Bora – Penrhyn: 580 sm
Bora Bora – Suvorov: 690 sm

Beste Zeit:	April bis Oktober
Tropische Stürme:	Dezember bis März
Karten:	BA 783
	US 606
Segelhandbücher:	BA 62
	US 122, 126

Die meisten Boote, die nach Westen wollen, verabschieden sich von den Gesellschafts-Inseln auf Bora Bora, wo alle Ausreiseformalitäten erledigt werden können und eine kleine Auswahl an Läden zur Verfügung steht, um das Schiff für die Fahrt auszurüsten.

Es steht eine ganze Reihe von Zielpunkten zur Verfügung, wenn die Boote in alle Richtungen auseinanderlaufen, um Inseln im Bereich der südlichen oder der nördlichen Cook-Inseln zu besuchen, die von etwa 500 Meilen Wasser getrennt werden. Die meisten Segler nehmen Kurs auf Aitutaki (PS 21 A) oder die Hauptstadt Rarotonga (PS 21 B), nur wenige reisen über Penrhyn (Tongareva) (PS 21 C) auf den nördlichen Cook-Inseln ein. Aitutaki und Penrhyn bieten in den jeweiligen Lagunen gute Ankerplätze, und auch in Avatiu an der Nordküste Rarotongas haben sich die Verhältnisse stark gebessert, nachdem neue Kais gebaut und zusätzliche Anlegemöglichkeiten für besuchende Yachten geschaffen worden sind.

Viele Boote nehmen jedoch direkt Kurs auf Suvorov (PS 21 D) auf dem Weg nach Samoa,

Pazifischer Ozean

das bei beständigem Wetter einen guten Ankerplatz bietet, der jedoch bei böigem Wetter ungemütlich wird; wegen der großen Wasserfläche kann es dann in der Lagune sehr rauh werden. Es sind schon Yachten verloren gegangen, die auf das Riff getrieben wurden, nachdem der Anker ausgebrochen war; bei bedrohlichem Wetter dürfte es daher sicherer sein, sofort auf See hinauszugehen. Es muß auch darauf hingewiesen werden, daß Suvorov zu den Cook-Inseln gehört, deren Behörden etwas gegen ungenehmigte Besuche haben. Das Atoll wird gelegentlich von einem Behördenschiff aus Rarotongo inspiziert, und Segler, die dort vor Anker angetroffen werden, riskieren eine Geldstrafe oder werden höflich, aber bestimmt gebeten, den Anker zu lichten.

Je nach dem von Bora Bora aus gewählten Kurs muß man auf die verschiedenen Riffe und Inseln unterwegs achten, beispielsweise auf Maupiti, Maupelia, Scilly und Bellinghausen, die alle sehr niedrig und nicht befeuert sind. Von April bis Oktober, in der Zeit des SO-Passats, ergeben sich auf dem Törn zwischen den beiden polynesischen Inselgruppen keine Probleme. Im Juli und August erreicht der Passat jedoch seinen Höhepunkt, und es kann sehr stürmisch werden. In den Sommermonaten von November bis Ende März kommt der Wind nach wie vor überwiegend aus SO oder O, doch W- und NW-Wind ist nicht ungewöhnlich und geht meistens mit böigem Wetter einher.

PS 22
Tahiti – Tubuai-Inseln   Karte 64

Tahiti – Tubuai: 360 sm
Tahiti – Raivavae: 400 sm
Tahiti – Rapa: 670 sm

Beste Zeit:	April bis Mai, Oktober bis November
Tropische Stürme:	Dezember bis März
Karten:	BA 783 US 607
Segelhandbücher:	BA 62 US 126

Diese Gruppe von Inseln, von denen die nächste, Rurutu, 300 Meilen südlich von Tahiti liegt, zieht jedes Jahr nur wenige Besucher an. In den Wintermonaten von Mai bis September, wenn der SO-Passat zwischen Tahiti und den Tubuai-Inseln kräftig weht, ist es manchmal schwierig, die luvwärts gelegenen Inseln zu erreichen. Wenn der Wind eine zu südliche Komponente aufweist, ist es wahrscheinlich besser, zuerst Tubuai mit seiner Laguneneinfahrt anzulaufen und sich dann allmählich zu den anderen Inseln vorzuarbeiten. Sowohl Raivavae als auch Rapa verfügen über gute Ankerplätze.

PS 23
Tahiti – Kap Hoorn   Karte 63

Tahiti – Kap Hoorn: 4280 sm

Beste Zeit:	November bis Dezember
Tropische Stürme:	Dezember bis März
Karten:	BA 783, 788, 789 US 62, 621
Segelhandbücher:	BA 6, 62 US 122, 125, 126

Bei diesem Törn kommt es entscheidend auf die Abfahrtszeit an, damit Kap Hoorn auf dem Höhepunkt des südlichen Sommers passiert werden kann. Empfohlen wird die Abfahrt von Tahiti im November oder Dezember, weil man das Kap dann zwischen Januar und März umrunden kann. Von Tahiti aus führt der Kurs südwärts zwischen den Tubuai-Inseln hindurch. Je nach Richtung und Stärke des SO-Passats sollte der Kurs leicht Süd zu Ost liegen. In diesem Bereich herrscht eine starke Südströmung. 30°S ist auf etwa 150°W und 40°S auf 140°W zu überqueren. Wenn der Bereich der Westwinddrift erreicht ist, wird ein östlicher Kurs gewählt, um 50°S erst auf etwa 115°W zu überqueren. Von dort aus wird ein Kurs gewählt, der im Abstand von etwa 60 Meilen südlich an Kap Hoorn vorbeiführt.

PS 24
Cook-Inseln – Samoa Karte 64

Rarotonga – Pago Pago: 750 sm
Aitutaki – Pago Pago: 690 sm
Suvorov – Pago Pago: 450 sm

Beste Zeit:	April bis Oktober
Tropische Stürme:	Dezember bis März
Karten:	BA 780, 783
	US 541
Segelhandbücher:	BA 61, 62
	US 122, 126

Die meisten Segler, die Kurs auf Samoa nehmen, wollen sich in Pago Pago, in Amerikanisch Samoa, verproviantieren, wo eine gute Auswahl an amerikanischen Waren zur Verfügung steht. Der Einreisehafen nach Westsamoa ist die Hauptstadt Apia an der Nordküste von Upolu.

Die Überfahrt bereitet keine Probleme, ob man jetzt direkt von den Gesellschafts-Inseln kommt oder unterwegs auf der einen oder anderen Cook-Insel anlegt. In der Passatsaison ist überwiegend günstiger Wind zu erwarten, der allerdings gelegentlich nicht mit der erhofften Gleichmäßigkeit weht. Auf dem Stück zwischen den Gesellschafts-Inseln und Samoa richtet sich der Passat nach einem bestimmten Zyklus, bei dem auf mehrere Tage mit gleichmäßigem Wind eine kurze Periode mit Flauten oder wechselnden Winden folgt, die wiederum von stetigem Wind aus O oder SO abgelöst wird.

In manchen Jahren setzt sich der SO-Passat erst spät in der Saison durch, so daß man bei einem Törn im April und auch im Mai gemischtes Wetter mit Flauten bei Nacht und Böen am Tag haben kann. Die schnellsten Überfahrten macht man in der Regel im Juli und August, wobei der Passat in diesen Monaten für manchen Geschmack zu stark ist.

PS 25
Cook-Inseln – Tonga Karte 66

Rarotonga – Tongatapu: 870 sm
Rarotonga – Vava'u: 820 sm
Rarotonga – Niue: 590 sm
Aitutaki – Tongatapu: 880 sm
Aitutaki – Vava'u: 810 sm
Aitutaki – Niue: 580 sm

Beste Zeit:	April bis Oktober
Tropische Stürme:	Dezember bis März
Karten:	BA 780, 783
	US 606
Segelhandbücher:	BA 61, 62
	US 126

Diese auf den ersten Blick einfache Route im Passatgürtel wirft doch einige Probleme auf. In den Wintermonaten von Juni bis August, wenn die meisten Segler unterwegs sind, liegt die südliche Grenze des SO-Passatgürtels etwas nördlich dieses Bereichs, so daß besonders zwischen Rarotonga und Tongatapu von echten Passatbedingungen nicht die Rede sein kann. Der Wind kommt zwar überwiegend aus östlicher Richtung, doch das beständige Wetter hält nie lange an, und irgendwo auf dieser Route stößt man immer auf rauhes Wetter.

Eine Gefahr bilden die verschiedenen Riffe, darunter das gefährliche Beveridge-Riff (20°02′S, 167°55′W), das schon mindestens einer Yacht zum Verhängnis geworden ist. Es liegt leicht südlich der Loxodrome zwischen Rarotonga und Tangatapu, und weil die Karten nicht ganz genau sind und unvorhersehbare Strömungen aus dem Bereich gemeldet wurden, sollte man dieses und alle anderen Riffe in einem weiten Bogen umfahren. Die Brandung, die auf den Karten in 21°05′S, 164°05′W verzeichnet ist und zum ersten Mal 1945 gemeldet wurde, sollte ernst genommen werden, weil bei einem Sturm im Jahre 1984 in genau diesem Gebiet eine Yacht unter zwei abnorm großen Wellen vollief und sank.

Boote in Richtung Westen laufen gelegentlich Palmerston Island an, wo Yachten durchaus willkommen sind, und zwar besonders,

Pazifischer Ozean

wenn der Skipper vorausschauend genug gewesen ist, um die Post aus Rarotonga mitzubringen. Eine weitere Anlaufstelle auf dem Weg nach Tonga ist Niue, wo vor Alofi, der Hauptsiedlung der Insel, eine Festmacheboje für Besucheryachten zur Verfügung steht.

Dieser Törn von den Cook-Inseln aus nach Westen erfordert einige Vorausplanung, die das Leben später leichter macht. Wer von Tonga aus zu den Fidschi-Inseln will, läuft wahrscheinlich am besten zunächst Vava'u in der Nordgruppe der Tonga-Inseln an, wo Naiafu der offizielle Einreisehafen ist. Die Hauptinsel Tongatapu kann man später besuchen. Die anschließende Fahrt von Tonga zu den Fidschi-Inseln ist einfacher auf der Südroute von Tongatapu nach Suva, weil es dort weniger Riffe gibt und die Navigation durch die Befeuerung der meisten Gefahrenstellen erleichtert wird. Wegen der vorherrschenden Windrichtung segelt man einfacher von Vava'u nach Tongatapu als umgekehrt. Indem man also von den Cook-Inseln zu den Tonga-Inseln die Nordroute nimmt, kann man mit besseren Segelbedingungen auf diesem Abschnitt und weniger Komplikationen auf den folgenden Teilabschnitten rechnen.

Die Route führt durch ein Gebiet mit Zyklonen, die aber recht selten auftreten. Vorsicht ist von Januar bis März besonders im Bereich der Tonga-Inseln geboten, wo in diesen Monaten viel öfter Zyklone auftreten als auf den Cook-Inseln.

PS 26
Cook-Inseln – Neuseeland   Karte 66

Rarotonga – Opua: 1610 sm

Beste Zeit:	Mitte Oktober bis Mitte November
Tropische Stürme:	Dezember bis März
Karten:	BA 780, 783
	US 622
Segelhandbücher:	BA 51, 62
	US 126, 127

Wegen der Gefahr, bei einer zu frühen Abfahrt auf einen verspäteten Wintersturm und bei einer zu späten Abfahrt auf einen verfrühten Hurrikan zu stoßen, ist der optimale Zeitraum für diesen Törn recht begrenzt. Die Großkreisroute führt zwar östlich an den Kermadec-Inseln vorbei, doch bei einer Fahrt vor November ist es ratsam, noch im Bereich des SO-Passats ein Stück nach Westen zu fahren und die Kermadec-Inseln im Westen zu passieren. Das bedeutet, daß die neuseeländische Nordinsel von Norden aus angesteuert wird, was für diese Jahreszeit die allgemein anerkannte Praxis ist, um im Falle eines plötzlich aus Westen heranziehenden Sturmes in einem besseren Winkel laufen zu können. Nach Mitte Dezember ist die Wahrscheinlichkeit von SW-Stürmen nicht mehr so groß, so daß man eine direktere Route nehmen und die Kermadec-Inseln im Osten passieren kann.

PS 30 und PS 40   Im Zentralpazifik

Der Zentralpazifik ist eines der besten Segelreviere der Welt, wobei allerdings die Navigation zwischen den verschiedenen Inselgruppen aufgrund der Riffe und starken Strömungen sehr schwierig sein kann. Das Dreieck zwischen Samoa, Tonga und Fidschi ist gelegentlich sehr stürmisch, und es gibt Segler, die in diesem Bereich das schlimmste Wetter im Pazifik erlebt haben. Das Gebiet liegt genau im SO-Passat, der aber gelegentlich fehlt.

Törns zwischen Tonga und den Fidschi-Inseln gelten als die gefährlichsten im Südpazifik, eine Annahme, die durch die Zahl der in diesen Gewässern verlorengegangenen Boote bestätigt wird. Die Route führt durch ein mit Riffen geradezu verseuchtes Gebiet, und nur wenige der Gefahrenstellen sind befeuert. Auf dem 180 Meilen langen Abschnitt zwischen Tonga und Fidschi herrschen starke unberechenbare Strömungen, und die Entfernung macht es unmöglich, alle Gefahrenstellen bei Tageslicht zu passieren. Hinzu kommt, daß der Himmel oft bedeckt ist, so daß eine astronomische Navigation nicht in Frage kommt. Das kann bedeuten, daß man das gefährlichste Gebiet mit einem unzuverlässigen Koppelbesteck erreicht, eine Tatsache, der der Verlust der meisten Boote zugeschrieben wird.

Komplizierter wird die Sache noch durch die Entscheidung der Behörden von Tonga, trotz der Tatsache, daß die Inseln ein gutes Stück östlich des 180. Längengrades liegen, das gleiche Datum wie die Fidschi-Inseln zu führen. Als Ergebnis dieser Entscheidung ist die Ortszeit in Tonga nicht GMT minus 11, wie es sein sollte, sondern GMT plus 13. Das bedeutet, daß das Datum auf den Tonga-Inseln dem GMT-Datum um einen Tag voraus ist. Bei der Ankunft aus Osten stellen die meisten Segler nach dem ersten Landgang Zeit und Datum um und denken nicht mehr daran. Zum Problem wird die Sache erst auf dem nächsten Abschnitt des Törns, wenn die Uhren nicht um 24 Stunden zurückgestellt werden. Die Berechnung der Position mit Hilfe des falschen Tageseintrags im nautischen Kalender kann zu einer Abweichung führen, die groß genug ist, um in einem mit Riffen übersäten Gebiet, in dem die Durchfahrten zwischen den Inseln nur wenige Meilen breit sind, ernsthafte Konsequenzen zu haben.

Eine weitere Gefahr, an die man in den Gewässern von Tonga denken sollte, sind unterseeische vulkanische Aktivitäten, die erst vor kurzem zur Bildung neuer Inseln geführt haben. Eine weitere Auswirkung dieser vulkanischen Aktivitäten ist schwimmender Bimsstein, der den Kühlwassereintritt der Maschine verstopfen kann.

Ein weiterer wesentlicher Nachteil des zentralen Südpazifiks besteht darin, daß die ganze Gegend von Zyklonen heimgesucht wird, die überwiegend in den ersten drei Monaten des Jahres auftreten. Zwar verläßt die Mehrzahl der Boote das Gebiet in der gefährlichsten Zeit, doch bleibt jedes Jahr eine Reihe von Booten den Sommer über in oder bei einem der Häfen, die bei einem Zyklon Schutz bieten. Einer der sichersten Ankerplätze ist Pago Pago in Amerikanisch Samoa, während in Neiafu in der Vava'u-Gruppe, einem anderen beliebten Sturmhafen, bei einem Zyklon in der letzten Zeit einige Boote beschädigt wurden. Im Bereich der Fidschi-Inseln bleiben die meisten Boote in der Nähe von Suva, wo der Tradewinds-Ankerplatz und die umliegenden Küsteneinschnitte den besten Schutz bieten. Die Entscheidung, den Sommer in den Tropen zu verbringen, ist eine persönliche Angelegenheit, doch die Anzahl der in den letzten Jahren verlorengegangenen oder beschädigten Boote hat die meisten Skipper zu der Überzeugung gebracht, daß es wohl besser ist, den Südpazifik vor Beginn der Zyklonsaison zu verlassen.

Jedes Jahr findet ein großer Exodus statt, wenn sich die Segler auf den Weg machen, um den Sommer in ungefährlicheren Gefilden zu verbringen, unter denen Neuseeland das beliebteste ist. Die beste Zeit für diesen Törn ist unmittelbar vor Beginn der Zyklonsaison, Ende Oktober oder Anfang November. Dann kann man bis zum Ende der ungefährlichen Zeit in den Tropen bleiben und den Törn nach Neuseeland unternehmen, ohne daß die Gefahr besteht, in einen späten Wintersturm zu geraten. Skipper aus Neuseeland lassen sich von den Aussichten auf einen Sturm offensichtlich nicht abschrecken; sie gehen oft schon früher auf die Rückreise.

Trotz der Tatsache, daß Fahrten nach Neuseeland schon zu allen Jahreszeiten gemacht worden sind, wäre es gefährlich, ohne eine zuverlässige Wettervorhersage in der Zyklonsaison abzufahren; die Bahnen einiger Stürme, die die Fidschi-Inseln in der Vergangenheit heimgesucht haben, fallen nämlich fast genau

Pazifischer Ozean

mit der Route nach Neuseeland zusammen. Die offiziellen Einreisehäfen für Boote aus dem Norden sind Opua, Whangarei und Auckland. Opua in der Bay of Islands, wo die meisten Boote nach Neuseeland einklarieren, hat kein dauernd besetztes Zoll- und Einwanderungsamt, so daß die Beamten von Whangarei heraufkommen müssen. In der Spitzenzeit von Mitte November bis Mitte Dezember stehen in Opua Beamte während der normalen Dienstzeiten zur Verfügung.

PS 30 Ab Samoa und Tonga-Inseln

PS 31   Samoa – Tonga
PS 32   Samoa – Fidschi-Inseln
PS 33   Samoa – Wallis
PS 34   Samoa – Gesellschafts-Inseln

PS 35   Tonga – Gesellschafts-Inseln
PS 36   Tonga – Samoa
PS 37   Tonga – Fidschi-Inseln
PS 38   Tonga – Neuseeland

PS 31
Samoa – Tonga   Karte 65

Apia – Niuatoputapu: 230 sm
Apia – Neiafu: 380 sm
Pago Pago – Neiafu: 330 sm

Beste Zeit:	April bis Oktober
Tropische Stürme:	Dezember bis März
Karten:	BA 780
	US 605, 606
Segelhandbücher:	BA 61
	US 126

Für diese Fahrt gelten ähnliche Hinweise wie für die umgekehrte Richtung (PS 36). Boote auf der Fahrt nach Süden können jetzt auf Niuatoputapu einklarieren, sollten diese Insel, die günstig auf halbem Wege zwischen Samoa und Tonga liegt, aber nur bei beständigem Wetter anlaufen. Ansonsten ist es sicherer, direkt nach Neiafu auf Vava'u weiterzufahren, das man unter den meisten Bedingungen anlaufen kann. Fahrten in der Zyklonsaison sind zu meiden, weil gelegentlich tropische Stürme durchziehen.

PS 32
Samoa – Fidschi-Inseln   Karte 65

Pago Pago – Suva: 700 sm
Apia – Suva: 670 sm

Beste Zeit:	April bis Oktober
Tropische Stürme:	Dezember bis März
Karten:	BA 780
	US 605
Segelhandbücher:	BA 61
	US126

Segler, die von Pago Pago aus zu den Fidschi-Inseln auslaufen, sollten Kurs auf den Nanuku-Kanal im Nordosten der Fidschi-Inseln nehmen, der am Curaçao-Riff vorbeiführt. Bei beständigem Wetter kann man kurz auf Niua Foou anlegen, einer hohen Vulkaninsel, die zu Tonga gehört. Dort gibt es einen Ankerplatz auf einer offenen Reede vor der Hauptsiedlung auf der Nordseite der Insel. Äußerste Sorgfalt ist beim Ansteuern des Nanuku-Kanals geboten, weil die Strömungen in diesem Bereich sehr stark sein können und das Feuer auf Wailangi Lala, das die Einfahrt in den Kanal mar-

65. Törns im Zentralpazifik

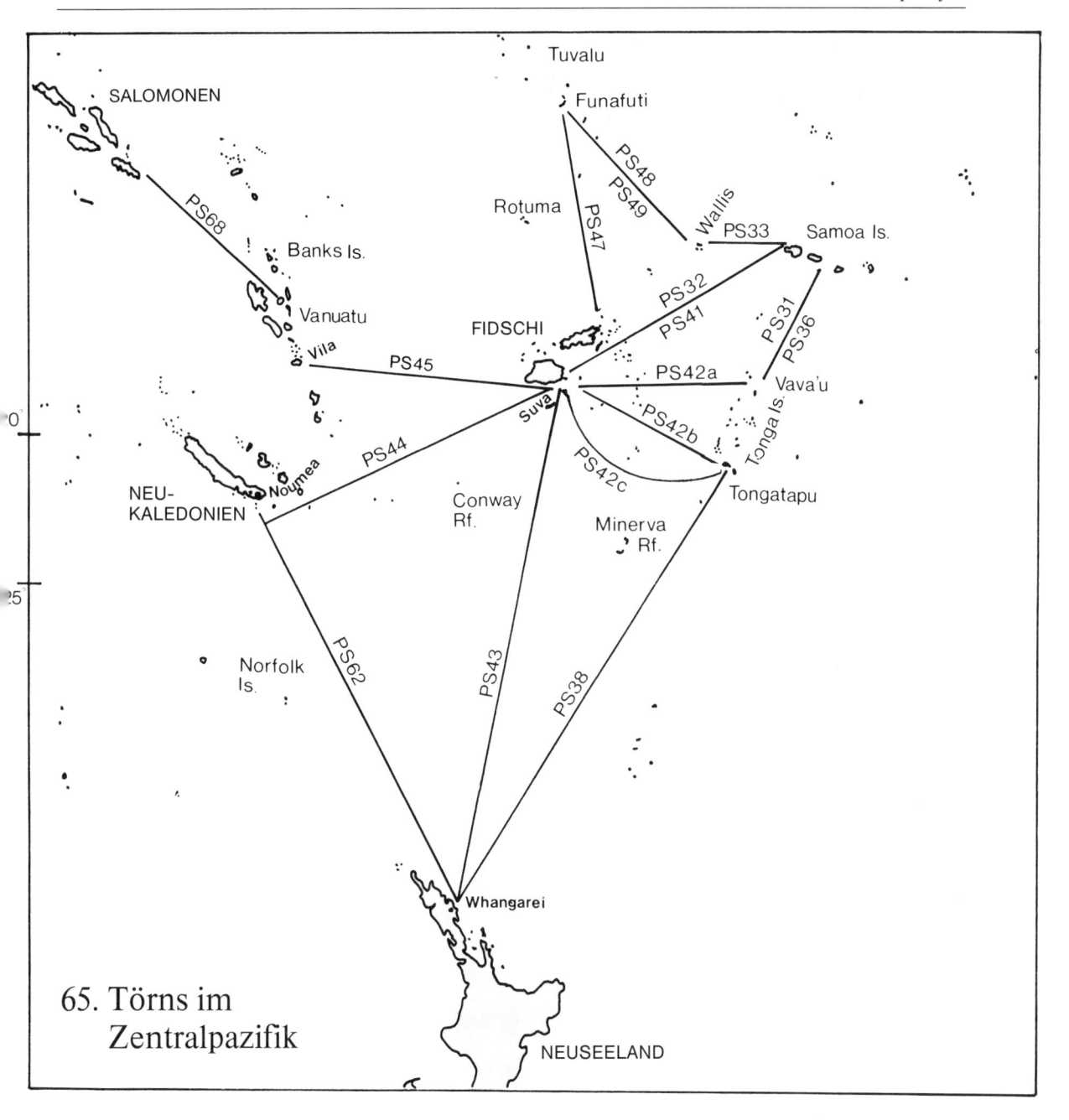

kiert, nicht immer in Betrieb ist. Die Route führt dann durch die Koro-See, wo man die Wahl zwischen zwei Einreisehäfen hat, nämlich Savusavu auf der Südseite von Vanua Levu und Levuka auf Ovalau. Alternativ kann man auch bis nach Suva an der Südostküste von Viti Levu fahren.

Boote, die von Apia aus zu den Fidschi-Inseln wollen, können entweder den Manono-Kanal zwischen den samoanischen Inseln

Pazifischer Ozean

Upolu und Savai'i nehmen und dann Kurs auf den Nanuku-Kanal setzen oder im Norden um Savai'i herumsegeln. In diesem Fall ist es möglich, von Norden aus auf den Fidschi-Inseln einzutreffen und durch die Somosomostraße zwischen den Inseln Taveuni und Vanua Levu in die Koro-See einzufahren. Zu erreichen sind die Fidschi-Inseln außerdem über die französischen Territorien Wallis und Futuna.

PS 33 Samoa – Wallis Karte 65

Apia – Mata Utu: 280 sm

Beste Zeit:	April bis Oktober
Tropische Stürme:	Dezember bis März
Karten:	BA 780
	US 605
Segelhandbücher:	BA 61
	US 126

Nach der Abfahrt von Apia auf der Insel Upolu folgt die Route der Nordseite von Savai'i, bevor Kurs auf Wallis genommen wird. Diese Route liegt im SO-Passat, der die meiste Zeit des Jahres eine östliche Komponente hat. Wallis und Samoa liegen zwar im Zyklonbereich, werden aber nicht häufig heimgesucht. Bei der Ansteuerung von Wallis aus Osten ist Vorsicht angebracht, weil das Riff um die Lagune manchmal nur schwer zu erkennen ist. Die Einfahrt in die Lagune liegt auf der Südseite und ist gut markiert. Der Einreisehafen ist in Mata Utu, der Hauptsiedlung auf Uvea. Wenn es dort ungemütlich wird, dürfen besuchende Yachten in der Gahi Bay an der SO-Spitze der Hauptinsel Uvea ankern.

Wallis und Futuna liegen zwar östlich des 180. Längengrades, haben aber beschlossen, dasselbe Datum wie Neukaledonien, das nächstgelegene französische Territorium, beizubehalten. Das bedeutet, daß Wallis Samoa um einen Tag voraus ist.

ACHTUNG: Bei der Abfahrt von Wallis GMT-Zeit und Datum prüfen.

PS 34 Samoa – Gesellschafts-Inseln Karte 65

Pago Pago – Tahiti
a) via Cook-Inseln: 1350 sm
b) Südroute: 1800 sm

Beste Zeit:	November, April
Tropische Stürme:	Dezember bis März
Karten:	BA 780, 783
	US 541, 606
Segelhandbücher:	BA 61, 62
	US 122, 126

Nur wenige Boote begeben sich auf diesen Törn, und mein Ratschlag lautet, ihn ganz zu unterlassen, wenn es sich eben machen läßt. Die einzigen Monate, in denen Aussicht auf ein Mindestmaß an günstigen Winden besteht, sind die Sommermonate von November bis Anfang April. Das ist die Zeit, in der der SO-Passat am schwächsten und am wenigsten gleichmäßig ist, leider aber auch die Zyklonsaison, in der im Februar und März am ehesten Zyklone auftreten. Wenn ein direkter Kurs gesetzt werden kann, bieten sich Suvorov oder eine andere Cook-Insel als Anlaufpunkt an.

In den Wintermonaten von Mai bis Oktober segelt man besser auf der Suche nach W-Wind nach Süden (siehe Route PS 57) und geht zwischen 30°S und 35°S auf Ostkurs, um dann Tahiti aus Süden anzulaufen. Auf der Südroute kann man auf Niue eine Pause einlegen oder frische Vorräte an Bord nehmen.

PS 35 Tonga – Gesellschafts-Inseln Karte 63

Nuku'alofa – Tahiti: 1480 sm

Beste Zeit:	April bis Juni
Tropische Stürme:	Dezember bis März
Karten:	BA 780, 783
	US 606
Segelhandbücher:	BA 61, 62
	US 122, 126

Die Route ist zwar schon auf der Loxodrome mit einer Unterbrechung auf den Cook-Inseln gesegelt worden, aber der Törn kann selbst unter besten Bedingungen sehr schwierig werden. Deshalb richtet man sich am besten nach den Hinweisen für Route PS 34 von Samoa nach Tahiti und macht diese Fahrt in höheren Breiten mit Hilfe der westlichen Winde (siehe auch Route PS 57).

PS 36
Tonga – Samoa   Karte 65

Neiafu – Pago Pago: 340 sm
Neiafu – Apia: 380 sm

Beste Zeit:	April bis November
Tropische Stürme:	Dezember bis März
Karten:	BA 780
	US 605, 606
Segelhandbücher:	BA 61
	US 126

Die meisten Boote stechen von Vava'u aus in See, von wo aus der Törn nach Samoa relativ einfach ist. Ab Vava'u wird ein Kurs gesteuert, der östlich an den Inseln Toku und Fonualei vorbeiführt. Auf diesem Kurs bleibt man auch weit genug östlich von Niuatoputapu und dessen umliegenden Gefahrenstellen. Wer nach Apia will, sollte Upolu im Osten umrunden.

Das Wetter auf dieser Route kann sehr wechselhaft sein, und selbst auf dem Höhepunkt des SO-Passats kann man sich nie ganz sicher sein, welche Bedingungen zu erwarten sind. Es kommt gelegentlich zu heftigen Böen und Gewitterstürmen, die sich über weite Bereiche erstrecken. Das kann das ganze Jahr über der Fall sein. Die Monate Januar bis März sind zu meiden, da in der Vergangenheit schon Zyklone durch dieses Gebiet gezogen sind, ohne Samoa und Tonga heimzusuchen.

PS 37
Tonga – Fidschi-Inseln   Karte 65

Nuku'alofa – Suva: 420 sm
Lifuka (Ha'apai) – Suva: 440 sm
Neiafu (Vava'u) – Suva: 450 sm

Beste Zeit:	April bis Oktober
Tropische Stürme:	Dezember bis März
Karten:	BA 780
	US 605
Segelhandbücher:	BA 61
	US 126

Von Tongatapu aus geht es im Süden oder Norden an Vatua vorbei, und dann wird ein Kurs gesetzt, der zwischen Totoya und Matuku, die beide befeuert sind, hindurchführt. Nach Passieren dieser beiden Inseln kann man direkt Kurs auf Suva nehmen. Wenn man Vatua im Süden passiert, ist es besser, auch südlich von Matuku zu bleiben und erst anschließend Kurs auf Suva zu nehmen.

Bei der Abfahrt von Vavau oder Ha'apai sollte man Kurs auf die 18 Meilen breite Durchfahrt zwischen Ongea Levu und Vatua nehmen. Wenn Fulanga querab liegt, geht es weiter zwischen Totoya und Matuku hindurch. Eine direktere Route von Vavau aus führt durch die Oneatapassage, die aber wie die Lakembapassage im Norden nur zu empfehlen ist, wenn man in Savusavu an der Südküste von Vanua Levu einklarieren will.

Unabhängig vom Abfahrtshafen in Tonga ist der günstigste Einreisehafen auf den Fidschi-Inseln die Hauptstadt Suva. Das Revier ist gut betonnt und befeuert, und es gibt eindeutige Richtfeuer, die die Einfahrt selbst bei Nacht einfach machen.

Den Törn zwischen Tonga und den Fidschi-Inseln kann man zu jeder Jahreszeit machen, wobei man allerdings den Zeitraum zwischen Januar und März aussparen sollte, weil dann Zyklone über diese Route hinwegziehen. Im Juli und August, wenn der SO-Passat am stärksten ist, kann die Überfahrt rauh werden. Zu Beginn und am Ende der Wintersaison ist der

Pazifischer Ozean

Wind schwächer, doch der Himmel ist oft bedeckt, was die herkömmliche Navigation erschwert.

Auf den Fidschi-Inseln gibt es vier Einreisehäfen, nämlich Suva und Lautoka auf Viti Levu, Savusavu auf Vanua Levu und Levuka auf Ovalau. Es ist streng verboten, vor dem Einklarieren in einem der Einreisehäfen auf einer der Inseln an Land zu gehen. Für die Laugruppe ist eine besondere Genehmigung erforderlich, die beim Zoll in einem der Einreisehäfen erhältlich ist.

ACHTUNG: Bei der Abfahrt von Tonga GMT-Datum prüfen.

PS 38
Tonga – Neuseeland   Karte 65

Nuku'alofa – Opua: 1030 sm
Nuku'alofa – Whangarei: 1080 sm
Nuku'alofa – Auckland: 1130 sm

Beste Zeit:	Oktober und November
Tropische Stürme:	November bis März
Karten:	BA 780
	US 605
Segelhandbücher:	BA 51, 61
	US 126, 127

Diese Fahrt macht man normalerweise unmittelbar vor der Zyklonsaison, die offiziell Anfang November beginnt. Wer zu früh abfährt, läuft Gefahr, weiter südlich in Winterwetter zu geraten. Der direkte Kurs von Tongatapu aus führt nahe am Minerva-Riff vorbei, das bei beständigem Wetter angelaufen werden kann. Es sind schon Boote innerhalb des nördlichen Minerva-Riffs vor Anker gegangen, das durch eine Einfahrt auf der NW-Seite zu erreichen ist und besonders bei Niedrigwasser ausreichenden Schutz bietet. Wenn ein Aufenthalt am Riff jedoch nicht beabsichtigt ist, umfährt man es besser in weitem Bogen, da schon viele Schiffe auf diesem gefährlichen Riff mitten im Ozean zu Schaden gekommen sind.

Je nach Windrichtung nach dem Passieren des Minerva-Riffs steuert man am besten einen Kurs, der den Längengrad des neuseeländischen Nordkaps in einem Abstand von mindestens 300 Meilen vom Kap schneidet. Indem man nämlich zu Beginn des Törns ausreichend weit nach Westen fährt, schafft man sich eine ausreichende Reserve für den Fall späterer SW-Stürme. Die Vorsichtsmaßnahme lohnt sich auf jeden Fall in den Wintermonaten (Mai bis Oktober), während man ab November genau so gut auf dem kürzesten Weg zum gewünschten Zielort steuern kann.

PS 40 Ab Fidschi-Inseln, Tuvalu und Wallis

PS 41   Fidschi-Inseln – Samoa
PS 42   Fidschi-Inseln – Tonga
PS 43   Fidschi-Inseln – Neuseeland
PS 44   Fidschi-Inseln – Neukaledonien
PS 45   Fidschi-Inseln – Vanuatu

PS 46   Wallis – Fidschi-Inseln
PS 47   Tuvalu – Fidschi-Inseln
PS 48   Tuvalu – Wallis
PS 49   Wallis – Tuvalu

PS 41 Fidschi-Inseln – Samoa   Karte 65

Suva – Apia: 660 sm
Suva – Pago Pago: 680 sm

Beste Zeit:	April bis Oktober
Tropische Stürme:	Mitte November bis März
Karten:	BA 780
	US 605
Segelhandbücher:	BA 61
	US 126

Für diesen Törn verläßt man die Fidschi-Inseln am besten durch den Nanuku-Kanal. Im Juli und August, auf dem Höhepunkt des SO-Passats, kann der Törn zu einer rauhen Fahrt am Wind werden. Es gibt jedoch Zeiten, in denen der Passat seinen Namen nicht wert und weniger gleichmäßig ist; dann sind die Segelbedingungen besser. Das Wetter zwischen den Fidschi-Inseln und Samoa kann gelegentlich recht stürmisch werden, wie schon in den Hinweisen zu Route PS 36 gesagt wurde.

Wenn Pago Pago wegen des Wetters nicht angesteuert werden kann, nimmt man besser Kurs auf die Leeseite von Savai'i und segelt dann im Schutz der hohen Inseln Savai'i und Upolu ostwärts. Die Lücke zwischen Opolu und Tutuila kann man bei beständigem Wetter überqueren. Bei starkem Wind segelt man um die Nordseite von Tutuila und erreicht Pago Pago aus Osten.

PS 42 Fidschi-Inseln – Tonga   Karte 65

Suva – Nuku'alofa: 420 sm
Suva – Neiafu: 440 sm

Beste Zeit:	April, Oktober und November
Tropische Stürme:	Mitte November bis März
Karten:	BA 780
	US 605
Segelhandbücher:	BA 61
	US 126

Unabhängig davon, ob das Ziel Tongatapu (PS 42 B) im Süden der Inselgruppe oder Vavau (PS 42 A) im Norden lautet, muß man auf diesem Törn überwiegend hoch am Wind laufen. Die meisten Segler unternehmen diese Fahrt entweder am Ende oder vor Beginn der Zyklonsaison. Wenn man die Fidschi-Inseln vor Einsetzen des SO-Passats im April verläßt, ist die Gefahr, in einen späten Zyklon zu geraten, gering, und es segelt sich nicht so anstregend wie später im Jahr. Gleichermaßen gering ist die Gefahr eines frühen Zyklons bei Abfahrt Ende Oktober oder Anfang November. In dieser Zeit ist der SO-Passat ebenfalls weniger stark und gleichmäßig als zu einem früheren Zeitpunkt.

Nach dem Ausklarieren in Suva oder Levuka schlängelt man sich zwischen den Inseln der Laugruppe hindurch, bevor es durch die Lakemba- oder die Oneata-Passage auf die offene

Pazifischer Ozean

See hinausgeht (PS 42 A). Bei günstigem Wind kann man von Suva aus auch auf SO-Kurs zwischen Matuku und Totoya hindurchsegeln (PS 42 B). Von dort aus geht es auf neuem Kurs ungefährdet durch die Lücke zwischen Vatoa und Ongea Levu. Eine weitere Möglichkeit besteht darin, von Suva aus auf SSO-Kurs alle Inseln auf Backbord zu lassen (PS 42 C) und Tongatapu aus SW anzusteuern.

Anmerkung: Trotz der Tatsache, daß bei diesem Törn der 180. Längengrad überquert wird, ist das Datum in Tonga dasselbe wie auf den Fidschi-Inseln.

gengrad des neuseeländischen Nordkaps etwa 500 Meilen nördlich dieses Kaps schneiden und dann auf diesem Längengrad nach Süden führen, bevor der Kurs in Richtung auf den Zielort geändert wird. Das gilt besonders für den Zeitraum zwischen Juni und September, in dem die Wahrscheinlichkeit eines SW-Sturms viel höher als später im Jahr ist. Informationen über die Wetterverhältnisse in der Tasmansee sind eine große Hilfe, da man damit den besten Kurs planen kann. Wer kein Wetterfax an Bord hat, aber über Funk verfügt, kann sich an lokale Seefunkstellen wenden und von dort die notwendigen Informationen zur Erstellung der eigenen Wetterkarte einholen.

PS 43
Fidschi-Inseln – Neuseeland Karte 65

Suva – Opua: 1070 sm
Suva – Whangarei: 1110 sm
Suva – Auckland: 1160 sm

Beste Zeit:	Mitte Oktober bis Mitte November
Tropische Stürme:	Mitte November bis März
Karten:	BA 780
	US 605
Segelhandbücher:	BA 51, 61
	US 126, 127

PS 44 Karte 65
Fidschi-Inseln – Neukaledonien

Suva – Noumea: 740 sm
Lautoka – Noumea: 700 sm

Beste Zeit:	Mitte April bis Oktober
Tropische Stürme:	Mitte November bis März
Karten:	BA 780
	US 622
Segelhandbücher:	BA 61
	US 126

Zumindest auf der ersten Hälfte der Überfahrt sind günstige Winde zu erwarten, doch südlich von 30°S sind die Windverhältnisse unabhängig von der Jahreszeit reine Glückssache (siehe PS 30). Die Bedingungen auf dieser Route können extrem unterschiedlich sein; nach mehreren Beschreibungen aus den letzten Jahren muß man mit allem rechnen – von tagelangen Flauten über Gegenwind mit Sturmstärke bis zu idealem Segelwetter. Da die größte Gefahr auf diesem Törn darin besteht, bei der Annäherung an Neuseeland in einen SW-Sturm zu geraten, wird vorgeschlagen, bald nach der Abfahrt von den Fidschi-Inseln auf Westkurs zu gehen. Der Kurs sollte im Idealfall den Län-

Während des SO-Passats herrscht auf dieser Route überwiegend günstiger Wind und auch eine günstige Strömung. Boote aus Suva sollten sich eng an die Südküste von Viti Levu halten, um die Riffe um die Insel Beqa (Mbenga) zu meiden. Nach dem Passieren von Vatu Lele kann man Kurs auf den NO-Zipfel Neukaledoniens setzen, wenn man direkt nach Noumea will. Von Lautoka aus geht man am besten durch die Malolo-Passage auf die offene See und setzt erst dann Kurs auf Neukaledonien. Manche Segler nutzen die Tatsache, daß diese Route nahe an Aneityum, der südlichsten Insel Vanuatus entlangführt, für einen kurzen Aufenthalt dort.

Boote, die Neukaledonien aus NO anlaufen, nehmen den Havannah-Kanal, der bei Hochwasser zu durchfahren ist. Wegen des vorherrschenden SO-Winds setzt die Tide sehr stark durch den Kanal, so daß große Seen entstehen, wenn starker Wind gegen das ablaufende Wasser steht.

Neukaledonien ist zwar französisches Territorium, aber eine Kaution wie in Französisch Polynesien wird nicht verlangt.

PS 45
Fidschi-Inseln – Vanuatu   Karte 65

Suva – Vila: 590 sm
Lautoka – Vila: 530 sm

Beste Zeit:	Mitte April bis Oktober
Tropische Stürme:	Mitte November bis März
Karten:	BA 780
	US 604, 622
Segelhandbücher:	BA 61
	US 126

Von Suva aus geht es nahe an der Südküste von Viti Levu entlang, um die Riffe um die Insel Beqa (Mbenga) zu meiden. Nachdem das Thakau-Lakalaka-Riff passiert ist, geht es auf direktem Kurs zur Südspitze der Insel Efate. Von Lautoka aus nimmt man die Malolo-Passage, um die offene See zu erreichen.

Günstiger Wind ist auf dieser Route bei SO-Passat zu erwarten. Die Strömungen in diesem Gebiet setzen nach SW, und das muß berücksichtigt werden. In der Nähe von Efate ist die Sicht manchmal sehr schlecht, so daß die Insel erst aus nächster Nähe zu sehen ist, obwohl sie so hoch ist.

Vila auf der SW-Seite von Efate ist die Hauptstadt von Vanuatu (der ehemaligen Neuen Hebriden). Wer die Zyklonsaison in Vila verbringen will, muß Vorkehrungen treffen, um das Boot an Land zu bringen; Segelboote dürfen von Dezember bis März nicht im Wasser bleiben.

PS 46
Wallis – Fidschi-Inseln   Karte 65

Wallis – Futuna: 130 sm
Wallis – Suva: 460 sm

Beste Zeit:	April bis Oktober
Tropische Stürme:	Mitte November bis März
Karten:	BA 780
	US 605
Segelhandbücher:	BA 61
	US 126

Günstigen Wind hat man auf dieser Route am ehesten in der Passatsaison. Unterbrechen kann man die Fahrt in Futuna, dem Schwesterterritorium von Wallis, das ebenso unter französischer Verwaltung steht. Einen Ankerplatz gibt es in der Singave Bay an der Westküste Futunas. Die Fidschi-Inseln erreicht man entweder durch die Nanuku-Passage auf der Nordostseite der Inselgruppe oder durch die Somosomostraße. Beide führen in die Koro-See, wo es zwei Einreisehäfen gibt, nämlich Savusavu auf der Südseite von Vanua Levu und Levuka auf Ovalau. Alle Gefahrenstellen in der Koro-See sind gut betonnt und befeuert, so daß man auch nachts ohne Probleme bis nach Suva weiterfahren kann.

PS 47
Tuvalu – Fidschi-Inseln   Karten 65, 67

Funafuti – Suva: 630 sm

Beste Zeit:	April bis Oktober
Tropische Stürme:	Mitte November bis März
Karten:	BA 780
	US 604
Segelhandbücher:	BA 61
	US 126

Bei SO-Passat ist der Wind auf dieser Route allgemein günstig, Flauten sind sehr selten und treten meist nur nachts auf. In der Übergangszeit, im Oktober, hat man am häufigsten W-Wind, der mit Böen einhergeht. Die Tuvalu-

Pazifischer Ozean

Inseln werden zwar nur sehr selten von tropischen Stürmen heimgesucht, doch im Oktober 1952 wurde die Hauptinsel Funafuti von einem Zyklon verwüstet, der so früh kam, daß keiner damit gerechnet hatte.

Zu den Fidschi-Inseln nimmt man entweder die Somosomostraße und fährt von dort aus durch die Koro-See weiter nach Suva oder man läßt die ganze Inselgruppe in Backbord liegen und steuert Suva aus Westen an. Bei der ersten Möglichkeit sollte man von Anfang an ein Stück auf Ostkurs fahren, und zwar auch, wenn das bedeutet, daß man über die Bänke in SSO der Insel Niurakita muß.

Beide Möglichkeiten haben Vorteile und Nachteile, wobei sich die Entscheidung letztendlich oft nach dem Wind richten wird, weil es bei starkem SO-Wind möglicherweise zu schwierig ist, Kap Undu an der NO-Spitze von Vanua Levu vor der Somosomostraße anzusteuern. In diesem Fall nimmt man entweder eine der Durchfahrten nach Bligh's Water oder bleibt seewärts der Yasawagruppe und nimmt Kurs auf Lautoka, das offizieller Einreisehafen ist. Auf der Westroute meidet man die Riffe und Inselchen im Westen von Viti Levu und fährt an dessen Südküste nach Suva. Der Nachteil dabei ist, daß von der SW-Ecke Viti Levus ab mit Sicherheit Gegenwind herrscht.

Der Kurs durch die Somosomostraße und die Koro-See hat den Vorteil zweier Einreisehäfen, die besser liegen als Suva. Es sind Savusavu an der Südküste von Vanua Levu und Levuka an der Ostküste von Ovalau.

PS 48
Tuvalu – Wallis   Karte 65

Funafuti – Mata Utu: 360 sm

Beste Zeit:	November, April
Tropische Stürme:	Mitte November bis März
Karten:	BA 780
	US 622
Segelhandbücher:	BA 61
	US 126

Von April bis Oktober, bei SO-Passat, ist dieser Törn schwierig, weil die Wahrscheinlichkeit, auf starken Gegenwind zu treffen, sehr hoch ist. Die Alternative zu einem dauernden Anknüppeln gegen den Wind und eine gegenläufige Strömung besteht darin, die Fahrt in der Übergangszeit zu machen, wenn häufiger W-Wind herrscht. Auch die Sommermonate von Dezember bis März kommen für diese Fahrt in Frage, wobei man sich allerdings darüber im klaren sein muß, daß das die Zyklonsaison ist.

Auf dem Höhepunkt des Winterpassats, von Juni bis September, kommt der Wind vor Funafuti manchmal aus NO. Wenn das der Fall ist, sollte man bei der Abfahrt von Funafuti versuchen, möglichst weit nach Osten voranzukommen, weil der Passat weiter südlich unweigerlich mehr auf SO dreht.

Trotz der Tatsache, daß der 180. Längengrad auf diesem Törn überquert wird, sollte man das Datum nicht umstellen, weil Wallis dasselbe Datum wie seine Nachbarn im Westen hat.

PS 49
Wallis – Tuvalu   Karte 65

Mata Uta – Funafuti: 360 sm

Beste Zeit:	April bis Oktober
Tropische Stürme:	Dezember bis März
Karten:	BA 780
	US 622
Segelhandbücher:	BA 61
	US 126

In der Zeit des SO-Passats ist der Wind auf dieser Route meistens günstig. Der direkte Kurs nach Funafuti führt über mehrere Bänke hinweg, die aber für Yachten keine Gefahr bilden, weil sie ausreichend tief im Wasser liegen. Bei Starkwind, wenn die Wellen brechen, sollte man die Bänke meiden, doch bei schönem Wetter macht der Fischreichtum einen Abstecher dorthin lohnenswert. Auf direktem

Kurs nach Funafuti passiert man als erstes die Insel Nukulaelae. Es gibt keine Einfahrt in ihre Lagune, man kann aber bei beständigem Wetter außerhalb des Riffs vor der Hauptsiedlung auf der Westseite des Atolls ankern.

Der offizielle Einreisehafen für Tuvalu ist Funafuti, die Hauptstadt dieses kleinen Landes. Die Lagune von Funafuti hat mehrere Einfahrten, die man aber keinesfalls bei Nacht oder bei schlechter Sicht ansteuern sollte.

PS 50 Ab Neuseeland

PS 51 Neuseeland – Neusüdwales	PS 55 Neuseeland – Tonga
PS 52 Neuseeland – Queensland	PS 56 Neuseeland – Cook-Inseln
PS 53 Neuseeland – Neukaledonien	PS 57 Neuseeland – Tahiti
PS 54 Neuseeland – Fidschi-Inseln	PS 58 Neuseeland – Kap Hoorn

Von Neuseeland aus gibt es mehrere Segelrouten, die wie die Finger einer ausgestreckten Hand in alle Richtungen verlaufen. Obwohl die Anzahl der neuseeländischen Boote, die in fremden Gewässern kreuzen, für ein so kleines Land beeindruckend hoch ist, zeigen doch viele Boote, die in Neuseeland Segel setzen, die Flaggen anderer Nationen. In den letzten Jahren ist Neuseeland zu einem wichtigen Ziel für Segler geworden, und es segeln nur wenige Yachten quer durch den Südpazifik, ohne einen Abstecher nach Neuseeland zu machen. Die Mehrheit läuft Neuseeland an, um die Zyklonsaison in der Sicherheit der geschützten Häfen auf der Nordinsel zu verbringen.

Da die vielen Routen mit Ausgangspunkt in Neuseeland eine große Auswahl bieten, ist dieser Aufenthalt auf Neuseeland oft eine Zeit, in der entschieden werden muß, wohin die Reise weitergehen soll. Wer genügend Zeit hat, kann eine Rückkehr in die Tropen in Erwägung ziehen und entweder nach Tahiti zurück segeln oder einen der leichteren Törns zu den Fidschi-Inseln oder nach Tonga machen (PS 54 und PS 55). Wer knapp mit der Zeit ist, überlegt sich hingegen wahrscheinlich, auf welchem Weg er am angenehmsten nach Hause zurück kommt.

Für Segler aus Europa und von der nordamerikanischen Ostküste ist die Sache ganz einfach, weil es nur logisch ist, nach Westen weiterzufahren und entweder über das Kap der Guten Hoffnung oder über Rotes Meer und Mittelmeer in den Atlantik zurückzukehren. Die andere Möglichkeit besteht darin, die Rückreise mit Hilfe der vorherrschend westlichen Winde in den höheren Breiten anzutreten und den Atlantik über Kap Hoorn zu erreichen (PS 58), eine Alternative, derer sich die meisten Blauwassersegler enthalten, weil sie nicht unbedingt Wert darauf legen, in die Elite der Kap-Hoorn-Segler aufgenommen zu werden.

Vor der schwierigsten Entscheidung stehen die Segler von der nordamerikanischen Westküste, denen die Aussicht auf eine vollständige Weltumsegelung mti dem schweren letzten Stück von Panama zum Heimathafen nicht behagt. Leider gibt es hier keine einfache Lösung, und die Aussicht auf eine Rückreise von mehreren tausend Meilen – das meiste davon luvwärts – bereitet vielen Kopfzerbrechen. Von Neuseeland aus führen mehrere Routen zurück zur Westküste, wobei die über Tahiti und Hawaii (PS 57) wahrscheinlich am einfachsten ist. Wer es sehr eilig hat, kann diesen Törn in etwa vier Monaten schaffen, falls sein Schiff einigermaßen gut Höhe läuft. Der Kurs ähnelt einem riesigen »Z«, dessen waagerechte Balken die beiden Teilabschnitte im Bereich der

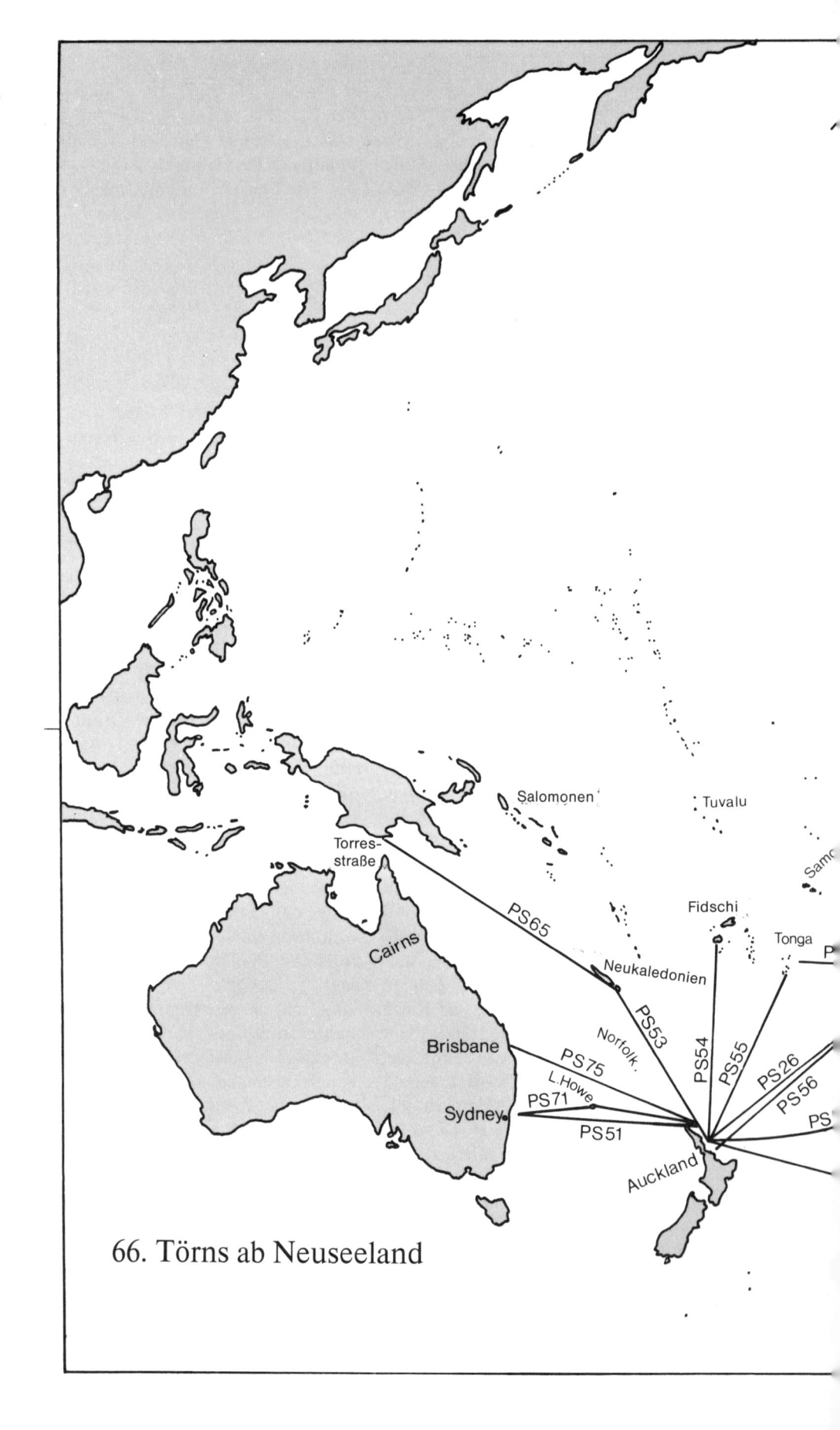

66. Törns ab Neuseeland

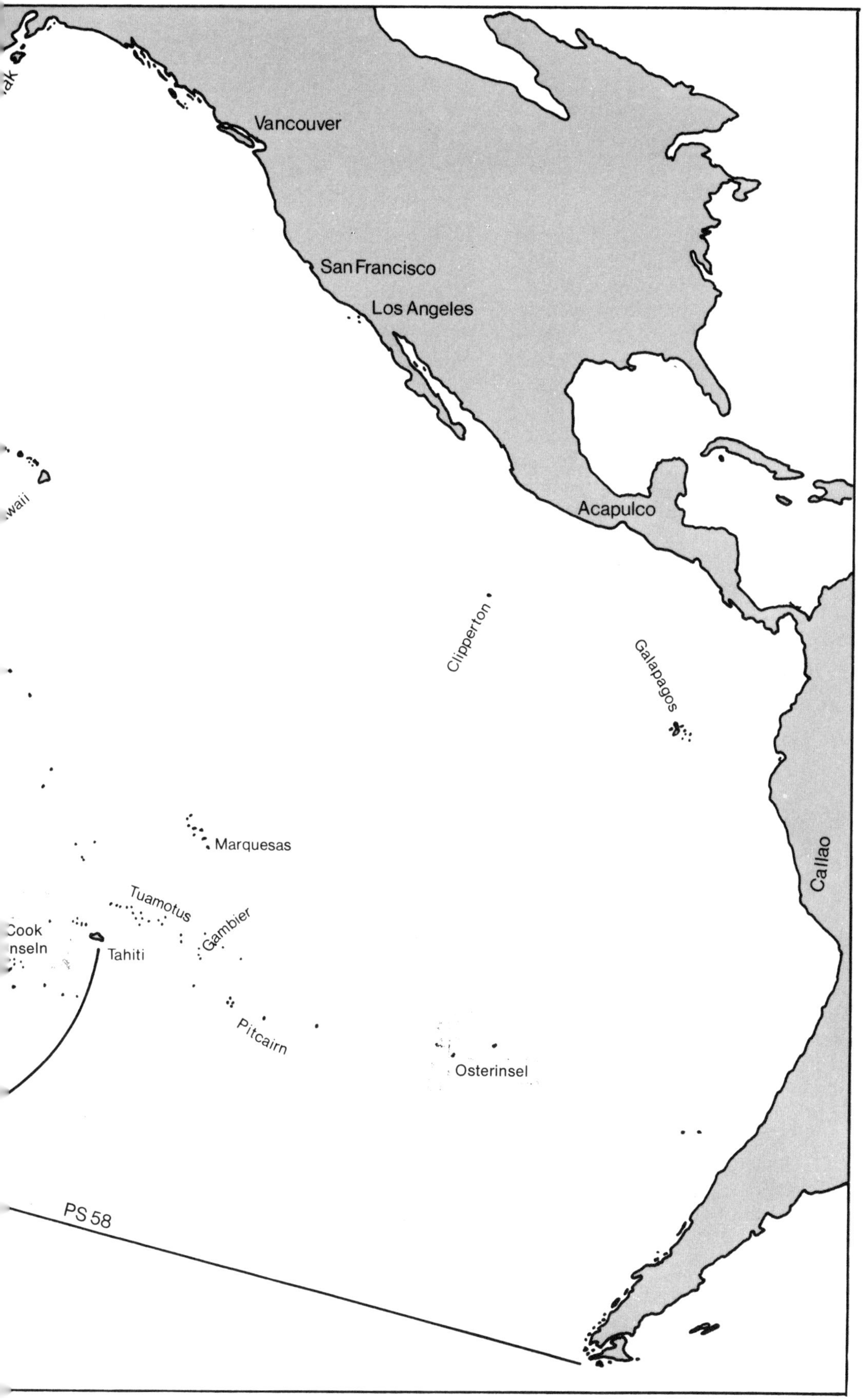
Vancouver
San Francisco
Los Angeles
Acapulco
Clipperton
Galapagos
Callao
Marquesas
Tuamotus
Gambier
Cook
nseln
Tahiti
Pitcairn
Osterinsel
PS 58

Pazifischer Ozean

westlichen Winde in den höheren Breiten darstellen und dessen Diagonalbalken für die Fahrt durch den SO- und den NO-Passat steht.

Es ist zwar logisch, von Neuseeland aus über Tahiti nach Hawaii zu fahren, doch gibt es noch eine Reihe anderer Routen, auf denen zwischendurch andere Häfen angelaufen werden. All diese Routen erfordern wahrscheinlich mehr Zeit als die Tahiti-Route, sie bieten aber als Ausgleich dafür die Möglichkeit, wenig besuchte Inseln im Pazifik anzulaufen. Die erste dieser Alternativrouten führt von Neuseeland aus nach Rarotonga oder Aitutaki in der Gruppe der südlichen Cook-Inseln (PS 56). Von dort aus geht es an den nördlichen Cook-Inseln vorbei zwischen den Line Islands hindurch. Diese Route nach Hawaii hat den Vorteil, daß man von Neuseeland aus weniger Höhe laufen muß, ein Grund, der vielleicht gut genug ist, um auf Tahiti zu verzichten. Da man auf dieser Route Hawaii von Süden aus ansteuert, geht es auf dem letzten Stück leider gegen den vorherrschenden NO-Wind. Außerdem ist zu berücksichtigen, daß es auf den Cook-Inseln im Vergleich zu Tahiti weniger Instandsetzungs- und Wartungseinrichtungen gibt, so daß sie als Anlaufhäfen auf einem so langen Törn möglicherweise weniger attraktiv sind.

Alle anderen Alternativrouten liegen weiter westlich; wer sie nehmen will, hat es zwar auf dem ersten Teilstück von Neuseeland in die Tropen einfacher, muß aber daran denken, daß der NO-Passat auf dem Stück nach Hawaii um so weiter von vorn kommt, je weiter westlich der Ausgangspunkt liegt. Die letzte akzeptable Alternative zu Tahiti ist die Route von Neuseeland aus nach Tonga, Samoa und den Phönix-Inseln und weiter zu den Line Islands und nach Hawaii. Ein noch westlicherer Kurs über die Fidschi-Inseln, Tuvalu, Kiribati und möglicherweise die Marshall-Inseln ist nicht zu empfehlen, da er die Gewähr dafür bietet, daß man nördlich des Äquators lange gegen den Wind anknüppeln muß.

Die andere Hauptroute von Neuseeland aus führt durch das Korallenmeer zur Torresstraße und darüber hinaus. Je nach verfügbarer Zeit besteht die Wahl zwischen einer Route über Neukaledonien (PS 53) oder einer Route über Australien und das große Barriereriff (PS 52). Bei diesem Törn kommt es nicht nur für den ersten Teil der Fahrt, sondern auch für später auf den Abfahrtszeitpunkt an. Wer unterwegs noch etwas kreuzen, aber nicht in die Zyklonsaison im Südindischen Ozean (November bis März) geraten will, kommt nicht darum herum, Neuseeland Anfang April zu verlassen. Die südlichere Route durch die Tasmansee zu Häfen in Neusüdwales (PS 51) wird im allgemeinen von Leuten gewählt, die an der australischen Ostküste entlangsegeln wollen und genügend Zeit haben. Es gibt auch Segler, die einen Blick auf Australien werfen und nach Neuseeland zurückkehren, um einen weiteren ruhigen Sommer mit einer unerschöpflichen Auswahl an Segelzielen zu verbringen.

PS 51
Neuseeland – Neusüdwales Karte 66

Cape North – Lord Howe: 740 sm
Cape North – Sydney: 1090 sm
Wellington – Sydney: 1210 sm

Beste Zeit:	April bis Mai
Tropische Stürme:	Dezember bis März
Karten:	BA 780, 4601
	US 601
Segelhandbücher:	BA 14, 51
	US 127

Die meisten Segler unternehmen diesen Törn entweder vor oder nach der Zyklonsaison, obgleich die Tasmansee nur am Rande von diesen Stürmen aus den Tropen betroffen ist. Die Bedingungen in der Tasmansee zeigen eine extreme Bandbreite von Flauten bis zu heftigen SW-Stürmen. Die allgemeine Meinung geht dahin, daß der Mai die besten Aussichten auf vernünftiges Wetter bietet, wobei man allerdings mit längeren Flauten rechnen muß. Mehrere Tage mit Flautenwetter oder schwachen wechselnden Winden gibt es oft nach dem Durchzug eines SW-Sturms.

Gute Segelbedingungen herrschen dann, wenn ein stationäres Hoch über dem südlichen Teil der Tasmansee für Ostwind weiter im Norden sorgt. Solche Bedingungen können bis zu einer Woche anhalten und werden gelegentlich von einem weiteren Hoch abgelöst, das ähnliche Wetterverhältnisse schafft. Am häufigsten geschieht das im Sommer, der im Südwestpazifik die Zeit der Zyklone ist, die allerdings nur selten den Weg in die Tasmansee finden und sich bis dorthin meist ausgetobt haben. Bei einer günstigen langfristigen Wettervorhersage kann man Neuseeland in der Zyklonsaison verlassen, da die weiter im Norden entstehenden Zyklone mehrere Tage brauchen, um diese Route zu erreichen.

In den Wintermonaten ziehen Hoch- und Tiefdruckgebiete nordwärts und verringern die Aussichten auf Ostwind in der Tasmansee. Tiefs gehen meist mit starkem SW-Wind einher, und es kommt nur sehr selten vor, daß eine Fahrt im Winter ohne zumindest einen Sturm vonstatten geht.

Cape North und Cape Reinga an der Nordspitze der Nordinsel sollten in weitem Abstand umfahren werden, um nicht nur die durcheinanderlaufenden Strömungen an den beiden Kaps, sondern auch das gefährliche Gebiet in der Nähe der Three Kings, einer Gruppe felsiger Inselchen im NW von Cape Reinga, zu vermeiden.

Zwar nimmt die Mehrzahl der Boote, die in die Tasmansee wollen, die Route um das Nordkap, doch wer aus den Häfen weiter im Süden abfährt, tut möglicherweise besser daran, durch die Cookstraße in die Tasmansee zu fahren. Manche Boote unterbrechen die Fahrt durch die Tasmansee auf der Lord-Howe-Insel, die offizieller Einreisehafen für Australien ist. Der Ankerplatz ist nicht gut geschützt und kann bei starkem Westwind besonders bei Hochwasser gefährlich werden.

PS 52
Neuseeland – Queensland Karte 66

Cape North – Brisbane: 1110 sm

Beste Zeit:	Mitte April bis September
Tropische Stürme:	Dezember bis März
Karten:	BA 780
	US 602
Segelhandbücher:	BA 15, 51
	US 127

Da alle Zielhäfen auf dieser Route im Zyklongürtel liegen, ist eine frühe Abfahrt in den Sommermonaten nicht zu empfehlen. Am besten verläßt man Neuseeland in der zweiten Aprilhälfte oder im Mai, bevor die Häufigkeit von Winterstürmen in der Tasmansee zunimmt. Aber auch in den späteren Monaten herrschen nicht unbedingt völlig ungünstige Bedingungen. Diese Route liegt zwar weiter im Norden als die Route zu Häfen in Neusüdwales, doch die Wetterbedingungen werden bis auf 30°S und darüber hinaus durch die Hoch- und Tiefdruckgebiete über der Tasmansee beeinflußt. Bei einer günstigen Wettervorhersage in Neuseeland kann man deshalb einen guten Start auf dieser Route erwischen, die mehrere Möglichkeiten bietet. So kommt man beispielsweise auf NW-Kurs zur Norfolk-Insel und kann dann auf einem westlicheren Kurs die Lord-Howe-Insel ansteuern, Australiens einsamen Vorposten in der Tasmansee. Da das Elizabeth- und das Middleton-Riff praktisch auf der Loxodrome vom Nordkap nach Brisbane liegen, können manche Segler der Versuchung nicht widerstehen, mitten im Ozean hinter einem Riff vor Anker zu gehen. Bei unbeständigem Wetter sollte man dieser Versuchung allerdings nicht nachgeben und die Riffe in ausreichendem Abstand umsegeln.

Welche Route durch die Tasmansee auch gewählt wird, sie sollte wegen der starken Südströmung an der Küste die australische Küste nicht zu weit südlich des gewünschten Zielhafens erreichen. Südlich von Sandy Cape kommt der Wind von Mai bis September vorwiegend

Pazifischer Ozean

aus W und von Oktober bis April meistens aus NO. Der Bereich nördlich von Sandy Cape liegt im SO-Passat, der dort in den Wintermonaten von Mai bis Oktober entweder aus SO oder O kommt.

Zielhäfen nördlich von Sandy Cape erreicht man am besten auf dem Wege zwischen dem Festland und dem Großen Barriereriff. Es gibt zwar eine Hochseeroute, doch für kleinere Boote ist die Innenroute besser. Wer es eilig hat und möglichst schnell in die Torresstraße kommen will, sollte direkt von Neuseeland nach Neukaledonien segeln und von dort aus die empfohlene Route durch das Korallenmeer nehmen (PS 65).

PS 53   Karte 66
Neuseeland – Neukaledonien

Whangarei – Noumea: 930 sm
Opua – Noumea: 880 sm

Beste Zeit:	April bis Juni
Tropische Stürme:	Dezember bis März
Karten:	BA 780
	US 602
Segelhandbücher:	BA 51, 61
	US 126, 127

Die beste Zeit für diesen Törn ist zum Ende des Sommers hin, weil dann günstige Segelbedingungen zu erwarten sind. Eine Abfahrt im April oder Anfang Mai verringert die Gefahr, auf der ersten Hälfte des Törns in einen Wintersturm zu geraten, der allerdings die Fahrt in Richtung Norden beschleunigen würde. Ab Ende Juni treten vermehrt Stürme auf und ist das Wetter kälter, zwei Faktoren, die die meisten Segler davon abhalten, diesen Törn zu spät in der Saison zu machen. Für einige Boote ist die Fahrt nach Neukaledonien der erste Abschnitt einer längeren Fahrt zur Torresstraße und darüber hinaus; in diesem Fall muß man früh von Neuseeland abfahren, wenn der Indische Ozean zur besten Jahreszeit durchquert werden soll.

Nach dem Passieren des Nordkaps kann direkter Kurs auf Neukaledonien gesetzt werden. Die Inseln sollten vorsichtig angesteuert werden, und zwar einerseits wegen der Riffe südlich der Hauptinsel und andererseits wegen der aus diesem Bereich gemeldeten Strömungen. Starker Westwind unterhalb 25°S spielt keine Rolle, wenn man dabei Nordkurs steuern kann. Der verlorene Boden kann später in einem Bereich wettgemacht werden, wo vorwiegend SO- und O-Winde herrschen, was meistens nördlich von 25°S der Fall ist. Manche Boote laufen unterwegs die Norfolk-Insel an, deren Ankerplatz allerdings nicht sicher ist, so daß man ihn verlassen sollte, wenn schlechtes Wetter bevorsteht.

Noumea, die Hauptstadt Neukaledoniens, erreicht man entweder durch den Boulari- oder durch den Dumbea-Kanal auf der Südwestseite.

PS 54
Neuseeland – Fidschi-Inseln   Karte 66

Auckland – Suva: 1160 sm
Whangarei – Suva: 1110 sm
Opua – Lautoka: 1090 sm

Beste Zeit:	April bis Juli
Tropische Stürme:	Dezember bis März
Karten:	BA 780
	US 605
Segelhandbücher:	BA 51, 61
	US 126, 127

Wie alle anderen Fahrten von Neuseeland in die Tropen ist dieser Törn in den zyklongefährdeten Monaten von Dezember bis Ende März nicht zu empfehlen. Selbst Anfang April muß man noch sorgfältig auf das Wetter achten, weil der direkte Kurs von Neuseeland zu den Fidschi-Inseln die Bahnen einiger Zyklone aus der Vergangenheit schneidet.

Die meisten Segler unternehmen diesen Törn nach der ersten Aprilwoche, wenn die Zyklonsaison weiter im Norden wie auch die

Sommersaison in Neuseeland zu Ende ist. Wenn man diese Sommersaison in Neuseeland verbracht hat, ist diese Zeit perfekt, weil sie die Aussicht auf mindestens sechs Monate sorgenfreien Segelns in den Tropen bietet. Eine spätere Abfahrt bringt den Nachteil kälteren Wetters und einer höheren Wahrscheinlichkeit an SW-Stürmen mit sich. Unabhängig von der Abfahrtszeit führt ein direkter Kurs an allen Gefahrenstellen vorbei. Bei starkem SW-Wind auf dem ersten Teil des Törns spielt es keine Rolle, wenn man nach Osten von der Loxodrome abkommt, da der Verlust später mit Hilfe des SO-Passats nördlich von 25°S wettgemacht werden kann. Wer östlich der Loxodrome segelt, sollte nicht zu nahe an den beiden Minerva-Riffen vorbeilaufen, die in der Vergangenheit schon vielen Booten zum Verhängnis geworden sind.

Den Hafen von Suva sollte man aus Süden ansteuern und dabei Kandavu im Osten und das Astrolabe-Riff in weitem Abstand passieren. Wer nach Lautoka segelt, passiert Kandavu und Vatu Lele im Westen und kommt durch den Navula- oder den Malolo-Kanal ans Ziel.

PS 55
Neuseeland – Tonga   Karte 66

Whangarei – Nuku'alofa: 1080 sm
Auckland – Nuku'alofa: 1120 sm

Beste Zeit:	April bis Mai
Tropische Stürme:	Dezember bis März
Karten:	BA 780
	US 605
Segelhandbücher:	Ba 51, 61
	US 126, 127

Mit Ausnahme der Zyklonsaison eignet sich jeder Monat für diesen Törn. Am besten fährt man zwischen Anfang April und Mitte Mai von Neuseeland ab, wenn der Winter sich in den südlichen Breiten noch nicht durchgesetzt hat und die Gefahr, unterwegs oder bei der Ankunft in einen Zyklon zu geraten, nur minimal ist. Bei einer späteren Abfahrt läuft man wahrscheinlich Gefahr, zu Beginn in starke W- oder SW-Winde und kälteres Wetter zu geraten. Unabhängig von der Jahreszeit läuft man auf dem Großteil der Strecke hoch am Wind.

Die Loxodrome von der Nordinsel nach Tongatapu führt westlich an den Kermadec-Inseln und in ausreichendem Abstand an den beiden Minerva-Riffen vorbei. Derselbe Kurs führt auch nahe an Ata Island vorbei, einer hohen Insel etwa 90 Meilen südwestlich von Tongatapu. Die nächste Tonga-Insel ist dann wahrscheinlich die Insel Eua, die viel höher als Tongatapu, die Hauptinsel des Königreichs, nordwestlich von Eua ist. In die Lagune von Tongatapu kann man von Osten und Westen einfahren. Bei starkem SO-Wind ist es besser, in Lee von Eua zu kommen und von Osten aus in die Lagune einzufahren.

PS 56
Neuseeland – Cook-Inseln   Karte 66

Auckland – Rarotonga: 1630 sm
Whangarei – Ragotonga: 1620 sm

Beste Zeit:	April bis Juli
Tropische Stürme:	Dezember bis März
Karten:	BA 780, 783
	US 622, 526
Segelhandbücher:	BA 51, 62
	US 126, 127

Als Rückweg in die Tropen ist diese Route einfacher und angenehmer als die Route über Tahiti. Man sollte sie jedoch unter keinen Umständen als ersten Teilabschnitt auf dem Weg nach Tahiti nehmen, da das anschließende Stück gegen den Wind von den Cook-Inseln nach Tahiti die meisten Segler abgeschreckt hat, die es auf direktem Weg versucht hatten. Wenn, aus welchen Gründen auch immer, die Fahrt von den Cook-Inseln zu den Gesellschafts-Inseln weitergehen muß, segelt man am besten nach Süden in den Bereich der Westwinddrift und von dort aus nordwärts zwischen den Tubuai-Inseln hindurch (siehe auch Route PS 57).

Wer die direkte Route von Neuseeland zu den Cook-Inseln nimmt, hat die Wahl zwischen einem frühen Start mit dem Vorteil wärmeren Wetters bei der Abfahrt und einem späteren Start mit der größeren Wahrscheinlichkeit von W-Wind. Eine frühe Abfahrt sollte nicht vor Mitte März erfolgen, da die Zyklonsaison in den Tropen noch nicht zu Ende ist und es nicht klug wäre, vor Ende März oder, besser noch, Anfang April auf den Cook-Inseln einzutreffen. Bei der Fahrt im April sollte man auf dem Breitengrad des Abfahrtshafens auf Ostkurs gehen und erst bei etwa 160°O nach Norden abdrehen. Bei späterer Abfahrt zwischen Mai und Juli fährt man zwischen 35°S und 30°S nach Osten. 30°S wird erst nach Erreichen von 170°W überquert, um anschließend je nach Windverhältnissen direkten Kurs auf das gewünschte Ziel zu nehmen. Die gleichen Hinweise gelten auch für die verbleibenden Wintermonate, in denen der SO-Passatgürtel am weitesten nördlich liegt und besserer Wind für die erforderliche Fahrt nach Osten zu erwarten ist; in dieser Zeit dürfte es allerdings in Neuseeland sehr kalt sein.

Einreisehäfen für die südlichen Cook-Inseln sind Avatiu auf der Nordseite der Hauptinsel Rarotonga und Aitutaki, wo eine schmale Durchfahrt durch das Riff zur Hauptsiedlung auf der Westseite der Insel führt.

PS 57
Neuseeland – Tahiti   Karten 63, 66

Whangarei – Papeete: 2220 sm
Auckland – Papeete: 2280 sm

Beste Zeit:	Mitte März bis Mai
Tropische Stürme:	Dezember bis Mai
Karten:	BA 783, 788
	US 621, 622
Segelhandbücher:	BA 51, 62
	US 122, 126, 127

Es wird empfohlen, südlich von 40°S zu bleiben, um die Westwinddrift voll ausnutzen zu können, was allerdings besonders bei der Abfahrt nach Ende April ziemlich kaltes Wetter bedeutet. Die meisten Segler schließen mit sich einen Kompromiß und suchen sich ihren Weg nach Osten zwischen 35°S und 30°S, wo es in der Tat wärmer ist. Das ist ein Bereich mit wechselnden Winden zwischen der Passatzone und der Westwinddrift, wobei allerdings die Verhältnisse von Jahr zu Jahr unterschiedlich sind und in manchen Wintermonaten schon auf 32°S gleichmäßiger Westwind anzutreffen war. Gleichermaßen gibt es Jahre, in denen man selbst dann keine Garantie auf gleichmäßigen Westwind hat, wenn man sich südlich von 40°S hält. Dieser Törn nach Tahiti ist in der Regel eine rauhe Fahrt luvwärts mit einem hohen Anteil an SO-Wind. Alle Berichte aus den letzten Jahren weisen darauf hin, daß unterwegs mit mindestens einem Sturm zu rechnen ist. Die Stürme kommen sehr oft aus O, und in diesem Fall liegt man am besten bei und wartet, bis sie vorbei sind. So verlockend es sein mag, schon früher auf NO-Kurs zu gehen, so wenig sollte man dieser Verlockung vor der Überquerung von 155°W nachgeben. 150°W sollte in 30°S überquert werden, um anschließend auf einen Kurs zu gehen, der zwischen den Tubuai-Inseln hindurchführt. Im April setzt der SO-Passat normalerweise bei etwa 25°S ein.

Manche Segler legen auf den Tubuai-Inseln an, da sie genau auf dem Weg nach Tahiti liegen und einige gute Ankerplätze bieten. Die Einreiseformalitäten für Französisch Polynesien kann man später, bei der Ankunft in Tahiti, erledigen.

Diesen Törn kann man auch zum Ende des Winters hin, im Oktober und November, machen; der Wind ist dann oft schwach, und die Fahrt dauert entsprechend lange. Da man auf dieser Fahrt bestenfalls am Wind segelt, macht man sie besser bei warmem Wetter. Der Nachteil eines Sommertörns ab Neuseeland besteht darin, daß man Gefahr läuft, auf Tahiti mitten in der Zyklonsaison einzutreffen.

Welche Zeit für diesen Törn auch gewählt

wird, man sollte unter keinen Umständen versuchen, Tahiti über Rarotonga zu erreichen, da das anschließende Stück von den Cook-Inseln nach Tahiti gegen den Passat zumindest sehr rauh, wenn nicht unmöglich ist.

PS 58 Neuseeland – Kap Hoorn
Karten 63, 66

Auckland – Kap Hoorn: 4410 sm

Beste Zeit:	Januar bis März
Tropische Stürme:	keine
Karten:	BA 788, 789
	US 621, 622, 625
Segelhandbücher:	BA 6, 51
	US 122, 125, 127

Nur eine Handvoll Segler begeben sich heutzutage noch auf diese klassische Route durch das Südmeer. Der größte Teil dieses Törns erfolgt in den »brüllenden Vierzigern«, in denen meistens ein hoher Anteil an Westwinden herrscht. Von Neuseeland aus führt die Route nach Südosten, um den Bereich der Westwinde möglichst schnell zu erreichen. Wie jedoch schon bei Route PS 57 gesagt, gibt es auch auf 40°S noch keinerlei Garantie auf gleichmäßigen Westwind, so daß es möglicherweise erforderlich wird, noch weiter nach Süden vorzustoßen. In den Sommermonaten, in denen die Eisgrenze am weitesten im Süden liegt, verläuft die Route zwischen 47°S und 50°S. Ab 120°W geht man allmählich mehr auf Südkurs, um Kap Hoorn in einem Abstand von etwa 60 Meilen zu passieren.

Für die Sommermonate von Dezember bis Februar wird ein südlicherer Kurs auf etwa 55°S empfohlen. Auf diesem Breitengrad sind die Westwinde gleichmäßiger, wobei allerdings die Eisgefahr die meisten Skipper davon abhält, in so hohen Breiten zu segeln. Aber auch in den höheren Breiten können sich die Westwinde im Sommer durch Abwesenheit auszeichnen, wie es im März '86 bei der Whitbread-Regatta um die Welt geschah. Selbst auf der Großkreisroute, die bis auf 62°S führt, gab es einen ungewöhnlich hohen Anteil an NO-Wind. Bis auf 54°S wurden Eisberge gesichtet, was zeigt, daß eine extrem südliche Route riskant und schwer zu rechtfertigen ist.

PS 60 Ab Neukaledonien, Vanuatu und Salomonen

PS 61 Neukaledonien – Fidschi-Inseln	PS 66 Vanuatu – Neukaledonien
PS 62 Neukaledonien – Neuseeland	PS 67 Vanuatu – Torresstraße
PS 63 Neukaledonien – Neusüdwales	PS 68 Vanuatu – Salomonen
PS 64 Neukaledonien – Queensland	PS 69 Salomonen – Papua Neuguinea
PS 65 Neukaledonien – Torresstraße	

67. Törns im Korallenmeer

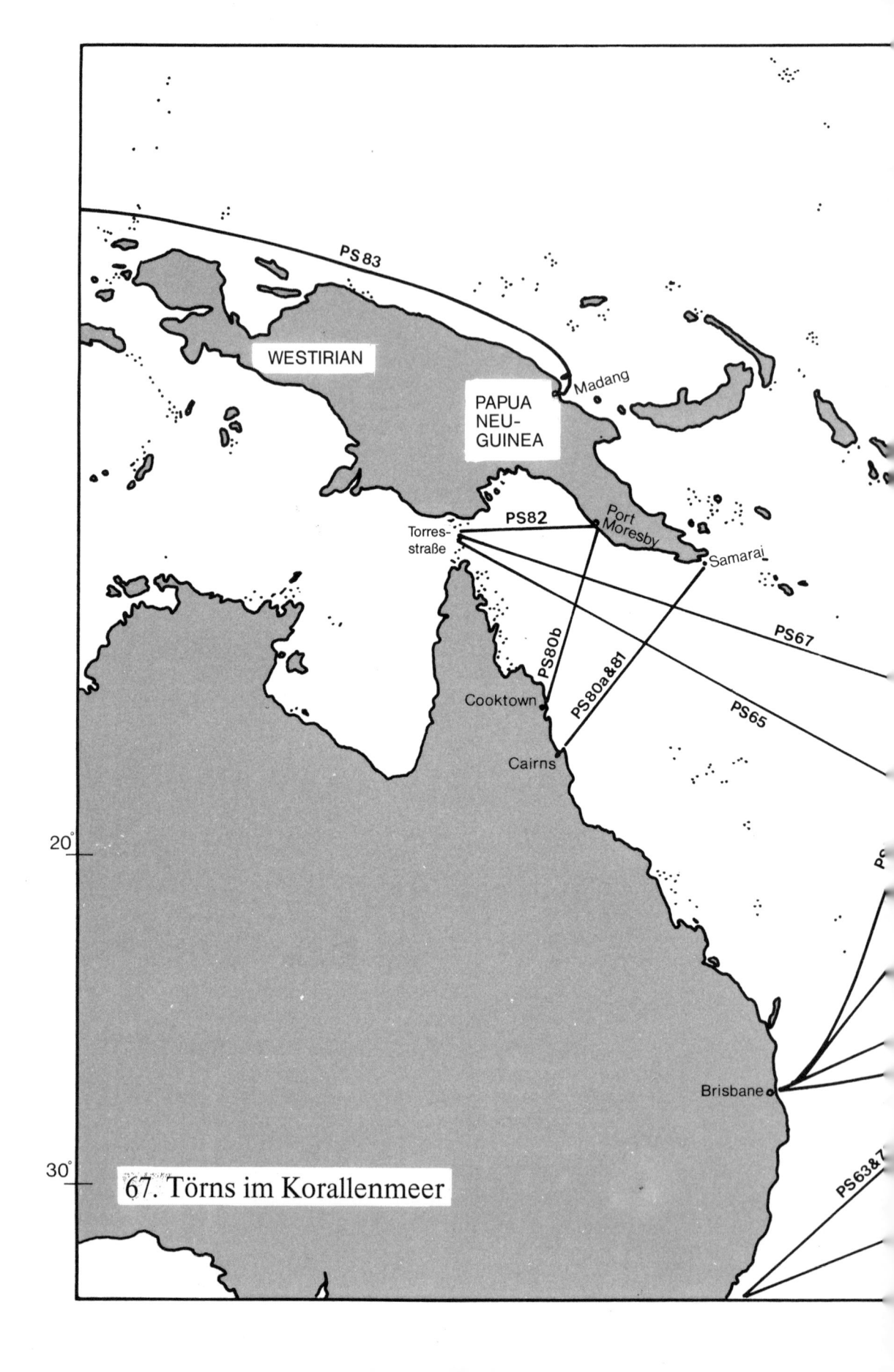

Tarawa

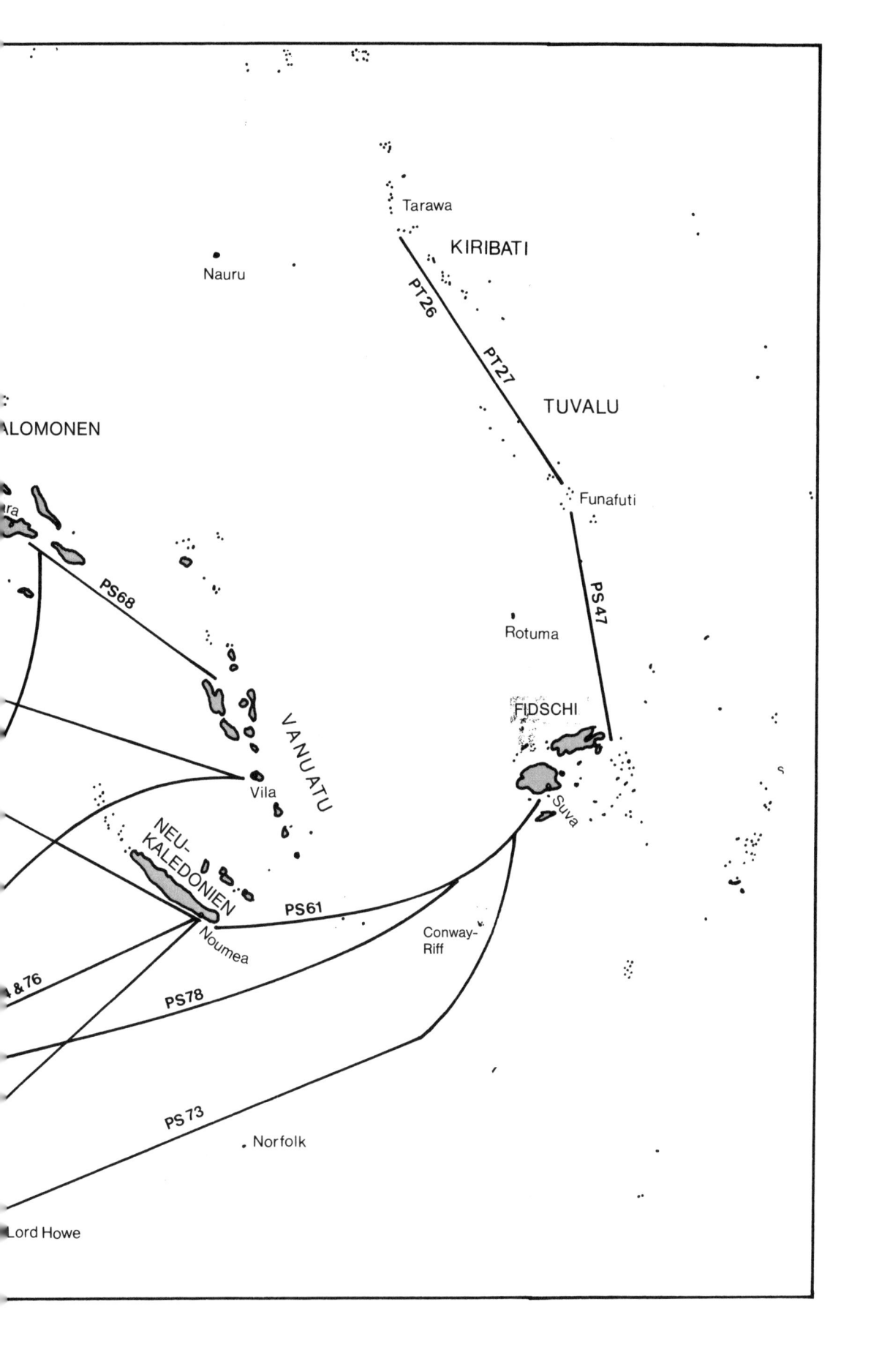

KIRIBATI

PT 26

PT 27

TUVALU

Nauru

SALOMONEN

PS68

Funafuti

PS 47

Rotuma

VANUATU

Vila

FIDSCHI

NEU-
KALEDONIEN

Suva

Noumea   PS61

Conway-
Riff

& 76

PS78

PS 73

Norfolk

Lord Howe

Pazifischer Ozean

PS 61
Neukaledonien – Fidschi-Inseln

Karte 67

Noumea – Suva: 740 sm
Noumea – Lautoka: 700 sm

Beste Zeit:	April
Tropische Stürme:	Dezember bis März
Karten:	BA 780
	US 622
Segelhandbücher:	BA 61
	US 126

Wegen der vorherrschenden O- und SO-Winde läuft man auf diesem Törn überwiegend am Wind. Von der Hauptinsel Neukaledoniens oder von einer der Inseln der Loyalty-Gruppe aus sollte man gleich zu Anfang versuchen, möglichst weit nach Osten voranzukommen. Der Kurs führt nördlich an Matthew Island und am Conway-Riff vorbei und anschließend durch die Kandavu-Passage nach Suva oder durch den Navula- oder Malolo-Kanal nach Lautoka.

Eine gute Zeit für diesen Törn ist Anfang April, wenn die Gefahr eines späten Zyklons nicht groß ist und der SO-Passat sich noch nicht voll durchgesetzt hat.

PS 62
Neukaledonien – Neuseeland

Karte 65

Noumea – Whangarei: 930 sm
Noumea – Opua: 880 sm

Beste Zeit:	Oktober bis November
Tropische Stürme:	Dezember bis März
Karten:	BA 780
	US 602, 622
Segelhandbücher:	BA 51, 61
	US 126, 127

Für diese Route gelten ähnliche Hinweise wie für die Route PS 43 von den Fidschi-Inseln nach Neuseeland. Von Neukaledonien aus ist jedoch die Aussicht auf günstige Winde besser, weil der Abfahrtspunkt weiter im Westen liegt.

Allerdings weisen die Berichte aus den letzten Jahren darauf hin, daß der Anteil an Gegenwinden mindestens genau so groß war wie auf der direkten Route von den Fidschi-Inseln aus. Das liegt in der Regel daran, daß der SO-Passat über seine normale südliche Grenze hinausreicht. Der Törn läßt sich zu jeder Jahreszeit machen, wobei allerdings der November als der sicherste Monat gilt, weil die Gefahr eines frühen Zyklons oder eines verspäteten Wintersturms nicht sehr groß ist.

Nach der Abfahrt von Noumea geht es durch den Dumbea-Kanal und dann auf einen Kurs, der östlich an Norfolk Island vorbei führt. Bei SO-Wind bleibt man besser bis hinter Norfolk Island auf Steuerbordbug und geht nicht zu früh auf Ostkurs.

Manche Segler legen kurz auf Norfolk Island an, das etwa auf halbem Wege nach Neuseeland liegt, doch der Ankerplatz ist nur bei beständigem Wetter sicher und sollte geräumt werden, wenn schlechteres Wetter droht.

PS 63
Neukaledonien – Neusüdwales

Karte 67

Noumea – Sydney: 1070 sm
Noumea – Coffs Harbour: 870 sm

Beste Zeit:	April bis Mai, September
	bis Mitte November
Tropische Stürme:	Dezember bis März
Karten:	BA 780
	US 602
Segelhandbücher:	BA 14, 15, 61
	US 126, 127

Der einzige Schluß, den man aus den Beobachtungen zu den verschiedensten Jahreszeiten ziehen kann, ist der, daß man nie ganz sicher sein kann, mit welchem Wetter man auf dieser Route rechnen soll. Günstiger Wind ist bis hinunter auf etwa 30°S zu erwarten, da der Anteil östlicher Winde besonders während des SO-Passats im Winter allgemein höher ist. Die Übergangsmonate zwischen Sommer und Winter sind vorzuziehen, um den SW-Winden der Wintermonate aus dem Weg zu gehen.

Wenn aufgrund anhaltender Gegenwinde kein direkter Kurs zum gewünschten Hafen gesteuert werden kann, versucht man die australische Küste besser auf dem kürzesten Weg zu erreichen, um sich auf dem anschließenden Stück zu den Häfen weiter im Süden die Südströmung zunutze zu machen. Südlich von Sandy Cape kommt der Wind vor der Küste von Mai bis September überwiegend aus W und von Oktober bis April aus NO. Die Südströmung ist auf etwa der 100-Faden-Linie im allgemeinen am stärksten.

Boote auf der direkten Route von Neukaledonien nach Sydney sollten das Middleton- und das Elizabeth-Riff in sicherem Abstand passieren. Auf dieser Route steuern viele Segler die Lord-Howe-Insel an, die Einreisehafen für Australien ist.

PS 64
Neukaledonien – Queensland
Karte 67

Noumea – Brisbane: 800 sm
Noumea – Bundaberg: 820 sm

Beste Zeit:	April bis Mitte November
Tropische Stürme:	Dezember bis März
Karten:	BA 780
	US 602
Segelhandbücher:	BA 15, 61
	US 126, 127

Auf diesen Routen ist in der gesamten Zeit des SO-Passats günstiger Wind zu erwarten, wobei allerdings auf dem Weg zu Häfen im südlichen Queensland hauptsächlich im Winter gelegentlich W-Winde auftreten. Wenn anhaltende Gegenwinde es schwierig machen, Häfen südlich von Sandy Cape auf direktem Kurs anzusteuern, nimmt man am besten Kurs auf die Küste und bedient sich der starken Südströmung. Wegen der großen Zahl von Riffen überall in der südlichen Hälfte des Korallenmeers segelt man zu Häfen nördlich von Sandy Cape am besten innerhalb des Großen Barriereriffs, das mehrere Durchfahrten aufweist. Dazu bieten sich für Bundaberg und Gladstone der Curtiskanal und für Häfen weiter im Norden der Capricornkanal an.

PS 65
Neukaledonien – Torresstraße
Karte 67

Noumea – Bramble Cay: 1530 sm

Beste Zeit:	Mai bis Oktober
Tropische Stürme:	Dezember bis April
Karten:	BA 780
	US 622
Segelhandbücher:	BA 15, 61
	US 126, 127, 164

Nach der Abfahrt von Noumea wird ein Kurs gesteuert, der parallel zur Küste zwischen der Hauptinsel und den verschiedenen Gefahrenstellen westlich von Neukaledonien hindurchführt.

Diese Route durch das Korallenmeer liegt im SO-Passatgürtel, so daß den ganzen Winter hindurch günstige Winde zu erwarten sind. In den Sommer- und Herbstmonaten können jedoch im Korallenmeer Zyklone auftreten, und trotz der Tatsache, daß dieser Törn in den meisten Jahren jederzeit nach Mitte April unternommen werden kann, ist es sicherer, ihn nicht zu früh anzugehen.

Unter Route PS 82 finden sich Hinweise zu den Revieren vor der Torresstraße.

PS 66
Vanuatu – Neukaledonien
Karte 67

Vila – Noumea: 330 sm

Beste Zeit:	April bis November
Tropische Stürme:	Dezember bis März
Karten:	BA 780
	US 602
Segelhandbücher:	BA 61
	US 126

Dieser Törn wird nur selten nonstop gemacht, da die meisten Segler auf dieser Route versuchen, unterwegs einige der südlichen Inseln von Vanuatu anzulaufen. Die Genehmigung dazu sollte vor Abfahrt von Vila eingeholt werden. Man kann auch einige Inseln der neukaledonischen Loyalty-Gruppe anlaufen, um anschließend durch den Havannah-Kanal nach Noumea weiterzufahren. Die Alternative, nämlich, von Vila aus nach Westen zu segeln und Neukaledonien durch die Grand Passage anzulaufen, ist nicht zu empfehlen, weil fast sicher ist, daß an der Südwestküste Neukaledoniens SO-Wind herrscht.

PS 67
Vanuatu – Torresstraße   Karte 67

Vila – Bramble Cay: 1520 sm

Beste Zeit:	Mai bis Oktober
Tropische Stürme:	Dezember bis April
Karten:	BA 780
	US 622
Segelhandbücher:	BA 15, 61
	US 126, 127, 164

Dieser lange Törn führt an der breitesten Stelle durch das Korallenmeer, wobei allerdings in der gesamten SO-Passatzeit guter Wind zu erwarten ist. In den Wintermonaten weht der SO-Passat stark und gleichmäßig, so daß besonders zwischen Juli und September schnelle Überfahrten möglich sind. Dezember bis März sind zwar die Monate mit der größten Zahl an Zyklonen im Korallenmeer, doch muß betont werden, daß diese Stürme auch noch im Juni auftreten können; daran sollte man denken, wenn man eine Fahrt durch das Korallenmeer plant.

Für Routen durch die Torresstraße wird empfohlen, Bramble Cay, eine niedrige Insel mit Feuer im östlichen Revier der Torresstraße, anzusteuern. Weitere Hinweise siehe Route PS 82.

PS 68
Vanuatu – Salomonen   Karten 65, 67

Vila – Honiara: 720 sm
Santo – Honiara: 560 sm

Beste Zeit:	Mai bis Oktober
Tropische Stürme:	Dezember bis März
Karten:	BA 780
	US 604
Segelhandbücher:	BA 60, 61
	US 126

Nach dem Verlassen der Inselkette von Vanuatu ist der 300-Meilen-Törn zu den Salomonen unkompliziert, und zwar besonders, weil der Wind in der gesamten SO-Passatsaison günstig ist. Im Juli und August ist der Passat kräftig und sorgt für eine schnelle, aber rauhe Fahrt. Zu Beginn und zum Ende der Wintersaison hin ist der Passat weniger gleichmäßig, und es gibt nicht selten Tage mit Flauten oder W-Winden. Als Landkennung bei der Annäherung in die Salomonen aus SO dient Santa Ana, eine kleine Insel hart östlich von San Cristobal. Bei starkem SO-Wind fährt man besser in Lee von San Cristobal weiter, das an seiner Nordküste guten Schutz bietet.

Die Einreiseformalitäten kann man in der Hauptstadt Honiara an der Nordküste von Guadalcanal erledigen.

PS 69
Salomonen – Papua Neuguinea

Honiara – Rabaul: 570 sm

Beste Zeit:	April bis November
Tropische Stürme:	Dezember bis März
Karten:	BA 780
	US 604
Segelhandbücher:	BA 60
	US 126, 164

Die Zyklonsaison auf den Salomonen fällt mit dem NW-Monsun zusammen, von dem der größte Teil Papua Neuguineas, aber nur die

Nordwesthälfte der Salomonen betroffen sind. Die meisten Boote verlassen die Salomonen Anfang Dezember, um nicht nur der beginnenden Zyklonsaison, sondern auch den Gegenwinden aus dem Weg zu gehen, die auf dieser Route bei NW-Monsun zu erwarten sind. Da die Mehrheit aller Segler zwischen diesen beiden Ländern wahrscheinlich schon die Kette der Salomonen abgesegelt hat, dürfte die Überfahrt nach Papua Neuguinea kaum ein echter Hochseetörn sein. Der beste Abfahrtshafen ist Korovou auf der Insel Shortland, wo die Ausreiseformalitäten erledigt werden können. Bougainville mit ihrem Einreisehafen in Kieta, die nächstgelegene Insel in Papua Neuguinea, ist nur ein kurzes Stück entfernt. Das beliebteste Ziel jedoch ist Rabaul auf Neupommern, 260 Meilen durch die Solomonensee. Dieser gut geschützter Hafen ist auch Einreisehafen für Papua Neuguinea, hat aber den Nachteil, daß er in der Nähe eines aktiven Vulkans liegt, der in der Vergangenheit tätig war, wahrscheinlich wieder ausbrechen wird und unter sorgfältiger Beobachtung einer Gruppe von Vulkanologen steht.

Von April bis Oktober kommt der Wind in der Salomonensee überwiegend aus SO. In der Übergangszeit zwischen SO- und NW-Monsun ist der Wind wechselhaft, und es gibt längere Flautenperioden. Bei der Fahrt durch den Georgskanal zwischen Neupommern und Neumecklenburg ist auf die Strömung zu achten, die bei NW-Monsun nach Süden und bei SO-Monsun nach Norden setzen.

PS 70 Ab Australien und Papua Neuguinea

PS 71 Neusüdwales – Neuseeland	PS 78 Queensland – Fidschi-Inseln
PS 72 Neusüdwales – Neukaledonien	PS 79 Queensland – Salomonen
PS 73 Neusüdwales – Fidschi-Inseln	PS 80 Queensland – Papua Neuguinea
PS 74 Neusüdwales – Vanuatu	PS 81 Papua Neuguinea – Queensland
PS 75 Queensland – Neuseeland	PS 82 Papua Neuguinea – Torresstraße
PS 76 Queensland – Neukaledonien	PS 83 Papua Neuguinea – Indonesien
PS 77 Queensland – Vanuatu	

PS 71
Neusüdwales – Neuseeland   Karte 66

Sydney – Opua: 1220 sm

Beste Zeit:	November bis März
Tropische Stürme:	Dezember bis März
Karten:	BA 788
	US 601
Segelhandbücher:	BA 14, 51
	US 127

Dieser Törn durch die Tasmansee kann gelegentlich extrem rauh werden, und es lohnt sich, mit der Abfahrt zu warten, bis die Wettervorhersage günstig ist. Tiefdruckgebiete über der Tasmansee gehen mit starkem SW-Wind einher, der oft Sturmstärke erreicht, und wenn man im Gefolge eines solchen Sturms abfährt, hat man mit ziemlicher Sicherheit mehrere Tage lang günstigen Wind. Obgleich der Anteil an W-Winden im Winter höher ist, wird eine Fahrt zwischen Mai und September nicht emp-

Pazifischer Ozean

fohlen, weil man mit großer Wahrscheinlichkeit in mindestens einen schweren Sturm gerät. Die besten Monate für die Überfahrt sind Januar und Februar, weil das Wetter dann oft beständig und der Wind schwach ist. Das ist zwar die Zyklonsaison im Südpazifik, doch tropische Stürme dringen nur selten in diese Breiten vor und haben sich im allgemeinen schon ausgetobt, wenn das doch der Fall sein sollte. Die Tasmansee ist mehr von außertropischen Wirbelstürmen betroffen, die allerdings normalerweise nur im südlichen Teil auftreten und im Winter häufiger sind, ein weiterer guter Grund, nicht in dieser Zeit zu fahren.

Aus den südlichen Häfen führt die Route direkt nach Neuseeland; wer aber von Coffs Harbour oder Häfen noch weiter im Norden abfährt, könnte einen Zwischenaufenthalt auf der Lord-Howe-Insel in Erwägung ziehen. Bei der Annäherung an Neuseeland führt die Route nördlich an den Three Kings vorbei, einer Gruppe felsiger Inseln, die in weitem Abstand passiert werden sollten. Südlich des Nordkaps gibt es mehrere Buchten, in denen man bei rauhem Wetter Schutz suchen kann; von dort aus geht es weiter nach Opua in der Bay of Islands, wo nach einem Anruf bei den Behörden in Whangarei die Einreiseformalitäten erledigt werden können.

Aus Häfen südlich von Sydney führt eine direktere Route durch die Cookstraße nach Wellington; auf dieser südlicheren Route herrscht bessere Aussicht auf W-Winde. Siehe PS 51.

PS 72   Karte 67
Neusüdwales – Neukaledonien

Sydney – Noumea: 1070 sm
Coffs Harbour – Noumea: 870 sm

Beste Zeit:	April bis Juni
Tropische Stürme:	Dezember bis März
Karten:	BA 780
	US 602
Segelhandbücher:	BA 14, 15, 61
	US 126, 127

Wegen der Zyklongefahr im Sommer sollte man diesen Törn nicht vor Ende März antreten. Auf dieser Route ist der Anteil an O-Winden immer größer, doch günstigere Bedingungen herrschen wahrscheinlich in der Übergangszeit im April und Mai vor Einsetzen der starken winterlichen Ostwinde.

Der Anfangskurs führt sofort auf die hohe See hinaus, um schnell durch die starke Südströmung an der australischen Küste zu kommen. Da die Route aus dem Süden von Neusüdwales nahe an der Lord-Howe-Insel vorbeiführt, kann man dort einen Zwischenaufenthalt einlegen. Die meisten Routen führen außerdem nahe am Middleton- und am Elizabeth-Riff vorbei, die man am besten meidet, obwohl man dort bei sehr beständigem Wetter ankern kann.

Der Dumbea-Kanal auf der Südwestseite Neukaledoniens führt nach Noumea, Hauptstadt und Einreisehafen für das Territorium.

PS 73   Karte 67
Neusüdwales – Fidschi-Inseln

Sydney – Suva: 1760 sm
Sydney – Lautoka: 1710 sm

Beste Zeit:	April bis Juni
Tropische Stürme:	Dezember bis März
Karten:	BA 780
	US 602
Segelhandbücher:	BA 14, 15, 61
	US 126, 127

Die fast hundertprozentige Gewißheit, auf der Großkreisroute Gegenwind anzutreffen, schließt eine direkte Überfahrt aus Häfen in Neusüdwales zu den Fidschi-Inseln aus. Es wird empfohlen, bis auf 170°O südlich von 32°S zu bleiben und dann allmählich auf NO-Kurs zu gehen, so daß die Inseln genau aus Süden angesteuert werden. Der Anfangskurs sollte in Richtung Ost zu Nord führen, so daß er südlich am Middleton- und am Elizabeth-

Riff und nahe an Norfolk Island vorbei führt. Letztere kommt möglicherweise ganz gelegen, um das Nachlassen von starkem O-Wind abzuwarten.

Weil ein Törn zu den Fidschi-Inseln in der Zyklonsaison zu gefährlich ist, kann man auch schon früher im Jahr erst nach Neuseeland segeln (siehe Route PS 71) und dann im April zu den Fidschi-Inseln weiterfahren. Dieser Umweg bietet die Aussicht auf bessere Winde während der Fahrt nach Neuseeland und auf einen besseren Winkel zum SO-Passat auf dem anschließenden Teilstück zu den Fidschi-Inseln. Siehe auch Route PS 54.

PS 74
Neusüdwales – Vanuatu Karte 67

Sydney – Vila: 1380 sm

Beste Zeit:	April bis Juni
Tropische Stürme:	Dezember bis März
Karten:	BA 780
	US 602
Segelhandbücher:	BA 14, 15, 61
	US 126, 127

Weil die Inseln Neukaledoniens beidseits der direkten Route nach Vanuatu liegen, ist ein Aufenthalt in Noumea fast unvermeidbar. Für die Strecke nach Vanuatu gibt es zwei Möglichkeiten, und zwar einmal im Osten zwischen den neukaledonischen Inseln hindurch oder im Westen der gesamten Inselgruppe. Die erste Route ist wahrscheinlich einfacher, und die Hinweise dazu ähneln denen für die Route PS 72.

Die direkte Route führt westlich an der Lord-Howe-Insel sowie am Elizabeth- und am Middleton-Riff vorbei. Anschließend führt sie an die neukaledonische Südküste, um den Riffen und anderen Gefahrenstellen westlich der Insel aus dem Weg zu gehen. Nach dem Passieren der Grand Passage nördlich von Neukaledonien kann ein Kurs gesetzt werden, der im ausreichenden Abstand am Petrie-Riff vorbei nach Port Vila auf Efate führt. Im Westen und Norden von Neukaledonien ist äußerste Vorsicht angebracht, weil die Lage einiger Riffe zweifelhaft ist und andere nicht genau auf den Karten verzeichnet sind.

PS 75
Queensland – Neuseeland Karte 66

Brisbane – Opua: 1200 sm

Beste Zeit:	April bis Mai,
	Oktober bis November
Tropische Stürme:	Dezember bis März
Karten:	BA 780
	US 602
Segelhandbücher:	BA 15, 51
	US 127

Da die Fahrt in der Zyklonsaison nicht zu empfehlen und mitten im Winter wenig attraktiv ist, dürfte die beste Zeit zwischen den Jahreszeiten liegen. Im April oder Mai ist die Zyklongefahr viel geringer, es ist noch nicht kalt, und der SO-Passat hat noch nicht seine winterliche Stärke erreicht. Genauso erfreulich kann der Törn zum Ende des Winters hin, im Oktober oder November, sein, wenn auch weniger SW-Stürme auftreten.

Aus Häfen im Norden von Sandy Cape führt die Route in ausreichendem Abstand nördlich am Middleton-Riff vorbei. Da Norfolk Island nicht weit vom Kurs abliegt, wäre ein kurzer Aufenthalt dort zu erwägen. Von Brisbane aus hält man sich südlich des Elizabeth-Riffs und fährt nahe an der Lord-Howe-Insel vorbei, die sich ebenfalls für einen Zwischenaufenthalt anbietet.

PS 43 und PS 71 enthalten Hinweise zu den Revieren vor Neuseeland.

PS 76
Queensland – Neukaledonien
Karte 67

Brisbane – Noumea: 800 sm	
Bundaberg – Noumea: 820 sm	
Beste Zeit:	April bis Mai, Mitte September bis Oktober
Tropische Stürme:	Dezember bis März
Karten:	BA 780
	US 602
Segelhandbücher:	BA 15, 61
	US 126, 127

Dieser Törn ist zu jeder Zeit schwierig, weil zumindest auf einem Teil der Fahrt, wenn nicht sogar für die ganze Strecke mit Sicherheit Gegenwind zu erwarten ist. Deshalb ist es wichtig, auf eine Vorhersage mit W-Winden zu warten, die zumindest für einen schnellen Start sorgen. Der Anteil dieser Winde ist im Winter höher, das gilt aber auch für die starken Ostwinde, so daß es besser ist, diesen Törn für die Zwischensaison zu planen. Wegen der Zyklongefahr im Korallenmeer sollte man die Fahrt nicht nach Mitte November und vor Ende März unternehmen.

Von Häfen im südlichen Queensland aus kann man den direkten Kurs nehmen, während man von Häfen nördlich von Sandy Cape entweder durch den Capricornkanal oder den Curtiskanal auf See hinausgehen und dann Kurs auf den Dumbea-Kanal im Südwesten Neukaledoniens nehmen sollte.

PS 77
Queensland – Vanuatu
Karte 67

Brisbane – Vila: 1050 sm	
Beste Zeit:	April bis Mai, Mitte September bis Oktober
Tropische Stürme:	Dezember bis März
Karten:	BA 780
	US 602
Segelhandbücher:	BA 15, 61
	US 126, 127

Vorherrschende Ostwinde, gegenläufige Strömungen und die vielen Gefahrenstellen im südlichen Teil des Korallenmeers machen diese Route zu einer der schwierigsten im Südpazifik. Aus Nordqueensland sollte man an einen direkten Kurs nicht einmal zu denken wagen; von dort aus kommt ein Umweg nach Süden innerhalb des Großen Barriereriffs in Frage. Wenn durch den Capricornkanal die offene See erreicht ist, geht man auf die Route, die von den Häfen südlich von Sandy Cape nach Vanuatu führt. Man passiert die Cato-Inseln und das Bellona-Riff im Süden und geht dann auf Route PS 74, wenn ein Nonstop-Törn nach Vanuatu beabsichtigt ist. Eine andere Möglichkeit besteht darin, auf Route PS 76 nach Noumea und von dort aus über die neukaledonischen Inseln nach Vanuatu zu fahren. Dafür spricht einiges, da man dabei die gefährlichen Riffe im Westen und Norden Neukaledoniens meidet und die Möglichkeit erhält, die Fahrt auf einer der Inseln Neukaledoniens oder im südlichen Vanuatu zu unterbrechen, wenn der Wind sich als zu stark erweist.

PS 78
Queensland – Fidschi-Inseln
Karte 67

Brisbane – Suva: 1540 sm	
Beste Zeit:	April bis Juni
Tropische Stürme:	Dezember bis März
Karten:	BA 780
	US 602
Segelhandbücher:	BA 15, 61
	US 126, 127

Die einzige Möglichkeit, die Fidschi-Inseln zu erreichen, besteht in einem Umweg nach Süden, wo man mit etwas Glück besseren Wind für den erforderlichen Ostkurs antrifft. In der Praxis wird zwar empfohlen, südlich von 32°S zu bleiben, weil dort die Aussichten auf günstigeren Wind besser sind, doch kann man auch eine etwas nördlichere Route nehmen, wenn der Wind es zuläßt. Im Idealfall setzt man erst dann Segel, wenn westliche Winde vorhergesagt sind. Selbst bei günstigem Wind sollte der Kurs nahe am Breitengrad von Norfolk Island bleiben, bis diese Insel passiert ist. Wenn in der Nähe von Norfolk anhaltender Gegenwind auftritt, kann man die Fahrt dort unterbrechen. Es muß jedoch betont werden, daß unter keinen Umständen ein Umweg über Neukaledonien erwogen werden sollte, weil man dann auf dem Stück zu den Fidschi-Inseln mit Sicherheit in Gegenwind gerät. Von Norfolk Island aus, aber nicht vor Überqueren von 170°O, führt der Kurs in einem Bogen nach NO. Siehe auch Route PS 54 und PS 73.

PS 79
Queensland – Salomonen   Karte 67

Townsville – Honiara: 1000 sm
Brisbane – Honiara: 1200 sm

Beste Zeit:	April bis Oktober
Tropische Stürme:	Dezember bis März
Karten:	BA 780
	US 602, 604
Segelhandbücher:	BA 15, 60
	US 126, 127

Obwohl dieser Törn zu jeder Zeit außerhalb der Zyklonsaison zu machen ist, sollte man auch die Monate Juli und August meiden, da der SO-Passat dann seinen Höhepunkt erreicht. Wegen der zahlreichen Riffe im Korallenmeer gibt es von der australischen Küste aus verschiedene Routen. Boote aus Häfen südlich von Sandy Cape sollten die Außenroute östlich an der Cato-Insel sowie am Wreck- und am Kenn-Riff vorbei nehmen. Wenn das Bampton-Riff in sicherem Abstand an Steuerbord liegt, kann man direkten Kurs auf die Salomonen setzen. Boote aus Häfen weiter im Norden sollten den Capricorn-Kanal benutzen und dann NNO wenden, so daß das Saumarez- und das Frederick-Riff an Backbord und das Wreck- und das Kenn-Riff an Steuerbord liegen. Von Townsville aus erreicht man die offene See durch die Palm, die Magnetic oder die Flinders Passage. Je nach Windrichtung kann man das Lihou-Riff entweder im Norden oder im Süden passieren und dann auf eine der anderen Routen zu den Salomonen gehen.

PS 80
Queensland – Papua Neuguinea   Karte 67

Cairns – Port Moresby: 500 sm
Gladstone – Samarai: 800 sm

Beste Zeit:	April bis Oktober
Tropische Stürme:	Dezember bis März
Karten:	BA 780
	US 604
Segelhandbücher:	BA 15, 60
	US 127, 164

Von Queensland aus gibt es zwei Hauptrouten durch das Korallenmeer nach Papua Neuguinea, und zwar eine direkt zur Hauptstadt Port Moresby und eine andere nach Samarai, einer kleinen Insel vor dem SO-Zipfel Neuguineas. Die zweite Route (PS 80 A) nimmt man dann, wenn man noch zwischen den äußeren Inseln segeln will, bevor es noch Port Moresby und darüber hinaus geht. Weil Port Moresby in Lee aller Zielorte liegt, wäre es ein Fehler, diese Stadt zuerst anzulaufen; anschließend müßte man nämlich gegen den SO-Passat anknüppeln, um die kleineren Inseln im Osten Neuguineas zu erreichen.

Auf der direkten Route nach Port Moresby bleibt man am besten innerhalb des Großen Barriereriffs, bis ein Punkt genau südlich von Port Moresby nordöstlich von Cooktown erreicht ist; auf diese Weise kommt man wahrscheinlich am einfachsten auf die offene See (PS 80 B). Unglücklicherweise ist Cairns der letzte Hafen in Nordqueensland, in dem man die Ausreiseformalitäten erledigen kann; man darf zwar nach dem Ausklarieren tagsüber im Großen Barriereriff segeln, aber nicht an der Küste oder einer der vorgelagerten Inseln anlegen.

Pazifischer Ozean

Auf der Alternativroute nach Samarai (PS 80 A) kann man das Barriereriff durch eine Vielzahl von Durchfahrten verlassen, wobei die Grafton Passage direkt vor Cairns wohl die beste ist. Die meisten Boote machen sich zwar erst von der Nordspitze des Barriereriffs aus auf den Weg nach Papua Neuguinea, doch wer weniger Zeit hat und einen Hochseetörn vorzieht, kann auch sehr gut einen der südlicheren Häfen in Queensland für die Abfahrt wählen. Wegen der Richtung des vorherrschenden SO-Passats muß man um so höher am Wind segeln, je weiter im Norden der Startpunkt liegt. Da Winterfahrten im Korallenmeer recht rauh werden können, ist das ein Aspekt, den man sich bei der Planung der Route überlegen sollte. Wegen des starken Passats in Verbindung mit der Weststömung muß man auf Ostkurs gehen, wann immer der Wind es erlaubt. Wenn Samarai das Ziel ist, bietet es sich an, Bruner Island vor dem Südkap an der papuanischen Küste anzusteuern, da es ein Feuer hat.

PS 81   Karte 67
Papua Neuguinea – Queensland

Port Moresby – Cairns: 500 sm
Samarai – Cairns: 510 sm

Beste Zeit:	April bis November
Tropische Stürme:	Dezember bis März
Karten:	BA 780
	US 604
Segelhandbücher:	BA 15, 60
	US 127, 164

Die Möglichkeit, in ruhigem Wasser zu segeln, verleitet die meisten Segler dazu, sich in den Schutz des Großen Barriereriffs zu begeben, sobald sie das Korallenmeer hinter sich haben. Bei der Ankunft aus Port Moresby ist die Auswahl fast unbegrenzt, da das Riff von Flinders Entrance im Norden bis zu Cook's Pass im Süden auf einer Strecke von etwa 250 Meilen viele Durchfahrten aufweist. Von anderen Gegenden Papua Neuguineas aus ist die beste Durchfahrt wahrscheinlich die Grafton Passage, die nach Cairns führt, dem nächstgelegenen Einreisehafen in Nordqueensland. Thursday Island in der Torresstraße ist ebenfalls Einreisehafen, doch nehmen nur wenige Boote auf dem Weg nach Port Moresby nach Queensland diesen Umweg.

Auf dem Weg nach Süden von Samarai aus bietet das Feuer auf dem Bougainville-Riff eine ausgezeichnete Landkennung. Wegen der Weststömung und der vielen Riffe in Lee muß die Navigation im Korallenmeer sehr genau sein, und es ist oft schwierig, die Durchfahrten durch das Große Barriereriff zu finden.

Zwischen April und Oktober kommt der Wind im Korallenmeer überwiegend aus O oder SO, so daß ein weiter östlich gelegener Abfahrtshafen in Papua Neuguinea normalerweise für einen besseren Winkel zum Passat sorgt. Zwischen Mai und September ist der Passat gelegentlich sehr stark, während der Wind in den Übergangsmonaten oft schwach und böig ist. Im Sommer, der auch Zyklonsaison ist, herrscht NW-Wind vor.

PS 82   Karte 67
Papua Neuguinea – Torresstraße

Port Moresby – Thursday Island: 350 sm
Thursday Island – Darwin: 700 sm

Beste Zeit:	April bis Oktober
Tropische Stürme:	Dezember bis März
Karten:	BA 780
	US 603
Segelhandbücher:	BA 15, 60
	US 164

Der logische Abfahrtshafen zu diesem Törn ist Port Moresby. Wegen der zahlreichen Schwierigkeiten in der Torresstraße muß die Ankunftszeit in den östlichen Revieren vor der Straße sorgfältig geplant werden, um nicht bei Nacht an den Riffen vorbeilaufen zu müssen. Die erste Gefahrenstelle ist das Portlock-Riff in einer Entfernung von 130 Meilen von Port

Moresby. 20 Meilen NNW des Portlock-Riffs liegt das Goldie-Riff. Man sollte versuchen, am Spätnachmittag vor dem Portlock-Riff einzutreffen, um dann bei Tage zwischen ihm und dem Goldie-Riff hindurchzufahren. Als nächster Punkt ist Bramble Cay etwa 65 Meilen weiter westlich anzusteuern. Das Stück zwischen dem Portlock-Riff und Bramble Cay kann man in der Dunkelheit zurücklegen; noch vor Tagesanbruch sollte man dann das 14 Meilen weit reichende Feuer auf Bramble Cay erkennen können. Bei dieser Zeitplanung werden Bramble Cay am frühen Morgen und einige andere Riffe und Inselchen bei Tageslicht passiert. Von Bramble Cay aus geht es in den North East Channel. Dieser gut betonte Kanal führt über etwa 130 Meilen in Südwestrichtung zum Prince of Wales Channel, der sich schließlich in die Arafurasee öffnet.

Die Navigation in diesem riffübersäten Gebiet ist zwar nach der Landkennung von Bramble Cay nicht schwierig, doch macht man es sich leichter, wenn man bei Tageslicht segelt und die Nächte vor Anker hinter einem der vielen Riffe verbringt. Es muß jedoch darauf hingewiesen werden, daß man auf den Inseln nicht an Land gehen darf, weil sie zu Australien gehören und man erst auf Thursday Island einklarieren muß.

Der Wind kommt auf dieser Fahrt vorwiegend aus östlichen Richtungen und ist zwischen Juni und August oft stark. Die Strömungen setzen in der Straße auf dem Höhepunkt des SO-Passats nach Westen, ihre Stärke ist jedoch nicht vorhersehbar. Sie sind außerdem tidenabhängig und verlaufen in der Straße selbst bei auflaufendem Wasser nach WSW und bei ablaufendem Wasser nach NO. Am stärksten sind die Strömungen im Prince of Wales Channel, wo 5 und 6 Knoten an der Tagesordnung sind. Eine weitere Gefahr in den östlichen Revieren ist das Flachwasser, das weit auf See hinausragt, so daß das Echolot keinen zuverlässigen Hinweis auf die tatsächliche Position geben kann. Für weitere Verwirrung sorgt das trübe Wasser weit draußen auf See, das auf den lehmigen Fly River zurückgeht.

PS 83
Neuguinea – Indonesien   Karte 67

Madang – Jayapura: 360 sm

Beste Zeit:	Mai bis September
Tropische Stürme:	keine
Karten:	BA 780
	US 603
Segelhandbücher:	BA 35, 60
	US 164

Die Schwierigkeiten in Verbindung mit der Fahrt durch die Torresstraße und dem langen Umweg nach Port Moresby lassen manche Segler zu dem Entschluß kommen, an der Nordküste Neuguineas entlang nach Indonesien zu segeln. Auf dieser Route besteht außerdem die Möglichkeit, vor dem Ausklarieren aus Papua Neuguinea in Vanimo die Hermit-Inseln und die Ninigogruppe zu besuchen.

Diesen Törn kann man nur bei SO-Passat machen, da bei NW-Monsun von November bis März Wind und Strömungen gegenläufig sind. Die Übergangszeit ist nur schwer abzugrenzen, weil in manchen Jahren der NW-Monsun früh einsetzt, während sich in anderen der SO-Passat nicht vor Mai durchsetzt. Im Normalfall sollte man nicht nach Mitte November und vor Mitte April auf diesen Törn gehen. Das Wetter auf dieser Route wird zwar von den beiden Monsunen beherrscht, aber der Wind ist nur selten in Richtung und Stärke gleichmäßig, und es gibt viele Tage, wenn er nur schwach oder gar nicht weht. Flauten treten besonders häufig in der Übergangszeit auf. Den konstantesten Wind findet man meistens im Juli und August, wenn auch eine sehr starke NW-Strömung mit teilweise über 2 Knoten herrscht.

Der offizielle Einreisehafen ist Jayapura, die Hauptstadt der indonesischen Provinz Irian Jaya (Westirian). Segler ohne Genehmigung (siehe Kapitel 27) sollten sich vor der Abfahrt bei der indonesischen Botschaft in Port Moresby erkundigen, ob sie in einem Notfall Jayapura anlaufen dürfen.

68. Strömungen im Indischen Ozean bei NO-Monsun

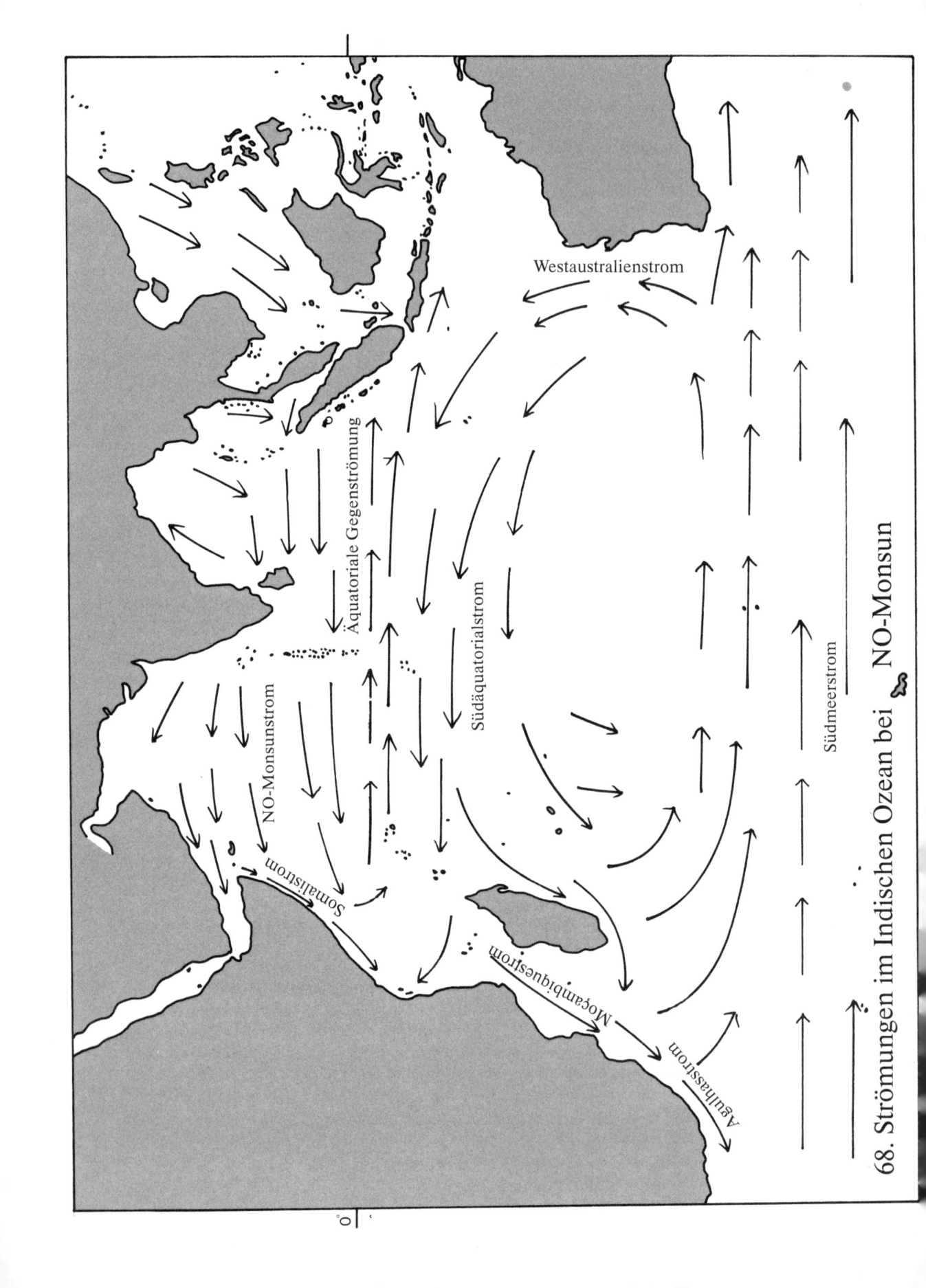

- Westaustralienstrom
- Äquatoriale Gegenströmung
- Südäquatorialstrom
- NO-Monsunstrom
- Somalistrom
- Moçambiquestrom
- Agulhasstrom
- Südmeerstrom

Indischer Ozean

18 Wind- und Strömungsverhältnisse im Nordindischen Ozean
Karte 2 bis 6

Wind und Wetter im gesamten Indischen Ozean werden von den Monsunen beherrscht, die sich zwar hauptsächlich in der Nordhälfte des Ozeans auswirken, aber auch das Wetter im tropischen Südindischen Ozean beeinflussen. Wenn die Sonne im Süden steht, herrscht Nordostwind, wenn sie nach Norden gewandert ist, kommt es zu Südwestwind.

Nordostmonsun

In den Wintermonaten herrscht im Indischen Ozean, im Golf von Bengalen und im Arabischen Meer NO-Wind. Er ist im größten Teil des Nordindischen Ozeans mit einem Schnitt von 10 bis 15 Knoten sehr stetig und konstant und läßt zum Äquator hin nach. Bei seltenen Gelegenheiten erreicht der Monsun Sturmstärke, doch die meiste Zeit lassen sich die Segelbedingungen als nahezu perfekt bezeichnen. Es gibt zwei Gebiete, in denen der Monsun weniger zuverlässig und der Wind wechselhafter ist. Im Arabischen Meer, nördlich von 20°N, wird das Wetter manchmal durch Tiefdruckgebiete beeinflußt, die im Norden dieses Bereichs durchziehen. Das andere Gebiet liegt südöstlich von Sri Lanka, zwischen 5°N und dem Äquator; dort ist der Wind in Stärke und Richtung weniger konstant und kommt im Normalfall aus nördlichen Richtungen.

Der NO-Monsun dauert von November bis März; im nördlichen Teil der Region beginnt er früher und hat sich bis Mitte November durchgesetzt. Zum Äquator hin erreicht er erst im Dezember seine volle Stärke.

Vor und nach dem Wintermonsun gibt es jeweils eine Übergangsperiode bis zum SW-Monsun. Diese Übergangsperiode fällt mit dem Durchzug der tropischen Konvergenzzone zusammen, die die Luftmassen der nördlichen und der südlichen Hemisphäre voneinander trennt. Am aktivsten ist die tropische Konvergenzzone in den Monaten April/Mai und Oktober/November, in denen auch die meisten Wirbelstürme im Nordindischen Ozean auftreten. In der Übergangszeit ist es oft böig, und der Wind erreicht in diesen Böen oft Sturmstärke. Ansonsten läßt sich dieser Zeitraum insofern mit den Kalmen der anderen Ozeane vergleichen, als Schwachwind und Flauten allmählich durch den einsetzenden Monsun verdrängt werden.

Südwestmonsun

Die Erwärmung der asiatischen Landmasse in den Sommermonaten ist die Ursache dafür, daß über dem nordwestlichen Teil des Indischen Subkontinents ein großes Tiefdruckgebiet entsteht. Dadurch wird der SO-Passat des Südindischen Ozeans über den Äquator gezogen, wo er sich der allgemeinen Luftbewegung anschließt, die gegen den Uhrzeigersinn um das Tiefdruckgebiet über Indien verläuft. Das

Indischer Ozean

ist der SW-Monsun, der von Juni bis September in demselben Bereich wie sein Gegenstück aus NO auftritt. Der SW-Monsun weht gleichmäßig mit einem Schnitt von 20 Knoten über lange Zeiträume hinweg und erreicht häufig Sturmstärke. Ein Gebiet etwa 200 Meilen östlich Sokotra gilt als der windigste Fleck im Indischen Ozean; dort gibt es im Juli so viele Stürme wie vor Kap Hoorn im Sommer.

Der Wind wird im August allmählich schwächer und ab August in Stärke und Richtung weniger konstant. Es folgt ein Zeitraum von etwa zwei Monaten, nämlich Oktober und November, in dem der Wind bis zum Einsetzen des NO-Monsuns oft schwach ist. Das Wetter bei SW-Monsun ist bedeckt und oft unbeständig mit heftigen Niederschlägen.

Tropische Stürme

Tropische Stürme gibt es im Arabischen Meer und im Golf von Bengalen. Einen Höhepunkt erreichen sie in der Übergangszeit zwischen den beiden Monsunen, nämlich bei Beginn des SW-Monsuns von Ende Mai bis Mitte Juni und bei Einsetzen des NO-Monsuns von Ende Oktober bis zur zweiten Novemberhälfte. Die meisten dieser Stürme bilden sich in der Nähe der tropischen Konvergenzzone, die dann zwischen 5°N und 15°N liegt.

Im Mai und Juni entstehen die meisten Stürme im Arabischen Meer, von wo aus sie nach NW und W oder N ziehen, um dann in einem Bogen nach NO und an die Küste abzudrehen. Die Zyklone, die sich im Oktober und November im Golf von Bengalen bilden, ziehen nach Westen über Südindien hinweg in das Arabische Meer. Sowohl im Arabischen Meer als auch im Golf von Bengalen weist der Oktober die meisten Zyklone auf. Im November nimmt ihre Zahl ab, im Dezember und Januar treten sie nur noch selten auf, und im Februar und März waren bislang noch keine Zyklone zu verzeichnen. Nach Mitte April nimmt die Zyklongefahr wieder zu.

Strömungen

Die Strömungen im Nordindischen Ozean weisen durch die Monsune ein jahreszeitlich bedingtes Schema auf und ändern ihre Richtung unter deren Einfluß. Die Nordostmonsunströmung tritt bei NO-Monsun auf und erreicht ihren Höhepunkt im Februar. Sie verläuft zwischen dem Äquator und 6°N und setzt nach Westen (Karte 68). Ihr Gegenstück ist die Südwestmonsunströmung, die von Mai bis September herrscht und als Fortsetzung des Somalistroms gelten kann (Karte 71). Diese Strömung erreicht sehr hohe Geschwindigkeiten und zwar besonders vor der Küste von Somalia und in der Nähe von Sokotra, wo mit bis zu 7 Knoten eine der höchsten Strömungsgeschwindigkeiten der Welt gemessen wurden. Sie setzt zwar ursprünglich nach NO, dreht aber in den offenen Gewässern des Arabischen Meeres nach O, bis sie auf die indische Landmasse trifft und nach SO abgelenkt wird.

Zur Zeit des NO-Monsuns fließt der Somalistrom an der afrikanischen Küste entlang nach Südwesten bis zum Äquator, wo er auf den nach Norden setzenden Ostafrikastrom trifft. Im Dezember/Januar wendet er sich nach Osten und wird zur äquatorialen Gegenströmung.

Die äquatoriale Gegenströmung ist die einzige Strömung im Nordindischen Ozean, die als Ergebnis des Monsunwechsels ihre Richtung nicht ändert. Sie wird jedoch in den Übergangszeiten zwischen den beiden Monsunen im April/Mai und Oktober/November stärker. Sie setzt das ganze Jahr über nach Osten und liegt nördlich des nach Westen setzenden Äquatorialstroms. Die äquatoriale Gegenströmung erreicht ihren südlichsten Punkt im Februar auf dem Höhepunkt des NO-Monsuns, wenn sie sich der Nordostmonsunströmung gelegentlich sehr stark annähert. Das bedeutet, daß man bei einer leichten Kursänderung nach Norden oder Süden aus einer nach Westen setzenden in eine nach Osten setzende Strömung geraten kann. Die südliche Grenze der Gegenströmung liegt unabhängig von der Jahreszeit immer südlich des Äquators.

19 Regionale Wetterverhältnisse im Nordindischen Ozean

Singapur

Aufgrund der Lage so nahe am Äquator hat Singapur ein heißes und feuchtes Klima, das sich das Jahr über nur wenig ändert und eine Durchschnittstemperatur von 27°C aufweist. Flauten und Schwachwind gibt es das ganze Jahr über. Der NO-Monsun beginnt im November, wobei der NO-Wind allerdings abgelenkt wird und zu Beginn dieses Zeitraums als NW-Monsun erscheint. Bis Januar hat sich NO-Wind durchgesetzt, der aber nicht so stark und stetig wie im Chinesischen Meer ist. In dieser Zeit von November bis April kommt es zu heftigen Monsunregenfällen. Ab April dringt von Süden der SO-Passat über den Äquator vor, der oft eine südliche Komponente hat. Singapur wird von April bis November gelegentlich von *Sumatras* betroffen, Gewitterstürmen mit heftigem Wind, der von Sumatra aus herüberkommt und mehrere Stunden lang anhält.

Malakkastraße und malaysische Westküste

Diese Gegend liegt zwar im Einflußbereich der Monsune des Indischen Ozeans, wird jedoch von der hohen Insel Sumatra und den Bergen der malaysischen Halbinsel abgeschirmt. Das Wetter in der Malakkastraße wird in hohem Maße lokal beeinflußt, und es gibt zu jeder Jahreszeit wechselnde Winde mit regelmäßigen Land- und Seewinden. Die täglichen Änderungen sind oft ausgeprägter als die jahreszeitlichen, was der Hitze und Schwüle, die das ganze Jahr über herrscht, etwas Monotones verleiht. Es gibt keine wirklich trockene Jahreszeit, dafür aber jederzeit reichlich Regen und fast täglich Gewitterböen.

Von Januar bis März herrscht normalerweise das beste Wetter, da der langsam einsetzende NO-Monsun für weniger Böen und weniger Regen sorgt. Selbst in dieser Jahreszeit herrscht aber gelegentlich einige Tage lang NW- oder W-Wind. März und April sind wechselhaft, und Anfang Mai beginnt der SW-Monsun, der im Juli und August seinen Höhepunkt erreicht. Der SW-Wind ist im nördlichen Bereich der Malakkastraße am stärksten, kommt in der Mitte, unterbrochen von Flauten, aus wechselnden Richtungen zwischen SO und SW und weht im Süden auf Singapur zu mehr aus SO.

See- und Landwinde gibt es an beiden Küsten und bis zu 20 Meilen auf See hinaus. Der Seewind beginnt am späten Morgen, erreicht am Nachmittag seine größte Stärke und schläft bei Sonnenuntergang ein. Seine Stärke hängt davon ab, ob er sich mit dem vorherrschenden Monsun verbindet – dann sind 20 Knoten möglich – oder ob er ihm entgegengerichtet ist, so daß es insgesamt schwachwindig und wechselhaft ist. Die Bedingungen schwanken von Ort zu Ort sehr stark. An der malaysischen Küste kann der nächtliche Landwind sehr stark werden; er beginnt am Abend und weht gelegentlich die ganze Nacht über sehr kräftig.

Indischer Ozean

Gewitterstürme sind in der ganzen Region und das ganze Jahr über sehr häufig, wobei Sumatra als eine der gewittrigsten Gegenden der Welt gilt. Gewitterstürme mit Blitzen, sintflutartigem Regen und Wind von bis zu 50 Knoten suchen besonders den südlichen Bereich der Malakkastraße heim; sie heißen dort *Sumatras*. Am häufigsten sind diese *Sumatras* zwischen April und November. Sie treten meistens nachts auf und halten 1 bis 4 Stunden an. Der Wind kommt mit durchschnittlich 20 bis 30 Knoten aus SW bis NW, und im Juni und August kommt es alle paar Tage zu solchen Stürmen. Ähnliche SW-Böen treten auch bei SW-Monsun im nördlichen Bereich der Straße auf, und zwar zu jeder Tages- und Nachtzeit. Sie dauern auch im allgemeinen länger. NW-Böen gibt es in der Übergangszeit zum NO-Monsun, die auch die Zeit mit den wenigsten Böen ist.

Thailand

An der Westküste Thailands, wo die schützende Wirkung der großen Insel Sumatra fehlt, ist der SW-Monsun stetiger und stärker als in der Malakkastraße. Von Mai bis September herrscht SW-Wind, der im Juli und August am gleichmäßigsten ist. Auf der anderen Seite schützt die hohe Landmasse Thailands diese Küste vor dem NO-Monsun, der hier eine nördlichere Komponente als sonst hat. Sehr selten, etwa alle 50 Jahre, zieht ein tropischer Sturm aus dem Golf von Bengalen über den Golf von Thailand hinweg.

Golf von Bengalen

In diesem Bereich des Indischen Ozeans herrscht typisches Monsunwetter. Der NO-Monsun beginnt im Oktober im Norden und setzt sich weiter südlich erst im November durch. Er weht stetig und sorgt für schönes trockenes Wetter bis April, wenn es im gesamten Golf heiß und schwül wird. Der SW-Monsun setzt sich erst gegen Mitte Juni durch, erreicht aber schnell 20 bis 25 Knoten und weht stetig bis August, um dann abzunehmen und im Oktober zu verschwinden.

Im Golf von Bengalen gibt es mehr Zyklone als in jedem anderen Gebiet des Indischen Ozeans; sie sind allerdings manchmal kürzer und weniger heftig. Zyklongefahr besteht von April bis Dezember, sie ist am größten im Juli und Oktober bei Monsunwechsel.

Sri Lanka

Von zweitausend Jahre alten Städten bis zu modernsten Urlaubsorten mit goldgelben Sandstränden hat Sri Lanka dem Besucher viel zu bieten. Das ausgeglichene Klima mit Temperaturen um 27°C wird von den beiden Monsunen des Nordindischen Ozeans beherrscht. Keiner der beiden Monsune ist so stark wie im Arabischen Meer; die Windverhältnisse schwanken von Küste zu Küste, wobei die Westküste mehr vor dem NO-Monsun und die Ostküste mehr vor dem SW-Monsun geschützt ist.

Erst Ende November oder im Dezember setzt der NO-Monsun mit Böen und Regen ein. Die leichten bis mäßigen Winde aus N bis ONO herrschen mit schönem trockenem Wetter bis März oder April vor. Heftige Niederschläge und stärkere Winde gibt es an der ungeschützteren NO-Küste.

Der SW-Monsun dauert hier länger als sonst; er beginnt im Mai und hält sich bis Dezember. Der SW-Monsun beginnt oft mit einem kurzen »Ausbruch«, einem Windstoß aus Osten, der mit Regen, Donner und Blitzen einhergeht, nachdem es eine Woche lang stark bewölkt war und bis Sonnenuntergang heftig geblitzt hat. Ein paar Stunden nach diesem »Ausbruch« dreht der Wind auf SW, und der Monsun beginnt. Die SW-Winde sind in der Richtung ziemlich konstant, frischen am späten Morgen auf 20 bis 30 Knoten auf, lassen am Spätnachmittag langsam nach und nehmen nachts auf etwa 10 Knoten ab. Heftige Niederschläge gibt es von Mai bis September an der SW-Küste, wobei es allerdings besonders in den Küstenregionen in allen Monaten etwas regnet. An der Südküste macht sich bei SW-Monsun eine schwere Dünung bemerkbar.

In den Küstenregionen gibt es See- und Landwinde, deren Richtung vom Küstenverlauf abhängt. Sie sind bei SW-Monsun nicht so ausgeprägt.

Sri Lanka wird zwar nur selten von Zyklonen aus dem Arabischen Meer heimgesucht, die ja nach NW ziehen, dafür aber im November und Dezember von Zyklonen aus dem Golf von Bengalen.

Arabisches Meer

Es sind die jahreszeitlich bedingten Winde über diesem Meer, auf die das Wort »Monsun« zurückgeht, und deshalb ist es keine Überraschung, daß sowohl der NO- als auch der SW-Monsun kräftig über dieses Meer hinwegfegen. Der NO-Monsun beginnt im April und sorgt für schönes Wetter. Besonders im Norden kommt er oft mehr aus N und sogar NW als aus NO; er ist sehr trocken, da er vom asiatischen Kontinent kommt. Nach durchschnittlich 10 bis 15 Knoten zu Beginn der Saison frischt der Wind auf 15 bis 20 Knoten im Dezember auf; er kann aber auch besonders im Norden noch stärker werden. Im Januar und Februar, der kühlen Jahreszeit, sind die Temperaturen niedriger; von März bis Mai steigen sie an.

Die feuchte Jahreszeit mit heftigen Regenfällen fällt mit dem SW-Monsun zusammen, der im Mai im Süden beginnt und im Juni das gesamte Gebiet erfaßt hat. In der Übergangszeit ist es meistens böig. An der indischen Küste beginnt der Monsun mit einem plötzlichen Windstoß aus Osten, heftigem Regen und Donner, der mehrere Stunden anhält, bevor SW-Winde das Kommando übernehmen. Diesem Monsunausbruch geht eine Woche mit lebhaftem Blitzen voraus, das sich jeden Abend bei Sonnenuntergang legt.

Der SW-Wind im Arabischen Meer ist sehr stark und erreicht gelegentlich mehrere Tage lang 30 Knoten. Es gibt viele Stürme, und zwar besonders im Juli in der Nähe der Insel Sokotra. Im September läßt der Wind langsam nach, der Monsun legt sich und ist im Oktober nicht mehr zu spüren.

Zyklone gibt es in den beiden Zeiten des Monsunwechsels. Der eine Zeitraum sind die Monate von April bis Juli mit der größten Häufigkeit im Juni, während der andere von September bis Dezember dauert und im Oktober die größte Häufigkeit aufweist. Die meisten Zyklone ziehen nach NW zur Küste der Arabischen Halbinsel oder in einem Bogen nach NO in Richtung Indien und Pakistan.

Golf von Aden

Das ist eine heiße und trockene Region, deren Küsten aus niedrig liegenden Halbwüsten bestehen. Keiner der beiden Monsune weht hier so stark wie im Arabischen Meer. Der NO-Monsun dauert von Oktober bis April; der Wind wird aber abgelenkt und weht aus östlicher Richtung in den Golf hinein. In der Bab-al-Mandab-Straße dreht er auf SO und S. Im Januar und Februar erreichen diese östlichen Winde mit 15 bis 20 Knoten ihre größte Stärke. Im Mai kommt der Wind nach wie vor überwiegend aus östlichen Richtungen, ist aber wechselhafter und schwächer.

Von Juni bis August herrscht SW-Monsun, der im Juli am stärksten ist. Er erreicht am Eingang zum Golf bis zu 30 Knoten, läßt aber bis Aden stark nach. Im September gibt es gewöhnlich leichte wechselnde Winde. Im Juni, Juli und August herrscht bis 30 Meilen vor der afrikanischen Küste der *Kharif*, ein starker örtlich begrenzter Landwind. In Verbindung mit dem SW-Monsun erreicht er nachts Sturmstärke und ist vor Afrika sehr trocken und mit Staub und Sand befrachtet. Auf ähnliche Weise weht vor der arabischen Küste von Dezember bis März der *Belat*, ein kräftiger N- oder NW-Wind. Auch er erhebt sich bei Nacht, ist mit Staub und Sand befrachtet und erreicht in eini-

Indischer Ozean

gen Küstenregionen 30 Knoten. Besonders an der arabischen Küste ist es bei SW-Monsun gelegentlich diesig oder nebelig mit entsprechend schlechter Sicht. Von Zeit zu Zeit gibt es Staubstürme.

Sehr selten verirren sich im Juni oder Oktober Zyklone aus dem Arabischen Meer in den Golf von Aden.

Malediven

Diese Ansammlung kleiner Atolle und Korallenriffe am Äquator ist kaum mehr als zwei Meter hoch, so daß sie nur schwer zu erkennen sind; aus dem Wasser ragende Kokospalmen sind meist das einzige Anzeichen dafür, daß Land in der Nähe ist. Der Wind ist in dieser Region am Rand des Monsungürtels viel schwächer. Der NO-Monsun beginnt später als sonst im Dezember und wird ab März ungleichmäßig. In dieser Zeit ist es mild und trocken.

Von März bis Mai ist es heiß und trocken; vor Einsetzen des SW-Monsuns wird es sogar sehr heiß und schwül. Von Mai bis Oktober weht der SW-Monsun mit Gewitterstürmen, Regen und Böen, die gelegentlich 40 Knoten erreichen.

Im südlichen Teil der Inselgruppe am Äquator ist der Wind selbst auf dem Höhepunkt des Monsuns viel wechselhafter. Hier kommt er bei NO-Monsun eher aus N und bei SW-Monsun mehr aus S oder SO.

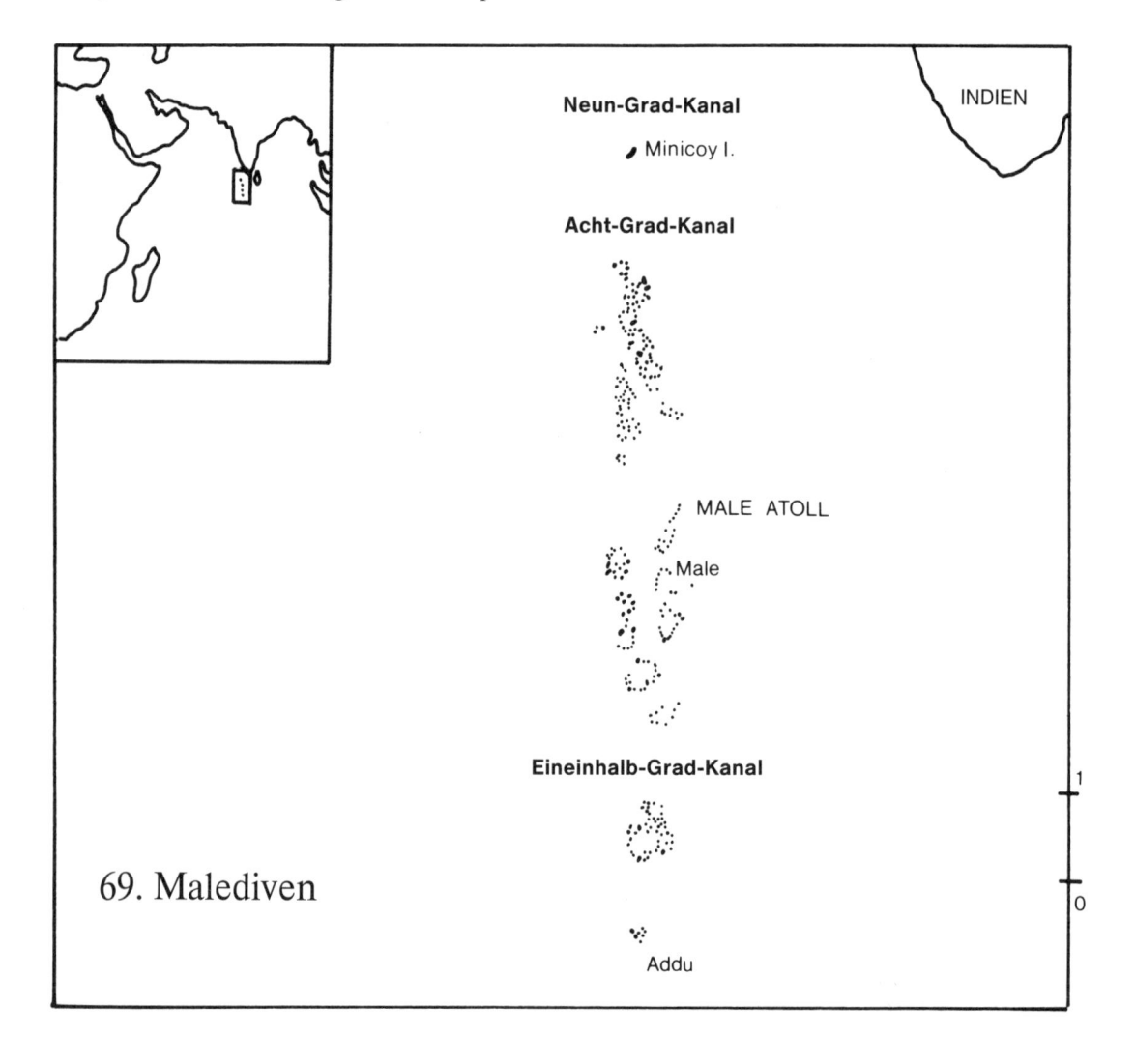

Neun-Grad-Kanal

Minicoy I.

Acht-Grad-Kanal

INDIEN

MALE ATOLL

Male

Eineinhalb-Grad-Kanal

Addu

69. Malediven

20 Törns im Nordindischen Ozean

Im Vergleich zu den beiden anderen großen Ozeanen wird der Indische Ozean nur von einer relativ kleinen Anzahl von Segelrouten durchzogen. Ein Grund dafür ist, daß die Zahl der Segelboote, die hier eine Zeitlang kreuzen, im Vergleich zu denen, die diesen Ozean als Teil einer Weltumsegelung durchqueren, klein ist. Die Routen richten sich nach der Vorhersehbarkeit des Wetters und den Jahreszeiten, die hier viel besser abgegrenzt sind als sonst. Die Regelmäßigkeit der Monsune wurde schon von den frühen Seefahrern erkannt, die wußten, wie sie die saisonalen Windverhältnisse voll ausnutzen konnten. Aufgrund dieser Regelmäßigkeit ist es sehr einfach, einen Törn schon im voraus so zu planen, daß eine bestimmte Strecke zur optimalen Zeit zurückgelegt werden kann. Das gilt sowohl für die Nordhälfte des Ozeans, die vom NO- und vom SW-Monsun beherrscht wird, als auch für die Südhälfte, die im Einflußbereich des SO-Passats liegt.

Durch den Indischen Ozean führen zwei Hauptrouten, und die meisten Segler sind sich bereits nach der Fahrt durch die Torresstraße darüber im klaren, welche dieser beiden Routen sie nehmen wollen. Wer im Mittelmeer segeln oder Südeuropa auf dem kürzesten Weg erreichen will, nimmt logischerweise die Route durch den Nordindischen Ozean und das Rote Meer. Für alle, die über das Kap der Guten Hoffnung in den Atlantik wollen, gibt es nur die eine Möglichkeit, durch den Südindischen Ozean nach Südafrika zu segeln.

Die günstige Saison für einen Törn durch den Nordindischen Ozean ist die Zeit des NO-Monsuns, in der optimale Segelbedingungen zu erwarten sind. Diese Saison dauert von Dezember bis März, doch haben Fahrten im Januar und Februar noch den Vorteil, daß man das Mittelmeer dann zu einer Zeit erreicht, in der die größte Kälte vorbei ist und die Segelsaison beginnt.

Auf der Südroute gilt es in der Planungsphase noch ein paar weitere Faktoren zu berücksichtigen. Der wichtigste darunter ist, daß man die Fahrt um das Kap der Guten Hoffnung zur günstigsten Zeit macht, das heißt, in den Sommermonaten von Januar bis März. In diesem Fall kann man den Südindischen Ozean in der ungefährlichen Jahreszeit durchqueren, in der südlich des Äquators keine Zyklone zu erwarten sind. Die Zyklonsaison im Südindischen Ozean dauert von November bis März, und in dieser Zeit sollte man nicht auf Fahrt gehen. Obwohl in der Vergangenheit auch schon in anderen Monaten Zyklone vorgekommen sind, der bemerkenswerteste darunter im Juli 1871, der südlich von Sumatra entstand, besteht allgemeine Übereinstimmung in Hinsicht darauf, daß es von Mai bis Oktober vollkommen ungefährlich ist, den Südindischen Ozean zu durchqueren. Weil die Inseln unterwegs so günstig gelegen sind, machen die meisten Segler diesen Törn abschnittsweise, indem sie Christmas Island, Cocos Keeling, Mauritius, Réunion und schließlich Durban anlaufen. Wenn die Zeit ausreicht, lohnt es sich durch-

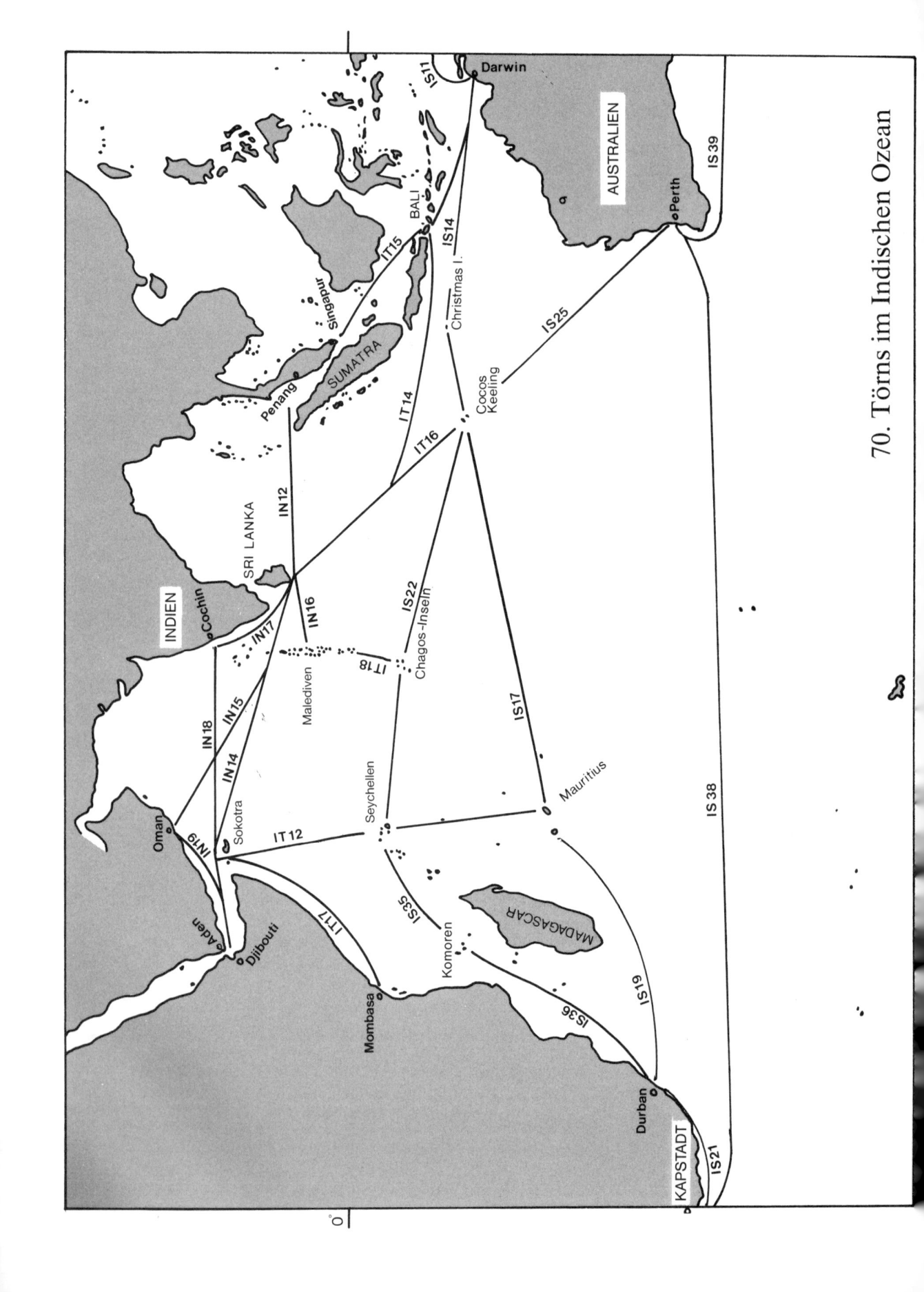

70. Törns im Indischen Ozean

aus, einen Abstecher zu den Chagos-Inseln zu machen.

Eine Warnung muß ausgesprochen werden in bezug auf das Teilstück um Südafrika herum. Mehrere Weltumsegler haben auf dieser Route das schlimmste Wetter ihres gesamten Törns angetroffen; plötzlich auftretende SW-Stürme können dort zu extrem gefährlichen Bedingungen führen, wenn sie auf dem nach Süden fließenden Agulhas-Strom stoßen. Jedes Jahr wieder werden auf diesem Stück Boote schwer angeschlagen oder gehen gar verloren, so daß es durchaus angebracht ist, andere Möglichkeiten zu erwägen, bevor man sich auf diese Route begibt.

Die meisten anderen Routen im Indischen Ozean sind Abwandlungen der beiden obigen. Im Nordindischen Ozean ist Galle auf Sri Lanka ein beliebter Anlaufhafen, der von den innenpolitischen Auseinandersetzungen nicht betroffen zu sein scheint. Die meisten Boote treffen in Galle aus Malaysia und Singapur ein, wobei allerdings die Schwierigkeit, eine Genehmigung für Indonesien zu bekommen, und Meldungen über Angrifffe auf Yachten im Südchinesischen Meer und in der Malakkastraße so manchen Segler dazu gebracht haben, diese Gebiete ganz zu meiden und auf direktem Wege von Bali oder von Christmas Island nach Sri Lanka zu segeln.

Trotz der vielen Reize, die Indien zu bieten hat, wird dieses großartige Land kaum angelaufen, und zwar überwiegend wegen der komplizierten und langwierigen Formalitäten, auf denen die indischen Beamten bestehen. Aus ähnlichen Gründen werden auch die Golfstaaten gemieden.

Die im Indischen Ozean verstreuten Inselgruppen ziehen jedes Jahr eine zunehmende Anzahl an Booten an. Auch die afrikanische Ostküste verzeichnet einen vermehrten Zuspruch, da Segelboote jetzt in einer zunehmenden Zahl an afrikanischen Ländern am Indischen Ozean willkommen geheißen oder zumindest geduldet werden.

IN 10 Im Nordindischen Ozean

IN 11   Singapur – Westmalaysia
IN 12   Malaysia – Sri Lanka
IN 13   Westmalaysia – Thailand
IN 14   Sri Lanka – Rotes Meer
IN 15   Sri Lanka – Oman
IN 16   Sri Lanka – Malediven
IN 17   Sri Lanka – Indien

IN 18   Indien – Rotes Meer
IN 19   Oman – Rotes Meer
IN 20   Rotes Meer – Sri Lanka
IN 21   Rotes Meer – Malediven
IN 22   Sri Lanka – Singapur
IN 23   Thailand – Singapur

Indischer Ozean

IN 11
Singapur – Westmalaysia Karte 70

Singapur – Port Kelang: 180 sm
Singapur – Penang: 330 sm

Beste Zeit:	November bis April
Tropische Stürme:	keine
Karten:	BA 4706
	US 706
Segelhandbücher:	BA 44
	US 174

Zwischen Malakka und Penang gibt es mehrere Häfen, die man auf dem Törn von Singapur aus in Richtung Norden anlaufen kann. Die Einreiseformalitäten für Malaysia kann man in Malakka erledigen, wo man an anderen Booten, die am Flußufer festgemacht haben, längsseits gehen kann.

Die Fahrt durch die Malakkastraße ist zwar das ganze Jahr über möglich, das beständigste Wetter herrscht jedoch bei NO-Monsun, da dann viel weniger Böen als sonst auftreten. Die berüchtigten *Sumatras* treten bei SW-Monsun häufiger auf, und weil sie mit heftigem Regen und Wind in Sturmstärke einhergehen, erschweren sie die Navigation, was durch den dichten Schiffsverkehr auch nicht einfacher wird.

Ein weiteres charakteristisches Merkmal der Malakkastraße sind die starken Tidenströmungen, die es in Verbindung mit dem normalerweise schwachen Wind geraten erscheinen lassen, zwischen den Gezeiten vor Anker zu gehen. Das bereitet keine Probleme, da am Rand der Straße überall Ankertiefe ist und ausreichend geschützte Stellen zur Verfügung stehen, in denen man ein paar Stunden anhalten kann. Die malaysische Seite ist vorzuziehen, wenn dieser Törn in kürzeren Abschnitten gemacht wird. Tagsüber herrschen häufiger schwache Winde und Flauten, so daß es besser ist, nachts zu segeln, wenn der Wind stetiger und das Wetter allgemein angenehmer ist. Es gibt jedoch eine Gefahr, der man nachts kaum entrinnen kann; das sind die zahlreichen Fischfallen auf beiden Seiten der Straße. In der Dunkelheit bleibt man deshalb besser aus dem flachen Wasser heraus.

IN 12
Malaysia – Sri Lanka Karte 70

Lumut – Galle: 1260 sm
Penang – Galle: 1200 sm

Beste Zeit:	Januar bis März
Tropische Stürme:	Mai bis Dezember
Karten:	BA 4706
	US 706
Segelhandbücher:	BA 44, 38
	US 173, 174

Bei NO-Monsun sollte man auf der malaysischen Seite der Malakkastraße bleiben, bis man auf Backbordbug Kurs auf den Norden Sumatras nehmen kann. Aus der Malakkastraße hinaus führt die Route zwischen Rondo und Großnikobar hindurch. Es ist möglich, Sabang, einen kleinen Hafen auf der Insel Weh, vor der Nordküste Sumatras anzulaufen; man darf dort normalerweise kurz anlegen, selbst wenn man nicht im Besitz einer indonesischen Segelgenehmigung ist.

Die besten Fahrten auf dieser Route macht man im Januar und März, wenn auf dem gesamten Nordindischen Ozean gleichmäßiger NO-Monsun herrscht. Man darf aber nicht zu früh losfahren, denn bevor sich der Monsun etwa Mitte Dezember voll durchgesetzt hat, kann man nur selten auf stetigen Wind hoffen. Bei der Abfahrt Anfang Januar von Singapur oder Malaysia hat man die besten Aussichten auf exzellente Windverhältnisse, und zwar sowohl auf dem Stück nach Sri Lanka als auch weiter in Richtung auf das Rote Meer. Weniger günstige Bedingungen herrschen in der Übergangszeit, im April und im Oktober/November, weil der Wind dann recht häufig aus Westen kommt und die Zyklongefahr im Golf von Bengalen größer ist.

Bei SW-Monsun ist dieser Törn wegen der Gegenwinde und der Zyklongefahr im Golf von Bengalen nicht zu empfehlen. Man kann Sri Lanka auch erreichen, indem man nach dem Passieren der Nordspitze Sumatras auf südlicheren Kurs geht und darauf hofft, südlich des Äquators nach Westen voranzukommen; das ist aber ein extrem schwieriger Törn, auf den man möglichst verzichten sollte. Eine logische Alternative ist es, von Singapur aus durch die Sundastraße in den Indischen Ozean zu fahren und von dort aus auf Route IT 14 zu gehen.

Wegen seiner günstigen Lage und guten Einrichtungen ist der Hafen von Galle an der Südküste von Sri Lanka für Yachten auf der Durchfahrt wärmstens zu empfehlen.

IN 13
Westmalaysia – Thailand

Penang – Phuket: 200 sm

Beste Zeit:	Dezember bis April
Tropische Stürme:	Juli
Karten:	BA 4706
	US 706
Segelhandbücher:	BA 21, 44
	US 173, 174

Die beste Zeit für diesen Törn ist bei NO-Monsun, wenn das Wetter am beständigsten, der Wind für eine Fahrt nach Norden allerdings nicht immer günstig ist. Hauptanziehungspunkt für Segler an der thailändischen Westküste ist Phuket und das umliegende Gebiet. Von Penang aus läuft man meistens Langkawi an, eine pittoreske Inselgruppe nahe der thailändischen Grenze. Von dort aus geht es östlich der Butanggruppe hart westlich an der Insel Tanga vorbei. Der Kurs führt dann in nordwestlicher Richtung an mehreren vorgelagerten Inselchen und Felsen vorbei zum Hafen Phuket.

Aus diesem Grenzgebiet liegen Berichte über Angriffe auf Segelboote vor. Es ist jedoch wohl so, daß die Thai-Piraten es hauptsächlich auf malaysische Fischer abgesehen haben, mit denen sie seit langer Zeit in Fehde liegen, und daß besuchende Yachten nur zufällig in diese lokalen Auseinandersetzungen hineingeraten sind.

IN 14
Sri Lanka – Rotes Meer Karte 70

Galle – Aden: 2130 sm
Galle – Djibouti: 2240 sm

Beste Zeit:	Januar bis März
Tropische Stürme:	April bis Mai,
	Oktober bis November
Karten:	BA 4703, 4706
	US 703, 706
Segelhandbücher:	BA 38, 64
	US 172, 173

Auf dem Höhepunkt des NO-Monsuns kann dieser Törn bei durchschnittlichen Windstärken von 10 bis 15 Knoten ein echtes Vergnügen sein. Zu dieser Zeit herrscht auch eine günstige Strömung, und die Häufigkeit von Stürmen im Nordindischen Ozean ist gleich Null. Das einzige Problem ist der dichte Schiffsverkehr, der entweder im Golf von Aden zusammenläuft oder ihn auf dem Weg vom und zum Persischen Golf quert.

Von Galle oder Colombo aus wird ein Kurs gesteuert, der zwischen Ihavandiffulu, dem nördlichsten Atoll der Malediven, und Minikoy durch den Acht-Grad-Kanal führt. Von dort aus geht es zu einem Punkt nördlich von Sokotra, das wegen der augenscheinlichen Unfreundlichkeit seiner Bewohner gemieden werden sollte. Nach Mitte März muß man möglicherweise Sokotra im Süden passieren und zwischen der Insel und der afrikanischen Küste hindurchfahren, wenn in Inselnähe SW-Wind auftritt. Ab Sokotra kann ein direkter Kurs auf Aden oder Djibouti gesteuert werden.

Bei SW-Monsun sollte dieser Törn nicht einmal erwogen werden. Die einzige Alternative besteht dann darin, den Äquator zu überqueren und mit Hilfe des SO-Passats südlich der Chagos-Inseln nach Westen zu segeln, um dann

Indischer Ozean

wieder über den Äquator zu gehen. Da diese Route nordöstlich an den Seychellen vorbei führt, gelten ähnliche Hinweise wie für Route IT 12.

IN 15
Sri Lanka – Oman
Karte 70

Galle – Raysut: 1680 sm

Beste Zeit:	Januar bis März
Tropische Stürme:	Mai bis Juni, Oktober bis November
Karten:	BA 4705, 4706 US 705, 706
Segelhandbücher:	BA 38, 64 US 172, 173

Im Sultanat Oman ist man dem Tourismus gegenüber zwar nicht gerade aufgeschlossen, verhält sich aber Seglern gegenüber recht freundlich, auch wenn man ihnen das Anlegen nur in Raysut gestattet. Von Sri Lanka aus führt der Kurs durch den Neun-Grad-Kanal, wo man kurz auf Sueli Par, dem Atoll auf der Nordseite, anlegen kann. Das Wetter ist bei NO-Monsun sehr schön, die Windverhältnisse meistens ausgezeichnet. Der Törn sollte nicht vor Ende des Jahres stattfinden, damit der Monsun sich erst durchsetzen kann.

IN 16
Sri Lanka – Malediven
Karte 70

Galle – Male: 420 sm

Beste Zeit:	Januar bis März
Tropische Stürme:	keine
Karten:	BA 2898 US 707
Segelhandbücher:	BA 38 US 173

Tropische Stürme erreichen die nördlichen Malediven nur sehr selten, und die Gefahr eines Zyklons ist auf dieser Route sehr gering. Man macht den Törn am besten bei NO-Monsun, weil der Wind dann überwiegend günstig ist. Bei SW-Monsun sind Gegenwind und eine starke Ostströmung an der Tagesordnung, und auch in den Übergangsmonaten kommt der Wind oft aus westlichen Richtungen. Bei Kurs auf die Hauptstadt Male sollten Mirufenfushi und Diffushi angesteuert werden, zwei niedrige Inselchen, die den östlichsten Punkt des Atolls Nordmale markieren.

Weil die Inseln sämtlich niedrig sind und zwischen ihnen starke unvorhersehbare Strömungen verlaufen, muß man die Malediven mit äußerster Vorsicht anlaufen.

IN 17
Sri Lanka – Indien
Karte 70

Galle – Cochin: 350 sm

Beste Zeit:	Dezember bis Februar
Tropische Stürme:	Mai bis Juni, Oktober bis November
Karten:	BA 4706 US 706
Segelhandbücher:	BA 38 US 173

Hauptsächlich wegen der beträchtlichen bürokratischen Hürden segeln nur wenige Yachten in indischen Gewässern. Der NO-Monsun ist zwar insgesamt beständiger, hat aber noch einen hohen Anteil an NW-Winden, die es schwierig machen, die Häfen an der Westküste des indischen Subkontinents zu erreichen. Törns an der Küste entlang werden zwischen Dezember und Februar etwas durch abwechselnde Land- und Seewinde erleichtert, die lange Schläge an der Küste entlang ermöglichen. Bei Nachtfahrten an der Küste ist es fast unmöglich, den zahllosen Fischnetzen und Fischerbooten ohne Lichter aus dem Weg zu gehen. Deshalb hält man sich während der Dunkelheit besser ein paar Meilen weit auf See.

Die Fahrt nach Norden wird auch bei SW-Monsun mit seinem oft unbeständigen Wetter nicht einfacher. Eine Alternative besteht darin, zum Ende des SW-Monsuns, im September, Nordwestindien zu erreichen und dann mit Hilfe der NW-Winde und der Südströmung in der Übergangszeit die Küste hinunterzusegeln.

Bei NO-Monsun dringen nur wenige Boote weiter als bis Cochin nach Norden vor, wo man sein Schiff unter Verschluß lassen und ins Land reisen kann.

IN 18
Indien – Rotes Meer Karte 70

Cochin – Aden: 1850 sm

Beste Zeit:	Dezember bis Februar
Tropische Stürme:	Mai bis Juni, Oktober bis November
Karten:	BA 4705 US 705
Segelhandbücher:	BA 38, 64 US 172, 173

Auf dem Höhepunkt des NO-Monsuns, von Dezember bis Anfang März, kann man von jedem Hafen an der indischen Westküste aus eine direkte Route zum Roten Meer nehmen. Nach Mitte März ist der Wind weniger konstant, und der Prozentsatz an Flauten im Arabischen Meer ist höher. Im März geht man besser auf einen Kurs, der südlich an Sokotra vorbeiführt, wo SW-Wind zu erwarten ist. Zum Ende des NO-Monsuns hin wird die Wahl der besten Route noch kritischer, da nahe bei Sokotra verstärkt Aussicht auf Gegenwind besteht. Im April ist es ratsam, einen Punkt 50 Meilen südlich von Sokotra anzusteuern, um auf den nächsten Schlag von Ras Asir freizukommen, da zu dieser Zeit auch die Strömung nordwärts auf Sokotra setzt.

Von Mai bis September, bei SW-Monsun, ist ein direkter Törn unmöglich; dann besteht die einzige Alternative in einem langen Umweg über die Chagos-Inseln. Diese Route führt nordöstlich an den Seychellen vorbei und auf etwa 53°O wieder über den Äquator zurück. Siehe auch Route IT 12.

IN 19
Oman – Rotes Meer Karte 70

Raysut – Aden: 600 sm
Raysut – Djibouti: 720 sm

Beste Zeit:	Januar bis März
Tropische Stürme:	Mai bis Juni, Oktober bis November
Karten:	BA 4705 US 705
Segelhandbücher:	BA 64 US 172

Ausgezeichnete Segelbedingungen herrschen bei NO-Monsun, wobei Januar und Februar die besten Monate sind, um Kurs auf das Rote Meer zu nehmen. Wegen des höheren Prozentsatzes an Flauten in Landnähe sollte der Kurs von Raysut aus zunächst auf die hohe See führen. Gegen Ende März nimmt der Anteil an SW-Winden zu; dann macht sich auch parallel zur Küste eine Gegenströmung bemerkbar. Der Törn sollte nicht bei SW-Monsun unternommen werden, weil starke Gegenwinde es dann fast unmöglich machen, das Rote Meer auf dieser Route zu erreichen. In der Übergangszeit zwischen den Monsunen gibt es in diesem Gebiet tropische Stürme.

IN 20
Rotes Meer – Sri Lanka Karte 77

Aden – Galle: 2130 sm

Beste Zeit:	September
Tropische Stürme:	Mai bis Juni, Oktober bis November
Karten:	BA 4705, 4706 US 703, 706
Segelhandbücher:	BA 38, 64 US 172, 173

Die Wahl der richtigen Zeit für diesen Törn ist ein größeres Problem, weil in den zyklonfreien Monaten Juli und August die meisten Stürme auftreten. Im Juli gibt es östlich von Sokotra so

Indischer Ozean

viele Stürme wie vor Kap Hoorn im Sommer. Da Fahrten durch das Arabische Meer auf dem Höhepunkt des SW-Monsuns extrem rauh werden können, bietet nur der September Aussicht auf einen angenehmeren Törn. Die Übergangsmonate zwischen den beiden Monsunen sind ebenfalls wegen der Zyklongefahr nicht zu empfehlen; im April hat man allerdings gute Aussichten auf günstigen Wind, und der Risikofaktor ist kleiner.

Von Djibouti oder Aden aus führt der Kurs ein gutes Stück nördlich an Sokotra vorbei, um die starke Westströmung an der afrikanischen Küste zu meiden. Sri Lanka wird entweder durch den Neun-Grad-Kanal oder durch den Acht-Grad-Kanal angelaufen, zwischen denen sich die Insel Minikoy befindet. Beide Kanäle sind besonders bei Nacht und unsichtigem Wetter, wie es gelegentlich bei SW-Monsun herrscht, mit Vorsicht anzusteuern.

Der kleine Hafen Galle an der Südwestküste Sri Lankas eignet sich für Yachten viel besser als Colombo.

IN 21
Rotes Meer – Malediven   Karte 77

Aden – Male: 1780 sm
Djibouti – Male: 1860 sm

Beste Zeit:	September
Tropische Stürme:	Mai bis Juni, Oktober bis November
Karten:	BA 4703
	US 703
Segelhandbücher:	BA 38, 64
	US 173

Hier gelten fast die gleichen Hinweise wie für Route IN 20, d. h., erst nachdem Sokotra im Norden passiert ist, sollte Kurs auf Male, die Hauptstadt und den Einreisehafen für die Malediven, gesetzt werden. Die niedrigen Malediven sind mit äußerster Vorsicht anzulaufen, weil bei SW-Monsun eine starke Strömung auf die Inseln setzt.

IN 22
Sri Lanka – Singapur   Karte 77

Galle – Tenang: 1200 sm
Galle – Singapur: 1450 sm

Beste Zeit:	Juli bis September
Tropische Stürme:	Mai bis November
Karten:	BA 4706
	US 706
Segelhandbücher:	BA 38, 44
	US 173, 174

Die Zyklonsaison im Golf von Bengalen erstreckt sich zwar über den gesamten Zeitraum des SW-Monsuns, der aber auf seinem Höhepunkt der Entstehung tropischer Stürme entgegensteht; die wenigen Zyklone, die es zwischen Juli und September gibt, bleiben normalerweise nördlich des Gebietes, durch das diese Route führt. Man fährt nördlich von Sumatra zwischen den Inseln Großnikobar und Rondo in die Malakkastraße ein. Der SW-Monsun wird gewöhnlich durch die Landmasse Sumatras abgeblockt, so daß auf der malaysischen Seite der Straße bessere Winde herrschen. Wegen der starken Tidenströmungen in der Malakkastraße ist es im allgemeinen besser, zwischen den Gezeiten vor Anker zu gehen (siehe auch Route IN 11).

Wer vor der Weiterfahrt nach Singapur in Malaysia segeln will, kann auf der Insel Penang einklarieren. Sie ist auch ein guter Ausgangspunkt für einen Törn nach Langkawi und Phuket an der thailändischen Westküste, beides beliebte Zielorte (siehe Route IN 13).

IN 23
Thailand – Singapur

Phuket – Singapur: 520 sm

Beste Zeit:	Dezember bis April
Tropische Stürme:	keine
Karten:	BA 4706
	US 706
Segelhandbücher:	BA 21, 30, 44
	US 161, 173, 174

An der thailändischen Westküste südlich von Phuket kann man das ganze Jahr über segeln, weil sie nicht von Zyklonen aus dem Golf von Bengalen betroffen ist; dabei ist das Wetter bei NO-Monsun allerdings schöner. Bei SW-Monsun ist es schwülwarm und böiger. Weitere beliebte Segelreviere sind Langkawi und Penang. Auch in der Malakkastraße sind die Segelbedingungen bei NO-Monsun besser (siehe Route IN 11). Bei beiden Monsunen setzt die Hauptströmung nach Norden.

Die meisten Segler ziehen zwar die Westküste von Malaysia und Thailand vor, aber es hat in der letzten Zeit auch eine Reihe von Yachten gegeben, die an der Ostküste dieser beiden Länder am Südchinesischen Meer auf Fahrt gegangen sind. Weil die Ostküste östlichen Winden ausgesetzt ist, segelt man dort besser bei SW-Monsun. Von Singapur bis zum Golf von Thailand gibt es an der Küste viele attraktive Fischerhäfen. Das Grenzgebiet ziwschen Malaysia und Thailand sollte man meiden, da von dort mehrere Fälle von Piraterie gemeldet worden sind. Die Situation scheint sich verbessert zu haben, seit die Zahl der Bootsflüchtlinge aus Vietnam, die das Hauptziel der Piraten waren, nachgelassen hat; trotzdem kann das Gebiet nicht als völlig ungefährlich betrachtet werden.

21 Transäquatorialtörns im Indischen Ozean

IT 11 Malediven – Chagos-Inseln
IT 12 Seychellen – Rotes Meer
IT 13 Chagos-Inseln – Sri Lanka
IT 14 Bali – Sri Lanka
IT 15 Bali – Singapur

IT 16 Cocos Keeling – Sri Lanka
IT 17 Kenia – Rotes Meer
IT 18 Chagos-Inseln – Malediven
IT 19 Rotes Meer – Südindischer Ozean

IT 11
Malediven – Chagos-Inseln Karte 77

Male – Salomon: 600 sm

Beste Zeit:	Januar bis März
Tropische Stürme:	keine
Karten:	BA 4707
	US 707
Segelhandbücher:	BA 38, 39
	US 170, 171

Die beste Zeit für diesen Törn ist bei NO-Monsun, wenn nördlich und südlich des Äquators günstige Winde herrschen. Von Mai bis November kommt der Wind überwiegend aus südlichen Richtungen, und auch in der Übergangszeit gibt es noch einen hohen Anteil an südlichen Winden, so daß die einzige Zeit, zu der mit Sicherheit günstiger Wind herrscht, der Höhepunkt des NO-Monsuns ist. Nach der Abfahrt von Male auf dem Atoll Nordmale hält man sich am besten östlich aller Inseln einschließlich des Felidu-Atolls, das befeuert ist. Zum Anlaufen der südlichen Malediven und Ausklarieren in Addu, dem südlichsten Atoll der Gruppe, ist eine Genehmigung der Behörden in Male erforderlich.

Diego Garcia ist eine von den USA genutzte britische Militärbasis, und auf der Hauptinsel darf man nur im Notfall anlegen. Die meisten anderen Chagos-Inseln kann man jedoch anlaufen, wobei Peros Banhos und Salomon bei der Ankunft aus Norden günstig gelegen sind.

IT 12
Seychellen – Rotes Meer Karten 70, 77

Mahé – Aden: 1460 sm
Mahé – Djibouti: 1570 sm

Beste Zeit:	September bis Mitte Oktober
Tropische Stürme:	Mai bis Juni
Karten:	BA 4703
	US 703
Segelhandbücher:	BA 3, 39, 64
	US 170, 171, 172

Die optimale Zeit für diesen Törn ist zum Ende des SW-Monsuns hin, im September oder Anfang Oktober, wenn der Wind im nordwestlichen Teil des Indischen Ozeans nachzulassen beginnt. Zu dieser Jahreszeit reicht der SO-Passat bis an den Äquator, von wo aus er allmählich auf SW dreht und bis Sokotra immer stärker wird. Dieses Gebiet ist berüchtigt für den hohen Prozentsatz an Stürmen bei SW-Monsun, und das ist der Grund dafür, daß die Fahrt zu einem früheren Zeitpunkt, im Juli oder August, nicht zu empfehlen ist. Auch zum Ende des SW-Monsuns hin kann der Wind noch sehr stark sein und führt in Verbindung mit den starken Strömungen zu rauher See um das Horn von Afrika.

Von den Seychellen aus wird NW-Kurs gesteuert, der westlich von 51°O über den Äquator führt. Damit vermeidet man eine starke SO-Strömung in der Übergangszeit zwischen den Monsunen. Näher an der afrikanischen Küste setzt der Somalistrom kräftig nach Norden, wo er im Bereich südlich von Sokotra bis zu 170 Meilen pro Tag erreicht.

In der Übergangszeit reicht der SO-Passat bis zum Äquator, so daß man mit günstigem Wind bis in den Golf von Aden laufen kann. Der Törn darf jedoch nicht zu spät beginnen, da nördlich des Äquators nach der zweiten Oktoberhälfte mehr und mehr NO-Wind vorherrscht. Dichter Dunst und schlechte Sicht machen die Fahrt an der afrikanischen Küste gefährlich, so daß man bei Tag und Nacht ausreichenden Abstand halten sollte.

Wer den Törn bei NO-Monsun macht, muß südlich des Äquators auf Ostkurs bleiben und den Äquator zwischen 66°O und 68°O überqueren. Von diesem Punkt aus wird NW-Kurs gesetzt, der in Luv an Sokotra vorbeiführt. Segler, die diese Fahrt zum Ende des NO-Monsuns hin, Ende Februar oder März, unternommen haben, waren allerdings in der Lage, von den Seychellen aus einen nördlicheren Kurs zu steuern, der auf etwa 63°O über den Äquator führte. An diesem Punkt geht man dann auf den Bug, auf dem man am weitesten nach Norden vorankommt. Bei NO-Monsun kommt der Wind im Golf von Aden überwiegend aus östlichen Richtungen, in der Übergangszeit jedoch, speziell im Oktober, aus S oder SW.

IT 13
Chagos-Inseln – Sri Lanka   Karte 77

Peros Banhos – Galle: 860 sm

Beste Zeit:	Mai bis September
Tropische Stürme:	Dezember bis Juli
Karten:	BA 4707
	US 707
Segelhandbücher:	BA 38, 39
	US 170, 171, 173

Die Taktik auf diesem Törn ist einzig und allein vom Monsun nördlich des Äquators abhängig. Bei SW-Monsun, von April bis September, ist es wahrscheinlich am besten, auf direktem Kurs nach Sri Lanka zu segeln und die Stromversetzung erst nach dem Überqueren des Äquators auszugleichen. Zu achten ist auf die starken Strömungen im Bereich der nördlichen Chagos-Inseln. Der Wind ist zu Anfang wahrscheinlich schwach, doch macht sich bei der Annäherung an den Äquator der Monsun bemerkbar, wobei der Wind allmählich von S auf SW und schließlich W dreht.

Bei NO-Monsun ist es wichtig, südlich des Äquators möglichst weit nach Osten voranzukommen; der Äquator sollte auf etwa 82°O überquert werden, um Sri Lanka aus Süd zu Ost anzusteuern.

IT 14
Bali – Sri Lanka   Karte 70

Benoa – Galle: 2320 sm

Beste Zeit:	September bis Mitte Oktober
Tropische Stürme:	Dezember bis Juli
Karten:	BA 4071
	US 632, 706
Segelhandbücher:	BA 34, 38, 44
	US 163, 173, 174

Diese direktere Route nach Sri Lanka nehmen hauptsächlich diejenigen Segler, die auf dem Weg ins Rote Meer sind und kein Interesse

Indischer Ozean

daran haben, über Singapur und durch die Malakkastraße zu fahren. Bei der Abfahrt von Benoa geht man am besten sofort auf See hinaus und hält sich südlich von Java. Im September und Anfang Oktober sorgt der SO-Passat für günstigen Wind bis auf etwa 5°S, doch weil der Wind weiter südlich gleichmäßiger weht, ist es ratsam, erst ab 95°O direkten Kurs auf Sri Lanka zu nehmen, zumal auch näher an Sumatra mit Gegenwind und gegenläufigen Strömungen zu rechnen ist.

Nicht zu empfehlen ist dieser Törn bei NO-Monsun, weil dann südlich und nördlich des Äquators meistens Gegenwind herrscht. Die besten Bedingungen gibt es in der Übergangszeit vom SW- zum NO-Monsun. Auf dem Höhepunkt des SW-Monsuns legt man die erforderliche Strecke nach Westen südlich von 5°S zurück, da starker Westwind es sehr schwierig machen würde, Sri Lanka auf direktem Kurs zu erreichen. Weitere Hinweise finden sich bei Route IT 16.

IT 15
Bali – Singapur
Karten 70, 76

Benoa – Singapur: 990 sm	
Beste Zeit:	Mai bis September
Tropische Stürme:	keine
Karten:	BA 1263
	US 632
Segelhandbücher:	BA 34, 36
	US 163, 174

Es gibt im wesentlichen zwei Möglichkeiten, von Bali aus nach Singapur zu segeln, nämlich einmal auf direktem Wege durch die Karimatastraße (IT 15 A) und zum anderen auf einer indirekteren Route durch die Bangka- und die Riaustraße (IT 15 B). Die erste Route ist schneller und kann nonstop gemacht werden, da sie überwiegend über See führt; die zweite Route ist meistens langsamer und bietet die Möglichkeit, bei ungünstigem Wind nachts irgendwo anzulegen, ist aber nur zu empfehlen, wenn man im Besitz einer indonesischen Segelgenehmigung ist. Die beste Zeit für beide Routen ist bei SO/SW-Monsun. In den Übergangsmonaten April, Oktober und Anfang November herrschen wechselnde Winde und Flauten. In diesen Monaten kommt es auch häufig zu Regenböen von oft sintflutartigen Ausmaßen, die es schwierig machen, jede Nacht in Sicherheit zu ankern, und die Hochseeroute attraktiver erscheinen lassen.

Von Benoa aus führt der Kurs nach NO durch die Lombokstraße, wo gelegentlich extrem starke Strömungen auftreten. Bei SO-Monsun setzen die Strömungen hauptsächlich nach Süden, wobei allerdings zu gewissen Zeiten an der Küste von Bali eine günstige NO-Strömung herrscht. Zu dieser Strömung kommt es ungefähr zur Zeit des Monddurchgangs; sie hält zwei oder drei Stunden lang an, so daß es sich lohnt, zwei Stunden vor dem Durchgang bei Stauwasser loszufahren. Nördlich von Bali führt die Route durch eine der Durchfahrten zwischen Madura und Kangean in die Javasee, wobei die Sapudinstraße am einfachsten zu befahren ist, da sie befeuert ist. In der Javasee laufen die beiden Routen auseinander. Route IT 15 A führt durch die Karimatastraße östlich an allen Gefahrenstellen vor der Küste von Belitung vorbei. Der Kurs wird geändert und läuft nördlich am Ontario-Riff nahe an Seroetoe vorbei. Von dort aus geht es auf NW-Kurs in das Chinesische Meer, wobei der Äquator auf etwa 105°O überquert wird. Aus dieser Richtung ist es einfacher, auf die NO-Küste von Bintan zuzuhalten und Singapur entweder durch den mittleren oder durch den südlichen Kanal der Straße von Singapur in ausreichendem Abstand von den Felsen und Riffen nördlich von Bintan anzusteuern.

Route IT 15 B führt durch die Bangkastraße, die Enge zwischen Sumatra und Bangka. Der Wind in der Straße weht gewöhnlich parallel zur Küste, wobei allerdings zum Ende des SO-Monsuns hin starker SW-Wind auftreten kann. Wegen der Gezeitenströmungen in der Straße hält man sich bei SO-Monsun am besten möglichst nahe an der Küste von Sumatra. Nördlich der Bangkastraße gibt es wieder zwei Möglichkeiten. Die direkte Route führt außen an Lingga vorbei in die Riaustraße und wird von den meisten Booten genommen, weil sie einfach zu befahren ist. Die indirekte Route folgt der Küste Sumatras durch die Berhala- und die Pengelapstraße und stößt zur Anfahrt auf Singapur durch die Riaustraße wieder auf die direkte Route. Etwas indirekter kommt man aus SW durch die Durianstraße und den Phillipkanal nach Singapur.

IT 16
Cocos Keeling – Sri Lanka Karte 70

Cocos – Galle: 1490 sm

Beste Zeit:	September
Tropische Stürme:	Dezember bis Juli
Karten:	BA 4707
	US 706
Segelhandbücher:	BA 38, 44
	US 163, 173

Diesen Törn kann man zu jeder Jahreszeit machen, doch die meisten Segler wollen anschließend in das Rote Meer weiter und planen ihre Ankunft in Sri Lanka deshalb für den Vorabend des NO-Monsuns. Wer jedoch später fährt, läuft Gefahr, nördlich des Äquators auf nördliche Winde zu treffen. Daher ist es ratsam, diesen Törn zu machen, solange im Nordindischen Ozean noch SW-Monsun herrscht, am besten wahrscheinlich im September. In der zweiten Oktoberhälfte gibt es zwischen 3°S und dem Äquator schwache wechselnde Winde und unberechenbare Strömungen. Ähnliche Bedingungen herrschen nördlich des Äquators auf dem gesamten Weg nach Sri Lanka.

Das schwierigste an dieser Route ist die Tatsache, daß sie durch drei verschiedene Strömungen führt, von denen keine einzige genau zu berechnen ist. Die Route verläuft zuerst durch den nach Westen setzenden Südäquatorialstrom, dessen Wirkung bei der Annäherung an den Äquator durch die nach Osten setzende äquatoriale Gegenströmung aufgehoben wird. Nördlich des Äquators richtet sich die Strömung nach dem jeweiligen Monsun; sie setzt bei SW-Monsun nach Osten und bei NO-Monsun nach Westen. Insgesamt kommt es jedoch wohl meistens zu einer Ostversetzung, weil sich bislang alle Boote auf diesem Törn weiter als erwartet im Osten wiederfanden.

Als weiterer Faktor muß auf dieser Route noch die Tatsache berücksichtigt werden, daß sie durch die Kalmen führt, wobei der Gürtel mit Flauten oder schwachen Winden zwischen dem SO-Passat und dem jeweiligen Monsun nördlich des Äquators allerdings nicht allzu breit ist und die Windsysteme manchmal fast ohne Unterbrechung ineinander übergehen. Im August und September reicht der SO-Passat bis auf 5°S. Es wird empfohlen, einen Punkt in 4°S, 80°O anzusteuern und dann auf 80°O nach Norden zu segeln, bis der Äquator erreicht ist.

Bei NO-Monsun, von Dezember bis März, sollte man zusehen, nach der Abfahrt von Cocos Keeling möglichst weit nach Norden voranzukommen, um den Äquator auf etwa 90°O zu überqueren und Sri Lanka aus einem besseren Winkel anzusteuern.

IT 17
Kenia – Rotes Meer Karte 70

Mombasa – Aden: 1640 sm
Mombasa – Djibouti: 1750 sm

Beste Zeit:	April bis Mai, September
Tropische Stürme:	Juni, Oktober
Karten:	BA 4701, 4703
	US 71
Segelhandbücher:	BA 3, 64
	US 170, 171, 172

Die klassische Route der arabischen Händler profitiert während des gesamten SW-Monsuns von April bis Oktober von günstigen Winden. Da diese Winde jedoch in den Monaten Juli und August in der Nähe von Sokotra und am Horn von Afrika oft Sturmstärke erreichen,

Indischer Ozean

dürfte die Fahrt zu Beginn oder am Ende des SW-Monsuns bequemer sein. Gute Fahrten auf dieser Route kann man im September machen, wenn der Wind südlich und nördlich des Äquators günstig ist und der starke Somaliastrom die Tagesleistung erheblich steigen läßt. Der Kurs verläuft parallel zur afrikanischen Küste, wo jedoch wegen des dichten Dunstes und der schlechten Sicht bei SW-Monsun besondere Aufmerksamkeit erforderlich ist. Am gefährlichsten ist es vor dem Ras Hafun, einer Landspitze, die schon viele Opfer gefordert hat.

Die Abfahrtszeit ist ein entscheidender Faktor, da die Übergangszeit sehr kurz ist und der NO-Monsun schon vor Mitte Oktober einsetzen kann; dann ändern Wind und Strömungen die Richtung. Alternativ kann man den Törn auch zu Beginn des SW-Monsuns machen, wenn der Wind möglicherweise schwächer ist. Auf dem Höhepunkt des SW-Monsuns, im Juli oder August, muß man auf sehr starken Wind und rauhe See gefaßt sein.

Bei NO-Monsun wartet man besser bis Ende März, um dann bei Monsunwechsel nördlich des Äquators zu sein. Von Mombasa aus segelt man in östlicher Richtung, so daß der Äquator auf etwa 54°O überquert wird. Von dort aus geht es auf dem besten Bug nach Norden zwischen Sokotra und Kap Guardafui hindurch (siehe auch IT 12).

IT 18
Chagos-Inseln – Malediven Karte 70

Peros Banhos – Male: 600 sm

Beste Zeit:	Mai bis September
Tropische Stürme:	keine
Karten:	BA 4707
	US 707
Segelhandbücher:	BA 38, 39
	US 171

Die besten Segelbedingungen sind bei SW-Monsun zu erwarten, wenn südlich des Äquators südliche Winde herrschen. In der Übergangszeit sind die Winde viel schwächer, und es gibt lange Flautenperioden. Bei NO-Monsun kommt der Wind südlich des Äquators überwiegend aus NW.

Die Strömungen in dieser Region sind teilweise sehr stark und haben eine Richtung, die besonders in der Übergangszeit zwischen den Monsunen nur schwer vorherzusagen ist. Am stärksten ist bei SW-Monsun die Indische Monsunströmung, die beidseits des Äquators nach Osten setzt.

Von Peros Banhos und Salomon aus geht es fast genau nach Norden; auf dieser Strecke gibt es keine Gefahrenstellen, bis die Malediven angelaufen werden. Die Hauptstadt Male liegt im Süden des Atolls Nordmale, wo alle Boote die Einreiseformalitäten erledigen müssen.

IT 19 Karte 77
Rotes Meer – Südindischer Ozean

Bab al Mandab – Mombasa: 1730 sm
Bab al Mandab – Seychellen: 1550 sm
Bab al Mandab – Diego Garcia: 2200 sm

Beste Zeit:	November bis März
Tropische Stürme:	Mai bis Juni, Oktober
Karten:	BA 4071
	US 702, 703
Segelhandbücher:	BA 3, 38, 64
	US 170, 171, 172

Die Mehrzahl aller Yachten segelt zwar von Süden nach Norden durch das Rote Meer, doch nimmt jedes Jahr die Zahl der Boote zu, die auf einer direkteren Route aus Europa und aus dem Mittelmeer Ziele im Südindischen Ozean ansteuern.

Kenia und andere Punkte an der Ostküste Afrikas erreicht man am einfachsten bei NO-Monsun. Die größten Probleme gibt es meistens zu Beginn der Fahrt, wenn anhaltender Ostwind es schwer macht, aus dem Golf von Aden herauszukommen. Sobald Ras Asir in Luv umfahren ist, sorgen günstige Winde und

Strömungen für schnelle Fahrt an der afrikanischen Küste entlang. Das gilt auch für eine Fahrt zu den Seychellen bei NO-Monsun, da die Inseln auch auf einer direkten Route aus dem Golf von Aden zu erreichen sind. Das nächste Teilstück zu Zielen weiter südlich sollte dann bis nach der Zyklonsaison im Südindischen Ozean zurückgestellt werden (siehe auch Route IS 27).

Bei SW-Monsun ist die afrikanische Küste nur auf einem Umweg über die Seychellen zu erreichen. Wenn Sokotra im Norden passiert ist, führt der Kurs nach SO und so weit westlich, wie der Wind es zuläßt, über den Äquator. Wenn zwischen 2°S und 4°S der SO-Passat erreicht ist, geht man auf einen Kurs, der nördlich an den Seychellen vorbei nach Kenia führt; dabei kann man auch einen Zwischenaufenthalt auf den Seychellen einlegen (siehe auch Route IS 28 und IS 34).

Bei SW-Monsun führt die Route aus dem Roten Meer zu den Chagos-Inseln und nach Mauritius zwischen 70°O und 72°O über den Äquator. Ab Chagos gelten die gleichen Hinweise wie für Route IS 29. Bei Abfahrt aus dem Roten Meer im September sind die Segelbedingungen auf dem nächsten Abschnitt nach Mauritius besser.

71. Strömungen im Indischen Ozean bei SW-Monsun

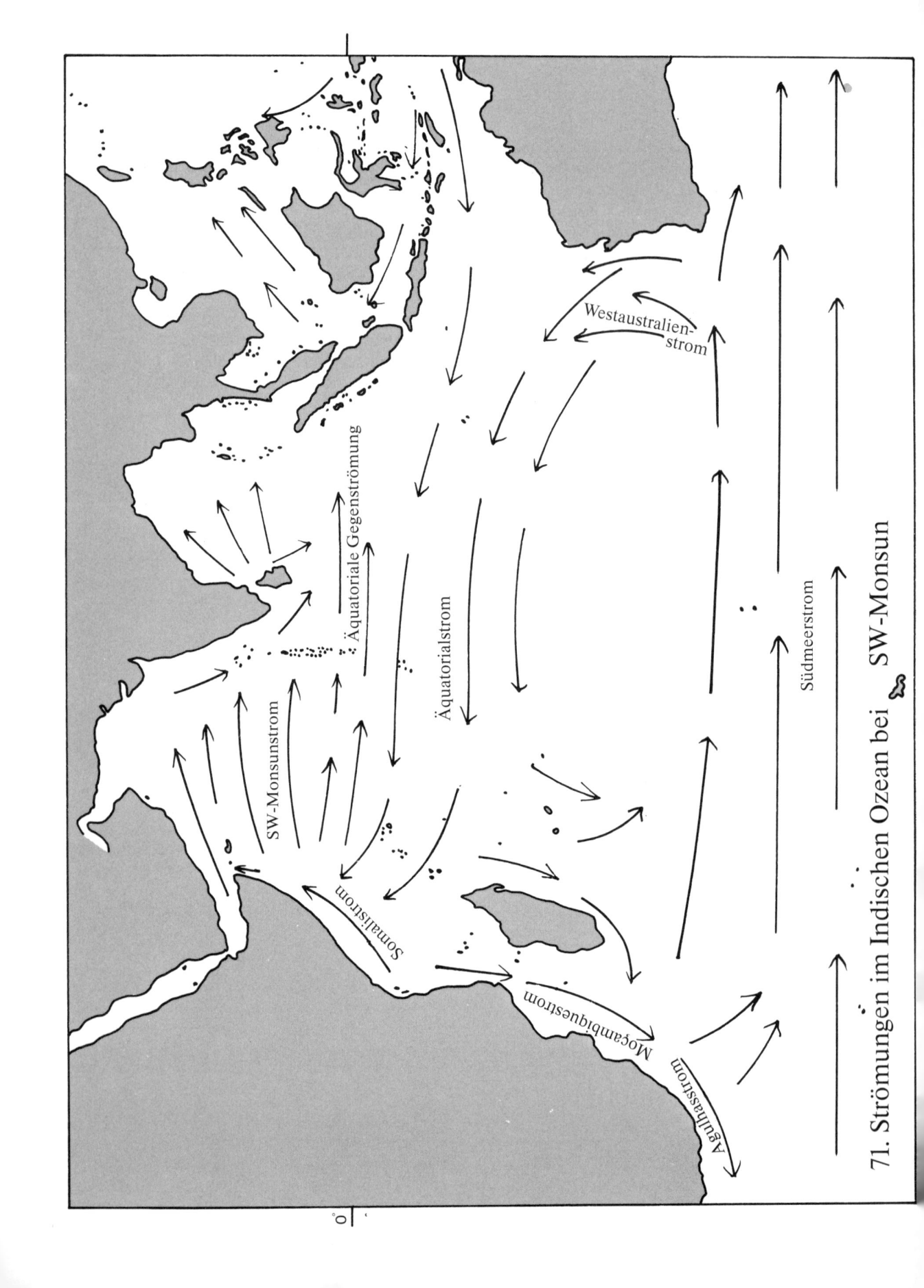

22 Wind- und Strömungsverhältnisse im Südindischen Ozean

Karte 2 bis 6

Das Wetter im Tropenbereich des Südindischen Ozeans wird stark davon beeinflußt, daß der Nordindische Monsun im nördlichen Winter nach Süden über den Äquator vordringt und sich im Sommer entsprechend wieder zurückzieht. Außerhalb der Tropen nimmt das Wetter einen normalen Verlauf.

Südostpassat

Dieser Wind weht auf der Äquatorseite der gegen den Uhrzeigersinn gerichteten Luftbewegung um das Hochdruckgebiet in etwa 30°S. Im Gegensatz zu den anderen Ozeanen besteht das Hoch im Südindischen Ozean nur selten aus einer einzelnen Zelle und umfaßt häufig eine Abfolge ostwärts ziehender Antizyklonen. Auf deren Nordseite bildet der Passat einen breiten Gürtel, der sich von Westaustralien bis nach Madagaskar und an die afrikanische Küste über den Ozean erstreckt. Zwischen Juli und September breitet sich dieser Gürtel über ein sehr großes Gebiet aus und bildet eine Fortsetzung des SO-Passats im Südpazifik. Der gesamte Gürtel verlagert sich das Jahr über nach Norden und nach Süden, wobei die Nordgrenze bei 2°S im August und bei 12°S im Januar liegt. Die Verlagerung der Südgrenze ist weniger ausgeprägt; sie liegt zwischen 24°S im August und 30°S im Januar.

Der Passat erreicht durchschnittlich 10 bis 15 Knoten im Sommer und 15 bis 20 Knoten im Winter. In der Zentralregion kommt er besonders von Mai bis September, wenn nördlich des Äquators der SW-Monsun herrscht, stetig aus SO oder OSO.

Nordwestmonsun

Wenn die tropische Konvergenzzone zwischen November und März südlich des Äquators liegt, dringt der NO-Monsun aus dem Nordindischen Ozean in die südliche Hemisphäre vor. Wegen der Erddrehung wird er nach links abgelenkt und wird im nördlichen Teil des Südindischen Ozeans zum NW-Wind. Er ist in diesem Zeitraum allgemein schwach und schwankt beträchtlich in bezug auf Richtung und Stärke. Das Wetter ist oft böig und unbeständig.

Monsune des Indonesischen Archipels

Das Wetter im indonesischen Archipel wird stärker von den beiden Monsunen beeinflußt als in den angrenzenden Gebieten. Der SO-Monsun dauert im allgemeinen von April bis September und wird von Oktober bis März vom NW-Monsun abgelöst. Keiner der beiden Monsune ist sehr stark, wobei der SO-Monsun

Indischer Ozean

besonders im Juli und August, wenn er praktisch eine Verlängerung des SO-Passats des Südpazifiks und des Indischen Ozeans bildet, in Stärke und Richtung gleichmäßiger ist. Bei NW-Monsunen kommt der Wind überwiegend aus NW, läßt aber weiter südlich in Stärke und Richtung nach. Südlich von 4°S herrscht oft böiges Wetter, das mit Flauten, wechselnden Winden und Regen durchsetzt ist.

Wechselnde Winde

Auf der Polarseite des SO-Passatgürtels gibt es einen Bereich mit schwachen wechselnden Winden, der mit der Hochdruckzone zusammenfällt. Die Achse dieses Hochs liegt im Winter bei etwa 30°S und im Sommer bei etwa 35°S. In dieser Zone, die ähnliche Merkmale wie die Roßbreiten des Atlantiks aufweist, ist das Wetter äußerst wechselhaft.

Westliche Winde

Südlich der Hochdruckzone im Indischen Ozean herrschen westliche Winde vor. Der fast unaufhörliche Durchzug von Tiefdruckgebieten von Westen nach Osten sorgt dafür, daß Windrichtung und Windstärke beträchtlichen Schwankungen unterliegen. Besonders in den höheren Breiten der »brüllenden Vierziger« und darüber hinaus ist die Sturmhäufigkeit hoch, das Wetter kalt und die See rauh.

Tropische Stürme

Die Zyklonsaison im Südindischen Ozean dauert von November bis Mai, wobei der Zeitraum von Dezember bis April als gefährlich gilt, da im November und Mai nur selten Zyklone auftreten. Der Monat der höchsten Sturmhäufigkeit ist der Januar.

Die Willy-Willies an der australischen W- und NW-Küste treten überwiegend zwischen Dezember und April auf. Sie reichen gelegentlich bis in die Timorsee und die Arafurasee; in der letzteren muß man auch mit Südpazifikzyklonen rechnen, die gelegentlich Nordaustralien heimsuchen. Das kann von Dezember bis März der Fall sein.

Strömungen

Die Hauptoberflächenströmung im Südindischen Ozean verläuft gegen den Uhrzeigersinn, doch wegen der Monsune im Nordindischen Ozean gibt es nur einen Äquatorialstrom, der nach Westen setzt und dessen nördliche Grenze je nach Längengrad und Jahreszeit zwischen 6°S und 10°S, also immer südlich des Äquators, liegt. Während des SW-Monsuns im Nordindischen Ozean reicht sie weiter bis an den Äquator heran. Im Westen fließt der Nordteil des Stroms an Madagaskar vorbei, bis er auf die afrikanische Küste trifft. Dort teilt er sich in einen Arm, der an der Küste entlang nach Norden führt, und einen anderen, der nach Süden durch die Straße von Moçambique setzt. Dieser Arm wird zum Moçambiquestrom, der weiter südlich seinen Namen in Agulhasstrom ändert.

Der Agulhasstrom besteht nicht nur aus dem Moçambiquestrom, sondern auch aus dem südlichen Arm des Äquatorialstroms. Die beiden Strömungen treffen sich auf etwa 28°S vor der afrikanischen Küste und setzen von dort aus zusammen nach SW, bevor sie am Kap der Guten Hoffnung vorbei in den Südatlantik fließen. Ein Teil des Agulhasstroms zweigt nach SO ab und geht in den Südmeerstrom ein. Dieser Strom, der nach O und NO setzt, bildet den südlichen Teil des Hauptströmungssystems im Südindischen Ozean. Die Ostseite dieser gegen den Uhrzeigersinn gerichteten Bewegung bildet der Westaustralienstrom, der in nordwestlicher Richtung an der australischen Westküste entlangführt, schließlich in den Äquatorialstrom eingeht und damit die riesige Kreisbewegung vervollständigt.

23 Regionale Wetterverhältnisse im Südindischen Ozean

Nordaustralien

Von Mai bis September liegt dieses Gebiet im Bereich stetiger SO-Passatwinde, die einen Gürtel über den Südpazifik und den Indischen Ozean bilden. Der Wind ist im Juli und August am stetigsten, läßt aber bei Sonnenuntergang oft nach und frischt bei Sonnenaufgang wieder auf. Nach September nimmt der Wind ab und kommt eher aus Norden; nachts schläft er oft ein. Von Dezember bis Januar liegt die tropische Konvergenzzone über dieser Region und bringt unbeständiges Wetter mit sich.

An der Küste sind die Bedingungen von Ort zu Ort unterschiedlich. Im Carpentariagolf kommt der Wind von Februar bis Mai überwiegend aus ONO, während zwischen Kap Wessel und Kap Van Diemen beide Monsune unregelmäßig sind und sich in Küstennähe Land- und Seewinde abwechseln. Zwischen Kap Van Diemen und dem Nordwestkap herrscht von Oktober bis April NW-Monsun vor.

An der gesamten Nordküste besteht von Dezember bis März Zyklongefahr.

Arafura- und Timorsee

Die Seen zwischen der australischen Nordküste und dem Indonesischen Archipel haben ein typisches Monsunklima. Die Konvergenzzone, die die Grenze zwischen dem SO- und dem NW-Monsun bildet, zieht hier durch, um im Januar über Nordaustralien ihre südlichste Lage und dann wieder im Juli nördlich von Borneo ihre nördlichste Lage zu erreichen. Bei Durchzug der Zone zwischen Februar und März und dann wieder zwischen November und Dezember herrscht auf See typisches Kalmenwetter mit Böen und Gewitterstürmen.

Nach März setzt sich der SO-Monsun durch und weht dann stetig bis Oktober oder November; am stärksten ist er mit 10 bis 20 Knoten im Juni, Juli und August. In dieser Zeit ist es trocken und schön. Von Dezember bis Februar weht der NO-Monsun, der aber nicht so beständig ist und durchaus aus W, SW und NW kommen kann. In dieser Zeit gibt es heftige Niederschläge in Böen und Gewitterstürmen, und der Himmel ist oft bedeckt.

Die beiden Seen grenzen an die Zyklonzone, doch wird nur etwa ein Sturm im Jahr im Bereich der Timorsee verzeichnet. In der Regel ziehen die Zyklone nach SW und WSW und, wenn überhaupt, erst südlich von 13°S in einem Bogen nach SO. Wer also dort zwischen Januar und April im Süden Indonesiens in Richtung auf den Indischen Ozean unterwegs ist, sollte auf der Hut sein.

Indonesien

Indonesien ist eins der letzten Länder auf der Erde, in dem noch ein wesentlicher Prozentsatz aller Transporte, Handelsfahrten und Fischerei unter Segel stattfindet. Die oft sehr farbenprächtigen Segelschiffe legen zwischen den Inseln lange Strecken zurück und legen dabei ihren Kurs so, daß sie den täglichen Wechsel zwischen Land- und Seewinden voll ausnutzen können.

Das Klima im gesamten Archipel ist warm und feucht mit viel Regen. Die Region unterliegt dem Einfluß des NW- und des SO-Monsuns, die aber durch die hohen Berge einiger Inseln und die unregelmäßigen Küstenlinien oft beträchtlichen Schwankungen unterliegen. In Lee der hohen Inseln sind die Monsune häufig gar nicht zu spüren. Starke Winde sind selten, es gibt aber heftige Böen, die oft ganz plötzlich entstehen und demzufolge recht gefährlich sein können, wenn man nicht darauf gefaßt ist. Auch Zyklone sind sehr selten; das einzige betroffene Gebiet liegt in der Nähe der Inseln Timor und Flores, wo zwischen Januar und April statistisch weniger als ein Sturm im Jahr auftritt. Obwohl die Verhältnisse möglicherweise von Ort zu Ort unterschiedlich sind, da sich der Archipel schließlich über eine ziemlich große Zone erstreckt, kann man davon ausgehen, daß der SO-Monsun von April bis Oktober und der NW-Monsun von November bis März dauert.

Zwischen den Inseln östlich von Java weht der SO-Monsun stark aus OSO und erreicht seinen Höhepunkt im Juni, Juli und August. Dieser Zeitraum fällt mit der trockenen Jahreszeit von Mai bis November zusammen; dabei muß man allerdings in allen Monaten des Jahres mit Regen rechnen. Der NW-Monsun setzt etwa im Dezember ein und erreicht seinen Höhepunkt im Januar. Der Zeitraum des NW-Monsuns ist die feuchte Jahreszeit mit den höchsten Niederschlagsmengen im Dezember und im Januar, wenn auch das böigste Wetter herrscht.

Im Norden dieser Inseln ist der Wind bei beiden Monsunen nachts stetiger; es treten Land- und Seewinde auf. Aus diesem Grund fahren die meisten indonesischen Segelschiffe nachts und halten sich dabei nahe am Ufer. Land- und Seewinde, die sich an den Küsten größerer Inseln stärker bemerkbar machen, sind für die Planung eines Törns in diesen Gewässern sehr wichtig. Am stärksten sind sie, wenn der Monsun schwach ist. Der Übergang von Land- zu Seewind erfolgt am späten Morgen, während der Wechsel von See- zu Landwind vor gebirgigen Küsten kurz nach Sonnenuntergang und vor flachen Küsten später am Abend vonstatten geht. Der Wind läßt mit der Entfernung vom Ufer nach, macht sich aber noch 20 Meilen auf See bemerkbar. Er ist am stärksten in der Nähe von Bergen, die allmählich zur See hin abfallen, und an klaren Tagen stärker als sonst.

An Steilküsten, die nach O oder SO blicken, verteilt sich der Niederschlag über das ganze Jahr und erreicht bei SO-Monsun sein Maximum, während an anderen Küsten und auf offener See die Regenzeit von November bis März dauert und die heftigsten Niederschläge mittags oder nachmittags fallen.

In den Seen um den Indonesischen Archipel und ganz besonders in der Bandasee kommt es häufig zu einem spektakulären Phoshoreszieren. Im Juli und August sieht das Wasser häufig wie Schnee oder Milch aus, die ein sehr starkes Licht abgibt; das kann bei Nacht ein äußerst merkwürdiges Gefühl hervorrufen.

In indonesischen Gewässern darf man nur mit Genehmigung segeln, die im voraus einzuholen ist (siehe Kapitel 27).

Westaustralien

Das Revier vor der westaustralischen Küste gehört zwar nicht gerade zu den üblichen Zielen der Weltumsegler, geriet mit seinen Segelbedingungen aber in den Blickpunkt, als eine australische Yacht den America's Cup holte. Die westlichen Winde des Südmeers strömen an der australischen Westküste entlang und werden schließlich zum SO-Passat. An der Küste kommt das Wetter überwiegend aus Süden, wobei S- und SW-Winde auch noch weiter oben an der Küste im Passatgürtel vorherr-

Regionale Wetterverhältnisse im Südindischen Ozean

72. Inseln im Südindischen Ozean

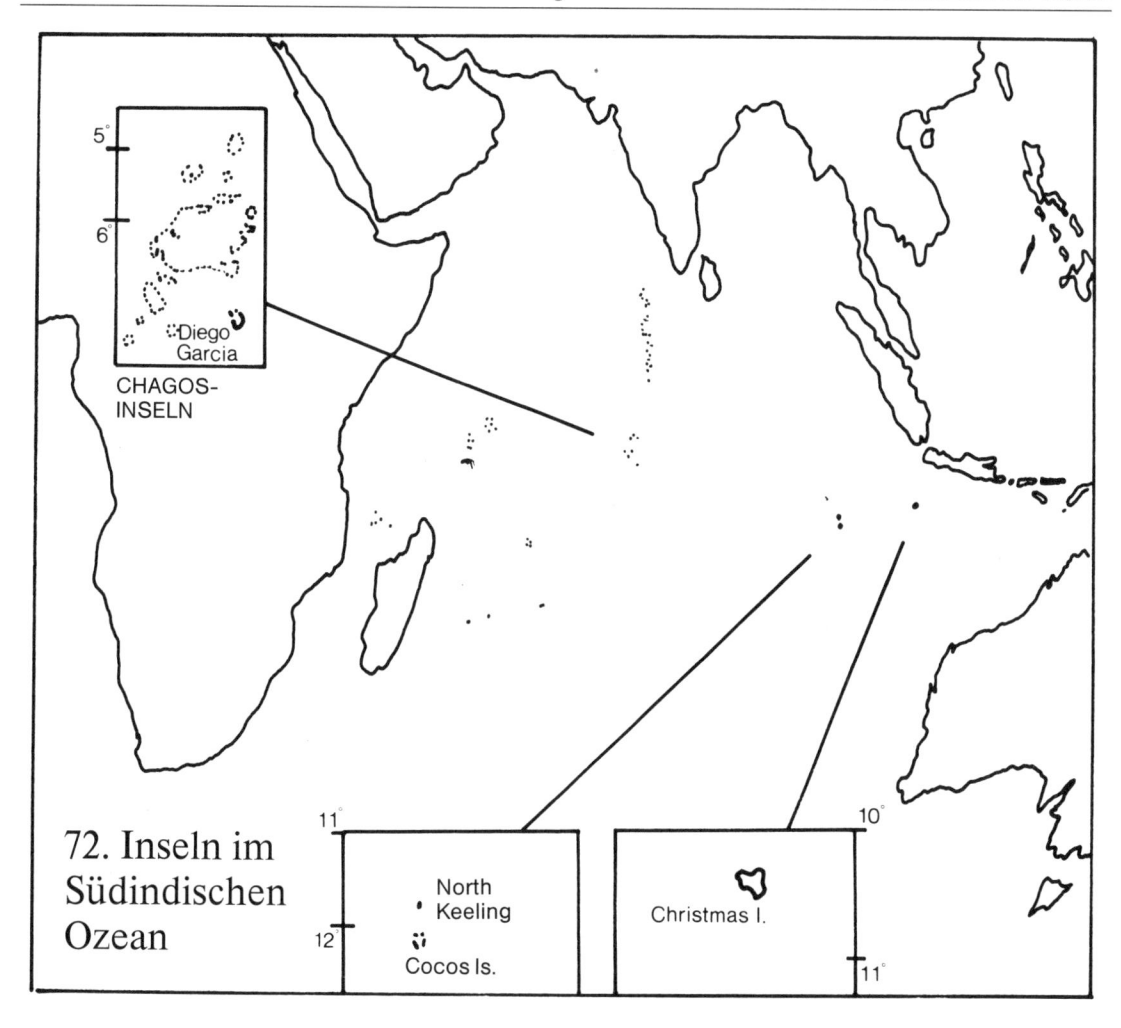

schen. Die nördlicheren Küstenregionen sind von Dezember bis März zyklongefährdet.

Christmas Island

Der SO-Passat weht über dieser Insel fast ununterbrochen von Mai bis Dezember, macht sich aber in den ersten Monaten des Jahres, wenn im Norden NW-Monsun herrscht, mit heftigen Regenfällen, Starkwind und Gewitterstürmen bemerkbar. Im Januar und Februar kann der Wind stark aus Westen oder Norden kommen. Die Zyklone, die die Region zwischen der Insel und Nordwestaustralien heimsuchen, bleiben Christmas Island normalerweise erspart.

Cocos Keeling

Diese Gruppe besteht aus den Inseln North Keeling im Norden und Cocos in einer Lagune im Süden. Die meiste Zeit des Jahres herrscht SO-Passat, der durch die niedrigen Inseln nicht unterbrochen wird. Der Passat wechselt leicht zwischen Süd und Ost und ist im August am stärksten. Auf dem Höhepunkt der Zyklonsaison ist er weniger stetig und wird von Flauten, wechselnden Winden und gelegentlich einem Sturm unterbrochen. In dieser Zeit folgen auf schöne Tage häufig Stürme, Gewitterstürme und heftige Schauer.

Chagos-Inseln

Dieser britische Besitz ist an die USA verpachtet worden, die Diego Garcia, die größte Insel, als Militärbasis nutzen. Während man die anderen Inseln im Norden dieser Gruppe anlaufen darf, ist es verboten, vor Diego Garcia zu ankern und an Land zu gehen.

Auf den Chagos-Inseln herrscht das für den Südindischen Ozean typische Wetter mit SO-Passat von April bis November; der Wind kann allerdings schwach und wechselhafter sein, da die Inseln nahe der nördlichen Grenze des Passatgürtels liegen. Wenn die tropische Konvergenzzone von Dezember bis März nach Süden zieht, wird der NO-Monsun zum NW-Wind abgelenkt. Dieser NW-Monsun ist nicht so zuverlässig und bringt Regen mit sich. Er weht am stärksten im Januar und im Februar. Die Zeit des NW-Monsuns ist auch die Zeit der Zyklone, die sich aber normalerweise südlich der Chagos-Inseln bilden und nach Süden davonziehen. Ihre Bahn führt sie fast nie nordwärts zum Äquator.

Rodrigues

Rodrigues, die am wenigsten besuchte Insel der Maskarenen, wird von Mauritius aus verwaltet. Sie liegt mehr oder weniger das ganze Jahr über im SO-Passat. Am beständigsten ist das Wetter von Juni bis Oktober. Von November bis Mai ist in dieser Region Zyklonsaison, die unbeständiges Wetter mit sich bringt, bei dem der Wind manchmal mehrere Tage lang aus NO kommt. In dieser Zeit gibt es auch Flauten, die allerdings nur selten länger anhalten.

Mauritius

Port Louis ist die Hauptstadt dieses jetzt unabhängigen Staates auf der größten der Maskarenen-Inseln. Der SO-Passat erreicht seine größte Stärke im Juli und August. Von Dezember bis April ist es auf dieser Insel am wärmsten; das ist auch die Regenzeit mit häufigem NO-Wind. Mauritius liegt im Zyklongürtel. November bis Mai sind die gefährlichsten Monate.

Réunion

Das französische Überseeterritorium Réunion vervollständigt das Trio der Maskarenen, die sich als Anlaufpunkte auf einem Transäquatorialtörn im Indischen Ozean anbieten. Von April bis November herrscht nahezu ununterbrochen SO-Passat, der meistens am späten Morgen auffrischt und nachmittags nachläßt. In Landnähe schläft der Wind nachts oft ein; wenn das nicht der Fall ist, weht es am nächsten Morgen kräftig. Der SO-Passat erreicht seinen Höhepunkt im Juni, Juli und August. In der Zyklonsaison von November bis Mai, der Zeit mit dem schlechtesten Wetter, kommt der Wind weiterhin überwiegend aus SO, ist aber schwächer und wird gelegentlich von W- oder NW-Winden oder Flauten unterbrochen.

Madagaskar

Diese große Insel vor der afrikanischen Küste verspürt die volle Kraft des SO-Passats, der über den Indischen Ozean weht und in der zweiten Jahreshälfte Sturmstärke erreichen kann. Am stärksten ist er im Juli, August und September. Er beeinflußt die Insel das ganze Jahr über, wobei sich die Südgrenze des Passatgürtels von August bis November die Küste hinauf verlagert. In diesem Zeitraum herrschen in der südlichen Inselhälfte wechselnde Winde, die aber meistens aus östlicher oder nordöstli-

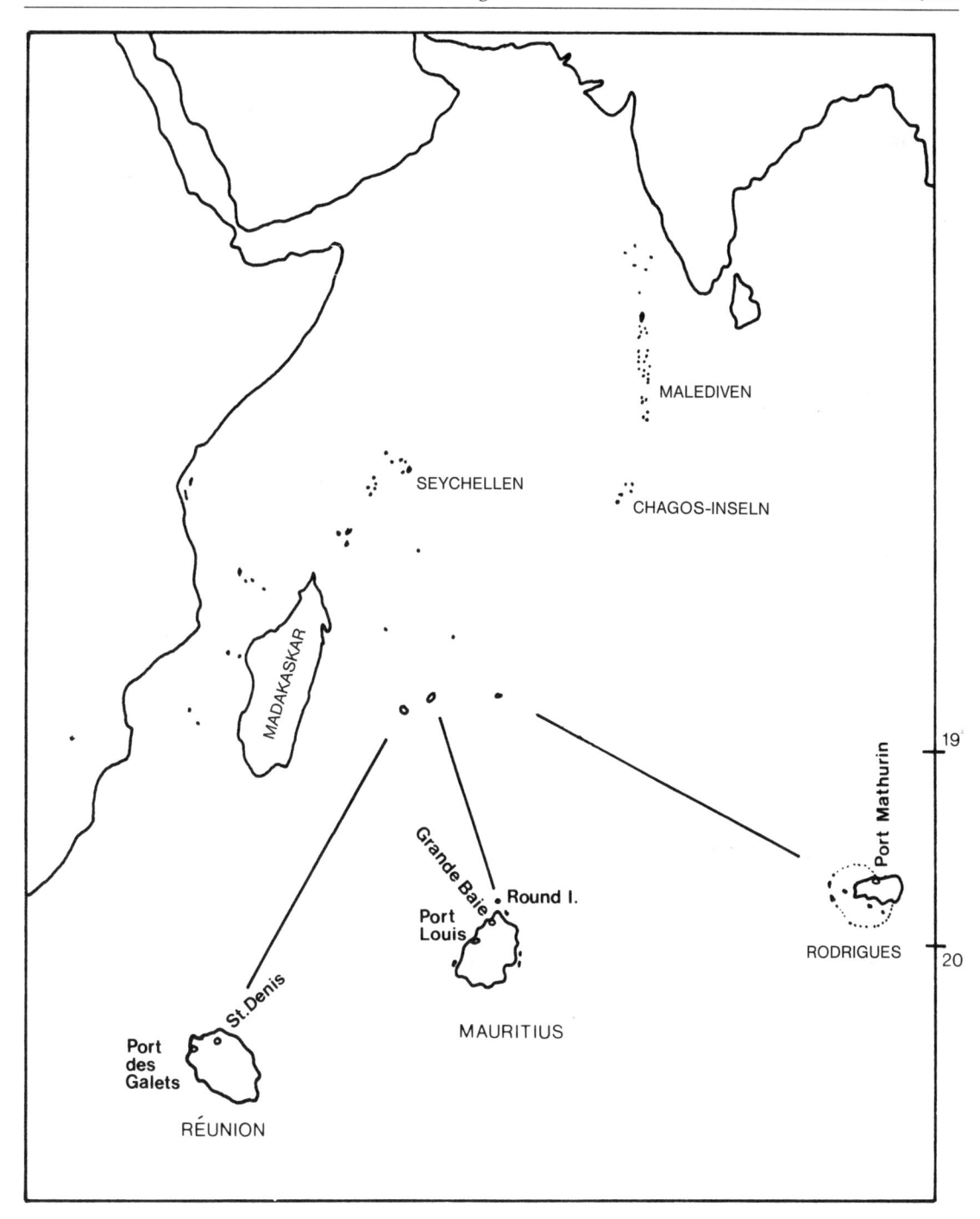

Regionale Wetterverhältnisse im Südindischen Ozean

73. Maskarenen

Indischer Ozean

cher Richtung kommen und recht stark werden können. Im März, wenn die tropische Konvergenzzone weiter im Süden liegt, wird aus dem SO-Passat an der Nordspitze der Insel NO- und NW-Wind.

Die Insel liegt im Zyklongürtel, die hier allerdings nicht so häufig sind wie im Bereich um Mauritius. Bei Gewitterstürmen in Küstennähe kommt es auf Madagaskar zu heftigen Regenfällen und spektakulärem Wetterleuchten. Der Südäquatorialstrom teilt sich in der Mitte der Insel und läuft nördlich und südlich an ihr entlang. Am Rande des Agulhasstroms, wo sich die Wassertemperatur ändert, bildet sich recht häufig Nebel.

Komoren

Die Gruppe kleiner Inseln vor der Nordwestküste Madagaskars ist Teil der dreieckigen Segelroute zwischen Kenia und den Seychellen. Die vorherrschenden Winde sind der NW- und der SO-Monsun, wobei letzterer so sehr zwischen SW und SO wechselt, daß er auch als SO-Passat bezeichnet wird. Der NW-Monsun beginnt Ende Oktober oder Anfang November und hält bis April an. Das ist die warme und feuchte Jahreszeit, die durch unregelmäßige Winde und böiges Wetter gekennzeichnet wird.

Der SO-Wind ist regelmäßiger, allerdings nie zu stark, weil seine Kraft durch die Landmasse Madagaskars gebrochen wird. Der Übergang zwischen den Windsystemen wird durch Flauten, wechselnde Winde und böiges Wetter gekennzeichnet. Von Februar bis April erreichen gelegentlich Zyklone die Komoren.

Seychellen

Die Gruppe kleiner Inseln ist bekannt für ihre schönen Riffe, und die Möglichkeit, dort zu tauchen, veranlaßt so manchen Segler zu einem Abstecher dorthin. Der SO-Passat herrscht von Mai bis Mitte Oktober, setzt sich allerdings in manchen Jahren erst im Juni oder gar Juli voll durch. Die Zeit des SO-Passats ist die Schönwetterperiode mit stetigem Wind im Juli, August und September. Im November erfolgt der Übergang zum NW-Monsun, der durch heftige Böen und Regenfälle gekennzeichnet wird. Der NW-Monsun, der mit der feuchten Jahreszeit zusammenfällt, dauert bis April. In dieser Zeit kommt der Wind aus NW, W oder SW.

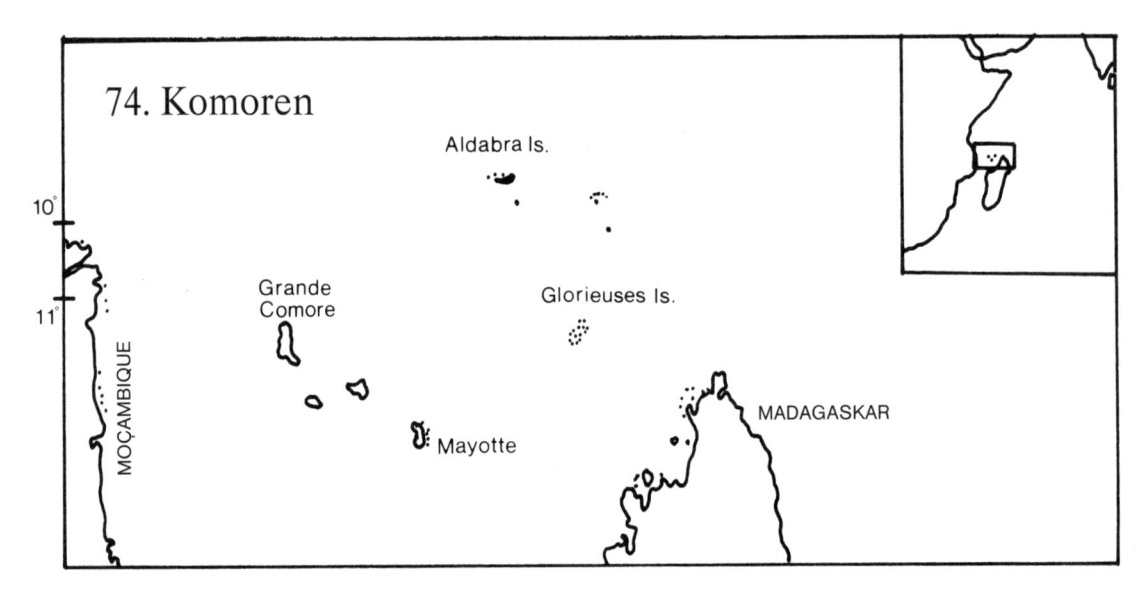

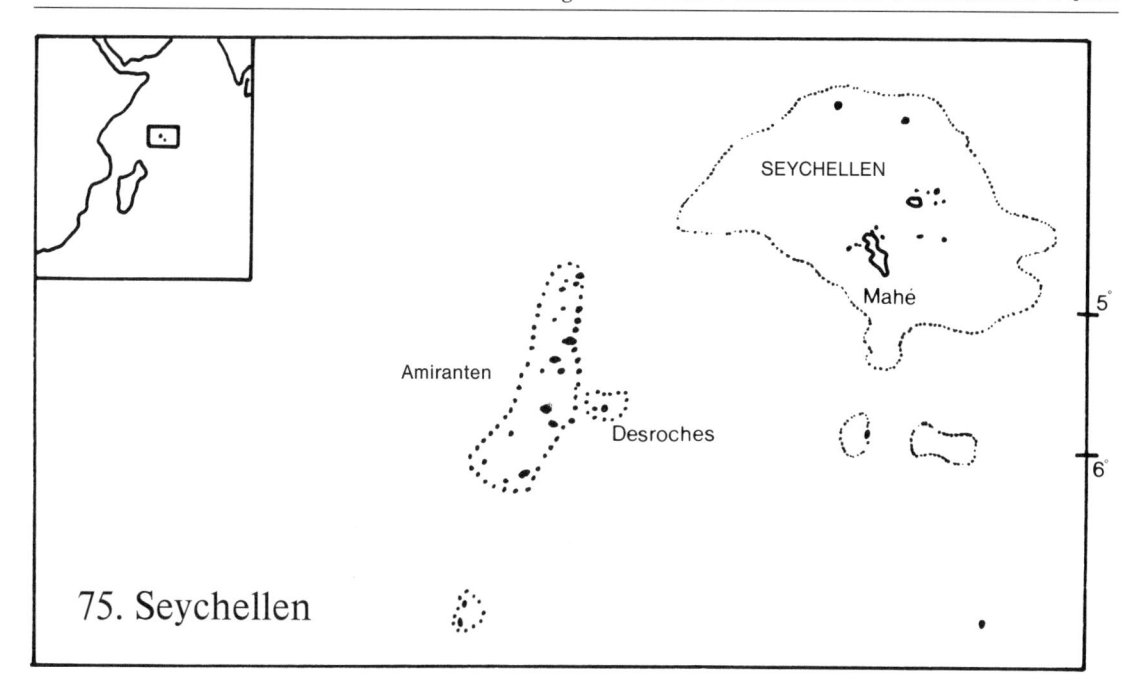

Regionale Wetterverhältnisse im Südindischen Ozean

75. Seychellen

Zyklone sind praktisch unbekannt, und wenn doch einer durch die Region der Seychellen zieht, geschieht das im allgemeinen etwa 200 Meilen südlich der Hauptinsel Mahé.

Ostafrika

Seit Jahrhunderten segeln arabische Händler mit ihren Dhaus mit dem einen Monsun von der persischen an die ostafrikanische Küste und mit dem anderen zurück; im heutigen Kenia und Tansania sind sie allerdings zu einem seltenen Anblick geworden. Der SO-Passat weht stetig von April bis Oktober und erreicht nur selten mehr als 20 Knoten. Eine breite Nordströmung führt nahe am Ufer entlang und wird gelegentlich durch den SO-Passat verstärkt, so daß bis zu 4 Knoten erreicht werden, was es sehr schwierig macht, in dieser Region nach Süden zu segeln. Deshalb plant man einen Segeltörn in diesem Gebiet am besten so, daß er am südlichsten Punkt beginnt und dann nach Norden führt. Bei NO-Monsun, d. h., wenn der Wind vorherrschend aus NO und O kommt, ist diese Strömung langsamer und kann ihre Richtung sogar ganz ändern. An der tansanischen Küste kann man innerhalb der Riffe und Inseln segeln. Es ist allgemein warm und schön mit kühleren Abschnitten im Juli und August und heißen und schwülen Perioden im Februar und März.

Südafrika

Regionale Wetterverhältnisse in Südafrika siehe Seite 124 in Kapitel 9.

24 Törns im Südindischen Ozean

Ein Gesamtüberblick über die Segelrouten im Südindischen Ozean findet sich zusammen mit den Routen im Nordindischen Ozean am Anfang von Kapitel 20.

IS 11	Torresstraße – Darwin	IS 26	Indonesien – Chagos-Inseln
IS 12	Torrestraße – Bali	IS 27	Seychellen – Mauritius
IS 13	Darwin – Bali	IS 28	Seychellen – Kenia
IS 14	Darwin – Christmas Island	IS 29	Chagos-Inseln – Mauritius
IS 15	Bali – Christmas Island	IS 30	Kenia – Seychellen
IS 16	Christmas Island – Cocos Keeling	IS 31	Mauritius – Komoren
IS 17	Cocos Keelong – Mauritius	IS 32	Komoren – Kenia
IS 18	Mauritius – Réunion	IS 33	Mauritius – Seychellen
IS 19	Mauritius – Durban	IS 34	Seychellen – Komoren
IS 20	Réunion – Durban	IS 35	Komoren – Seychellen
IS 21	Durban – Kapstadt	IS 36	Komoren – Durban
IS 22	Cocos Keeling – Chagos-Inseln	IS 37	Durban – Mauritius
IS 23	Chagos-Inseln – Seychellen	IS 38	Kapstadt – Westaustralien
IS 24	Christmas Island – Chagos-Inseln	IS 39	Westaustralien – Bass-Straße
IS 25	Westaustralien – Cocos Keeling		

IS 11
Torresstraße – Darwin   Karten 70, 76

Thursday Island – Darwin: 700 sm

Beste Zeit:	Mai bis Oktober
Tropische Stürme:	Dezember bis März
Karten:	BA 4603
	US 603
Segelhandbücher:	BA 15, 17
	US 164, 175

Bei SO-Monsun, d. h., von Mitte April bis Ende Oktober, ist der Wind auf dieser Route überwiegend günstig. Darwin ist auf zwei Wegen zu erreichen, und zwar einmal auf einer Abkürzung durch den Van-Diemen-Golf und zum anderen im Westen um die Bathurst-Insel herum. Wegen der starken Gezeitenströme in der Dundas- und der Clarencestraße und der schwierigen Navigation im Revier vor Darwin ist man auf der längeren Strecke oft schneller. Wer mehr Zeit hat, kann die Gesamtstrecke auch in Tagestörns zurücklegen, zumal es ab Kap Arnhem viele gute Ankerplätze gibt.

IS 12
Torresstraße – Bali Karte 76

Thursday-Island – Benoa: 1600 sm

Beste Zeit:	Mai bis Oktober
Tropische Stürme:	Dezember bis April
Karten:	BA 4603
	US 603
Segelhandbücher:	BA 15, 34, 35
	US 163, 164

Für die meisten Segler ist der Zeitpunkt dieser Fahrt entscheidend für die späteren Stadien des Törns. Die meisten Boote passieren die Torresstraße auf dem Weg in Richtung auf den Indischen Ozean zwischen Juni und August, wenn dort die besten Segelbedingungen herrschen. Nach der Durchquerung der Arafurasee gelten dieselben Hinweise wie für Route IS 13 ab Darwin. Wenn es zu spät in der Saison ist, nimmt man am besten die Route entlang der Nordküste der südlichen indonesischen Inseln, wo Zyklone unbekannt sind.

Die direkte Route von der Torresstraße nach Bali führt durch die Arafura- und die Timorsee, wo das Wetter vom SO- und NW-Monsun beherrscht wird. Der Passat weht von Mai bis August kräftig aus Richtungen zwischen SO und SSO, und es bauen sich beträchtliche Seen auf. Zu Beginn und zum Ende der Saison herrscht oft O-Wind, der auf ONO rückdreht. Der SO-Monsun hält bis Ende Oktober oder auch Anfang November an. Anschließend folgen wechselnde Winde und Flauten. Da der NW-Monsun mit der Zyklonsaison zusammenfällt, fährt man in dieser Zeit am besten nicht.

In der Timorsee herrscht fast das gleiche Wetter. Bei SO-Monsun ist die Luft gelegentlich mit Staub aus der australischen Wüste befrachtet, so daß die Sicht schlecht sein kann. In Landnähe wird der Wind im allgemeinen durch die Konturen der Inseln beeinflußt, während er in den Kanälen zwischen den Inseln oft sehr stark ist. Die Strömungen in der Lombokstraße erreichen beachtliche Geschwindigkeiten und können in den Revieren vor Benoa gefährliche Bedingungen hervorrufen, wenn starker Wind gegen die Strömung ansteht. Bei SO-Monsun verläuft die Hauptströmung in südlicher Richtung.

IS 13
Darwin – Bali Karte 76

Darwin – Benoa: 960 sm

Beste Zeit:	Mai bis Oktober
Tropische Stürme:	Dezember bis April
Karten:	BA 4603
	US 603
Segelhandbücher:	BA 17, 34
	US 163, 175

Diese Route führt südlich an den indonesischen Inseln vorbei. Die einzigen Gefahrenstellen auf der direkten Route sind das Hibernia- und das Ashmore-Riff im Süden der Insel Timor. Besonders bei schwachem Wind kann man die Fahrt am Ashmore-Riff unterbrechen. Die grüne Reflexion und das Blinken des Flachwassers sind oft am Himmel zu sehen, bevor das eigentliche Riff in Sicht kommt. Die Strömungen in diesem Bereich sind meistens stark. Der beste Ankerplatz befindet sich in der NW-Ecke des Riffs vor einer kleinen Sandbank. Bei guter Sicht ist es ziemlich einfach, sich zwischen den Koralleninseln hindurchzuschlängeln. Das Riff wird oft von indonesischen Fischern angelaufen.

Bei SO-Monsun kommt der Wind in der Arafura- und der Timorsee vorherrschend aus SO oder O. Das einzige Problem besteht wahrscheinlich in den sehr starken Strömungen in der Lombokstraße vor Benoa. Wegen dieser Strömungen und der gewundenen Einfahrt nach Benoa sollte man diesen Hafen nur bei Tageslicht anlaufen.

Die besten Überfahrten macht man auf die-

76. Törns nach Singapur und Indonesien

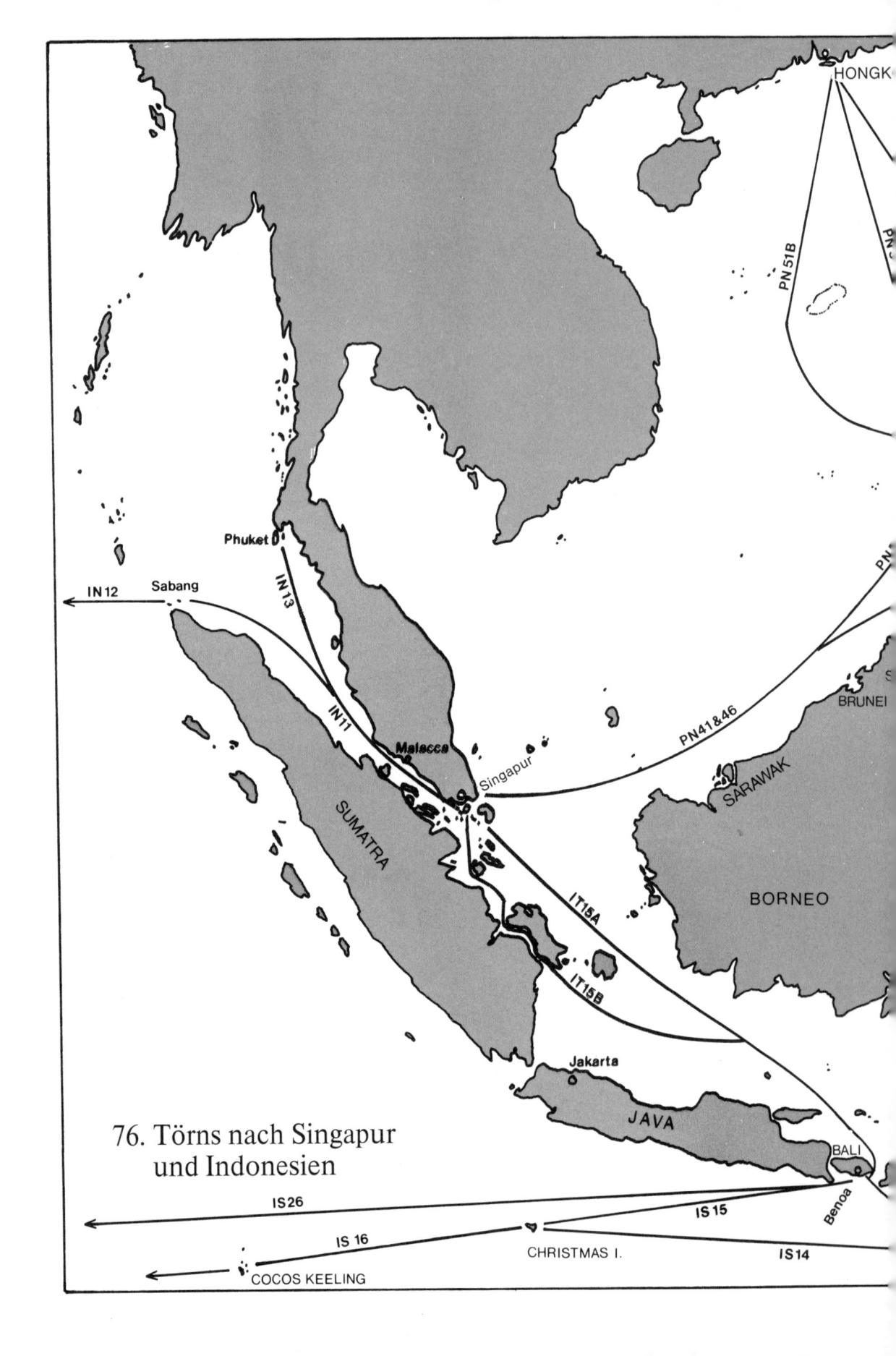

SULUSEE

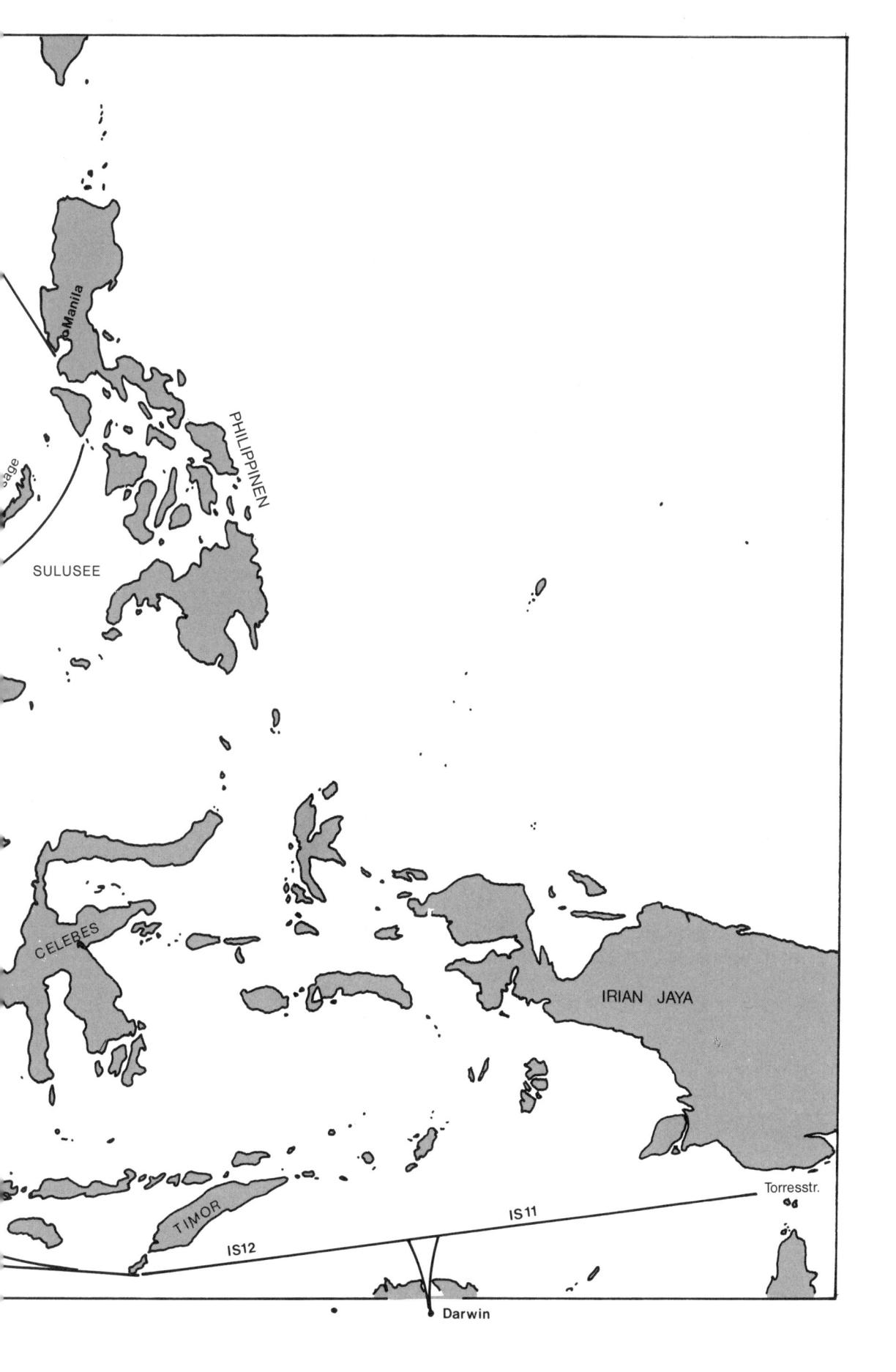

Manila

PHILIPPINEN

CELEBES

IRIAN JAYA

TIMOR

Torresstr.

IS12   IS11

Darwin

ser Route im Juli und August, wenn der SO-Wind am regelmäßigsten ist. Zu Beginn und besonders am Ende des SO-Monsuns wird der Wind unregelmäßig; in der Timorsee trifft man im Oktober gelegentlich SSW-Wind an. Die Südseite der indonesischen Inseln sollte man wegen der gegenläufigen Strömungen erst kurz vor Bali anlaufen. Im April und auch im November und Dezember ist der Wind auf dieser Route oft schwach, und es gibt längere Flautenperioden.

Alle Segelboote, die Indonesien anlaufen wollen, benötigen eine entsprechende Genehmigung (siehe Kapitel 27). Es ist jedoch auch schon vorgekommen, daß es Skippern, die in Benoa ohne Genehmigung eintrafen, von der Hafenmeisterei erlaubt wurde, ein paar Tage zum Verproviantisieren zu bleiben.

IS 14
Darwin – Christmas Island
Karten 70, 76

Darwin – Christmas Island: 1500 sm

Beste Zeit:	Mai bis Oktober
Tropische Stürme:	Dezember bis April
Karten:	BA 4603, 4070
	US 70, 603
Segelhandbücher:	BA 17, 34
	US 163, 175

Im Juli oder August ist das normalerweise ein schneller Törn bei SO-Wind mit 15 bis 25 Knoten. Nach Anfang September ist der Passat weniger zuverlässig, und man muß vermehrt mit Flauten und schwachen wechselnden Winden rechnen. Gelegentlich kommt es auf dieser Strecke zu starken Böen mit Windgeschwindigkeiten von bis zu 50 Knoten.

Auf dem Höhepunkt des Passats kann es im Hafen von Christmas Island ungemütlich werden, ein guter Anreiz, den Anker zu lichten und die 500 Meilen nach Cocos Keeling zu segeln, wo es viel mehr sichere und schöne Ankerplätze gibt.

IS 15
Bali – Christmas Island
Karte 76

Benoa – Christmas Island: 580 sm

Beste Zeit:	Mai bis Oktober
Tropische Stürme:	Dezember bis April
Karten:	BA 4071
	US 70
Segelhandbücher:	BA 34
	US 163, 170

In den Monaten August und September, in denen die Mehrzahl aller Boote auf dieser Strecke unterwegs ist, sind allgemein angenehme Segelbedingungen zu erwarten. Der Passat weht kräftig im Juli und August, doch gibt es Jahre, in denen er sich nicht durchsetzt und der Wind entweder schwach ist oder mehrere Tage lang mit Sturmstärke bläst.

IS 16
Christmas Island – Cocos Keeling
Karte 76

Christmas Island – Cocos: 530 sm

Beste Zeit:	Mai bis Oktober
Tropische Stürme:	November bis April
Karten:	BA 4070
	US 70
Segelhandbücher:	BA 34, 44
	US 163

In der Zeit des SO-Passats ist der Wind auf dieser Route fast immer günstig. Gelegentlich setzt der Passat einen Tag lang aus, doch Flauten- oder Schwachwindperioden halten meistens nicht lange an. Das einzig Unangenehme auf dieser Route ist die starke Dünung aus Süden oder Südwesten. Weil der Wind aus SO kommt und die Dünung fast im rechten Winkel dazu steht, können die Schiffsbewegungen sehr ungemütlich werden; es ist schon vorgekommen, daß Selbststeueranlagen dabei brachen.

IS 17
Cocos Keeling – Mauritius   Karte 77

Cocos – St. Louis: 2850 sm
Cocos – Rodrigues: 2500 sm
Rodrigues – Mauritius: 350 sm

Beste Zeit: Juni bis Oktober
Tropische Stürme: November bis April
Karten: BA 4070
                      US 70
Segelhandbücher: BA 39, 44
                      US 163, 170, 171

Auf diesem langen Schlag quer über den Südindischen Ozean profitiert man in den Wintermonaten von Mai bis Oktober vom SO-Passat. Der Wind weht jedoch oft tagelang mit 20 bis 25 Knoten und erreicht gelegentlich Sturmstärke. Das Vergnügen einer schnellen Fahrt wird oft von einer unangenehmen Querdünung verdorben, die gnadenlos aus dem Südmeer heranrollt. Das Wetter ist in der Nähe von Cocos Keeling allgemein rauher, und Wind und Seen lassen auf der zweiten Hälfte der Strecke nach Mauritius meistens nach. Der Passat weht gleichmäßig bis Oktober, doch es wird böiger, und die Aussicht auf Wind in Sturmstärke wird größer. Man könnte zwar annehmen, daß man durch einen Umweg nach Norden den Bereich mit der größten Sturmhäufigkeit meiden könnte, doch das scheint nicht der Fall zu sein. Segler, die in einem größeren Bogen nach Mauritius gefahren sind, haben gleichermaßen rauhe Bedingungen wie auf der direkten Route angetroffen.

Manche Boote unterbrechen die Fahrt nach Mauritius in Rodrigues, 350 Meilen östlich, wo Segelboote willkommen sind und manchmal von den Bewohnern mit ihren Booten auf See empfangen und in den Hafen geleitet werden.

IS 18
Mauritius – Réunion   Karte 77

Port Louis – Port des Galets: 120 sm

Beste Zeit: Mai bis Oktober
Tropische Stürme: November bis April
Karten: BA 4070
                      US 700
Segelhandbücher: BA 39
                      US 170, 171

Diese kurze Fahrt zwischen den beiden größten Maskarenen-Inseln kann man jederzeit außerhalb der Zyklonsaison machen. Die meisten Boote laufen dieses französische Überseeterritorium an, wenn sie im Oktober oder November auf dem Weg nach Südafrika sind. Viele Boote machen auf Réunion halt, um sich mit französischen Waren zu versorgen und sich beim südafrikanischen Konsulat in der Hauptstadt St. Denis ein Visum für Südafrika zu beschaffen. Ein derartiges Visum braucht man allerdings nur, wenn man in Südafrika eine Reise ins Landesinnere unternehmen will.

Die Einreiseformalitäten für Réunion erledigt man in Port des Galets auf der Nordwestseite der Insel.

IS 19
Mauritius – Durban   Karten 70, 77

St. Louis – Durban: 1550 sm

Beste Zeit: Oktober bis November
Tropische Stürme: November bis Mai
Karten: BA 4070
                      US 700
Segelhandbücher: BA 3, 39
                      US 170, 171

Es gibt nur wenige andere Gegenden auf der Erde, die unter Seglern einen so schlechten Ruf haben wie die Südwestecke des Indischen

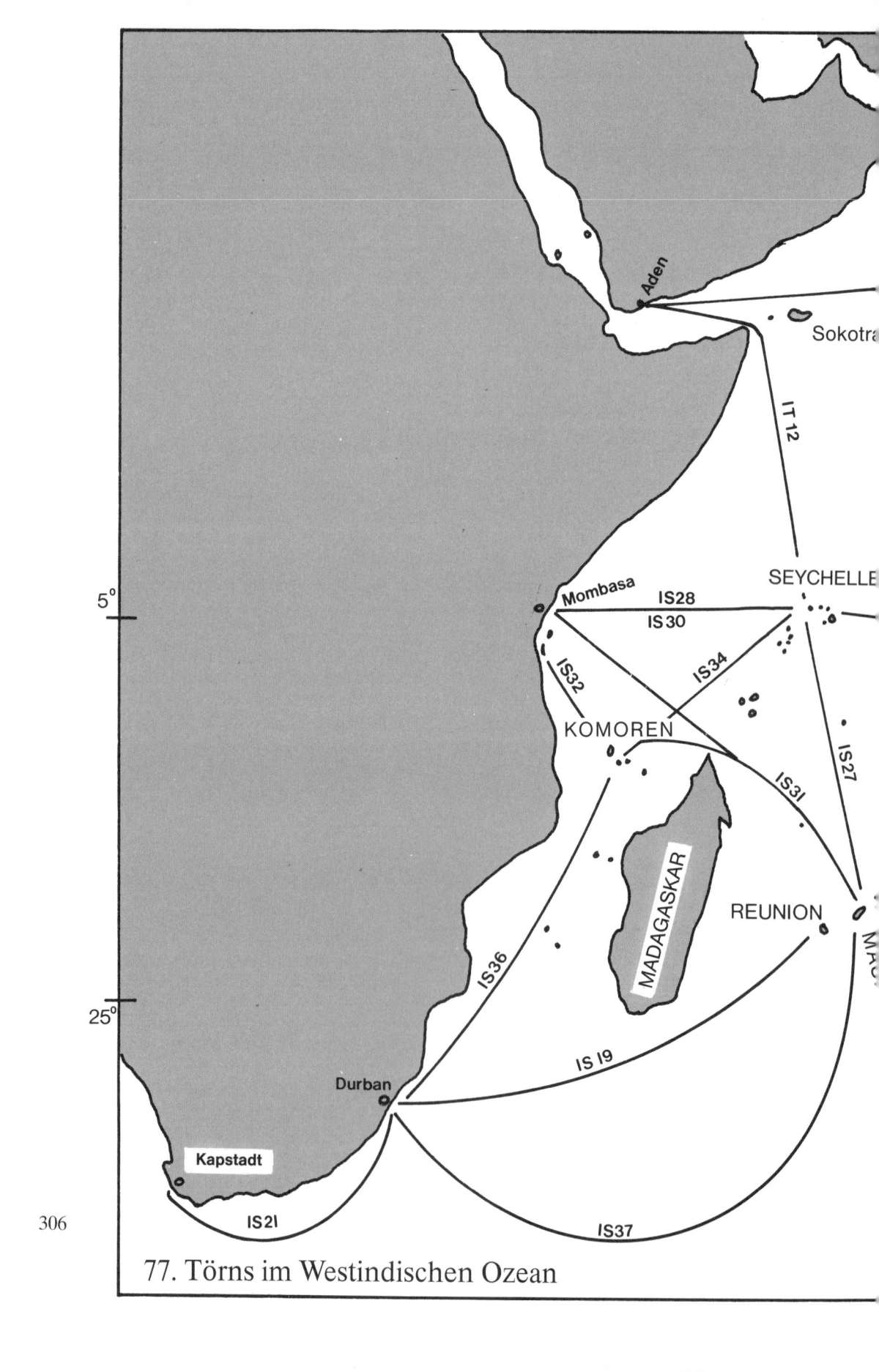

77. Törns im Westindischen Ozean

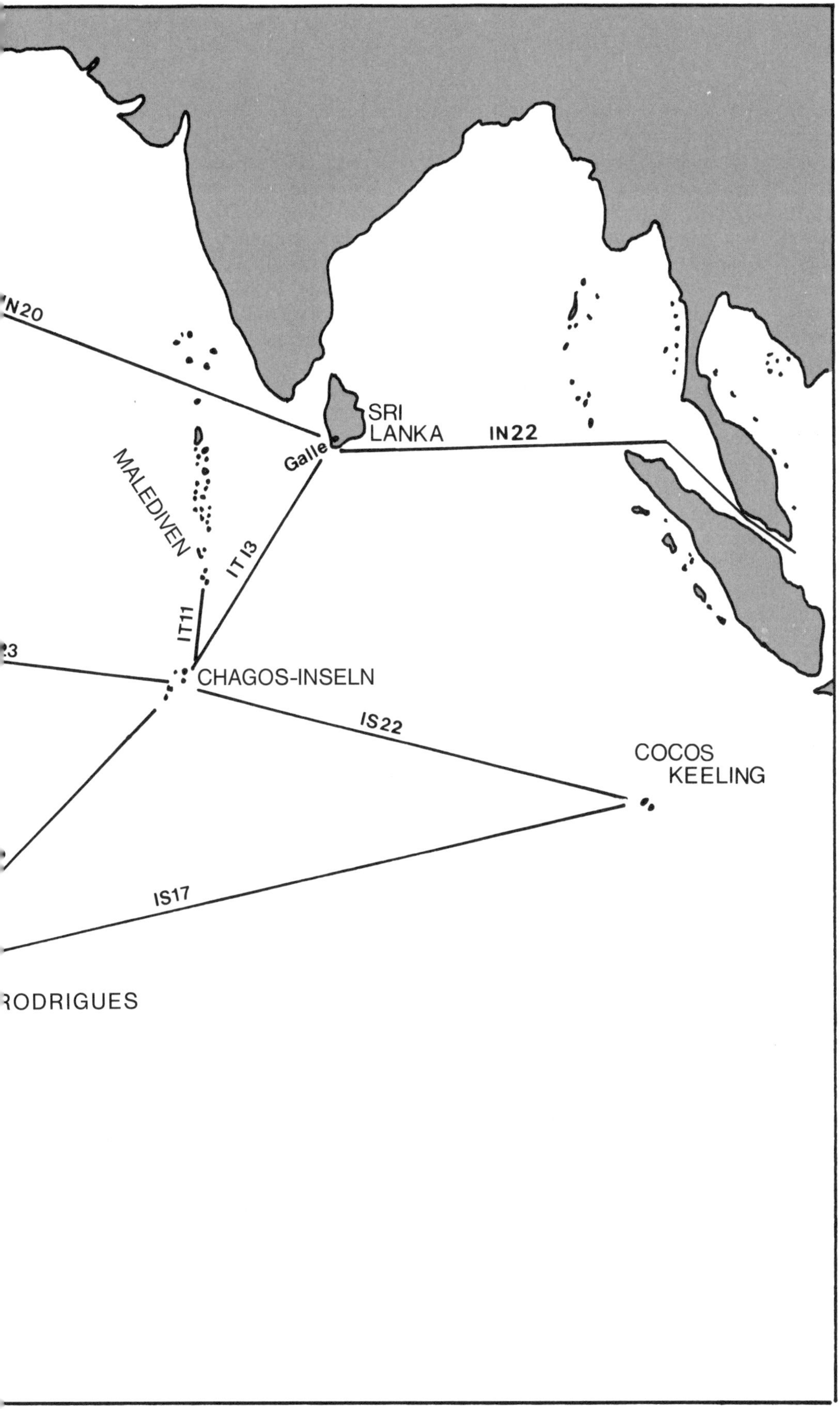
N20
SRI
LANKA
IN22
Galle
MALEDIVEN
IT13
IT11
3
CHAGOS-INSELN
IS22
COCOS
KEELING
IS17
RODRIGUES

Ozeans. Bei SW-Sturm kann es im kräftig nach Süden setzenden Agulhasstrom extrem rauh werden; dort herrschen dann ähnliche Bedingungen wie vor Cape Hatteras, wenn ein heftiger Norder auf den Golfstrom trifft. Alle Jahre wieder werden Boote auf der Fahrt von Mauritius nach Durban oder auf dem nächsten Abschnitt nach Kapstadt auf die Seite geworfen und entmastet.

Die beste Abfahrtszeit von Mauritius ist Anfang November, wenn die Zahl der Frühjahrsstürme im Bereich von 30°S nachläßt und die Gefahr eines frühen Zyklons gering ist. Man sollte versuchen, einen Abstand von 100 bis 150 Meilen von der Südspitze Madagaskars zu halten, da das Wetter in Inselnähe oft unbeständig ist. Dadurch meidet man auch einen Bereich mit angeblich monströsen Wellen über dem verlängerten Kontinentalsockel vor Madagaskar. Ein weiterer Grund dafür, sich mindestens 150 Meilen südlich von Madagaskar zu halten, liegt darin, daß sich der Südäquatorialstrom hier teilt und zur einen Hälfte in den Agulhasstrom eingeht und zur anderen Hälfte in die Straße von Moçambique fließt. Weil sie zu früh an die afrikanische Küste herangingen, sind schon mehrere Boote durch den Nordarm der Strömung nach Norden versetzt worden, während sie sich einen kräftigen Schub nach Süden durch den Agulhasstrom erhofften. Man kann bis zu diesem Punkt mit günstigem Wind rechnen, obwohl nicht notwendigerweise Passatbedingungen wie vorher herrschen.

Es ist unmöglich, die Wetterverhältnisse bei der Annäherung an die südafrikanische Küste vorherzusagen, und die einzige Lösung besteht darin, das Barometer im Auge zu behalten. Wenn es deutlich fällt, dreht der Wind auf SW und frischt kräftig auf, bis das betreffende Tief durchgezogen ist; das kann mehrere Stunden lang dauern. Das Wetter in dem gesamten Bereich zwischen Madagaskar und dem Kap der Guten Hoffnung wird durch die Frontensysteme beherrscht, die dadurch entstehen, daß antarktische Tiefdruckgebiete nach Osten ziehen. Die Annäherung einer Kaltfront kündigt sich meistens durch eine allmähliche Veränderung im Aussehen des Himmels an; dabei ziehen von Westen Zirruswolken auf. An deren Stelle treten dichte Kumulusbänke, während der Wind langsam von O auf NW rückdreht und dabei auffrischt. Nach einer kurzen Pause setzt aus SW der Sturm ein, dessen Stärke und Dauer von der Art und dem Ausmaß der Front abhängt. Wenn der Wind bei Durchzug einer Front plötzlich von O oder NO auf SW dreht, kann es im Agulhasstrom besonders im Bereich der 100-Faden-Linie gefährlich werden. In einer solchen Situation nimmt man am besten sofort Kurs auf die Küste, da die Wellen in dem flacheren Wasser dort kleiner sind. Man kann auch versuchen, weiter auf See in tieferem Wasser zu bleiben und die Küste erst kurz vor dem Ziel anzulaufen.

Eine lokale Vorhersagemethode für einen SW-Sturm besteht darin, das Fallen des Barometers zu beobachten; der Wind kommt in diesem Augenblick wahrscheinlich aus NO. Wenn das Barometer nicht weiter fällt, läßt der Wind nach und schläft dann ganz ein. In dem Augenblick, in dem das Barometer wieder zu steigen beginnt, hat man noch zwischen einer halben und einer Stunde, bevor der SW-Sturm einsetzt; das müßte eigentlich reichen, um die 100-Faden-Linie zu verlassen.

Die meisten Boote haben auf dieser Route äußerst gemischtes Wetter angetroffen, bei dem jede Windgeschwindigkeit zwischen 0 und 50 Knoten zu verzeichnen war. Nur sehr wenigen blieben jedoch die SW-Stürme südlich von Madagaskar erspart, die in Abständen von zwei bis drei Tagen aufeinander folgen. Wenn der Bereich südlich von Madagaskar passiert ist, setzt man einen neuen Kurs auf einen Punkt 200 Meilen ONO von Durban. Von dort aus kann man je nach Wind und Wetter direkten Kurs auf Durban steuern. Ein häufiger Fehler besteht darin, daß man eine zu große Abdrift einkalkuliert und in der Erwartung, von der Strömung nach Süden versetzt zu werden, einen Punkt nördlich von Durban ansteuert. Wenn man jedoch in Küstennähe in einen SW-Sturm gerät, wird man noch weiter nach Norden abgetrieben, und in diesem Fall kann man nur noch in Richards Bay Schutz suchen. Dieser Hafen wird auch für den Fall empfohlen, daß man zu weit nördlich von Durban auf die Küste stößt. Die anschließenden 90 Meilen nach Durban kann man später machen, wenn günstiges Wetter vorhergesagt ist.

Anmerkung: Erfahrene einheimische Segler raten dringend davon ab, von Mauritius aus direkt nach Port Elizabeth zu segeln, um das schlimmste Stück des Agulhasstroms zu umgehen. Der Strom erreicht auf etwa dem Breitengrad von Port Elizabeth seine größte Breite und Stärke, so daß es dort bei schlechtem Wetter am gefährlichsten ist. Außerdem sind die Aussichten, in das Zentrum der parallel zur Küste ziehenden Tiefdruckgebiete zu geraten, auf dieser Breite viel größer als an der Küste nördlich von Richards Bay, wo der Agulhasstrom auch schmaler ist. Deshalb ist es besser, nach der Überfahrt von Mauritius oder Réunion die Küste auf etwa 28°S anzusteuern und erst bei einer günstigen Wettervorhersage nach Süden weiterzufahren.

IS 20
Réunion – Durban   Karten 70, 77

Port des Galets – Durban: 1420 sm

Beste Zeit:	Oktober bis November
Tropische Stürme:	November bis Mai
Karten:	BA 4070
	US 700
Segelhandbücher:	BA 3, 39
	US 170, 171

Hier gelten dieselben Hinweise wie für Route IS 19 ab Mauritius. Mehrere Segler, die diesen Törn gemacht haben, beschrieben ihn als den härtesten Abschnitt ihrer gesamten Fahrt. Es ist daher unerläßlich, das Boot sorgfältig auf die Fahrt nach Durban vorzubereiten, und wenn die Bedingungen unterwegs möglicherweise auch günstiger sind als auf Route IS 19, sollte man auf Nummer Sicher gehen und auf das Schlimmste gefaßt sein.

IS 21
Durban – Kapstadt   Karten 70, 77

Durban – Kapstadt: 735 sm

Beste Zeit:	Januar bis März
Tropische Stürme:	keine
Karten:	BA 4204
	US 61003, 61000
Segelhandbücher:	BA 2, 3
	US 171, 123

Nur wenige Segler versuchen diesen Törn in einem Rutsch, ohne unterwegs in einem der wenigen guten Häfen Schutz zu suchen. Der Mangel an geschützten Ankerplätzen ist aber nur einer von drei Faktoren, die das Segeln auf diesem Abschnitt besonders schwierig machen; die anderen beiden sind der Agulhasstrom und das unvorhersehbare Wetter. Der Agulhasstrom führt in südwestlicher Richtung an der 100-Faden-Linie (200 Meter) entlang und erreicht gelegentlich bis zu 6 Knoten. Das Wetter um die Südspitze des afrikanischen Kontinents wird stark durch die Drucksysteme beeinflußt, die aus dem Südmeer nach NO ziehen. Wie bereits bei Route IS 19 erwähnt, kann ein SW-Sturm in Verbindung mit der starken Südströmung riesige Seen von über 18 Meter aufbauen.

Aus Untersuchungen über die Bildung dieser monströsen Wellen geht hervor, daß die dominierenden Wellen in allen Fällen aus SW kamen. Das fällt offensichtlich immer mit einem bestimmten Wetter zusammen, wenn nämlich Tiefdruckgebiete an der Küste entlang in NO-Richtung ziehen. Es ist dabei nichts Ungewöhnliches, daß ein NO-Sturm plötzlich zum SW-Sturm wird, bei dem der Wind dann das vorhandene Wellenmuster gegen den Agulhasstrom verstärkt.

Die größten Seen treten meist zwischen dem Rand des Kontinentalsockels und einem Bereich 20 Meilen weiter auf See auf, und das ist der Grund dafür, daß man Seglern rät, den Bereich der 100-Faden-Linie landwärts zu verlassen, sobald es Anzeichen für einen heraufziehenden SW-Sturm gibt. Küstentörns gehen

Indischer Ozean

zwar über den Rahmen dieses Buches hinaus, doch das betreffende Gebiet hat unter Kleinseglern schon so viele Alpträume verursacht, daß die Route von Durban nach Kapstadt in Abschnitten betrachtet werden soll.

Durban – East London: 250 sm
Da es an diesem Küstenstrich keinen sicheren Schutzhafen gibt, muß man von Durban abfahren, wenn gutes Wetter vorhergesagt ist. Es wird empfohlen, aus Durban am Ende eines SW-Sturms auszulaufen, wenn das Barometer etwa 1020 Millibar erreicht hat. Von Durban geht es auf dem kürzesten Weg zur 100-Faden-Linie, um die starke Südströmung voll ausnutzen zu können. Sollte sich das Wetter unterwegs verschlechtern, ist sofort wieder das Ufer anzusteuern, um den schlimmsten Wellen aus dem Weg zu gehen.

East London – Port Elizabeth: 120 sm
Für das Auslaufen gelten die gleichen Regeln wie für die Abfahrt von Durban; wenn man jedoch aus Durban kommt, das Wetter auf der Höhe von East London noch günstig ist und das Barometer nicht drastisch fällt, fährt man jedoch besser gleich nach Port Elizabeth weiter. Bei plötzlicher Wetterverschlechterung sind dieselben Maßnahmen wie vorher zu treffen. Es muß darauf hingewiesen werden, daß der Agulhasstrom zwischen diesen beiden Häfen sehr stark ist und daß es in einigen Buchten unterwegs anlandige Strömungen gibt.

Port Elizabeth – Mossel Bay: 170 sm
Auf diesem Abschnitt gibt es weniger Probleme als auf den vorherigen, weil man unterwegs in mehreren Häfen vor einem Sturm Schutz suchen kann. Einer der ersten ist Knysna, dessen Einfahrt allerdings wegen der starken Gezeitenströmungen schwierig ist und bei SW-Sturm gefährlich werden kann, weil dann die schwere Dünung über der Einfahrtsschwelle bricht. Schutz gibt es auch in der Mossel Bay, nahe Cape Seal in der Plettenberg Bay und bei Cape St. Francis, wo es jedoch Riffe gibt, die in den Karten nicht verzeichnet sind.

Mossel Bay – Kapstadt: 195 sm
Auf diesem Abschnitt gibt es mehrere Stellen, an denen man bei ungünstigem Wetter ungefährdet ankern kann; auf keinen Fall darf das Nadelkap (Cape Agulhas) bei schlechtem Wetter umrundet werden. Auf dieser Route gibt es in der Nähe aller Landspitzen, denen außerdem Riffe vorgelagert sind, anlandige Strömungen, die die Navigation besonders bei schlechter Sicht sehr schwierig machen.

IS 22
Karten 70, 77
Cocos Keeling – Chagos-Inseln

Cocos – Salomon-Inseln: 1520 sm

Beste Zeit:	Juni bis September
Tropische Stürme:	April
Karten:	BA 4070
	US 70
Segelhandbücher:	BA 39, 44
	US 163, 170, 171

In der Zeit des SO-Monsuns sind Winde und Strömungen auf dieser Route günstig. Im Juli und August ist der Passat südlich von 10°S gelegentlich sehr stark, was weiter nördlich aber nicht so häufig der Fall ist. Bessere Segelbedingungen findet man oft zu Beginn und am Ende des SO-Monsuns, wobei der September als der beste Monat gilt. Der NO-Monsun macht sich bis auf 10°S bemerkbar. Zwischen Januar und April ist die Windrichtung weniger konstant, und der Wind hat meistens eine nördliche Komponente. In der Übergangszeit zwischen den Monsunen ist das Wetter oft unbeständig mit bedecktem Himmel und Regenböen, die oft mit heftigem Wind einhergehen.

Wegen der Beschränkungen für Boote auf Diego Garcia nimmt man am besten direkten Kurs auf die Egmont-Inseln auf der Nordseite des Archipels, es sei denn, ein Notfall rechtfertigt es, Diego Garcia anzulaufen (siehe Kapitel 27).

IS 23
Chagos-Inseln – Seychellen

Karten 70, 77

Peros Banhos – Mahé: 1160 sm

Beste Zeit:	Mai bis September
Tropische Stürme:	keine
Karten:	BA 4071
	US 702
Segelhandbücher:	BA 39, 44
	US 171

Für diesen Törn wartet man am besten bis zum SO-Monsun, bei dem das beste Wetter mit günstigen Winden und Strömungen zwischen Mai und September herrscht. Nahezu perfekte Segelbedingungen gibt es im Mai und Juni. Später im Jahr macht sich im Südindischen Ozean der NO-Monsun bemerkbar, wobei die Übergangsmonate Oktober und November mit Schwachwind, ruhiger See und der einen oder anderen heftigen Regenböe einhergehen.

Die Route führt an allen Gefahrenstellen vorbei, doch die Seychellen sind wegen der Felsen und Riffe, von denen sie umgeben sind, mit Vorsicht anzulaufen. Am besten steuert man die Inseln aus SO auf einem Kurs an, der nahe an der Südspitze der Hauptinsel Mahé mit ihrem Einreisehafen vorbeiführt.

IS 24
Christmas Island – Chagos-Inseln

Karte 70

Christmas – Salomon-Inseln: 2010 sm

Beste Zeit:	Mai bis September
Tropische Stürme:	November bis April
Karten:	BA 4070
	US 70
Segelhandbücher:	BA 34, 39, 44
	US 163, 170, 171

Es gibt nur wenige Boote, die an Cocos Keeling vorbeifahren und auf direktem Weg von Christmas Island zu den Chagos-Inseln segeln. Bei beständigem Wetter ist es aber möglicherweise vorzuziehen, auf den Abstecher nach Süden zu verzichten und den direkten Kurs zu wählen. In den Wintermonaten von Mai bis September sind Wind und Strömungen günstig. Das Wetter auf dieser Route ähnelt demjenigen auf den Routen IS 16 und IS 22. Es ist darauf zu achten, daß Diego Garcia militärisches Sperrgebiet ist und deswegen andere Häfen auf den Chagos-Inseln anzulaufen sind (siehe Kapitel 27).

IS 25
Westaustralien – Cocos Keeling

Karte 70

Fremantle – Cocos: 1580 sm

Beste Zeit:	Mai bis Oktober
Tropische Stürme:	November bis April
Karten:	BA 4070
	US 70
Segelhandbücher:	BA 17, 44
	US 163, 175

Diese Region wird in den Sommermonaten von Mitte November bis April von tropischen Stürmen heimgesucht, so daß von einer Fahrt in diesen Monaten abzuraten ist. Bessere Segelbedingungen trifft man meistens im Mai/Juni und im September/Oktober an, wenn der SO-Passat noch nicht seine volle Stärke erreicht bzw. schon wieder nachgelassen hat.

IS 26
Indonesien – Chagos-Inseln

Karte 76

Benoa – Salomon-Inseln: 2570 sm

Beste Zeit:	Mai bis Oktober
Tropische Stürme:	keine
Karten:	BA 4071
	US 70
Segelhandbücher:	BA 34, 39
	US 163, 170, 171

Diese direktere Route wird von allen bevorzugt, die dem üblichen Abstecher über Christmas Island und Cocos Keeling nichts abgewin-

Indischer Ozean

nen können. Sie verläuft von Bali aus hart nördlich von 10°S, wo bei SO-Monsun gute Segelbedingungen zu erwarten sind und praktisch keine Zyklongefahr besteht. Auf diese Route können südlich von Sumatra auch Boote gehen, die den Indischen Ozean durch die Sundastraße erreicht haben. Die Route liegt zwar generell im Einflußbereich des SO-Passats, doch sind starke Winde aus dem südlichen Quadranten in den Wintermonaten nichts Ungewöhnliches; sie gehen oft mit einer schweren Dünung einher. Rauhe Seen gibt es besonders im Bereich von 90°O, sie werden offensichtlich von einer unterseeischen Bergkette verursacht.

Wegen der besonderen Bestimmungen für Diego Gracia, wo man nur in einem echten Notfall anlegen darf, nimmt man am besten direkt Kurs auf die Salomon-Inseln oder auf Peros Banhos im Norden der Inselgruppe.

IS 27
Seychellen – Mauritius   Karte 77

Mahé – St. Louis: 940 sm

Beste Zeit:	Mai bis Juni, Oktober
Tropische Stürme:	November bis April
Karten:	BA 4070
	US 702
Segelhandbücher:	BA 39
	US 170, 171

Für diesen Törn, der die meiste Zeit luvwärts geht, hat man nur wenige Wahlmöglichkeiten, da die Zeit, in der häufiger Nordwind herrscht, mit der Zyklonsaison zusammenfällt. Wenn man die Fahrt in der Zeit mit SO-Passat, aber außerhalb der stürmischen Monate Juli und August unternimmt, kann man mit besseren Bedingungen rechnen; das ist im Mai und Anfang Juni oder im Oktober der Fall.

IS 28
Seychellen – Kenia   Karte 77

Mahé – Mombassa: 940 sm

Beste Zeit:	Mai bis September
Tropische Stürme:	keine
Karten:	BA 4071
	US 70
Segelhandbücher:	BA 3, 39
	US 170, 171

Auf dieser Route kann man bei SO-Passat von April bis Oktober mit günstigen Winden rechnen, die zwischen Mai und September am gleichmäßigsten sind. In dieser Zeit ist auch die Strömung günstig; sie setzt nach Westen, dreht aber vor der afrikanischen Küste nach Norden ab.

Von Mahé aus sollte der Kurs ein gutes Stück nördlich an den Amiranten vorbeiführen, da diese Inseln niedrig sind und das Feuer auf der nördlichsten Insel gelegentlich außer Betrieb sein soll.

IS 29
Chagos-Inseln – Mauritius   Karte 77

Peros Banhos – Port Louis: 1220 sm

Beste Zeit:	Mai bis Juni, September bis Oktober
Tropische Stürme:	November bis April
Karten:	BA 4070
	US 702
Segelhandbücher:	BA 39
	US 170, 171

Auf dieser Route, die während des SO-Passats meistens luvwärts führt, trifft man möglicherweise zu Beginn und Ende des Winters bessere Windverhältnisse an, weil der Passat dann nicht eine so starke südliche Komponente hat. Man hat festgestellt, daß diese Südkomponente um so ausgeprägter ist, je stärker der SO-Passat weht, und umgekehrt. Deshalb lohnt es sich möglicherweise, im Juli oder August auf diesen Törn zu verzichten. Segler, die die Fahrt im Oktober unternommen haben, haben schöne Segelbedingungen gemeldet. Wenn der Wind aus östlicher Richtung kommt, kann man zuerst Rodrigues anlaufen, bevor es nach Mauritius weitergeht (siehe Route IS 17).

IS 30
Kenia – Seychellen   Karte 77

Mombasa – Mahé: 940 sm	
Beste Zeit:	Januar bis März
Tropische Stürme:	keine
Karten:	BA 4071
	US 70
Segelhandbücher:	BA 3, 39
	US 170, 171

Auf dieser Route herrscht zwischen Januar und März NO-Monsun, so daß die Bedingungen für einen Törn nach Osten selbst unter Berücksichtigung der Tatsache, daß der Wind oft schwach ist, günstig sind. Zwischen Dezember und April ist auch die Strömung auf dieser Route günstig. Das ist in anderen Teilen des Südindischen Ozeans zwar die Zeit der Zyklone, die aber nur sehr selten auf den Breitengrad der Seychellen vordringen. Doch selbst, wenn ein Zyklon hierher käme, wäre er für ein Boot aus Afrika keine Bedrohung, da es beim ersten Anzeichen für einen heraufziehenden Sturm schnell nach Norden abdrehen könnte.

IS 31
Mauritius – Komoren   Karte 77

St. Louis – Glorieuses: 840 sm	
Beste Zeit:	Mai bis Oktober
Tropische Stürme:	November bis April
Karten:	BA 4070
	US 701, 702
Segelhandbücher:	BA 39
	US 170, 171

Das ist bei SO-Passat ein Törn vor dem Wind bis zur Nordspitze Madagaskars und weiter zu den Komoren, einer Gruppe kleiner Inseln zwischen Madagaskar und der afrikanischen Küste. Den ersten Aufenthalt kann man auf den Iles Glorieuses einlegen, zwei kleinen Inseln, die von einem Riff umgeben sind. Unterbrechen kann man die Fahrt auch auf Tromelin, einem winzigen französischen Besitz auf halbem Wege zwischen Mauritius und der Nordspitze Madagaskars.

IS 32
Komoren – Kenia   Karte 77

Grande Comore – Mombasa: 570 sm	
Beste Zeit:	Mai bis Oktober
Tropische Stürme:	November bis April
Karten:	BA 4701
	US 701
Segelhandbücher:	BA 3, 39
	US 171

Günstige Winde herrschen auf dieser Route bei SO-Monsun; dazu kommt das ganze Jahr über an der Küste eine Nordströmung, die auf dem Höhepunkt des SO-Monsuns bis zu 4 Knoten erreicht, bei NO-Monsun aber nur schwach ist. Das schönste Wetter herrscht im Juli und August, wenn es kühler und die Luftfeuchtigkeit nicht so hoch ist.

Die Route führt an Tansania vorbei, wo man zwischen den Riffen und dem Festland hindurchfahren kann. Das Einklarieren ist in den Häfen Dar es Salaam, Tanga und Sansibar möglich. Die Insel Pemba ist aus Sicherheitsgründen für Besucher gesperrt, und da es in Tansania noch mehrere andere Gebiete gibt, für die aus Gründen der militärischen Sicherheit besondere Bestimmungen gelten, wird allen Skippern dringend geraten, sich bei den Behörden in Dar es Salaam genau zu erkundigen, um keinen Ärger mit den jeweiligen örtlichen Dienststellen zu bekommen.

In Kenia zeigt man eine entspanntere Hal-

Indischer Ozean

tung gegenüber Besucheryachten. Es gibt an der kenianischen Küste mehrere geschützte Häfen; einklarieren kann man in Shimoni, Mombasa, Kilifi, Malindi und Lamu.

IS 33
Mauritius – Seychellen   Karte 70

Port Louis – Mahé: 940 sm

Beste Zeit:	Juni bis September
Tropische Stürme:	November bis April
Karten:	BA 4071
	US 702
Segelhandbücher:	BA 39
	US 170, 171

Der SO-Passat sorgt von Mai bis Oktober auf dieser Route für günstigen Wind, wobei es gelegentlich allerdings böig wird. Zyklone gibt es in der Region um Mauritius von Mitte November bis Anfang Mai, so daß man dieses Gebiet dann am besten meidet.

Da die Route nahe an den Cargados-Carajos-Riffen vorbeiführt, nehmen manche Boote die Gelegenheit wahr, auf einer dieser kleinen Inseln anzulegen. Sie gehören zu Mauritius, und man sollte sich die Genehmigung vorher beim Fischereiministerium besorgen.

IS 34
Seychellen – Komoren   Karte 77

Mahé – Glorieuses: 640 sm

Beste Zeit:	Mai bis Oktober
Tropische Stürme:	November bis April
Karten:	BA 4070
	US 70
Segelhandbücher:	BA 39
	US 171

Wegen der Wahrscheinlichkeit von Gegenwind bei SO-Monsun dürfte es besser sein, diesen Törn in kürzeren Abschnitten zu machen und einige der Inseln unterwegs anzulaufen. Von der Hauptinsel Mahé aus sollte der Kurs westlich an der Platte-Insel vorbeiführen, falls nicht die weiter westlich gelegenen Amiranten angelaufen werden sollen. Dort gibt es mehrere gute Ankerplätze, unter denen derjenige hinter der Insel Desroches bei der Fahrt nach Süden am geeignetsten ist. Ansonsten kann man auch Alphonse oder St. Francois anlaufen, bevor es zu den Komoren weitergeht.

IS 35
Komoren – Seychellen   Karte 70

Grande Comore – Mahé: 820 sm

Beste Zeit:	Mai bis Oktober
Tropische Stürme:	November bis April
Karten:	BA 4070
	US 70
Segelhandbücher:	BA 39
	US 171

Weil das Gebiet um die Komoren von tropischen Stürmen heimgesucht wird, sollte man diesen Törn nicht in der Zyklonsaison unternehmen. Von Mai bis Oktober kommt der Wind überwiegend aus SSO oder SO, und es gibt auch eine günstige Strömung. Von den Iles Glorieuses aus führt der Kurs am Wizard-Riff im Norden von Providence Island vorbei. Nördlich von Madagaskar gibt es mehrere Inselgruppen, die man auf dem Weg zu den Seychellen besuchen kann; alle haben geschützte Ankerplätze.

IS 36
Komoren – Durban   Karten 70, 77

Grande Comore – Durban: 900 sm

Beste Zeit:	Oktober bis November
Tropische Stürme:	November bis Mai
Karten:	BA 4070
	US 70
Segelhandbücher:	BA 3, 39
	US 171

Die direkte Route nach Durban oder zu anderen südafrikanischen Häfen führt durch die Straße von Moçambique, wo der nach Norden setzende Moçambiquestrom zu sehr schwierigen Segelbedingungen führen kann. Der Wind zwischen Madagaskar und dem afrikanischen Festland kommt zwar oft aus einer günstigen Richtung, doch läßt starker NO-Wind, der gegen die Strömung ansteht, rauhe Seen entstehen. Diesen Törn sollte man nicht vor Mitte September machen, weil bis dahin die Aussichten auf Gegenwind in der Straße von Moçambique größer sind als später im Jahr. Südlich der Straße gelten dieselben Hinweise wie für Route IS 19.

Aufgrund politischer Überlegungen ist es nicht ratsam, der Küste von Moçambique zu nahe zu kommen oder in einen Hafen einzulaufen. Dieser Rat gilt besonders für Boote aus Ländern, die von der Regierung in Moçambique nicht als »freundlich gesinnt« eingestuft sind.

IS 37
Durban – Mauritius   Karte 77

Durban – Port Louis: 1550 sm

Beste Zeit:	Mai
Tropische Stürme:	November bis April
Karten:	BA 4070
	US 70, 700
Segelhandbücher:	BA 3, 39
	US 170, 171

Wegen des starken Agulhasstroms und der Wahrscheinlichkeit, auf gleichermaßen starken Gegenwind zu stoßen, nehmen nur wenige Boote die Loxodrome zwischen diesen beiden Punkten. Es wird empfohlen, mit Hilfe der vorherrschenden westlichen Winde in den höheren Breiten nach Osten zu fahren. Von Durban aus hält man zwischen 38°S und 40°S SO-Kurs. In diesen Breiten trifft man auf starke Westwinde und häufig auf Böen. Nach etwa 800 Meilen in östlicher Richtung kann man auf Nordkurs gehen, der in einen Bereich mit wechselnden Winden und Flauten führt. Der SO-Passat reicht gelegentlich bis auf 30°S herab. Als bester Monat für diesen Törn gilt der Mai, weil dann die Zyklonsaison im Südindischen Ozean zu Ende ist und die Winterstürme in den höheren Breiten erst beginnen.

IS 38
Kapstadt – Westaustralien   Karte 70

Kapstadt – Fremantle: 4700 sm

Beste Zeit:	Oktober bis Februar
Tropische Stürme:	November bis April
Karten:	BA 4204, 4070
	US 70
Segelhandbücher:	BA 2, 3, 17, 39
	US 123, 170, 175

Da der Großteil dieses Törns in den »brüllenden Vierziger« oder noch höheren Breiten erfolgt, wird als Zeitraum der südliche Sommer empfohlen, weil dann die Sturmhäufigkeit am geringsten und das Wetter wärmer ist und nur wenig Gefahr besteht, auf Eisberge zu treffen. Dieser Zeitraum fällt zwar mit der Zeit der tropischen Stürme zusammen, die aber nur selten in die hohen Breiten vordringen und sich außerdem auf Westaustralien beschränken.

Von Kapstadt aus steuert man Südkurs, um den Bereich der Agulhas-Bank zu meiden, wo es viele Stürme und außerdem eine gegenläufige Strömung gibt. Wenn der tatsächliche Kurs aufgrund von SO-Winden nach SW führt, spielt das keine Rolle, weil der verlorene Boden später im Bereich der westlichen Winde gutgemacht werden kann. Im Oktober und November dringen Eisberge in dem Bereich zwischen 20°O und 30°O bis auf 39°S vor, so daß man vor Erreichen dieses Bereichs auf Ostkurs gehen sollte. Für Schiffe nach Westaustralien verläuft die Route zwischen 39°S und 40°S, wo der Anteil westlicher Winde in den Sommermonaten relativ hoch und das Wetter beträchtlich wärmer ist, als wenn man bis auf 50°S gehen

Indischer Ozean

würde, wo allerdings der Prozentsatz an westlichen Winden und Stürmen höher ist. Es muß betont werden, daß es in der Regel einen größeren Anteil an SO-Winden bedeutet, wenn man nicht weit genug nach Süden geht und auf etwa 35°S bleibt. Die Kursänderung auf Fremantle oder andere Häfen in Westaustralien erfolgt erst nach der Überquerung von 100°O.

IS 39   Karte 70
Westaustralien – Bass-Straße

Fremantle – Bass-Straße: 1700 sm

Beste Zeit:	Dezember bis März
Tropische Stürme:	keine
Karten:	BA 4709, 4601
	US 709, 601
Segelhandbücher:	BA 13, 14, 17
	US 127, 175

Den Törn an der australischen Südküste entlang kann man entweder in einem langen Schlag bis zur Bass-Straße oder in kurzen Abschnitten an der Küste entlang machen. Die Hochseeroute hat den Vorteil konstanterer Winde, da die Große Australische Bucht für ihre hinderlichen Winde im Sommer bekannt ist. Wer die Transozeanroute für einen Abstecher nach Westaustralien verlassen hat, kehrt am besten nach der Umrundung von Kap Leeuwin wieder darauf zurück. Sie verläuft etwa auf 40°S; nach dem Überqueren von 140°O wird der Kurs so geändert, daß er nördlich an der King-Insel vorbeiführt. Wegen der starken Strömungen ist besonders nachts und bei schlechter Sicht äußerste Vorsicht geboten, wenn die Bass-Straße aus Westen angelaufen wird.

Für Schiffe, die Sydney auf dem direktem Wege von Kapstadt aus anlaufen, wird die Fahrt durch die Bass-Straße nur im Winter empfohlen. Im Sommer trifft man bessere Bedingungen an, wenn man sich südlich von Tasmanien hält. Nach dem Passieren von Tasmanien geht man erst ab 155°O auf Nordkurs, um nicht voll in den nach Süden setzenden Australienstrom zu geraten und um Sydney von der offenen See aus anzulaufen, wo der Strom viel schwächer und der Wind stetiger ist.

25 Wind- und Strömungsverhältnisse sowie Törns im Roten Meer

Wind und Wetter

Die langgezogene Form des Roten Meeres, eingerahmt von niedrigen trockenen Küsten mit hohen Bergen etwa 20 Meilen im Landesinneren, bestimmt in gewissem Ausmaß die Richtung des Windes, der parallel zur Küste entweder aus NW oder aus SO kommt. Es gibt beträchtliche Unterschiede zwischen den Windverhältnissen im Süden und im Norden des Roten Meeres; im Süden zeigen sich saisonale Abwandlungen aufgrund der Verlagerung der Konvergenzzone zwischen den Windsystemen der nördlichen und der südlichen Hemisphäre.

Das Rote Meer liegt zwar ein gutes Stück nördlich des Äquators, doch die tropische Konvergenzzone erreicht in diesem Bereich im Juli auf etwa 12°N ihre nördlichste Lage. Zu dieser Jahreszeit bildet sie die Grenze zwischen dem SW-Monsun des Indischen Ozeans und dem vorherrschenden NW-Wind im nördlichen Roten Meer. In diesen Sommermonaten herrscht im gesamten Roten Meer NW-Wind, der im Golf von Aden in den SW-Monsun eingeht.

Im Winter liegt die tropische Konvergenzzone südlich dieser Region, aber es gibt noch eine weitere Konvergenzzone, die von Oktober bis Mai auf etwa 18°N liegt und die Grenze zwischen dem SO-Wind im südlichen Roten Meer und dem NW-Wind in der Nordhälfte bildet. Diese Konvergenzzone wird in der Regel durch bewölkten Himmel gekennzeichnet, der in einem ausgeprägten Gegensatz zu dem ansonsten allgegenwärtigen Sonnenschein steht. In der Zone kommt es zu Niederschlägen und Nieselregen.

In allen Regionen südlich der Konvergenzzone herrscht von Oktober bis Januar SO-Wind. Von Januar bis Mai dringt der SO-Wind möglicherweise nicht bis zur eigentlichen Konvergenzzone vor, überwiegt aber in den südlichsten Bereichen und in der Straße von Bab al Mandab. Von November bis Februar ist er mit durchschnittlich 20 Knoten am stärksten, erreicht aber häufig mit 30 Knoten und darüber auch Sturmstärke. September und Mai sind die Übergangsmonate mit schwächerem Wind. In der Straße von Bab al Mandab ergibt sich eine Trichterwirkung, die die Windgeschwindigkeit zu allen Jahreszeiten, besonders aber in den Wintermonaten November bis März zunehmen läßt; sie erreicht dann häufig 25 Knoten und mehr.

Im nördlichen Teil des Roten Meeres ab etwa 20°N herrscht das ganze Jahr über Wind aus N bis NW, der im Winter stärker ist als im Sommer. Im nördlichsten Teil jedoch, im Golf von Suez, frischt der Wind von April bis Oktober häufiger auf über 20 Knoten auf; in dieser Zeit gibt es auch die meisten Stürme. Der Golf von Suez ist der einzige Teil des Roten Meeres,

Indischer Ozean

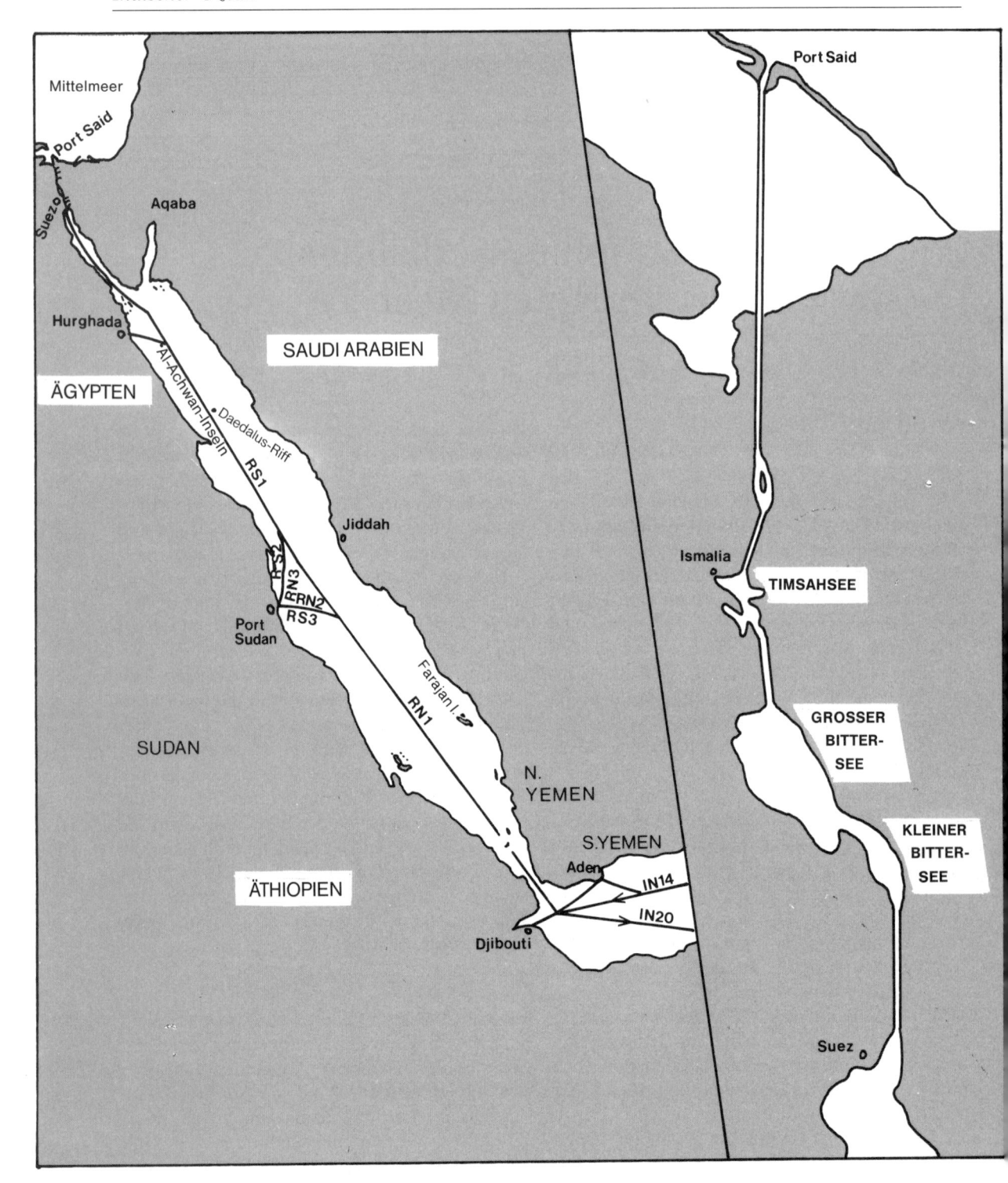

78. Törns im Roten Meer/Suezkanal

in dem sich die Tiefdruckgebiete auswirken, die ostwärts über das Mittelmeer hinwegziehen.

Der Wind im Roten Meer ist im Schnitt schwach bis mäßig, doch gibt es Zeiten mit absoluten Flauten, die gelegentlich mehrere Tage lang anhalten. Tropische Stürme wurden bislang im Roten Meer nicht verzeichnet. Es gibt dort jedoch zwei besondere Winde. Der *Haboob* ist eine kurze Bö aus Süd bis West, die vor der sudanesischen Küste über 35 Knoten erreicht und jede Menge Sand und Staub aufwirbelt. Er tritt am häufigsten zwischen Juli und September auf, und zwar besonders im Bereich um Port Sudan. Der andere Wind ist der *Khamsin,* ein starker trockener Landwind aus S bis SO, der in Ägypten Sandstürme verursacht; am häufigsten ist er zwischen Februar und Mai.

All diese Winde, die mit Sand und Staub befrachtet sind, verringern die Sicht besonders in Küstennähe beträchtlich, oft auf weniger als 30 Meter. Auf der anderen Seite sorgen die ganz besonderen Lichtbrechungsbedingungen im Roten Meer dafür, daß Land und Leuchtfeuer aus viel größerer Entfernung zu erkennen sind, nämlich auf bis zu 100 Meilen. Dadurch kann auch der scheinbare Horizont höher oder niedriger erscheinen, so daß sich in der Astronavigation Fehler von bis zu 20′ in der Länge und 10′ in der Breite ergeben. Dieses Phänomen wirkt sich vor Mittag und nach Mittag unterschiedlich aus, so daß der Eindruck einer Gegenströmung entstehen kann. Man nimmt an, daß die Brechung in der Abenddämmerung und am frühen Morgen geringer ist, so daß man in dieser Region möglichst Sternpeilungen vornehmen sollte. Gelegentlich tritt im Roten Meer Lumineszenz auf, die das Wasser flacher erscheinen läßt. In Zusammenhang mit den unbefeuerten Riffen, die sich an mehreren Stellen ein beträchtliches Stück auf See hinaus erstrecken, mögen diese Bedingungen eine Erklärung dafür sein, daß hier schon so viele Yachten in Schwierigkeiten geraten sind.

Das Rote Meer ist eine warme, trockene Region mit geringem Niederschlag. Die Durchschnittstemperatur liegt mit etwa 30°C sehr hoch, erreicht aber tagsüber oft mehr als 40°C, und selbst Temperaturen über 50°C sind nichts Ungewöhnliches. Am niedrigsten sind die Temperaturen im Winter im nördlicheren Bereich, wo sie in Winternächten im Golf von Suez auf 18°C fallen. Im südlichen Teil des Roten Meeres hingegen erreichen die Temperaturen tagsüber über 40°C und fallen auch nachts nicht unter 32°C, so daß bei nicht akklimatisierten Menschen die Gefahr eines Hitzschlags besteht. Besondere Vorsicht ist in dieser Gegend auf Metallschiffen geboten, weil die Temperatur eines Stahldecks ohne weiteres auf 70°C ansteigen kann.

Strömungen

Die Strömungsrichtung im Roten Meer wird insgesamt durch die Monsune im Indischen Ozean beeinflußt. Wenn von November bis April NO-Monsun herrscht, wird Wasser in das Rote Meer gedrückt, so daß die Strömung auf der Längsachse des Roten Meeres überwiegend nach N bis NW führt. Von Mai bis Oktober, d. h., bei SW-Monsun im Indischen Ozean, wird Wasser aus dem Roten Meer abgezogen, so daß eine S- bis SO-Strömung herrscht. Aufgrund der geringen Breite und langgestreckten Form des Roten Meeres sind die Strömungen äußerst variabel, und es zweigen besonders in der Nähe von Inseln und Riffen viele Seitenströmungen vom Hauptstrom ab. Diese Gegenströmungen treten zu allen Jahreszeiten auf und sind sehr wechselhaft. Sie sind jedoch nicht so stark, wie zuerst angenommen wurde; viele augenscheinliche Gegenströmungen gingen nämlich auf Fehler in der Astronavigation zurück, die durch den Brechungseffekt am Horizont entstanden. Die stärkste Strömung herrscht in der Straße von Bab al Mandab; sie erreicht bei NO-Monsun 2 Knoten. In den Übergangsmonaten zwischen den Monsunen, d. h., April und Mai bzw. Oktober, ist die Strömung schwach oder gar nicht vorhanden.

Indischer Ozean

Törns Karte 78

Karten:	BA 6, 8, 63, 138, 141
	US 62081, 62191, 62195, 62230, 62250, 62290
Segelhandbücher:	BA 64
	US 172

Trotz seiner vielen Attraktionen, guten Ankerplätze, ausgezeichneten Angelmöglichkeiten und großartigen Tauchgebiete hat das Rote Meer vom Standpunkt des Seglers aus so viele Nachteile, daß man meistens versucht, möglichst schnell hindurchzukommen. Die Probleme sind überwiegend politischer Natur; das Ostufer ist für Yachten praktisch gesperrt, während die anhaltenden Auseinandersetzungen in Äthiopien die Küstenlinie dieses Landes für kleine Boote extrem gefährlich machen. Damit bleiben nur noch die ägyptische und die sudanesische Küste, und auch dort können ausländische Yachten nicht immer sicher sein, von den Behörden freundlich aufgenommen zu werden. Die einzige Alternative für Boote, die in das Mittelmeer oder in den Indischen Ozean wollen, besteht deshalb darin, sich in der Mitte des Roten Meeres zu halten, was aber angesichts des starken Schiffsverkehrs und des oft ungünstigen Windes auch nicht so einfach ist.

Wegen all dieser Faktoren bedienen sich die meisten Segelschiffe im Roten Meer einer Kombination der beiden Möglichkeiten und wechseln zwischen langen Abschnitten auf See und Tagestörns an der Küste. Für diese Methode spricht einiges, da sie an die Mannschaft weniger Anforderungen als eine Nonstopfahrt stellt und außerdem sicherer ist, weil man so vielen Gefahren aus dem Weg gehen kann. Auf diese Weise braucht man für das gesamte Rote Meer durchschnittlich drei Wochen.

Riffe und andere Gefahrenstellen sind auf den Seekarten der Britischen Admiralität besonders gut verzeichnet, und es ist bei guter Sicht nicht schwer, zwischen den Riffen hindurchzusegeln. Wer einen Ankerplatz für die Nacht sucht, sollte das nicht zu spät am Nachmittag tun, weil die niedrige stehende Sonne dann einen Schimmer über das Wasser legt, der die ansonsten leicht erkennbaren Gefahrenstellen überdeckt.

RN Richtung Norden

Unabhängig von der Jahreszeit muß man auf der Fahrt nach Norden in der Regel auf mindestens der halben Strecke mit Gegenwinden kämpfen. Daher ist es schwierig, eine spezielle Jahreszeit zu empfehlen, zumal auch die Fahrt durch das Rote Meer meist als Fortsetzung eines Törns erfolgt, dessen zeitliche Abstimmung von anderen Faktoren abhängig war. Die meisten Boote unternehmen die Fahrt nach Norden am Ende des Winters, zwischen Februar und April, nachdem sie den Nordindischen Ozean bei NO-Monsun durchquert haben. In der Nordhälfte des Roten Meeres herrscht zwar das ganze Jahr über NW-Wind vor, der aber im Frühjahr schwächer ist als im Winter, so daß der April einer der besten Monate für die Fahrt nach Norden sein dürfte. Ein weiterer Vorteil eines Törns Ende März oder Anfang April ergibt sich aus der Tatsache, daß man das Mittelmeer dann erreicht, wenn es langsam wärmer wird und die Segelsaison beginnt. Der Gegenwind im Roten Meer ist zwar unter Seglern zu einer Art Legende geworden, doch muß darauf hingewiesen werden, daß der Wind nicht immer der Längsachse folgt, so daß man zwar aufkreuzen muß, sich dabei aber in der

Regel den günstigeren Bug auswählen kann. Eine weitere Beobachtung, an die man denken sollte, ist die, daß sich der Wind mit der Sonne dreht und am Morgen eher aus NO und am Nachmittag eher aus NW kommt.

RN 1

Aden – Bab al Mandab: 100 sm
Djibouti – Bab al Mandab: 70 sm
Bab al Mandab – Jabal Attair: 200 sm
Jabal Attair – Masimirit: 270 sm

Boote aus dem Golf von Aden, ob aus Djibouti oder aus Aden, sollten sich in der Straße von Bab al Mandab (Tor der Sorgen) westlich der Perim-Insel halten. In der Straße ist ein Verkehrstrennungsgebiet eingerichtet, und Schiffe in Richtung Norden müssen sich auf Steuerbord halten. An die Perim-Insel sollte man nicht zu nahe herangehen, weil sie Sperrgebiet ist und dort in der Vergangenheit schon auf Yachten geschossen worden ist. Aus dem gleichen Grund sollte die Straße östlich der Perim-Insel nur in einem Notfall benutzt werden.

Die nächsten 200 Meilen bis zur Insel Jabal Attair (15°32'N, 41°50'O), auf der ein starkes Feuer steht, kann man entweder nonstop machen oder in kürzeren Abschnitten, indem man bei den beiden Inselgruppen unterwegs vor Anker geht. Bei anhaltend günstigem Wind ist es ratsam, möglichst weit nach Norden zu fahren und nicht auf den Inseln anzulegen. Sowohl die Hanisch- als auch die Subair-Inseln gehören zu Nordjemen; die Behörden dulden es zwar in der Regel, daß man dort ankert, lassen aber niemanden an Land gehen. Bei schlechter Sicht oder schwerem Wetter passiert man die Hanisch-Inseln besser im Osten, wo deutlichere Landmarken es einfacher machen, die verschiedenen Gefahrenstellen zu meiden. Die Subair-Inseln sollten im Westen passiert werden, weil dort keine vorgelagerten Gefahrenstellen vorhanden sind. Auf der Ostseite ist auf die East Rocks zu achten, eine Felsengruppe im Norden von Jabal Subair.

Jabal Attair bietet eine ausgezeichnete Landkennung, von der aus ein neuer Kurs gesetzt werden kann, der sicher zwischen den Gefahrenstellen vor beiden Ufern des Roten Meeres hindurchführt; das Fahrwasser ist hier etwa 60 Meilen breit. Von Jabal Attair aus führt der Kurs in 40°40'O über 17°N, um die Farasan-Inseln vor Saudi Arabien und die Dahlach-Bank vor der eritreischen Küste zu meiden. Wer nicht in den Sudan will, nimmt als nächstes Kurs auf die kleine Insel Masamirit (18°50'N, 38°45'O), die aus SO angelaufen und wegen des gefährlichen Bereichs im Süden im Osten passiert wird.

RN 2

Jabal Attair – Khor Nawarat: 260 sm

Wer das restliche Stück lieber in kürzeren Abschnitten innerhalb der Riffe zurücklegen möchte, hat drei Möglichkeiten, die sudanesische Küste anzulaufen. Als erstes kann man Kurs auf Khor Nawarat nehmen, einen Hafen nahe an der Grenze zwischen dem Sudan und Äthiopien. Wegen dieser Lage, der gefährlichen Riffe und Inselchen der Suakingruppe und der unvorhersehbaren Strömungen sollte man Khor Nawarat mit äußerster Vorsicht und nur dann ansteuern, wenn die Schiffsposition genau bekannt ist. Aus den äthiopischen Hoheitsgewässern muß man sich unter allen Umständen heraushalten, und im Zweifelsfall ist es sicherer, auf See zu bleiben und sich nach dem Feuer auf Masamirit zu richten.

Eine andere Möglichkeit, die sudanesische Küste zu erreichen, besteht darin, Masamirit hart südlich zu passieren und sich vorsichtig zwischen den verschiedenen Riffen hindurch in Richtung auf Trinkitat zu schlängeln. Von Khor Nawarat und Trinkitat aus führt eine einigermaßen betonnte Durchfahrt an der Küste entlang nach Port Sudan. Letzteres ist außerdem auf einem Kurs zu erreichen, der östlich an allen Gefahrenstellen der Suakingruppe vorbeiführt und beim Feuer von Hindi Gider nach Westen abdreht.

Indischer Ozean

RN 3

Port Sudan – Suez: 700 sm

Nordwärts von Port Sudan kann man sich ebenfalls innerhalb der Riffe halten oder auf See hinaus gehen. Im Vergleich zur Südhälfte des Roten Meeres gibt es im Norden weniger Gefahrenstellen, und die Seeroute weist bis zum Daedalus-Riff (24°56′N, 35°52′O) keinerlei Gefahrenstellen auf. Eine nützliche Landkennung unterwegs ist Gerirat Sabargad, eine hohe felsige Insel vor der Foul Bay (Golf Umm al-Kataf), einem Bereich, den auch diejenigen besser meiden, die bis zu diesem Punkt an der Küste entlang gesegelt sind. Von hier aus werden zunehmend längere Abschnitte auf See erforderlich, da an der ägyptischen Küste weniger sichere Ankerplätze zur Verfügung stehen. Nach den Al-Ichwan-Inseln (26°19′N, 34°51′O) findet man in Hurghada oder in dessen Nähe einen sicheren Ankerplatz für jedes Wetter. Den Golf von Suez erreicht man dann durch den Tawila-Kanal, der einen Umweg an der Insel Schadwan vorbei und durch die Straße von Jubal überflüssig macht. Der Törn durch den schmalen Golf von Suez kann wegen der zahlreichen Bohrinseln, des dichten Schiffsverkehrs und des meist herrschenden Gegenwindes nervenaufreibend werden.

Wenn man die Bucht von Suez bei Nacht erreicht, ankert man am besten vor der Hauptdurchfahrt und wartet bis Tagesanbruch, bevor man sich in den dichten Schiffsverkehr begibt. Kurz nach der Einfahrt in die Bucht von Suez wird ein Schiffahrtsagent oder sein Vertreter mit der Barkasse auftauchen und anbieten, die Fahrt durch den Suezkanal zu arrangieren. Zwischen den Agenten herrscht eine extreme Konkurrenz, so daß man kein Angebot akzeptieren sollte, bevor der übliche Satz feststeht. Siehe auch Hinweise in Kapitel 27 zur Fahrt durch den Suezkanal.

Als Ankerplatz für Yachten, die durch den Kanal wollen, wird Port Ibrahim empfohlen, das direkt hinter dem südlichen Wellenbrecher im Haupthafen liegt. Der Wellenbrecher ist im Westen oder im Osten zu passieren, und der Ankerplatz liegt an seinem östlichen Ende in der Nähe der Einfahrt ins Nordbecken. Die Hafenbehörde und andere Ämter befinden sich auf der Nordseite der Kanaleinfahrt (siehe Karte 84).

RS Richtung Süden

Welches die beste Zeit für eine Fahrt nach Süden durch das Rote Meer ist, hängt von genau so vielen Faktoren ab wie bei einem Törn nach Norden. Die schönste Zeit für diesen Törn ist wahrscheinlich in den Frühjahrsmonaten von Februar bis April, wenn es im Norden wärmer wird und im Süden noch nicht zu heiß ist. Zu dieser Zeit kann man bis mindestens auf den Breitengrad von Port Sudan mit günstigen Winden rechnen. Ab Mai sollte im gesamten Roten Meer Wind aus NW herrschen. Der Zeitpunkt für diesen Törn hängt in der Regel davon ab, wie das Ziel im Anschluß an das Rote Meer lautet; dabei ist das Wetter im Nordindischen Ozean zu berücksichtigen. Bei einem Törn nach Osten durch den Nordindischen Ozean sorgt der SW-Monsun, der von Mai bis Oktober weht, für den günstigsten Wind, der allerdings auf dem Höhepunkt des Monsuns im Juli und August mit einem hohen Prozentsatz an Stürmen möglicherweise zu stark ist. Diese Monate meidet man am besten auch wegen der unerträglichen Hitze. Siehe auch Route IN 20, IN 21 und IT 19.

RS 1

Suez – Hurghada: 200 sm
Hurghada – Port Suez: 500 sm

Man kann sich zwar wie auf der Nordroute hier jede Nacht einen Ankerplatz suchen, nutzt aber im allgemeinen auf dem Südtörn den günstigen Wind aus, um längere Zeit auf See zu bleiben. Am Südende des Golfs von Suez kann man mehrere Meilen sparen, wenn man durch den Seit- oder den Tawila-Kanal segelt, der nach Hurghada führt. Von dort aus geht es dann auf See nahe an den Al-Ichwan-Inseln (26°19'N, 34°51'O) und am Daedalus-Riff (24°56'N, 35°52'O) vorbei, die beide starke Feuer haben.

RS 2

Ras Hadarba – Port Sudan: 150 sm

Wer sich südlich der Foul Bay lieber an der Küste hält, kann bei Ras Hadarba nahe der ägyptisch-sudanesischen Grenze hinter die Riffe gehen. Von dort bis Port Sudan kann man die gesamte Strecke überwiegend in geschützten Gewässern zurücklegen, in denen man jede Nacht ohne Probleme einen sicheren Ankerplatz findet.

RS 3

Port Sudan – Khor Nawarat: 120 sm
Khor Nawarat – Bab al Mandab: 460 sm

Auf der Küstenroute kann man über Port Sudan hinaus bis nach Trinkitat oder Khor Nawarat bleiben. Von Trinkitat aus erreicht man die offene See durch eine Durchfahrt, die in genau östlicher Richtung zwischen den Riffen und Inselchen der Suakingruppe hindurchführt. Von Khor Nawarat aus bleiben alle Gefahrenstellen der Suakingruppe an Backbord, und sobald das offene Meer erreicht ist, geht man auf einen Kurs, der schnell aus den äthiopischen Gewässern hinausführt. Wie bereits gesagt, muß man sich aus den äthiopischen Hoheitsgewässern heraushalten, und deswegen ist Khor Nawarat der letzte Ort am Westufer des Roten Meeres, in dem man Schutz suchen kann.

Südlich von 18°N gibt es nur die Möglichkeit, einen Kurs auf der Längsachse des Roten Meeres zu steuern. Saudi Arabien und Nordjemen sollte man nicht anlaufen, und auch die vorgelagerten Inseln darf man nur bei einem echten Notfall ansteuern. Von Masamirit aus führt der Kurs mitten zwischen der Dahlach Bank auf der äthiopischen Seite und den Farasan-Inseln auf der saudischen Seite hindurch nach Jabal Attair, einer deutlich erkennbaren Insel in 15°32'N, 41°50'O. Die beiden Inselgruppen südlich davon, die Subair- und die Hanisch-Inseln, bieten bei schwerem Wetter Schutz. Beide Inselgruppen sind wegen der vorgelagerten Gefahrenstellen mit Vorsicht anzulaufen. Die Subair-Inseln passiert man am besten auf der Westseite, während man an Sukar und den Hanisch-Inseln im Osten vorbeiläuft und dabei sorgfältig auf die verschiedenen Felsen in deren Nähe achtet. In der Straße von Bab al Mandab sollte die Perim-Insel an Backbord bleiben; man darf ihr aber nicht zu nahe kommen, da sie militärisches Sperrgebiet ist.

Mittelmeer

26 Wind- und Strömungsverhältnisse sowie Törns im Mittelmeer

Wind und Wetter

Das Mittelmeerklima ist insgesamt äußerst angenehm und wird gekennzeichnet durch lange schöne Sommer, in denen es warm, aber nicht zu warm ist, und milde Winter, die nicht zu kalt sind. Die meisten Stürme und Niederschläge gibt es in den Wintermonaten, im langen Sommer zieht nur selten ein Sturm auf. Es gibt beträchtliche Unterschiede in den lokalen Verhältnissen, wobei stärkere Winde und Böen oft das Ergebnis lokaler Erscheinungen sind und nicht auf das Wetter insgesamt zurückgehen. Tropische Stürme sind unbekannt.

Das Mittelmeer läßt sich in zwei Hälften einteilen, nämlich das westliche und das östliche Mittelmeer, die den beiden tieferen Becken entsprechen, die durch eine Erhebung getrennt werden, die durch Italien, Sizilien und Malta zur afrikanischen Küste verläuft. Im Sommer gerät das westliche Mittelmeer in den Einflußbereich des atlantischen Hochs über den Azoren, während das östliche Mittelmeer durch das Tiefdruckgebiet im Osten beeinflußt wird, das einen Ausläufer des Monsuns im Indischen Ozean darstellt. In der Regel ziehen die Wettersysteme von West nach Ost über das Mittelmeer hinweg, und das gilt besonders für die Tiefdruckgebiete in den Wintermonaten. Im gesamten Mittelmeer kommt der Wind überwiegend aus nördlichen Richtungen, und zwar mehr aus NW im Westen, aus N in der Ägäis und aus NO im Osten.

Durch die Jahrhunderte gut zu verfolgen sind die verschiedenen regionalen Winde, die eine bemerkenswerte Eigenschaft des Wetters im Mittelmeer darstellen.

Mistral

»Magistralis«, d. h. der Gebieterische, war die ursprüngliche Bezeichnung für den kalten trockenen NW-Wind, der in Häufigkeit und Stärke das westliche Mittelmeer beherrscht. Dieser heute zu *Mistral* oder *Maestral* gewordene NW-Wind bildet sich, wenn durch Frankreich herabfließende Kaltluft auf die Alpen stößt und von dort aus durch das Rhonetal in das Mittelmeer abgelenkt wird. Der *Mistral* weht stark im Golf von Lion und im Golf von Genua, wobei das Rhonedelta und Marseille fast 100 Tage im Jahr seine volle Kraft zu spüren bekommen. Bei einem Schnitt von 20 Knoten ist der *Mistral* häufig stärker und erreicht gelegentlich 50 bis 60 Knoten. Er reicht oft bis zu den Balearen und nach Sardinien und ist gelegentlich noch auf Malta und in Nordafrika zu spüren. Die französische Riviera östlich von Marseille liegt im Schutz der Berge, so daß der *Mistral* dort weniger zu spüren ist.

Der *Mistral* tritt in regelmäßigen Abständen das ganze Jahr über auf, ist aber im Winter häufiger; er hält 3 bis 6 Tage lang an und wird durch klaren Himmel gekennzeichnet. An der spanischen Küste heißt dieser NW-Wind *Tramontana*; er ist stark, kalt und trocken mit vielen lokalen Abweichungen.

Vendavales

Das sind starke SW-Winde, die besonders im Spätherbst und zu Beginn des Frühjahrs zwischen Nordafrika und der spanischen Küste wehen. Sie halten nicht lang an, können Sturmstärke erreichen und hängen damit zusammen, daß Tiefdruckgebiete über Spanien und Frankreich hinwegziehen. Die *Vendavales* gehen mit Böen und Gewitterstürmen einher, sind aber in der Nähe der afrikanischen Küste und an der spanischen NO-Küste weniger stark. Viel stärker sind sie in der Straße von Gibraltar. Sie erreichen die Westküste Sardiniens und den Golf von Genua und werden in Italien als *Libeccio* bezeichnet.

Sirocco

Mit dieser Bezeichnung wird allgemein jeder Südwind belegt, der warme Luft vom afrikanischen Festland mit sich bringt. Dadurch, daß Tiefdruckgebiete nach Osten über die Wüste hinwegziehen, ist der *Sirocco* vor der Küste Nordafrikas sehr heiß und trocken und oft mit Sand und Staub befrachtet; dadurch wird die Sicht verschlechtert.

Über der See nehmen diese Winde Feuchtigkeit auf, so daß sie in Spanien, Malta, Sizilien, Sardinien und Süditalien mit niedriger Temperatur und höherer Luftfeuchtigkeit als vor der afrikanischen Küste eintreffen. Dort ist der *Sirocco* ein warmer, diesiger Wind, der mit einer niedrigen Wolkendecke einhergeht. Regen, der durch den von diesem Wind mitgeführten Staub fällt, ist manchmal rot oder braun.

Ein ähnlicher Wind weht vor der Arabischen Halbinsel und beeinflußt Israel, den Libanon, Zypern, Kreta und andere südlich gelegene Inseln im östlichen Mittelmeer besonders in der Übergangszeit von April bis Juni und September bis Oktober. In Ägypten wird der *Sirocco* als *Khamsin* bezeichnet, was das arabische Wort für 50 ist; er tritt nämlich am häufigsten in den 50 Tagen nach dem koptischen Osterfest auf. Im allgemeinen weht er etwa einen Tag lang mit Sturmstärke, und zwar überwiegend von Februar bis April. Später im Mai und im Juni ist der *Khamsin* weniger häufig, hält aber länger an. Weitere lokale Bezeichnungen für den *Sirocco* sind *Leveche* in SO-Spanien und *Chihli* in Nordafrika.

Levante

Diese NO-Winde wehen an der spanischen Küste und erreichen im Frühjahr (Februar bis Mai) und Herbst (Oktober bis Dezember) Sturmstärke. In den Sommermonaten von Juni bis September ist der *Levante* kürzer und nicht so stark. Er bildet sich, wenn zwischen den Balearen und Nordafrika ein Tiefdruckgebiet liegt, was meistens der Fall ist, wenn sich über dem europäischen Festland im Norden ein Hoch befindet.

Am häufigsten ist der *Levante* im Mittelbereich der spanischen Küste, im Süden gibt es ihn weniger. Er setzt sich in die Straße von Gibraltar fort, wo er aufgrund der Trichterwirkung zum Ostwind und als *Levanter* bezeichnet wird. Der *Levante* sorgt für niedrigere Temperaturen und Niederschlag, der an der Küste oft heftige Ausmaße annimmt; aufgrund der langen Strecke über dem Wasser entstehen schwere Seen.

Gregale

Diese starken Winde aus NO treten im zentralen Bereich des Mittelmeers auf, und zwar an den Küsten Siziliens und Maltas und besonders im Ionischen Meer. Sie hängen mit Hochdruckgebieten über dem Balkan zusammen und sind besonders im Februar an der Tagesordnung. Diese Winde erreichen meistens Sturmstärke, sie sind kalt und führen zu einer schweren Dünung. Die NO-Küste Maltas ist besonders verwundbar, da die Haupthäfen nach NO offen sind. Es war ein *Gregale*, der den Heiligen Paulus im ersten Jahrhundert nach Christus an der maltesischen Küste stranden ließ.

Meltemi

Die türkische Bezeichnung für diesen Wind ist bekannter als der aus dem Griechischen stammende Begriff *Etesien*, der »jährlich« bedeutet. Diese regelmäßigen Winde wehen den ganzen Sommer über stetig über dem östlichen Mittelmeer; sie beginnen im Mai oder Anfang Juni und halten bis September oder auch Oktober an. Am stärksten und stetigsten ist der *Meltemi* im Juli und August. Auch wenn er in den Monaten davor nicht weht oder wenn er sich noch nicht durchgesetzt hat, bekommt man in dieser Zeit nur selten Wind aus anderen Richtungen. Besonders zu Anfang der Saison können Flautenperioden auftreten. Der *Meltemi* hat viel Ähnlichkeit mit einem Monsun und läßt sich in mancherlei Hinsicht als Ausläufer des Monsuns im Indischen Ozean betrachten, der durch das Tiefdruckgebiet östlich des Mittelmeers verursacht wird.

Der *Meltemi* weht in der Zentralägäis aus Norden und kommt in der nördlichen Ägäis mehr aus NO und im Süden mehr aus NW; er erstreckt sich über das gesamte östliche Mittelmeer, verliert sich aber, bevor er die Küsten im Süden erreicht. Er ist mit durchschnittlich 15 bis 20 Knoten frisch und geht mit schönem klarem Wetter einher. Besonders am Nachmittag erreicht er oft bis zu 30 Knoten und gelegentlich sogar 40 Knoten. Weniger stark ist er in den nördlichsten Bereichen und am stärksten in der südlichen und südwestlichen Ägäis. Nachts nimmt er oft ab.

Die Wetterverhältnisse lassen sich insgesamt folgendermaßen zusammenfassen:

Westliches Mittelmeer

Die Sommer sind schön mit seltenen Stürmen. Es gibt Winde mit Sturmstärke, die aber oft durch Tiefdruckgebiete über einem begrenzten Bereich hervorgerufen werden. Sie sind deshalb nur schwer vorherzusagen, zumal einem bevorstehenden Sturm nur selten eine ausgeprägte Veränderung des Luftdrucks vorhergeht. Starkwinde wie *Vendavales*, *Sirocco* oder *Levante* kommen häufiger in den Übergangsmonaten im Frühjahr und Herbst vor. Der *Mistral* tritt auch im Sommer auf, aber nicht so häufig wie zu anderen Jahreszeiten. Es herrscht überwiegend NW-Wind, wenn man von den südlichsten Bereichen nahe der afrikanischen Küste absieht, wo es häufiger Wind aus O und NO gibt. Gelegentlich kommt es zu Flauten, die mehrere Tage lang anhalten. Abgesehen von Gewitterstürmen im Sommer und Herbst in der Nähe bestimmter Küsten regnet es in den Sommermonaten nur wenig.

Im Winter sind die Winde viel wechselhafter und Stürme häufiger. Tiefdruckgebiete ziehen über Frankreich oder Spanien oder durch die Straße von Gibraltar von Westen aus dem Atlantik heran. Im Golf von Lion oder im Golf von Genua bilden sich außerdem begrenzte Tiefdruckgebiete, die nach Süden ziehen und starken Wind und böiges Wetter mit sich bringen. Der *Mistral* tritt häufiger in den Wintermonaten auf, und in der gesamten Region herrschen NW-Winde vor. *Vendavales* und *Libeccio* wehen besonders im Spätherbst und zu Beginn des Frühjahrs. Im Winter gibt es zwar vermehrt Stürme, aber auch Perioden mit ruhigem Wetter. Der meiste Regen fällt im Winter in Form von Schauern, die Temperaturen sind mild, und es gibt eine relativ hohe Zahl an klaren sonnigen Tagen.

Östliches Mittelmeer

Die Sommer werden von den jahreszeitlich bedingten Winden aus dem nördlichen Quadranten beherrscht, die recht stark sind, aber mit klarem Himmel und schönem Wetter einhergehen. Es fällt nur spärlicher und im Süden fast gar kein Niederschlag. Das Klima im östlichen Mittelmeer ist etwas kontinentaler als im Westen und in der Mitte, das heißt, es gibt weniger Fronten, weniger Niederschlag und niedrigere Luftfeuchtigkeit. Es ist bekannt für lange warme Sommer und kurze Winter. Der Regen fällt überwiegend in den Wintermonaten.

Im Winter ziehen Tiefdruckgebiete in östlicher Richtung entweder nach SO in Richtung Zypern oder nach NO in Richtung Schwarzes Meer. Sie sind zwar nicht ausgedehnt, können aber sehr heftig werden, weil sie sich schnell und ohne große Vorwarnung entwickeln. Bestimmte Stürme in diesem Bereich sind gefährlich, da sie örtlich begrenzt aus heiterem Himmel entstehen. Der Wind kommt zwar auch im Winter überwiegend aus Norden, kann aber auch aus allen anderen Richtungen kommen; besonders aus Süden erreicht er oft Sturmstärke. Wind aus Süden und Norden hält länger an als O- oder W-Wind. November bis Februar sind die schlimmsten Monate mit kalten trockenen N- bis NO-Stürmen und warmen feuchten SO- bis SW-Stürmen, die Staub mit sich führen. Bei Durchzug eines Tiefdruckgebietes kann der Wind innerhalb weniger Stunden von S auf N drehen. In der Übergangszeit zwischen den Jahreszeiten, etwa im April und Mai, kann mehrere Tage lang Flautenwetter herrschen.

Küstenwetter

An der Küste wird das Wetter stark von der Höhe des Landes und von anderen topographischen Merkmalen beeinflußt. Es gibt enorme lokale Unterschiede, wobei jeder vorherrschende Wind in Küstennähe im allgemeinen schwächer ist, während Land- und Seewinde starke Auswirkungen zeigen. Besonders ausgeprägt sind die Land- und Seewinde in den Sommermonaten, in denen sie gelegentlich 20 bis 30 Knoten erreichen. Die Windrichtung ändert sich nicht nur mit der Tageszeit, sondern auch mit der Ausrichtung der Küstenlinie. Zwischen dem frühen Morgen und dem späten Nachmittag dreht sich der Wind meistens um 180°. Örtlich begrenzte Böen treten häufiger an bergigen Küsten auf, und in Tälern und zwischen Inseln kommt es häufig zu Fallwinden. Das gilt besonders für hohe Inseln. Im Sommer weht beispielsweise auf Sizilien tagsüber ein starker Seewind, der in Palermo aus NO, in Syrakus aus NO bis S und in Agrigent aus S bis SW kommt und sich auf diese Weise um die Insel herum fortsetzt. Es ist unmöglich, alle lokalen Verhältnisse im Einzelnen zu beschreiben; ein paar kurze Anmerkungen sollen hier genügen.

Gibraltar

Der Wind weht in der Straße wie in einem Trichter entweder aus W oder aus O. Bei Gibraltar herrscht im Winter W- und im Sommer O-Wind. Von Juli bis Oktober treten häufiger *Levanter* auf, die gelegentlich 15 Tage lang anhalten, aber nicht immer zu stark sind (15 Knoten). Im Winter ist der *Levanter* kürzer, aber stärker und bringt Regen, Wolken und Dunst mit sich. Auch die *Vendavales* treten am häufigsten von November bis März auf. In Lee des Felsens von Gibraltar bilden sich Wirbel, in denen der Wind in kurzen Abständen aus ganz unterschiedlichen Richtungen kommt.

Golf von Lion

Diese Region ist besonders bekannt für ihre plötzlichen Änderungen in Wind und Wetter, bei denen an nahe beieinanderliegenden Stellen gänzlich unterschiedliche Bedingungen herrschen. Der nach dem *Mistral* häufigste Wind ist der *Marin*, der warm und feucht aus SO bis SW von See kommt und zwar nicht so stark wie der *Mistral* ist, aber eine schwere See aufwirft.

Straße von Messina

Je nach gegebenen Verhältnissen weht der Wind entweder nach N oder nach S durch die Straße. Manchmal kommt er auf der Ostseite aus NO und auf der Westseite aus NW; in der Mitte ist er dann sehr schwach. Möglich ist es auch, daß er im südlichen Revier aus S bis SO kommt und im nördlichen Revier abrupt auf NW dreht, was schwere Seen hervorruft. Heftige Fallböen tragen in Verbindung mit den starken Gezeitenströmungen und einer Reihe kleiner Strudel und Verwirbelungen dazu bei, daß dieser Straße immer noch der Geruch von Scylla und Charybdis aus der Zeit des Odysseus anhaftet. Bei Gezeitenwechsel treten gelegentlich Flutwellen auf, die als *Tagli* bezeichnet werden. Manchmal sind Luftspiegelungen mit Mehrfachbildern zu beobachten.

Ägäis

Wenn auf See stark der *Meltemi* weht, kommt es in Lee von Erhebungen oft zu plötzlichen Böen. Dann entstehen in einem vorher windstillen Gebiet sehr plötzlich Fallwinde mit 40 bis 50 Knoten. Das gilt besonders für die Steilküsten im Süden der Inseln und des Festlands. Auch der *Meltemi* konzentriert sich in Straßen, Tälern und zwischen den Inseln. Das ist zu berücksichtigen, wenn man bei N-Sturm an einer Südküste Schutz sucht.

Afrikanische Küste

Der *Sirocco* oder *Khamsin* ist am stärksten an der nordafrikanischen Küste; dazu kommt eine tägliche Änderung der Windrichtung aufgrund starker Land- und Seewinde. Besonders im Spätsommer und Anfang Herbst gibt es an dieser Küste sehr häufig Gewitterstürme. Bei *Sirocco* erreichen die Temperaturen oft sehr hohe Werte.

Schwarzes Meer

Das Klima im Schwarzen Meer ähnelt sehr stark dem sommerlichen Mittelmeerklima; es ist überwiegend schön und sonnig, der Wind kommt überwiegend aus NW oder W und geht auf dasselbe Tiefdruckgebiet zurück, das für den *Meltemi* verantwortlich ist. Im Winter ist es jedoch besonders in den nördlichen Teilen viel kälter; dort gibt es Schnee und Eis. Sehr wechselhafte Bedingungen herrschen in den Übergangsmonaten April/Mai und September/Oktober, in denen der Wind seine Stärke und Richtung sehr schnell ändert. Lokale Besonderheiten sowie Land- und Seewinde sind stark ausgeprägt. In den Dardanellen und im Bosporus kommt der Wind überwiegend aus NO, da die Luft generell aus dem Schwarzen Meer in die Ägäis strömt. Wenn der Wind in diesen Meerengen nicht aus NO weht, kommt er gewöhnlich aus der entgegengesetzten Richtung.

Mit Ausnahme der stetigen Strömung an der nordafrikanischen Küste sind die Strömungen sehr wechselhaft und werden beträchtlich von Richtung und Stärke des Windes sowie lokalen Verhältnissen beeinflußt. So herrscht beispielsweise bei *Meltemi* in der mittleren und westlichen Ägäis eine Süd- bis Südwestströmung. Die stärksten Strömungen gibt es in der Straße von Gibraltar, im Bosporus und in den Dardanellen. Andere Straßen wie etwa die Straße von Messina unterliegen starken Gezeitenströmungen.

Strömungen

Da aus dem Mittelmeer mehr Wasser verdunstet, als die Flüsse nachführen, strömt das ganze Jahr über Wasser aus dem Atlantik herein. Am stärksten ist diese Ostströmung in der Straße von Gibraltar und an der nordafrikanischen Küste, wo sie im Schnitt etwa 2 Knoten erreicht. Hinter der Straße von Sizilien verliert sie auf dem weiteren Weg nach Osten allmählich an Kraft. In beiden Mittelmeerbecken gibt es eine schwächere Strömung gegen den Uhrzeigersinn, an die sich eine Ostströmung in der Straße von Malta anschließt. Im westlichen Becken verläuft diese Strömung an der italienischen Westküste nach Norden, dann an der französischen Südküste nach Westen und an der spanischen Küste nach Süden. Im östlichen Becken führt die Ostströmung an der israelischen und libanesischen Küste entlang nach Norden, dann an der türkischen Küste nach Westen, um schließlich den Kreislauf an der Nordküste Kretas zu beenden. Ein Arm führt gegen den Uhrzeigersinn durch die Ägäis, wo er auf dem Weg nach Süden das Wasser aufnimmt, das durch den Bosporus und die Dardanellen aus dem Schwarzen Meer in das Mittelmeer fließt. Ein weiterer Arm verläuft gegen den Uhrzeigersinn durch die Adria.

Törns

Kein anderes Segelrevier auf der Erde wird unter Seglern heute so geschmäht wie das Mittelmeer; man hört immer wieder, daß man »im Mittelmeer entweder zu viel oder gar keinen Wind hat, und was man an Wind bekommt, kommt von vorn«. Zum Glück stimmt das nicht immer, und trotz der Tatsache, daß sich die Windverhältnisse in diesem Binnenmeer nicht mit dem Passat der Karibik oder des Indischen Ozeans vergleichen lassen, kann man doch die meisten Hochseetörns unter Segel machen. Das Mittelmeer wird seit vielen Jahrhunderten von allen möglichen windgetriebenen Fahrzeugen befahren, und so manche Fahrt in grauer Vorzeit ist zur Legende geworden. Angesichts der Launenhaftigkeit der Winde im Mittelmeer wurden die Schiffe mit einem Satz kräftiger Riemen ausgerüstet, deren Aufgabe heute eine Dieselmaschine wahrnehmen kann, da Sklaven nun mal aus der Mode gekommen sind.

Da die Schiffahrt im Mittelmeer auf eine so lange Geschichte zurückblickt, ist das Wetter sehr gut bekannt, und das erleichtert die Arbeit beträchtlich, wenn man ein wenig Vorausplanung betreiben will. Da die Segelsaison fast neun Monate lang dauert, und zwar von Anfang März bis Ende November, kommt man ziemlich weit, wenn man früh ausläuft. Das gilt besonders für Törns von Westen nach Osten,

Mittelmeer

da zu Beginn des Frühjahrs und im Spätherbst häufiger Westwind herrscht. Da jedoch die Wettersysteme im Mittelmeer nicht so eindeutig abgegrenzt sind wie in anderen Gegenden der Welt, kann eine »beste Zeit« für einen bestimmten Törn nicht angegeben werden. Mit wenigen Ausnahmen kann man das Wetter im Mittelmeer nur selten als gefährlich bezeichnen, und die heftigsten Stürme treten fast unweigerlich im Winter auf, wobei Januar und Februar die schlimmsten Monate sind.

Die Vielzahl guter Häfen im gesamten Mittelmeer in Verbindung mit dem unerreichten Angebot an Plätzen und Orten, die es an Land zu besuchen gilt, bedeutet, daß die meisten Segler Küstentörns unternehmen, und deshalb werden hier auch nur die am häufigsten befahrenen Hochseerouten beschrieben.

M 10 Von Westen nach Osten

M 11   Gibraltar – Balearen
M 12   Balearen – Französische Riviera
M 13   Französische Riviera – Korsika
M 14   Korsika – Straße von Messina
M 15   Balearen – Straße von Messina
M 16   Straße von Messina – Griechenland
M 17   Gibraltar – Malta
M 18   Malta – Griechenland
M 19   In der Adria
M 20   In der Ägäis
M 21   Im Marmarameer und Schwarzen Meer
M 22   Rhodos – Zypern
M 23   Zypern – Israel
M 24   Zypern – Port Said
M 25   Rhodos – Port Said
M 26   Malta – Port Said

M 11 Gibraltar – Balearen   Karte 79

Gibraltar – Ibiza: 380 sm
Ibiza – Palma de Mallorca: 70 sm

Karten: BA 2717
                   US 301
Segelhandbücher: BA 45
                   US 130, 131

Die Route verläuft in einem Abstand von 15 bis 20 Meilen parallel zur spanischen Küste; dort herrscht stetigerer Wind. Die günstige Ostströmung macht sich zumindest bis Cabo de Gata bemerkbar, wo man auf NO-Kurs geht, der nahe an Cabo de Palos vorbeiführt. An der gesamten spanischen Küste gibt es mehrere Häfen, in denen man bei schlechtem Wetter Schutz suchen kann. Von Cabo de Palos aus führt die Route nach Ibiza westlich an Formentera vorbei. Zwischen der Südspitze von Ibiza und der kleinen Insel Espalmador an der Nordspitze von Formentera gibt es mehrere Tiefwasserkanäle. Die Strömungen in diesen Kanälen sind stark und setzen in der Regel gegen den Wind, so daß die See dort rauh werden kann. Unter solchen Umständen passiert man Formentera besser im Osten; das gilt auch für den Fall, daß der Zielhafen Palma de Mallorca lautet.

79. Törns im westlichen Mittelmeer

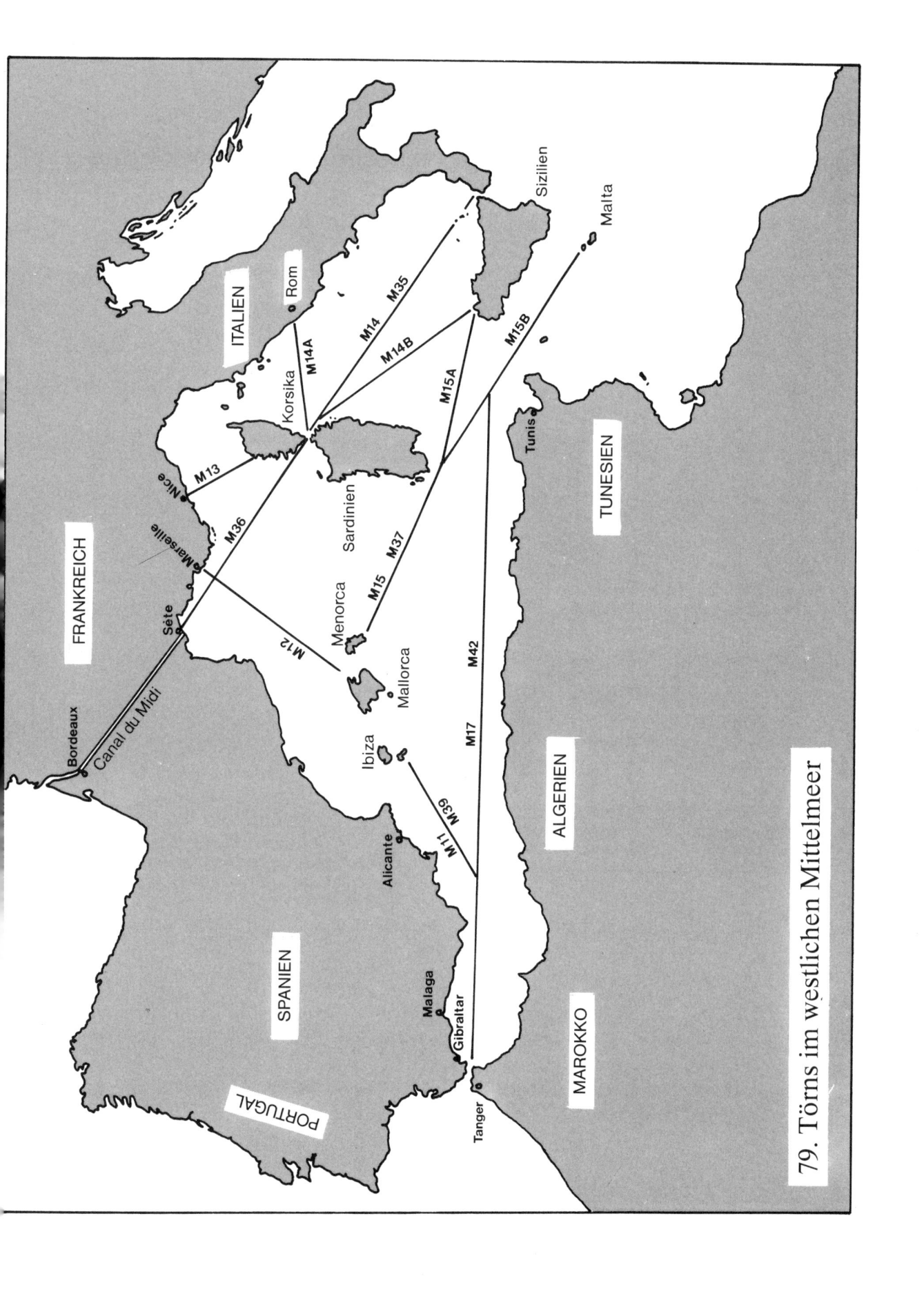

Mittelmeer

M 12
Balearen – Französische Riviera
Karte 79

Mallorca – Marseille: 300 sm
Menorca – Nizza: 280 sm

Karten:	BA 1780, 2717
	US 301
Segelhandbücher:	BA 45, 46
	US 131

In den Sommermonaten kommt der Wind auf dieser Route vorherrschend aus NW. Das schlimmste, was einem auf dem Weg zur französischen Küste passieren kann, ist ein *Mistral*, der besonders im Golf von Lion sehr heftig werden kann. Wenn das Ziel weiter im Osten liegt, ist es ratsam, die Küste in der Nähe der Insel Hyères anzulaufen, da es dort viele Häfen gibt, in denen man bei schlechterem Wetter Schutz suchen kann.

M 13
Französische Riviera – Korsika
Karte 79

Nizza – Calvi: 100 sm
St. Raphael – Ajaccio: 130 sm

Karten:	BA 1780
	US 301
Segelhandbücher:	BA 46
	US 131

Da die Westküste Korsikas attraktiver ist und eine Reihe guter Häfen aufweist, nehmen die meisten Boote von der Riviera aus direkt Kurs auf Calvi oder Ajaccio. In den Sommermonaten sind günstige Winde zu erwarten, und sogar der *Mistral* weht aus der richtigen Richtung, sorgt allerdings meistens für rauhe See.

M 14
Korsika – Straße von Messina
Karte 79

Bonifacio – Messina: 360 sm
Bonifacio – Anzio: 160 sm
Porto Cervo – Palermo: 260 sm

Karten:	BA 165
	US 301
Segelhandbücher:	BA 45, 46
	US 131

Die Straße von Bonifacio zwischen Korsika und Sardinien ist ein heikler, mit Felsen und Inselchen durchsetzter Wasserweg; die Fahrt durch die entsprechenden Kanäle ist allerdings nicht zu schwierig. Nach Durchquerung der Straße hat man die Wahl unter mehreren Routen, und nur wenige Segler nehmen den direkten Weg zur Straße von Messina (M 14). Attraktiver ist die Alternativroute M 14A, auf der man bei Civitavecchia, Fiumicino oder Anzio an das italienische Festland herangeht. Von dort aus geht es an der Küste entlang, wobei die Möglichkeit besteht, die Pontinischen Inseln, Ischia und Capri sowie Häfen auf dem Festland anzulaufen, bevor die Straße von Messina erreicht ist. Route M 14B verläuft über Porto Cervo und an der Westküste Sardiniens entlang über Palermo und die sizilianische Nordküste oder auf direktem Wege über die Äolischen Inseln nach Messina.

Die Strömungen in der Straße von Messina sind gezeitenabhängig und können bei hoher Flut mehr als 4 Knoten erreichen. Die Südströmung hält generell länger an und dauert bei Nordwind noch länger. Jeder Gezeitenwechsel geht mit einer oder mehreren Flutwellen einher. Für kleine Boote sind diese Wellen nur dann gefährlich, wenn ein starker Wind gegen die Tide ansteht. Die genauen Hoch- und Niedrigwasserzeiten finden sich in den entsprechenden Segelanweisungen.

M 15
Balearen – Straße von Messina
Karte 79

Menorca – Messina: 560 sm
Mallorca – Malta: 620 sm

Karten:	BA 165, 2717
	US 301
Segelhandbücher:	BA 45
	US 131

Von Mallorca und Menorca aus führt die Route so nahe an Sardinien vorbei, daß die meisten Boote einen kleinen Umweg machen, um zumindest den südlichen Teil dieser Insel zu besuchen. Route M 15 A verläuft zur Nordküste Siziliens, bevor sie in die Straße von Messina führt.

Auf dem Weg in das östliche Mittelmeer kann man die Straße von Messina meiden, indem man auf Route M 15 B Sizilien im Süden passiert und Malta anläuft. Diese Route ist besonders im Sommer zu empfehlen, weil dann die Aussicht auf günstige Winde besser ist als auf Route M 15 A, wo häufiger Flauten auftreten.

M 16 Straße von Messina – Griechenland
Karte 80

Messina – Zákynthos: 290 sm
Zákynthos – Patras: 60 sm
Messina – Pylos: 330 sm

Karten:	BA 1439
	US 302
Segelhandbücher:	BA 45, 47
	US 131, 132

Nach der Fahrt durch die Straße von Messina erreicht man die Ägäis entweder durch den Kanal von Korinth (M 16 A) oder im Süden um den Peloponnes herum (M 16 B). Auf keiner der beiden Routen gibt es irgendwelche Probleme, da das Ionische Meer frei von Gefahrenstellen ist. Auf der Nordroute nimmt man Kurs auf die Durchfahrt zwischen den Inseln Kefallinia und Zákynthos, die vor dem Golf von Patras liegen. Von dort aus geht es in den Golf von Korinth und in den Kanal, der den schmalen Isthmus zwischen dem griechischen Festland und dem Peloponnes durchschneidet. Der Kanal von Korinth ist eine bequeme Abkürzung in den Saronischen Golf und zu Häfen in der Nähe von Athen.

Route M 16 B ist vorteilhafter zu den Inseln in der südlichen Ägäis, bietet aber auch bessere Aussichten auf günstigen Wind. Ein günstig gelegener Anlaufhafen nach der Durchquerung des Ionischen Meeres ist Pylos, von wo es um die drei Finger des Peloponnes herum in die Ägäis geht.

M 17
Gibraltar – Malta
Karte 79

Gibraltar – La Valetta: 1020 sm

Karten:	BA 165, 2717
	US 301
Segelhandbücher:	BA 45
	US 130, 131

In den Sommermonaten von Mai bis September führt die Route hart nördlich an der Insel Alboran vorbei, bevor es näher an die afrikanische Küste geht, an der man sich bis zu den Galite-Inseln hält, um die Ostströmung auszunützen. Die Galite-Inseln werden im Norden passiert. An der gesamten nordafrikanischen Küste bleibt man tunlichst außerhalb der Hoheitsgewässer und achtet besonders bei Nacht auf Fischerboote, die oft keine Lichter führen. Von Cap Bon aus führt die Route nördlich an Pantelleria und den maltesischen Inseln vorbei. Westliche Winde trifft man auf dieser Route am ehesten in den restlichen Monaten des Jahres von Oktober bis April an, so daß man den Törn am besten für den Anfang oder das Ende der Saison plant. Im Sommer unterteilt man die Fahrt meistens besser in mehrere Abschnitte und legt zwischendurch in Spanien und auf den Balearen oder an der afrikanischen Küste an. Letztere ist im Winter zu meiden, weil dann durch starke Nordstürme die Gefahr besteht, auf Legerwall zu geraten. Bei anhaltendem Ostwind nach dem Auslaufen von Gibraltar hält man sich im Sommer und im Winter in der Regel besser an der spanischen Küste und läuft möglicherweise bis nach Sardinien, bevor man Kurs auf die Durchfahrt zwischen Cap Bon und Sizilien nimmt.

M 18
Malta – Griechenland Karte 80

La Valetta – Zákynthos: 340 sm
La Valetta – Chania: 480 sm

Karten:	BA 1439
	US 302
Segelhandbücher:	BA 45, 47, 48
	US 130, 131, 132

Auf dieser Ostroute durch das Ionische Meer ist der Wind das ganze Jahr über wechselhaft, wobei Westwind am häufigsten im Winter herrscht. Im Sommer überwiegt Nordwind mit einem größeren Anteil an Schwachwind und Flauten zu Beginn und zu Ende des Sommers. Die direkteste Route in die Ägäis (M 18 A) führt südlich am Peloponnes vorbei und aus Südwesten zu den Kykladen. Dabei kann man jeden der drei Kanäle zwischen Kap Maléas und Kreta benutzen, wobei der am weitesten nördlich gelegene Elafónisos-Kanal zwischen der Insel Kýthira und Kap Maléas im allgemeinen vorgezogen wird, weil er am geschütztesten ist. Wer nach Kreta oder Rhodos will, sollte den Antikýthira-Kanal südlich der kleinen Insel gleichen Namens nehmen.

Weil in der Ägäis im Sommer konstanter Nordwind herrscht, läuft man die Kykladen besser nicht aus SW, sondern aus NW an; aus diesem Grund wird für die Zeit zwischen Juni und August Route M 18 B empfohlen. Dabei nimmt man Kurs auf Zákynthos und umrundet die Insel im Süden. Von dort aus geht es weiter durch den Golf von Patras und den Golf von Korinth durch den Kanal von Korinth in die Ägäis.

M 19
In der Adria

Karten:	BA 1440
	US 301
Segelhandbücher:	BA 47
	US 131

Viele Jahre lang gab es nördlich der Ionischen Inseln nur wenige Anziehungspunkte für Segler in der Adria. All das hat sich geändert, seit die jugoslawische Küste mit ihrer großen Vielzahl an Ankerplätzen und Häfen von Kotor im Süden bis Triest im Norden dem Segelsport offen steht. Im Vergleich zu Jugoslawien hat die italienische Ostküste nur sehr wenig zu bieten; dort gibt es an der gesamten Küste nur eine begrenzte Anzahl sicherer Häfen. Aus politischen Gründen sind die albanischen Hoheitsgewässer zu meiden.

Aufgrund der geringen Breite und anderer besonderer Faktoren ist das Wetter in der Adria sehr kleinräumig geprägt. Der gefährlichste Wind ist die *Bora*, ein heftiger Nordwind, der überwiegend im Winter auftritt. Auf der Ostseite findet sich eine Nordströmung, derer man sich bei Fahrten nach Norden bedienen kann. Die jugoslawische Küste ist in beiden Richtungen vorzuziehen, weil es dort geschützte Häfen gibt.

M 20
In der Ägäis

Karten:	BA 180
	US 302
Segelhandbücher:	BA 48
	US 132

Die griechischen Inseln und die türkische Küste Kleinasiens bieten eine Vielzahl an Segelmöglichkeiten, und das zeigt sich auch an dem steilen Anstieg der Zahl an Segelbooten, den die Ägäis jedes Jahr zu verzeichnen hat. Törns in dieser Gegend bereiten nur selten echte Probleme, da es zahllose sichere Häfen und Ankerplätze gibt, alle Gefahrenstellen auf den Karten eindeutig eingezeichnet sind und auch die überkommene Feindschaft zwischen Griechenland und der Türkei Segler nur am Rande berührt.

Törns in der Ägäis sollten von Norden nach Süden verlaufen, und da im Sommer Nordwind vorherrscht, sollte man versuchen, vor Ende Mai in der nördlichen Ägäis einzutreffen, um in den folgenden drei Monaten von günstigem Wind profitieren zu können. Die zunehmende Beliebtheit dieser Segelreviere führt dazu, daß die meisten Häfen in den Hauptferienmonaten Juli und August überfüllt sind; in dieser Zeit sollte man sich abgeschiedenere Ankerplätze aussuchen. Da die ungefährliche Segelsaison von März bis November dauert, kann man die meisten Häfen entweder vor oder nach der großen Invasion im Sommer besuchen. Das ist dann möglicherweise auch die Zeit, einen Abstecher in angrenzende Gegenden wie etwa Istanbul oder das Schwarze Meer zu machen.

M 21 Im Marmarameer und im Schwarzen Meer

Karten:	BA 2214
	US 302
Segelhandbücher:	BA 24
	US –

Die meisten Boote treffen hier aus SW ein, nachdem sie in der Ägäis von Insel zu Insel gefahren sind; einige wenige Boote nehmen allerdings auch den Weg durch die Donau ins Schwarze Meer. Der Törn durch die Ägäis sollte im Frühjahr vor Einsetzen des *Meltemi* erfolgen, weil dann entweder schwacher oder gar kein Wind herrscht, so daß man bereit sein muß, unter Motor zu fahren. Wegen der starken Strömung in den Dardanellen ist es fast unmöglich, gegen NO-Wind anzukreuzen; der starke Schiffsverkehr erschwert die Sache noch mehr. Weil die Gegenströmung auf der europäischen Seite der Straße schwächer ist, sollte man sich dort bis Çanakkale halten, wo man auf die asiatische Seite hinüber muß, um einzuklarieren. Die weitere Strecke durch die Dardanellen und das Marmarameer legt man wegen des Schiffsverkehrs und der häufigen Flauten bei Nacht am besten in Tagestörns zurück. Ein geeigneter Ankerplatz für Yachten auf der Durchfahrt befindet sich in Istanbul auf der asiatischen Seite, in der Moda-Bucht.

Die Fahrt durch den Bosporus sollte man nur bei Tageslicht in Angriff nehmen, und zwar auch wieder auf der europäischen Seite, weil dort die Gegenströmung schwächer ist. Im Sommer tritt morgens oft dichter Dunst auf, der die Fahrt durch den Bosporus angesichts des starken Schiffsverkehrs sehr schwierig macht. Zum Ein- und Ausklarieren ist Büyükdere auf der europäischen Seite des Bosporus kurz vor der Einfahrt ins Schwarze Meer vorgeschrieben.

Das Kreuzen im Schwarzen Meer ist auf einige wenige türkische Häfen und die offiziellen Einreisehäfen der anderen Länder Bulgarien, Rumänien und Sowjetunion beschränkt. Für die drei letztgenannten Länder sind im voraus Anlaufgenehmigungen und Touristenvisa für jedes einzelne Besatzungsmitglied zu besorgen. Keines dieser Länder fördert den Segeltourismus, die Einreise ist allerdings nicht verboten. Wegen verschiedener Sperrgebiete sollte man die Behörden jedoch im voraus informieren, wenn man einen ihrer Häfen anlaufen will.

Mittelmeer

M 22
Rhodos – Zypern   Karte 80

Rhodos – Paphos: 190 sm
Rhodos – Kyrenia: 220 sm

Karten:	BA 183
	US 302
Segelhandbücher:	BA 48, 49
	US 132

Die direkteste Route von Rhodos aus (M 22 A) führt nach Paphos, einem kleinen Hafen an der Südwestküste Zyperns, von wo aus die beiden Haupthäfen in Südzypern, Limassol und Larnaka, schnell zu erreichen sind. Die Alternativroute M 22 B führt nach Nordzypern, von wo aus der südliche Teil der Insel um die Ostspitze herum angelaufen wird. An der Küste Zyperns herrscht eine Oststömung, deretwegen Kap Andreas an der NO-Spitze vorsichtig anzulaufen ist. Da sie weniger direkt als M 22 A ist, wird Route M 22 B nur empfohlen, wenn man vor der Fahrt nach Zypern Häfen an der türkischen Südküste anlaufen will.

Da Zypern nach wie vor geteilt ist, muß darauf hingewiesen werden, daß man in Südzypern nicht einklarieren darf, wenn man vorher bereits in Häfen in der Nordhälfte gewesen ist. Die Behörden bestehen darauf, daß man in Südzypern aus einem Überseehafen eintreffen muß. Umgekehrt ist das nicht der Fall, so daß man direkt aus dem Süden in den Norden fahren kann.

M 23
Zypern – Israel   Karte 80

Larnaka – Haifa: 150 sm
Larnaka – Tel Aviv: 180 sm

Karten:	BA 183
	US 302
Segelhandbücher:	BA 49
	US 132

Der beste Abfahrtshafen für den kurzen Törn nach Israel ist Larnaka, wo man bei den Hafenbehörden die neuesten Informationen über zu meidende Gebiete einholen sollte. Solange die Auseinandersetzungen im Libanon anhalten, sollte man die Grenze zwischen diesem Land und Israel mit äußerster Vorsicht ansteuern. Da Haifa so nahe an dieser Grenze liegt, meidet man diesen großen Hafen am besten und segelt direkt von Larnaka nach Tel Aviv. Die israelische Küste sollte bei Tageslicht angesteuert werden. In den kleinen Bootshafen von Tel Aviv läuft man tunlichst nicht mit anlandigem Wind ein, da die Dünung, die über der Hafeneinfahrt bricht, das Manövrieren extrem schwierig macht.

M 24
Zypern – Port Said   Karte 80

Larnaka – Port Said: 230 sm
Limassol – Port Said: 210 sm

Karten:	BA 183
	US 302
Segelhandbücher:	BA 49
	US 132

Von Larnaka oder Limassol aus geht es ohne Probleme zu einem Punkt 10 Meilen nördlich der Einfahrt nach Port Said, wo sich der empfohlene Ankerplatz für Handelsschiffe befindet, die auf die Fahrt durch den Suezkanal warten. Wegen der niedrigliegenden Küste ohne Landmarken und der Untiefen, die mehrere Meilen auf See hinausragen, ist die Lage von Port Said sehr schwer festzustellen, wenn man zu weit im Osten oder im Westen eintrifft. Weiter erschwert wird die Lage durch die unvorhersehbaren Strömungen in diesem Bereich. Die Ansammlung von Schiffen vor Anker ist meistens das erste Anzeichen dafür, daß man sich Port Said nähert.

Der Einfahrtskanal nach Port Said reicht weit auf See hinaus und ist gut betonnt. Man sollte am äußersten seewärtigen Ende einfahren und keine Abkürzungen nehmen, weil im Revier vor Port Said viele Wracks liegen. Kleinfahrzeuge dürfen ohne Lotsen in den Hafen einfahren, wo die Formalitäten zu erledigen sind, wenn das Fahrzeug am Port-Fouad-Yachtclub festgemacht hat. Dieser liegt auf der Ostseite des Hafens unmittelbar hinter einer Werft (siehe Karte 83).

M 25
Rhodos – Port Said
Karte 80

Rhodos – Port Said: 350 sm

Karten:	BA 183
	US 302
Segelhandbücher:	BA 48, 49
	US 132

Auf dieser Route kann man die meiste Zeit des Jahres mit günstigem Wind rechnen. Weil die Strömung an der ägyptischen Küste normalerweise nach Osten setzt, sollte man einen Punkt westlich von Port Said ansteuern. Da das Wasser in der ganzen Gegend flach ist, geht man nicht weiter als bis zur 20-Faden-Linie an die Küste heran, der man dann bis nach Damiette folgt. Von dort aus kann man Port Said ungefährdet anlaufen; es gelten dieselben Hinweise wie für Route M 24.

M 26
Malta – Port Said
Karte 80

La Valetta – Port Said: 940 sm

Karten:	BA 183, 1439
	US 302
Segelhandbücher:	BA 45, 49
	US 130, 132

Die direkte Route wird für den Sommer empfohlen; man geht dabei wie auf Route M 25 an die Küste heran. Im Winter und bei starkem N-Wind ist es möglicherweise ratsam, sich näher an Kreta zu halten, an dessen Südküste es für den Fall von schlechtem Wetter mehrere gute Schutzhäfen gibt. Hart leewärts von Kreta ist jedoch auf die Fallböen zu achten, die gelegentlich mit großer Kraft von den steilen Bergen auf See hinaus wehen.

M 30 Von Osten nach Westen

M 31	Port Said – Zypern		M 37	Sizilien – Balearen
M 32	Zypern – Rhodos		M 38	Griechenland – Malta
M 33	Port Said – Rhodos		M 39	Balearen – Gibraltar
M 34	Griechenland – Straße von Messina		M 40	Israel – Port Said
M 35	Straße von Messina – Korsika		M 41	Port Said – Malta
M 36	Korsika – Sète		M 42	Malta – Gibraltar

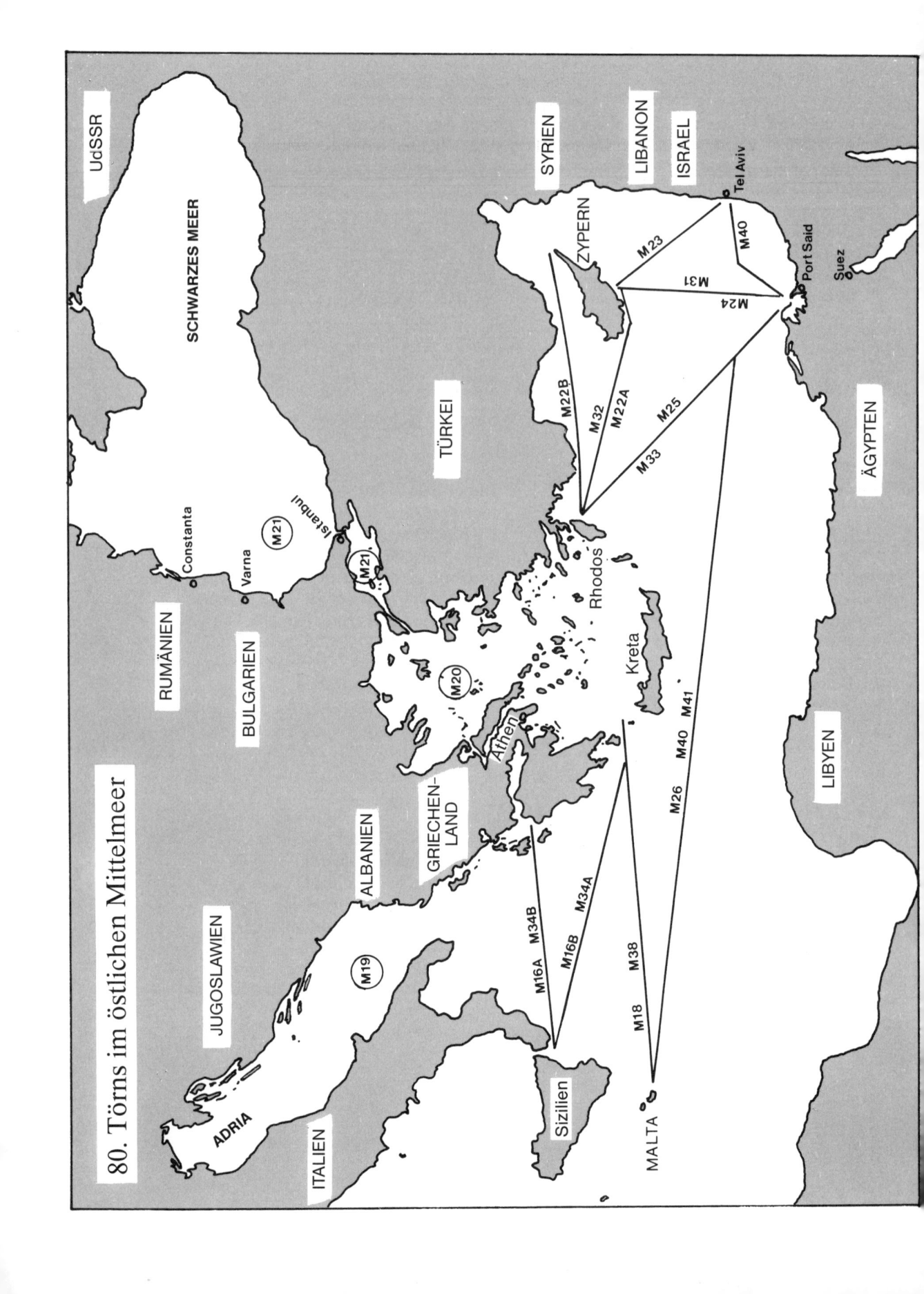

80. Törns im östlichen Mittelmeer

M 31
Port Said – Zypern Karte 80

Port Said – Paphos:	210 sm
Port Said – Limassol:	210 sm
Port Said – Larnaka:	230 sm

Karten:	BA 183
	US 302
Segelhandbücher:	BA 49
	US 130, 132

Sobald der lange Einfahrtskanal nach Port Said hinter dem Schiff liegt, kann direkter Kurs auf einen Hafen an der Südküste Zyperns gesetzt werden. Da die Insel fast genau im Norden von Port Said liegt, dient sie oft als erste Anlaufstelle im Mittelmeer für Boote, die Anfang des Jahres aus dem Roten Meer eintreffen. Der kleine Hafen Paphos an der SW-Küste Zyperns eignet sich gut als Abfahrtshafen nach Rhodos und bietet Schutz für den Fall, daß das Wetter plötzlich schlechter wird.

M 32
Zypern – Rhodos Karte 80

Paphos – Rhodos:	190 sm
Kyrenia – Rhodos:	220 sm

Karten:	BA 183
	US 302
Segelhandbücher:	BA 48, 49
	US 130, 132

Es ist generell zu empfehlen, vor Antritt dieses Törns auf O- oder SO-Wind zu warten. Wenn sich nach dem Auslaufen anhaltend starker W- oder NW-Wind erhebt, geht man am besten auf Steuerbordbug und nimmt Kurs auf die türkische Küste, wo man entweder auf anderes Wetter wartet oder in kürzeren Törns an der Küste entlang segelt.

M 33
Port Said – Rhodos Karte 80

Port Said – Rhodos:	350 sm

Karten:	BA 183
	US 302
Segelhandbücher:	BA 48, 49
	US 130, 132

Sollte sich das Wetter kurz nach dem Auslaufen aus Port Said verschlechtern, kann man in Alexandria Schutz suchen und auf eine Wetteränderung oder günstigeren Wind warten. Weil auf dieser Route sehr oft Gegenwind herrscht, muß man möglicherweise bei Flauten oder Schwachwind die Maschine zu Hilfe nehmen. Bei anhaltend stark NW-Wind in Port Said macht man besser einen Umweg über Zypern und richtet sich nach den Hinweisen für die Routen M 31 und M 32.

M 34 Griechenland –
Straße von Messina Karte 80

Zákynthos – Messina:	290 sm
Iraklion – Messina:	520 sm
Pylos – Messina:	330 sm

Karten:	BA 1439
	US 302
Segelhandbücher:	Ba 45, 48, 49
	US 130, 131, 132

Zwei Hauptrouten führen durch das Ionische Meer nach Messina, wobei die Wahl vom Abfahrtshafen in Griechenland abhängt. Von den Inseln in der nördlichen Ägäis und von Häfen in der Umgebung Athens bietet sich die Abkürzung durch den Kanal von Korinth an. Route M 34 B führt durch den Golf von Patras zwischen den Inseln Zákynthos und Kefallinia hindurch in das Ionische Meer.

Route M 34 A eignet sich besser für Boote aus der südlichen Ägäis oder von Kreta. Während man von Nordkreta aus direkten Kurs auf

Messina setzen kann, nimmt man von den Kykladen aus besser den Weg um den Peloponnes herum, wo man einen letzten Aufenthalt in Pylos einlegen kann.

M 35 Straße von Messina – Korsika Karte 79

Messina – Bonifacio: 360 sm

Karten:	BA 165
	US 301
Segelhandbücher:	BA 45, 46
	US 131

Die direkte Route führt zwischen den Äolischen Inseln hindurch und quer durch das Tyrrhenische Meer zur Straße von Bonifacio. Dort gibt es mehrere Kanäle, unter denen der Boca Grande am einfachsten ist.

Wegen der Probleme in Zusammenhang mit einer Fahrt von Süden nach Norden durch die Straße von Messina bietet es sich auf einem Törn von Griechenland nach Korsika und Südfrankreich möglicherweise an, Sizilien im Süden zu passieren und die Straße ganz zu meiden. Nach der Durchquerung des Ionischen Meeres läuft man Syrakus im Südosten Siziliens an, von wo aus man die Insel entweder nonstop oder in mehreren kleinen Abschnitten umsegeln kann. Von Sizilien aus kann man dann ebenfalls nonstop nach Korsika segeln.

M 36 Korsika – Sète Karte 79

Bonifacio – Sète: 270 sm

Karten:	BA 1780
	US 301
Segelhandbücher:	BA 46
	US 131

Diese Route wird gewöhnlich von Booten genommen, die am Ende eines Törns im Mittelmeer zum Canal du Midi wollen. Bei anhaltendem NW-Wind ist es besser, direkten Kurs auf die französische Küste zu nehmen und dort in kürzeren Abschnitten nach Westen zu segeln. Das gilt auch für den Fall eines starken *Mistral*, bei dem die Bedingungen im Golf von Lion so rauh werden können, daß man besser in einem der vielen Häfen auf eine Wetterbesserung wartet.

M 37 Sizilien – Balearen Karte 79

Palermo – Menorca: 450 sm
Trapani – Mallorca:

Karten:	BA 165, 2717
	US 301
Segelhandbücher:	BA 45
	US 131

Von Nordsizilien aus führt die Route so nahe an Sardinien vorbei, daß nur wenige Boote dort nicht anlegen. Von der Südküste Siziliens aus sollte man erst dann Kurs auf Sardinien nehmen, wenn die Westspitze Siziliens passiert ist; dadurch meidet man die Oststrømung in der Nähe von Cap Bon.

M 38 Griechenland – Malta Karte 80

Iraklion – La Valetta: 540 sm

Karten:	BA 1439
	US 302
Segelhandbücher:	BA 45, 47, 48
	US 130, 131, 132

Auf dem Weg von der Ägäis nach Malta nimmt man am besten einen der Kanäle zwischen Kreta und dem Peloponnes. Alternativ ist das Ionische Meer auch durch den Kanal von Korinth zu erreichen, was allerdings nur für Boote aus Häfen im Saronischen Golf zu empfehlen ist; von den Kykladen und aus dem Dodekanes ist die Route südlich am Peloponnes vorbei kürzer.

M 39
Balearen – Gibraltar   Karte 79

Ibiza – Gibraltar: 380 sm
Mallorca – Gibraltar: 450 sm

Karten:	BA 2717
	US 301
Segelhandbücher:	BA 45
	US 130, 131

Von Mallorca aus geht es östlich an Ibiza vorbei zu einem Punkt etwa 20 Meilen vor Cabo de Gata. Erst dann sollte man an die spanische Küste herangehen, weil die Oststrômung in der Nähe des Kaps am stärksten ist. Die Route führt dann hart an der spanischen Küste entlang, um die stärkere Strömung auf See zu meiden. Wenn bei der Annäherung an Gibraltar starker W-Wind herrscht, läuft man am besten einen Hafen an und wartet auf bessere Bedingungen, statt gegen den Wind und Strömungen anzukämpfen.

M 40
Israel – Port Said   Karte 80

Tel Aviv – Port Said: 140 sm

Karten:	BA 183
	US 302
Segelhandbücher:	BA 49
	US 132

Auf dieser Route herrscht meistens eine Gegenströmung, so daß man sich vorzugsweise nicht zu nah an der Küste hält, wo diese Strömung am stärksten ist. Wenn man einen Punkt zu weit östlich von Port Said ansteuert, kann man möglicherweise keinerlei Landmarken an der Küste ausmachen; die Einfahrt nach Port Said ist nur an der großen Zahl von Schiffen zu erkennen, die in dem empfohlenen Warteraum vor Anker liegen. Weitere Einzelheiten siehe Route M 24.

M 41   Port Said – Malta   Karte 80

Port Said – La Valetta: 940 sm

Karten:	BA 183, 1439
	US 302
Segelhandbücher:	BA 45, 49
	US 130, 131, 132

Auf dieser Route herrscht überwiegend Gegenwind, so daß jede Winddrehung ausgenutzt werden muß. Außerdem ist in Port Said ausreichen Treibstoff an Bord zu nehmen, um notfalls bei Flauten oder Schwachwind unter Motor fahren zu können. Von Port Said aus sollte der Kurs anfänglich zur Südküste Kretas führen, wo man bei starkem W- oder NW-Wind Schutz suchen kann. Auf diesem Kurs kommt man auch der libyschen Küste nicht zu nahe. Wenn man in Lee von Kreta Schutz sucht oder die Insel im geringen Abstand passiert, muß man auf die starken Fallböen von den steilen Bergen achten. Auf gleiche Weise kann man in Lee von Sizilien Schutz suchen, wenn beim Anlaufen von Malta starker Wind auftritt.

M 42   Malta – Gibraltar   Karte 79

La Valetta – Gibraltar: 1020 sm

Karten:	BA 165, 2717
	US 301
Segelhandbücher:	BA 45
	US 130, 131

Je nach Windrichtung führt die Route von Malta aus entweder im Norden oder im Süden an der Insel Pantelleria vorbei. Bei starkem NW-Wind südwestlich von Sizilien sucht man in Lee von Pantelleria Schutz. Bei anhaltendem Gegenwind kommt man besser voran, wenn man von Malta aus direkt Kurs auf die tunesische Küste nimmt und sich bis Cap Bon nahe an dieser Küste hält. Nachdem Cap Bon passiert ist, hält man sich von der afrikanischen Küste wegen der Ostströmung frei.

27 Kanäle und Fahrtbestimmungen

1. Panamakanal

Karten:	81, 82
Segelhandbücher:	BA 7 A
	US 148, 153

Die Übergabe des Panamakanals an die panamaischen Behörden hat sich auf den Kanalbetrieb offensichtlich nicht im mindesten ausgewirkt; die Durchfahrt ist so problemlos und einfach wie zuvor.

Bei Ankunft auf der Atlantikseite fährt man nach dem Passieren des Wellenbrechers in südlicher Richtung weiter zum empfohlenen Ankerplatz, der östlich von Kanaltonne Nr. 4 und südlich der Cristobal-Mole liegt. Der Ankerplatz mit der Bezeichnung »Flats« ist rot und gelb betonnt. Hinweise zum Einklarieren gibt es über VHF, Kanal 16. Sowohl in Cristobal als auch in Balboa auf der Pazifikseite kommt ein panamaischer Hafenoffizier an Bord, der viele Funktionen wahrnimmt und für die Abwicklung von Zoll-, Quarantäne- und Einreiseformalitäten sorgt. Nach dem Einklarieren können Skipper und Besatzung an Land gehen. In Cristobal kann man entweder in den Flats vor Anker bleiben oder zum nahegelegenen Panama Canal Yacht Club weiterfahren, wo Besucher willkommen sind. Es wird eine Gebühr von etwa 30 Cent pro Fuß Schiffslänge und Tag erhoben, in der die Liegegebühren und die Benutzung der Clubeinrichtungen enthalten sind. Der Club ist während der normalen Bürostunden auf Kanal 64 auf Empfang. Wer lieber vor Anker bleibt, kann mit dem Beiboot zum Club fahren und die Einrichtungen benutzen, wenn er vorher um Genehmigung nachgefragt hat. Die Benutzung von Außenbordern zwischen dem Ankerplatz und dem Ufer ist nicht mehr verboten.

Bei Ankunft auf der Pazifikseite des Kanals gibt es drei Möglichkeiten. Wer den Kanal möglichst schnell durchfahren will, setzt die Q-Flagge und geht vor Flamenco vor Anker. Hinweise zum Einklarieren sind auf Kanal 16 erhältlich. Wer länger im Bereich Balboa bleiben will, kann einen Liegeplatz beim Balboa Yacht Club mieten. Das Clubbüro ist an Wochentagen ganztägig und am Samstag bis Mittag geöffnet und hört Kanal 63 ab. Vorbereitungen zum Einklarieren und zur Fahrt durch den Kanal kann man beim Club treffen. Keinesfalls sollte man vor dem Club zu ankern versuchen, da die Strömungen sehr stark sind und der Ankergrund ungünstig ist. Man sucht sich einen

Kanäle und Fahrtbestimmungen

freien Liegeplatz und ruft dann die Clubbarkasse, die rund um die Uhr einsatzbereit ist. Man kann sich zwar in Balboa verproviantieren, tut das aber besser auf der Atlantikseite, wo die Läden nicht so weit entfernt sind.

Die dritte Möglichkeit auf der Pazifikseite besteht darin, auf der Insel Taboga in etwa 7 Meilen Entfernung von Flamenco nach Panama einzuklarieren. Zuerst ist mit dem Büro der Guardia Nacional auf Taboga Verbindung aufzunehmen. Die Formalitäten werden in Balboa erledigt, das mit der Fähre zu erreichen ist.

Auf beiden Kanalseiten muß man bei den panamaischen Behörden eine Segelgenehmigung beantragen, wenn man nicht in den ersten 48 Stunden durch den Kanal fahren will. Das gleiche gilt für den Fall, daß man Panama nicht innerhalb 48 Stunden nach der Fahrt durch den Kanal verläßt. Auch für die San-Blas-Inseln auf der Atlantikseite und die Las-Perlas-Inseln auf der Pazifikseite ist eine solche Genehmigung erforderlich. Wer ohne Genehmigung segelt, riskiert eine drastische Geldstrafe. Die Genehmigung ist einen Monat lang gültig. Eine zusätzliche Genehmigung muß man sich für die San-Blas-Inseln in Porvenir besorgen, wo man sich vor der Fahrt zu den Inseln anmelden muß. Die Segelgenehmigung für Panama wird von der »Direccion General Consular y de Naves« ausgegeben. Deren Büros befinden sich in Balboa in Gebäude 101 beim Einreiseschalter auf Pier 18 und in Cristobal in Gebäude 1303, erster Stock, Raum 107, bei der Polizeistation. Nach dem Einklarieren geschieht folgendes:

1. Der Skipper ruft das Büro des »Admeasurers« an (Tel.: 246-7293 auf der Atlantikseite, Tel.: 252-4571 auf der Pazifikseite), um die Kanaltonnage seiner Yacht feststellen zu lassen.

   In Cristobal befindet sich das Vermessungsbüro im 1. Stock von Gebäude Nr. 1105. In Balboa liegt es im Erdgeschoß von Gebäude 729, das ist das Marine Bureau Building.

2. Nach der Vermessung meldet sich der Skipper beim Senior Canal Port Captain (4. Stock, Gebäude 1105 in Cristobal bzw. Gebäude 910 in La Bola). Dort teilt man ihm mit, was für die Fahrt durch den Kanal erforderlich ist, beispielsweise vier Festmacheleinen nicht unter dreißig Meter Länge, vier Festmacher außer dem Skipper und eine ausreichende Anzahl an Fendern. Die Yacht muß außerdem in der Lage sein, aus eigener Kraft eine Geschwindigkeit von 5 Knoten zu halten. In diesem Büro werden außerdem die Kanalgebühren bezahlt.

3. Der Skipper erhält anschließend eine vorläufige Lotsenzeit für die geplante Fahrt, die er durch einen Anruf beim Marine Traffic Control (Tel.: 252-3629) bestätigen muß.

Das Transitverfahren für Yachten unter 38 m Lüa ist dahingehend geändert worden, daß sie nicht mehr gleichzeitig mit Frachtschiffen schleusen. Gruppen von bis zu zehn Yachten passieren den Kanal dienstags und donnerstags gemeinsam mit einer obligatorischen Übernachtung im Gatun Lake. In den Schleusen werden zwei oder drei Yachten aneinander festgemacht; auf jedem Schiff sollen sich zwar im Prinzip vier Festmacher befinden, doch kommt man in der Regel oft mit weniger Leuten davon. Wenn sich nur Yachten in der Schleuse befinden, läßt man das Wasser langsamer einströmen, so daß im Vergleich zu früher viel geringere Turbulenzen auftreten.

Die Yacht mit der stärksten Maschine kommt in die Mitte des Päckchens.

Alle Yachten müssen jetzt über ein Funkgerät mit Kanälen im Marineband verfügen, obwohl die Lotsen in der Regel ihre eigenen tragbaren Geräte mit an Bord bringen.

Kanäle und Fahrtbestimmungen

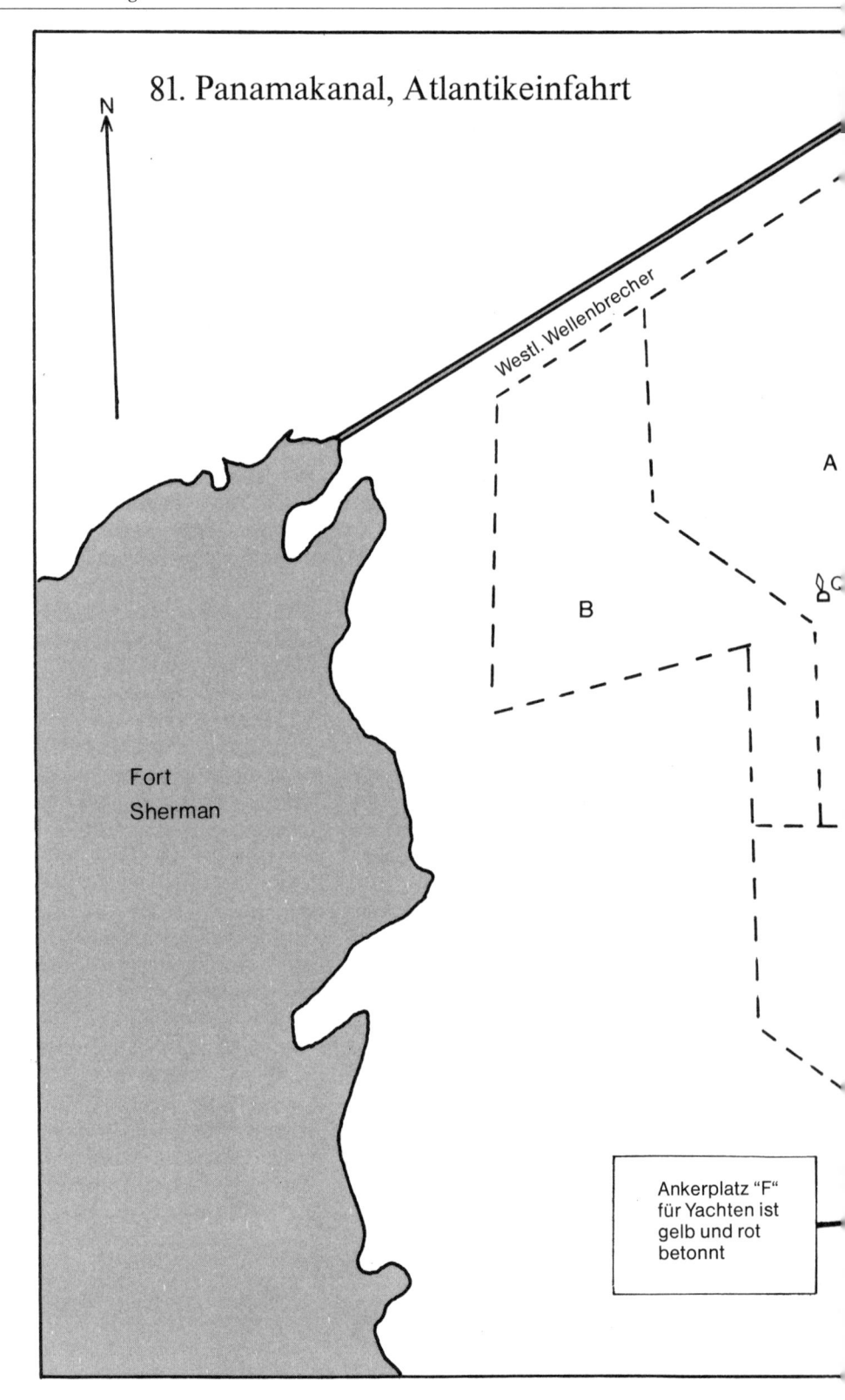

81. Panamakanal, Atlantikeinfahrt

N

Westl. Wellenbrecher

A

B

C

Fort
Sherman

Ankerplatz "F"
für Yachten ist
gelb und rot
betonnt

Kanäle und Fahrtbestimmungen

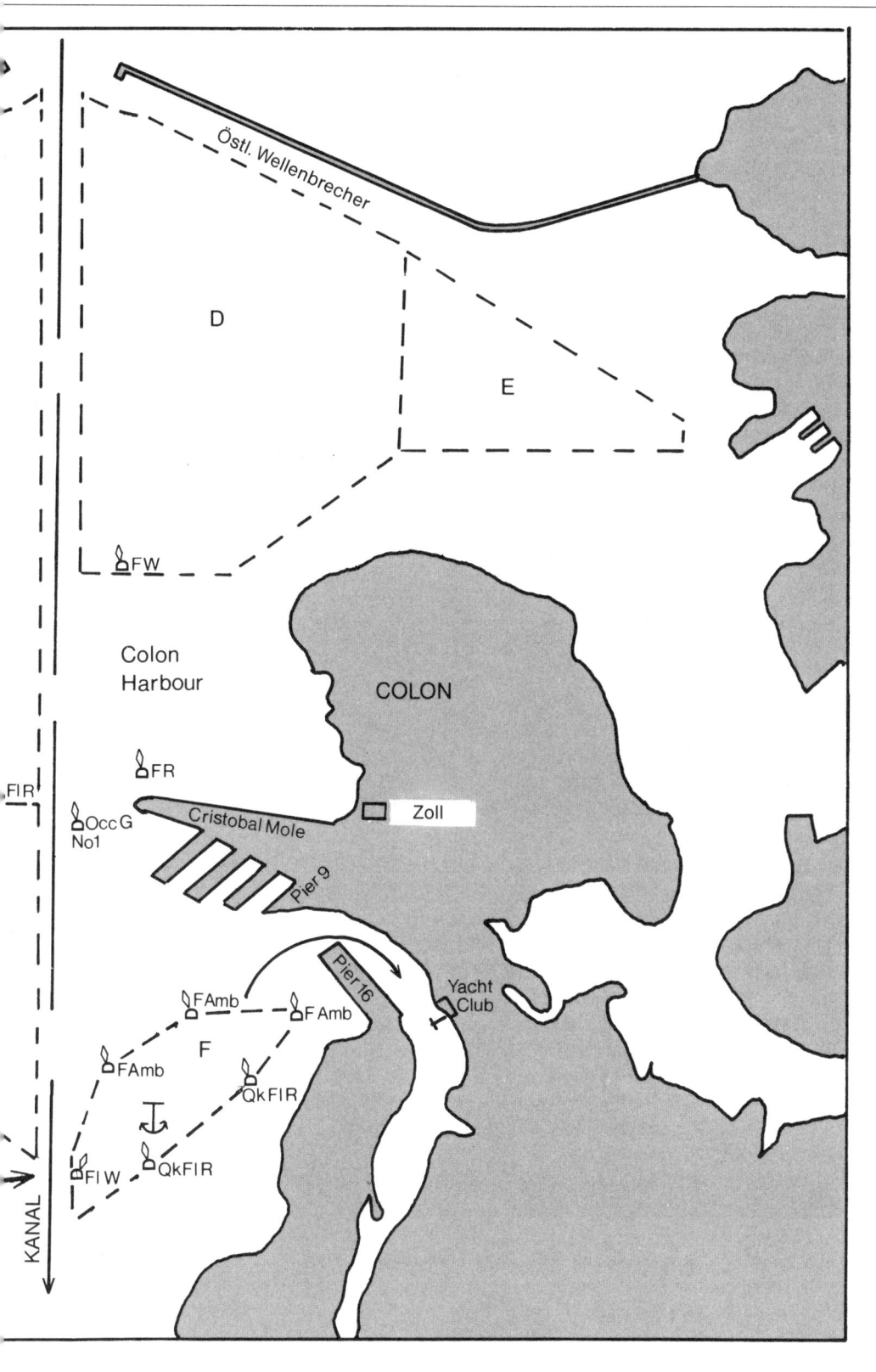

Kanäle und Fahrtbestimmungen

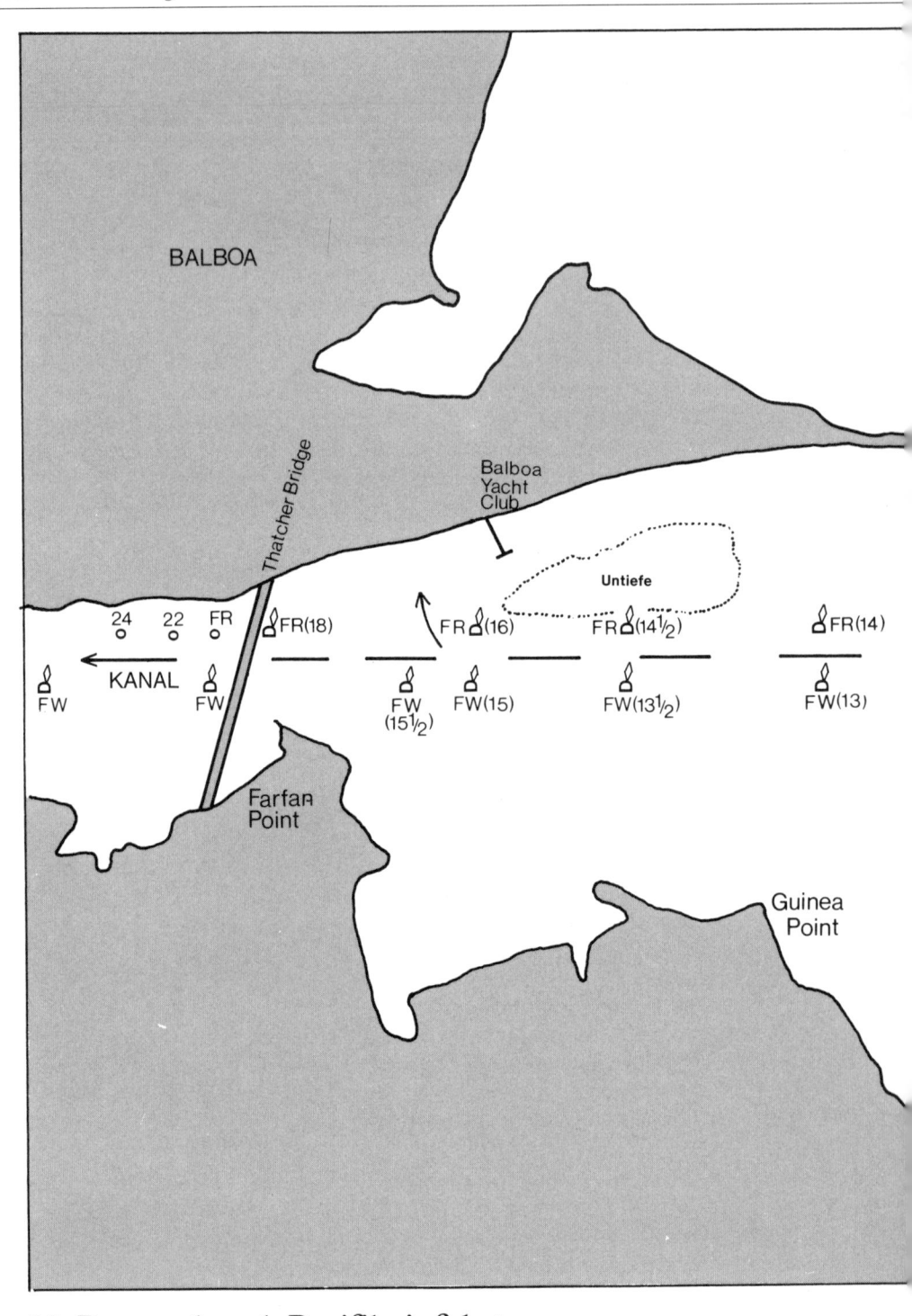

82. Panamakanal, Pazifikeinfahrt

Kanäle und Fahrtbestimmungen

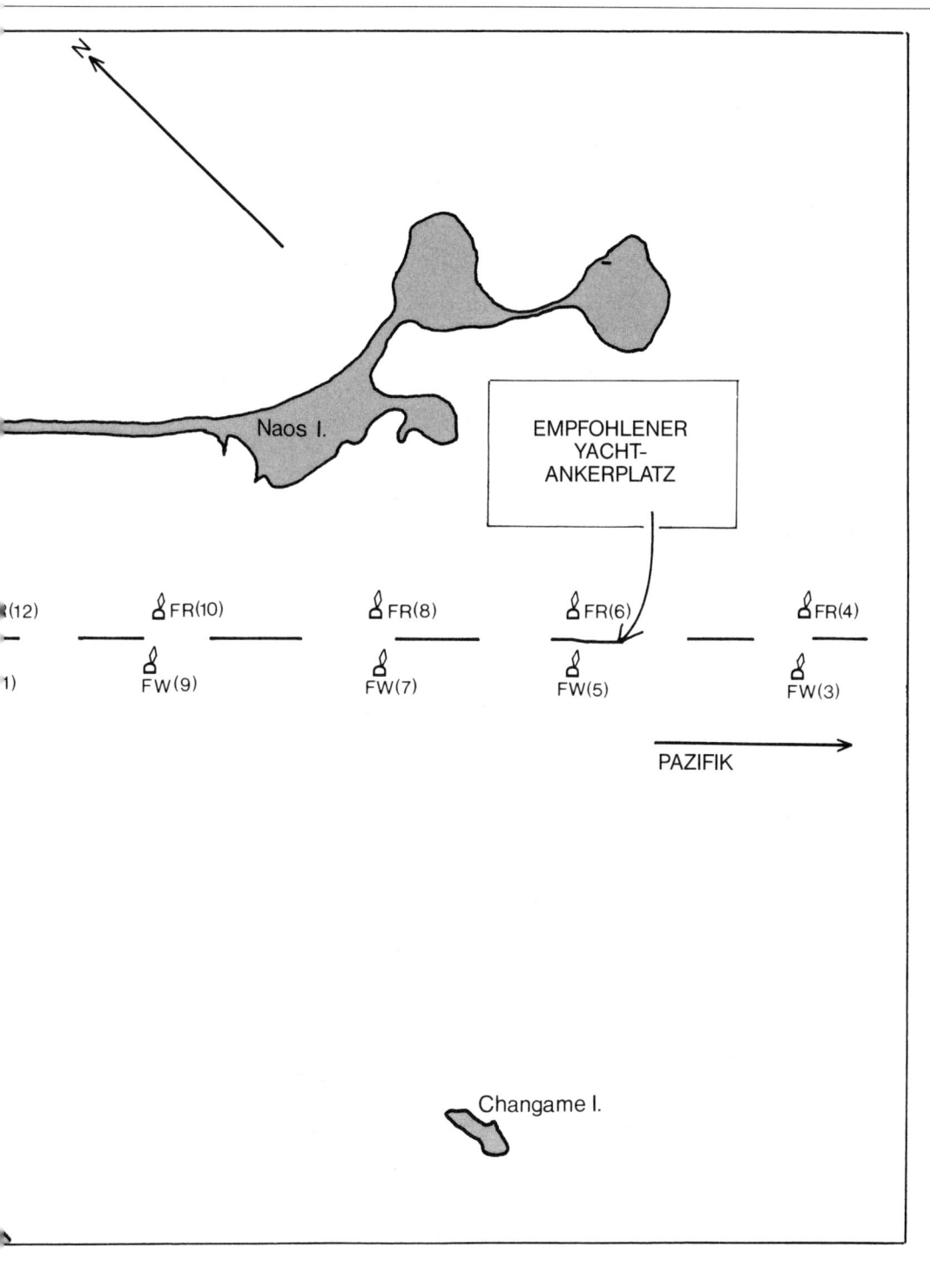

Naos I.

EMPFOHLENER YACHT-ANKERPLATZ

(12) FR(10) FR(8) FR(6) FR(4)

FW(9) FW(7) FW(5) FW(3)

PAZIFIK →

Changame I.

Kanäle und Fahrtbestimmungen

2. Suezkanal

Karten:	78, 83, 84
Segelhandbücher:	BA 64
	US 132, 172

Der 87,5 Meilen lange Kanal verbindet das Mittelmeer und das Rote Meer mittels mehrerer Seen und ohne alle Schleusen. Seine Eröffnung im Jahre 1869 hatte ungeheure Auswirkungen auf den internationalen Schiffsverkehr, da damit die Entfernung zwischen Europa und dem Fernen Osten halbiert wurde. In seiner langen Geschichte wurde der Kanal zweimal als Folge von Kriegen geschlossen, und zwar 1956 für ein Jahr und 1967 für sieben Jahre. Er wird heute regelmäßig von etwa 100 Schiffen am Tag befahren; aufgrund der vor kurzem vorgenommenen Verbesserungsarbeiten kann er Schiffe von bis zu 200 000 Tonnen aufnehmen.

Schiffe unter 300 Tonnen dürfen den Kanal gebührenfrei benutzen, wobei es allerdings ein paar zusätzliche Gebühren gibt, um die auch die kleinste Yacht nicht herumkommt. Die Kanalbehörden gestatten es den Skippern kleiner Schiffe, die notwendigen Formalitäten selbst zu erledigen; weil diese Formalitäten aber ziemlich kompliziert sind, wird wärmstens empfohlen, auf einen Schiffsagenten zurückzugreifen. Sowohl in Port Said als auch in Suez gibt es mehrere Firmen, die sich auf die Abfertigung kleiner Boote spezialisiert haben und deren Vertreter gewöhnlich in den Revieren vor dem Kanal bereitstehen, um gelegentlich recht aufdringlich ihre Dienste anzubieten. Bei Inanspruchnahme eines Schiffsagenten muß dieser alle zusätzlichen Kosten genau angeben; die Gebühren sind im voraus festzulegen. Gebühren und Durchfahrtskosten sind in US-Dollar zu begleichen, so daß es ratsam ist, Bargeld auch in kleineren Größen mitzuführen. Die selbständige Erledigung der Formalitäten ist leichter in Port Said, wo man sich bei der Suez Canal Company über die Einzelheiten erkundigen kann.

Kleinere Schiffe müssen in Port Said beim Port-Fuad-Yachtclub anlegen, der sich auf der Ostseite des Hafens unmittelbar hinter einer Schiffswerft befindet. Wegen des dichten Schiffsverkehrs und des schwierigen Reviers sollte man nicht bei Nacht in den Hafen von Port Said einfahren.

Unabhängig davon, ob man die Formalitäten selbst oder mit Hilfe eines Agenten erledigt, kommt ein von der Kanalbehörde bestimmter Lotse am Morgen des vereinbarten Tages an Bord, und zwar entweder beim Yachtclub oder am Zollkai neben der Kanaleinfahrt auf der Westseite des Hafens. Wegen der Länge des Kanals kommen nur sehr wenige Yachten mit einem Tag Fahrt aus. Kleine Schiffe dürfen bei Nacht nicht fahren, so daß sie über Nacht bei Ismailia im Nordwesten des Timahsees vor Anker gehen müssen. Der Lotse wird von einer Barkasse abgeholt, die Besatzung darf jedoch nicht an Land gehen. Für den Rest der Fahrt nach Suez kommt dann am Morgen ein anderer Lotse an Bord. Segeln ist im Kanal nicht gestattet, doch darf man bei entsprechendem Wetter in den Bitterseen mit Zustimmung des Lotsen das Großsegel hissen. In Suez machen Yachten meistens beim Suez-Yachtclub fest, der an einer Flußmündung am Westufer in der Nähe der südlichen Kanalausfahrt liegt. Der Lotse weiß, wie der Club zu erreichen ist, und kann dort abgesetzt werden.

Schiffe aus Süden müssen in Port Ibrahim im Nordosten des Golfs von Suez etwas nördlich der Kanaleinfahrt ankern. Nach Erledigung der Formalitäten kann das Schiff zum Suez-

83. Einfahrt nach Port Said

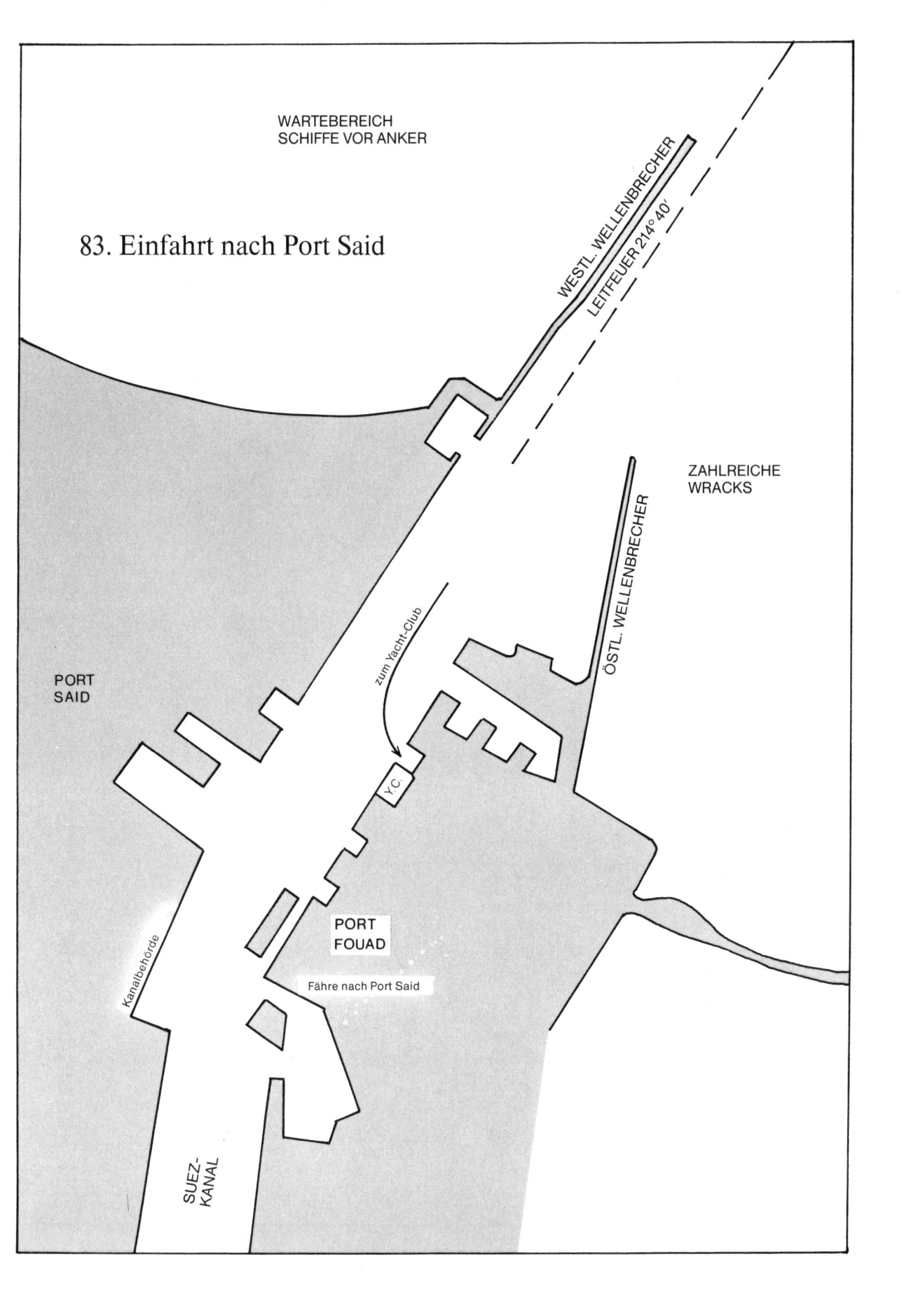

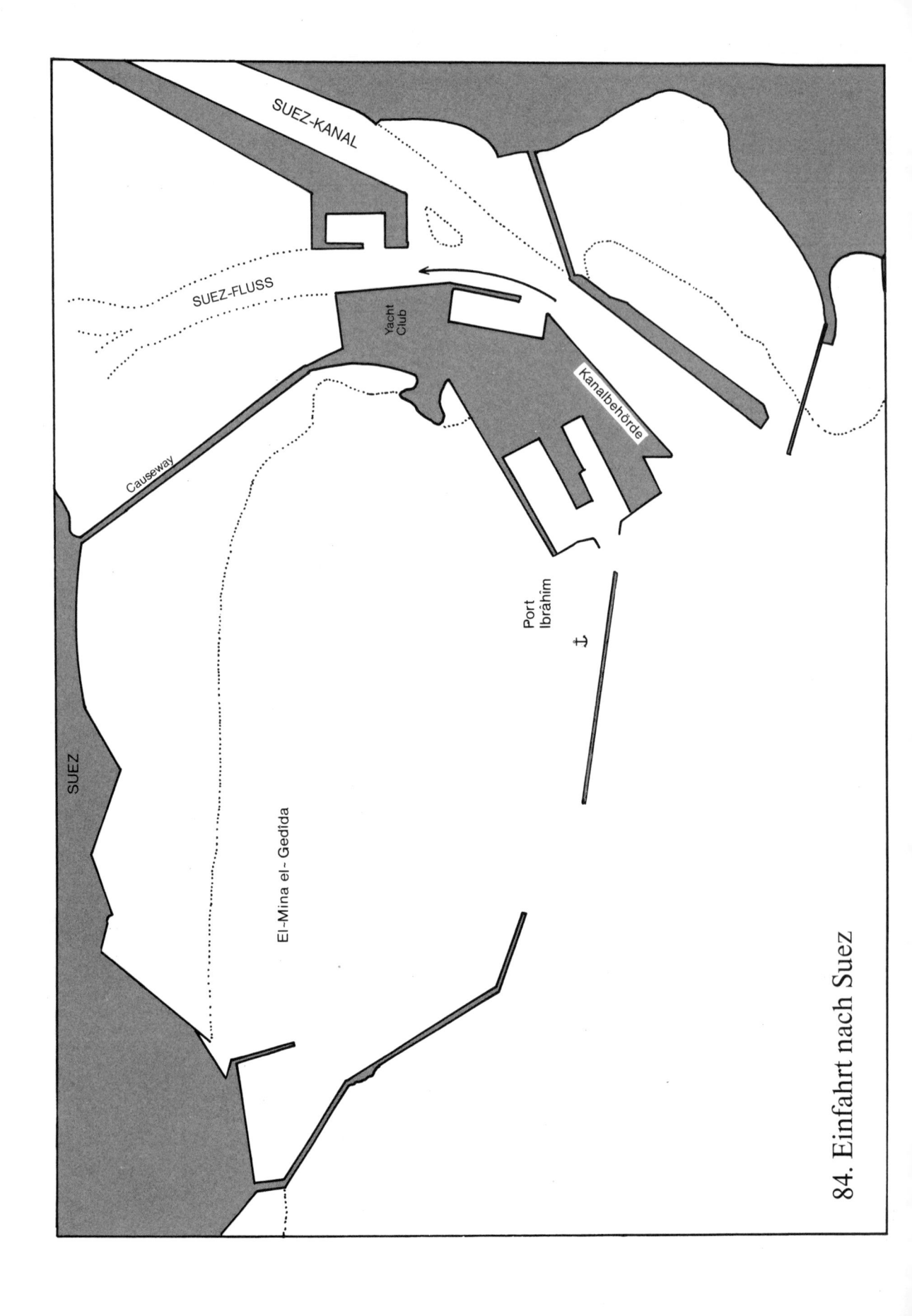

84. Einfahrt nach Suez

Yachtclub verholt werden oder vor Anker bleiben. Am Morgen des Durchfahrtstages kommt ein Lotse an Bord, der das Schiff bis nach Ismailia bringt, wo die Nacht vor Anker verbracht wird. Dort erfolgt auch wie auf der Fahrt Richtung Süden ein Lotsenwechsel. Falls sich die Fahrt aus irgendeinem Grund verzögert und Ismailia nicht vor Einbruch der Nacht zu erreichen ist, muß man möglicherweise an einer Stelle vor Anker gehen, wo die Durchfahrt größerer Schiffe nicht behindert wird.

Skipper, die nach der Fahrt durch den Kanal nicht aufgehalten werden wollen, können schon bei der Erledigung der Formalitäten für die Durchfahrt das Ausklarieren aus Port Said oder aus Suez beantragen. Sie können weiterfahren, sobald sie den Lotsen am Kanalende abgesetzt haben. Wer vor oder nach der Fahrt durch den Kanal noch etwas vom Land sehen möchte, braucht ein Touristenvisum, das man sich am besten im voraus bei einer ägyptischen Botschaft beschafft. Alle Besatzungsmitglieder müssen außerdem bei der Ankunft in Ägypten einen bestimmten Betrag in ausländischer Währung tauschen. Während eines Ausflugs ins Landesinnere kann man das Boot in der Obhut eines der beiden Yachtclubs lassen.

3. Galápagos-Inseln

Die Inseln, die Charles Darwin zu seinem Werk *Über die Entstehung der Arten* inspirierten, sind heutzutage mit dem Schiff viel schwieriger zu besuchen als in den Tagen der *Beagle*, als sie regelmäßig von Segelschiffen angelaufen wurden. Die ecuadorianischen Behörden, die den Archipel verwalten, sind fest entschlossen, die einzigartige Natur dieser Insel zu bewahren, deren Flora und Fauna im letzten Jahrhundert bös geschädigt wurde. Die gesamte Inselgruppe wurde zum Nationalpark erklärt, und es ist streng verboten, eine der Inseln ohne Genehmigung anzulaufen.

Eine solche Genehmigung zu erhalten, ist eine recht langwierige Angelegenheit, und die Aussichten sind äußerst mager, weil es ein Quotensystem gibt, nach dem jedes Jahr nur eine begrenzte Anzahl an Genehmigungen erteilt wird. Hartnäckige Skipper haben es jedoch geschafft, indem sie sich weit im voraus an das Verteidigungsministerium in Quito wandten. Von der ecuadorianischen Botschaft im eigenen Land erhält man auf Antrag eine genaue Liste der erforderlichen Dokumente und Papiere sowie den Text des spanischen Schreibens, das an das Verteidigungsministerium in Quito zu richten ist. Das Schreiben wird unterzeichnet und zusammen mit Fotokopien der Schiffspapiere, des Befähigungsnachweises des Skippers und der ersten und zweiten Seite der Reisepässe sämtlicher Besatzungsmitglieder an die Botschaft zurückgeschickt. Wer wirklich eine Genehmigung erhält, kann dann auch die meisten Inseln besuchen, braucht dafür aber einen lizensierten Führer. Die Gebühren für einen englischsprachigen Führer liegen bei etwa 30 US-Dollar am Tag.

Unabhängig davon, ob eine Segelgenehmigung vorliegt oder nicht, müssen alle Yachten zunächst einen der beiden Einreisehäfen anlaufen, nämlich Puerto Baquerizo Moreno (Wreck Bay) auf San Cristobal oder Puerto Ayora (Academy Bay) auf Santa Cruz. Weder Skipper noch Besatzung dürfen an Land, bevor das Boot von der Marine inspiziert ist; anschließend kann der Skipper im Büro des Hafenkapitäns einklarieren. Das Ein- und Ausklarieren kostet von 8.00 bis 18.00 Uhr an Wochentagen etwa 60 US-Dollar, nach Mitternacht, an Sonntagen und gesetzlichen Feiertagen doppelt soviel. Der höhere Satz richtet sich nach der Ankunftszeit und nicht danach, wann die Formalitäten erledigt sind; deshalb plant man die Ankunft am besten bei Tageslicht von Montag bis Samstag.

Für den Fall, daß Yachten ohne Genehmigung eintreffen, besagt ein amtlicher Erlaß: »Kleinfahrzeuge mit einer Besatzung von weniger als sechs Personen, die zu den Inseln im Südpazifik segeln, dürfen in Puerto Baquerizo Monreno auf San Cristobal anlegen, um sich mit Treibstoff, Nahrung und Wasser zu versorgen. Der Hafenkapitän gewährt ihnen dazu höchstens 72 Stunden.« Mancher Skipper hat es jedoch auch schon geschafft, auch in Academy Bay einzuklarieren, und in beiden Häfen hat man Skippern, die einen Notfall vorgaben, schon bis zu einer Woche Aufenthalt gestattet.

Einige Segler, die es geschafft haben, den Hafenkapitän zu einer Verlängerung ihres Aufenthalts zu bewegen, haben die Inseln auf einem der vielen Besichtigungsboote besucht, auf denen je nach Komfort 25 bis 150 Dollar pro Person und Tag berechnet werden. Zusätzlich erhebt die Nationalparkverwaltung der Galápagos-Inseln eine Gebühr von 30 US-Dollar pro Besucher.

Die meisten Boote laufen die Galápagos-Inseln auf dem Weg in den Südpazifik an; wer sich jedoch dort nur versorgen will, tut wahrscheinlich besser daran, schon in Panama mehr Vorräte an Bord zu nehmen und die Inseln zu umfahren. Treibstoff, Frischwasser und Proviant sind dort nämlich häufig nur schwer zu bekommen. Wer jedoch absolut entschlossen ist, diesen einzigartigen Inseln einen Besuch abzustatten, ist gut beraten, wenn er sich mindestens ein Jahr vor dem geplanten Termin um eine Genehmigung bemüht.

In letzter Zeit ist zu hören, daß die ecuadorianischen Behörden die Einschränkungen für Segelyachten nicht mehr so streng handhaben.

4. Französisch Polynesien

Alle Besatzungsmitglieder einschließlich Skipper und auch Kinder, die auch nur die kürzeste Zeit auf den Inseln Französisch Polynesiens verbringen wollen, müssen im Besitz eines gültigen Flugscheines in ihr Herkunftsland sein oder die entsprechende Geldsumme bei einer Bank in der Hauptstadt Papeete hinterlegen. Kreditbriefe werden nicht akzeptiert, und die Kaution ist entweder in bar oder Reiseschecks zu zahlen oder per Telex von der Bank des Antragstellers an die Banque Indo-Suez, Papeete, Tahiti, Französisch Polynesien, zu überweisen.

Ein Kurzvisum für bis zu 30 Tage bekommt man bei der Ankunft auf den meisten äußeren Inseln Französisch Polynesiens wie etwa den Marquesas oder den Tubuai-Inseln; für ein Visum über längere Zeit oder eine Verlängerung des Kurzvisums muß man jedoch eine Kaution hinterlegen. Selbst ein Visum, das man sich im voraus bei einem französischen Konsulat besorgt hat, wird nicht ohne Kaution verlängert. In letzter Zeit treffen die Behörden strenge Maßnahmen, um Segler davon abzuhalten, während der Zyklonsaison dort zu bleiben. Visa werden nicht mehr verlängert, wenn sich der Zeitraum in die Zyklonsaison hinein erstreckt, und es wird erwartet, daß Besucheryachten zum offiziellen Beginn der Zyklonsaison am 1. November wieder unterwegs sind.

Das Geld wird vor der Abreise beim Ausklarieren erstattet; man kann es sich auch auf anderen Inseln mit Banken wie etwa Bora Bora auszahlen lassen. Eine Rückkehr nach Papeete ist nicht erforderlich. Zinsen werden auf das hinterlegte Geld nicht gezahlt; stattdessen berechnet die Bank eine zusätzliche Gebühr.

5. Chagos-Inseln

Das britische Hoheitsgebiet im Indischen Ozean besteht aus Diego Garcia und etwa 55 Inseln in der Chagos-Gruppe einschließlich Peros Banhos und der Salomon-Inseln, die unter Seglern im Südindischen Ozean zunehmend beliebt werden. All diese Inseln unterstehen der Royal Navy, die für die Aufrechterhaltung von Recht und Ordnung, für Zoll und Einreise zuständig ist. Die US-Präsenz auf Diego Garcia, das weiterhin zu Großbritannien gehört, ist das Resultat einer Vereinbarung zwischen den beiden Regierungen aus dem Jahr 1966. Mit dieser Vereinbarung behalten die USA und Großbritannien sämtliche Chagos-Inseln militärischen Zwecken vor, obgleich die militärischen Einrichtungen sich hauptsächlich auf Diego Garcia befinden. Diese Insel darf man nur im Notfall anlaufen, und es wird dringend von jedem Versuch abgeraten. Alle Schiffe, die Diego Garcia anzulaufen versuchen, werden vor der Hauptdurchfahrt auf der Nordseite angehalten und von Angehörigen der britischen Marine durchsucht.

Alle Inseln, die nicht militärischen Zwecken dienen, dürfen angelaufen werden. Es gibt regelmäßige Kontrollen durch ein Boot aus Diego Garcia, bei denen die Papiere überprüft werden, um sicherzustellen, daß bestimmte Regeln nicht verletzt werden. Dabei geht es hauptsächlich um den Naturschutz. Schildkröten, lebende Korallen, lebende Muscheln sowie die gesamte Flora und Fauna der Inseln sind geschützt. Unter Schutz stehen auch Palmherzen und Palmendiebe (eine Krebsart). Fischen darf man nur mit der Angelleine, keinesfalls mit Harpunen, die wie alle Offensivwaffen verboten sind.

6. Indonesien

Indonesien ist eines der Länder, in denen das Segeln ohne Genehmigung strengstens verboten ist. In der Vergangenheit erhielt man eine solche Genehmigung über die Botschaft des Heimatlandes in Jakarta; neuerdings kann man die Anträge nur noch über eine offizielle Agentur stellen.

Eine dieser Agenturen ist B. P. Bhati Pertiwi Sejarti in 20Jl. Taman Pluit Kencana Dalam, Jakarta 14440, Tel.: 6991383, Telex 42768 ARECBAM IA. Die Gebühr in Höhe von 300 US-Dollar ist mit dem Antrag einzusenden. Der Agent Mr. A. V. Chandra beschafft die Genehmigung in der Regel innerhalb von zwei Monaten und übersendet sie dann an den Antragsteller zusammen mit den entsprechenden Zustimmungsschreiben des Außenministeriums, des Ministeriums für Verteidigung und Sicherheit und des Generaldirektorats für Marinefunk. Bei Ablehnung des Antrags erhält der Antragsteller 100 US-Dollar in Verbindung mit dem Ablehnungsschreiben des Verteidigungsministeriums zurück.

Für Indonesien ist außerdem ein Touristenvisum erforderlich. Der erste Schritt besteht jedoch darin, Mr. Chandra zu schreiben und um Zusendung des entsprechenden Formblatts zu bitten. Die Formalitäten wirken zwar abschreckend, doch der indonesische Archipel ist ein attraktives Segelrevier, und besonders der Hafen von Benoa ist seit jeher ein beliebter Ausgangspunkt für einen Abstecher nach Bali.

Verzeichnis der Törns

In alphabetischer Reihenfolge

Acapulco – Balboa	165	Balboa – Hilo	164
Acapulco – Hiva Oa	187	Balboa – Kodiak	164
Aden – Galle	281	Balboa – Nuku Hiva	189
Aden – Male	282	Balboa – Puntarenas	160
Aitutaki – Niue	235	Balboa – San Diego	160
Aitutaki – Pago Pago	235	Balboa – Vancouver	161
Aitutaki – Tongatapu	235	Balboa – Wreck Bay	188
Aitutaki – Vava'u	235	Baschikanal – Guam	178
Antigua – Aruba	105	Beaufort – Bermudas	88
Antigua – Bermudas	106	Beaufort – Mayaguana	90
Antigua – Cristobal	105	Beaufort – San Salvador	90
Antigua – Horta	107	Beaufort – St. Thomas	89
Antigua – New York	106	Beaufort – Windward Passage	91
Antigua – St. John	106	Benoa – Christmas Island	304
Apia – Mata Uta	240	Benoa – Galle	285
Apia – Neiafu	238	Benoa – Salomon-Inseln	311
Apia – Niuatoputapu	238	Benoa – Singapur	286
Apia – Suva	238	Bermudas – Antigua	84
Aruba – Cristobal	109	Bermudas – Beaufort	86
Aruba – St. Thomas	108	Bermudas – Boston	86
Aruba – Windward Passage	109	Bermudas – Falmouth	83
Auckland – Kap Hoorn	255	Bermudas – Horta	84
Auckland – Nuku'alofa	253	Bermudas – New York	86
Auckland – Papeete	254	Bermudas – St. Thomas	86
Auckland – Rarotonga	253	Bernardinostraße – Yokohama	174
Auckland – Suva	252	Bonaire – Antigua	108
		Bonaire – Monakanal	109
Bab al Mandab – Diego Garcia	288	Bonaire – St. Croix	108
Bab al Mandab – Mombasa	288	Bonifacio – Anzio	332
Bab al Mandab – Seychellen	288	Bonifacio – Messina	332
Balabacstraße – Singapur	173	Bonifacio – Séte	340
Balboa – Acapulco	160	Bora Bora – Aitutaki	233
Balboa – Callao	189	Bora Bora – Penrhyn	233
Balboa – Guayaquil	189	Bora Bora – Rarotonga	233

Verzeichnis der Törns

Bora Bora – Suvorov	233
Brisbane – Honiara	265
Brisbane – Noumea	264
Brisbane – Opua	263
Brisbane – Suva	264
Brisbane – Vila	264
Bundaberg – Noumea	264
Caicospassage – Bermudas	93
Cairns – Port Moresby	265
Callao – Hangaroa	229
Cape Cod – Cape Wrath	87
Cape North – Brisbane	251
Cape North – Lord Howe	250
Cape North – Sydney	250
Cape Virgins – Stanley	135
Cape Wrath – Cape Cod	67
Christmas Island – Cocos	304
Christmas – Hilo	168
Christmas – Salomon-Inseln	311
Cochin – Aden	281
Cocos – Galle	287
Cocos – Rodrigues	305
Cocos – Salomon-Inseln	310
Cocos – St. Louis	305
Coffs Harbour – Noumea	262
Costa Rica – Osterinsel	188
Cristobal – Antigua	102
Cristobal – Aruba	103
Cristobal – Caracas	103
Cristobal – Grand Cayman	100
Cristobal – Grenada	102
Cristobal – Kingston	101
Cristobal – Martinique	102
Cristobal – Monakanal	102
Cristobal – Santo Domingo	101
Cristobal – St. Croix	102
Cristobal – Swan Island	100
Cristobal – Windward Passage	101
Dakar – Banjul	78
Dakar – Barbados	79
Dakar – Horta	82
Dakar – Martinique	79
Dakar – Salvador	117
Darwin – Benoa	301
Darwin – Christmas Island	304
Djibouti – Male	282
Durban – Kapstadt	309
Durban – Port Louis	315

Falmouth – Funchal	70
Falmouth – Horta	71
Falmouth – Kapstadt	113
Falmouth – La Coruna	69
Falmouth – Las Palmas	70
Falmouth – Lissabon	69
Falmouth – Newport	67
Falmouth – Vilamoura	69
Fanning – Hilo	168
Fremantle – Bass-Straße	316
Fremantle – Cocos	311
Funafuti – Mata Uta	246
Funafuti – Suva	245
Funafuti – Turawa	193
Funchal – Las Palmas	71
Galle – Aden	279
Galle – Cochin	280
Galle – Djibouti	279
Galle – Male	280
Galle – Raysut	280
Galle – Singapur	282
Galle – Tenang	282
Gibraltar – Antigua	75
Gibraltar – Barbados	75
Gibraltar – Falmouth	75
Gibraltar – Funchal	74
Gibraltar – Gran Canaria	75
Gibraltar – Ibiza	330
Gibraltar – Kapstadt	113
Gibraltar – La Valetta	333
Gladstone – Samarai	265
Gran Canaria – Antigua	76
Gran Canaria – Barbados	76
Gran Canaria – Bermudas	79
Gran Canaria – São Vicente	78
Grande Comore – Durban	314
Grande Comore – Mahé	314
Grande Comore – Mombasa	313
Grenada – Cristobal	105
Grenada – Margarita	105
Guam – Palau	181
Guam – Yokohama	180
Hangaroa – Kap Hoorn	230
Hangaroa – Kap Pilar	230
Hangaroa – Pitcairn	230
Hilo – Christmas	168
Hilo – Fanning	168
Hilo – Kodiak	166

Verzeichnis der Törns

Hilo – Majuro	168
Hilo – Nuku Hiva	192
Hilo – Papeete	192
Hilo – San Diego	167
Hilo – San Francisco	167
Hilo – Vancouver	166
Hilo – Yokohama	169
Hongkong – Guam	177
Hongkong – Manila	176
Hongkong – Nagasaki	177
Hongkong – Singapur	176
Honiara – Rabaul	260
Horta – Crookhaven	82
Horta – Falmouth	82
Horta – Gibraltar	81
Horta – Lissabon	81
Horta – Vilamoura	81
Ibiza – Gibraltar	341
Ibiza – Palma de Mallorca	330
Iraklion – La Valetta	340
Iraklion – Messina	339
Kap Hoorn – Bermudas	120
Kap Hoorn – Falmouth	119
Kap Hoorn – Gibraltar	119
Kap Hoorn – New York	120
Kapstadt – Barbados	119
Kapstadt – Fremantle	315
Kapstadt – Horta	118
Kapstadt – Martinique	119
Kapstadt – New York	118
Kapstdat – Rio	133
Kapstadt – Salvador	133
Kapstadt – St. Helena	131
Kodiak – Prince Rupert	158
Kyrenia – Rhodos	339
La Valetta – Chania	334
La Valetta – Gibraltar	341
La Valetta – Port Said	337
La Valetta – Zákynthos	334
Larnaka – Haifa	336
Larnaka – Port Said	336
Larnaka – Tel Aviv	336
Las Palmas – Dakar	78
Las Palmas – Kapstadt	114
Las Palmas – Nouadhibou	78
Las Palmas – Salvador	115
Lautoka – Noumea	244
Lautoka – Vila	245

Lifuka – Suva	241
Limassol – Port Said	336
Lissabon – Falmouth	74
Lissabon – Funchal	73
Lissabon – Gibraltar	73
Lissabon – Horta	73
Lumut – Galle	278
Luzonstraße – Okinawa	174
Madang – Guam	194
Madang – Jayapura	267
Madang – Palau	193
Madang – San Bernardino	193
Mahé – Aden	284
Mahé – Djibouti	284
Mahé – Glorieuses	314
Mahé – Mombasa	312
Mahé – St. Louis	312
Majuro – Hilo	169
Majuro – Tarawa	169
Male – Salomon	284
Mallorca – Gibraltar	341
Mallorca – Malta	333
Mallorca – Marseille	332
Manila – Hongkong	173
Manzanillo – Hilo	164
Margarita – Grenada	108
Martinique – Bonaire	105
Martinique – Cristobal	105
Mata Utu – Funafuti	246
Menorca – Messina	333
Menorca – Nizza	332
Messina – Bonifacio	340
Messina – Pylos	333
Messina – Zákynthos	333
Mombasa – Aden	287
Mombasa – Djibouti	287
Mombasa – Mahé	313
Monakanal – Bermudas	94
Montevideo – Cape Virgins	134
Montevideo – Stanley	134
NE Providence Channel – Bermudas	93
Neiafu – Apia	241
Neiafu – Pago Pago	241
Neiafu – Suva	241
New York – Bermudas	88
New York – Kapstadt	115
New York – St. Thomas	89
Newport – Falmouth	87
Newport – Horta	88

Verzeichnis der Törns

Nizza – Calvi	332
Nordostseekanal – Straße von Dover	69
Norfolk – Horta	88
Noumea – Bramble	259
Noumea – Brisbane	259
Noumea – Bundaberg	259
Noumea – Coffs Harbour	258
Noumea – Lautoka	258
Noumea – Opua	258
Noumea – Suva	258
Noumea – Sydney	258
Noumea – Whangarei	258
Nuku Hiva – Hilo	190
Nuku Hiva – Papeete	228
Nuku'alofa – Auckland	242
Nuku'alofa – Opua	242
Nuku'alofa – Suva	241
Nuku'alofa – Tahiti	240
Nuku'alofa – Whangarei	242
Okinawa – Bungo-Straße	174
Opua – Lautoka	252
Opua – Noumea	252
Pago Pago – Neiafu	238
Pago Pago – Suva	238
Pago Pago – Tahiti	240
Palau – Guam	181
Palau – Madang	195
Palau – Manus	195
Palermo – Menorca	340
Papeete – Balboa	191
Papeete – Hilo	190
Paphos – Rhodos	339
Penang – Galle	278
Penang – Phuket	279
Penrhyn – Hilo	191
Peros Banhos – Galle	285
Peros Banhos – Mahé	311
Peros Banhos – Male	288
Peros Banhos – Port Louis	312
Phuket – Singapur	283
Pitcairn – Mangareva	230
Port des Galets – Durban	309
Port Louis – Mahé	314
Port Louis – Port des Galets	305
Port Moresby – Cairns	266
Port Moresby – Thursday Island	266
Port Said – La Valetta	341
Port Said – Larnaka	339
Port Said – Limassol	339
Port Said – Paphos	339
Port Said – Rhodos	339
Porto Cervo – Palermo	332
Puntarenas – Balboa	165
Puntarenas – Hilo	164
Puntarenas – Hiva Oa	187
Pylos – Messina	339
Rarotonga – Nuie	235
Rarotonga – Opua	236
Rarotonga – Pago Pago	235
Rarotonga – Tongatapu	235
Rarotonga – Vava'u	235
Raysut – Aden	281
Raysut – Djibouti	281
Rhodos – Kyrenia	336
Rhodos – Paphos	336
Rhodos – Port Said	337
Rio de Janeiro – Barbados	117
Rio de Janeiro – Gibraltar	117
Rio de Janeiro – Falmouth	117
Rio de Janeiro – Stanley	134
Rio de Janeiro – Tristan da Cunhua	133
Rodrigues – Mauritius	305
Salvador – Gibraltar	117
Salvador – Tobago	117
Samarai – Cairns	266
San Bernardino – Guam	174
San Bernardino – Palau	174
San Diego – Balboa	155
San Diego – Hilo	154
San Diego – Hiva Oa	186
San Diego – Papeete	187
San Diego – Wreck Bay	186
San Francisco – Hilo	154
San Francisco – Hiva Oa	186
San Francisco – Vancouver	158
San Juan – Bermudas	94
Santo – Honiara	260
São Vicente – Antigua	79
São Vicente – Barbados	79
São Vicente – Martinique	79
São Vicente – Rio de Janeiro	116
São Vicente – Salvador	116
Singapur – Balabacstraße	175
Singapur – Hongkong	175
Singapur – Penang	278
Singapur – Port Kelang	278
St. Barts – Beaufort	106
St. Croix – Cristobal	97

Verzeichnis der Törns

St. Helena – Ascension	131
St. Helena – Fernando de Noronha	131
St. Helena – Salvador	131
St. Louis – Durban	305
St. Louis – Glorieuses	313
St. Raphael – Ajaccio	332
St. Thomas – Beaufort	95
St. Thomas – Bermudas	94
St. Thomas – Charlestown	95
St. Thomas – Cristobal	97
St. Thomas – Galveston	96
St. Thomas – Kingston	96
St. Thomas – New York	95
Stanley – Montevideo	135
Stanley – Rio de Janeiro	135
Suva – Apia	243
Suva – Auckland	244
Suva – Neiafu	243
Suva – Noumea	244
Suva – Nuku'alofa	243
Suva – Opua	244
Suva – Pago Pago	243
Suva – Vila	245
Suva – Whangarei	244
Suvorov – Pago Pago	235
Sydney – Lautoka	262
Sydney – Noumea	262
Sydney – Opua	261
Sydney – Suva	262
Sydney – Vila	263
Tahiti – Kap Hoorn	234
Tahiti – Raivavae	234
Tahiti – Rapa	234
Tahiti – Tubuai	234
Tarawa – Funafuti	193
Tarawa – Hilo	170
Tel Aviv – Port Said	341
Teneriffa – Barbados	76
Teneriffa – Martinique	76
Thursday Island – Benoa	301
Thursday Island – Darwin	266/300
Townville – Honiara	265
Trapani – Mallorca	340
Tristan da Cunha – Kapstadt	134
Valparaiso – Hangaroa	229
Vancouver – Hilo	159
Vancouver – Hiva Oa	187
Vancouver – San Francisco	158
Vila – Bramble City	260
Vila – Honiara	260
Vila – Noumea	259
Vilamoura – Falmouth	74
Vilamoura – Funchal	73
Vilamoura – Gibraltar	73
Vilamoura – Horta	73
Vilamoura – Las Palmas	73
Wallis – Futuna	245
Wallis – Suva	245
Wellington – Sydney	252
Whangarei – Noumea	251
Whangarei – Nuku'alofa	253
Whangarei – Papeete	254
Whangarei – Rarotonga	253
Whangarei – Suva	252
Windward Passage – Cristobal	91/94
Wreck Bay – Hangaroa	229
Wreck Bay – Mangareva	229
Wreck Bay – Nuku Hiva	227
Yokohama – Guam	180
Yokohama – Hilo	179
Yokohama – Hongkong	180
Yokohama – Kodiak	178
Yokohama – San Francisco	179
Yokohama – Vancouver	179
Zákynthos – Messina	339
Zákynhtos – Patras	339

Bei diesen Büchern stimmt der Kurs

Jimmy Cornell
**Skipper-Tips
aus 1000 Bordbüchern**
Ein spannend zu lesendes Buch, in dem Fahrtensegler aus aller Welt ihre Erfahrungen, Meinungen und Ideen vermitteln. Diese wertvollen Tips sind für jeden Segler bei eigenen Törns sinnvoll werwertbar. 232 Seiten, 35 Abb., 21 Tabellen, gebunden,
48,– Bestell-Nr. 50137

Peter Johnson
Das internationale Segelsport-Lexikon
Ein umfassendes Nachschlagewerk, das jedem Freund des Segelsports detailliert die lückenlose Geschichte seines faszinierenden Hobbys vom Beginn bis heute bietet. 352 Seiten, mit über 600 meist farbigen Fotos, Zeichnungen, Karten und Diagrammen, gebunden,
78,– Bestell-Nr. 50148

Heinz Böhlen
Unter Segeln rund um die Welt
Fünfeinhalb Jahre auf allen Weltmeeren legten Heinz und Doris Böhlen zurück, bis sie mit ihrer selbstgebauten, nur zehn Meter langen Ketsch wieder im Heimathafen anlegten – ein Abenteuer ohne Beispiel. 192 Seiten, 75 Fotos, davon 20 farbig, gebunden,
39,– Bestell-Nr. 69014

Hans G. Isenberg
Urlaub mit dem Trailerboot
Der richtige Umgang mit Trailer und Boot, mit grundlegenden Tips für die Bootswahl, Gebrauchtboote, Bootspapiere, Versicherungen usw. sowie für attraktive Reviere. 240 Seiten, 179 Abb., davon 20 farbig, brosch.,
39,– Bestell-Nr. 50105

Hans G. Isenberg
Der praktische Charterboot-Führer
Für Einsteiger und Profis – alles über Bootscharter: Erfahrungsberichte, Verträge, das Leben an Bord, Kontaktadressen. Endlich gibt es das umfassende Handbuch, das alle Fragen eindeutig beantwortet. 168 Seiten, 83 Abb., davon 21 farbig, gebunden,
32,– Bestell-Nr. 50057

Bernard Robin
Navy Survival-Handbuch
Im ersten Teil des Buches werden 31 Erlebnisberichte von Schiffbrüchigen wiedergegeben. Im zweiten Teil werden Regeln für ein Überleben auf See aufgestellt. 224 Seiten, 70 Karten und Zeichnungen, gebunden,
28,– Bestell-Nr. 50942

Isenberg / Korp
Bootsmotoren Innenbord-Diesel
Klipp und klar steht in diesem neuartigen Handbuch, wie ein unwilliger Bootsdiesel auf Trab gebracht wird. Nach dem Konzept der bekannten Selbsthilfe-Reihe »Jetzt helfe ich mir selbst« ganz praxisbezogen aufgebaut. 184 Seiten, 200 Abb., geb.,
32,– Bestell-Nr. 01260

Preben Nyeland
Rennyachten aus aller Welt
Die 30 bekanntesten und elegantesten Formel-1-Boliden der Meere in unvergleichlichen Bildern, mit Texten zu Erbauern, Eignern und Leben an Bord. 228 Seiten, 370 teils großformatige Farbfotos, 30 Rißzeichnungen, Format 280 x 285 mm, gebunden,
98,– Bestell-Nr. 50149

Änderungen vorbehalten

Der Verlag für Segeln pietsch
Postfach 10 37 43 · 7000 Stuttgart 10

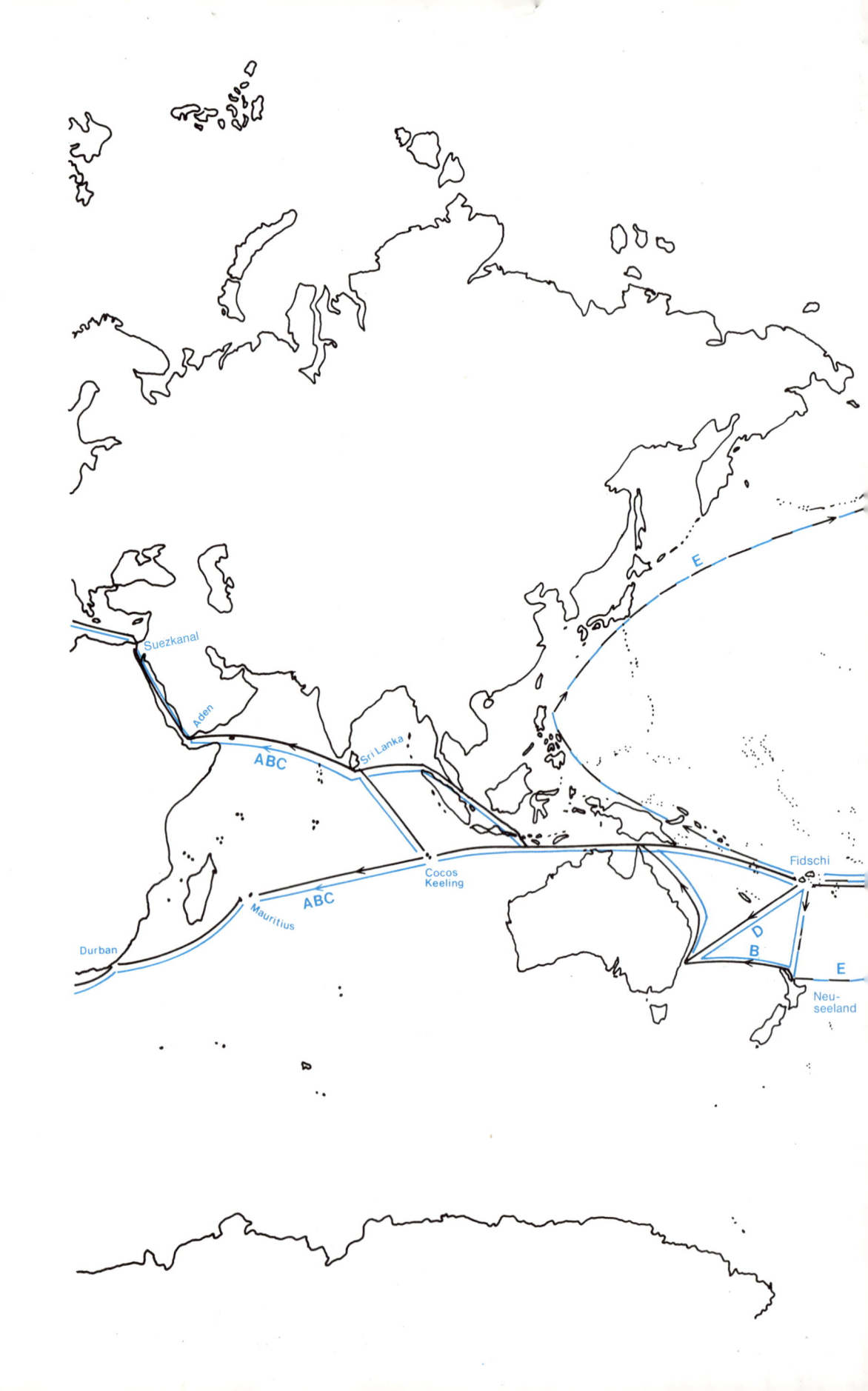

Suezkanal
Aden
ABC
Sri Lanka
Cocos Keeling
ABC
Mauritius
Durban
Fidschi
D
B
E
Neu-
seeland